Deutschland

1949–1990

DEUTSCHE DEMOKRATISCHE REPUBLIK

BUNDESREPUBLIK DEUTSCHLAND

DÄNEMARK

Sylt
Nordfriesische Inseln
Helgoland
Ostfriesische Inseln

Nordsee

Ostsee
Rügen

Flensburg
Puttgarden
Fehmarn

SCHLESWIG-HOLSTEIN
Husum
Kiel ★
Neumünster
Lübeck
Bad Segeberg

Stralsund
Rostock
Greifswald

Wismar
MECKLENBURG-VORPOMMERN
Neubrandenburg

Prenzlau

HAMBURG
Hamburg
Reinbek
Schwerin

Müritz

BERLIN
Berlin

Schwedt

POLEN

Bremerhaven
Emden
Westerstede
Elsfleth
Worpswede
Oldenburg
★ Bremen
BREMEN

Lüneburg
LÜNEBURGER HEIDE

Elbe
Havel

Oder

Frankfurt (Oder)

NIEDERLANDE

NIEDERSACHSEN
Celle
Hannover
Wolfsburg
Braunschweig
Hildesheim
Hameln
Osnabrück

Weser
HARZ

Salzwedel
Stendal

Elbe

Magdeburg

BRANDENBURG

Potsdam

Oder

Münster
Bielefeld
NORDRHEIN-WESTFALEN
Detmold
Gelsenkirchen
Dortmund
Essen
Bochum
Duisburg
Ruhr
★ Düsseldorf

Göttingen

SACHSEN-ANHALT
Halberstadt
Wernigerode
Eisleben

Wittenberg
Dessau
Halle
Wurzen

Cottbus

Spree
Neiße

Köln
Bergisch-Gladbach
Aachen
Donrath
Bonn
Rhein

Kassel

Sondershausen
Mühlhausen

Leipzig
Meißen
Dresden ★
SACHSEN
Bautzen

WESTERWALD
HESSEN
Marburg
Giessen
Fulda

Eisenach
Erfurt
Weimar
Jena
Gera
Rudolstadt
THÜRINGEN
THÜRINGER WALD
Suhl

Chemnitz
Zwickau
ERZGEBIRGE
Plauen

BELGIEN

EIFEL
RHEINLAND-PFALZ
Koblenz
Bacharach
Wiesbaden
Frankfurt a. M.
Bingen
★ Mainz
Mosel
Trier
Darmstadt

LUXEMBURG

Worms
Kaiserslautern
Mannheim
Heidelberg
SAARLAND
★ Saarbrücken
Rhein

Karlsruhe
Neckar

Main

Bayreuth
Bamberg
Würzburg
Ochsenfurt
Erlangen
Nürnberg

BÖHMER WALD

TSCHECHISCHE REPUBLIK

Elbe

Rothenburg
Ansbach
BAYERN
Regensburg
BAYERISCHER WALD

Baden-Baden
★ Stuttgart
Plochingen
Tübingen
Ulm
BADEN-WÜRTTEMBERG
SCHWARZWALD

Donau
Isar
Passau

Donau

Mosel

FRANKREICH

Freiburg
Bad Krozingen

Augsburg
München ★
Inn

Starnberger See
Tegernsee
Kaufbeuren
Kempten
ALLGÄU
Konstanz
Lindau
Bodensee
Oberstdorf
BAYERISCHE ALPEN
Garmisch-Partenkirchen

Chiemsee
Berchtesgaden

ÖSTERREICH

Rhein

LIECHTENSTEIN
SCHWEIZ

Inn

0   50   100   150 km
0   50   100 mi

Sixth Edition

Neue Horizonte

A First Course in German Language and Culture

David B. Dollenmayer
Worcester Polytechnic Institute

Thomas S. Hansen
Wellesley College

HOUGHTON MIFFLIN COMPANY
Boston   New York

Publisher: Rolando Hernández
Sponsoring Editor: Randy Welch
Development Manager: Sharla Zwirek
Development Editor: Barbara B. Lasoff
Project Editor: Harriet C. Dishman
Senior Production/Design Coordinator: Sarah Ambrose
Manufacturing Manager: Florence Cadran
Associate Marketing Manager: Claudia Martínez

Cover image © Gordon Gahan/National Geographic Society

For permission to use copyrighted material, grateful acknowledgment is made to the copyright holders listed on pages 511 and 512, which are hereby considered an extension of this copyright page.

Printed in the U.S.A.

Library of Congress Control Number: 2002102174

Student Text ISBN: 0-618-24129-9
Instructor's Annotated Edition ISBN: 0-618-24130-2

3456789-QV-06 05 04

Textbook

David B. Dollenmayer is Professor of German at the Worcester Polytechnic Institute (Worcester, Massachusetts). He received his B.A. and Ph.D. from Princeton University and was a Fulbright fellow at the University of Munich. He has written on the 20th-century writers Alfred Döblin, Joseph Roth, Christa Wolf, and Ingeborg Bachmann, and is the author of *The Berlin Novels of Alfred Döblin* (Berkeley, CA: University of California Press, 1988).

Thomas S. Hansen is Professor of German at Wellesley College (Wellesley, Massachusetts). He received his B.A. from Tufts University, studied six semesters at the University of Tübingen, and received his Ph.D. from Harvard University. His current research focuses on twentieth-century book design. He is the author (with Burton R. Pollin) of *The German Face of Edgar Allan Poe: A Study of Literary References in His Works* (Columbia, SC: Camden House, 1995).

Workbook/Laboratory Manual/Video Workbook, Instructor's Resource Manual, Audio Program

Ellen W. Crocker is Senior Lecturer in German at the Massachusetts Institute of Technology (Cambridge, Massachusetts). She received her B.A. from Skidmore College and the Magister Artium from the University of Freiburg, Germany. She has authored in the field with Claire J. Kramsch and is currently working on multimedia projects for foreign language and culture studies.

Contents

Maps

Neue Horizonte, Sixth Edition, is a comprehensive first-year German program for college and university students. With it you will learn the basic structures and vocabulary of German by practicing the four skills of speaking, listening, reading, and writing. In addition, you will learn about the culture of contemporary Germany, Austria, and Switzerland.

The goal of the program is to help you achieve a basic level of linguistic proficiency in German. Such proficiency includes both communicative competence—that is to say, speaking the language in order to communicate thoughts, ideas, and feelings—and grammatical accuracy. *Neue Horizonte* prepares you either to continue with an intermediate course in German, or to go directly to a German-speaking country. There, after a period of acclimatization, you will be able to communicate in most everyday situations and to continue to build on what you have already learned.

In addition, the text aims to excite your curiosity and help you view your own culture through the prism of another, thereby expanding your intellectual horizons in the spirit of the Austrian philosopher Ludwig Wittgenstein when he wrote, "Die Grenzen meiner Sprache sind die Grenzen meiner Welt." (*The boundaries of my language are the boundaries of my world.*)

The Student Text

Neue Horizonte consists of an introductory chapter and sixteen regular chapters.

Einführung (Introductory chapter)

From the very first day of the course, you begin talking with your fellow students in German. In this chapter you will learn greetings and farewells. You will also learn basic vocabulary such as the names of classroom objects, the days of the week, and the months of the year. In addition, you will learn how to spell, count to twenty, tell time, talk about the weather, tell how you feel, and say where you are from.

Chapter Organization

Each of the sixteen regular chapters contains the following sections:

Dialoge und Variationen (Dialogues and Variations)

The **Dialoge** introduce new vocabulary and structures through brief idiomatic conversations in everyday situations. There are two or three dialogues per chapter, most short enough to be memorized, with English translations printed on the following page. When a dialogue is closely related to the **Neue Horizonte** video, this is signaled by a video icon that appears in the margin. The **Variationen** contain activities that encourage you to build on and vary the material in the dialogues. They often include a section entitled **Vokabeln zum Thema** (*Vocabulary on the Topic*), introducing vocabulary focused on a particular topic such as family or restaurants.

Wortschatz 1 und Wortschatz 2 (Vocabulary 1 and Vocabulary 2)

Each chapter contains two lists of words and phrases for you to learn. **Wortschatz 1** (*Vocabulary 1*) comes early in the chapter, following the dialogues. **Wortschatz 2** comes just before the reading selection. Words are arranged alphabetically by parts of speech. In addition, nouns are arranged by gender to facilitate learning. Whenever appropriate, words relating to a particular topic (e.g., food and drink) are grouped together. Each **Wortschatz** also includes useful expressions (**Nützliche Ausdrücke**), antonyms (**Gegensätze**), as well as a section called **Mit anderen Worten** (*In other words*). Here some of the colorful idioms frequent in everyday German speech are defined, using German you already know. These include, for instance, intensified forms of adjectives such as **blitzschnell** (*quick as lightning*) and colloquialisms such as **prima** (*great!*). By the end of **Neue Horizonte** you will have acquired a total active lexicon of about 1,600 words and phrases.

Lyrik zum Vorlesen (Poetry for reading aloud)

Each chapter includes a poem related to its cultural theme. This may be used both for pronunciation and intonation practice and for simple interpretive discussion. Unfamiliar vocabulary is glossed in the margins.

Grammatik (Grammar)

Grammar explanations in **Neue Horizonte** are brief but complete and do not presuppose familiarity with English grammatical terms. So that class time can be devoted to communication, you should study the grammar carefully outside of class.

The sequence of in-class activities moves from theory to practice. The **Übungen** (*Exercises*) are directed by your instructor and briefly reinforce the grammar you have studied on your own. These are followed by activities called **Gruppenarbeit** and **Partnerarbeit** (*Group work* and *Work with partners*) in which you use German with more freedom and creativity on your way toward communicative competence. In activities called **Info-Austausch** (*Information exchange*), you and a partner will exchange information in guided conversations.

Lesestück (Reading selection)

A pre-reading section (**Tipps zum Lesen und Lernen**) offers tips for learning and expanding your German vocabulary. Lists of easily recognized cognates (e.g., **Universität**) are given under the heading **Leicht zu merken** (*Easy to remember*). Strategies for approaching the reading selection that follows are also provided under the rubric **Einstieg in den Text** (*Getting into the text*).

The **Lesestück** is the core of the cultural presentation of each chapter. In Chapters 1–8 it provides basic information on daily life in the German-speaking countries. Topics include the family, secondary schools, geography and climate, work and professions, university study, travel, and urban life. The readings of Chapters 9–16 address important topics in twentieth-century German history and culture.

These include the Weimar era, the legacy of World War II, and German reunification, as well as issues of intense current concern such as the environment, foreigners living and working in Germany, Germany's role in the European Union, and the status of women in modern society. The readings in Chapters 13 and 14 are devoted to Switzerland and Austria. Chapters 12 and 15 present authentic, unedited non-fiction texts by the modern writers Anna Seghers and Şinasi Dikmen. Chapter 16 features satirical cartoons by Marie Marcks.

Nach dem Lesen (After the reading)

Each chapter concludes with a section called **Nach dem Lesen**. This section contains content questions on the reading and activities that engage you in the cultural theme of the chapter. In some chapters, **Vokabeln zum Thema** and **Info-Austausch** activities are included in the **Nach dem Lesen** section. A **Schreibtipp** (*writing tip*) and related writing activity are also provided in each chapter. The **Schreibtipps** include German conventions for writing e-mails, postcards, and letters. They give advice on approaching various types of writing, for example, essays, interviews and creative writing. Other **Schreibtipps** focus on activating grammatical structures introduced in the chapter in your writing.

Almanach (Almanac)

The final section of each chapter provides more detailed information in English on the cultural topic of the chapter or presents authentic material in German related to the chapter's theme. For example, in Chapter 3 you will learn more about the school system in German-speaking countries, while in Chapter 8 you will work with a city bus brochure.

Student Annotations

Student annotations are printed in black in the margins. These annotations serve several purposes. They not only provide cross-references to the Workbook/Laboratory Manual/Video Workbook and Audio Program, but also offer learning hints, cultural and historical notes, contrasts and similarities to English, interesting word histories, and statements of communicative and cultural goals.

Reference Section

Neue Horizonte includes the following appendices:

- **Appendix 1:** Partner B's portion of the **Info-Austausch** activities.
- **Appendix 2:** A table of the principal parts of the strong and irregular verbs introduced in the book.

Both the German-English and the English-German end vocabularies include all the active vocabulary in the **Wortschatz** sections, as well as the optional vocabulary from the **Vokabeln zum Thema** sections and the guessable cognates from **Leicht zu merken**.

For quick reference, the book ends with a comprehensive index of grammatical and communicative topics included in the text.

The Workbook/Laboratory Manual/Video Workbook and the Audio Program

The Workbook/Laboratory Manual/Video Workbook and the Audio Program for *Neue Horizonte*, Sixth Edition, are fully integrated with the Student Text. The textbook includes extensive cross-references to the ancillary components. The Audio Program and its coordinated Laboratory Manual are an integral part of the *Neue Horizonte* program. The recordings are available for individual purchase at a special student price.

In order to use the Workbook/Laboratory Manual/Video Workbook to best advantage, follow the sequence suggested in the marginal cross-references in your Student Text. Each cross-reference is identified by an icon referring either to the Workbook or to the Laboratory Manual and Audio Program.

The pen icon directs you to written exercises in the Workbook. These offer further practice of the vocabulary and grammar presented in each chapter.

The headphone icon directs you to the Audio Program and the Laboratory Manual. All the **Dialoge**, **Lyrik zum Vorlesen**, and **Lesestücke** from the Student Text are recorded in the Audio Program, which also includes numerous grammar exercises. Some of these are identical to exercises in the Student Text, while others are variations on them.

An especially valuable feature of the Workbook is the **Zusammenfassung und Wiederholung** (*Summary and review*) section located after every four chapters. This section contains condensed grammar summaries and reviews useful vocabulary expressions. It includes the self-correcting *Test Your Progress* that you can use to review the preceding quarter of the textbook.

The eight **Videoecke** sections in the Video Workbook are designed for use with the eight modules of the *Neue Horizonte* video. In addition, when a video module is particularly closely related to a dialogue in the Student Text, a video icon signals that fact and alerts you to the possibility of viewing the module at this point.

The *Neue Horizonte* Video

Shot entirely on location in Berlin, the *Neue Horizonte* video contains eight modules, each of which corresponds to two chapters of the Student Text.

Each module opens with scenes of Germany related to the module's cultural theme. There follow several minutes of a continuing story, performed by German actors using idiomatic language. Each module concludes with a **Welle Magazin** segment in which further footage shows aspects of German culture and life. For students who wish to view the video at their own convenience, the *Neue Horizonte* video is available for purchase at a special discount price.

Neue Horizonte Multimedia CD-ROM 1.0

This CD-ROM is an interactive multimedia program featuring the *Neue Horizonte* Video with accompanying transcripts and links to a bilingual glossary. A variety of previewing and comprehension activities, for use before or after watching the full video, help you improve your listening skills. The CD-ROM also includes a variety of vocabulary and grammar exercises for each of the textbook chapters, with links to a reference grammar. You can use the exercises for review, extra practice, or reinforcement of difficult topics.

Neue Horizonte Web Site

 Look for this icon next to the **Almanach** headings in the **Contents**.

The multifaceted, text-specific *Neue Horizonte* **Web Site** features a self-testing section for practice, a task-based activity section, flash cards for vocabulary practice, and the *Neue Horizonte* video transcript. It also links you to contemporary materials on the language and cultures of the German-speaking countries available on the World Wide Web.

We wish to express our special gratitude to Ellen Crocker of the Massachusetts Institute of Technology for countless suggestions for improvement of the text and better coordination with the Workbook/Laboratory Manual/Video Workbook and Audio Program. Thanks to our development editor Barbara Lasoff, our production editor Harriet C. Dishman, and our copyeditor Karen Hohner for their expertise and unfailing attention to detail, as well as to the editorial team at Houghton Mifflin Company. Thanks also to our colleagues and students at Wellesley College, Worcester Polytechnic Institute, and the Massachusetts Institute of Technology, who have used and improved *Neue Horizonte* along with us, as well as to our users, whose comments and criticisms have helped to make it better from edition to edition.

We wish to thank especially the following colleagues and institutions for their advice and help.

Prof. Jutta Arend, *College of the Holy Cross and Worcester Polytechnic Institute*
Prof. John Austin, *Georgia State University*
Deutsche Schule, Washington, D.C.
Prof. emeritus Wilhelm Eggimann, *Worcester Polytechnic Institute*
Prof. Mine Eren, *Randolph-Macon College*
Prof. Wighart von Koenigswald, *Universität Bonn, and the Hessisches Landesmuseum, Darmstadt, Germany*
Prof. Thomas Nolden, *Wellesley College*
Prof. Michael Ressler, *Boston College*
Prof. Margaret Ward, *Wellesley College*

In addition, we would like to thank the following colleagues who reviewed the manuscript at various stages of its development:

Prof. Sharon M. DiFino, *University of Florida at Gainsville*
Prof. Andrea Golato, *University of Illinois at Urbana-Champaign*
Prof. John M. Jeep, *Miami University*
Prof. Sara Ogger
Prof. Dieter Saalmann, *Wichita State University*
Prof. Annette Steigerwald, *Ohio University*
Prof. Dr. Heather I. Sullivan, *Trinity University*
Prof. Carmen Taleghani-Nikazm, *University of Kansas*

We welcome reactions and suggestions from instructors and students using *Neue Horizonte*. Please feel free to contact us.

Prof. David B. Dollenmayer
Department of Humanities and Arts
Worcester Polytechnic Institute
Worcester, Massachusetts 01609-2280
E-mail: dbd@wpi.edu

Prof. Thomas S. Hansen
Department of German
Wellesley College
Wellesley, Massachusetts 02482
E-mail: thansen@wellesley.edu

Radfahrer am Abend
(*bicyclists at evening time*)

Einführung (Introduction)

Kommunikation (Communication)

- Greeting people and asking their names
- Identifying classroom objects
- Saying good-bye
- Naming the days of the week and the months of the year
- Spelling in German
- Describing how you feel
- Talking about the weather
- Counting to 20
- Telling time
- Saying where you are from
- **Almanach** (Almanac)
  Profile of the Federal Republic of Germany

Stufe 1 (Step 1)

Guten Tag! (Hello!)

The shaded boxes in this **Einführung** (*Introduction*) contain useful words and phrases that you should memorize. You will find a complete list of this vocabulary on p. 19.

German speakers greet each other in various ways. What greeting you use depends on the time of day:

Guten Morgen!	*Good morning!* (until about 10:00 A.M.)
Guten Tag!	*Hello!* (literally: "*Good day.*" Said after 10:00 A.M.)
Guten Abend!	*Good evening!* (after 5:00 P.M.)

where you live:

Grüß Gott!	*Hello!* (in southern Germany and Austria)

and how well you know each other and what the social situation is:

Hallo! **Tag!**	*Hi!* (informal greetings)

Lab Manual
Einführung dialogues in **Stufe 1**. Complete introduction to The Sounds of German at the end of the Audio Program for the **Einführung**.

1 **Gruppenarbeit: Guten Tag! (*Group work*)**   When German speakers meet friends and acquaintances, they not only greet each other, but they also shake hands. Greet the students next to you in German. Don't forget to shake hands!

2 **Partnerarbeit: Was sagen diese Leute? (*Work with partners: What are these people saying?*)**   With a partner, complete the following dialogues by saying them aloud.

German has no equivalent to English *Ms.* One can avoid **Fräulein** by using **Frau** for all young women. In restaurants a waitress is frequently called by saying **Bedienung, bitte!** (*Service, please!*).

Herr	=	*Mr.*
Frau	=	*Mrs. or Ms.*
Fräulein	=	*Miss*

1. _____, Herr Lehmann!
   _____, Frau Schmidt!

2. _____, Brigitte!
   _____, Heinz!

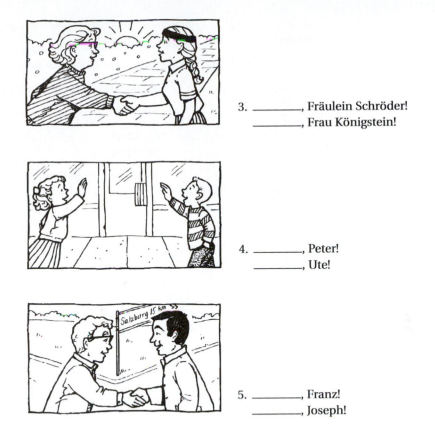

3. _____, Fräulein Schröder!
   _____, Frau Königstein!

4. _____, Peter!
   _____, Ute!

5. _____, Franz!
   _____, Joseph!

Wie heißen Sie? (What's your name?)

You: du or Sie? German has two forms of the pronoun *you*. If you're talking to a relative or good friend, use the familiar form **du**. University students often call each other **du** even when they're meeting for the first time. If you're talking to an adult whom you don't know well, use the formal **Sie**.

When you meet people for the first time, you want to learn their names. Listen to your instructor, then repeat the following dialogue.

You can hear these dialogues on the **Einführung** lesson of the Audio Program.

A: **Hallo, ich heiße Anna. Wie heißt du?**   *Hello, my name is Anna. What's your name?*

B: **Hallo Anna. Ich heiße Thomas.**   *Hello Anna. My name's Thomas.*

A: **Freut mich, Thomas!**   *Pleased to meet you, Thomas.*

B: **Freut mich auch.**   *Pleased to meet you, too.*

If you're meeting an adult who is not a fellow student, the dialogue would go like this:

A: **Ich heiße Schönhuber und wie heißen Sie?**

B: **Guten Tag, Herr Schönhuber. Ich heiße Meyer.**

A: **Freut mich, Herr Meyer.**

B: **Freut mich auch.**

3 **Partnerarbeit: Wie heißt du?** Practice the first dialogue at the bottom of p. 3 with a partner. Substitute your own names for Anna and Thomas, and don't forget to switch roles.

4 **Gruppenarbeit: Ich heiße ...** Now introduce yourself to three or four people in class you don't know. Use **du** and don't forget to shake hands.

Wie heißt du?

Wie heißt er?

Wie heißt sie?

5 **Gruppenarbeit: Wie heißt ... ?** Your instructor will ask you the names of other students. If you can't remember someone's name, just ask that person, **Wie heißt du?**

Geht's is a contraction of **geht es**.

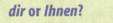 **Wie geht's?** (How are you?)

dir or *Ihnen*?		
informal	Wie geht's **dir**?	(literally) *How goes it for you?*
formal	Wie geht es **Ihnen**?	

After you've said hello, you want to find out how someone is. With a relative or fellow student, the conversation goes like this:

A: **Wie geht's dir, Franz?** — *How are you, Franz?*
B: **Sehr gut, danke. Und dir?** — *Very well, thanks. And you?*
A: **Prima, danke.** — *Great, thanks.*

With other adults, you must use the formal **Ihnen**:

A: **Wie geht es Ihnen heute, Frau Müller?** — *How are you today, Mrs. Müller?*
B: **Leider nicht so gut.** — *Unfortunately, not so well.*
A: **Oh, das tut mir Leid.** — *Oh, I'm sorry.*

6 Partnerarbeit: Wie geht's dir?   Complete this dialogue with a new partner. You're both students or good friends and so say **du** or **dir** to each other.

BEISPIEL: A: Hallo! Wie geht's dir heute, _____?
(Example)   B: _____, danke. Und _____?
            A: _____, danke.

7 Partnerarbeit: Wie geht es Ihnen?   Now you have a more formal relationship. Use **Ihnen** instead of **dir**.

BEISPIEL: A: Guten Tag, Frau/Herr _____. Wie geht es _____ heute?
            B: Leider _____.
            A: Oh, _____.

Auf Wiedersehen!

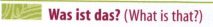

In items 1–4, the first word refers to a university classroom (professor and student), while the second word in parentheses refers to a secondary school classroom (teacher and pupil). **Student** in German *always* means *university student*.

1. der Professor
   (der Lehrer)
2. die Professorin
   (die Lehrerin)
3. der Student
   (der Schüler)
4. die Studentin
   (die Schülerin)
5. die Tafel
6. der Tisch
7. die Uhr
8. die Wand
9. das Fenster
10. der Stuhl
11. die Tür
12. die Landkarte
13. das Poster
14. die Kreide
15. der Wischer

Note:

■ All nouns are capitalized, wherever they occur in the sentence.

■ The **-in** suffix denotes a female.

1. das Buch
2. das Heft
3. das Papier
4. der Bleistift
5. der Kugelschreiber
6. der Radiergummi

A: **Was ist das?**   *What is that?*
B: **Das ist der Tisch.** *That's the table.*
   das Buch.   *the book.*
   die Tafel.   *the blackboard.*

The = *der*, *das*, or *die*

Every German noun belongs to one of three genders: *masculine*, *neuter*, or *feminine*. The form of the definite article (**der**, **das**, **die** = *the*) shows the gender of the noun. When you learn a new noun, always learn the article along with it.

masculine	**der** Mann	*the man*
	der Stuhl	*the chair*
neuter	**das** Kind	*the child*
	das Buch	*the book*
feminine	**die** Frau	*the woman*
	die Tafel	*the blackboard*

A:	**Wer ist das?**	*Who is that?*
B:	**Das ist Thomas.**	*That's Thomas.*
	die Professorin.	*the (female) professor.*
	der Professor.	*the (male) professor.*
	die Studentin.	*the (female) student.*
	der Student.	*the (male) student.*

8 **Partnerarbeit: Was ist das?**   Work together and see how many people and things in the room you can identify.

BEISPIEL: A: Was ist das?   A: Wer ist das?
            B: Das ist der/das/die _____.   B: Das ist _____.

QUESTION WORDS

wie?	*how?*
was?	*what?*
wer?	*who?*

Auf Wiedersehen! (Good-bye!)

There are several expressions you can use when leaving.

Tschüss is derived from Spanish *adiós*.

In Austria, the informal expression **Servus** means both *hi* and *so long*. In Switzerland, instead of **Guten Tag**, one says **Grüezi** formally and **Hoi** informally.

Auf Wiedersehen!	*Good-bye!*
Tschüss!	*So long!* (informal, among friends)
Schönes Wochenende!	*(Have a) nice weekend!*
Danke, gleichfalls!	*Thanks, same to you!* (*You too!*)
Bis morgen!	*Until tomorrow!*
Bis Montag!	*Until Monday!*

Die Wochentage (Days of the week)

Montag	*Monday*
Dienstag	*Tuesday*
Mittwoch	*Wednesday*
Donnerstag	*Thursday*
Freitag	*Friday*
Samstag (in southern Germany)	
Sonnabend (in northern Germany)	*Saturday*
Sonntag	*Sunday*

9 Gruppenarbeit: Auf Wiedersehen! At the end of class, turn to your neighbors and say good-bye until next time. Tell your instructor good-bye too.

Stufe 2

Das Alphabet

The name of almost every letter in German contains the sound ordinarily represented by that letter. You should memorize the German alphabet. Listen to the alphabet on the Audio Program and to your instructor. Besides the regular alphabet, German has four additional symbols you should learn.

a	ah	**k**	kah	**u**	uh
b	beh	**l**	ell	**v**	fau
c	tseh	**m**	emm	**w**	weh
d	deh	**n**	enn	**x**	iks
e	eh	**o**	oh	**y**	üppsilon
f	eff	**p**	peh	**z**	tsett
g	geh	**q**	kuh	**ß**	ess-tsett
h	hah	**r**	err	**ä**	
i	ih	**s**	ess	**ö**	
j	jott	**t**	teh	**ü**	

Three vowels are modified by a symbol called the **Umlaut: ä, ö, ü.** The letter **ß** represents the unvoiced *s*-sound. It follows long vowels and diphthongs. In Switzerland **ss** is used instead of **ß**.

Guten Morgen, gute Laune.

Bremer-Kajenmarkt

jeden Samstag von 10-16 Uhr mit Kinderbetreuung

Lab Manual Einführung,
Variations on dialogues in
Stufe 2.

⑩ Partnerarbeit: Wie schreibt man das? (*How do you spell that?*)

A. Ask each other how you spell your names. Write the last name as your partner spells it, then check to see whether you've written it correctly.

> BEISPIEL: A: Wie heißt du?
> B: Ich heiße Jay Schneider.
> A: Wie schreibt man (*How do you spell*) „Schneider"?
> B: Man schreibt das (*You spell it*) S-C-H-N-E-I-D-E-R.

B. Now turn to the classroom objects pictured on p. 6. One partner spells four or five of the objects pictured; the other partner says each word as it is spelled. Then switch roles.

⑪ Gruppenarbeit: Wie sagt man das? (*How do you say that?*)   Here are some abbreviations used in both English and German. Take turns saying them in German:

VW	BMW	ISBN	BASF
IBM	MP	EKG	TNT
USA	PVC	CD	EU

BMW = Bayerische Motorenwerke (*Bavarian Motor Works*), **MP** = Militärpolizei, **ISBN** = Internationale Standardbuchnummer, **EKG** = Elektrokardiogramm, **BASF** = Badische Anilin- und Sodafabrik (*Baden Aniline and Soda Factory*), **EU** = *Europäische Union*.

⑫ Gruppenarbeit: Wie spricht man das aus? (*How do you pronounce that?*)

A. Let's move from individual letters to pronouncing entire words in German. Here are some well-known German surnames. Take turns saying them aloud.

Fahrenheit	Kissinger	Nietzsche	Bach
Jung	Freud	Luther	Schönberg
Diesel	Ohm	Zeppelin	Schwarzenegger
Beethoven	Röntgen	Bunsen	Goethe
Hesse	Mozart	Schiffer	Pfeiffer

B. Now here are some words that English has borrowed from German. Caution: in English, their pronunciation has been anglicized. Be sure to pronounce them in German, and see if you know what they mean.

Angst	Kindergarten	Schmalz
Ersatz	Kitsch	Strudel
Flak	Leitmotiv	Wanderlust
Gestalt	Poltergeist	Weltanschauung
Gesundheit	Rucksack	Zeitgeist
Hinterland	Schadenfreude	Zwieback

Flak = acronym for **Fliegerabwehrkanone** (*anti-aircraft gun*).

Wie geht's?

Now let's move beyond the basics of "How are you?" "I'm fine" and find out more detail about how you're feeling.

> A: **Wie geht's dir heute? Bist du gut gelaunt?**   *How are you today? Are you in a good mood?*
>
> B: **Nein, ich bin nicht gut gelaunt. Ich bin schlecht gelaunt.**   *No, I'm not in a good mood. I'm in a bad mood.*
>
> A: **Bist du müde?**   *Are you tired?*
>
> B: **Nein, ich bin nicht müde.**   *No, I'm not tired.*

You will learn the complete present tense of **sein**, including plural forms, in **Kapitel 1**.

Du bist is familiar; **Sie sind** is formal.

sein to be

The most frequently used verb in German is **sein**. It is very irregular in the present tense.

ich	**bin**	*I am*
du	**bist**	*you are*
Sie	**sind**	
er	**ist**	*he is*
sie	**ist**	*she is*

Wie geht's?

Es geht mir gut. (*I'm fine.*)

Ich bin …
   gut gelaunt (*in a good mood*).
   munter (*wide-awake, cheerful*).
   fit (*in good shape*).
Das freut mich! (*I'm glad!*)

Es geht mir nicht so gut. (*I'm not so well.*)

Ich bin …
   schlecht gelaunt (*in a bad mood*).
   müde (*tired*).
   krank (*sick*).
   sauer (*ticked off, sore*).
Das tut mir Leid. (*I'm sorry.*)

13 **Gruppenarbeit** Describe these six people in German.

Er (*oder*) sie ist _____.

14 Partnerarbeit With a partner, complete the following dialogues.

GERTRUD: Grüß Gott, Melanie! Wie geht's _____ heute?

MELANIE: Hallo, Gertrud. Leider geht's mir nicht gut. Ich bin heute _____.

GERTRUD: Oh, _____.

FRAU PABST: Guten Tag, Herr Hauser! Wie geht es _____?

HERR HAUSER: Guten Tag, Frau Pabst! Sehr gut, danke. Ich bin heute _____!

FRAU PABST: Oh, _____!

15 Gruppenarbeit: Bist du … ? Form groups of three or four for this guessing game. Each person in turn acts out one of the adjectives listed on page 10. The others ask questions until they guess what the mood is.

BEISPIEL: A: Bist du müde?
B: Nein, ich bin nicht müde.
C: Bist du _____?
B: Ja, ich bin _____.

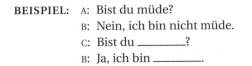

Das Wetter (The weather)

The weather is a frequent topic of conversation everywhere.

A: Wie ist das Wetter heute?
B: Es ist **herrlich** (*great, terrific*).   oder (*or*)
Es ist **furchtbar** (*terrible*).

Es ist kühl.　　Es ist warm.　　Es ist kalt.　　Es ist heiß.

Scheint die Sonne heute?   *Is the sun shining today?*

Ja, die Sonne scheint.   *Yes, the sun is shining.*

Nein, es regnet.   *No, it's raining.*

16 Partnerarbeit: Wie ist das Wetter heute?   Chat briefly with a partner about today's weather. Use the words and phrases above.

More weather words

Es ist heute wolkig.	*Today it's cloudy.*
neblig.	*foggy.*
sonnig.	*sunny.*
windig.	*windy.*
Es regnet.	*It's raining.*
Es schneit.	*It's snowing.*

17 Partnerarbeit: Wie ist das Wetter in Europa?   Below are typical weather maps for Europe and for parts of Brandenburg and Berlin. Working with a partner, answer the questions that follow each map.

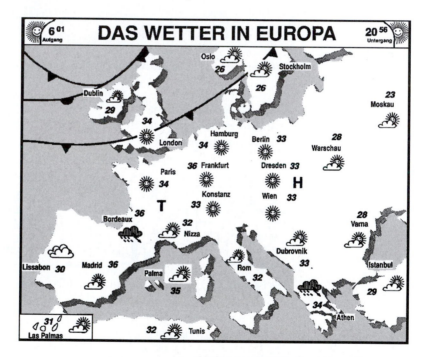

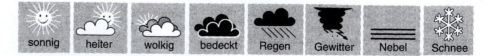

1. Look at the upper left- and right-hand corners of the map. What do **Aufgang** and **Untergang** mean?
2. What season is shown on the map? (**Ist es heiß oder kalt?**)
3. Ask each other about the weather in various cities. (**Wie ist das Wetter in Hamburg?**)

Heute mittag
Brandenburg
Quelle: DWD

5 2 Eberswalde

Oranienburg

❄ Strausberg

5 2 BERLIN

4 2

Fürstenwalde

5 3

Brandenburg   Potsdam

Königs Wusterhausen

4. Wie ist das Wetter in Berlin?

5. Ist es Sommer oder Winter?

18 **Gruppenarbeit: In Oslo ist es ...**   Describe the weather in the following places.

Wie ist das Wetter in ...

Oslo?

Cannes?

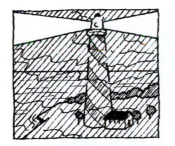

Boston?

Berlin?

Hamburg?

Athen?

Stufe 3

Die Zahlen (The numbers)

Lab Manual Einführung, The Numbers from 0 to 20.

0	null	11	elf
1	eins	12	zwölf
2	zwei	13	dreizehn
3	drei	14	vierzehn
4	vier	15	fünfzehn
5	fünf	16	sechzehn
6	sechs	17	siebzehn
7	sieben	18	achtzehn
8	acht	19	neunzehn
9	neun	20	zwanzig
10	zehn		

QUESTION WORD

wie viele?　　　　*how many?*

19 Gruppenarbeit: Wie ist die Telefonnummer? (*What is the telephone number?*)

Read these business telephone numbers aloud.

These numbers include area codes beginning with 0. When dialing German numbers from outside Germany, the zero is omitted. For example, to dial the Darmstadt number from the U.S., dial 011 (international operator), 49 (country code), then the area code 6151 (without zero), and then the local number 47651. 49 is the country code for Germany, 43 for Austria, 41 for Switzerland.

RISTORANTE VIVARIUM
Schnampelweg 4 · 64287 Darmstadt · Telefon 06151/47651

STAATLICHE SCHLÖSSER UND GÄRTEN
Schloß Schwetzingen
Telefon 06202/81-481

Atelier für Austellungsdesign

ARCHI ME DES
ARCHITEKTUR MEDIEN DESIGN
Urbanstr.116 · 10967 Berlin
Tel 030 / 789 99 0505
www.archi-me-des.de

EIGENER ABSCHLEPPDIENST
K. Walter
vorm. ZINNEKER
1230 WIEN, DREITENFURTERSTR. 213
☏ 804 2142
KAROSSERIE-FACHWERKSTÄTTE
Einbrenn- und Sonderlackierung
Autokosmetik

Hotel & Restaurant
Zum Ritter
Elmar Zuspann
Kanalstr. 18–20
36037 Fulda
Tel. 06 61-25 08 00
Fax. 06 61-25 08 01 74

Berufskleidung Marx
Silhöfer Straße 10 · 35578 Wetzlar
Telefon 0 64 41 - 4 23 65

Lab Manual Einführung dialogues in **Stufe 3**.

20 Kettenreaktion: Wie ist deine Telefonnummer? (*Chain reaction: What's your telephone number?*) Follow the model. One student asks the next.

BEISPIEL: A: Wie ist deine Telefonnummer?

B: Meine Telefonnummer ist _____. Wie ist *deine* Telefonnummer?

C: _____.

Wie spät ist es bitte? (What time is it, please?)

Es ist drei Uhr.

Es ist Viertel nach sieben.

Es ist Viertel vor zehn.

Es ist ein Uhr. *or* Es ist eins.

Es ist elf (Minuten) nach zehn.

Es ist vierzehn vor acht.

The half hour is counted in German in relation to the following full hour, not the preceding hour as in English.

Es ist halb acht.
(literally) *It is halfway to eight; that is, it is 7:30.*

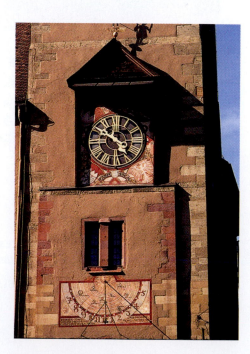

„Wie spät ist es?" (Turmuhr
[*tower clock*] und Sonnenuhr
in Würzburg)

21 **Partnerarbeit: Wie spät ist es bitte?** Take turns asking each other for the time.

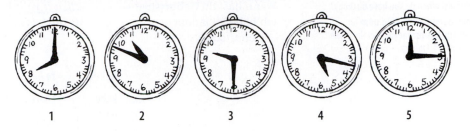

1   2   3   4   5

Persönliche Fragen (Personal questions)

When you meet people, you usually want to find out some basic facts about them, such as where they come from. Listen to the following dialogue and repeat it after your instructor.

Woher kommst du?
connotes *Where were you born?*

A: **Woher kommst du?** *Where do you come from?*
B: **Ich komme aus Stuttgart.** *I come from Stuttgart.*
A: **Wo wohnst du jetzt?** *Where do you live now?*
B: **Ich wohne jetzt in Berlin.** *I'm living in Berlin now.*

	kommen	*to come*		**wohnen**	*to live*
ich	komm**e**	*I come*	ich	wohn**e**	*I live*
du	komm**st**	} *you come*	du	wohn**st**	} *you live*
Sie	komm**en**		Sie	wohn**en**	
er	komm**t**	*he comes*	er	wohn**t**	*he lives*
sie	komm**t**	*she comes*	sie	wohn**t**	*she lives*

22 **Gruppenarbeit: Woher?** Walk around the classroom and find out what cities, states, or foreign countries your classmates are from. Your instructor can help you with the German names of other countries. Then find out where your classmates live, on campus or otherwise.

BEISPIEL: A: Woher kommst du?
B: Ich komme aus _____.
A: Wo wohnst du jetzt?
B: Ich wohne in Davis Hall.

Listen to the dialogue and repeat it after your instructor.

Literally: When do you have birthday?
Im is a contraction of **in dem** (*in the*). **Im Januar** means literally *in the (month of) January*.

A: Wann hast du Geburtstag?
B: Ich habe im Januar Geburtstag.

When is your birthday?
My birthday is in January.

	haben	*to have*
ich	habe	*I have*
du	hast	} *you have*
Sie	haben	
er	hat	*he has*
sie	hat	*she has*

Lab Manual Einführung, The Months.

The stress is on the second syllable in **Apríl** and **Augúst**.

Die Monate (The months)

im Januar	im Mai	im September
im Februar	im Juni	im Oktober
im März	im Juli	im November
im April	im August	im Dezember

23 Kettenreaktion Find out in what months your classmates were born.

BEISPIEL: A: Wann hast du Geburtstag?
B: Ich habe im _____ Geburtstag. Wann hast du Geburtstag?
C: _____.

Lab Manual Einführung, The Sounds of German and Useful Classroom Expressions.

Useful classroom expressions

Wie sagt man „the book" auf Deutsch?	*How do you say "the book" in German?*
Man sagt „das Buch".	*You say "das Buch."*
Übersetzen Sie bitte.	*Please translate.*
Wiederholen Sie bitte.	*Please repeat.*
Üben wir!	*Let's practice!*
Machen Sie Nummer drei, bitte.	*Please do number three.*
Alle zusammen, bitte.	*All together, please.*
Sie sprechen zu leise.	*You're speaking too softly.*
Sprechen Sie bitte lauter.	*Please speak more loudly.*
Sie sprechen zu schnell.	*You're speaking too fast.*
Sprechen Sie bitte langsamer.	*Please speak more slowly.*
Wie bitte?	*I beg your pardon? What did you say?*
Antworten Sie bitte auf Deutsch!	*Please answer in German.*
Das ist richtig.	*That's correct.*
Das ist falsch.	*That's incorrect.*
Verstehen Sie das?	*Do you understand that?*

Wortschatz (Vocabulary)

The following list contains all the words and expressions from the **Einführung** that you need to know, except the numbers from 1–20 and expressions for telling time.

Greetings

Grüß Gott! Hello! (*in southern Germany and Austria*)
Guten Abend! Good evening!
Guten Morgen! Good morning!
Guten Tag! Hello!
Hallo!
Tag! } Hi!

Partings

Auf Wiedersehen! Good-bye!
Bis morgen. Until tomorrow.
Schönes Wochenende! Have a nice weekend!
Danke, gleichfalls! Thanks, same to you!
Tschüss! So long!

Days of the week

Montag Monday
Dienstag Tuesday
Mittwoch Wednesday
Donnerstag Thursday
Freitag Friday
Samstag/Sonnabend Saturday
Sonntag Sunday

Question words

wann? when?
was? what?
wer? who?
wie? how?
wie viele? how many?
wo? where?
woher? from where?

Courtesy titles

Frau Mrs., Ms.
Fräulein Miss
Herr Mr.

Personal questions, feelings, and emotions

Wie heißen Sie? / Wie heißt du? What's your name?
Ich heiße ... My name is . . .
Wie geht es Ihnen? / Wie geht es dir? How are you?
Ich bin gut gelaunt. I'm in a good mood.
Ich bin schlecht gelaunt. I'm in a bad mood.
Ich bin munter / müde. I'm wide-awake, cheerful / tired.
  fit in shape
  krank sick
  sauer ticked off, sore
Das freut mich. I'm glad.
Das tut mir Leid. I'm sorry.

Time and place

heute today
morgen tomorrow
Wie spät ist es bitte? What time is it, please?
Woher kommst du? Where do you come from?
Wann hast du Geburtstag? When is your birthday?
Im April. In April.

Classroom words

der Lehrer, die Lehrerin (school) teacher
der Professor, die Professorin professor
der Schüler, die Schülerin pupil, student (*pre-college*)
der Student, die Studentin (university) student
der Bleistift pencil
der Kugelschreiber ballpoint pen
der Radiergummi rubber eraser
der Stuhl chair
der Tisch table
der Wischer blackboard eraser

das Buch book
das Fenster window
das Heft notebook
das Papier paper
das Poster poster

die Kreide chalk
die Landkarte map
die Tafel blackboard
die Tür door
die Uhr clock, watch
die Wand wall

Months of the year

Januar	**Juli**
Februar	**August**
März	**September**
April	**Oktober**
Mai	**November**
Juni	**Dezember**

The weather

Wie ist das Wetter heute? How's the weather today?
Es regnet / schneit. It's raining / snowing.
Es ist herrlich / furchtbar. It's great / terrible.
  heiß hot
  kalt cold
  kühl cool
  warm warm
  neblig foggy
  sonnig sunny
  windig windy
  wolkig cloudy

PROFILE OF THE FEDERAL REPUBLIC OF GERMANY

Area: 357,000 square kilometers; 138,000 square miles

Population: 83 million, or 233 people per square kilometer (601 per square mile)

Currency: der Euro; 1€ = 100 Cent

Major Cities: Berlin (largest city, official capital, pop. 3.5 million); Hamburg (pop. 1.7 million); Munich (pop. 1.3 million); Cologne (pop. 963,000); Frankfurt am Main (pop. 656,000); Stuttgart (pop. 592,000); Düsseldorf (pop. 573,000); Leipzig (pop. 475,000); Dresden (pop. 480,000)

Religions: Protestant: 38%; Catholic: 34%; Muslim: 1.7%; unaffiliated or other: 26.3%

When the Second World War ended in 1945, the victorious Allies divided Germany into four zones of occupation: American, British, French, and Soviet. Their original intention was to denazify and reunite Germany, but in 1949 the ideological tensions of the Cold War led to the creation of two German states. The Federal Republic of Germany (FRG) in the West and the German Democratic Republic (GDR) in the East existed side by side for 41 years. The reunification of 1990 merged one of the most affluent capitalist countries with one of the most prosperous socialist countries from the Eastern bloc.

But the changes brought about by reunification are still difficult to assess. Forty years of state ownership left eastern Germany's industry obsolete and unable to compete in the Western marketplace. Industries in the former GDR were quickly privatized, a process that caused high rates of unemployment in the East. Germans in both East and West still sometimes regard each other with suspicion and resentment, and overcoming those feelings will surely take time.

Today, the unified nation has an area slightly smaller than France. The Federal Republic is the most populous and economically one of the strongest countries in the European Union (EU).

The FRG today faces new challenges on both a European and a global scale. As one of the most important member states of the EU, Germany has a decisive voice in the development of joint EU defense, agricultural, monetary, and environmental policies. Like its EU partners, Germany struggles to find the right balance between its traditional culture and the diversity brought by immigrants from beyond the borders of the EU. It also needs to find the best way to compete in the global marketplace while retaining the high wages and excellent social services enjoyed by German workers.

Wie geht's? (Studenten in Weimar)

Wie geht's dir?

Kommunikation

- Making statements
- Asking yes/no questions
- Asking when, who, where, what, etc.

Kultur (Culture)

- Learning about the social implications of German forms of address

In diesem Kapitel (In this chapter)

- **Lyrik zum Vorlesen** (Poetry for reading aloud)
  Kinderreime, Zungenbrecher
- **Grammatik** (Grammar)
  Personal pronouns
  Verbs: Infinitive, Present tense
  Nouns: Gender and pronoun agreement, Plurals,
    Nominative case
  The sentence: German word order
  The flavoring particle **ja**
- **Lesestück** (Reading)
  Wie sagt man *„you"* auf Deutsch?
- **Almanach**
  Where Is German Spoken?

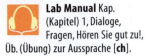

DIALOGE

Dialoge = *Dialogues*

Lab Manual Kap. (Kapitel) 1, Dialoge, Fragen, Hören Sie gut zu!, Üb. (Übung) zur Aussprache [ch].

In colloquial German **guten Morgen!**, **auf Wiedersehen!**, and **guten Tag!** are often shortened to **Morgen!**, **Wiedersehen!**, and **Tag!**

In Eile

HERR LEHMANN: Guten Morgen, Frau Hauser!

FRAU HAUSER: Morgen, Herr Lehmann. Entschuldigung, aber ich bin in Eile. Ich fliege um elf nach Wien.

HERR LEHMANN: Wann kommen Sie wieder zurück?

FRAU HAUSER: Am Mittwoch bin ich wieder im Büro – also dann, auf Wiedersehen!

HERR LEHMANN: Wiedersehen! Gute Reise!

Die Mensa

KARIN: Tag, Michael!

MICHAEL: Hallo, Karin! Wie ist die Suppe heute?

KARIN: Sie ist ganz gut. – Übrigens, arbeitest du viel im Moment?

MICHAEL: Nein, nicht sehr viel. Warum fragst du?

KARIN: Ich gehe heute Abend zu Horst. Du auch?

MICHAEL: Ja, natürlich.

KARIN: Prima! Also tschüss, bis dann.

Typisch für September

FRAU BACHMANN: Guten Tag, Frau Kuhn! Wie geht's?

FRAU KUHN: Tag, Frau Bachmann! Sehr gut, danke, und Ihnen?

FRAU BACHMANN: Danke, auch gut. Was machen die Kinder heute?

FRAU KUHN: Sie spielen draußen, das Wetter ist ja so schön.

FRAU BACHMANN: Ja, endlich scheint die Sonne. Aber vielleicht regnet es morgen wieder.

FRAU KUHN: Das ist typisch für September.

„Wie ist die Suppe heute?"

Verben (Verbs)

arbeiten to work
fliegen to fly
fragen to ask
gehen to go; to walk
kommen to come
machen to make; to do
regnen to rain
scheinen to shine; to seem
sein to be
spielen to play
wohnen to live; to dwell

In this book, nouns are grouped by gender for easier learning. Always learn the article and the plural along with the singular of each noun. Don't just learn **Kind** = *child*, but rather **das Kind**, **die Kinder**. Noun plurals are presented in a standard abbreviated form. See page 32 below.

Substantive (Nouns)

der **Abend, -e** evening
  heute Abend this evening, tonight
der **Herr, -en** gentleman
  Herr Lehmann Mr. Lehmann
der **Morgen, -** morning
der **September** September
der **Tag, -e** day

das **Büro, -s** office
  im Büro in the office
das **Kind, -er** child
das **Wetter** weather
(das) **Wien** Vienna

die **Frau, -en** woman; wife
  Frau Kuhn Mrs./Ms. Kuhn
die **Mensa** university cafeteria
die **Sonne** sun
die **Straße, -n** street, road
die **Suppe, -n** soup

City names are neuter in German but are seldom used with the article. In such cases, the article is given in parentheses in the **Wortschatz**.

Adjektive und Adverbien
(*Adjectives and adverbs*)

auch also, too
da there
dann then
draußen outside
endlich finally
gut good; well
  ganz gut pretty good; pretty well
hier here
natürlich natural(ly); of course
schön beautiful(ly)
sehr very
typisch typical(ly)
vielleicht maybe, perhaps
wieder again

German has no equivalent for the English adverbial ending *-ly*. For example, the German word **natürlich** can mean both *natural* and *naturally* (similarly, **gut** means both *good* and *well*).

Andere Vokabeln (Other words)

aber but
also well
bis until; by
  bis dann until then; by then
danke thanks
für for
in in
ja yes; *untranslatable "flavoring particle," see p. 38.*
nach to (*with cities and countries*
nein no
nicht not
übrigens by the way
um (*prep.*) at (*with expressions of time*)
und (*conj.*) and
usw. (= **und so weiter**) etc. (= and so forth)

There is a complete list of abbreviations on p. 476.

viel (*pron.*) much, a lot
warum? why?
wie (*conj.*) how; like, as
zu (*prep.*) to (*with people*); too (*as in* "too much")
zurück back

Nützliche Ausdrücke
(*Useful expressions*)

am Mittwoch (Donnerstag usw.) on Wednesday (Thursday, etc.)
Entschuldigung! Pardon me! Excuse me!
Gute Reise! (Have a) good trip!
im Moment at the moment
in Eile in a hurry
Prima! Terrific! Great!

Gegensätze (Opposites)

gut ≠ schlecht good ≠ bad
hier ≠ da here ≠ there
schön ≠ hässlich beautiful ≠ ugly
der Tag ≠ die Nacht day ≠ night
viel ≠ wenig much, a lot ≠ not much, little

Study hint: Learn antonyms in pairs. They are all active vocabulary.

Mit anderen Worten
(*In other words*)

prima = sehr gut
wunderschön = sehr schön

In a Hurry

MR. L: Good morning, Ms. Hauser.

MS. H: Morning, Mr. Lehmann. Forgive me, but I'm in a hurry. I'm flying to Vienna at eleven.

MR. L: When are you coming back again?

MS. H: I'll be back in the office on Wednesday. Well then, good-bye.

MR. L: Bye. Have a good trip!

English translations are idiomatic, not always word-for-word.

The University Cafeteria

K: Hi, Michael!

M: Hello, Karin! How's the soup today?

K: It's pretty good. By the way, are you working a lot at the moment?

M: No, not very much. Why do you ask?

K: I'm going to Horst's tonight. You too?

M: Yes, of course.

K: Great! Well, so long until then.

Typical for September

MRS. B: Hello, Mrs. Kuhn. How are you?

MRS. K: Hi, Mrs. Bachmann. Very well, thanks, and you?

MRS. B: Thanks, I'm fine too. What are the kids doing today?

MRS. K: They're playing outside—the weather is so nice.

MRS. B: Yes, the sun is finally shining. But maybe it will rain again tomorrow.

MRS. K: That is typical for September.

Variationen (*Variations*)

A **Persönliche Fragen (*Personal questions*)**   Answer your instructor's questions.

1. Wo wohnen Sie?
2. Wie geht es Ihnen heute?
3. Arbeiten Sie viel im Moment?
4. Was machen Sie heute Abend?

B **Partnerarbeit: An welchem Tag? (*Work with a partner: On which day?*)**   Ask each other the questions below. Your partner answers with any day of the week.

> **BEISPIEL:**   A: Wann kommst du zurück?
> B: Am Dienstag.

1. Wann arbeitest du?
2. Wann hast du Deutsch?
3. Wann gehst du zu Gisela?
4. Wann kommst du zurück?
5. Wann spielst du Tennis?

C **Partnerarbeit: Wann fliegst du?**   The clock faces show departure times from the Frankfurt airport. Ask each other when you're flying to various places.

> **BEISPIEL:**   A: Wann fliegst du nach Sydney?
> B: Ich fliege um halb acht.

1. nach Prag   2. nach Moskau   3. nach Kopenhagen

4. nach Madrid   5. nach Toronto   6. nach Singapur

D **Übung: Und Sie?**   To each question, respond that you feel the same way.

BEISPIEL: Richard ist heute gut gelaunt. Und Sie?
                  Ja, *er* ist gut gelaunt und *ich* bin es auch.

1. Maria ist fit. Und Sie?
2. Herr Schrödinger ist krank. Und Sie?
3. Frau Bachmann ist munter. Und Sie?
4. Christian ist gut gelaunt. Und Sie?
5. Wir sind schlecht gelaunt. Und Sie?
6. Ich bin heute sauer. Und Sie?

E **Vokabeln aktiv: Wie ist die Party?** (*How's the party?*)

1. Wie ist das Wetter? Es ist _____.
2. Wie ist die Party? Sie ist _____.
3. Wie ist die Suppe? Sie ist _____.
4. Wie ist das Büro? Es ist _____.

1.

2.

3.

4.

In each chapter this section presents some short selections of original German poetry (**Lyrik**), rhymes, or song texts for your enjoyment. Read them aloud. Don't worry about understanding everything. The emphasis here is on the *sound* of German.

Kinderreime°   *Children's rhymes*

Traditional counting-out rhymes

Eins zwei drei,
du bist frei°.   *free*
Vier fünf sechs,
du bist weg°.   *out*
Sieben acht neun,
du musst's sein°.   *you are it*

Ich heiße Peter, du heißt Paul.
Ich bin fleißig°, du bist faul°.   *hard-working / lazy*

Children's alphabet rhyme

A b c d e f und g,
h i j k l m n o p,
q r s t u v w,
x y z und o weh°,   ***o weh** = oh my*
jetzt kann ich das ABC°.   *now I know the ABC*

Zungenbrecher°   *Tongue twisters*

In Ulm, um Ulm°   *In Ulm, around Ulm,*
und um Ulm herum°.   *and round about Ulm.*

Fischers Fritz fischt frische Fische.   *Fischer's (boy) Fritz fishes fresh fish.*
frische Fische fischt Fischers Fritz°.   *Fresh fish is what Fischer's Fritz fishes.*

Ulm lies on the Danube River in the southern state of Baden-Württemberg. Its famous Gothic church has the highest spire in the world at 161.6 meters (530 ft.).

Grammatik = *Grammar*

1. Personal pronouns (*Personalpronomen*)

Personal pronouns as the subject of a sentence:

	Singular		Plural	
1st person	ich	*I*	wir	*we*
2nd person	du Sie	*you* (familiar) *you* (formal)	ihr Sie	*you* (familiar) *you* (formal)
3rd person	er es sie	*he, it* *it* *she, it*	sie	*they*

The three ways to say *you* in German

German has three words for the subject pronoun *you*: **du**, **ihr**, and **Sie**.

The familiar pronouns **du** (*singular*) and **ihr** (*plural*) are used when addressing children, family members, close friends, animals, and the deity. Members of certain groups (students, blue-collar workers, soldiers, athletes) converse among themselves almost exclusively with **du** and **ihr**. People on a first-name basis usually use **du** with each other. In conversation with German speakers, allow them to establish which form is used.

The formal **Sie** is used when addressing one or more adults who are not close friends of the speaker. In writing, **Sie** meaning *you* is distinguished from **sie** meaning *she* or *they* by always beginning with a capital letter.

The pronoun **ich** is not capitalized except when it is the first word in a sentence.

„Tag, Frau Breitenkamp! Wie geht es Ihnen?"

2. Verbs (*Verben*): Infinitive and present tense

The infinitive (*der Infinitiv*)

German verbs are found in a dictionary in the infinitive form. In English the infinitive is usually preceded by *to*.

> *to play*   *to hike*

In German, the infinitive consists of the verb stem plus the ending **-en** or **-n.**

spiel-	**spielen**	*to play*
wander-	**wandern**	*to hike*

The present tense (*das Präsens*)

A German verb has various endings in the present tense, depending on its subject.

Das Kind spiel**t** draußen.	*The child plays outside.*
Die Kinder spiel**en** draußen.	*The children play outside.*

In order to form the present tense of a German verb, first find the stem by dropping the infinitive ending **-en** or **-n:**

> komm- ~~en~~

Then add the personal endings:

Stem + ending		Present tense		
ich	komm-**e**	ich	komme	*I come*
du	komm-**st**	du	kommst	*you come* (familiar singular)
er, es, sie	komm-**t**	er, es, sie	kommt	*he, it, she comes*
wir	komm-**en**	wir	kommen	*we come*
ihr	komm-**t**	ihr	kommt	*you come* (familiar plural)
sie, Sie	komm-**en**	sie	kommen	*they come*
		Sie	kommen	*you come* (formal singular and plural)

The verb ending will help you distinguish between **sie** = *she* (**sie kommt**) and **sie, Sie** = *they, you* (**sie, Sie kommen**). The verb ending for third-person plural and the polite *you*-form is always the same. From now on they will be listed together in verb paradigms: **sie, Sie kommen.**

Lab Manual Kap. 1, Üb. 1; Var. (Variation) zur Üb. 1.

Workbook Kap. 1, A.

1 **Übung: Wer kommt morgen?**   Say who is coming tomorrow, using the pronouns cued.

> BEISPIEL: ich
> Ich komme morgen.

1. er	3. wir	5. sie (*she*)	7. ich
2. Sie (*you*)	4. sie (*they*)	6. du	8. ihr

2 **Kettenreaktion: Wo wohnst du?** Say where you live and then ask the next student.

> BEISPIEL: Ich wohne in Atlanta. Wo wohnst du?
> Ich wohne in _____.

Regular variations in personal endings

Verbs with stems ending in **-d**, **-t**, or a consonant cluster such as **-gn** require an **-e-** before the **du**, **er**, and **ihr** endings to make them pronounceable.

arbeiten *to work*				**regnen** *to rain*
stem: **arbeit-**				stem: **regn-**
ich	arbeite	wir	arbeiten	
du	arbeitest	ihr	arbeitet	es regnet
er, es, sie	arbeitet	sie, Sie	arbeiten	

Lab Manual Kap. 1, Üb. 3.

3 **Übung: Wer arbeitet heute?** Tell who is working today, using the cued pronoun or name.

> BEISPIEL: wir
> Wir arbeiten heute.

1. ich
2. Herr Lehmann
3. sie (*they*)
4. du
5. ihr
6. Sie (*you*)
7. wir
8. Michael

4 **Gruppenarbeit: Was machst du heute?** (*4 Studenten*) Ask each other what you're doing today.

> A: Was machst du heute, Katrin?
> B: Ich fliege nach Wien. Was machst du heute?
> C: Ich _____ . Was machst du heute?

English and German present tense compared

German present tense is equivalent to three English forms:

$$\text{ich gehe} \begin{cases} I\ go \\ I\ am\ going \\ I\ do\ go \end{cases}$$

Present tense with future meaning

In German the present tense often expresses future meaning, especially when another element in the sentence makes the future meaning clear.

Ich fliege um elf nach Wien.   *I'm flying to Vienna at eleven.*
Mittwoch bin ich wieder zurück.   *I'll be back Wednesday.*

Note that English often uses the present progressive (*I'm flying*) for the same purpose.

The verb *sein*: *to be*

Like *to be* in English, the verb **sein** is irregular; its forms must be memorized.

ich	**bin**	*I am*		wir	**sind**	*we are*
du	**bist**	*you are*		ihr	**seid**	*you are*
er, es, sie	**ist**	*he, it, she is*		sie, Sie	**sind**	*they, you are*

Lab Manual Kap. 1, Var. zur Üb. 3.

Workbook Kap. 1, B.

5 **Partnerarbeit: Seid ihr auch so?**   With your partner, look at the following adjectives you can use to describe your personality. You shouldn't have trouble understanding them, because they all have English cognates. Ask each other questions to find out which of these characteristics you have in common. Make a list of three or four characteristics you share.

BEISPIEL: A: Ich bin sehr emotional. Bist du auch emotional?
            B: Ja, ich bin (immer [*always*] / oft / sehr) emotional. [*or*]
                 Nein, ich bin (selten / nicht / nie [*never*]) emotional.

aktiv	kreativ
athletisch	modern
clever	naiv
dynamisch	objektiv
elegant	optimistisch
emotional	pessimistisch
exzentrisch	progressiv
intelligent	sentimental
kompetent	subjektiv
konservativ	

6 **Gruppenarbeit**   Now go with your partner to another pair of students and ask questions to find out how they describe themselves. Use the words listed in exercise 5.

BEISPIEL: GRUPPE A: Seid ihr auch emotional?
            GRUPPE B: Nein, wir sind nicht emotional, wir sind _____. Und ihr?

3. The noun (*das Substantiv*): Noun gender and pronoun agreement

You have learned that German has three genders for nouns, shown by the definite article (**der**, **das**, **die**). When a pronoun replaces a noun (*the chair = it*), it must have the same gender.

Wo ist **der** Stuhl?	**Er** ist hier.	*It's here.*
Wo ist **das** Buch?	**Es** ist hier.	*It's here.*
Wo ist **die** Tafel?	**Sie** ist hier.	*It's here.*

Note that **er**, **es**, and **sie** can all mean *it*. Note also the similarities between the definite article and its corresponding pronoun.

d**er** Stuhl → **er**
da**s** Buch → e**s**
di**e** Tafel → s**ie**

Plural forms do not show gender. The definite article **die** is used with all plural nouns, and the pronoun **sie** replaces all plural nouns.

Wo sind **die** Stühle?
Wo sind **die** Bücher? } **Sie** sind hier.   *They are here.*
Wo sind **die** Tafeln?

Lab Manual Kap. 1, Üb. 7; Var. zur Üb. 7.

Workbook Kap. 1, C, D.

7 Übung   Answer the questions affirmatively. Use a pronoun.

BEISPIEL: Ist Rolf heute gut gelaunt?
          Ja, er ist heute gut gelaunt.

1. Ist das Buch gut?
2. Ist Frau Schmidt sehr müde?
3. Spielen die Kinder draußen?
4. Ist das Wetter typisch für September?
5. Scheint die Sonne heute?
6. Sind Karin und Michael Studenten?
7. Ist die Suppe gut?
8. Ist der Tag schön?

8 Partnerarbeit: Hier oder da?   Partner A asks where the things in the left-hand column are. Partner B answers with the correct pronoun, pointing to the object. Reverse roles for the right-hand column.

BEISPIEL: A: Wo ist die Tafel?
          B: Sie ist da.

das Buch	der Radiergummi
das Heft	das Fenster
die Tür	der Professor/die Professorin
der Bleistift	der Tisch
die Wand	der Stuhl
die Landkarte	das Poster

4. Noun plurals (*der Plural*)

Here are the nouns you learned in the **Einführung** with their plurals:
der Lehrer, - / die Lehrerin, -nen
der Professor, -en / die Professorin, -nen
der Schüler, - / die Schülerin, -nen
der Student, -en / die Studentin, -nen
der Bleistift, -e
das Buch, ⸚er
das Fenster, -
das Heft, -e
der Kugelschreiber, -
die Landkarte, -n
das Poster, -
der Stuhl, ⸚e
die Tafel, -n
der Tisch, -e
die Tür, -en
die Uhr, -en
die Wand, ⸚e

The most common plural ending for English nouns is -*s* or -*es*: chair, chair*s*; dish, dish*es*. Some nouns have irregular plurals: man, *men*; mouse, *mice*; child, *children*; sheep, *sheep*.

German has a much greater variety of plural forms. There is no one basic rule, nor is any one form the most common. The following list gives examples of all the plural forms.

	Singular	Plural
No change Umlaut added to stem vowel	der Lehrer die Mutter	die Lehrer die Mütter
Add ending **-e** Umlaut + ending **-e**	der Tisch der Stuhl	die Tisch**e** die Stühle
Add ending **-er** Umlaut + ending **-er**	das Kind das Buch	die Kind**er** die Büch**er**
Add ending **-en** Add ending **-n**	die Frau die Straße	die Frau**en** die Straße**n**
Add ending **-s**	das Büro	die Büro**s**

Dictionaries and vocabulary lists customarily use an abbreviation to indicate the plural. An umlaut above the hyphen indicates that the stem (stressed) vowel is umlauted in the plural.

Dictionary entry	You must learn
der **Lehrer, -**	der **Lehrer**, die **Lehrer**
die **Mutter,** ⸚	die **Mutter**, die **Mütter**
der **Tag, -e**	der **Tag**, die **Tage**
der **Stuhl,** ⸚**e**	der **Stuhl**, die **Stühle**

Lab Manual Kap. 1, Üb. 9, 10.

Workbook Kap. 1, E.

9 **Übung** Look at the following nouns and say aloud both the singular and plural forms with their articles.

1. das Kind, -er
2. das Büro, -s
3. der Tisch, -e
4. die Mutter, ⸚
5. die Tafel, -n
6. die Straße, -n
7. der Stuhl, ⸚e
8. die Frau, -en

Turn to the German-English Vocabulary at end of book, pp. 476–492, for more practice with plurals.

10 **Übung** Make the subjects plural. Change the verbs accordingly.

BEISPIEL: *Der Herr kommt* um elf.
Die Herren kommen um elf.

1. Das Büro ist sehr schön.
2. Die Frau fliegt nach Wien.
3. Das Kind kommt heute Abend.

4. Die Straße ist sehr schön.
5. Das Buch ist gut.
6. Der Lehrer arbeitet morgen im Büro.
7. Der Tag ist schön.

5. Nominative case (*der Nominativ*)

The case of a noun or a pronoun signals its function in the sentence. German has four cases: nominative, accusative, dative, and genitive. The article used with the noun shows its case.

Der Schüler fragt den Lehrer.   *The pupil asks the teacher.*
Der Lehrer fragt **den** Schüler.   *The teacher asks the pupil.*

Nominative case		Accusative case
der Schüler		**den** Schüler
subject	vs.	*direct object*
person asking		*person being asked*

This chapter uses only the nominative case, which is the case for the subject of a sentence and for a predicate nominative (see page 34). The personal pronouns you have learned in this chapter (**ich**, **du**, etc.) are all in the nominative case.

The definite article in German, unlike English *the*, shows the *gender* (masculine, neuter, or feminine), *number* (singular or plural), and *case* of the noun it is used with. As a result, German has many forms that all correspond to *the* in English.

Definite article in the nominative case

You have already learned the definite articles (*the*) in the nominative.

	Singular	Plural
masculine	**der** Mann	**die** Männer
neuter	**das** Kind	**die** Kinder
feminine	**die** Frau	**die** Frauen

Indefinite article in the nominative case

Like the definite article, the indefinite article (*a, an*) shows the gender, number, and case of the noun it is used with. Here are the indefinite articles in the nominative:

	Singular	Plural
masculine	**ein** Mann	Männer
neuter	**ein** Kind	Kinder
feminine	**eine** Frau	Frauen

Note: Masculine and neuter singular indefinite articles are identical in the nominative: **ein** Mann, **ein** Kind. The indefinite article has no plural.

Ein Kind ist hier. → Kinder sind hier.

11 Übung: Was ist das?   Say what your instructor is pointing to. Use the indefinite article.

> BEISPIEL: Was ist das?
> Das ist *ein* Fenster.

Use of the nominative case

The subject of the sentence is always in the nominative case. Notice that the subject does not have to come at the beginning of the sentence.

Der Herr ist in Eile.	*The gentleman is in a hurry.*
Endlich kommt **die Suppe**.	*The soup is finally coming.*
Morgen fliegt **sie** zurück.	*She's flying back tomorrow.*

A predicate nominative is a noun that refers to the same person or thing as the subject of the sentence. It follows the subject and the linking verb **sein**.

Das ist **Frau Schmidt**.	*That is Mrs. Schmidt.*
Paul ist **ein Kind**.	*Paul is a child.*

Always remember to use nominative case after the verb **sein**.

Other linking verbs (**bleiben** *to remain*; **heißen** *to be called*; **werden** *to become*) also take the predicate nominative. You will learn them later.

Lab Manual Kap. 1, Var. zur Üb. 12.

Workbook Kap. 1, F.

12 Gruppenspiel (*Group game*): Was ist das? Wer ist das?   One student leads the game. The rest are divided into two teams. The leader points to an object or a person in the room and asks:

> Wer/Was ist das?
> Das ist ein(e)/der/das/die _____.

Teams answer alternately. The team with the most correct answers wins.

6. The sentence (*der Satz*): German word order (*die Wortstellung*)

Statements: Verb-second word order

Making statements is a communicative goal.

In declarative sentences (statements) in English, the subject almost always comes immediately before the verb phrase.

> *subject verb*
> **We are going** to Richard's tonight.

Other elements may precede the subject-verb combination:

> Tonight **we are going** to Richard's.

In German statements, only the verb has a fixed position. *The verb is always the second element.*

> *1   2   3   4*
> Wir   **gehen**   heute Abend   zu Richard.

This is an ironclad rule that must be learned well. If an element other than the subject begins the sentence, the verb *remains* in second position and the subject then *follows* the verb. Note the difference from English, where the subject always precedes the verb.

1	2	3	4
Heute Abend	**gehen**	wir	zu Richard.
Zu Richard	**gehen**	wir	heute Abend.

A time phrase (**heute Abend**) or a prepositional phrase (**zu Richard**) may consist of two or more words, but counts as *one* grammatical element.

Initial **ja**, **nein**, **und**, and **aber** do *not* count as first elements.

0	1	2	3
Ja,	wir	gehen	zu Richard.
Aber	wir	gehen	zu Richard.

First position is generally used to restate what's being talked about. A new element with information value—the answer to a question, for instance—is usually placed at the end of the statement.

Was machen wir?	Wir gehen **zu Claudia**.
Was machen wir heute Abend?	Heute Abend **gehen wir zu Claudia**.
Wann gehen wir zu Claudia?	Zu Claudia gehen wir **heute Abend**.

Workbook Kap. 1, G.

13 Übung   Restate the sentences, beginning with the word or phrase in italics.

BEISPIEL: Ich arbeite *übrigens* viel.
             Übrigens arbeite ich viel.

1. Die Lehrerin geht *morgen* zu Frau Bachmann.
2. Die Sonne scheint *endlich* wieder.
3. Es regnet *heute*.
4. Das ist *vielleicht* die Straße.
5. Ich arbeite viel *im Moment*.
6. Es regnet *natürlich* viel.

14 Partnerarbeit: Ist es wahrscheinlich?   Partner A uses the cues to ask questions. Partner B responds, beginning with an adverb from the right-hand column.

BEISPIEL: fliegen / Berlin?
             A: Fliegst du nach Berlin?
             B: Vielleicht fliege ich nach Berlin.

Partner A

gehen / zu Marion?
arbeiten / im Moment?
kommen / zurück?
wohnen / hier?
fliegen / nach Leipzig?

Partner B

Natürlich …
Wahrscheinlich (*probably*) …
Vielleicht …

There are two main types of questions in German:

Asking yes/no questions is a communicative goal.

■ Yes/no questions are answered by **ja** or **nein**. In a yes/no question, the verb is always the first element.

Ist Andrea hier?	*Is Andrea here?*
Arbeitet sie in Berlin?	*Does she work in Berlin?*
Kommst du wieder zurück?	*Are you coming back again?*

■ Questions asking for information start with a question word (*what, how, when, etc.*) and have the same verb-second word order as statements.

1	*2*		
Was	macht	er?	*What is he doing?*
Wie	geht	es Ihnen?	*How are you?*
Wann	kommen	Sie wieder zurück?	*When are you coming back again?*

Here are some question words:

Asking when, who, where, what, etc. is a communicative goal.

wann	*when*	**Wann** kommt sie zurück?
warum	*why*	**Warum** fragst du?
was	*what*	**Was** macht er?
wer	*who*	**Wer** ist das?
wie	*how*	**Wie** geht es dir?
wo	*where*	**Wo** wohnen Sie?
woher	*from where*	**Woher** kommt ihr?

Wohin is introduced in Kapitel 3.

Do not confuse **wer** (*who*) and **wo** (*where*)!

Lab Manual Kap. 1, Üb. 15

Workbook Kap. 1, H, I, J.

15 **Übung**   Change these statements to yes/no questions.

> BEISPIEL: Stefan arbeitet in Stuttgart.
> Arbeitet Stefan in Stuttgart?

1. Das ist typisch für September.
2. Ihr geht wieder zu Karin.
3. Es regnet.
4. Herr Hauser fliegt nach Berlin.
5. Frau Kuhn kommt auch.
6. Du arbeitest viel im Moment.
7. Er ist sehr in Eile.
8. Der Herr kommt am Mittwoch zurück.

16 **Übung**   Ask the questions for which the following statements are answers:

> BEISPIEL: Das ist der Professor.
> Wer ist das?

1. Er fliegt um elf.
2. Die Lehrer sind im Büro.
3. Das ist Frau Bachmann.
4. Das ist die Mensa.
5. Die Suppe ist gut, danke.
6. Sie kommt aus Deutschland.

Info-Austausch

17 Was machen die Kinder heute?

Throughout **Neue Horizonte** there are activities entitled **Info-Austausch** in which you will exchange information with a partner. In this first one, work together to say what people are doing today. Partner A uses the table below. Partner B uses the corresponding table in Appendix 1.

> BEISPIEL: A: Was machen die Kinder heute?
> B: Sie spielen draußen. Was macht Karin heute?
> A: Sie _____.

Partner A:

die Kinder	
	geht zu Horst
Michael	
	spielt Tennis
Frau Hauser	
	kommt zurück

18 Was machst du?
Answer each question according to the cue in English. Answer appropriately for the way you're addressed (**Was machst du? Ich fliege … Was macht ihr? Wir fliegen …**).

> BEISPIEL: Was machst du morgen? (*flying to Vienna*)
> Ich fliege morgen nach Wien.

1. Was macht ihr heute? (*going to Stefan's*)
2. Was machst du im Moment, Richard? (*working a lot*)
3. Was machst du, Regina? (*playing outside*)
4. Was macht ihr am Mittwoch, Rolf und Helene? (*flying to Hamburg*)

19 Schreiben wir mal. (*Let's write.*)
Answer the yes/no questions affirmatively and with complete sentences.

1. Bist du in Eile?
2. Fliegt der Professor nach New York?
3. Regnet es wieder?
4. Arbeitest du morgen?
5. Ist das typisch?

Time before place

An adverb is a word that expresses time, manner, or place and modifies a verb, adjective, or another adverb.

German adverbs such as **heute** and adverbial phrases such as **nach Wien** *must* come in the sequence *time before place*. The usual sequence in English is exactly the reverse: *place before time.*

	time	*place*		*place*	*time*
Sie fliegt	**morgen**	nach Wien.	*She's flying*	*to Vienna*	**tomorrow.**
Wir gehen	**heute Abend**	zu Horst.	*We're going*	*to Horst's*	**tonight.**

20 Übung: Heute oder morgen? Answer with a complete sentence, using either **heute** or **morgen**.

> BEISPIEL: Wann gehen Sie zu Stefanie?
> Ich gehe heute zu Stefanie.

1. Wann fliegt Stefan nach Wien?
2. Wann geht Frau Bachmann zu Frau Kuhn?
3. Wann spielen die Kinder draußen?
4. Wann kommt Herr Lehmann zurück?

7. The flavoring particle *ja*

German adds various kinds of emphasis to sentences by using intensifying words known as "flavoring particles." These can seldom be directly translated into English, but it is important to become familiar with them and understand the intensity, nuance, or "flavor" they add to a sentence.

One flavoring particle frequently used in declarative sentences (i.e., statements) is **ja**. As a flavoring particle, **ja** does not mean *yes*, but rather adds the sense of *after all, really*.

In the third dialogue at the beginning of this chapter, Frau Kuhn says about her children:

Sie spielen draußen, das Wetter ist **ja** so schön.	*They're playing outside—the weather really is so beautiful.*

The flavoring particle **ja** is usually placed immediately after the verb and personal pronouns. Here is how **ja** might be added to some other sentences from the dialogues:

Ich bin **ja** in Eile.	*I'm in a hurry, after all.*
Ich gehe **ja** heute Abend zu Horst.	*I'm going to Horst's tonight, you know.*

LESESTÜCK

Lesestück = *Reading*

Tipps zum Lesen und Lernen (*Tips for reading and studying*)

Tipps zum Vokabelnlernen (*Tips for learning vocabulary*)

The feminine suffix *-in*   You've learned that German often has two different nouns to distinguish between a male and a female.

Note the stress shift: **Profes'sor / Professo'rin.**

Professor/Professorin	Lehrer/Lehrerin
Schüler/Schülerin	Partner/Partnerin
Student/Studentin	

-in: die Studentin   -innen: die Studentinnen

The suffix **-in** always denotes the female, and its plural is always **-innen**.

These pre-reading exercises help you to acquire the skill of reading a text in a foreign language. Always work through them carefully before beginning to read the **Lesestück**. The most valuable technique is *re*-reading a foreign language text as many times as possible.

▶ **Partnerarbeit: Wie heißt der Mann, wie heißt die Frau?** With a partner, fill in the blanks. Say the words aloud as you write them.

Mann	eine Frau?	zwei Frauen?
1. Amerikaner	*Amerikanerin*	*Amerikanerinnen*
2. Tourist		
3. Lehrer		
4. Professor		
5. Schüler		
6. Student		
7. Partner		

Im Park vom Schloss
Nymphenburg (München)

Lab Manual Kap. 1,
Üb. zur Betonung.

Leicht zu merken (*Easy to remember*)

German has many words that look so much like their English equivalents that you
can easily guess their meanings. Both languages have borrowed many of these words
from Latin or French. When such words occur in the readings, they are previewed in
this special section called **Leicht zu merken**. If the German word is stressed on a
different syllable than the English, this will be indicated to the right. You should have
no trouble guessing the meanings of these cognates:

die **E-Mail, -s**	(*pronounced as in English*)
formell	form<u>e</u>ll
der **Tourist, -en**	Tour<u>i</u>st
die **Universität, -en**	Universit<u>ä</u>t

Einstieg in den Text (*Getting into the text*)

Here are some tips to help you get the most out of the reading (**Lesestück**) in each
chapter.

- Read the title. How does it anticipate the text? The title "Wie sagt man *you* auf
  Deutsch?," for example, lets you know that the text is about the various forms of
  second-person address. You have already used these.

- Read out loud the new active vocabulary for the reading (**Wortschatz 2**). Try to
  identify similarities between English and German forms that will help you
  remember the words; for example, **grüßen** (*greet*), **Schule** (*school*), **Gruppe**
  (*group*); **freundlich** (*friendly*), **oft** (*often*).

- Read the text once aloud without referring back to the vocabulary. Do not try to translate as you read. Your purpose is to get a rough idea of content from the key words you recognize in each paragraph. For example, in the first section of the following reading, you will recognize the words **Touristen**, **Deutschland**, and **Amerikaner**. A good working assumption is that the paragraph deals with tourists in Germany.

- Once you have a general idea of the content of each paragraph, read the text at least one more time, again without trying to translate. Your objective this time is to begin to understand the text on the sentence level. The marginal glosses (marked by the degree sign°) will help you to understand words and phrases not for active use.

- Read and try to answer the **Antworten Sie auf Deutsch** and **Richtig oder falsch?** questions that follow the reading. Refer back to the text only if necessary.

Wortschatz 2

Verben

duzen to address someone with **du**
grüßen to greet, say hello
hören to hear; to listen
meinen to be of the opinion, think
sagen to say; to tell
schneien to snow
schreiben to write
siezen to address someone with **Sie**
sprechen to speak
studieren to attend a university; to study; to major in (*a subject*)

Substantive

der **Amerikaner, -** American (*m.*)
der **Deutsche, -n** German (*m.*)
der **Schüler, -** primary or secondary school pupil (*m.*)
der **Student, -en** university student (*m.*)
der **Tourist, -en** tourist (*m.*)

Note the abbreviations *m.* (for *masculine*) or *f.* (for *feminine*) after **Amerikaner, Deutsche,** and other nouns. There is a complete list of abbreviations on p. 475.

(das) **Deutschland** Germany
die **Amerikanerin, -nen** American (*f.*)
die **Deutsche, -n** German (*f.*)
die **Reise, -n** trip, journey
   eine Reise machen to take a trip
die **Schule, -n** school
die **Schülerin, -nen** primary or secondary school pupil (*f.*)
die **Studentin, -nen** university student (*f.*)
die **Touristin, -nen** tourist (*f.*)
die **Woche, -n** week
   diese Woche this week

Adjektive und Adverbien

bald soon
freundlich friendly
höflich polite(ly)
noch still
oft often
schon already, yet
viele many
wahrscheinlich probably
ziemlich fairly, quite
zusammen together

Andere Vokabeln

bitte please
einander (*pron.*) each other
   miteinander with each other
   zueinander to each other
man (*indefinite pron.*) one
oder or

Note on **man**: This pronoun is often best translated with *we, you,* or *they*: **Das sagt man oft.** = *They* (*people*) *often say that.* See p. 85 for a complete explanation.

Nützliche Ausdrücke

zum Beispiel for example
auf Deutsch in German
Grüß dich! Hello! Hi! (*to someone you address as **du**; mainly used in southern Germany*)

Gegensätze

oft ≠ selten often ≠ seldom
zusammen ≠ allein together ≠ alone

Wie sagt man „*you*" auf Deutsch?

 Lab Manual Kap. 1, Lesestück. Listen to the **Lesestück** as you read the text. Practice reading out loud, following the recording.

Touristen in Deutschland sagen oft, die Deutschen sind sehr freundlich und höflich. Das stimmt, aber wahrscheinlich meinen viele Amerikaner auch, die Deutschen sind ziemlich formell. Kollegen° in einer Firma° zum Beispiel siezen einander oft. In einer E-Mail an seine Kollegin Frau Hauser schreibt Herr Lehmann „Sie":

colleagues / company

5 Hallo Frau Hauser,
ich höre, Sie sind schon aus Wien zurück. War° die Reise angenehm°?
    Ich habe eine kleine Bitte° an Sie: Können° wir diese Woche miteinander sprechen, zum Beispiel am Donnerstag um 10 oder um 11 Uhr? Was meinen Sie? Sagen Sie mir° bitte, ob das geht°.

10 Gruß°,
G. Lehmann

was / pleasant
***eine ...** = a small favor / can*

***Sagen ...** = Tell me / **ob ...** = whether that will work*
greetings

Wie ist es aber in der Schule und an der Universität? Schüler und Studenten duzen einander von Anfang an°. Karin, Michael und Horst studieren[1] zusammen. Sie sagen „du" und „ihr" zueinander:

***von ...** = from the beginning*

15 *Karin ist schon bei Horst. Michael kommt gerade° aus der Uni-Bibliothek°.*

just / university library

HORST: Hallo, Michael!
MICHAEL: Hallo, Horst. Grüß dich, Karin.
KARIN: Grüß dich. Wie ist das Wetter draußen? Schneit es noch?
MICHAEL: Nein, nicht mehr, aber es ist noch ziemlich kalt. Was macht ihr im
20 Moment?
HORST: Wir hören Nachrichten°.
MICHAEL: Geht ihr bald essen?
KARIN: Ja, kommst du auch mit°?
MICHAEL: Natürlich komme ich mit.

In **Kapitel 5** you will learn why line 12 reads **in der** Schule and **an der** Universität even though **Schule** and **Universität** are feminine nouns.

the news

along

**Diese Studenten sagen „du"
zu einander.**

Understanding the social implications of German forms of address is the cultural goal of this chapter.

---

[1] Note that **studieren** means to attend college or university and is not used to describe a student's daily activity of studying. Thus, *I'm studying* (i.e., doing homework) *tonight* is translated as **Ich *arbeite* heute Abend**, or **Ich *lerne* heute Abend**.

NACH DEM LESEN

Nach dem Lesen = *After the reading*

Lab Manual Kap. 1, Diktat.

A Antworten Sie auf Deutsch. (*Answer in German.*)

1. Was meinen Touristen: Wie sind die Deutschen?
2. Duzen Schüler einander? Siezt Karin Michael?
3. Wie ist das Wetter draußen?

B Richtig oder falsch? (*True or false?*)

1. Studenten siezen einander.
2. Kollegen in einer Firma siezen einander.
3. Die Studenten gehen zusammen essen.

C Partnerarbeit: *Sie* oder *du?*

Fritzi

Frau Haček

Frau Professor Ullman   Herr Kuhn   Karoline und Dieter Flessner   Niklas Schuhmacher

1. Take turns asking those pictured . . .
   a. what their names are.
   b. whether they're working at the moment.
   c. whether they're tired today.
   d. where they live.
   e. where they work.

2. Partner A plays one of the people pictured above and responds to Partner B, asking the questions above. Then Partner B plays another of these people and answers Partner A's questions.

   BEISPIEL: A: Wo wohnen Sie, Herr Kuhn?
                   B: Ich wohne in Wien.

3. Now ask each other three personal questions of your own invention. Use the **du**-form.

Elizabethan English still used familiar *thou* and formal *you*. Note the following exchange from *Hamlet* (III.iv) in which Gertrude addresses her son informally and he answers formally:

QUEEN: Hamlet, *thou* hast *thy* father much offended.

HAMLET: Mother, *you* have *my* father much offended.

D Schreiben wir mal.

1. Write a dialogue using the following cues. You will need to provide verb endings, correct word order, etc.

    ULLI: Tag / Dieter und Jessica!   ihr / arbeiten / morgen?
    DIETER: Nein.   warum / du / fragen?
    ULLI: morgen / ich / gehen / zu Hans.   ihr / kommen / auch?
    DIETER: natürlich / wir / kommen

2. Send an e-mail message to another student in your German class. Describe the weather outside and say what you're doing at the moment. Ask how your friend is and what he or she is doing this evening. Don't forget to use the **du**-form. You can start your e-mail with **Hallo** and your friend's name.

E Wie sagt man das auf Deutsch?

1. When are you coming back, Jürgen and Katrin?
2. We are coming back tomorrow.

3. Excuse me, are you in a hurry?
4. Yes, I'm going to Helene's.

5. She says the Germans are friendly.
6. Yes, that's right.

7. How are you, Herr Beck?
8. Fine thanks, and you?

9. The sun is shining again.
10. Good! We'll work outside.

WHERE IS GERMAN SPOKEN?

German is the official language of the Federal Republic of Germany, Austria, Liechtenstein, and portions of Switzerland, Luxembourg, Belgium, and the South Tyrol in northern Italy (until 1919 part of Austria). Linguistic enclaves of German speakers in the USA (notably the Amish in Pennsylvania), Canada, Brazil, Africa (especially in Namibia, once the German colony of South-West Africa), and Australia bring the number of native German speakers to around 120 million. Many eastern Europeans and Japanese study German as a second language.

The following statistics on world languages from the 2001 *New York Times Almanac* represent estimates of the number of native speakers. Notice that the German names of almost all languages end in **-sch**.

Chinesisch	1 Milliarde	
Englisch	460 Millionen	
Hindi	430 Millionen	**eine Milliarde** = (American) *billion*; **eine Billion** = (American) *trillion*.
Spanisch	300 Millionen	
Arabisch	200 Millionen	
Portugiesisch	168 Millionen	
Russisch	130 Millionen	
Japanisch	125 Millionen	
Bengale	120 Millionen	
Deutsch	120 Millionen	
Französisch	100 Millionen	

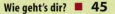

Oma führt ihr Enkelkind spazieren. (*Grandma is taking her grandchild for a ride.*)

Familie und Freunde

Kommunikation

- Talking about your family
- Saying what belongs to whom
- Counting above 20

Kultur

- German family life

In diesem Kapitel

- **Lyrik zum Vorlesen**
  Hermann Hesse, „Liebeslied"
- **Grammatik**
  The verb **haben**
  The accusative case
  Verbs with stem-vowel change: **e → i(e)**
  The verb **wissen**
  Possessive adjectives
  Cardinal numbers above 20
- **Lesestück**
  Die Familie heute
- **Almanach**
  Die ganze Familie

DIALOGE

Lab Manual Kap. 2, Dialoge, Fragen, Hören Sie gut zu!, Üb. zur Aussprache [z/s].

Listen carefully to the audio program and your instructor for the difference in the pronunciation of **denn** (short vowel) and **den** (long vowel).

Wer liest die Zeitung?

VATER: Kurt, ich suche meine Zeitung. Weißt du, wo sie ist?
SOHN: Deine Zeitung? Ich lese sie im Moment.
VATER: Was liest du denn?
SOHN: Ich lese einen Artikel über unsere Schule.

Ich hab' eine Frage

ANNETTE: Katrin, ich hab' eine Frage. Kennst du den Mann da drüben?
KATRIN: Wen meinst du denn?
ANNETTE: Er spricht mit Stefan. Ich sehe, er kennt dich.
KATRIN: Natürlich kenn' ich ihn – das ist mein Bruder Max!
ANNETTE: Ach stimmt, du hast auch einen Bruder! Ich kenne nur deine Schwester.

Video Workbook 1. Ist das Zimmer noch frei?

Georg sucht ein Zimmer

GEORG: Kennst du viele Leute in München?
STEFAN: Ja, meine Familie wohnt da. Warum?
GEORG: Ich studiere nächstes Semester dort und brauche ein Zimmer.
STEFAN: Unser Haus ist ziemlich groß. Sicher haben meine Eltern ein Zimmer frei.
GEORG: Fantastisch! Vielen Dank!
STEFAN: Bitte, bitte. Nichts zu danken.

NOTES ON USAGE

Unstressed *e* and *denn*

Dropping unstressed *e* In informal conversation, the unstressed ending **-e** in the first-person singular is often dropped.

Katrin, ich **hab'** eine Frage.
Natürlich **kenn'** ich ihn.

Pronunciation of **hab'**: **b** becomes unvoiced **p**.

The flavoring particle *denn* Probably the most frequently used flavoring particle is **denn**. It adds an element of personal interest to a question. **Denn** is never stressed and usually comes immediately after the verb and personal pronouns.

Was liest du **denn**?
Wen meinst du **denn**?
Wer ist **denn** das?

Die Familie, -n (family)

der **Mann, "er** husband; man
die **Frau, -en** wife; woman
die **Eltern** (pl.) parents
der **Vater, "** father
die **Mutter, "** mother

die **Kinder** (pl.) children
der **Sohn, "e** son
der **Bruder, "** brother
die **Tochter, "** daughter
die **Schwester, -n** sister

Das Essen (food)

der **Käse** cheese

das **Fleisch** meat
das **Gemüse** vegetables
das **Obst** fruit

Verben

brauchen to need
essen (isst) to eat
haben to have
kennen to know, to be acquainted
with
lesen (liest) to read
    lesen über (+ acc.) to read
    about
meinen to mean
nehmen (nimmt) to take

sehen (sieht) to see
sprechen (spricht) to speak, to
talk
    sprechen über (+ acc.) to talk
    about
suchen to look for; to seek
wissen (weiß) to know (a fact)

Substantive

der **Artikel, -** article
der **Freund, -e** friend

das **Haus, "er** house
das **Semester, -** semester
das **Zimmer, -** room

die **Frage, -n** question
die **Zeitung, -en** newspaper

die **Leute** (pl.) people

Adjektive und Adverbien

(da) drüben over there
dein (fam. sing.) your
dort there
frei free; unoccupied
groß big; tall
mein my
nur only
sicher certain(ly), sure(ly)
unser our

Andere Vokabeln

ach oh, ah
bitte you're welcome
denn flavoring particle, see p. 47
mit with
über (+ acc.) about
wen? whom?
wessen? whose?

The preposition **über** means *about* with verbs
like *to say, tell, write, read, laugh,* etc.

Nützliche Ausdrücke

(Das) stimmt. (That's) right.
Fantastisch! Fantastic!
Vielen Dank! Many thanks.
    Thanks a lot.
nächstes Semester next semester
Nichts zu danken! Don't mention
it!

Gegensätze

danke ≠ bitte thank you ≠ you're
welcome
groß ≠ klein big; tall ≠ little; short

Who's Reading the Newspaper?

FATH.: Kurt, I'm looking for my
newspaper. Do you know
where it is?
SON: Your newspaper? I'm
reading it at the moment.
FATH.: What are you reading?
SON: I'm reading an article
about our school.

I Have a Question

A: Katrin, I have a question. Do you
know that man over there?
K: Whom do you mean?
A: He's talking with Stefan. I see he
knows you.
K: Of course I know him—that's my
brother Max!
A: Oh right, you have a brother too!
I only know your sister.

Georg Is Looking for a Room

G: Do you know many people in
Munich?
S: Yes, my family lives there. Why?
G: I'm studying there next semester
and need a room.
S: Our house is pretty big. I'm sure
my parents have a room free.
G: Fantastic! Thanks a lot!
S: You're welcome. Don't mention it.

Variationen

A Persönliche Fragen

1. Kurt liest die Zeitung im Moment. Lesen Sie auch eine Zeitung? Oft oder nur selten? Wie heißt sie?
2. Annette hat einen Bruder und eine Schwester. Haben Sie Brüder oder Schwestern? Wie viele? Wie heißen sie?
3. Stefans Haus ist ziemlich groß. Ist Ihr Haus auch groß oder ist es klein? Wie viele Zimmer hat es?
4. Stefan kommt aus München. Woher kommen Sie?

B Partnerarbeit: Wie heißt ... ? Help each other recall the names of other students in the class.

A: Wie heißt die Studentin (*oder* der Student) da drüben?
B: Sie/Er heißt _____.

C Partnerarbeit: Wen kennst du hier? Ask your neighbor whom he or she knows in class and how well.

A: Wen kennst du hier?
B: Ich kenne …
A: Kennst du ihn (*oder* sie) gut?
B: Ja, sehr gut. (*oder*: Nein, nicht sehr gut.)

D Partnerarbeit: Was suchst du? Tell what you're looking for. Try to remember the gender of these nouns, then put them into the corresponding column.

Buch	Stuhl	Professor
Bleistift	Kugelschreiber	Professorin
Heft	Landkarte	Zeitung
Uhr		

Ich suche:

meinen (*masculine*)	**mein** (*neuter*)	**meine** (*feminine*)
_____	_____	_____
_____	_____	_____
_____	_____	_____
_____	_____	_____

Vielleicht sprechen die Frauen über das Wetter. Was sagen sie zueinander?

Vokabeln zum Thema Familie

Der Stammbaum (*Family tree*)

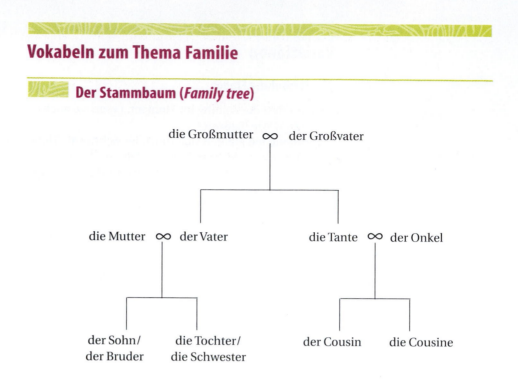

die Großmutter ∞ der Großvater

die Mutter ∞ der Vater   die Tante ∞ der Onkel

der Sohn/ der Bruder   die Tochter/ die Schwester   der Cousin   die Cousine

E   **Partnerabeit: Wie heißt...?**   Work with a partner. Ask each other the names of your family members and create a family tree for your partner.

> BEISPIEL: A: Wie heißt deine Großmutter?
> B: Sie heißt _____.
>
> B: Wie heißt dein Vater?
> A: Er heißt _____.

LYRIK ZUM VORLESEN

Lab Manual Kap. 2, Lyrik zum Vorlesen.

Although he was born in Germany, Hermann Hesse moved to Switzerland even before the First World War, partially in protest against growing militarism in his native country. In 1946 Hesse was awarded the Nobel Prize for Literature on the strength of his novels, which include *Siddhartha* (1922) and *Der Steppenwolf* (1927).

Liebeslied

Wo mag meine Heimat sein?
Meine Heimat ist klein,
Geht von Ort zu Ort,
Nimmt mein Herz mit sich fort,
Gibt mir Weh, gibt mir Ruh;
Meine Heimat bist du.

Hermann Hesse (1877–1962)

Love Song

Where might my home be?
My home is small,
Goes from place to place,
Takes my heart along with it,
Gives me pain, gives me peace;
My home is you.

1. The verb *haben*

Haben (*to have*) is one of the most frequently occurring verbs in German. Note the slightly irregular forms (**du hast, er hat**) in the present tense.

haben *to have*					
stem: **hab-**					
ich	**habe**	*I have*	wir	**haben**	*we have*
du	**hast**	*you have*	ihr	**habt**	*you have*
er, es, sie	**hat**	*he, it, she has*	sie, Sie	**haben**	*they, you have*

2. The accusative case (*der Akkusativ*)

In **Kapitel 1** you learned the forms and functions of the nominative case. In this chapter you will learn the accusative case. The direct object of a verb is in the accusative.

The direct object (*das direkte Objekt*)

The direct object is the thing or person acted upon, known, or possessed by the subject.

Subject (nominative)		*Direct object (accusative)*		
Sie	lesen →	das Buch.	*They're reading the book.*
Anna	kennt →	meine Eltern.	*Anna knows my parents.*
Karl	hat →	einen Bruder.	*Karl has a brother.*

The accusative is identical in form to the nominative *with the exception of the masculine singular articles.*

	Nominative	Accusative
masc:	Hier ist **der**/**ein** Bleistift.	Ich habe **den**/**einen** Bleistift.
neut:	Hier ist **das**/**ein** Buch.	Ich habe **das**/**ein** Buch.
fem:	Hier ist **die**/**eine** Zeitung.	Ich habe **die**/**eine** Zeitung.
plur:	Hier sind **die**/**meine** Bücher.	Ich habe **die**/**meine** Bücher.

The indefinite article **ein** has no plural form. Therefore, the possessive adjective **mein-** (*my*) is used to show the plural endings.

Lab Manual Kap. 2, Var. zu Üb. 1, 3, 5.

Workbook Kap. 2, A, B.

1 Übung: Wer hat ein Deutschbuch?   Your instructor asks who has various things. Say that you have them.

> BEISPIEL: Wer hat ein Deutschbuch?
> Ich habe ein Deutschbuch.

2 Partnerarbeit: Was hast du dabei? (*What do you have with you?*)   Ask each other whether you have the following items with you today. Answer in the affirmative.

> BEISPIEL: A: Hast du einen Bleistift dabei?
> B: Ja, ich habe einen Bleistift dabei. Hast du …

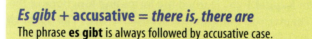

NOTE ON USAGE

Es gibt + accusative = *there is, there are*
The phrase **es gibt** is always followed by accusative case.

> In Köln gibt es **einen Dom** (*cathedral*).
> Gibt es **eine Universität** in München?
> Gibt es **viele Studenten** in Wien?

3 Übung: Was gibt es?   Name five things that are in the picture.

> BEISPIEL: Es gibt einen Tisch.

4 Gruppenarbeit: Was gibt es hier im Klassenzimmer? Now say what's in your classroom.

BEISPIEL: Hier gibt es _____.

5 Kettenreaktion: Was brauchst du? Ask other students what things they need.

BEISPIEL: A: Was brauchst du?
          B: Ich brauche den/das/die _____. Und was brauchst du?
          C: Ich brauche ...

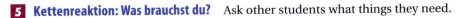

Accusative of the personal pronouns

Be sure to learn all forms of the accusative personal pronouns.

Singular			Plural		
nom.	**acc.**		**nom.**	**acc.**	
ich	**mich**	*me*	wir	**uns**	*us*
du	**dich**	*you*	ihr	**euch**	*you*
er	**ihn**	*him, it*			
es	**es**	*it*	sie; Sie	**sie; Sie**	*them; you*
sie	**sie**	*her, it*			

6 Übung: Brauchen Sie etwas? Your instructor asks whether you need something. Say that you do need it.

BEISPIEL: Brauchen Sie den Stuhl?
               Ja, ich brauche ihn.

FRAGEWORT

The accusative form of the question word **wer** is **wen**:

Wen kennst du in München?   *Whom do you know in Munich?*

Lab Manual Kap. 2, Var. zur Üb. 7.

Workbook Kap. 2, C, D, E.

7 Partnerarbeit: Wen kennst du hier? Ask each other whom you know in your class. Name as many people as possible.

BEISPIEL: A: Wen kennst du hier?
          B: Ich kenne Barbara.
          A: Ich kenne sie auch.
          B: Wen kennst *du* hier?

8 Übung: Kennst du mich? Answer your instructor's questions.

BEISPIELE: Kennen Sie mich?
             Ja, ich kenne Sie.

             Kennst du mich?
             Ja, ich kenne dich.

3. Verbs with stem-vowel change e → i(e)

Some German verbs change their stem vowel in the **du-** and **er-**forms of the present tense.

sprechen to speak			
stem: **sprech-** e → i			
ich	spreche	wir	sprechen
du	**sprichst**	ihr	sprecht
er, es, sie	**spricht**	sie, Sie	sprechen

Remember that **ie** is simply the way that German spells the **i** sound when it is long.

lesen to read				sehen to see			
stem: **les-**		e → ie				stem: **seh-**	
ich	lese	wir	lesen	ich	sehe	wir	sehen
du	**liest**	ihr	lest	du	**siehst**	ihr	seht
er, es, sie	**liest**	sie, Sie	lesen	er, es, sie	**sieht**	sie, Sie	sehen

Stem-vowel changes will be indicated in the **Wortschatz** sections by inclusion of the **er-**form: **sehen (sieht)** *to see.* Two other verbs in this group are **essen (isst)**, *to eat*; and **nehmen (nimmt)**, *to take.* Note that **nehmen** changes not only its stem vowel but also some consonants.

essen to eat		nehmen to take	
stem: **ess-**	e → i	stem: **nehm-**	
ich	esse	ich	nehme
du	**isst**	du	**nimmst**
er, es, sie	**isst**	er, es, sie	**nimmt**

NOTE ON SPELLING

When verb stems end in **-s, -ß,** or **-z,** the **du-**form ending is simply **-t** rather than **-st.**

Was **liest** du denn?
Wie **heißt** du?
Warum **grüßt** du Frau Kuhn nicht?
Duzt du deinen Lehrer?

9 **Gruppenarbeit (*3 Personeu*)**

A. Say what you eat, then ask the next person.

BEISPIEL: Ich esse Fleisch, was isst du?

B. Say what you read, then ask the next person.

BEISPIEL: Ich lese den *Spiegel*, was liest du?

C. Say what you see, then ask the next person.

BEISPIEL: Ich sehe eine Frau, was siehst du?

(der) Fernseher   Geld

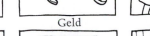

(das) Auto

D. Say what languages you speak and then ask the next person.

BEISPIEL: Ich spreche _____, was sprichst du?

Chinesisch	Englisch	Schwedisch	Russisch
Französisch	Polnisch	Spanisch	
Italienisch	Japanisch	Deutsch	

4. The verb *wissen*

The verb **wissen** (*to know*) is irregular in the present singular. Its forms must be memorized.

wissen *to know*		
stem: wiss-		
ich	**weiß**	wir	wissen
du	**weißt**	ihr	wisst
er, es, sie	**weiß**	sie, Sie	wissen

Both the first and the third-person singular lack endings: **ich weiß**, **er weiß**.

NOTE ON USAGE

The difference between **wissen** and **kennen** parallels that between French **savoir** and **connaitre** and Spanish **saber** and **conocer**. Cf. Scots English *ken: to know* (a person or thing); also "beyond my ken": *beyond my knowledge.*

German equivalents of "to know"

Verbs *wissen* and *kennen* Both **wissen** and **kennen** can be translated as *to know*, but **wissen** means *to know a fact* and **kennen** means *to be familiar, acquainted with* and is used, for example, with people, places, and other things you are acquainted with.

Wissen Sie, was ich meine?   *Do you know what I mean?*

Weißt du, wer das ist?   *Do you know who that is?*
   Ja, ich **kenne** ihn sehr gut   *Yes, I know him very well.*

Kennen Sie Berlin, Herr Brandt?   *Do you know Berlin, Mr. Brandt?*

Kennst du den Film?   *Do you know the movie?*
   Nein, aber ich **kenne** das Buch.   *No, but I know the book.*

10 *Wissen oder kennen?*   Choose the correct equivalent of the verb to *know.*

A: _____ du den Mann da drüben?

B: Natürlich _____ ich ihn.

A: _____ du, wie er heißt?

B: Ja, er heißt Wolf Breisacher.

C: Ich _____ München gut.

D: Das _____ ich. Du kommst ja aus München!

C: _____ du Julian Wegener? Er studiert dort.

D: Wirklich? Ich _____ ihn nicht gut, aber ich _____, er wohnt in München.

11 **Übung:** *Wissen* oder *kennen*?

BEISPIEL: ich / Georg
Ich kenne Georg.

1. er / Michael
2. wir / Berlin
3. Katrin / wo ich wohne
4. ihr / was sie macht
5. ich / Stefan und Annette
6. du / München
7. ich / wer das ist
8. die Schüler / was der Lehrer meint

SPIEGEL-Leser wissen mehr

DER SPIEGEL

5. Possessive adjectives

Learn all forms of the possessive adjectives.

Singular			Plural		
personal pronoun	**possessive adjective**		**personal pronoun**	**possessive adjective**	
ich	**mein**	*my*	wir	**unser**	*our*
du	**dein**	*your*	ihr	**euer**	*your*
er	**sein**	*his, its*			
es	**sein**	*its*	sie; Sie	**ihr; Ihr**	*their; your*
sie	**ihr**	*her, its*			

Note that formal **Ihr** (*your*), like formal **Sie** (*you*), is always capitalized.

Possessive adjectives must agree with the nouns they modify in case, number, and gender. This agreement is shown by endings. As the following table shows, the endings of the possessive adjectives are the same as the endings of **ein**. Possessive adjectives are therefore called **ein**-words.

Endings of *ein*-words				
	masc.	**neut.**	**fem.**	**plur.**
nom.	ein	ein	eine	(*no plural*)
	mein	mein	meine	meine
	ihr	ihr	ihre	ihre
	unser	unser	unsere	unsere
	euer	euer	eure	eure
acc.	einen	ein	eine	(*no plural*)
	meinen	mein	meine	meine
	ihren	ihr	ihre	ihre
	unseren	unser	unsere	unsere
	euren	euer	eure	eure

Note: The **-er** on **unser** and **euer** is not an ending, but part of the stem. When you add endings to **euer**, drop the **e** before the **-r**.

Das ist **euer** Bruder.   Das ist **eure** Schwester.

Note: The endings for nominative and accusative possessive adjectives are identical *except in the masculine.*

Masculine nominative

Das ist mein Bruder.
Das ist ihr Bruder.
Das ist unser Bruder.
Das ist euer Bruder.

Masculine accusative

Ich sehe mein**en** Bruder.
Sie sieht ihr**en** Bruder.
Wir sehen unser**en** Bruder.
Ihr seht eur**en** Bruder.

FRAGEWÖRT

wessen?   *whose?*

Lab Manual Kap. 2, Var. zur Üb. 12.

Workbook Kap. 2, H, I, J, K.

Saying what belongs to whom is a communicative goal.

12 Übung: Wessen Uhr ist das?

A. Your instructor will ask about things that are yours.

BEISPIEL: Was ist das?
                      Das ist meine Uhr.

B. **Partnerarbeit:** Now identify a partner's possessions.

BEISPIEL: A: Das ist dein Kugelschreiber.
                      B: Und das ist …

C. Now your instructor will ask about things belonging to other people.

BEISPIEL: Ist das Marias Heft?
                      Ja, das ist ihr Heft.

                      Ist das Richards Buch?
                      Ja, das ist sein Buch.

D. Now tell your instructor what belongs to whom.

BEISPIEL: Wessen Zeitung ist das?
                      Das ist ihre (seine / meine / ihre) Zeitung.

Das ist mein Bruder.
Und das ist meine Schwester.

6. Cardinal numbers above 20

Counting above 20 is a communicative goal.

The English nursery rhyme "Sing a Song of Sixpence" contains the phrase "four-and-twenty blackbirds." German forms the cardinal numbers above twenty in the same way: 24 = **vierundzwanzig**.

20	zwanzig	30	dreißig
21	einundzwanzig	31	einunddreißig (usw.)
22	zweiundzwanzig	40	vierzig
23	dreiundzwanzig	50	fünfzig
24	vierundzwanzig	60	sechzig
25	fünfundzwanzig	70	siebzig
26	sechsundzwanzig	80	achtzig
27	siebenundzwanzig	90	neunzig
28	achtundzwanzig	100	hundert
29	neunundzwanzig	1 000	tausend

German uses a period or a space where English uses a comma to divide thousands from hundreds, etc.

German	English
4.982 oder 4 982	4,982

German numbers above twelve (**zwölf**) are seldom written as words, except on checks. When they *are* written out, each number is one continuous word.

4 982   viertausendneunhundertzweiundachtzig

German uses a comma where English uses a decimal point. The comma is spoken as **Komma**.

0,5   0.5
(null Komma fünf)   (zero point five)

Workbook Kap. 2, L.

The number **1 980** is spoken as **eintausendneunhundertachtzig**.

The year **1980** is spoken as **neunzehnhundertachtzig**.

Two thousand as a year (**2000**) or a number (**2 000**) is spoken **zweitausend**.

13 Übung   Read these numbers aloud in German. The numbers in the last row are years.

26	1066	3 001
69	533	0,22
153	985	3,45
4 772,08	48	71
2002	1984	1800

Die Ortsmitte is the center of town, where travelers' information (**i**) is available.

Wie weit ist es nach Garmisch-Partenkirchen?

14 **Partnerarbeit: Wie weit ist es nach _____?** (*How far is it to _____?*)   Take turns asking each other how far it is to the cities and towns listed on the sign.

BEISPIEL: A: Wie weit ist es nach Garmisch-Partenkirchen?

B: Es sind _____ Kilometer.

LESESTÜCK

Lab Manual Kap. 2, Üb. zur Betonung.

Tipps zum Lesen und Lernen

Tipps zum Vokabelnlernen

Compound nouns   A characteristic feature of German is its formation of compound nouns from two or more nouns. You should get used to analyzing these words and should learn to identify their component parts. You will frequently see similarities to English compound nouns.

> **Hausfrau**   *housewife*   **Hausarbeit**   *housework*

Often a connecting **-(e)s-** or **-(e)n-** is inserted between the components.

> das **Eigentum** + die **Wohnung** = die **Eigentumswohnung**
> (*property*)   (*apartment*)   (*condominium*)

> der **Bund** (*federation*) + die **Republik** = die **Bundesrepublik**

> die **Familie** + die **Diskussion** = die **Familiendiskussion**

The gender of the *last* component noun is *always* the gender of the entire compound.

> das **Haus** + die **Frau** = die **Hausfrau**

> das **Wort** + der **Schatz** = der **Wortschatz**
> (*word*)   (*treasure*)   (*vocabulary*)

Leicht zu merken

die **Alternative, -n**	Alterna<u>ti</u>ve	**relativ**
der **Konflikt, -e**	Kon<u>fl</u>ikt	**sozial** so<u>zi</u>al
(das) **Nordamerika**		**traditionell** traditio<u>nell</u>
normal	nor<u>mal</u>	

Einstieg in den Text

- Review the tips for reading on page 40 in **Kapitel 1**.

- The following text is entitled "Die Familie heute." This gives you a good idea of what sort of information to expect.

- Before reading, recall the vocabulary you already know that relates to the topic of family, e.g., **Bruder**, **Schwester**, etc.

- *Guessing from context* The first sentence of a paragraph—the topic sentence—announces the primary topic of what follows. Look at page 62, line 8 of "Die Familie heute." **Die typische Familie** is the topic of this paragraph. Later in the paragraph comes this sentence:

  Fast alle Familien besitzen ein Auto und einen Fernseher.

  The words that are probably immediately comprehensible to you are **alle Familien** and **Auto**. Knowing the topic, you can make an educated guess at the meaning of **fast** and **besitzen**. Such educated guessing, or finding context clues, is very important when reading texts with many unfamiliar words.

Caution: If you're tempted to think that German **fast** may mean the same as English *fast*, look at its position in the sentence and realize that it's part of the phrase **fast alle Familien**.

Wortschatz 2

Die Familie

die **Großeltern** (*pl.*) grandparents
der **Großvater, ̈** grandfather
die **Großmutter, ̈** grandmother

der **Onkel, -** uncle
die **Tante, -n** aunt
der **Cousin, -s** cousin (*m.*)
die **Cousine, -n** cousin (*f.*)
die **Geschwister** (*pl.*) siblings, brothers and sisters

Verben

bedeuten to mean, signify
besitzen to own
bleiben to stay, remain
finden to find
geben (gibt) to give
kochen to cook
leben to live; to be alive
verdienen to earn

Substantive

der **Beruf, -e** profession, vocation
der **Fernseher, -** TV set

das **Auto, -s** car
das **Geld** money

das **Klischee, -s** cliché
das **Problem, -e** problem

die **Arbeit** work
die **Bundesrepublik (Deutschland)** the Federal Republic (of Germany); die **BRD** the FRG
die **Diskussion, -en** discussion
die **Gruppe, -n** group
die **Hausfrau, -en** housewife
die **Rolle, -n** role
die **Stelle, -n** job, position
die **Stimme, -n** voice

Adjektive und Adverbien

anders different
berufstätig employed
deutsch German
fast almost
jung young
manchmal sometimes
mehr more
   nicht mehr no longer, not any more
noch ein another, an additional
sogar even, in fact
überall everywhere

wenigstens at least
wichtig important

Andere Vokabeln

alle (*pl.*) all; everybody
niemand nobody, no one
zwischen between

Nützliche Ausdrücke

es gibt (+ *acc.*) there is, there are
das sind (*pl. of* **das ist**) those are
zu Hause at home

Gegensätze

jung ≠ alt young ≠ old
niemand ≠ jemand no one ≠ someone
wichtig ≠ unwichtig important ≠ unimportant

Mit anderen Worten

Kinder sagen:
   Vati = Vater
   Mutti = Mutter
   Oma = Großmutter
   Opa = Großvater

Adjectives denoting nationality are *not* capitalized: **amerikanisch** (*American*), **deutsch** (*German*), **kanadisch** (*Canadian*), **schottisch** (*Scottish*).

Die Familie heute

 Lab Manual Kap. 2, Lesestück.

Learning about German family life is the cultural goal of this chapter.

„Der Vater hat einen Beruf und verdient das Geld, die Mutter ist Hausfrau. Sie bleibt zu Hause, kocht das Essen und versorgt° die Kinder." Die Klischees kennen wir schon. Heute stimmen sie aber nicht mehr, wenigstens nicht für junge[1] Familien in Deutschland. Dort ist die Rollenverteilung° oft anders. Viele Frauen sind berufstätig
5 oder suchen eine Stelle. Tagsüber° ist manchmal niemand zu Hause. Oft machen der Mann und die Frau die Hausarbeit gemeinsam° und in Familiendiskussionen haben die Kinder heute auch eine Stimme°.

Die typische Familie ist relativ klein: Ein oder zwei Kinder, das ist normal. Manchmal wohnen auch die Großeltern mit ihnen zusammen°. Viele Familien in der
10 Bundesrepublik haben ein Haus oder eine Eigentumswohnung°. Fast alle Familien besitzen ein Auto und einen Fernseher. Ihr Lebensstandard° ist sogar oft höher als° in Nordamerika.

Aber das bedeutet nicht, es gibt keine° Probleme. Man findet in Deutschland, wie überall, Konflikte zwischen Eltern und Kindern. Nach dem Schulabschluss°
15 suchen junge Leute manchmal Alternativen wie das Zusammenleben° in Wohngemeinschaften°. Aber für die Mehrheit° bleibt die traditionelle Familie – Mutter, Vater und Kinder – noch die wichtigste° soziale Gruppe.

takes care of

assignment of roles
during the day
jointly
voice

mit ... = *with them*
condominium
standard of living / **höher als** = *higher than*

no
Nach ... = *after secondary school / living together*

communal living groups / majority / most important

NACH DEM LESEN

 Lab Manual Kap. 2, Diktat.

 Workbook Kap. 2, M, N, O.

A **Antworten Sie auf Deutsch.**

1. Was sind die Klischees über die traditionelle Familie?
2. Was suchen heute viele Frauen?
3. Haben Familien in Deutschland viele Kinder?
4. Besitzen alle Familien in Deutschland ein Haus?

B **Partnerarbeit: Fragebogen (*Questionnaire*)** You are a German sociologist studying American family life. Use the questionnaire below to interview your partner. Be ready to report the information that you collect to the class.

1. **Großeltern**: Leben sie noch?   ja / nein
2. **Mutter**: wie alt? _____ berufstätig? ja / nein   Beruf? _____
3. **Vater**: wie alt? _____ berufstätig? ja / nein   Beruf? _____
4. **Geschwister**: wie viele Brüder? _____   wie alt? _____
   wie viele Schwestern? _____   wie alt? _____
5. **Autos**: wie viele? _____
6. **Fernseher**: wie viele? _____
7. Wer kocht das Essen? _____
8. Wer macht die Hausarbeit? _____
9. Wer liest die Zeitung? _____
10. Besitzt Ihre Familie ein Haus? ja / nein

---

[1] **junge**: When German adjectives are used before nouns, they have endings, most often
-e or **-en**. Also: **typische** (line 8), **junge** (line 15), **traditionelle** (line 16), **wichtigste soziale** (line 17). You will learn how to use these endings actively in **Kapitel 9**.

1. Here is Sylvie Klein and her family. Sylvie is on the far left, with glasses. Who are the other people in the picture?

BEISPIEL: Das ist wahrscheinlich ihr _____.

2. Patrick Müller has taken his family on a vacation to the North Sea. Who are the other people in the photo?

Talking about your family is a communicative goal.

3. Bring to class photographs of your own family. Tell the others who's who in your picture.

D **Gruppenarbeit (*3 Personen*)**   A German student from Rostock is visiting America and doesn't understand much English. Student A is a reporter asking questions. Student B interprets for the German visitor (student C).

BEISPIEL: A: Where is she from?
B: Woher kommst du denn?
C: Ich komme aus Rostock.

1. Where does his/her family live?
2. Does it rain there often?
3. What's his/her mother's name?

4. Is he/she employed?
5. Are his/her grandparents alive?
6. Whom does he/she know here?

E **Gruppenarbeit (*3 oder 4 Personen*)**   How many answers can you give to the following questions?

1. *Was liest du denn?*
   Ich lese _____.
   _____.
   _____.

4. *Was kochst du?*
   Ich koche _____.
   _____.
   _____.

2. *Wen kennst du?*
   Ich kenne _____.
   _____.
   _____.

5. *Was brauchst du denn?*
   Ich brauche _____.
   _____.
   _____.

3. *Was suchst du?*
   Ich suche _____.
   _____.
   _____.

6. *Was siehst du denn?*
   Ich sehe _____.
   _____.
   _____.

F **Wie sagt man das auf Deutsch?**

1. Her family is quite typical.
2. Their name is Schölz and they live in Munich.
3. Does her brother work, or is he looking for a job?
4. He's studying in Heidelberg.

5. I'm looking for my newspaper.
6. Fritz has it.
7. He's reading an article.

8. Where are your children, Mr. Asch?
9. They're at home.

10. When are you eating, children?
11. Probably at six.

Junge Familie in Frankfurt am Main

Eine Postkarte schreiben

- Germans usually put the date at the beginning of a postcard, indicating the day, month, and year (in that order) separated by periods: 3.10.03 = October 3, 2003.
- If you're writing to a male friend, the greeting will be **Lieber** ... (Dear ...); the greeting to a female will be **Liebe** ...
- If you are a male, close your message with **Dein** ...; if a female, close with **Deine** ...

FREIBURG

Liebe Nadine,   3.10.03

kennst du meine Familie?
Ich habe drei Geschwister:
zwei Brüder und eine
Schwester. Unser Vater ist
Lehrer und unsere Mutter
sucht eine Stelle im
Moment. Wir wohnen in
Freiburg. Du siehst es hier
auf der Postkarte. Es ist
sehr schön, nicht wahr?

        Dein Max

Felast...

14059 Berlin

▶ **Schreiben wir mal.** Write a postcard to a German pen pal telling about your family.

Almanach

DIE GANZE FAMILIE (The whole family)

Der Vater, der heißt Daniel,
der kleine Sohn heißt Michael,
die Mutter heißt Regine,
die Tochter heißt Rosine.

Der Bruder, der heißt Kristian,
der Onkel heißt Sebastian,
die Schwester heißt Johanna,
die Tante heißt Susanna.

Der Vetter, der heißt Benjamin,
die Kusine, die heißt Katharin,
die Oma heißt Ottilie—
nun kennst du die Familie!

Vetter = Cousin
Kusine = Cousine

In 2001, these were the most popular names for newborn children according to the **Gesellschaft für deutsche Sprache** (Society for the German Language):

Namen für Mädchen	Namen für Jungen
1. Marie	1. Leon
2. Sophie	2. Alexander
3. Maria	3. Maximilian
4. Anna, Anne	4. Lukas
5. Laura	5. Paul
6. Michelle	6. Tim
7. Lea	7. Jonas
8. Julia	8. Niklas
9. Sara(h)	9. Jan
10. Lisa	10. Daniel

Parents do not have absolute freedom in choosing names for their children.
A name may be rejected by the government registry office if it does not clearly indicate the child's sex or if it is deemed to "endanger the well-being of the child."

Ottilie
geb. 1918

Hermann
1917–1989

Daniel
geb. 1957

Regine
geb. 1962

Sebastian
geb. 1946

Susanna
geb. 1949

Kristian
geb. 1984

Rosine
geb. 1986

Michael
geb. 1990

Johanna
geb. 1992

Benjamin
geb. 1975

Katharin
geb. 1973

Der Stammbaum

The Family Tree

geb. (abbreviation for geboren) = born

Schüler in Basel (Schweiz)

Jugend und Schule

Kommunikation

- Negating statements and questions
- Contradicting someone
- Requesting information
- Describing what you're wearing
- Expressing opinions

Kultur

- The German school system

In diesem Kapitel

- **Lyrik zum Vorlesen**
  „Bruder Jakob"
  Rätsel (*riddles*)

- **Grammatik**
  The predicate
  Modal verbs
  Verbs with stem-vowel change **a → ä**, **au → äu**
  Negation with **nicht** (*not*)
  Negation with **kein**
  Expecting an affirmative answer: **nicht wahr**?
  Contradicting a negative statement or question: **doch**
  The indefinite pronoun **man**
- **Lesestück**
  Eine Klassendiskussion
- **Almanach**
  A Note about Schools in German-Speaking Countries

DIALOGE

Lab Manual Kap. 3, Dialoge, Fragen, Hören Sie gut zu!, Üb. zur Aussprache [o/ö].

Two cities in Germany are named Frankfurt. They are distinguished by the rivers on which they are situated: Frankfurt am Main (Frankfurt a. M. or Frankfurt/Main) in the state of Hessen; and Frankfurt an der Oder (Frankfurt a. d. O. or Frankfurt/Oder) in the state of Brandenburg.

Innsbruck is the capital city of the mountainous Austrian province of Tyrol (German **Tirol**). German place names often have topographical significance. **Die Brücke** = *bridge*; this city was originally a settlement at "the bridge over the Inn River." See the map in the front of the book.

Du hast es gut!

Renate besucht ihre Freundin Monika.

MONIKA: In Frankfurt hast du es gut, Renate! Hier in Hinterwalden ist es immer stinklangweilig.

RENATE: Dann musst du mich bald besuchen. Oder hast du keine Lust?

MONIKA: Doch, ich möchte schon nach Frankfurt, aber ich habe leider kein Geld.

RENATE: Das verstehe ich schon, aber bis Juni kannst du sicher genug verdienen.

Eine Pause

Kurt und Stefan fahren nach Innsbruck.

KURT: Wir müssen noch eine Stunde nach Innsbruck fahren.

STEFAN: Können wir jetzt eine Pause machen? Ich möchte ein bisschen laufen.

KURT: Ich auch. Da drüben kann man halten, nicht wahr?

STEFAN: Ja. (*Sie halten.*) Mensch! Der Berg ist wahnsinnig steil!

KURT: Was ist denn los? Bist du nicht fit?

STEFAN: Doch! Das schaff' ich leicht.

Heute gibt's keine Chemiestunde

ANJA: Du Klaus, weißt du schon?

KLAUS: Was ist denn?

ANJA: Heute gibt's keine Chemiestunde!

KLAUS: Wieso denn?

ANJA: Frau Helmholtz ist heute krank.

KLAUS: Toll, dann müssen wir keine Klassenarbeit schreiben!

ANJA: Richtig! Willst du einen Kaffee trinken?

KLAUS: Gerne, und dann können wir früh nach Hause.

NOTE ON USAGE

The flavoring particle *schon*

As a flavoring particle, **schon** is often used to strengthen, confirm, or reinforce a statement. It adds the sense of *really*, *indeed*. In the first dialogue, Monika protests:

Ich möchte **schon** nach Frankfurt, aber ich habe leider kein Geld.	*I really would like to go to Frankfurt, but unfortunately I don't have any money.*

Renate answers:

Das verstehe ich **schon** …	*I certainly understand that …*

Wortschatz 1

Verben

besuchen to visit
fahren (fährt) to drive; to go (*by vehicle*)
halten (hält) to stop (*intrans.*)[1]; to hold
laufen (läuft) to run; to go on foot, walk (*colloq.*)
schaffen to handle, manage; to get done (*colloq.*)
schlafen (schläft) to sleep
tragen (trägt) to carry; to wear
trinken to drink
verstehen to understand

Modalverben (*Modal verbs*)

dürfen (darf) may, to be allowed to
können (kann) can, to be able to
ich möchte I would like to
müssen (muss) must, to have to
sollen (soll) should, to be supposed to
wollen (will) to want to

Berg: cf. English *iceberg.*

Substantive

der **Berg, -e** mountain
der **Kaffee** coffee

die **Freundin, -nen** friend (*f.*)
die **Klasse, -n** class; grade
die **Klassenarbeit, -en** written test, in-class examination
die **Minute, -n** minute
die **Pause, -n** break; intermission
  eine Pause machen to take a break

die **Stunde, -n** hour; class hour
  die **Chemiestunde** chemistry class
  die **Deutschstunde** German class

Adjektive und Adverbien

fit in shape
früh early
genug enough
gern(e) gladly
immer always
jetzt now
langweilig boring
leicht easy; light (*in weight*)
leider unfortunately
richtig right, correct
steil steep
toll (*colloq.*) great, terrific
wahnsinnig (*colloq. adv.*) extremely, incredibly
wahr true

The final **-e** on **gerne** is optional; **gern** and **gerne** mean the same thing.

Basic meaning of **toll** = *mad, crazy* (**das Tollhaus** = *madhouse*).

Andere Vokabeln

doch yes I *do*, yes I *am*, etc. (*contradictory*, see p. 85)
kein not a, not any, no
nichts nothing
wie lange? how long?
wieso? how come? how's that? what do you mean?
wohin? where to?

Kein has the same endings as **ein**. See p. 83.

Nützliche Ausdrücke

ein bisschen a little; a little bit; a little while
Ich habe keine Lust. I don't want to.
Mensch! Man! Wow!
nach Hause home (*as destination*)
  Ich fahre nach Hause. I'm driving home.
nicht (wahr)? isn't it? can't you? doesn't he? etc.
Was ist los? What's the matter? What's going on?

Gegensätze

früh ≠ spät early ≠ late
immer ≠ nie always ≠ never
langweilig ≠ interessant boring ≠ interesting
leicht ≠ schwer light; easy ≠ heavy; difficult
nichts ≠ etwas nothing ≠ something
richtig ≠ falsch correct ≠ false, incorrect, wrong

Mit anderen Worten

stinklangweilig = sehr, sehr langweilig
wahnsinnig (*colloq.*) **= sehr, sehr**

---

[1] The abbreviation *intrans.* = intransitive. An intransitive verb cannot take a direct object. When the verb **halten** means *to stop* (**Da drüben kann man halten**), it is intransitive. However, when it means *to hold* (**Er hält den Bleistift in der Hand**), it is transitive.

You've Got It Made!

Renate is visiting her friend Monika.

M: You've got it made in Frankfurt, Renate. It's always really boring here in Hinterwalden.

R: Then you have to visit me soon. Or don't you want to?

M: Sure I do. I really would like to go to Frankfurt, but unfortunately I don't have any money.

R: I certainly understand that, but surely you can earn enough by June.

A Break

Kurt and Stefan are driving to Innsbruck.

K: We still have an hour to drive to Innsbruck.

S: Can we take a break now? I'd like to walk a bit.

K: Me too. We can stop over there, can't we?

S: Yes. (*They stop.*) Man, the mountain is really steep!

K: What's the matter? Aren't you in shape?

S: Sure! I can manage that easily.

There's No Chemistry Class Today

A: Hey, Klaus, have you heard already?

K: What's up?

A: There's no chemistry class today!

K: How come?

A: Frau Helmholtz is sick today.

K: Great! Then we don't have to take the test!

A: Right! Want to have coffee?

K: Sure. Then we can go home early.

Variationen

A Persönliche Fragen

1. Wo sind Sie zu Hause?
2. Gibt es da viel zu tun oder ist es langweilig?
3. Haben Sie genug Geld?
4. Sind Sie fit oder nicht?
5. Müssen Sie heute eine Klassenarbeit schreiben?
6. Wollen Sie später einen Kaffee trinken?

So üben Sie mit Sicherheit richtig!

Das sind nur einige Beispiele aus FIT UND GESUND

Falsch   Richtig

B Übung

1. Kurt möchte ein bisschen laufen. Ich möchte zu Hause bleiben.
   Was möchten Sie denn machen?   Ich möchte _____.

2. Kurt und Stefan wollen da drüben halten. Ich will nach Hause laufen.
   Was wollen Sie denn machen?   Ich will _____.

3. Klaus und Anja können heute früh nach Hause gehen.
   Was können Sie heute machen?   Ich kann _____.

C Partnerarbeit: Doch!   Contradict what your partner says, using **doch**.

BEISPIEL: A: Du besuchst mich nicht!
            B: *Doch*, ich besuche dich!

1. Du bist nicht fit!
2. Der Tourist kommt nicht aus Amerika!
3. Du verstehst mich nicht!
4. Wir arbeiten heute nicht!
5. Die Schüler gehen nicht früh nach Hause!
6. Robert ist nicht dein Freund!
7. Der Berg ist nicht steil!
8. Es ist nicht spät!

D **Carolas Stundenplan** (*Carola's class schedule*)   Carola ist in Klasse 12. Hier sehen Sie ihren Stundenplan für die Woche. Schüler in Deutschland haben viele Fächer (*subjects*).

Können Sie Antworten (*answers*) auf diese Fragen finden?

1. Wie viele Fächer hat sie?
2. Welche Fremdsprachen (*which foreign languages*) lernt sie?
3. Wie viele Französischstunden hat sie pro Woche?
4. Welche naturwissenschaftlichen (*natural science*) Fächer hat sie?
5. Was hat sie am Montag und Dienstag?
6. Welche Hausaufgaben (*homework assignments*) muss sie am Mittwochabend machen?
7. Wann spielt sie ihre Violine?
8. Wann kann sie lange schlafen?
9. Wann kann sie früh nach Hause gehen?

Zeit	Montag	Dienstag	Mittwoch	Donnerstag	Freitag
$7^{45} - 8^{30}$	–	–	Französisch	Biologie	–
$8^{35} - 9^{20}$	Englisch	Mathematik	Französisch	Biologie	–
$9^{30} - 10^{15}$	Religion	Politik / Erdkunde	Deutsch	Mathematik	Mathematik
$10^{40} - 11^{25}$	Deutsch	Chemie	Deutsch	Religion	Politik / Erdkunde
$11^{45} - 12^{30}$	Sport	Biologie	Geschichte	Englisch	Englisch
$12^{15} - 13^{00}$	Sport	Biologie	–	Französisch	Geschichte
$13^{00} - 14^{00}$	(Orchester)				
$14^{00} - 14^{45}$	Biologie				
$14^{50} - 15^{35}$	Französisch				
$15^{40} - 16^{25}$	Französisch		Chemie		
$16^{30} - 17^{15}$			Chemie		
$17^{20} - 18^{05}$					

Bruder Jakob

This round for four voices comes originally from France, but is sung by children all over the world. In German, **Frère Jacques** is called **Bruder Jakob**.

Bruder Jakob

Kanon zu 4 Stimmen   Worte und Weise: volkstümlich aus Frankreich

Bru – der   Ja – kob, Bru – der   Ja – kob! Schläfst du   noch? Schläfst du   noch?
Hörst du nicht die   Glok – ken? Hörst du nicht die   Glok – ken? Ding ding   dong, ding ding   dong!

Bruder Jakob, Bruder Jakob!
Schläfst du noch? Schläfst du noch?
Hörst du nicht die Glocken°?   *bells*
Hörst du nicht die Glocken?
Ding, ding, dong. Ding, ding, dong.

Rätsel   (Riddles)

Rhyming riddles are very old forms of oral popular literature. The solutions to these two are shown by the accompanying illustrations.

(der Hummer)

Rot° und gut,   *red*
hat Fleisch° und kein Blut°.   *flesh / blood*

(die Schnecke)

Ich gehe alle Tage° aus   ***alle...*** = *every day*
und bleibe doch in meinem Haus.

1. The predicate (*das Prädikat*)

In both German and English, all statements and questions contain a subject (S) and an inflected verb (V).

S V	S V
Ich arbeite viel.	*I work a lot.*

V S	V S
Schläfst du?	*Are you sleeping?*

The verb by itself, however, is not always adequate to express the entire action or condition in which the subject is involved. For example, consider the simple statement:

> Stefan ist jung.

Stefan is the subject and **ist** is the verb. When taken by themselves, however, the words

> Stefan ist

are not a meaningful utterance. The verb **sein** must be completed, in this case by the adjective **jung**. **Sein** may also be completed by a noun in the nominative case.

> Stefan ist **mein Bruder**.

In both cases, the verb and its complement together make up the entire verbal idea, or predicate. That's why adjectives and nouns that follow the verb **sein** are called *predicate adjectives* and *predicate nominatives*.

Various kinds of words and phrases can complement verbs to form the complete predicate. For instance, in the sentence

> Ich trage Jeans.

the verb **trage** is completed by the direct object **Jeans**. In the sentence

> Ich möchte laufen.

the modal verb **möchte** is completed by the infinitive **laufen**. You will learn about modal verbs like **möchte** in the following section.

2. Modal verbs (*Modalverben*)

There is a group of six verbs in German called *the modal verbs*. They do not express an action or condition by themselves, but rather the subject's *attitude* or *relation* to the action expressed by another verb.

Wir **müssen** noch eine Stunde **fahren**.	*We still **have to drive** for an hour.*
Bis Juni **kannst** du genug **verdienen**.	*By June you **can earn** enough.*

The modal verb **müssen** (*have to*) indicates that it is *necessary* for the subject (**wir**) to perform the action of driving (**fahren**). **Müssen** is the first part of the predicate, and the infinitive **fahren** is the second part of the predicate. The German modals are:

Modal verb	English	Expresses
dürfen	*to be allowed to, may*	permission
können	*to be able to, can*	ability
müssen	*to have to, must*	necessity
sollen	*to be supposed to, should*	obligation
wollen	*to want to; to intend to*	desire; intention
(ich) **möchte**	(*I*) *would like to*	inclination, desire

Möchte (*would like to*) is a subjunctive form of the modal verb **mögen** (*to like*), which you will learn in the next chapter.

Lehrer und Schüler

The modal auxiliaries take no endings in the **ich**- and **er**-forms, and most have a changed stem vowel in the singular.

dürfen *to be allowed to*			
ich	**darf**	wir	dürfen
du	**darfst**	ihr	dürft
er, es, sie	**darf**	sie, Sie	dürfen

Darf ich draußen **spielen**?
May I play outside?

können *to be able to*			
ich	**kann**	wir	können
du	**kannst**	ihr	könnt
er, es, sie	**kann**	sie, Sie	können

Wir **können** da drüben **halten**.
We can stop over there.

Waan-question requiring
a specific time

Wenn → when (if)
- general (if)
time - not question
word
- kicks verb to end
- Separable verbs - auf stehen
problem   hin sitzen
↓
verb put back together
when kicked to end

müssen *to have to*			
ich	**muss**	wir	**müssen**
du	**musst**	ihr	**müsst**
er, es, sie	**muss**	sie, Sie	**müssen**

Jetzt **muss** ich leider **gehen**.
Unfortunately, I have to leave now.

wollen *to want to*			
ich	**will**	wir	**wollen**
du	**willst**	ihr	**wollt**
er, es, sie	**will**	sie, Sie	**wollen**

Willst du jetzt **essen**?
Do you want to eat now?

Notice that only **sollen** does not have a stem-vowel change in the singular.

sollen *to be supposed to*			
ich	soll	wir	sollen
du	sollst	ihr	sollt
er, es, sie	soll	sie, Sie	sollen

Sollen wir eine Pause **machen**?
Should we take a break?

Notice that **möchte** has endings different from the other modal verbs.

ich möchte *I would like to*			
infinitive: **mögen**			
ich	möchte	wir	möchten
du	möchtest	ihr	möchtet
er, es, sie	möchte	sie, Sie	möchten

Ich **möchte** dich **besuchen**.
I would like to visit you.

In contrast to German, some English modals require a dependent infinitive with *to* (*I want **to read***), while others do not (*I can **read***).

The modal verb is *always* the inflected verb in the sentence. The complementary infinitive (which is the second part of the predicate) comes at the end of the sentence. Note the difference from English, in which the dependent infinitive immediately *follows* the modal verb.

Wir **können** da drüben **halten**.   *We **can stop** over there.*
Das **muss** ich für morgen **lesen**.   *I **have to read** that for tomorrow.*
Marie **soll** ihre Eltern   *Marie **is supposed to visit** her*
　　besuchen.   　　*parents.*

It is important to get used to this two-part predicate, which is a central structural feature of German sentences.

Lab Manual Kap. 3, Var.
zu Üb. 1, 3.

Workbook Kap. 3, A, B, C.

1 Übung: Was möchten Sie heute machen?   Here are some things people in the dialogues on p. 69 are doing.

Monika besuchen
nach Frankfurt fahren
ein bisschen laufen
nach Hause gehen
Geld verdienen
eine Pause machen
da drüben halten
Kaffee trinken

Choose from these activities to answer the following questions.

> BEISPIEL: Was möchten Sie heute machen?
> Ich möchte Monika besuchen.

1. Was können Sie heute machen?
2. Was müssen Sie heute machen?
3. Was möchten Sie heute machen?

2 Gruppenarbeit: Was willst du machen? (*4 Studenten*)   Ask each other about what you intend to do or be. This list will provide some ideas. What others can you find?

> BEISPIEL: Was willst du denn machen?
> Ich will in Deutschland studieren, und du?

eine Familie haben
viel Geld verdienen
berufstätig sein
ein Haus besitzen
nach Hause fahren
Freunde in Europa besuchen
fit sein
eine Pause machen
in Wien studieren

3 Partnerarbeit: Interview – *heute und morgen*   Interview each other. Give as many answers as possible to the following questions.

1. Was möchtest du heute Abend machen? Ich möchte _____.
2. Was musst du morgen machen? Morgen muss ich _____.
3. Was willst du in 10 Jahren (*in 10 years*) machen? In 10 Jahren will ich _____.

4 Hallo, wie geht's?   Finish the following dialogue by completing the sentences.

> ANNA: Hallo Mario!
> MARIO: _____, wie geht's?
> ANNA: _____. Was machst du denn heute?
> MARIO: Heute muss ich _____. Und du?
> ANNA: Heute soll ich _____, aber ich will _____. Also tschüss!
> MARIO: Tschüss Anna!

Now compose your own dialogue of three or four exchanges.

Omission of the infinitive

Certain infinitives may be omitted from sentences with modal verbs when they are clearly implied.

- **haben**

  Möchten Sie ein Zimmer [**haben**]?   *Would you like (to have) a room?*

- **machen**

  Das kann ich leider nicht   *Unfortunately I can't (do that).*
  [**machen**].

- verbs of motion (**gehen, fahren, fliegen, laufen**) when destination is expressed

  Musst du jetzt nach Hause   *Do you have to go home now?*
  [**gehen, fahren**]?

- **sprechen**, in the following expression:

  Kannst du Deutsch?   *Can you speak German?*
  Ja, ich kann Deutsch.   *Yes, I can speak German.*
  Ich kann auch Dänisch.   *I can also speak Danish.*

5 Übung: Wie sagt man das auf Englisch?

1. Wollen Sie jetzt nach Hause?
2. Er kann das noch nicht.
3. Willst du meinen Bleistift?
4. Mein Vater will das nicht.
5. Sie können schon gut Deutsch.
6. Möchten Sie das Geld?
7. Darf man denn das?
8. Wann wollen Sie nach Amerika?

6 Gruppenarbeit: Mit offenen Büchern (*3 oder 4 Studenten*)   Take turns changing each sentence by substituting the new elements provided.

BEISPIEL: Ich möchte morgen nach Berlin. (wollen)
        A: Ich will morgen nach Berlin. (Wien)
        B: Ich will morgen nach Wien.

1. Ich möchte morgen nach Berlin.
   wollen
   München
   müssen
   wir
   Kopenhagen
   nächstes Semester

2. Wir können da drüben halten.
   sollen
   eine Pause machen
   ich
   möchte
   arbeiten
   zu Hause

3. Im Juni kannst du viel Geld verdienen.
   müssen
   September
   ich
   haben
   wollen

Wohin (*where to?*) is analogous to the question word **woher**? (*from where?*): **Woher kommst du?** Cf. archaic English usage: *Whence comest thou? Whither goest thou?*

FRAGEWORT

wohin?   *where to?*

a = Spanien
b = Korsica
c = Kreta
d = Marokko
e = Griechenland

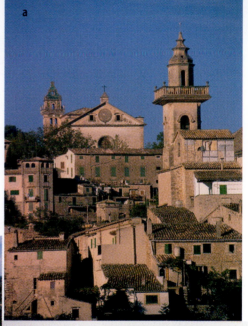

7 **Partnerarbeit: Wohin willst du im Februar?**   By the time the semester break comes in mid-February, many German students want to travel where it is warm. Which of these vacation spots (above) popular with Germans would you like to visit?

BEISPIEL: A: Wohin willst du im Februar?
             B: Ich will nach _____. Wohin willst du?

Können Sie diese Orte (*places*) auf der Landkarte finden? (*See the map on the inside back cover of the book.*)

3. Verbs with stem-vowel change *a → ä, au → äu*

Some verbs change their stem-vowel in the following ways:

fahren *to drive; to go by vehicle*			
stem: **fahr** = shift: **a → ä**			
ich	fahre	wir	fahren
du	**fährst**	ihr	fahrt
er, es, sie	**fährt**	sie, Sie	fahren

halten *to hold; to stop*			
stem: **halt** = shift: **a → ä**			
ich	halte	wir	halten
du	**hältst**	ihr	haltet
er, es, sie	**hält**	sie, Sie	halten

Other verbs in this group are: **schlafen** (**schläft**), *to sleep*; **tragen** (**trägt**), *to carry, wear.*

laufen *to run*			
stem: **lauf** = shift: **au → äu**			
ich	laufe	wir	laufen
du	**läufst**	ihr	lauft
er, es, sie	**läuft**	sie, Sie	laufen

Lab Manual Kap. 3, Var. zur Üb. 8.

Workbook Kap. 3, D.

8 **Kettenreaktion** Say how you get home, then ask your classmates how they get home.

BEISPIEL: A: Ich fahre nach Hause. Fährst du auch nach Hause?
B: Nein, ich laufe nach Hause. Läufst du auch nach Hause?
C: Ja, ich laufe auch nach Hause. Läufst du ... ?

FRAGEWORT	
wie lange?	*how long?*

9 **Kettenreaktion** Wie lange schläfst du?

BEISPIEL: A: Ich schlafe acht Stunden. Wie lange schläfst du?
B: Ich ...

10 **Gruppenarbeit: Mit offenen Büchern (*With open books*)**   Tell one thing that you're wearing, then one thing the person next to you is wearing.

BEISPIEL: Ich trage _____ und er/sie trägt heute _____.

eine Armbanduhr

ein T-Shirt

Jeans

eine Brille

eine Jacke

Turnschuhe

einen Rock

eine Mütze

einen Pulli

einen Rucksack

---

4. Negation with *nicht* (not)

Negating statements and questions is a communicative goal.

 For a preview and summary of German negation, see **Zusammenfassung und Wiederholung I**, in the Workbook.

Nicht is used to negate a sentence.

Sabrina ist meine Schwester.	*Sabrina is my sister.*
Sabrina ist **nicht** meine Schwester.	*Sabrina is **not** my sister.*

In the preceding example, the position of **nicht** is exactly the same as the position of *not* in English. In most German sentences, however, this will not be the case. Here are some preliminary guidelines for the position of **nicht**.

In English, *not* almost always follows the inflected verb immediately.

■ **Nicht** usually *follows* the subject, verb, direct object, and all personal pronouns.

Ich kenne deinen Freund **nicht**.	*I don't know your friend.*
Er sagt das **nicht**.	*He doesn't say that.*
Wir besitzen das Auto **nicht**.	*We don't own the car.*
Deine Schwester kennt mich **nicht**.	*Your sister doesn't know me.*

Some expressions of definite time: **jetzt**, **heute**, **heute Abend**, **morgen**, **am Mittwoch**.

■ **Nicht** usually *follows* expressions of definite time.

Sie können heute Abend **nicht** kommen.	*They can't come tonight.*
Hans arbeitet jetzt **nicht**.	*Hans isn't working now.*

Lab Manual Kap. 3, Üb. 11, 12.

Workbook Kap. 3, E.

11 Übung   Negate these sentences by adding **nicht**.

1. Kurt besucht seinen Bruder.
2. Ich kenne eure Mutter.
3. Frau Schmidt besucht uns morgen.
4. Monika macht das heute Abend.
5. Ich verstehe ihn.
6. Am Donnerstag kochst du.
7. Er liest sein Buch.
8. Mein Großvater schläft.
9. Das schafft er.

Review the explanations of the predicate on p. 74 and of predicate nominative on p. 34.

■ **Nicht** *precedes* complements that constitute the second part of the predicate. These include:

1. Predicate adjectives

Der Berg ist **steil**.	*The mountain is **steep**.*
Der Berg ist **nicht** steil.	*The mountain is **not** steep.*

2. Predicate nominatives

Das ist **Herr Blum**.	*That is **Mr. Blum**.*
Das ist **nicht** Herr Blum.	*That is **not** Mr. Blum.*

Some expressions of indefinite time: **bald**, **spät**, **früh**, **immer**, **oft**.

3. Adverbs of manner, indefinite time, and place

Margit und Hans fahren **zusammen**.	*Margit and Hans are riding **together**.*
Margit und Hans fahren **nicht** zusammen.	*Margit and Hans are**n't** riding together.*
Er besucht mich **oft**.	*He **often** visits me.*
Er besucht mich **nicht** oft.	*He does**n't** visit me often.*
Sie wohnt **hier**.	*She lives **here**.*
Sie wohnt **nicht** hier.	*She does **not** live here.*

4. Prepositional phrases that show destination (**nach Wien, nach Hause**) or location (**in Berlin, zu Hause**)

Sie geht **nach Hause**.	*She's going **home**.*
Sie geht **nicht** nach Hause.	*She's **not** going home.*
Er arbeitet **in Berlin**.	*He works **in Berlin**.*
Er arbeitet **nicht** in Berlin.	*He does**n't** work in Berlin.*

5. Infinitives complementing modal verbs

Er kann mich **sehen**.	*He can **see** me.*
Er kann mich **nicht** sehen.	*He ca**n't** see me.*

12 Übung   Negate these sentences by adding **nicht**.

1. Das Wetter ist schön.
2. Ich kann dich besuchen.
3. Ich möchte Berlin sehen.
4. Der Berg ist steil.
5. Wir wollen halten.
6. Frau Mackensen ist unsere Lehrerin.
7. Ich muss nach Hause gehen.
8. Margit läuft gut.
9. Er kann mich sehen.

13 **Partnerarbeit: Unsere neue Professorin**   You're both getting a new instructor. Take turns asking each other questions about her. Answer them all negatively.

> BEISPIEL: A: Kennt unsere Professorin Berlin?
> B: Nein, sie kennt Berlin nicht.

1. Kommt sie aus Dresden?
2. Ist sie unfreundlich?
3. Arbeitet sie heute Abend?
4. Studiert ihr Bruder in Leipzig?
5. Kennst du ihn?
6. Muss sie nach Hause?
7. Fährt sie bald nach Hause?
8. Schläft sie viel?
9. Ist das ihr Auto?
10. Ist sie oft schlecht gelaunt?

5. Negation with *kein*

Kein (*not a, not any, no*) is the negative of **ein**. It negates nouns preceded by **ein** or nouns not preceded by any article.

Morgen will ich ein Buch lesen.	*I want to read a book tomorrow.*
Morgen will ich **kein** Buch lesen.	*I do **not** want to read a book tomorrow.*
Hier wohnen Studenten.	*Students live here.*
Hier wohnen **keine** Studenten.	***No** students live here.*

Kein is an **ein**-word and takes the same endings as **ein** and the possessive adjectives.

Das ist { **ein** Fernseher. / **kein** Fernseher. / **unser** Fernseher. }   Er hat { **einen** Wagen. / **keinen** Wagen. / **meinen** Wagen. }   Sie liest { **eine** Zeitung. / **keine** Zeitung. / **ihre** Zeitung. }

Nicht and **kein** are mutually exclusive. In any given situation, only one will be correct. If a noun is preceded by the definite article or by a possessive adjective, use **nicht** rather than **kein** to negate it.

Ist das die Professorin?	*Is that the professor?*
Nein, das ist **nicht** die Professorin.	*No, that's not the professor.*
Ist das eure Professorin?	*Is that your professor?*
Nein, das ist **nicht** unsere Professorin.	*No, that's not our professor.*
Ist sie Professorin?	*Is she a professor?*
Nein, sie ist **keine** Professorin.	*No, she's not a professor.*

Lab Manual Kap. 3, Var. zur Üb. 14.

Workbook Kap. 3, F, G.

14 **Übung**   Negate the sentence, using **kein**.

1. Hier gibt es ein Problem.
2. Wir wollen Kaffee trinken.
3. Maria hat heute Geld.
4. Hier wohnen Studenten.
5. Morgen gibt es eine Diskussion.
6. Herr Meyer hat Kinder.

15 Übung Respond negatively to these questions, using **kein** or **nicht**.

BEISPIELE: Hat Barbara einen Freund?
Nein, sie hat keinen Freund.

Ist das ihr Freund?
Nein, das ist nicht ihr Freund.

1. Haben Sie einen Freund in Oslo?
2. Haben Sie Freunde in Washington?
3. Ist das der Professor?
4. Verdient er Geld?
5. Sehen Sie das Haus?
6. Ist das seine Freundin?
7. Suchen Sie das Buch?
8. Suchen Sie ein Buch?

16 Partnerarbeit: Meine Familie Ask each other about your families. (For family members, see p. 50.)

BEISPIEL: A: Hast du einen Sohn?
B: Nein, ich habe keinen Sohn.

17 Gruppenspiel: Stimmt nicht! (*3 Personen*) Play this game with two other people. One says something obviously false. The others contradict that statement and give the correct information. Then the next player takes a turn.

BEISPIEL: A: Kirsten trägt heute einen Pulli.
B/C: Stimmt nicht! Sie trägt keinen Pulli! Sie trägt ein T-Shirt.

6. Expecting an affirmative answer: *nicht wahr?*

Nicht wahr? can only follow positive statements.

Nicht wahr? (literally, *not true?*), when added to a positive statement, anticipates confirmation (English: *doesn't she? wasn't he? wasn't it? didn't you?* etc.). In spoken German, you may shorten it to **nicht?**

Heute ist es schön, **nicht wahr?**	*It's beautiful today, isn't it?*
Sie studieren in Freiburg, **nicht?**	*You're studying in Freiburg, aren't you?*
Gisela kennst du, **nicht wahr?**	*You know Gisela, don't you?*

18 Übung: Das ist ein Tisch, nicht wahr? Contradict your instructor if necessary.

BEISPIEL: Das ist ein Tisch, nicht wahr?
Nein, das ist kein Tisch, das ist ein(e) _____.

19 Übung: Wie sagt man das auf Deutsch?

1. You have a car, don't you?
2. You're learning German, aren't you?
3. You'll visit me soon, won't you?
4. He's in good shape, isn't he?
5. We can work today, can't we?
6. You can understand that, can't you?

7. Contradicting a negative statement or question: *doch*

Contradicting someone is a communicative goal.

To contradict a negative statement or question, use **doch** instead of **ja**.

Ich spreche nicht gut Deutsch.	*I don't speak German well.*
Doch, Sie sprechen sehr gut Deutsch!	*Yes you do, you speak German very well.*
Kennst du Ursula nicht?	*Don't you know Ursula?*
Doch, ich kenne sie sehr gut!	*Sure, I know her very well.*

Lab Manual Kap. 3, Var. zur Üb. 20.

Initial **Doch** does not count as the first element in determining word order. See p. 35.

20 Übung: Doch!   Contradict these negative statements and questions, beginning your response with a stressed **doch**.

BEISPIEL: Schaffst du das nicht?
            Doch, ich schaffe das!

1. Wir wollen nicht halten.
2. Wir haben nicht genug Geld.
3. Hast du keinen Bruder?
4. Es ist nicht sehr spät.
5. Kannst du kein Deutsch?
6. Willst du nicht nach Hause?

21 Übung   Contradict your instructor if necessary.

BEISPIEL: Das ist kein Tisch.
            Doch! Natürlich ist das ein Tisch!

8. The indefinite pronoun *man*

The indefinite pronoun **man** refers to people in general rather than to any specific person. Although the English indefinite pronoun *one* may sound formal in everyday speech, **man** does not sound this way in German. It is used in both colloquial and formal language. It is often best translated into English as *people, they, you,* or even *we.*

You can use **man** only as the subject of a sentence, and only with a verb in the third-person singular.

In Deutschland sagt **man** das oft.	*They often say that in Germany.*
Das muss **man** lernen.	*You've got to learn that.*
Das weiß **man** nie.	*One never knows.*

Do not confuse **man** with **der Mann** (*the man*).

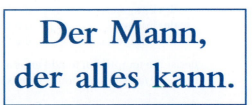

22 Übung Match the captions with the pictures.

1. Hier spricht man Deutsch.
2. Der Mann spricht Deutsch.

a. _____.   b. _____.

23 Übung Change the subject to **man**.

1. In Hinterwalden können die Leute nicht genug verdienen.
2. Um elf Uhr machen wir eine Pause.
3. Hoffentlich können wir drüben halten.
4. Hier können Sie gut essen.
5. Dürfen wir hier schlafen?

24 Übung: Wie sagt man das auf Deutsch? Use **man** as the subject.

1. In America we don't say that.
2. You've got to stop here.
3. One has to do that.
4. People say there are problems here.
5. How do you say that in German?

Tipps zum Lesen und Lernen

Tipp zum Vokabelnlernen

Masculine nouns ending in **-er** have the same form in the plural.

Singular	Plural
der Lehrer	die Lehrer
der Amerikaner	die Amerikaner
der Schüler	die Schüler
der Europäer	die Europäer
der Pullover	die Pullover
der Computer	die Computer

Resist the temptation to add an **-s** as in the English plural (*two pullovers*). Remember that *very few* German nouns take **-s** in the plural.

▶ **Übung**   Answer your instructor's questions with the plural form.

1. Wie viele Computer besitzt die Universität?
2. Wie viele Amerikaner sind hier im Zimmer?
3. Wie viele Schüler kennen Sie?
4. Wie viele Europäer studieren hier?
5. Wie viele Pullover besitzen Sie?

Leicht zu merken

Lab Manual Kap. 3, Üb. zur Betonung.

international	internatio<u>nal</u>	der **Sport**	
die **Jeans** (*pl.*)		das **System, -e**	Sy<u>stem</u>
optimistisch		das **Schulsystem**	<u>Schul</u>system
pessimistisch		das **Theater**	The<u>a</u>ter

Einstieg in den Text

1. The speakers in the following **Klassendiskussion** express opinions about their recent trip. Notice how often they preface opinions with such phrases as **Ich finde**, … or **Man meint**, … (*I think . . . , People think . . .*).

2. Remember that word order in German is in some ways freer than in English. It is true that the verb must be in second position in statements. In place of the subject, however, an object, an adverb, or some other element can be in first position. You will often find sentences beginning with the direct object:

Das finde ich auch.   *I think so too.* (literally: *I find that too.*)
Das kann ich verstehen.   *I can understand that.*

The clue to understanding such sentences is the personal ending of the verb. Words like **habe** and **finde** are obviously first person and go with the subject pronoun **ich**.

Im Donautal (Deutschland)

Kleidung (*clothing*)

der **Mantel,** ¨ coat
der **Pullover, -** pullover, sweater
  also: der **Pulli, -s**
der **Schuh, -e** shoe
  der **Turnschuh, -e** sneaker, gym
  shoe
das **Hemd, -en** shirt
das **Kleid, -er** dress; *pl.* = dresses
  or clothes
die **Hose, -n** trousers, pants
die **Jacke, -n** jacket

Verben

besprechen (bespricht) to
  discuss
entscheiden to decide
hassen to hate
lachen to laugh
lernen to learn
singen to sing

Substantive

der **Europäer, -** European (*m.*)
(das) **Amerika** America
(das) **Deutsch** German
  (*language*)
(das) **Englisch** English
(das) **Europa** Europe
das **Gymnasium,** die **Gymnasien**
  secondary school (*prepares
  pupils for university*)

Gymnasium derives from Greek for the place
where athletes trained (**gymnos** = *naked*). The
word was later generalized to mean *place of
study*.

die **Angst,** ¨e fear
  Angst haben to be afraid
die **Europäerin, -nen**
  European (*f.*)
die **Farbe, -n** color
die **Hausaufgabe, -n** homework
  assignment
die **Musik** music
die **Sprache, -n** language
  die **Fremdsprache** foreign
  language
die **Umwelt** environment
die **Welt, -en** world
die **Zeit, -en** time
die **Pommes frites** (*pl.,
  pronounced "Pomm fritt"*)
  French fries

Angst is related to Latin *angustiae* = a narrow
constriction. English has borrowed **Angst** from
German and uses it to mean *anxiety, existential
fear*.

Adjektive und Adverbien

ähnlich similar
also thus, for that reason
amerikanisch American
darum therefore, for that reason
dunkel dark
ehrlich honest
eigentlich actually, in fact
fremd strange, foreign
neu new
schnell fast
so so; like this

Farben

blau blue
braun brown
bunt colorful, multicolored
gelb yellow
grau gray
grün green
rot red
schwarz black
weiß white

Nützliche Ausdrücke

Das finde ich auch. I think
  so too.
gar nicht not at all
Stimmt schon. That's right.

Gegensätze

dunkel ≠ hell dark ≠ light
hassen ≠ lieben to hate ≠ to love
lachen ≠ weinen to laugh ≠
  to cry
neu ≠ alt new ≠ old
schnell ≠ langsam fast ≠ slow
Stimmt schon. ≠ Stimmt nicht.
  That's right. ≠ That's wrong.

Mit anderen Worten

nagelneu = sehr, sehr neu
uralt = sehr, sehr alt
blitzschnell = sehr, sehr schnell

Die Schülerin hat eine Frage.
(Hannover)

Lab Manual Kap. 3, Lesestück.

Eine Klassendiskussion

Last spring class 12a from the Kepler Gymnasium in Hannover visited a high school in California. Now they are discussing their impressions of the States with their teacher, Herr Beck; they also plan to write an article for their school newspaper.[2]

HERR BECK: Können wir jetzt unsere Amerikareise ein bisschen besprechen? Rolf, möchtest du etwas sagen? – Ach, er schläft ja wieder. (*Alle lachen.*)

ROLF: Meinen Sie mich? Entschuldigung! Unsere Reise? Sie war° doch toll.

5 KIRSTEN: Das finde ich auch. Die Amerikaner sind wahnsinnig freundlich und jetzt weiß ich, die Schüler in Amerika sind eigentlich gar nicht so anders. Dort trägt man ja auch Jeans und Turnschuhe, hört Rockmusik, singt dieselben Schlager° und isst Pommes frites.

HERR BECK: Stimmt schon, aber haben die amerikanischen Schüler auch ähnliche Probleme wie ihr?

10 ANDREAS: Ach, wissen Sie, alle Schüler hassen Hausaufgaben! (*Alle lachen.*) Nein, aber im Ernst°, wir sind alle manchmal pessimistisch. Man meint, man kann später° keine Arbeit finden, und auch die Umweltprobleme sind heute international. Auch in Amerika haben die Schüler manchmal ein bisschen Angst.

15 HERR BECK: Das kann ich verstehen, muss ich ehrlich sagen. Aber gibt es denn keine Unterschiede° zwischen hier und dort?

KIRSTEN: Doch, natürlich! Dort besuchen° alle Schüler die Highschool, bis sie 18 sind. Mit zehn Jahren müssen wir aber entscheiden: Gymnasium, Realschule oder Hauptschule.[3] Die zwei Schulsysteme sind also ganz°

20 anders.

CHRISTA: Ich finde, wir müssen hier mehr und schneller° lernen. Deutschland ist in Europa und hat viele Nachbarländer°. Darum müssen wir ja Fremdsprachen lernen. Viele Europäer können z.B. gut Englisch, aber relativ wenige Amerikaner lernen Fremdsprachen. Andererseits° macht

25 man an der Schule[4] in Amerika mehr Sport, Musik und Theater.

HERR BECK: Jetzt haben wir leider keine Zeit mehr. Aber morgen können wir unseren Artikel über die Reise für die Schülerzeitung schreiben. Auf Wiedersehen bis dann.

Learning about German secondary schools is the cultural goal of this chapter.

was

Notice the flavoring particle **ja** (lines 2 and 6) conveying the meaning *after all*.

dieselben Schlager = *the same hits*

seriously
later

differences

here: *attend*

quite

faster
neighboring countries

on the other hand

---

[2] The **Gymnasium** in German-speaking countries has 13 grades or levels (**Klassen**). Class 12a is one of several parallel 12th-grade classes in the **Gymnasium**. Students stay in the same group for several years and take all their classes together. German 13th-graders are 18–20 years old.
[3] See *Almanach*, p. 95.
[4] **an der Schule** = *at school*. The article **der** indicates that **Schule** is in the dative case, which you will learn about in **Kapitel 5**.

Lab Manual Kap. 3,
Diktat.

Workbook Kap. 3, H, I, J,
K, L.

A **Antworten Sie auf Deutsch.**

1. Sind die Schüler in Amerika sehr anders oder sind sie ähnlich?
2. Was trägt man zum Beispiel in Amerika und auch in Deutschland?
3. Was isst man auch dort?
4. Was hassen alle Schüler?
5. Warum sind viele Schüler manchmal pessimistisch?
6. Warum müssen die Deutschen Fremdsprachen lernen?
7. Was schreibt die Klasse für ihre Schülerzeitung?

B **Unterschiede und Ähnlichkeiten (*differences and similarities*)**   Which statements apply to schools in Germany, which apply to schools in America, which apply to both (**beide**)?

	Deutschland	USA	beide
1. Die Schüler hören gern Rockmusik.	_____	_____	_____
2. Man trägt oft Jeans und Turnschuhe.	_____	_____	_____
3. Die Schule hat 13 Klassen.	_____	_____	_____
4. Fremdsprachen sind sehr wichtig.	_____	_____	_____
5. Sport, Musik und Theater sind sehr wichtig.	_____	_____	_____
6. Mit zehn Jahren müssen Schüler die Schule wählen (*choose*).	_____	_____	_____

C **Schreiben wir mal.**   Auf Seite 89 sehen Sie ein Foto von einer Schulklasse in Deutschland. Schreiben Sie, was man hier sieht und auch was man *nicht* sieht. Schreiben Sie 5–6 Sätze.

BEISPIEL: Hier sieht man eine Schülerin, aber man sieht kein(en) ...

Vokabeln zum Thema Kleidung

Was soll ich heute tragen?

Im Lesestück sprechen die Schüler über Kleider in Deutschland und den USA. Hier können Sie mehr Kleidungsvokabular lernen.

You already know some of this vocabulary.

Talking about clothing is a communicative goal.

This vocabulary focuses on an everyday topic or situation. Words you already know from **Wortschatz** sections are listed without English equivalents; new supplementary vocabulary is listed with definitions. Your instructor may assign some supplementary vocabulary for active mastery.

die Kleidung (*clothing*)

1. der **Anzug, ¨e**	*suit*
2. die **Bluse, -n**	*blouse*
3. die **Brille** (*sing.*)	*glasses*
4. der **Handschuh, -e**	*glove*
5. das **Hemd, -en**	
6. die **Hose, -n**	
7. der **Hut, ¨e**	*hat*

8. die **Jacke, -n**
9. das **Kleid, -er**
10. die **Krawatte, -n**   *tie*
11. der **Mantel, ¨**
12. der **Pulli, -s**
13. der **Rock, ¨e**   *skirt*
14. der **Schuh, -e**
15. die **Tasche, -n**   *pocket; handbag, shoulder bag*
16. das **T-Shirt, -s**   *T-shirt*
17. der **Turnschuh, -e**
18. der **Regenschirm, -e**   *umbrella*
19. die **Mütze, -n**   *cap*

D **Gruppenarbeit: Was tragen Sie heute?**

    BEISPIEL: PROFESSOR: Was tragen Sie heute, Mary?
                    STUDENTIN: Ich trage _____ und _____.

E **Partnerarbeit: Was trägst du heute?**

    BEISPIEL: A: Was trägst du heute, Mary?
                   B: Ich trage _____ und
                     _____. Was trägst du?

Info-Austausch

F Was trägst du in diesen Situationen?
Work with a partner to say what you would wear in the following situations. Partner B's information is in Appendix 1.

BEISPIEL: A: Es regnet. Was trägst du?
B: Ich trage einen Regenmantel oder einen Regenschirm. Es schneit. Was trägst du?
A: Ich trage …

Partner A:

Situation	Kleider
Es regnet.	
	einen Mantel und Handschuhe
Es ist sehr windig.	
	ein T-Shirt
Du suchst eine Stelle.	
	Jeans und Turnschuhe

Welche Farbe hat das?

The prefixes **dunkel** and **hell** may be added to the colors you have learned in **Wortschatz 2**.

dunkelblau	*dark blue*
hellgrün	*light green*

Three more colors that may be useful:

rosa	*pink*
lila	*violet, lavender*
orange	*orange*

G Übung Was ist Ihre Lieblingsfarbe (*favorite color*)?

BEISPIEL: Meine Lieblingsfarbe ist rot.

H Übung Welche Farben haben diese Fahnen (*flags*)?

BEISPIEL: Frankreich: blau, weiß, rot

 Frankreich

Deutschland: _____, _____, _____ [*gold*]

Österreich: _____, _____, _____

	Belgien
	Dänemark
	Griechenland
	Großbritannien
	Luxemburg
	Niederlande
	Portugal
	Spanien
	EU
	Finnland
	Schweiz
	Japan
	Kanada
	USA

Deutschland

Österreich

Schweden: _____, _____

Italien: _____, _____, _____

Irland: _____, _____, _____

🇸🇪	**Schweden**
🇮🇹	**Italien**
🇮🇪	**Irland**

I Partnerarbeit Ask each other about the colors of various things in the classroom and of clothing people are wearing.

BEISPIELE: A: Welche Farben hat die Landkarte?
            B: Sie ist _____.

            A: Welche Farbe hat Peters Hemd?
            B: Sein Hemd ist _____.

Expressing opinions is a communicative goal.

J Gruppenarbeit: Was meinen Sie? (*4 Personen*) Here are some topics of conversation and some adjectives. Using the verbs **meinen** and **finden**, take turns expressing opinions about these topics. Others in the group agree or disagree.

BEISPIEL: A: Ich finde (meine), die Umwelt ist wichtig.
            B: Das finde (meine) ich auch. *oder*
                Das finde (meine) ich nicht.

Schulen in Amerika	schön/hässlich
Schulen in Deutschland	wichtig/unwichtig
Rockmusik	interessant/langweilig
klassische Musik	toll
die Umwelt	prima
Fremdsprachen	stinklangweilig
Hausaufgaben	wahnsinnig gut

SCHREIBTIPP

Writing with modal verbs

The note you will write in the following exercise contains many modal auxiliary verbs. Remember: when using a modal verb, the second part of the predicate—the infinitive—comes at the end of the sentence.

    Vanessa **muss** für die Chemiestunde **lernen**.

Once you've completed your note, check it over for accuracy. Have you used the correct form of the modal verb in each sentence? Are the infinitives properly placed?

▶ **Schreiben wir mal.** Udo is throwing a party, but nobody can come. Finish writing him the following note explaining why. There are some cues to help you.

    Lieber Udo,
    leider kann niemand zur Party kommen. Monika muss zu Hause bleiben.
    Klaus ...

    Klaus / müssen / für morgen / machen / seine Hausaufgaben
    Ruth / möchten / fahren / nach Berlin
    Peter und Ute / wollen / besuchen / ihre Tante / in Wien
    Herr Beck / können / leider / finden / seinen Anzug / nicht
    Andreas / dürfen / nicht so spät / kommen / nach Hause
    ich / wollen / gar nicht / kommen

1. Wouldn't you like to stay a bit?
2. Unfortunately, I have to work this evening.
3. What do you have to do?
4. I have to read a book and an article.

5. Don't you have any friends in Hinterwalden?
6. Yes, I do. Unfortunately they're quite boring.
7. Then you have to visit us soon.

8. You want to come to Berlin, don't you?
9. Yes. I can't stay in Hinterwalden.
10. Why not? Aren't there any jobs there?
11. Yes, but not enough. I want to look for a job in Berlin.

A NOTE ABOUT SCHOOLS IN GERMAN-SPEAKING COUNTRIES

The public school systems in Germany, Austria, and Switzerland all differ from American public schools in the degree to which they track pupils. Relatively early in their schooling, children are steered toward apprenticeships, commercial training, or preparation for university study. In the Federal Republic of Germany, each **Land** (state) has authority over its own school system. In all **Länder**, children attend four years of elementary school (**Grundschule**) together. At the end of the fourth, fifth, or sixth grade (depending on the **Land**), they are then tracked into separate schools. The decision is made on the basis of grades and conferences between teachers and parents.

There are three possibilities: the **Hauptschule**, the **Realschule**, or the **Gymnasium**. The first two are oriented respectively toward trades and business and prepare the pupils for various forms of apprenticeship and job training. The **Gymnasium** is the traditional preparation for university study. After passing their final examination, called the **Abitur** in Germany and the **Matura** in Austria and Switzerland, pupils may apply to a university.

Since 1971, there has been some experimentation in the Federal Republic with **Gesamtschulen** (unified schools) comprising all three types of secondary schools. These schools resemble American high schools, in that pupils need not make their important decision at the age of ten, but can wait until they are sixteen. **Gesamtschulen**, however, comprise only a small percentage of the total number of secondary schools.

DUDEN
für
SCHÜLER

Auf der Ostseeinsel Rügen

Land und Leute

Kommunikation

- Making suggestions and giving commands
- Expressing likes, dislikes, and preferences
- Discussing weather, climate, and landscape

Kultur

- The climate and geography of Germany

In diesem Kapitel

- **Lyrik zum Vorlesen**
  „Die Jahreszeiten"
- **Grammatik**
  Prepositions with the accusative case
  Time phrases in the accusative case
  Suggestions and commands: The imperative
  The verb **werden**
  Negating **schon** and **noch**
  Equivalents of English *to like*
  Sentence adverbs
  Gehen + infinitive
- **Lesestück**
  Deutschland: Geographie und Klima
- **Almanach**
  The Common Origin of German and English

DIALOGE

Lab Manual Kap. 4, Dialoge, Fragen, Hören Sie gut zu!, Üb. zur Aussprache [r].

Am See

FRAU MÜLLER:	Wollen Sie noch einmal schwimmen gehen, Frau Brinkmann?
FRAU BRINKMANN:	Nein, lieber nicht. Ich bin ein bisschen müde. Und das Wasser ist diesen Sommer so wahnsinnig kalt. Gehen Sie doch ohne mich.
FRAU MÜLLER:	Möchten Sie vielleicht lieber Karten spielen?
FRAU BRINKMANN:	Ja, gerne!

Winterurlaub

Kitzbühel is a popular skiing and hiking resort in Tirol (Austria).

RICHARD:	Möchtest du dieses Jahr im Winter nach Österreich?
EVA:	Super! Fahren wir doch im Januar nach Kitzbühel.
RICHARD:	Hoffentlich können wir noch ein Hotelzimmer bekommen.
EVA:	Ich glaube, es ist noch nicht zu spät.

Video Workbook 2. Ohne Frühstück geht's nicht!

Morgens um halb zehn

ANITA:	Also tschüss! Ich muss jetzt weg.
BEATE:	Warte mal! Ohne Frühstück geht's nicht! Iss doch wenigstens ein Brötchen.
ANITA:	Leider habe ich keine Zeit mehr. Jeden Montag hab' ich mein Seminar. Es beginnt um zehn, und heute muss ich auch vorher ein Heft kaufen.
BEATE:	Nimm doch das Brötchen mit. Später wirst du sicher hungrig.
ANITA:	Du hast Recht. – Also, bis nachher.

Das Frühstück originally meant the piece (**das Stück**) of bread eaten early (**früh**) in the morning. **Brötchen** (called **Semmeln** in southern Germany and Austria), crusty rolls baked fresh daily, are the most common breakfast food.

Beim Bäcker kauft man frische Brötchen.

Verben

beginnen to begin
bekommen to receive
frühstücken to eat breakfast
glauben to believe; to think
kaufen to buy
mögen (mag) to like
schwimmen to swim
warten to wait
werden (wird) to become, to get
(*in the sense of* "become")

Don't confuse **bekommen** (*to receive*) with
werden (*to become*).

Substantive

der **See, -n** lake
  am See at the lake
der **Sommer** summer
  im Sommer in the summer
der **Urlaub, -e** vacation (*from a
job*)
der **Winter, -** winter
  im Winter in the winter
das **Brötchen, -** roll
das **Frühstück** breakfast
  zum Frühstück for breakfast
das **Hotel, -s** hotel
das **Jahr, -e** year
(das) **Österreich** Austria
das **Seminar, -e** (*university*)
  seminar
das **Wasser** water
die **Karte, -n** card; ticket; map

Note stress: **Seminar.**

Adjektive und Adverbien

einmal once
  noch einmal once again, once
  more
Gott sei Dank thank goodness
hoffentlich I hope . . .
hungrig hungry
lang(e) long; for a long time
lieber (+ *verb*) prefer to, would
  rather
  Ich spiele lieber Karten. I'd
  rather play cards.
morgens (*adv.*) in the morning(s)
nachher later on, after that
noch nicht not yet
selbstverständlich it goes without
  saying that . . . , of course
später later
super (*colloq.*) super, great
vorher before that, previously
weg away, gone

Andere Vokabeln

dies- this, these
doch (*flavoring particle with
  commands, see p. 105*)
jed- each, every
mal (*flavoring particle with
  commands, see p. 105*)
mit along (with me, us, etc.)

Dies- and **jed-:** These words (*this, every*) always
take endings (**dieser, jede**, etc.).

Präpositionen mit Akkusativ

bis until, by
durch through
für for
gegen against
ohne without
um around (the outside of); at
  (*with times*)

The six prepositions above are followed by the
accusative case. See **Grammatik**, p. 101.

Nützliche Ausdrücke

Bis nachher! See you later!
Es geht. It's all right. It's possible.
  It can be done.
Es geht nicht. Nothing doing. It
  can't be done.
Lieber nicht. I'd rather not. No
  thanks. Let's not.
Recht haben to be right
  Du hast Recht. You're right.
Warte mal! Wait a second!
  Hang on!

Gegensätze

kaufen ≠ verkaufen to buy ≠ to
  sell
lang ≠ kurz long; for a long
  time ≠ short; for a short time
vorher ≠ nachher before that ≠
  after that

Mit anderen Worten

todmüde = sehr müde
**super = fantastisch = prima =
  sehr gut**

*Mensch,
bin ich todmüde!*

At the Lake

MRS. M: Do you want to go swimming again, Mrs. Brinkmann?

MRS. B: No, I'd rather not. I'm a little tired. And the water is awfully cold this summer. You go without me.

MRS. M: Maybe you'd rather play cards?

MRS. B: Yes, gladly!

Winter Vacation

R: This year would you like to go to Austria in the winter?

E: Great! Let's go to Kitzbühel in January!

R: I hope we can still get a hotel room.

E: I don't think it's too late yet.

9:30 in the Morning

A: So long then. I've got to go now.

B: Wait a second! Not without breakfast! At least eat a roll.

A: Unfortunately I'm out of time. Every Monday I have my seminar. It begins at ten, and today I have to buy a notebook beforehand.

B: Take the roll along. Later you're sure to get hungry.

A: You're right. – Well, see you later!

Variationen

A Persönliche Fragen

1. Frau Brinkmann und Frau Müller spielen gern Karten. Was machen Sie gern?
2. Spielen Sie gern Karten oder gehen Sie lieber schwimmen?
3. Frau Brinkmann sagt, sie ist ein bisschen müde. Sind Sie heute müde?
4. Wohin wollen Sie im Winter? im Sommer?
5. Essen Sie immer Frühstück oder haben Sie manchmal keine Zeit?
6. Was müssen Sie jeden Montag machen?
7. Wann beginnt die Deutschstunde?
8. Anita muss ein Heft kaufen. Was müssen Sie heute kaufen?

B Gruppenarbeit: Gegensätze (*Mit offenen Büchern*)   Contradict each other.

BEISPIEL: A: Fremdsprachen sind unwichtig.

B: Nein, sie sind wichtig.

1. 8.00 Uhr ist zu früh.
2. Dieses Buch ist langweilig.
3. Dieses Zimmer ist schön.
4. Wir kennen jemand in München.
5. Bernd hasst Rockmusik.
6. Du trägst oft Turnschuhe.
7. Sie sind immer müde.
8. Ich esse sehr langsam.

1. Gehen wir noch einmal schwimmen!	Super!
2. Das Wasser ist zu kalt!	Du hast Recht.
3. Ohne Frühstück geht's nicht.	Stimmt schon.
4. Es gibt keine Hotelzimmer mehr.	Stimmt nicht.
5. Spielen wir zusammen Karten!	Das finde ich auch.
6. Das schaffst du leicht.	Gar nicht!
7. Bist du hungrig?	Es tut mir Leid.
8. Ein Hotelzimmer mit Frühstück kostet 125 Euro!	Was ist denn los?
	Um Gottes Willen!
9. Du kommst wieder zu spät.	Nichts zu danken.
10. Mensch, bin ich müde.	Mensch!
	Fantastisch!
	Doch!
	Prima!
	Gerne!

Vokabeln zum Thema Frühstück

D **Gruppenarbeit: Was isst und trinkst du gern zum Frühstück?** *(2–3 Personen)* Tell each other what you like to eat for breakfast and what you never eat for breakfast.

Ich esse (trinke) gern _____ zum Frühstück, und du? *oder*

Ich esse (trinke) nie _____ zum Frühstück, und du?

Viele deutsche Kinder lernen dieses traditionelle Gedicht (*poem*) über die Jahreszeiten.

Die Jahreszeiten°

Es war° eine Mutter,	*seasons*
Die hatte° vier Kinder:	*there was*
Den Frühling°, den Sommer,	*who had*
Den Herbst° und den Winter.	*spring*
Der Frühling bringt Blumen°,	*fall*
Der Sommer bringt Klee°,	*flowers*
Der Herbst, der° bringt Trauben°,	*clover*
Der Winter bringt Schnee°.	*it / grapes*
	snow

GRAMMATIK

1. Prepositions with the accusative case (*Präpositionen mit Akkusativ*)

No German prepositions take nominative case, which is used only for the subject of a sentence and for predicate nominatives (see p. 34).

Prepositions are a class of words that show relationships of space (*through* the mountains), time (*until* Tuesday), or other relationships (*for* my friend, *without* any money). A preposition with the noun or pronoun that follows it is called a prepositional phrase. German prepositions are used with nouns in specific grammatical cases. Here is the list of prepositions that are always followed by the accusative case. Learn this list by heart.

In spoken German, **durch**, **für**, and **um** often contract with the article **das**: **durchs**, **fürs**, **ums**.

bis	*until* *by*	Wir warten **bis Dienstag**. Ich muss es **bis morgen** lesen.
durch	*through*	Er fährt **durch die Berge**.
für	*for*	Sie arbeitet **für ihren Vater**.
gegen	*against*	Was hast du **gegen mich**?
ohne	*without*	Wir gehen **ohne dich**.
um	*around* (the outside of) *at* (with times)	Das Auto fährt **um das Hotel**. Karl kommt **um drei**.

Lab Manual Kap. 4, Var. zur Üb. 2.

Workbook Kap. 4, A, B.

1 **Übung: Für wen?**

1. Sie suchen eine Karte. Für wen suchen Sie sie?
   Ich suche sie für mein-_____.
2. Sie machen heute das Frühstück. Für wen machen Sie es?
   Ich mache es für mein-_____.

2 **Übung: Ich mache das allein.** Your instructor asks if you do things with other people in your class. Using pronouns, say that you do everything without them.

1. Spielen Sie mit Richard Karten? Nein, ohne _____.
2. Arbeiten Sie morgen mit Ingrid zusammen? Nein, leider ohne _____.
3. Gehen Sie mit Robert und Susan schwimmen?
4. Frühstücken Sie am Mittwoch mit Patrick?

3 **Übung: Wohin fährt Monika?** Monika is going to drive through various locations. Tell where she's driving. Use a complete sentence.

Sie fährt durch _____. Dann fährt sie durch _____.

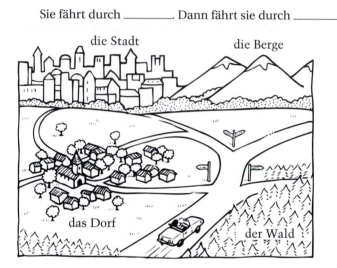

4 **Übung: Wann beginnt das?** Using the TV guide below, answer your instructor's questions about when shows begin. Note that official time-telling in German uses the 24-hour clock instead of A.M. and P.M. Thus, 2:45 P.M. is **vierzehn Uhr fünfundvierzig** (**14.45 Uhr**).

BEISPIEL: Wann beginnt die Tagesschau?
Sie beginnt um 15.00 Uhr.

21. April   SAMSTAG

ARD			PRO 7
15.00 Tagesschau	18.10 Brisant	22.40 Sportschau live:	14.35 Friends
15.05 Die Lümmel von der ersten Bank D Spielfilm v. 1967	18.47 Dr. Sommerfeld - Neues vom Bülowbogen	Boxen Weltmeisterschafts-Qualifikation Super-Mittelgewicht:	15.05 Die Simpsons
			15.35 Sabrina - Total verhext
16.30 Europamagazin	19.51 Lottozahlen	Markus Beyer - Manuel Lopez	16.05 Charmed - Zauber-hafte Hexen
17.00 Tagesschau	20.00 Tagesschau		
17.03 ARD-Ratgeber: Bauen & Wohnen	20.15 Das Frühlingsfest der Volksmusik	00.45 Tagesschau	17.00 Roswell
		00.55 Rocky	18.00 Lovestories
17.30 Sportschau u.a. Fußball-Bundesliga	22.15 Tagesthemen - mit Sport	US Spielfilm v. 1976	19.00 Talk, Talk, Talk
		02.50 Tagesschau	19.30 Max
	22.35 Das Wort zum Sonntag	02.55 Opfer seiner Wut	19.55 Nachrichten / Sport / Wetter
18.00 Tagesschau		US Spielfilm v. 1993	20.15 Die Nervensäge

5 Übung: Wie sagt man das auf Deutsch?

1. Are you for me or against me?
2. I'd like to take a trip around the world.
3. I hope I can do it without my parents.
4. She's looking for a card for her grandfather.
5. We like to drive through the mountains.

2. Time phrases in the accusative case

While exact clock times are expressed with the preposition **um** (**um 3 Uhr**), many time phrases tell *when* or *how often* something occurs or *how long* it goes on without using a preposition (**dieses Jahr, jeden Montag**). Such time phrases use accusative case.

Wann?		
diesen Freitag	dieses Semester	diese Woche
diesen Sommer	dieses Jahr	
diesen März		

Ich studiere **dieses Semester** in Konstanz.	*I'm studying in Konstanz this semester.*
Thomas ist **diese Woche** krank.	*Thomas is sick this week.*

Wann / Wie oft?		
jeden Morgen	jedes Semester	jede Minute
jeden Abend	jedes Jahr	jede Stunde
jeden Tag		jede Woche
jeden Montag		
jeden Mai		
jeden Sommer		

Remember that expressions of time (**jeden Tag**) precede expressions of place or destination (**zu Oma**).

Wir gehen **jeden Tag** zu Oma.	*We go to Grandma's every day.*
Er fährt **jedes Jahr** nach Amerika.	*He goes to America every year.*

Wie lange?			
einen Tag	ein Jahr	eine Minute	drei Tage
		eine Stunde	zwei Semester

Wir bleiben **einen Tag** in London.	*We're staying in London for a day.*
Ich studiere **ein Semester** in Köln.	*I'm studying in Cologne for a semester.*

Note that the German equivalent of "*for* a day" is simply **einen Tag** without a preposition.

Workbook Kap. 4, C.

6 **Übung** (*Mit offenen Büchern*)   Supply the missing time phrases cued in English.

1. Wie oft schlafen Sie bis 8 Uhr?
   Ich schlafe _____ bis 8 Uhr. (*every day*)
2. Wann besuchen Sie Ihre Eltern?
   Ich besuche sie _____. (*this Wednesday*)
3. Wie lange bleiben Sie in Tübingen?
   Ich bleibe _____ dort. (*a year*)
4. Wann arbeitest du denn mit Karl zusammen?
   Wahrscheinlich arbeite ich _____ mit ihm zusammen. (*this week*)
5. Wie lange wartet ihr noch?
   Wir warten noch _____ vor der Bäckerei. (*for an hour*)
6. Hoffentlich kannst du lange bei uns bleiben.
   Nein, leider kann ich nur _____ bei euch sein. (*one day*)
7. Wann ist das Wetter bei euch besonders schön?
   Das Wetter ist _____ mild und sonnig. (*every October*)
8. Wann kann ich Sie besuchen, Herr Wahrig?
   _____ um 9 Uhr bin ich frei. (*every Tuesday*)

7 **Partnerarbeit: Was machst du dieses Wochenende** (*weekend*)?   Ask each other the following questions:

1. Was machst du dieses Wochenende?
   Dieses Wochenende _____.
2. Was musst du jede Woche machen?
   Jede Woche muss ich _____.
3. Wohin fährst du diesen Sommer?
   Diesen Sommer _____.
4. Was isst du jeden Morgen zum Frühstück?
   Jeden Morgen _____.
5. Wie lange dauert (*lasts*) die Deutschstunde? das Semester?
   _____.

3. Suggestions and commands: The imperative (*der Imperativ*)

Making suggestions and giving commands are communicative goals.

The imperative form of German verbs is used either to make suggestions ("Let's go swimming") or to give commands ("Wait!").

"Let's do something": The *wir*-imperative

Fahren wir nach Österreich.   ***Let's go*** to Austria.
Spielen wir Karten.   ***Let's play*** cards.

The **wir**-imperative has the same word order as a yes/no question, but at the end of the sentence, the voice drops instead of rising. Compare these intonation curves:

Gehen wir nach Hause?   Gehen wir nach Hause!

Lab Manual Kap. 4, Var. zur Üb. 8; Üb. 9; Var. zur Üb. 10.

8 **Gruppenarbeit: Ja, machen wir das!** Here are some activities you could do today. Take turns suggesting them to each other.

> BEISPIEL: schwimmen gehen
> A: Gehen wir heute schwimmen!
> B: Ja, machen wir das! *oder* Nein, lieber nicht.

jetzt frühstücken	eine Reise machen
Karten spielen	eine Pause machen
eine Zeitung kaufen	nach Hause laufen
zu Hause arbeiten	das Auto verkaufen

Now suggest other things to do today.

In the first dialogue on page 97, Frau Brinkmann uses the **Sie**-imperative: *Gehen Sie doch ohne mich.*

"Do something": The *Sie*-imperative

Fahren Sie nach Österreich.	*Go to Austria.*
Bitte **besuchen Sie** mich im Mai.	*Please visit me in May.*

The **Sie**-imperative has the same word order as a yes/no question, but has falling intonation.

NOTES ON USAGE

Bitte also turns an imperative into a polite request: **Gehen Sie *bitte* nach Hause.**

Note on punctuation: German uses an exclamation mark to add emphasis to commands.

Flavoring particles *doch* and *mal*

Doch (*why don't you . . .*) You can soften a command to a suggestion by adding the unstressed flavoring particle **doch.**

Gehen Sie nach Hause!	*Go home!*
Gehen Sie **doch** nach Hause.	*Why don't you go home.*

Mal You can make a command more peremptory by adding the unstressed flavoring particle **mal.**

Warte!	*Wait!*
Warte **mal**!	*Wait a second!*
Hören Sie **mal**!	*Just listen here!*

9 **Übung: Machen Sie das doch!** Encourage your instructor to go ahead and do something.

> BEISPIEL: Ich möchte eine Reise machen.
> Machen Sie doch eine Reise!

1. Ich möchte Brötchen kaufen.
2. Ich möchte eine Pause machen.
3. Ich möchte nach Hause gehen.
4. Ich möchte Tennis spielen.
5. Ich möchte Frau Klein besuchen.
6. Ich möchte mein Auto verkaufen.

10 Übung: Nein, machen Sie das nicht! Now tell your instructor *not* to do the things listed in **Übung 9**.

> BEISPIEL: Ich möchte nach Hause gehen.
> Nein, gehen Sie nicht nach Hause!

11 Übung: Wie sagt man das auf Deutsch? (*Mit offenen Büchern*) Use the **Sie**- or **wir**-imperative.

1. Let's go swimming.
2. Buy a notebook.
3. Let's discuss our trip.
4. Learn a foreign language.
5. Please speak slowly.
6. Don't sleep now.
7. Let's walk a little bit.
8. Don't wear that.

KOMM IN DIE BERGE
. . . mach Ferien im Schnee!

Imperative forms for *du*

To give commands or make suggestions to someone you address with **du**, use the **du**-imperative. The **du**-imperative for most verbs is simply the verb stem without an ending.

Geh ohne mich.	*Go without me.*
Frag mich nicht.	*Don't ask me.*
Fahr schnell nach Hause!	*Drive home quickly!*
Sei nicht so langweilig.	*Don't be so boring.*

Note: The pronoun **du** is *not* used with the **du**-imperative!

Verb stems ending in **-d** or **-t** add an **-e** to the stem:

Arbeite nicht so viel.	*Don't work so hard.*
Warte doch!	*Wait!*

Lab Manual Kap. 4, Var. zu Üb. 12, 13; Üb. 17.

12 Übung: Ja, tu das doch! Your instructor plays the part of your friend Beate. Tell her to go ahead and do the things she asks about.

> BEISPIEL: Soll ich da drüben halten?
> Ja, halte doch da drüben.

1. Soll ich Englisch lernen?
2. Soll ich Karten spielen?
3. Soll ich schnell laufen?
4. Soll ich hier warten?
5. Soll ich Brötchen kaufen?
6. Soll ich etwas singen?
7. Soll ich schwimmen gehen?
8. Soll ich eine Jacke tragen?

13 **Partnerarbeit: Nein, lieber nicht.** Now tell your partner *not* to do the things listed in **Übung 12**. This time, do *not* use **doch**.

BEISPIEL: Soll ich drüben halten?
Nein, halte nicht drüben.

Du-imperative of stem-changing verbs

If a verb changes its stem vowel from **e** to **i(e)**, the *changed* stem is used for the **du**-imperative.

Verb	Statement	*du*-imperative
lesen	Du **liest** das für morgen.	**Lies** das für morgen.
geben	Du **gibst** Peter das Buch.	**Gib** Peter das Buch.
essen	Du **isst** ein Brötchen.	**Iss** ein Brötchen.
nehmen	Du **nimmst** dieses Buch **mit**.	**Nimm** dieses Buch **mit**.
sprechen	Du **sprichst** mit Gina.	**Sprich** mit Gina.

14 **Partnerarbeit: Lies doch die Zeitung!** Give each other some advice about what you should read, eat, and take along with you today.

1. Was soll ich denn heute lesen?
2. Was soll ich denn essen?
3. Was soll ich heute mitnehmen?

15 **Partnerarbeit: Sei doch (nicht) ... !** Give your partner some ideas for self-improvement. Take turns telling each other how you should be (or not be).

BEISPIEL: Sei doch ehrlich!
Sei doch nicht sauer!

gut gelaunt	freundlich
schlecht gelaunt	höflich
glücklich	fit
sauer	ehrlich
munter	

16 **Partnerarbeit: Nein, das darfst du nicht!** Ask your partner for permission to do something. Your partner tells you to do something else. The list will help you get started.

BEISPIEL: zu Hause bleiben? (draußen spielen)
A: Darf ich zu Hause bleiben?
B: Nein, spiel doch draußen!

nach Hause fahren? (zu Fuß gehen [*to go on foot*])
Tennis spielen? (deine Hausaufgaben machen)
jetzt Pizza essen? (bis heute Abend warten)

Now try inventing some of your own exchanges.

Reminder: **Sie-** and **wir**-imperatives include the pronoun; **ihr-** and **du**-imperatives do not.

To give commands or make suggestions to two or more people whom you address with **ihr**, use the **ihr**-imperative. The **ihr**-imperative is identical to the present-tense **ihr**-form but without the pronoun.

Present tense	*ihr*-imperative
Ihr **bleibt** hier.	**Bleibt** hier.
Ihr **singt** zu laut.	**Singt** nicht so laut.
Ihr **seid** freundlich.	**Seid** freundlich.

17 Übung: Sollen wir das machen?

A. Your instructor plays one of a group of children and asks what they all should do.

> BEISPIEL: Sollen wir bald nach Hause kommen?
> Ja, kommt doch bald nach Hause.

1. Sollen wir Karten spielen?
2. Sollen wir das Buch lesen?
3. Sollen wir nach Hause laufen?
4. Sollen wir die Brötchen essen?

B. Now tell them what not to do.

> BEISPIEL: Sollen wir nach Hause kommen?
> Nein, kommt nicht nach Hause.

1. Sollen wir Jeans tragen?
2. Sollen wir heute kommen?
3. Sollen wir hier bleiben?
4. Sollen wir das sagen?

18 Partnerarbeit: Macht das bitte für uns!

A. Machen Sie zusammen eine Liste: Was können andere Studenten für Sie machen? Seien Sie kreativ!

> BEISPIEL: Sie können für uns ...
> die Bücher tragen
> die Hausaufgaben schreiben
> usw.

B. Sie und Ihr Partner sagen jetzt zu zwei anderen Studenten, sie sollen etwas für Sie machen. Die anderen antworten **ja** oder **nein**.

> BEISPIEL: A + B: Jennifer und Brian, tragt bitte die Bücher für uns.
> C + D: Ja, O.K., das machen wir gern für euch. *oder*
> Nein, das wollen wir nicht machen.

Imperative of *sein*

The verb **sein** is irregular in the **Sie-** and **wir**-imperatives (the **du-** and **ihr**-forms are regular).

Seien Sie bitte freundlich, Herr Kaiser.	*Please be friendly, Mr. Kaiser.*
Seien wir freundlich.	*Let's be friendly.*
Seid freundlich, Kinder.	*Be friendly, children.*
Sei freundlich, Rolf.	*Be friendly, Rolf.*

Lab Manual Kap. 4, Var. zur Üb. 19.

Workbook Kap. 4, D.

19 Übung: Sei doch ...!

A. Tell the following people to be honest.

> BEISPIEL: Richard
> Sei doch ehrlich, Richard!

1. Kinder
2. Herr Bachmann
3. wir
4. Barbara

B. Now tell them not to be so boring.

> BEISPIEL: Herr Stolze
> Seien Sie doch nicht so langweilig, Herr Stolze!

1. Ute
2. Frau Klein
3. Thomas und Beate
4. wir

20 Übung: Wie sagt man das auf Deutsch? (*Mit offenen Büchern*)   Use the **du**-imperative.

1. Please be honest.
2. Wear your jeans.
3. Please read the article.
4. Give Anita your notebook.

Now use the **ihr**-imperative.

5. Ask me later.
6. Please wait here.
7. Work together.
8. Don't be so pessimistic.

4. The verb *werden*

The only German verbs that are irregular in the present tense are **werden**, **sein**, **haben**, **wissen**, and the modal verbs. You have now learned them all.

The verb **werden** (*to become*) is irregular in present tense **du-** and **er**-forms.

werden *to become*			
ich	werde	wir	werden
du	**wirst**	ihr	werdet
er, es, sie	**wird**	sie, Sie	werden

Werden is a frequently used verb. Its basic English equivalent is *to become, get.* It can be translated in various ways, depending upon context.

Es **wird** kalt.	*It's getting cold.*
Ihre Kinder **werden** groß.	*Your children are getting big.*
Meine Schwester will Professorin **werden**.	*My sister wants to become a professor.*
Am Montag **werde** ich endlich 21.	*I'm finally turning 21 on Monday.*

21 **Übung: Wer wird müde?** Say who is getting tired.

BEISPIEL: Barbara
Barbara wird müde.

1. wir
2. die Kinder
3. meine Mutter

4. ihr
5. du
6. ich

22 **Übung: Wie sagt man das auf Englisch?**

1. Morgen wird es heiß.
2. Wann wirst du denn zwanzig?
3. Draußen wird es warm.
4. Das Buch wird endlich interessant.
5. Meine zwei Freunde wollen Lehrer werden.

5. Negating *schon* and *noch*

Negation of *schon*

The negations of **schon** (*already, yet*) are:

noch nicht	*not yet*
noch kein- [+ *noun*]	*not a* [+ noun] *yet*
	not any [+ noun] *yet*

Here are some examples of questions followed by negative answers.

Sind Sie **schon** hungrig?	*Are you hungry yet?*
Nein, **noch nicht**.	*No, not yet.*
Wollt ihr **schon** gehen?	*Do you want to leave already?*
Nein, wir wollen **noch nicht** gehen.	*No, we don't want to leave yet.*
Hast du **schon** Karten?	*Do you have tickets yet?*
Nein, ich habe **noch keine** Karten.	*No, I don't have any tickets yet.*
Kauft er **schon** ein Auto?	*Is he already buying a car?*
Nein, er kauft **noch kein** Auto.	*No, he's not buying a car yet.*

Lab Manual Kap. 4, Üb. 23, 24.

23 **Übung: Nein, noch nicht.**   Answer the following questions about Katrin Berger negatively, saying that things haven't happened yet.

1. Ist Katrin schon da?
2. Studiert sie schon in Berlin?
3. Kennt sie Frau Bachmann schon?
4. Beginnt das Semester schon?
5. Will sie schon essen?

In **Übung 24**, the short answers would all be **Nein, noch nicht.** Complete-sentence answers, however, must use **noch kein-** [+ *noun*].

24 **Übung**   Say you don't have any of these things yet.

1. Haben Sie schon Kinder?
2. Haben Sie schon eine Karte?
3. Haben Sie schon ein Hotelzimmer?
4. Besitzen Sie schon ein Auto?
5. Haben Sie schon Angst?
6. Besitzen Sie schon einen Computer?

Negation of *noch*

The negations of **noch** (*still*) are:

nicht mehr	*not any more, no longer*
kein- [+ *noun*] **mehr**	*no more* [+ noun], *not any more* [+ noun]

Here are some examples of questions followed by negative answers:

Regnet es **noch**?	*Is it still raining?*
Nein, **nicht mehr**.	*No, not any more.*
Studiert Rita **noch**?	*Is Rita still a student?*
Nein, sie studiert **nicht mehr**.	*No, she's no longer a student.*
Hast du **noch Geld**?	*Do you have any more money?*
Nein, ich habe **kein Geld mehr**.	*No, I haven't got any more money.*
Können wir **noch Karten** bekommen?	*Can we still get tickets?*
Leider habe ich **keine Karten mehr**.	*Unfortunately I have no more tickets.*

Lab Manual Kap. 4, Üb. 25, 26; Var. zu Üb. 25, 26.

Workbook Kap. 4, E.

25 **Übung**   Answer these questions negatively.

1. Wohnen Sie noch zu Hause?
2. Können Sie noch warten?
3. Ist es draußen noch kalt?
4. Ist Ihr Wagen noch neu?
5. Geht Ihre Uhr noch?
6. Können Sie uns noch besuchen?

26 **Übung**   Answer these questions negatively.

1. Hat er noch Arbeit?
2. Haben Sie noch Zeit?
3. Hat Ihre Großmutter noch ein Auto?
4. Ist er noch ein Kind?
5. Gibt es noch Probleme?
6. Hören Sie noch Rockmusik?

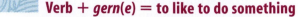

6. Equivalents of English *to like*

Expressing likes, dislikes, and preferences is a communicative goal.

Gern is etymologically related to English *yearn*.

Verb + *gern*(e) = to like to do something

Ich **laufe gern**.	*I like to walk.*
Sie **geht gern** schwimmen.	*She likes to swim.*
Hören Sie **gerne** Musik?	*Do you like to listen to music?*

Gern(e) generally comes immediately after the subject and verb. The negation of **gern** is **nicht gern**.

Ich schwimme **nicht gern**.	*I don't like to swim.*

Lab Manual Kap. 4, Var. zu Üb. 27, 28.

27 Partnerarbeit: Ich höre gern Musik. Take turns saying what you like to eat (**essen**), read (**lesen**), play (**spielen**), and listen to (**hören**). Here are some suggestions.

BEISPIEL: Ich höre gern Rockmusik. Und du?

Jazz	Fußball	Frühstück
Pizza	Brötchen	Volksmusik
Mozart	Zeitungen	Bücher
Tennis	Tischtennis	Lyrik (*poetry*)

28 Kettenreaktion: Was machen Sie gern? Was machen Sie lieber?

A: Ich spiele gern Tennis.
B: Sie spielt gern Tennis, aber ich lese lieber Bücher.
C: Er liest gern Bücher, aber ich _____ lieber _____.
usw.

Mögen = to like someone or something

Ich **mag** dich sehr.	*I like you very much.*

Negation: Ich mag dich **nicht**.

Mögen is a modal verb. Its present-tense forms are:

mögen *to like (something)*			
ich	**mag**	wir	mögen
du	**magst**	ihr	mögt
er, es, sie	**mag**	sie, Sie	mögen

Use **mögen** or **gern** + *verb* to say what you like to eat: **Ich mag die Suppe heute** and **Brötchen esse ich gern.**

Unlike the other modals, it is usually used without an infinitive.

Ich **mag** Maria.	*I like Maria.*
Mögen Sie die Suppe nicht?	*Don't you like the soup?*

29 Übung   Tell who likes Frau Brandt. Use the appropriate form of **mögen**.

> BEISPIEL: die Schüler
> Die Schüler mögen Frau Brandt.

1. du
2. wir
3. Franz
4. meine Eltern
5. ich
6. ihr

30 Übung: Was mögen Sie?   Say which things and people you like or dislike. Here are some ideas. Add some of your own.

meine Freunde	die Uni
das Mensaessen	meine Arbeit
den Winter	meine Geschwister
Hausaufgaben	Fremdsprachen

Möchte = would like to

Ich **möchte** Innsbruck besuchen.	*I would like to visit Innsbruck.*
Ich **möchte** einen Kaffee (haben).	*I would like (to have) a coffee.*

Möchte expresses a wish for something, while a *verb* + **gern** makes a general statement about your likes or dislikes:

Ich **möchte** Karten spielen.	*I would like to play cards.*
Ich **spiele gern** Karten.	*I like to play cards.*

31 Gruppenarbeit   Say what you like and don't like about university life. Also say what you like and don't like to do. Your instructor will write your responses on the board.

> BEISPIEL: Ich mag dieses Zimmer sehr.
> Ich spiele gern Tennis.

32 Übung: Wie sagt man das auf Deutsch?

1. I like the soup.
2. I like to eat soup.
3. I would like the soup.
4. They would like to study in Germany.
5. Karl doesn't like to wait.
6. Do you like Professor Lange?
7. Our children like to play outside.
8. We would like to drive home.
9. I don't like that.
10. I like her.

Segelboot im Hafen von
Lindau (Bodensee)

7. Sentence adverbs

Sentence adverbs modify entire sentences and express the speaker's attitude toward
the content of the whole:

Natürlich bin ich morgens müde.	*Of course I'm tired in the morning.*
Du hast **sicher** genug Geld.	*You **surely** have enough money.*
Leider habe ich keine Zeit mehr.	***Unfortunately** I have no more time.*
Gott sei Dank ist es nicht mehr so heiß.	***Thank goodness** it's not so hot any more.*
Du kannst mich **hoffentlich** verstehen.	***I hope** you can understand me.*
Selbstverständlich mag ich Pizza.	***Of course** I like pizza.*
Übrigens habe ich kein Geld mehr.	***By the way**, I don't have any more money.*

Lab Manual Kap. 4, Var.
zur Üb. 33.

Workbook Kap. 4, F.

33 **Übung: Selbstverständlich!**   Answer these questions emphatically. Show that
your answer is obvious by beginning it with **Selbstverständlich ...** or **Natürlich ...**

> BEISPIEL: Lernen Sie Deutsch?
> Selbstverständlich lerne ich Deutsch!

1. Frühstücken Sie bald?
2. Sind Sie hungrig?
3. Haben Sie Zeit für mich?
4. Möchten Sie nach Österreich?
5. Schwimmen Sie gern?
6. Spielen Sie gern Karten?

34 **Partnerarbeit: Leider!**   Take turns asking each other these questions. Show that
you regret having to answer "yes" by beginning your answer with **Ja, leider ...**

> BEISPIEL: A: Regnet es noch?
> B: Ja, leider regnet es noch.

1. Schneit es noch?
2. Hast du viele Fragen?
3. Bist du sehr müde?
4. Ist der Berg sehr steil?
5. Gehst du ohne mich?
6. Ist das Wasser zu kalt?

8. *Gehen* + infinitive

The verb **gehen** is often used with an infinitive as its complement.

Sie **geht** oft **schwimmen**.	*She often goes swimming.*
Gehen wir noch einmal **schwimmen**!	*Let's go swimming again!*
Ich **gehe** mit Dieter **schwimmen**.	*I'm going swimming with Dieter.*

The complementary infinitive **schwimmen** is the second part of the predicate and comes at the end of the sentence. Note what happens when the entire verbal idea **schwimmen gehen** (*to go swimming*) is used as the complement of a modal verb:

Wir wollen heute **schwimmen gehen**.	*We want to go swimming today.*

Info-Austausch

35 Dann sollst du schlafen gehen! Work with a partner. One partner states a desire or need. The other says what to do about it. Partner B's information is in Appendix 1.

BEISPIEL: A: Ich bin so müde!
          B: Dann sollst du schlafen gehen. Ich bin so hungrig.
          A: Dann sollst du …

Partner A:

Ich bin so müde.	
	essen gehen
Ich bin nicht fit genug.	
	arbeiten gehen

36 Partnerarbeit: Ich möchte heute schwimmen gehen! Tell each other what you would like to go and do today, then report to the class what your partner wants to go and do.

Wie bitte? Was sollen wir essen?

Tipps zum Lesen und Lernen

Tipps zum Vokabelnlernen

■ Note that all four compass points are masculine:

der Norden   der Osten
der Süden   der Westen

Remember that the days, seasons, and the months are also masculine:

der Montag	der Januar
der Dienstag	der Februar
der Mittwoch	der März
der Donnerstag	der April
der Freitag	der Mai
der Samstag (oder Sonnabend)	der Juni
der Sonntag	der Juli
	der August
der Frühling	der September
der Sommer	der Oktober
der Herbst	der November
der Winter	der Dezember

Haupt is derived from Latin *caput* (head).

■ The prefix **Haupt-** is attached to nouns and adds the meaning *main, chief, primary, principal, most important.*

die **Haupt**regionen	*the principal regions*
die **Haupt**frage	*the main question*
die **Haupt**stadt	*the capital city*
die **Haupt**rolle	*the leading role*
die **Haupt**straße	*the main street*

Lab Manual Kap. 4, Üb. zur Betonung.

Kolonie: Both this word and the city name Cologne (German **Köln**) are derived from Latin *colonia*. The Roman emperor Claudius named the city Colonia Agrippinensis in A.D. 50 after his wife Agrippina. Its strategic position on the Rhine made it the capital of the Roman colony *Germania Inferior*.

Remember to pronounce cognates like **mild** and **wild** according to the rules of German pronunciation.

Leicht zu merken

die **Alpen**
barbarisch
die **Geographie**   Geogra<u>phie</u>
geographisch
die **Kolonie, -n**   Kolo<u>nie</u>
der **Kontrast, -e**   Kon<u>trast</u>
die **Kultur, -en**   Kul<u>tur</u>
mild
die **Region**   Regi<u>on</u>
der **Rhein**
wild
zirka

Rivers in German are generally **die**. Exceptions are **der Rhein**, **der Main**, **der Inn**, **der Lech**, **der Neckar**, and foreign rivers (**der Nil**, **der Mississippi**) except those ending in **-a** or **-e** (**die Themse**, **die Rhone**).

Einstieg in den Text

The reading in this chapter builds on familiar vocabulary about the weather (**das Wetter**) and discusses climate and geography (**Klima und Geographie**).

Study this map of Germany and try to guess the meanings of the new words.

Wortschatz 2

Geographie und Landschaft

der **Baum, ̈e** tree
der **Fluss, ̈e** river
der **Hügel, -** hill
der **Wald, ̈er** forest

der **Norden** the North
der **Osten** the East
der **Süden** the South
der **Westen** the West

das **Land, ̈er** land; country
das **Meer, -e** ocean
das **Tal, ̈er** valley

die **Landschaft, -en** landscape
die **Stadt, ̈e** city

Verben

beschreiben to describe
fließen to flow
liegen to lie; to be situated
wandern to hike; to wander

Substantive

der **Frühling** spring
der **Herbst** fall, autumn
der **Fuß, ̈e** foot
der **Schnee** snow
der **Wein, -e** wine

das **Bier, -e** beer
(das) **Italien** Italy
das **Klima** climate
das **Leben** life
das **Lied, -er** song
   das **Volkslied, -er** folk song
das **Märchen, -** fairy tale

die **Schweiz** Switzerland

The obvious cognates in points of the compass and seasons (**der Herbst**, English *harvest*) recall common Germanic designations for time and space.

Adjektive und Adverbien

flach flat
hoch high

immer noch / noch immer still
   (*intensification of* **noch**)
modern modern
nass wet, damp
schrecklich terrible
trocken dry

Andere Vokabeln

von from

Nützliche Ausdrücke

im Süden (**im Norden usw.**) in the South (in the North, etc.)
im Winter (**im Sommer usw.**) in the winter (in the summer, etc.)
zu Fuß gehen to go on foot

Gegensätze

modern ≠ altmodisch modern ≠ old-fashioned
nass ≠ trocken wet ≠ dry

Deutschland: Geographie und Klima

Für die alten Römer° war° das Leben in der Kolonie Germania nicht sehr schön. Der Historiker° Tacitus (zirka 55 bis 115 n.Chr.°) beschreibt das Land als° kalt und neblig. Über die Germanen° schreibt er: „Sie sind ohne Kultur, haben keine Städte und leben im Wald. Sie sind wild und barbarisch, wie ihr Land."

5   Das moderne Deutschland liegt in Mitteleuropa und die „wilden Germanen" wohnen heute zum größten Teil° in der Stadt.[1] Es gibt keinen Urwald° mehr, aber der Wald ist immer noch typisch und wichtig für die Landschaft in Deutschland, Österreich und der Schweiz. Am Sonntag wandert man gern zu Fuß° durch die Wälder und die Kinder hören auch heute noch gern Märchen wie „Hänsel und
10 Gretel" oder „Schneewittchen".[2] In solchen° Märchen und auch in deutschen Volksliedern spielt der Wald eine große Rolle.

    Auch das Klima in Deutschland ist Gott sei Dank nicht so schrecklich, wie° Tacitus meint. Selbstverständlich ist es nicht so warm und sonnig wie in Italien, aber das deutsche Klima ist eigentlich ziemlich mild. In den Flusstälern wird es zum
15 Beispiel im Winter nicht sehr kalt. Die großen Flüsse – der Rhein, die Weser, die Elbe und die Oder – fließen durch das Land von Süden nach Norden. Nur die Donau° fließt von Westen nach Osten. Am Rhein und an der° Donau trinkt man gern Wein; die Römer brachten° den Weinbau° nach Deutschland. Die Deutschen trinken also nicht nur Bier.

Romans / was
*historian / **nach Christus** = A.D. / as / Germanic peoples*

***zum ...** = for the most part / primeval forest*
on foot

such

so ... wie = as ... as

the Danube River
***am** and **an der** = on the*
brought / viniculture

The word **Wein** is not of Germanic origin but was introduced by the Romans (Latin *vinum*) along with viniculture. The word **Bier** comes from Latin *bibere* (*to drink*). The Germanic word for beer is preserved in English *ale*, which was brewed without hops. The medieval cloister breweries first added hops to the beverage.

Familienwanderung im Regen

---

[1] **Die Germanen** were the ancient tribes that the Romans called collectively *germani*. The word **Deutsch** comes from Old High German **diot** (*people*). The French applied the name of one tribe, the *alemanni*, to the whole people: *les Allemands*.
[2] *Snow White.* Other fairy tales are **Dornröschen** (*Sleeping Beauty*), **Rotkäppchen** (*Little Red Riding Hood*), **Aschenputtel** (*Cinderella*), and **Der Froschkönig** (*The Frog Prince*).

Learning about the climate and geography of Germany is the cultural goal of this chapter.

Burgruine (*castle ruin*) Ehrenfels am Rhein

20   Es gibt in Deutschland drei geographische Hauptregionen. Im Norden ist das Land flach und fruchtbar° und ohne viele Bäume. Hier beeinflusst° das Meer – die Nordsee und die Ostsee – Landschaft und Klima. Diese° Region nennt man° das Norddeutsche Tiefland°. In der Mitte des Landes° gibt es aber viele Hügel und kleine Berge. Diese Region heißt das Mittelgebirge°. Im Süden liegt das Hochgebirge° – die

25   Alpen. Hier gibt es natürlich viel Schnee im Winter, denn° die Berge sind sehr hoch. Deutschlands höchster° Berg ist die Zugspitze (2 963 m). Man sieht also, in Deutschland gibt es viele Kontraste: Stadt und Land, Wald und Feld°, Berge und Meer.

fertile / influences
*this / **nennt ...** = one calls*
North German lowlands /
In ... *= In the middle of the country / central mountains / high mountains / because / highest / field*

NACH DEM LESEN

Lab Manual Kap. 4, Diktat.

Workbook Kap. 4, G, H, I.

A **Antworten Sie auf Deutsch.**

1. Wie beschreibt Tacitus die Kolonie Germania?
2. Was ist noch immer typisch für die Landschaft in Deutschland?
3. Was macht man gern am Sonntag?
4. Wie ist das Klima in Deutschland?
5. Ist es so warm und sonnig wie in Italien?
6. Wo trinkt man viel Wein?
7. Wie ist das Land im Norden?
8. Wo gibt es viel Schnee im Winter?
9. Wie heißen die drei geographischen Hauptregionen?

B **Partnerarbeit: Märchen**   Take turns reading aloud these descriptions of well-known **Märchen**. Then match the descriptions with the silhouettes below. Use context to help you guess unknown vocabulary.

1. Vier Freunde – ein Esel, ein Hund, eine Katze und ein Hahn – sind alt und können nicht mehr arbeiten. Also gehen sie zusammen nach Bremen. Dort wollen sie Straßenmusikanten werden und so ihr Brot verdienen.

2. Eine Frau isst Rapunzeln (*lamb's lettuce, a leafy salad vegetable*) aus dem Garten ihrer Nachbarin. Diese Nachbarin ist aber eine Hexe. Die Hexe nimmt die erstgeborene Tochter der Frau und schließt sie in einen Turm.

3. Ein kleines Mädchen bringt ihrer kranken Großmutter Kuchen und Wein. Sie muss durch einen Wald, aber im Wald wartet ein Wolf. Der Wolf frisst die Großmutter und das Mädchen auf.

4. Eine Familie ist sehr arm und hat nicht genug zu essen. Die Stiefmutter zwingt den Vater, seine Kinder im Wald zu lassen. Bruder und Schwester finden dort ein kleines Haus aus Brot, Kuchen und Zucker. Dort wohnt aber eine böse Hexe und sie will die Kinder essen.

C **Partnerarbeit: Tacitus modern – Gespräch (*conversation*) mit einem römischen Historiker**   Tacitus has returned to modern Germany. Work in pairs. Correct his outdated impressions by completing the following dialogue, then perform it for your classmates.

TACITUS: Ihr Germanen seid alle furchtbar barbarisch.
REAKTION: Das stimmt gar nicht mehr! Wir sind heute _____.
TACITUS: Euer Klima ist schrecklich, immer kalt und neblig.
REAKTION: _____.
TACITUS: Ihr lebt ja alle im Wald wie die wilden Tiere (*animals*).
REAKTION: _____.
TACITUS: Ihr trinkt nur Bier und keinen Wein. Das finde ich barbarisch.
REAKTION: _____.

Vokabeln zum Thema Klima, Wetter und Landschaft

Discussing weather, climate, and landscape is a communicative goal.

You already know some of these words from the introductory chapter (see pp. 11–12). Review these before doing the activity.

This vocabulary focuses on an everyday topic or situation. Words you already know from **Wortschatz** sections are listed without English equivalents; new supplementary vocabulary is listed with definitions. Your instructor may assign some supplementary vocabulary for active mastery.

Klima und Wetter

die **Luft**   *air*
der **Nebel**   *fog, mist*
　neblig
der **Regen**   *rain*
　regnerisch   *rainy*
　Es regnet.
der **Schnee**
　Es schneit.
die **Sonne**
　sonnig
der **Wind**   *wind*
　windig
die **Wolke**   *cloud*
　wolkig
kalt ≠ **heiß**
warm ≠ **kühl**
nass ≠ **trocken**
mild

Landschaft

der **Baum**, ̈-e
der **Berg**, -e
　bergig   *mountainous*
der **Hügel**,
　hügelig   *hilly*
der **Wald**, ̈-er
das **Meer**, -e
das **Tal**, ̈-er

D **Gruppenarbeit: Sprechen wir über Klima und Landschaft.**   Beschreiben Sie die Landschaft in diesen Fotos.

1.

2.

3.

E **Partnerarbeit: Landschaft und Klima, wo ich wohne**   Find out where your partner comes from and ask about the climate and geography there.

> BEISPIEL: Woher kommst du denn?
> Wie ist das Klima dort im Sommer?
> Kannst du die Landschaft beschreiben?

F **Partnerarbeit: Städte in Deutschland**   Work with a partner and the map of Germany on the inside front cover. Fill in the missing information in the grid below by asking your partner questions.

> BEISPIEL: A: Wo liegt München?
> B: Es liegt im Süden. Wie heißt das Bundesland?
> A: Es heißt Bayern.

Stadt	Wo in Deutschland? Im Norden, Süden, Osten, Westen? In der Mitte (*In the center*)?	Bundesland
Kiel		
Frankfurt am Main		
Dresden		
Köln		
München		
Leipzig		
Stuttgart		
Erfurt		

SCHREIBTIPP

Free writing in German

This is the first time you will write a short essay in German.

- Expect your writing in German to be on a much simpler level than in English.
- Do not first think of what you want to say in English and then try to translate it into German. This never results in good writing.
- Try to formulate your thoughts in German from the outset, using structures and vocabulary you have learned. In the following essay, for instance, you will have to confine yourself to present tense.
- Begin by reviewing vocabulary you have recently learned and see how you can incorporate it into your essay.

▶ **Schreiben wir mal: Fantasiefrage – Tacitus modern**   Write in the voice of the Roman historian Tacitus. You have updated your impressions of ancient **Germania** to reflect modern **Deutschland**. Write a half a page on the country, telling what people in Germany still (**noch**) do or no longer (**nicht mehr**) do. What plays a role in modern life? How do you like the cities, the wine, etc.? (Do not confuse the ancient **Germanen** with **die Deutschen** of today.)

You can create special characters using Microsoft Word for either Windows or Macintosh.

	Windows	**Macintosh**
ä, ö, ü	(CTRL + [shift] + colon) + a, o, *or* u	(OPTION + u) + a, o, *or* u
Ä, Ö, Ü	(CTRL + [shift] + colon) + [shift] + a, o, *or* u	(OPTION + u) + [shift] + a, o, *or* u
ß	(CTRL + [shift} + &) + s	OPTION + s

G Wie sagt man das auf Deutsch?

1. The sun is shining and the water is warm. Let's go swimming.
2. I don't want to go swimming yet. Go without me.
3. But I don't like to swim alone.

4. Do you like the winter, Stefan?
5. No, I don't like it any more.
6. I don't like to walk through the snow.

7. Wait here, Sabrina and Harald.
8. We don't want to wait.

9. I hope that you still have money.
10. Unfortunately, I don't have any more money.

11. Can you do something for me?
12. Unfortunately, I have to go home this Friday.

With this chapter you have completed the first quarter of **Neue Horizonte.** For a concise review of the grammar and idiomatic phrases in chapters 1–4, you may consult the **Zusammenfassung und Wiederholung 1** (*Summary and Review 1*) of your Workbook. The review section is followed by a self-correcting test.

Almanach

THE COMMON ORIGIN OF GERMAN AND ENGLISH

Although Tacitus thought the Germanic tribes had "always been there," in fact, they originated in the region of southern Scandinavia and the North Sea around the second millennium B.C. As the Roman Empire began to collapse in the fourth century A.D., the Germanic peoples migrated south, a movement that continued for nearly two hundred years. The **Germani** (as they were called by the Romans) displaced the Celts from the heart of the European continent, pushing them as far west as Ireland. The Romans temporarily halted Germanic expansion southward by establishing their own northern frontier, a series of fortifications called the **limes**, literally the "limits" or boundaries of their empire. Remains of the **limes** can be seen in Germany today. Contemporary dialects and regional differences within the German-speaking countries have their origins in the various Germanic tribes of the early Middle Ages.

Thanks to the migration of the Germanic Angles and Saxons to the British Isles in the fifth century A.D., the Germanic language that was to evolve into modern English was introduced there. German and English thus share a common origin. Some other languages included in the Germanic family are Yiddish, Dutch, Flemish, Norwegian, Swedish, Danish, and Icelandic. You will easily recognize cognates (words that have the same etymological root) in English and German, although different meanings may have developed. These words can be readily identified by some regularly occurring consonant shifts. Try guessing the English equivalents for the following words:

German	English	Related words
z	t	zehn = *ten* Herz =
ss	t	Wasser = groß =
pf	p	Pflanze =
ff	p or pp	Schiff = Pfeffer und Salz =
ch	k	machen = Milch =
t	d	Tag = Tür =
d	th	du = drei = Pfad =

Penguin Classics
TACITUS
THE AGRICOLA AND THE GERMANIA

Hochdeutsch (*High German*) is the official, standardized language of the German-speaking countries. It is the language of the media, the law, and education, and is based on written German (**Schriftdeutsch**). Educated native speakers are bi-dialectal, knowing their local dialect and High German, which they may speak with a regional accent.

Graphiker bei der Arbeit
(*graphic artist at work*)

Arbeit und Freizeit

Kommunikation

- Asking about prices
- Showing, giving, and telling things to people
- Talking about work and professions

Kultur

- How Germans spend their work and leisure time

In diesem Kapitel

- **Lyrik zum Vorlesen**
  Richard Dehmel, „Der Arbeitsmann"
- **Grammatik**
  Dative case
  Dative personal pronouns
  Word order of nouns and pronouns
  Prepositions with the dative case
  Verbs with separable prefixes
  Verbs with inseparable prefixes
- **Lesestück**
  Drei Deutsche bei der Arbeit
- **Almanach**
  Stellenangebote (*Help Wanted Ads*)

DIALOGE

Lab Manual Kap. 5, Dialoge, Fragen, Hören Sie gut zu!, Üb. zur Aussprache **(I)**.

Der neue Bäckerlehrling kommt an

Morgens um 6.00. Georg macht die Bäckerei auf.

MARTIN: Morgen. Ich heiße Martin Holst. Ich fange heute bei euch an.

GEORG: Morgen, Martin. Mein Name ist Georg. Den Chef lernst du gleich kennen.

MARTIN: Ist gut. Seit wann arbeitest du denn hier?

GEORG: Erst seit einem Jahr. Komm jetzt mit und ich zeige dir den Laden.

Beim Bäcker

VERKÄUFERIN: Was darf's sein, bitte?

KUNDE: Geben Sie mir bitte sechs Brötchen und ein Bauernbrot.

VERKÄUFERIN: (*Sie gibt ihm das Brot.*) So, bitte sehr. Sonst noch etwas?

KUNDE: Sind diese Brezeln frisch?

VERKÄUFERIN: Ja, von heute Morgen.

KUNDE: Dann geben Sie mir doch sechs Stück. Wie viel kostet das bitte?

€3,75 is pronounced **drei Euro fünfundsiebzig**.

VERKÄUFERIN: Das macht zusammen € 3,75, bitte sehr.

KUNDE: Danke. Auf Wiedersehen.

VERKÄUFERIN: Wiedersehen.

> Er arbeitet in Frankfurt, sein Geld arbeitet international. Bei seiner Bank.

Schule oder Beruf?

Lehrling = *apprentice-in-training,* colloquially called **Azubi** (acronym for the official term, **Auszubildender** = *person to be trained*). **Lehrling** and **Azubi** apply to both males and females. In the German-speaking countries, there is an extensive system of apprenticeships in jobs not requiring higher education. Whether they want to go into retail sales or become skilled craftsmen, young people not going on to university divide their week between classes in trade school and apprenticeships in business and industry.

VATER: Warum willst du denn jetzt die Schule verlassen? Deine Noten sind ja ganz gut und du hast nur noch ein Jahr.

KURT: Aber das Abitur brauch' ich nicht. Ich will ja Automechaniker werden.

VATER: Sei nicht so dumm! Als Lehrling verdienst du schlecht.

KURT: Aber ich hab' die Nase einfach voll. Ich möchte lieber mit den Händen arbeiten.

VATER: Quatsch! Du schaffst das Abitur und ich schenke dir ein Motorrad. Einverstanden?

KURT: Hmmm.

NOTE ON USAGE

Seit wann?

English uses perfect tense (*have been working*) for a situation beginning in the past but still continuing. German uses present (**arbeitest**).

Seit wann **arbeitest** du hier?   *How long **have** you **been working** here? How long **have** you **worked** here?*

Berufe (*professions*)

der **Automechaniker, -** / die **Automechanikerin, -nen** auto mechanic (*m./f.*)

der **Bäcker, -** / die **Bäckerin, -nen** baker (*m./f.*)

der **Bauer, -n** / die **Bäuerin, -nen** farmer (*m./f.*)

der **Chef, -s** / die **Chefin, -nen** boss (*m./f.*)

der **Lehrling, -e** apprentice (*m./f.*)

der **Verkäufer, -** / die **Verkäuferin, -nen** salesperson (*m./f.*)

Verben

See p. 138 for an explanation of the raised dot in **an·fangen** and other verbs.

an·fangen (fängt an) to begin, start

an·kommen to arrive

an·rufen to call up

auf·hören (mit etwas) to cease, stop (*doing something*)

auf·machen to open

auf·stehen to stand up; to get up; get out of bed

kennen lernen to get to know; to meet

kosten to cost

mit·kommen to come along

schenken to give (*as a gift*)

stehen to stand

verlassen (verlässt) (*trans.*) to leave (*a person or place*)

zeigen to show

Substantive

der **Euro, -s** euro (€)

der **Kunde, -n** customer (*m.*)

der **Laden, ⁚** shop, store

der **Name, -n** name

das **Abitur** final secondary school examination

das **Brot** bread

das **Bauernbrot** dark bread

das **Motorrad, ⁚er** motorcycle

das **Stück, -e** piece

sechs **Stück** six (*of the same item*)

die **Bäckerei, -en** bakery

die **Brezel, -n** soft pretzel

die **Hand, ⁚e** hand

die **Kundin, -nen** customer (*f.*)

die **Nase, -n** nose

die **Note, -n** grade

Adjektive und Adverbien

dumm dumb

einfach simple, easy

erst not until; only

fertig (mit) done, finished (with); ready

frisch fresh

gleich right away, immediately

heute Morgen this morning

voll full

Präpositionen mit Dativ

These eight prepositions are followed by the dative case. See **Grammatik**, p. 136.

aus out of; from

außer except for; besides, in addition to

bei at; at the home of

bei euch with you, at your place (*i.e., where you work or live*)

mit with

nach after; to (*a city or country*)

seit since (*temporal*)

von from; of; by

zu to

Andere Vokabeln

als as a

als Lehrling as an apprentice

als Kind as a child

dir (to *or* for) you

euch (to *or* for) you (*pl.*)

wem? to *or* for whom?

wie viel? how much?

Nützliche Ausdrücke

Ist gut. (*colloq.*) O.K.; Fine by me.

Was darf es sein? What'll it be? May I help you?

Bitte sehr. Here it is. There you are.

Sonst noch etwas? Will there be anything else?

Das macht zusammen ... All together that comes to . . .

Ich habe die Nase voll. I'm fed up. I've had it up to here.

Quatsch! Nonsense!

Einverstanden. Agreed. It's a deal. O.K.

Gegensätze

an·fangen ≠ auf·hören to start ≠ to stop

auf·machen ≠ zu·machen to open ≠ to close

dumm ≠ klug dumb ≠ smart, bright

einfach ≠ schwierig simple ≠ difficult

voll ≠ leer full ≠ empty

Mit anderen Worten

das Abi = das Abitur (*Schülerslang*)

blöd = dumm

The New Baker's Apprentice Arrives

Six A.M. Georg is opening the bakery.

M: Morning. My name is Martin Holst. I'm starting here today.

G: Morning, Martin. My name is Georg. You'll meet the boss soon.

M: O.K. How long have you been working here?

G: Only for a year. Now come with me and I'll show you the shop.

At the Baker's

*CL: May I help you?

**CU: Give me six rolls and one loaf of dark bread, please.

CL: (*She gives him the bread.*) There you are. Anything else?

CU: Are these pretzels fresh?

CL: Yes, from this morning.

CU: Then give me six of those. How much is that, please?

CL: Together that comes to three euros and seventy-five cents.

CU: Thank you. Good-bye.

CL: Bye.

*CL = Clerk
**CU = Customer

School or Profession?

F: Why do you want to leave school now? Your grades are pretty good and you've only got one more year.

K: But I don't need the *Abitur*. I want to be an auto mechanic.

F: Don't be so dumb. You won't earn much as an apprentice.

K: But I'm fed up. I'd rather work with my hands.

F: Nonsense! You pass your *Abitur* and I'll give you a motorcycle. Is it a deal?

K: Hmmm.

Variationen

🔺 Persönliche Fragen

1. Um sechs Uhr morgens macht Georg die Bäckerei auf. Was machen Sie um sechs Uhr morgens?
2. Martin lernt den Chef gleich kennen. Wen möchten *Sie* kennen lernen?
3. Sechs Brötchen, sechs Brezeln und ein Bauernbrot kosten € 3,75. Was kosten zwölf Brötchen, zwölf Brezeln und zwei Bauernbrote?
4. Kurt hat nur noch ein Jahr und dann ist er mit der Schule fertig. Wie viele Jahre haben Sie noch an der Universität?
5. Kurt sagt, das Abitur braucht er nicht. Was brauchen *Sie* nicht?
6. Kurt arbeitet gern mit den Händen. Arbeiten Sie auch gern mit den Händen?
7. Der Vater schenkt Kurt ein Motorrad. Was schenkt Ihnen Ihr Vater? Er schenkt mir _____.

"The Germans have an inhuman way of cutting up their verbs. Now a verb has a hard enough time of it in this world when it's all together. It's downright inhuman to split it up. But that's just what those Germans do. They take part of a verb and put it down here, like a stake, and they take the other part of it and put it away over yonder like another stake, and between these two limits they just shovel in German."

Mark Twain

from: *The Disappearance of Literature* (1900)

Asking about prices is a communicative goal.

Partnerarbeit: Hoffentlich habe ich genug Geld. Das neue Semester beginnt bald. Sie müssen viel kaufen, aber Sie haben nur € 150. Was wollen Sie denn kaufen? (Partner A spielt die Kundin oder den Kunden, Partner B spielt den Verkäufer oder die Verkäuferin.)

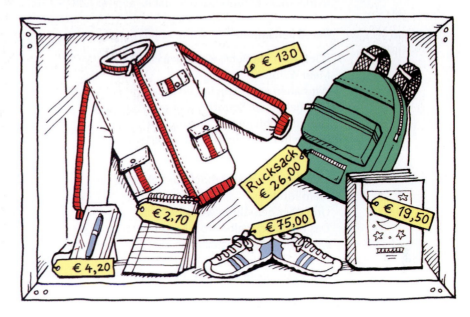

A: Guten Tag. Was darf's denn sein, bitte?
B: Zeigen Sie mir bitte _____.
A: Bitte sehr.
B: Was kostet denn _____?
A: Das kostet _____.
B: Ich möchte gern _____, _____ und _____ kaufen.
A: Das macht zusammen € _____, bitte sehr.

C Gruppenarbeit: Mit anderen Worten   With books closed, the class forms two teams. The instructor says a sentence, and the first team to think of a more colorful or colloquial way to say the same thing gets a point.

BEISPIEL: Heute ist es *sehr sehr* kalt.
Heute ist es *wahnsinnig* kalt.

1. Der Film ist *sehr langweilig.*
2. Ich schenke meiner *Großmutter* ein Foto von mir.
3. Roberts VW ist *sehr* alt.
4. Die Autos fahren *sehr schnell* durch die Stadt.
5. Heute bin ich *sehr sehr müde.*
6. Die Berge in Österreich sind *sehr schön.*

Lab Manual Kap. 5, Lyrik zum Vorlesen.

Richard Dehmel worked as a journalist in Berlin and was active in progressive literary circles. The language of his revolutionary lyric poetry was influenced by the philosopher Friedrich Nietzsche. In this poem an **Arbeitsmann** (*day laborer*) contrasts his family's life of toil and deprivation with the freedom, beauty, and fearlessness of the swallows that he and his child see on a Sunday walk.

Der Arbeitsmann

Wir haben ein Bett°, wir haben ein Kind,
Mein Weib!°
Wir haben auch Arbeit, und gar zu zweit°,
Und haben die Sonne und Regen und Wind.
Und uns fehlt nur eine Kleinigkeit°,
Um so frei zu° sein, wie die Vögel° sind:
Nur Zeit.

Wenn wir sonntags° durch die Felder° gehn,
Mein Kind,
Und über den Ähren weit und breit°
Das blaue Schwalbenvolk blitzen sehn°,
Oh, dann fehlt uns nicht das bisschen
Kleid,
Um so schön zu sein, wie die Vögel sind:
Nur Zeit.

Nur Zeit! wir wittern° Gewitterwind°,
Wir Volk°.
Nur eine kleine Ewigkeit°;
Uns fehlt ja nichts, mein Weib, mein Kind,
Als all das, was durch uns gedeiht°,
Um so kühn° zu sein, wie die Vögel sind.
Nur Zeit!

Richard Dehmel (1863–1920)

bed

mein Weib = meine Frau
und ... = and even together

uns ... = we lack only a small thing / um ... zu = in order to / birds

on Sundays / fields

über ... = above the grain far and wide / Das ... = see flocks of blue swallows flashing

smell / stormwind
common folk
eternity

Als ... = except for all that prospers through us / daring

GRAMMATIK

Dative comes from **datus**, a form of the Latin verb **dare** (*to give*). The etymology highlights an important function of dative case: to designate the receiver of something given.

1. Dative case (*der Dativ*)

The dative case is the case of the indirect object in German. An indirect object is the person or thing *for* whom an action is performed or *to* whom it is directed.

Die Arbeit in der Bäckerei fängt früh an.

| Sie gibt **ihm** das Brot. | *She gives him the bread.*
She gives the bread to him. |

Note that the English equivalents designate the indirect object in two different ways: either by word placement alone, as in the first equivalent, or by using a preposition, as in the second (*to* him).

1 **Übung**   Identify the direct object and the indirect object in the following English sentences.

1. We owe him a debt of gratitude.
2. I'm buying my father a necktie.
3. Tell me what you think.
4. We're cooking spaghetti for the kids.
5. Peel me a grape.
6. To whom did you say that?

The indirect object in German (*das indirekte Objekt*)

German pronouns and nouns have dative forms clearly different from their forms in the two cases you already know, nominative and accusative:

dir	*to you, for you*
der Lehrerin	*to the teacher, for the teacher*
seinem Sohn	*to his son, for his son*

Note that German does *not* use a preposition to show the indirect object. It is signalled by the dative case alone.

Here are some verbs you already know that can take a dative and an accusative object in the same sentence: **sagen (Sag mir etwas); geben (Ich gebe dir 2 Euro); kochen; tragen; schreiben; singen; kaufen; verkaufen; beschreiben; schenken; zeigen.**

Ich kaufe **dir** das Motorrad.	*I'll buy **you** the motorcycle.* *I'll buy the motorcycle **for you**.*
Sag **der Lehrerin** Guten Morgen.	*Tell **the teacher** good morning.* *Say good morning **to the teacher**.*
Er gibt **seinem Sohn** das Geld.	*He's giving **his son** the money.* *He's giving the money **to his son**.*

Showing, giving, and telling things to people are communicative goals.

The German case system allows more flexibility in word order than does English. The following sentences all say basically the same thing, with some minor shifts in emphasis.

> Sie gibt **ihrer Tochter das Geld**.
> Sie gibt **das Geld ihrer Tochter**.
> **Das Geld** gibt sie **ihrer Tochter**.
> **Ihrer Tochter** gibt sie **das Geld**.

In order to find your way through such sentences, you need to learn the forms of the dative case—essentially only three new endings.

Forms of the dative case

You already know that the nominative and accusative cases are shown by the ending of the article or other word preceding the noun. The same is true of the dative case. The chart below shows the three dative endings (one for both masculine and neuter, one for feminine, and one for plural). The nominative and accusative articles are included for comparison.

Note that **-em** is the dative ending for both masculine and neuter nouns.

	Dative case			
	masculine	**neuter**	**feminine**	**plural**
nom. **acc.**	der Vater den Vater }	das Kind	die Frau	die Leute
dat.	**-em**	**-em**	**-er**	**-en -n**
	dem Vater	**dem** Kind	**der** Frau	**den** Leuten
	dies**em** Vater	dies**em** Kind	dies**er** Frau	dies**en** Leuten
	ein**em** Vater	ein**em** Kind	ein**er** Frau	kein**en** Leuten
	unser**em** Vater	dein**em** Kind	sein**er** Frau	mein**en** Leuten

Note: *All nouns* in the dative plural add an **-n** to the noun itself (**den** Leute**n**, **den** Hände**n**), except those nouns already ending in **-n** (**den** Fraue**n**) and those ending in **-s** (**den** Hotel**s**).

FRAGEWÖRTER

wer?	*who?*
wen?	*whom?* (direct object)
wessen?	*whose?*
wem?	*to* or *for whom?* (indirect object)

Wem geben Sie das Geld?

{ **To whom** *are you giving the money?*
Who(m) *are you giving the money to?*

Lab Manual Kap. 5, Var. zur Üb. 2.

Workbook Kap. 5, A.

2 **Übung: Wem soll sie es geben?**

A. Silke kann ihr Brötchen nicht essen. Wem soll sie es geben?

> BEISPIEL: die Lehrerin
> Sie soll es der Lehrerin geben.

To review family vocabulary, see pp. 50, 61.

Feminine nouns

1. ihre Freundin
2. ihre Schwester
3. die Professorin
4. die Chefin

B. Hasan hat ein neues Auto. Wem will er es zeigen?

> BEISPIEL: das Kind
> Er will es dem Kind zeigen.

Neuter and masculine nouns

1. sein Freund
2. der Lehrer
3. sein Vater
4. der Automechaniker

C. Pawel geht einkaufen (*shopping*). Wem soll er etwas kaufen?

> BEISPIEL: die Kinder
> Er soll den Kindern etwas kaufen.

Nouns in the plural

1. diese Leute
2. die Studenten
3. seine Freunde
4. seine Eltern

Das gebe ich dir, aber was gibst du mir?

3 **Kettenreaktion: Wem schenkst du den Pulli?** Sie kaufen einen schönen Pulli für jemand in Ihrer Familie. Wem schenken Sie ihn?

> BEISPIEL: A: Wem schenkst *du* den Pulli?
> B: Meiner Schwester. Wem schenkst *du* den Pulli?
> C: Mein-_____. Wem ... ?

4 **Übung: Wie sagt man das auf Deutsch?** Benutzen Sie (*Use*) den du-Imperativ.

> BEISPIEL: Buy the child a book.
> Kauf dem Kind ein Buch.

1. Buy your sister a book.
2. Give my parents the money.
3. Describe the problem to the mechanic.
4. Write your mother a card.
5. Cook the food for your friends.
6. Show my friend the city.

2. Dative personal pronouns

The following table lists the dative personal pronouns and includes the nominative and accusative forms for comparison.

Except for **uns** and **euch**, the pronouns for the direct object (in accusative) and the indirect object (in dative) are different: Ich sehe **ihn**. Ich gebe **ihm** das Buch. English has only one form for both direct and indirect objects: *me, you, him, her, us, them.*

Singular				Plural			
nom.	*acc.*	*dat.*		*nom.*	*acc.*	*dat.*	
ich	mich	**mir**	*to/for me*	wir	uns	**uns**	*to/for us*
du	dich	**dir**	*to/for you*	ihr	euch	**euch**	*to/for you*
er	ihn	**ihm**	*to/for him*	sie	sie	**ihnen**	*to/for them*
es	es	**ihm**	*to/for it*	Sie	Sie	**Ihnen**	*to/for you*
sie	sie	**ihr**	*to/for her*				

Note the similarities between the third-person dative pronouns and the dative endings of articles.

ihm → **dem** Mann
ihr → **der** Frau
ihnen → **den** Freunden

Lab Manual Kap. 5, Var. zur Üb. 5.

Workbook Kap. 5, B, C.

5 Übung: Kaufen wir Brot. Sie wollen Brot kaufen. Ihre Professorin möchte wissen, **wem** Sie es kaufen.

> BEISPIEL: Wem kaufen Sie das Brot? (*points to another student*)
> Ich kaufe es *ihm / ihr.*

6 Gruppenarbeit: Was zeigst du mir? (*4 oder 5 Personen*) Use a verb from the list below to ask other students what they are going to do for you. Other students use a noun from the list to answer. After asking each person in the group, a new questioner starts over with a different verb.

> BEISPIEL: A: Was kaufst du mir, Joanne?
> B: Ich kaufe dir einen Fernseher.
> A: Vielen Dank! Was _____ du mir, Steve?

Verbs	Nouns	
beschreiben	Artikel	Hemd
geben	Auto	Mantel
kaufen	Brezel	Motorrad
kochen	Brot	Reise nach Berlin
schenken	Brötchen	Stadt
verkaufen	Buch	Suppe
zeigen	Fernseher	Tasche
	Fotos	Uhr
	Frühstück	Zeitung
	Geld	

mit uns fahren Sie gut

BMW

Bernhardt + Röhrich GmbH

3. Word order of nouns and pronouns

Verbs like **geben**, **schenken**, **sagen**, and **zeigen** often have two objects. The indirect object in the dative usually comes first, followed by the direct object in the accusative.

<table>
<tr><td>Ich zeige **meiner Freundin den Laden**.</td><td>*I'm showing my girlfriend the shop.*</td></tr>
</table>

However, if one of the objects is a pronoun, it precedes the noun object, as in English.

<table>
<tr><td>Ich zeige **ihr den Laden**.</td><td>*I'm showing her the shop.*</td></tr>
<tr><td>Ich zeige **ihn meiner Freundin**.</td><td>*I'm showing it to my girlfriend.*</td></tr>
</table>

If both objects are pronouns, the accusative must precede the dative. Note again the similarity to English word order.

<table>
<tr><td>Ich zeige **ihn ihr**.</td><td>*I'm showing it to her.*</td></tr>
</table>

Any personal pronouns that are not in the first position are placed *immediately after the inflected verb.*

Note the third example: the direct-object pronoun (**uns**) even precedes the noun subject (**dein Opa**).

<table>
<tr><td>Ich gebe **ihm** mein Buch.</td><td>*I'll give **him** my book.*</td></tr>
<tr><td>Ich gebe **es** meinem Bruder.</td><td>*I'll give **it** to my brother.*</td></tr>
<tr><td>Kann **uns** dein Opa anrufen?</td><td>*Can your grandpa phone **us**?*</td></tr>
</table>

If more than one personal pronoun follows the verb, they come in the order *nominative, accusative, dative.* Again, this is just like English word order: *subject pronoun, direct-object pronoun, indirect-object pronoun.*

<table>
<tr><td>Ich gebe **es Ihnen** heute.</td><td>*I'll give **it to you** today.*</td></tr>
<tr><td>Heute gebe **ich es Ihnen**.</td><td>*Today **I'll** give **it to you**.*</td></tr>
</table>

Lab Manual Kap. 5, Var. zur Üb. 7.

Workbook Kap. 5, D.

7 **Übung: Wem schenken Sie das Buch?**   You've bought copies of your favorite novel as presents. Your instructor will ask to whom you're giving it. Answer the questions affirmatively, using pronouns.

BEISPIEL: Wem schenken Sie das Buch? Schenken Sie es Ihrer Mutter?
Ja, ich schenke es ihr.

Wem schenken Sie das Buch? Schenken Sie es ...

1. Ihrem Vater?
2. den Kindern?
3. Ihrem Freund?
4. Ihrer Cousine?
5. mir?
6. uns?

Remember that **nicht** follows all personal pronouns (see p. 81): **Ich gebe *sie dir* nicht.**

8 **Partnerarbeit: Gibst du mir etwas?**   Take turns asking each other for things. Respond as in the example.

BEISPIEL: A: Gibst du mir deine Uhr?
B: Ja, ich gebe sie dir. / Nein, ich gebe sie dir nicht.

As with the list of accusative prepositions (p. 101), you must learn this list until you can repeat it in your sleep.

4. Prepositions with the dative case (*Präpositionen mit Dativ*)

The dative case is also used for the object of the following prepositions.

aus	*out of* *from* (native country, city, or region)	Sie sieht **aus** dem Fenster. Ich komme **aus** Amerika.	*She's looking out of the window.* *I'm from America.*
außer	*except for* *besides, in addition to*	**Außer ihm** sind wir alle hier. **Außer ihm** wohnt auch sein Bruder hier.	*We're all here except for him.* *Besides him, his brother lives here too.*
bei	*in the home of* *at*	Ich wohne **bei meiner Tante**. Er ist **bei der Arbeit**.	*I live at my aunt's.* *He's at work.*
mit	*with*	Ich arbeite **mit den Händen**.	*I work with my hands.*
nach	*after* *to* (with country and city names)	**Nach der Arbeit** bin ich manchmal müde. Wir fahren **nach England**.	*After work I'm sometimes tired.* *We're going to England.*
seit	*since* (referring to time)	**Seit dem Tag** mag ich ihn nicht mehr.	*Since that day I haven't liked him.*
von	*from* *of* *by*	Das Buch habe ich **von meiner Mutter**. Er ist ein Freund **von mir**. Das ist ein Buch **von Hermann Hesse**.	*I got that book from my mother.* *He's a friend of mine.* *That's a book by Hermann Hesse.*
zu	*to* (people and some locations)	Ich gehe **zur Schule** und dann **zu meinen Freunden**.	*I'm going to school and then to my friends' house.*

For more on **seit**, see *Note on Usage*, p. 126.

Contractions

The following contractions are standard.

bei dem	→	**beim**	Brezeln kaufe ich immer **beim** Bäcker.
von dem	→	**vom**	Ich komme gerade **vom** Chef.
zu dem	→	**zum**	Ich muss schnell **zum** Professor.
zu der	→	**zur**	Ich gehe jetzt **zur** Schule.

Lab Manual Kap. 5, Var. zur Üb. 9.

Workbook Kap. 5, E.

9 **Übung: Bei wem wohnen Sie?**   Sie sind alle Studenten in Tübingen. Sie wohnen aber nicht im Studentenwohnheim (*dormitory*). Sagen Sie Ihrem Professor oder Ihrer Professorin, bei wem Sie wohnen.

BEISPIEL: Bei wem wohnen Sie?
Bei meinem Freund.

Tante	Freundin	Bruder	Großeltern
Familie	Vater	Freund	Frau König

10 **Kettenreaktion: Zu wem gehst *du*?**   Say whom you are going to see, then ask another student.

BEISPIEL: Zu wem gehen Sie?
A: Ich gehe zu meiner Familie. Zu wem gehst *du*?
B: Ich gehe zum Bäcker. Zu wem ...?

Automechaniker	Bäckerin	Freund
Professorin	Automechanikerin	Chefin
Professor	Eltern	Familie
Chef	Freundin	Bäcker

11 **Übung: Mit wem gehen Sie schwimmen?**   Sie gehen mit Freunden aus der Deutschstunde schwimmen. Sagen Sie, mit wem Sie schwimmen gehen.

BEISPIEL: PROFESSOR/IN: Mit wem gehen Sie schwimmen?
STUDENT/IN: (*points to one or more other students in the class*)
Mit ihr/ihm/ihnen/Ihnen.

12 **Übung**   Fill in the blanks with the correct dative ending or dative personal pronoun.

1. Ich wohne seit ein-_____ Monat bei mein-_____ Tante in Tübingen.
2. Mit _____ (*her*) gehe ich fast jeden Tag einkaufen.
3. Sie bekommt oft Briefe von ihr-_____ Freunden und ihr-_____ Bruder.
4. Sie schreibt _____ (*them*) oft Postkarten mit Fotos von d-_____ Stadt.
5. Nach d-_____ Seminar gehe ich mit mein-_____ Freunden Fußball spielen.

5. Verbs with separable prefixes

The meanings of many English verbs can be changed or modified by the addition of another word.

to find	→	to find out
to look	→	to look up
to burn	→	to burn down
to hang	→	to hang around

Likewise, the meanings of many German verbs are modified—or even changed completely—by the addition of a prefix to the root verb.

stehen	to stand	→	**auf**stehen	to stand up; get out of bed
kommen	to come	→	**mit**kommen	to come along
hören	to hear	→	**auf**hören	to cease, stop
fangen	to catch	→	**an**fangen	to begin

Similarly:

ankommen	to arrive
anrufen	to call up
aufmachen	to open
kennen lernen	to get to know, meet
zurückkommen	to come back

Note that although **kennen lernen** is written as two words, the first element, **kennen** functions like a separable prefix.

Verbs with such prefixes have the primary stress on the prefix (**an**kommen, **auf**hören).

In the present tense and the imperative, the prefix is *separated* from the verb and placed at the end of the sentence or clause. It is the second part of the predicate.

To review the predicate, see p. 74.

Ich **stehe** morgen sehr früh **auf**.	*I'm getting up very early tomorrow.*
Wann **stehst** du **auf**?	*When are you getting up?*
Stehen Sie bitte **auf**!	*Please get up!*
Steht ihr denn bald **auf**?	*Are you getting up soon?*

When a verb with a separable prefix complements a modal verb, the separable prefix is again attached to the root verb infinitive at the end of the sentence or clause.

Without a modal	**With a modal**
Er **fängt** morgen **an**.	Er soll morgen **anfangen**.
Sie **kommt** bald **zurück**.	Sie möchte bald **zurückkommen**.

Note: Separable prefixes will be indicated in the **Wortschatz** sections by a raised dot between prefix and root verb: **an·fangen**. This symbol is used in this textbook, but *not* in conventional German spelling.

MERIAN zeigt Ihnen die Welt.

Lab Manual Kap. 5, Var. zu Üb. 13, 14.

Workbook Kap. 5, F, G.

13 **Übung** Ihre Professorin sagt, Sie sollen etwas machen. Antworten Sie, Sie können es nicht machen.

> **BEISPIEL:** Fangen Sie doch heute an.
> Ich kann heute nicht anfangen.

1. Hören Sie doch auf.
2. Kommen Sie doch mit.
3. Machen Sie das Fenster auf.
4. Rufen Sie doch Ihre Mutter an.
5. Stehen Sie bitte auf.
6. Kommen Sie bitte heute zurück.

14 **Übung** Ihr Professor sagt, Sie müssen etwas machen. Sie antworten, Sie sind einverstanden.

> **BEISPIEL:** Sie müssen um sieben aufstehen.
> Einverstanden, ich stehe um sieben auf.

1. Sie müssen jetzt anfangen.
2. Sie müssen früh aufstehen.
3. Sie müssen um acht aufmachen.
4. Sie müssen Helena anrufen.
5. Sie müssen aufhören.
6. Sie müssen gleich mitkommen.

15 **Partnerarbeit: Mach das bitte für mich.**

A. **aufmachen** Partner A asks partner B to open various things, and B agrees.

> **BEISPIEL:** A: Mach doch _____ auf.
> B: Gut, ich mache _____ auf.

Buch	Tür	Tasche
Fenster	Rucksack	Zeitung
Laden		

B. **anrufen** Partner B tells A to call up various relatives and friends. Partner A doesn't want to.

> **BEISPIEL:** B: Ruf doch dein-_____ an.
> A: Aber ich will mein-_____ nicht anrufen.

Onkel	Tante	Freundin	Lehrer
Bruder	Schwester	Großeltern	Professorin
Mutter	Vater	Geschwister	

C. **Um 7 Uhr** Partner A wants to know when B is going to do various things. Partner B answers with the time.

> **BEISPIEL:** A: Wann kommst du denn zurück?
> B: Ich komme um 7 zurück.

ankommen	mit deiner Arbeit aufhören
zurückkommen	morgen aufstehen
anfangen (fängst ... an)	den Chef kennen lernen

16 Schreiben wir mal: Der Arbeitstag Gerd hat eine neue Stelle. Er schreibt seinen Eltern und beschreibt ihnen einen typischen Arbeitstag. (Use the cues to reconstruct his letter.)

Liebe Mutti, lieber Vati!

aufstehen / morgens / 7.00
Arbeit / anfangen / 8.30
ich / arbeiten / mit / mein Freund Kurt / zusammen
Laden / zumachen / 6.00
nach / Arbeit / ich / gehen / Bier / trinken
nach / Essen / anrufen / meine Freundin
abends / ich / sein / todmüde

Euer Gerd

6. Verbs with inseparable prefixes

There are also German verbs with *inseparable* prefixes. These prefixes *never* separate from the root verb. You can tell them from separable prefixes in these ways:

- They are *never* stressed: **bedeuten, verdienen**.

- They have no independent meaning, while separable prefixes resemble other parts of speech, such as prepositions (**mit**kommen) and adverbs (**zurück**kommen).

The inseparable prefixes are: **be-, emp-, ent-, er-, ge-, ver-,** and **zer-**. Here are the verbs with inseparable prefixes that you have already learned: **bedeuten, beginnen, bekommen, beschreiben, besitzen, besprechen, besuchen, entscheiden, verdienen, verlassen, verstehen**.

17 Übung Say these verb pairs aloud to practice the difference between stressed separable prefixes and unstressed inseparable prefixes. Then complete the following sentences with the appropriate verb.

Inseparable	Separable
verstehen	**auf**stehen
beschreiben	**auf**schreiben (*to write down*)
gehören (*to belong to*)	**auf**hören
bekommen	**mit**kommen
erfahren (*to find out*)	**ab**fahren (*to depart*)

1. Ich _____ dich nicht.　　　　　　　　　　　(*understand*)
   Ich _____ um 7 Uhr _____.　　　　　(*get up*)

2. _____ Sie es bitte!　　　　　　　　　　　　(*describe*)
   _____ Sie es bitte _____!　　　　　　(*write down*)

3. Harald _____ heute ein Motorrad.　　　　(*is getting*)
   Bernd _____ heute _____.　　　　　　(*is coming along*)

4. Das Motorrad _____ dem Chef.　　　　　　(*belongs to*)
   _____ endlich mit deiner Arbeit _____!　(*stop*)

LESESTÜCK

Tipps zum Lesen und Lernen

Tipps zum Vokabelnlernen

Remember that singular masculine nouns ending in **-er** have the same form in the plural: **der Arbeiter**, **die Arbeiter**. Feminine forms ending **-erin**, however, do have a plural ending: **die Arbeiterin**, **die Arbeiterinnen**.

Agent nouns Both English and German add the suffix **-er** to a verb stem to form a noun that denotes a person who performs the action (agent). In German, the additional ending **-in** indicates that the agent is female.

arbeiten	→ **der Arbeiter / die Arbeiterin**	*to work*	→ *worker*
lesen	→ **der Leser / die Leserin**	*to read*	→ *reader*

Sometimes an umlaut is added in the agent noun.

anfangen	→ **Anfänger**	*to begin*	→ *beginner*
tragen	→ **Briefträger**	*to carry*	→ *letter carrier*
backen	→ **Bäcker**	*to bake*	→ *baker*
handeln	→ **Buchhändler**	*to trade, deal*	→ *bookseller*

Mit Menschen zu tun haben

Handwerklich arbeiten

Im Labor arbeiten

Am Schreibtisch arbeiten

A Übung   Was machen diese Leute?

1. Die Frauen arbeiten in der Fabrik.
   Sie sind _____.

2. Die Studenten wandern gern am
   Sonntag.
   Sie sind _____.

3. Die Kinder spielen Klavier.
   Sie sind _____.

4. Robert und Luise lesen Zeitung und
   trinken Kaffee.
   Sie sind _____ und _____.

Adverbs of time   German adds an **-s** to the names of the days or parts of the day to
form adverbs showing regular or habitual occurrence.

morgens	*in the mornings, every morning*
nachmittags	*in the afternoons, every afternoon*
abends	*in the evenings, every evening*
nachts	*at night, every night*
montags	*Mondays, every Monday*
dienstags	*Tuesdays, every Tuesday*
usw.	*etc.*

Note: These words are *adverbs*, not nouns, and are therefore not capitalized.

Briefträgerin in Bielefeld
(Nordrhein-Westfalen)

B **Partnerarbeit: Was machst du morgens?** Use the adverbs on page 142 to ask each other what you do at different times and on different days. Write your answers down and report to the class.

> BEISPIEL: A: Was machst du denn samstags?
>
> B: Samstags kann ich bis 9 Uhr schlafen, dann _____.

Lab Manual Kap. 5, Üb. zur Betonung.

Leicht zu merken

die **Boutique, -n**	
das **Café, -s**	
campen	(pronounced **kämpen**)
der **Journalist, -en**	Journal<u>ist</u>
(das) **Kanada**	
der **Korrespondent, -en**	Korrespond<u>ent</u>
das **Marketing**	
der **Partner, -**	
perfekt	perf<u>ekt</u>
realistisch	
der **Supermarkt**	
die **USA** (*pl.*)	

Einstieg in den Text

The title "Drei Deutsche bei der Arbeit" lets you know that the reading will focus on three individuals and their work. What sorts of things would you expect to learn about people's personal and professional lives from such a reading? You can apply to this text the familiar question words that you have been using to ask about each other's lives.

Before reading the whole text, skim the third portrait and see if you can quickly find answers to the following questions:

Wie heißt dieser Mann?
Wie alt ist er?
Was macht er?
Wo wohnt er?
Wer sind die anderen (*other*) Menschen in seiner Familie?

Let these questions guide your reading for information as you work through the entire text.

Berufe

der **Arbeiter, -** / die **Arbeiterin, -nen** worker; industrial worker (*m./f.*)

der **Buchhändler, -** / die **Buchhändlerin, -nen** bookseller (*m./f.*)

der **Graphiker, -** / die **Graphikerin, -nen** graphic artist (*m./f.*)

der **Kollege, -n** / die **Kollegin, -nen** colleague, co-worker (*m./f.*)

Verben

ab·holen to pick up, fetch, get

aus·sehen (sieht aus) to appear, look (happy, tired, fit, etc.)
  Du siehst schrecklich aus. You look terrible.

berichten to report

ein·kaufen to shop for; to go shopping

fern·sehen (sieht fern) to watch TV

reisen to travel

schließen to close

sitzen to sit

spazieren gehen to go for a walk

sterben (stirbt) to die

vergessen (vergisst) to forget

verlieren to lose

vorbei·kommen to come by, drop by

Substantive

der **Fußball** soccer

der **Reiseführer, -** (travel) guidebook

der **Roman, -e** novel

der **Stadtplan, ¨e** city map

der **Stress** stress

das **Bild, -er** picture; image

das **Dorf, ¨er** village

das **Geschäft, -e** business; store

das **Mittagessen** midday meal, lunch

das **Schaufenster, -** store window

das **Wochenende, -n** weekend
  am Wochenende on the weekend

das **Wort** word (*2 plural forms*:
  die Worte: words in a context;
  die Wörter: words in a list, as in a dictionary)

das **Wörterbuch, ¨er** dictionary

die **Buchhandlung, -en** bookstore

die **Firma, Firmen** company, firm

die **Freizeit** free time

die **Muttersprache, -n** native language

die **Postkarte, -n** postcard

die **Türkei** Turkey

die **Wanderung, -en** hike

die **Zeitschrift, -en** magazine

die **Lebensmittel** (*pl.*) groceries

Die Türkei, like **die Schweiz**, is always used with the definite article: **Er kommt aus der Türkei.**

Adjektive und Adverbien

abends (in the) evenings

aktuell current, topical

besonders especially

fleißig industrious, hard-working

meistens mostly, usually

türkisch Turkish

witzig witty, amusing

zufrieden pleased, satisfied

Andere Vokabeln

ein paar a couple (of), a few

Gegensätze

fleißig ≠ faul industrious ≠ lazy

Mit anderen Worten

stressig (*colloq.*) = **mit viel Stress**

Drei Deutsche bei der Arbeit

Man sagt über die Deutschen, sie leben für ihre Arbeit. Stimmt das heute noch? Unsere Beispiele zeigen ein anderes° Bild. — *different*

Christine Sauermann, Buchhändlerin

Christine Sauermann ist 35 Jahre alt, geschieden°, und hat einen jungen Sohn Oliver — *divorced*
5 (10 Jahre alt). Sie ist seit sieben Jahren berufstätig und besitzt seit fünf Jahren eine
Buchhandlung in der Altstadt° von Tübingen.[1] Zwei Angestellte° arbeiten für sie im — *old city / employees*
Laden.

Das Geschäft geht gut, denn° viele Touristen gehen durch die Altstadt spazieren — *because*
und Studenten kommen auch jeden Tag vorbei. Mit den neuesten° Romanen sieht — *newest*
10 ihr Schaufenster immer bunt aus. Den Studenten verkauft sie Wörterbücher und
Nachschlagewerke°, aber die Touristen kaufen meistens Reiseführer, Stadtpläne und — *reference works*
Postkarten von der Stadt.

Morgens macht sie um 9 Uhr auf und abends um 6 Uhr zu. Von 1 Uhr bis 3 Uhr
macht sie Mittagspause°. Sie schließt den Laden, holt Oliver von der Schule ab und — *midday break*
15 geht mit ihm nach Hause. Dort kocht sie das Mittagessen und kauft später dann
noch Lebensmittel im Supermarkt ein.[2]

Außer sonntags arbeitet Christine Sauermann jeden Tag sehr fleißig in ihrem
Laden. In ihrer Freizeit möchte sie also Erholung° vom Stress. Darum macht sie gern — *relaxation*
Wanderungen mit ihrem Sohn zusammen. Diesen Sommer zum Beispiel gehen sie
20 zusammen in Schottland° campen. — *Scotland*

Hasan Turunc (42 Jahre alt), Graphiker

Hasan Turunc lebt seit 1971 in Dortmund.[3] Mit 10 Jahren kam° er mit seiner Familie — *came*
aus Anatolien[4] nach Deutschland. Seit 1980 arbeitet er als Graphiker in einer großen
Marketing-Firma. Mit seinem Beruf ist er sehr zufrieden und die Arbeit ist gut
25 bezahlt°. Seine Frau Zehra arbeitet halbtags° als Verkäuferin in einer Boutique, — **gut** ... = *well paid / half days*
solange° die Kinder noch klein sind. Nach der Arbeit spielt Hasan gern Fußball mit — *while*
seinen Söhnen oder sieht mit der Familie fern. Am Wochenende sitzt er oft ein paar
Stunden mit Freunden im Café zusammen.

Hasan ist noch türkischer Staatsbürger°, aber er wird so gut bezahlt wie° seine — *citizen* / **wird** ... = *is as well paid as*
30 deutschen Kollegen. Im Büro arbeiten sie gut zusammen, denn er ist witzig und
spricht fast perfekt Deutsch. Seine Kinder sind natürlich völlig zweisprachig°. — **völlig** ... = *completely bilingual*

Die Tochter Saliha ist 2000 geboren und hat die doppelte Staatsbürgerschaft[5].
Aber mit 23 Jahren muss sie entscheiden: Will sie deutsche oder türkische
Staatsbürgerin sein?

35 Wie die meisten° Deutschen hat Hasan fünf Wochen Urlaub im Jahr. In den — *most*
Schulferien° fliegt die Familie fast immer in die Türkei. Dort besucht er seine Mutter — *school vacations*
und seine Geschwister in Anatolien. Seine Kinder spielen gern mit ihren türkischen
Cousinen und verlieren so den Kontakt mit der türkischen Kultur nicht.

---

[1] Most German cities and towns have an **Altstadt** (*old city*) in their centers, which may date
from the Middle Ages. They are often pedestrian zones. **Tübingen** is a university town on the
Neckar River about twenty miles south of Stuttgart. The university was founded in 1477.
[2] Many small shops and businesses close from 1:00 to 2:30 or 3:00 P.M., but this practice is less
common nowadays in large cities. The noon meal is traditionally the main meal of the day.
[3] An industrial city in North Rhine-Westphalia. See map on the inside of the front cover.
[4] **Anatolien:** Anatolia, the eastern part of Turkey.
[5] **doppelte Staatsbürgerschaft** = *dual citizenship*. Children born in Germany to foreign
residents after January 1, 2000, are eligible for German citizenship if at least one parent has
lived in Germany legally for at least eight years. By the age of 23, they must choose which
citizenship they want to hold.

Learning about how Germans spend their work and leisure time is the cultural goal of this chapter.

***Klaus Ostendorff** (53 Jahre alt), Journalist*

40 Klaus Ostendorff ist Korrespondent bei der Deutschen Presseagentur° in   *wire service*
Nordamerika. Seit fünfzehn Jahren berichtet er über die USA und Kanada für
Zeitungen und Zeitschriften in Deutschland. Seine Artikel geben den Lesern ein
realistisches Bild von beiden° Ländern.   *both*

    Im Moment schreibt Ostendorff einen Artikel über das Waldsterben° in   *death of the forests*
45 Nordamerika. Dieses Problem ist in Deutschland besonders aktuell: Auch in Europa
bedroht° der saure° Regen die Wälder.   *threatens / acid*

    Ostendorff lebt mit seiner Frau Martina und ihren drei Kindern in Washington.
Die Kinder sollen ihre Muttersprache nicht vergessen und darum spricht die Familie
zu Hause meistens Deutsch. Die Kinder besuchen das deutsche Gymnasium in
50 Washington und reisen im Sommer nach Deutschland. Dort macht die ganze°   *whole*
Familie Urlaub in einem Dorf in den Bayerischen° Alpen.   *Bavarian*

NACH DEM LESEN

Lab Manual Kap. 5, Ex. on professions and nationalities; Diktat.

Workbook Kap. 5, H, I.

🅰 Antworten Sie auf Deutsch.

1. Wo arbeitet Christine Sauermann?
2. Wie lange ist sie schon berufstätig?
3. Wer sind ihre Kunden und was kaufen sie bei ihr?
4. Wie sieht ein typischer Tag für Frau Sauermann aus?
5. Was macht sie gern in ihrer Freizeit?
6. Seit wann lebt Hasan Turunc in Deutschland?
7. Was macht er gern mit seiner Familie?
8. Über was schreibt Klaus Ostendorff im Moment?
9. Wie ist seine Familie anders als die Familie von Christine Sauermann?
10. Warum sprechen Ostendorff und seine Frau zu Hause meistens Deutsch?

B Vokabelspiel: Nein, das stimmt nicht! (*Mit offenen Büchern*)   Take turns contradicting each other.

> BEISPIEL: Dieses Auto ist *neu!*
>   Nein, das stimmt nicht. Dieses Auto ist *alt!*

1. Wir holen die Kinder *früh* ab.
2. Hamburg liegt in *Süddeutschland.*
3. Jetzt *fangen* wir *an.*
4. Der Lehrling *schließt* den Laden.
5. Der Chef möchte *etwas* sagen.
6. Wir essen *viel.*
7. Ich glaube, *jemand* wohnt da drüben.
8. Meine Nase ist *hässlich.*
9. Diese Jacke ist *altmodisch.*
10. Diese Übung ist *schwer.*

Info-Austausch

C Wer macht was?   Work together to assign an occupation and a job description to each person in the chart. Partner A assigns an occupation to the first person from the information given below. Using the information in Appendix 1, Partner B chooses the appropriate job description for that person. Partner B then chooses an occupation for the next person and Partner A gives the appropriate job description.

> BEISPIEL: A: Jörg Krolow ist Fabrikarbeiter. Was macht er?
>   B: Er arbeitet in einer Fabrik. Klaus Ostendorff ist Journalist. Was macht er?
>   A: Er ...

Name	Was ist er/sie von Beruf?	Was macht er/sie?
Jörg Krolow		
Klaus Ostendorff		
Marina Spira		
Pawel Kempowskij		
Christine Sauermann		
Vanessa Johnson		
Hasan Turunc		
Antje Hakenkamp		
Melanie von Schmolke		

Partner A:

Berufe	Berufsbeschreibungen
Lehrer/in	verkauft Bücher, Zeitungen und Zeitschriften
Graphiker/in	bedient (*waits on*) die Kunden in einem Laden
Fabrikarbeiter/in	schreibt Artikel für Zeitungen und Zeitschriften
Hausfrau	lehrt und forscht (*does research*) an einer Universität
Bäcker/in	

D **Die Deutsche Schule Washington**   Klaus Ostendorffs Kinder besuchen die Deutsche Schule Washington. Hier sehen Sie die Fächer (*subjects*) für Klasse 11. Suchen Sie Antworten auf diese Fragen.

1. Welche (*which*) Fremdsprachen müssen die Schüler in Klasse 11 lernen?
2. Welches Fach lernt man auf Englisch?
3. Wie viele Stunden pro Woche haben die Schüler Sport? Deutsch? Englisch? Informatik?
4. Wie viele Stunden hat man maximal in Klasse 11?

All students must choose a **Wahlpflichtfach** (*required elective*) from group 1 and at least one from group 2. Additional electives may be chosen from group 2, but not exceeding 42 hours per week.

Pflichtfächer = *required courses*
Wochenstunden = *hours per week*

2. Fremdsprache = *second foreign language*

Sozialkunde = *social studies*

Naturwissenschaft = *natural science*

Vortragsreihe = *lecture series*

Kunst = *art*

Informatik = *computer science*

Pflichtfächer	Wochenstunden	Summe
Deutsch	4	
Englisch	5	
2. Fremdsprache (Französisch oder Latein)	3	
Sozialkunde	3	
US-History	3	
Mathematik	4	
1. Naturwissenschaft	2	
2. Naturwissenschaft	2	
Sport	2	
Vortragsreihe	1	
		29
Wahlpflichtfächer 1		
Kunst oder Musik	2	
		31
Wahlpflichtfächer 2		
3. Naturwissenschaft	2	
Informatik	2	
Spanisch	4	
Latein	3	
	Mindestzahl für alle Schüler:	*33*
	Maximale Stundenzahl in Klasse 11:	*42*

40 Jahre
Deutsche Schule Washington
1961 bis 2001

Deutsche Schule ~ German School

40

"Hier lernen wir für morgen"

Deutsche Schule Washington, D.C., 8617 Chateau Drive, Potomac, MD 20854
Telefon: 301-365-4400, e-mail: mail@dswash.org

Seit wann gibt es die Deutsche Schule Washington? Wie heißt ihr Motto? Wo ist die Schule eigentlich?

This vocabulary focuses on an everyday topic or situation. Words you already know from **Wortschatz** sections are listed without English equivalents; new supplementary vocabulary is listed with definitions. Your instructor may assign some supplementary vocabulary for active mastery.

Vokabeln zum Thema Berufe

Was sind Sie von Beruf?   *What is your profession?*

Here are the professions you've already learned:

der **Automechaniker**, -	die **Automechanikerin**, -nen
der **Bäcker**, -	die **Bäckerin**, -nen
der **Bauer**, -n	die **Bäuerin**, -nen
der **Buchhändler**, -	die **Buchhändlerin**, -nen
der **Graphiker**, -	die **Graphikerin**, -nen
der **Hausmann**, ¨er	die **Hausfrau**, -en
der **Journalist**, -en	die **Journalistin**, -nen
der **Lehrer**, -	die **Lehrerin**, -nen
der **Professor**, -en	die **Professorin**, -nen
der **Verkäufer**, -	die **Verkäuferin**, -nen

Here are some other professions you can use in the following exercises.

der **Arzt, ¨e**	die **Ärztin, -nen**	*physician*
der **Elektrotechniker, -**	die **Elektrotechnikerin, -nen**	*electrician* or *electrical engineer*
der **Geschäftsmann,** *pl.* **Geschäftsleute**	die **Geschäftsfrau, -en**	*businessman/ business- woman*
der **Ingenieur, -e**	die **Ingenieurin, -nen**	*engineer*
der **Kellner, -**	die **Kellnerin, -nen**	*waiter/waitress*
der **Krankenpfleger, -**	die **Krankenschwester, -n**	*nurse*
der **Künstler, -**	die **Künstlerin, -nen**	*artist*
der **Landwirt, -e**	die **Landwirtin, -nen**	*farmer*
der **Politiker, -**	die **Politikerin, -nen**	*politician*
der **Rechtsanwalt, ¨e**	die **Rechtsanwältin, -nen**	*lawyer*
der **Schriftsteller, -**	die **Schriftstellerin, -nen**	*writer*

Wer arbeitet hier? Lesen Sie die Schilder (*signs*).

E **Was wissen Sie über diese Berufe?**

1. Wer muss für seinen Beruf an der Universität studieren?
2. Wer macht eine Lehre (*apprenticeship*)?
3. Wer verdient gut? Wer verdient relativ schlecht?
4. Wer hat viel Freizeit? Wer hat nicht viel Freizeit?
5. Wer hat flexible Arbeitszeiten?
6. Wer arbeitet oft nachts / morgens / abends?
7. Wer arbeitet draußen?
8. Wer braucht vielleicht einen Computer bei der Arbeit?
9. Wer arbeitet meistens allein, wer mit anderen Menschen zusammen?

NOTE ON USAGE

Stating profession or nationality
German does not use an indefinite article before the noun.

Ich will Automechaniker werden.　　*I want to become **an** auto mechanic.*
Frau Gerhard ist Amerikanerin.　　*Ms. Gerhard is **an** American.*

F **Gruppendiskussion: Was willst du werden, und warum? (*4 Personen*)** First tell each other what you want to do after your studies. Then ask questions about each other's career plans.

BEISPIEL: A: Was willst du werden?
B: Ich möchte Lehrer werden.
C: Verdienen Lehrer genug Geld?
D: Sind deine Eltern Lehrer?
A: Wo möchtest du denn arbeiten?
usw.

Talking about work and professions is a communicative goal.

G **Partnerarbeit mit dem Almanach: Suchen wir eine Stelle.** Sie und Ihr Partner suchen Stellen. Im Almanach (S. 152) sind einige Stellenangebote (*job offers, help wanted ads*) aus deutschen Zeitungen. Besprechen Sie sie zusammen. Was möchten Sie gern machen? Was möchten Sie lieber nicht machen?

SCHREIBTIPP

Writing a dialogue

When writing a dialogue in German, be sure to use the second-person forms appropriate to the situation. Would you use **du** or **Sie** in talking with a friend or fellow student? Would you use **du** or **Sie** with a potential employer?

▶ **Schreiben wir mal: Ein Dialog.** You are giving a fellow student career advice. Write both sides of the dialogue. Find out the following:

- something about her family
- what her parents do for a living
- what she likes to do in her free time
- what she's studying
- whether she likes to work alone or with people
- whether she prefers to work at night or during the day
- how much she would like to earn
- where she would like to live

At the end of the dialogue, say what profession you think she should choose.

H **Wie sagt man das auf Deutsch?**

1. When are you getting up tomorrow?
2. At six. I have to leave the house early.
3. Why? What are you doing?
4. I'm driving with my girlfriend to Munich.
5. Have a good trip!

6. What are you doing on the weekend?
7. I don't know yet. Why do you ask?
8. Can you come by? A student from Germany is visiting me.
9. Gladly. I'd like to meet him.
10. I want to show him the city tomorrow.
11. Good. I'll come by at ten.
12. Please don't forget that.

Almanach

STELLENANGEBOTE (HELP WANTED ADS)

These help-wanted ads from the German newspapers range from unskilled labor (**Babysitter/in**) to highly specialized professionals (**Physiotherapeut/in**). Note the English business and computer jargon in the technical fields.

Verfügen Sie über gute Englischkenntnisse?
Haben Sie Spaß am Umgang mit 4-10jährigen Kindern?
Dann werden Sie **in Ihrer Stadt** selbständige/r oder freiberufliche/r

Englischdozent/in
für Kinder und/oder Senioren
(haupt- oder nebenberuflich)

Wir sind Deutschlands führende Sprachschule für Englisch für Kinder
und Senioren mit bundesweit mehr als 230 Vertretungen.
Wir bieten intensive Schulungen, überdurchschnittliche
Verdienstmöglichkeiten und hervorragende Arbeitsbedingungen

Our World®
ENGLISCH FÜR JUNG UND ALT

Für erste Informationen sprechen Sie bitte mit
Diana Stäbler - 07161-986757

www.our-world-sprachen.de

Studienplatze frei !

POLIZEI

Polizeikommissarin oder **Polizeikommiss...**
... eine Chance auch für Nichtdeutsche

Hessische Polizeischule - Z 1 -
Schönbergstraße 100   65199 Wiesbaden
☎ 0611-9460-163   🖷 0611-9460-166

www.polizeischule-hessen.de

Wer baut uns eine Webseite u...
uns ins Internet? ☎ 06151/97...

Koch/Köchin
– motorisiert –
Wir suchen Sie für unsere
Betriebsküche von Montag
bis Freitag. Sie sind zwischen
30-55 Jahre jung, verfügen über
die notwendigen Erfahrungen,
haben Freude an der Arbeit
mit einem motivierten Team
und suchen die Möglichk...

Suche
freundliche Verkäuferin
stundenweise, Teil- oder Vollzeit
(mögl. aus der näheren Umgebung)
Metzgerei Thomas Riehl
Rügnerstr.27, 64319 Pfungstadt
Tel. 06157 / 2708

BABYSITTER/IN gesucht,
die ab und zu unsere drei Kinder
nachmittags für einige Stunden
in DA-Mitte betreut, (14,- DM pro
Stunde).   Tel. ...748

Wir su. liebevolle und zuverlässige
Kinderfrau
...ter (1 J.) wochentags...

Sekretär/in mit guten Englisch-
kenntnissen gesucht.
Wir freuen uns auf Ihren Anruf!

Übungsleiter/in
oder Interessierte gesucht für
Eltern-Kind-Turnen
(mittwochs 15-17 Uhr)
beim **SKV Rot-Weiss Darmstadt**
Bitte melden unter:

Medizinbranche:
Radiologie / Kardiologie

Digitale Bildsysteme

Internationale Kunden
- Englisch -

Abwechslungsreich
und spannend

Sicherer
Arbeitsplatz

VEPRO
COMPETENCE IN IMAGING
www.vepro.com

PC-Netzwerk Spezialist
Installation - Training - Support

VEPRO - ein dynamisches Unternehmen mit 20-jähriger Erfahrung in Entwicklung,
Vertrieb und Support von digitalen Bildmanagementlösungen in einem schnell
wachsenden Markt. Wir installieren, schulen und betreuen - auch international - Kliniken.
radiologische und kardiologische Praxen.
Und dafür **benötigen wir Sie - den Profi** - der mit Erfahrung, analytischem Denkver-
mögen und Umgangsgeschick, sowohl kleinere als auch größere Installationen mit
Umsicht durchführt. Unsere Anlagen werden im Hause vorgefertigt und haben ihren
Qualitätscheck bereits überstanden. Sie nehmen die Anlagen vor Ort in Betrieb, schulen
den Kunden und übernehmen die Betreuung von unserer Firmenzentrale in Pfungstadt
via Telefon oder Remote-Support. Dabei können Sie wählen, ob Sie lediglich national
oder auch international eingesetzt werden möchten. Wenn Sie vorgenannte
Voraussetzungen erfüllen, sind wir gerne bereit Ihnen alles weitere beizubringen.
Interessiert ? Dann senden Sie bitte Ihre aussagefähigen Bewerbungsunterlagen an:

VEPRO GmbH • An der Tuchbleiche 26 • D - 64319 Pfungstadt • Fax: 06157 800666 • mail@vepro.com

KAPITEL
6

Im Seminar an der
Universität

An der Universität

Kommunikation

- Talking about events in the past
- Writing a letter in German

Kultur

- German student life and the university system

In diesem Kapitel

- **Lyrik zum Vorlesen**
  Johann Wolfgang von Goethe, „Wanderers Nachtlied"
- **Grammatik**
  Simple past tense of **sein**
  Perfect tense
  Two-way prepositions
  Masculine N-nouns
- **Lesestück**
  Ein Brief aus Freiburg
- **Almanach**
  Universities in the German-speaking Countries

Lab Manual Kap. 6, Dialoge, Fragen, Hören Sie gut zu!, Üb. zur Aussprache (**b**, **d**, **g** / **p**, **t**, **k**).

Dormitory space is scarce in Germany. Students frequently live together in apartments called **Wohngemeinschaften** (abbreviated **WG**).

German students buy their course catalogues every semester in local bookstores.

Video Workbook 3. Wie war deine Vorlesung?

German students calculate time spent at the university in semesters rather than years.

Konstanz is a city on Lake Constance (**der Bodensee**) with a university founded in 1966.

Karin sucht ein Zimmer

STEFAN: Hast du endlich ein Zimmer gefunden?
KARIN: Nee, ich suche noch. Leider habe ich keinen Platz im Studentenwohnheim bekommen.
STEFAN: Du! Gestern ist bei uns in der WG die Helga ausgezogen. Also, jetzt ist ein Zimmer frei und wir suchen einen Mitbewohner. Willst du zu uns?
KARIN: Super! Meinst du, das ist möglich?
STEFAN: Selbstverständlich!

Am Semesteranfang

CLARA: Wo warst du denn so lange?
EVA: In der Bibliothek und später in der Buchhandlung.
CLARA: Hast du mir ein Vorlesungsverzeichnis mitgebracht?
EVA: Ja, ich hab's auf den Schreibtisch gelegt.
CLARA: Ach ja, da liegt es unter der Zeitung. Wie viel hat's denn gekostet?
EVA: Drei Euro, aber ich schenk's dir.
CLARA: Das ist wirklich nett von dir! Vielen Dank!

An der Uni in Tübingen

PETRA: Hast du den Peter schon kennen gelernt?
KLAUS: Ist das der Austauschstudent aus Kanada?
PETRA: Ja. Er kann fantastisch Deutsch, nicht?
KLAUS: Ich glaube, er hat schon zwei Semester in Konstanz studiert.
PETRA: Ach, darum!

NOTE ON USAGE

Definite article with names

In informal, colloquial speech, Germans often use the definite article with proper names. The dialogues contain two examples of this:

Gestern ist bei uns in der WG **die** Helga ausgezogen. — *Yesterday Helga moved out of our apartment.*
Hast du **den** Peter schon kennen gelernt? — *Have you met Peter yet?*

An der Universität

der **Austauschstudent, -en,**
  -en[1] exchange student (*m.*)
der **Mitbewohner, -** roommate
  (*m.*)
das **Studentenwohnheim, -e**
  student dormitory
das **Vorlesungsverzeichnis,**
  -se university course
  catalogue
die **Austauschstudentin, -nen**
  exchange student (*f.*)
die **Bibliothek, -en** library
die **Mitbewohnerin, -nen**
  roommate (*f.*)
die **Universität, -en** university
  an der Universität at the
  university
die **Vorlesung, -en** university
  lecture

Verben

aus·ziehen, ist ausgezogen[2] to
  move out
bringen, hat gebracht[2] to bring
legen to lay, put down
mit·bringen, hat mitgebracht to
  bring along, take along
ziehen, hat gezogen[2] to pull

Substantive

der **Anfang, ¨e** beginning
  am Anfang in the beginning,
    at the beginning
der **Mensch, -en, -en**[1] person,
  human being
der **Platz, ¨e** place; space; city
  square
der **Schreibtisch, -e** desk
das **Bett, -en** bed
(das) **Kanada** Canada
die **Wohngemeinschaft, -en**
  communal living group

Adjektive und Adverbien

gestern yesterday
möglich possible
nett nice
so lange for such a long time
wirklich real; really

Präpositionen mit Dativ oder Akkusativ

an to, toward; at, alongside of
auf onto; on, upon, on top of
hinter behind
in into, to; in
neben beside, next to
über over, across; above
unter under; beneath
vor in front of
zwischen between

Gegensätze

am Anfang ≠ am Ende at the
  beginning ≠ at the end
ausziehen ≠ einziehen to move
  out ≠ to move in
möglich ≠ unmöglich
  possible ≠ impossible

Mit anderen Worten

die **Uni, -s** (*colloq.*) = **Universität**
die **WG, -s** (*colloq.*) =
  Wohngemeinschaft
nee (*colloq.*) = **nein**

Karin Looks for a Room

s: Have you finally found a room?
k: Nope, I'm still looking.
  Unfortunately I didn't get a
  place in the dorm.
s: Hey! Yesterday Helga moved out
  of our apartment. So now there's
  a room free and we're looking for
  a roommate. Do you want to
  move in with us?
k: Terrific! Do you think it's
  possible?
s: Of course.

At the Beginning of the Semester

c: Where were you for so long?
e: In the library and later at the
  bookstore.
c: Did you bring me a course
  catalogue?
e: Yes, I put it on the desk.
c: Oh yeah, it's lying under the
  newspaper. How much did it
  cost?
e: Three euros, but I'll give it to
  you for free.
c: That's really nice of you! Thanks
  a lot.

At the University in Tübingen

p: Have you met Peter yet?
k: Is that the exchange student from
  Canada?
p: Yes. He speaks fantastic German,
  doesn't he?
k: I think he's already studied two
  semesters in Konstanz.
p: So that's why!

---

[1] For an explanation of the second ending, see **Grammatik**, p. 171.
[2] For an explanation of the forms **ist ausgezogen**, **hat gebracht**, and **hat gezogen**, see
  Grammatik, pp. 159–162.

Variationen

A Persönliche Fragen

1. Wo wohnen Sie: im Studentenwohnheim, bei einer Familie, in einer WG oder zu Hause bei Ihren Eltern?
2. Stefan wohnt in einer WG. Kennen Sie Studenten in WGs? Was ist dort anders als im Studentenwohnheim?
3. Eva kauft ein Vorlesungsverzeichnis. Was müssen Sie am Semesteranfang kaufen?
4. Eva schenkt Clara das Vorlesungsverzeichnis. Was schenken Sie Ihrem Mitbewohner oder Ihrer Mitbewohnerin?
5. An der Uni in Tübingen gibt es viele Austauschstudenten. Gibt es auch an Ihrer Uni Austauschstudenten? Woher kommen sie?

B Übung: Das möchte ich auch.   Your instructor tells you something he has done. Say you would like to do that too.

BEISPIEL: Ich habe in Berlin gewohnt.
Ich möchte auch in Berlin wohnen.

1. Ich habe einen Sportwagen gekauft.
2. Ich habe um acht Uhr gefrühstückt.
3. Ich habe Karten gespielt.
4. Ich habe Russisch gelernt.
5. Ich habe eine Reise gemacht.

C Übung: Was meinen Sie?   Antworten Sie mit dem Gegensatz.

BEISPIEL: Finden Sie den Film *gut*?
Nein, ich finde ihn *schlecht*.

1. Soll man *spät* aufstehen?
2. Ist dieses Klassenzimmer zu *groß*?
3. Sind Fremdsprachen *unwichtig*?
4. Ist Deutsch *schwer*?
5. Soll man *immer* in Eile sein?
6. Spricht der Professor zu *langsam*?
7. Soll man *allein* arbeiten?
8. Sind die Studenten hier meistens *faul*?

Vokabeln zum Thema Studentenzimmer

Die Möbel (*pl.*)   *furniture*

Dieses Zimmer ist **möbliert** (*furnished*).

1. das Telefon, -e
2. das Bett, -en
3. die Lampe, -n
4. der Teppich, -e
5. der Computer, -
6. der CD-Spieler, -
7. die CD, -s
8. das Radio, -s
9. das Bücherregal, -e
10. das Poster, -
11. der Spiegel, -
12. der Wecker, -
13. der Kleiderschrank, ⁻e
14. der Schlüssel, -
15. die Decke, -n
16. der Boden, ⁻

D **Gruppenarbeit: Beschreiben wir dieses Zimmer.**   Wie finden Sie dieses Zimmer?
Ist es typisch für die Studentenzimmer bei Ihnen? Kann man hier gut wohnen? Wie
sieht *Ihr* Zimmer aus? Was gibt es zum Beispiel *nicht* bei Ihnen?

Many composers have set this text to music. One of the most famous settings is Franz Schubert's Opus 96, No. 3 (D 768).

This brief poem from 1780 is perhaps the most famous in the German language. Goethe first wrote it on the wall of a forest hut where he was spending the night. The simplicity of its three main images (mountains, trees, and birds) and the evocative language of stillness make this a profound statement of the relationship between man and nature.

Wanderers Nachtlied

Über allen Gipfeln°	*mountain peaks*
Ist Ruh°,	*peace*
In allen Wipfeln°	*tree tops*
Spürest° du	*feel*
kaum° einen Hauch°;	*hardly / breath*
Die Vögelein° schweigen° im Walde.	*little birds / are silent*
Warte nur, balde°	**balde** = **bald**
Ruhest° du auch.	*rest*

Johann Wolfgang von Goethe (1749–1832)

GRAMMATIK

Talking about events in the past is a communicative goal.

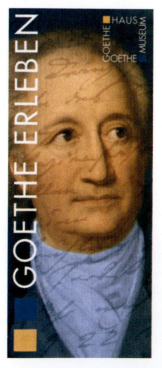

1. Simple past tense of *sein* (*das Imperfekt*)

You have been using the present tense to talk about events in the present and future:

Lena **ist** nicht zu Hause.	*Lena is not at home.*
Ich **bin** morgen in Berlin.	*I'll be in Berlin tomorrow.*

German also has a one-word form called the *simple past tense* to talk about events in the past:

Lena **war** nicht zu Hause.	*Lena was not at home.*
Ich **war** gestern in Berlin.	*I was in Berlin yesterday.*

Because the simple past of the verb **sein** is used so frequently, you should learn its forms now. (You will learn how to form the simple past tense of other verbs in **Kapitel 10**.)

sein *to be*					
ich	**war**	*I was*	wir	**waren**	*we were*
du	**warst**	*you were*	ihr	**wart**	*you were*
er, es, sie	**war**	*he, it, she was*	sie, Sie	**waren**	*they, you were*

Lab Manual Kap. 6,
Var. zur Üb. 1.

Workbook Kap. 6, A.

1 **Übung: Wo waren sie?**   You all traveled in Europe last summer. Turn to the map at the back of the book. Tell your instructor where people were.

> BEISPIEL: Wo war Eva?
> Sie war in Belgien.

1. Wo war Clara?
2. Wo war Franz?
3. Wo warst du?
4. Wo waren die Studenten?

5. Wo war ich?
6. Wo wart ihr?
7. Wo waren wir?
8. Wo waren Sie?

2. Perfect tense (*das Perfekt*)

With most verbs, spoken German uses the *perfect tense* to talk about events in the past. The perfect tense is a two-word structure composed of an *auxiliary* ("helping") *verb* (**haben** or **sein**) and a form of the main verb called the *past participle*. The examples below show that while spoken German uses the perfect tense for events in the past, English uses the simple past (one-word form) for the same purpose:

> Sie **sind** gestern nach Berlin
> **geflogen**.

> *They **flew** to Berlin yesterday.*

> Ich **habe** die Zeitung um
> sieben **gelesen**.

> *I **read** the newspaper at seven.*

There are no German equivalents for English past-tense progressive and emphatic forms.

> Ich habe **gesprochen**. = $\begin{cases} \textit{I spoke.} \\ \textit{I have spoken.} \\ \textit{I was speaking.} \\ \textit{I did speak.} \end{cases}$

In the perfect tense in German, the auxiliary verb is conjugated to agree with the subject of the sentence. The past participle is a fixed form that never changes. It is placed at the end of the clause or sentence:

> Ich **habe** endlich ein Zimmer **gefunden**.
> Gestern **ist** die Helga **ausgezogen**.

> *I have finally found a room.*
> *Yesterday Helga moved out.*

Conjugation with *haben*

Most German verbs use **haben** as their auxiliary verb. Here is a sample conjugation:

> *aux.*   *part.*
> Ich **habe** das Buch **gekauft**.

> *I bought the book.* (or: *I have bought
> the book.*)

> Du **hast** es **gekauft**.
> Sie **hat** es **gekauft**.

> *You bought it.*
> *She bought it.*

> Wir **haben** es **gekauft**.
> Ihr **habt** es **gekauft**.
> Sie **haben** es **gekauft**.

> *We bought it.*
> *You bought it.*
> *They bought it.*

Past participles of weak verbs (*schwache Verben*)

There are two basic classes of verbs in German: the *weak* verbs and the *strong* verbs. They are distinguished by the way they form their past participle.

The weak verbs form their past participle by adding the unstressed prefix **ge-** and the ending **-t** or **-et** to the verb stem. Here are some examples of weak verbs you have already learned:

Reminder: Drop **-en** or **-n** from the infinitive to get the verb stem. Stems ending in **-d** or **-t** add **-et**: **arbeit-** (stem), **gearbeitet** (past participle).

Infinitive	Stem	Auxiliary + past participle
arbeiten	arbeit-	hat **gearbeitet**
haben	hab-	hat **gehabt**
kaufen	kauf-	hat **gekauft**
kosten	kost-	hat **gekostet**
legen	leg-	hat **gelegt**
meinen	mein-	hat **gemeint**

Lab Manual Kap. 6, Var. zu Üb. 2, 5, 7, 12, 14.

Workbook Kap. 6, B–F.

2 Übung: Warum warst du gestern nicht da? Petra gave a birthday party yesterday. Use the cues to say why you didn't come.

BEISPIEL: keine Zeit
Ich habe keine Zeit gehabt.

1. keine Freizeit
2. kein Auto
3. kein Geschenk (*present*)

4. kein Geld
5. keine Lust

3 Übung: Was haben Sie gekauft und was hat das gekostet? You went on a shopping spree yesterday. Tell your instructor which of the things listed below you bought and what they cost.

1. einen Computer (€ 949)
2. eine Digital-Kamera (€ 379)
3. ein Vorlesungsverzeichnis (€ 3)
4. eine Espressomaschine (€ 85)

BEISPIEL: A: Was haben Sie gestern gekauft?
B: Ich habe ein-_____ gekauft.
A: Was hat das denn gekostet?
B: Das hat _____ Euro gekostet.

JENOPTIK **Digitalkamera**
JD 4100 z3 4,1 Mega-Pixel
• hochwertige Digitalkamera mit 3-fach optischem Zoom + 2-fach digital Zoom,
• Objektiv 8–24 mm (vergleichbar Kleinbild 38–114 mm),
• Serienbildfunktion, LCD-Farbmonitor auf der Gehäuse-Rückseite,
• inkl. 16 MB Compact Flash Karte, Tasche und umfangreichem Zubehör
ehem. Preisempfehlung des Herstellers
€ 599.- jetzt € **379.-**

MILKA
Suchard's
ALPEN-MILCH
€ **0,55**
Milka Schokolade
verschiedene Sorten, jede 100-g-Tafel

El Vital Pflege-Shampoo oder **Pflege-Spülung**
verschiedene Sorten
je 250 ml/ 200 ml- Flasche
€ **1.79**
100 ml ab € 0.72

Past participles of verbs ending in -ieren

Verbs ending in **-ieren** are *always* weak verbs. They do *not* add the prefix **ge-** in the past participle, just a **-t** to the stem.

> studieren → studier- → hat **studiert**

Er hat in Freiburg **studiert**.
He studied in Freiburg.

4 **Partnerarbeit: Austauschstudenten**   Say where the exchange students come from and where they studied.

BEISPIEL: Nicole kommt aus Frankreich und sie hat in Leipzig studiert.

Name	Heimat (*homeland*)	Universitätsstadt
Nicole	Frankreich	Leipzig
Yukiko	Japan	Tübingen
Pedro	Spanien	Zürich
Cathleen	Irland	Wien
Matthew	Kanada	Berlin
Pawel	Polen	Frankfurt an der Oder

Past participles of strong verbs (*starke Verben*)

Beginning in **Wortschatz 1** of this chapter, the past participle (and present-stem vowel change, when applicable) of each new strong verb is given following the infinitive.

The strong verbs form their past participle by adding the prefix **ge-** and the suffix **-n** or **-en** to the verb stem. In addition, many strong verbs change their stem vowel. Some verbs also change consonants in the stem. For this reason, *the past participle of each strong verb must be memorized.* Here are some examples of strong verbs you have already learned:

Strong verbs in English also form past tenses by changing their root vowels and sometimes add the ending -n: *give, gave, given; see, saw, seen; stand, stood, stood; drink, drank, drunk; sit, sat, sat.*

Infinitive	Auxiliary + past participle
geben	hat **gegeben**
sehen	hat **gesehen**
stehen	hat **gestanden**
trinken	hat **getrunken**
sitzen	hat **gesessen**

5 **Übung: Was haben Sie gesehen?**   Was haben Sie gestern gesehen? Sagen Sie es der Gruppe.

BEISPIEL: Sagen Sie uns, was Sie gestern gesehen haben.
Ich habe _____, _____ und _____ gesehen.

NATIONALE FORSCHUNGS-
UND GEDENKSTÄTTEN DER KLASSISCHEN
DEUTSCHEN LITERATUR IN WEIMAR

**GOETHEHAUS
GOETHEMUSEUM**

209198 ❋

EINTRITTSKARTE 5,00

6 Kettenreaktion: Was hast du getrunken? You and your friends were thirsty yesterday. Each person says what he or she drank, then asks the next person.

BEISPIEL: A: Gestern habe ich _____ getrunken.
Was hast du getrunken?
B: Ich habe _____ getrunken.

Milch   Kaffee   Tee

Conjugation with *sein*

Some German verbs use **sein** rather than **haben** as their auxiliary verb in the perfect tense.

Gestern **ist** die Helga ausgezogen.   *Helga moved out yesterday.*

To take **sein**, a verb must fulfill two conditions:

1. It must be *intransitive* (i.e., it *cannot* take a direct object).
2. It must indicate *change of location or condition.*

Here are some examples of verbs with **sein** as their auxiliary.

For the forms **ausgezogen** and **aufgestanden**, see p. 164.

Infinitive	Auxiliary + past participle	
ausziehen	**ist ausgezogen**	
fliegen	**ist geflogen**	
gehen	**ist gegangen**	*change of location*
wandern	**ist gewandert**	
reisen	**ist gereist**	
aufstehen	**ist aufgestanden**	
sterben	**ist gestorben**	*change of condition*
werden	**ist geworden**	

As you can see, verbs with **sein** may be either weak (**gereist**) or strong (**geflogen**).

Two frequently used verbs are exceptions to the second rule: **sein** itself and **bleiben**. In the perfect tense, these verbs use **sein** as their auxiliary even though they don't show change of location or condition:

Wo **bist** du so lange **gewesen**?   *Where have you been for so long?*
Wir **sind** bei unseren Freunden **geblieben**.   *We stayed with our friends.*

7 Kettenreaktion: Wohin bist du gereist? Alle haben sicher Reisen gemacht. Wohin sind *Sie* einmal gereist?

BEISPIEL: A: Ich bin nach Mexiko gereist. Wohin bist du gereist?
B: Ich bin _____ gereist. (usw.)

8 Übung: Was ist sie geworden? You've all lost touch with your old school friend Karoline. Tell your instructor what you think she became.

BEISPIEL: Was glauben *Sie*?
Ich glaube, sie ist Ärztin geworden.

There are about 200 strong or irregular verbs in German, many of low frequency. In **Neue Horizonte** you will learn about 70 frequently used ones. The strong verb forms are the result of a linguistic development in the Germanic languages that was completed hundreds of years ago. New verbs coined in German today are always regular weak verbs, often borrowed from English: **interviewen**, **formatieren**.

Table of strong verbs

The following table contains all the strong verbs that you have learned so far.[3] Review your knowledge of the infinitives and stem-vowel changes in the present tense.

Infinitive	Stem-vowel change in present tense[4]	Auxiliary + past participle	English
anfangen	fängt an	hat angefangen	*to begin*
anrufen		hat angerufen	*to call up*
beginnen		hat begonnen	*to begin*
besitzen		hat besessen	*to possess*
bleiben		*ist* geblieben	*to stay*
entscheiden		hat entschieden	*to decide*
essen	isst	hat gegessen	*to eat*
fahren	fährt	*ist* gefahren	*to drive*
finden		hat gefunden	*to find*
fliegen		*ist* geflogen	*to fly*
fließen		*ist* geflossen	*to flow*
geben	gibt	hat gegeben	*to give*
gehen		*ist* gegangen	*to go*
halten	hält	hat gehalten	*to hold; to stop*
heißen		hat geheißen	*to be called*
kommen		*ist* gekommen	*to come*
laufen	läuft	*ist* gelaufen	*to run*
lesen	liest	hat gelesen	*to read*
liegen		hat gelegen	*to lie*
nehmen	nimmt	hat genommen	*to take*
scheinen		hat geschienen	*to shine; to seem*
schlafen	schläft	hat geschlafen	*to sleep*
schließen		hat geschlossen	*to close*
schreiben		hat geschrieben	*to write*
schwimmen		*ist* geschwommen	*to swim*
sehen	sieht	hat gesehen	*to see*
sein	ist	*ist* gewesen	*to be*
singen		hat gesungen	*to sing*
sitzen		hat gesessen	*to sit*
sprechen	spricht	hat gesprochen	*to speak*
stehen		hat gestanden	*to stand*
sterben	stirbt	*ist* gestorben	*to die*
tragen	trägt	hat getragen	*to carry; to wear*
trinken		hat getrunken	*to drink*
vergessen	vergisst	hat vergessen	*to forget*
verlassen	verlässt	hat verlassen	*to leave* (trans.)
verlieren		hat verloren	*to lose*
werden	wird	*ist* geworden	*to become*
ziehen		hat gezogen	*to pull*

---

[3] Except for **anfangen**, **anrufen**, **besitzen**, **entscheiden**, **vergessen**, and **verlassen**, this list includes only the basic verb (e.g., **stehen** but not **aufstehen** or **verstehen**). See pp. 164–165 for the formation of past participles of verbs with separable and inseparable prefixes.
[4] Note that verbs with present-tense stem-vowel change in the **du-** and **er-**forms (see pp. 54 and 80) are all strong verbs, but not all strong verbs do this.

Talking about events in the past is a communicative goal.

9 Übung: Was haben Sie gestern gemacht? Ihr Professor möchte wissen, was Sie gestern gemacht haben.

> BEISPIEL: Was haben Sie gestern getrunken?
> Ich habe _____ getrunken.

1. Was haben Sie gestern getragen?
2. Was haben Sie gestern gelesen?
3. Was haben Sie gestern gegessen?
4. Was haben Sie gestern getrunken?
5. Mit wem haben Sie gestern gesprochen?
6. Wohin sind Sie gestern gegangen?
7. Sind Sie gestern zu Hause geblieben?
8. Wen haben Sie gestern gesehen?
9. Haben Sie gestern etwas verloren?
10. Sind Sie gestern schwimmen gegangen?
11. Was haben Sie gestern vergessen?
12. Was haben Sie gestern gesungen?

10 Partnerarbeit: Was hast du gestern gesehen? Interview each other about your activities yesterday. Ask each other what you saw, ate, wore, and where you each went. Write the answers down and report them to the class.

11 Übung: Heute und gestern Sie hören etwas über heute. Sie sagen, auch gestern ist es so gewesen.

> BEISPIEL: A: Heute scheint die Sonne.
> B: Auch gestern hat die Sonne geschienen.

1. Heute liegt die Zeitung da.
2. Heute singt er zu laut.
3. Heute nimmt Vater das Auto.
4. Heute schließe ich den Laden.
5. Heute steht Markus draußen.
6. Heute Abend wird es kalt.
7. Heute finden wir die Vorlesung gut.
8. Heute schlafen wir bis acht.
9. Heute läuft Christian durch den Wald.
10. Heute kommt ihr um neun Uhr.
11. Heute geben wir dem Kind ein Brötchen.
12. Heute hält das Auto hier.

Past participles of separable-prefix verbs

To review separable prefixes, see p. 138.

Verbs with separable (stressed) prefixes form their past participles by inserting **-ge-** *between* the prefix and the verb stem.

> anfangen → hat **angefangen**
> aufmachen → hat **aufgemacht**

Das Konzert hat um acht Uhr **angefangen**.	*The concert began at eight o'clock.*
Wann bist du denn **aufgestanden**?	*When did you get up?*
Wer hat den Laden **aufgemacht**?	*Who opened the store?*

12 Übung: Ich habe das schon gemacht! Ihr Professor sagt Ihnen, Sie sollen etwas machen. Sagen Sie, Sie haben es schon gemacht.

> BEISPIEL: A: Machen Sie doch die Tür auf.
> B: Ich habe sie schon aufgemacht.

1. Fangen Sie doch an.
2. Hören Sie doch auf.
3. Stehen Sie doch auf.
4. Kaufen Sie doch ein.
5. Machen Sie doch die Tür zu.
6. Rufen Sie doch Robert an.

Past participles of inseparable-prefix verbs

To review inseparable prefixes, see p. 140.

Verbs with inseparable (unstressed) prefixes do *not* add the prefix **ge-** in the past participle.

> berichten → hat **berichtet**
> verstehen → hat **verstanden**

Sie hat uns über Amerika **berichtet**.	*She reported to us about America.*
Das habe ich nicht **verstanden**.	*I didn't understand that.*

13 **Übung: Ich habe das schon gemacht!**   Ihr Professor sagt Ihnen, Sie sollen etwas machen. Sagen Sie, Sie haben es schon gemacht.

BEISPIEL: Beginnen Sie bitte.
            Ich habe schon begonnen.

1. Beschreiben Sie die Landschaft.
2. Vergessen Sie das.
3. Besuchen Sie Ihre Großeltern.
4. Berichten Sie über Ihre Reise.
5. Besprechen Sie das Problem.
6. Verlassen Sie das Zimmer.
7. Verlieren Sie den Schlüssel (*key*) nicht.
8. Verkaufen Sie mir das Auto.

Perfect tense of mixed verbs

A handful of German verbs have the weak participle form **ge—t** but also change their stem. They are called "mixed verbs." The ones you have learned so far are:

bringen	hat **gebracht**
mitbringen	hat **mitgebracht**
kennen	hat **gekannt**
wissen	hat **gewusst**

14 **Partnerarbeit: Das habe ich schon gewusst!**   Take turns telling each other things. Respond either that you did or did not know that already.

BEISPIEL: A: Mark kommt aus Kanada.
            B: Das habe ich schon gewusst! (*oder*)
               Wirklich? Das habe ich nicht gewusst.

Schon gehört? . . .
Nee, hab' ich nicht gewusst.

15 Kettenreaktion: Was hast du heute mitgebracht? Say what you've brought with you to class today, then ask what the next student has brought.

> BEISPIEL: A: Ich habe heute einen Bleistift mitgebracht. Was hast du mitgebracht?
> B: Ich habe ein-_____ mitgebracht.

16 Gruppenarbeit: Was hat Maria letzte Woche gemacht? Maria studiert Philosophie an der Uni in Tübingen. Sie ist sehr gut organisiert. Das sieht man an ihrem Terminkalender für letzte Woche. Wo war sie letzte Woche und was hat sie gemacht?

> BEISPIEL: Am Montag hat sie mit Thomas im Café Völter Kaffee getrunken.

Oktober 2002   **Oktober 2002**

Montag 7 — 9¹⁵: mit Thomas Kaffee trinken (Cafe Völter) Dann zur Bibliothek: Referat anfangen

Dienstag 8 — 14⁰⁰: Claudia vor der Mensa abholen; miteinander schwimmen gehen

Mittwoch 9 (Tag der Deutschen Einheit) — 11⁰⁰: Volleyball spielen 12³⁰: in der Mensa essen

Donnerstag 10 — Nicht vergessen! Konzertkarten kaufen 14⁰⁰: Thomas kommt vorbei; Referat besprechen

Freitag 11 — Mutti hat Geburtstag: anrufen! 20⁰⁰: Konzert in der Stiftskirche

Samstag 12 — Wein für die Party einkaufen 19³⁰: Party bei Helmut

Sonntag 13 — 13⁰⁰: Waldwanderung nach Bebenhausen Am Abend: Briefe schreiben

NOTIZEN

154   155

Ein Referat is an oral report.

17 Gruppenarbeit: Was haben Sie letzte Woche gemacht? Jetzt machen Sie *Ihren* Terminkalender auf. Was haben *Sie* letzte Woche gemacht?

18 Was habe ich letzte Woche gemacht? Now that you have described both Maria's activities and your own, write a paragraph in German describing what you did last week.

3. Two-way prepositions (*Wechselpräpositionen*)

Review accusative prepositions, p. 101; dative prepositions, p. 136. Memorize the list of two-way prepositions that follows.

Some two-way prepositions can also show non-spatial relationships, e.g., **über** + accusative = *about*: **Wir haben *über* unsere Amerikareise gesprochen.**

You have learned that some prepositions in German are always followed by an object in the accusative case, while others are always followed by an object in the dative case. A third group, called the *two-way prepositions*, all show spatial relationships. They are followed by the *accusative* case when they signal *destination*, and by the *dative* when they signal *location*. In the example sentences in the table below, notice how the verb determines location or destination. Verbs like **stehen** and **sein** show location (*dative*); verbs like **fahren** and **gehen** show destination (*accusative*).

Preposition	Destination (accusative): Answers *Wohin?*	Location (dative): Answers *Wo?*
an	*to, toward* Hans geht **ans Fenster**. *Hans is walking toward the window.*	*at, alongside of* Hans steht **am Fenster**. *Hans is standing at the window.*
auf	*on, onto* Wohin legt Inge das Buch? Sie legt es **auf den Tisch**. *She's putting it on the table.*	*on, on top of* Wo liegt das Buch? Es liegt **auf dem Tisch**. *It's lying on the table.*
hinter	*behind* Das Kind läuft **hinter das Haus**. *The child is running behind the house.*	*behind* Das Kind steht **hinter dem Haus**. *The child is standing behind the house.*
in	*into, in* Wo gehen die Studenten hin? Sie gehen **in die Mensa**. *They're going (in)to the cafeteria.*	*in* Wo sind die Studenten? Sie sind **in der Mensa**. *They're in the cafeteria.*
neben	*beside, next to* Leg dein Buch **neben die Zeitung**. *Put your book next to the newspaper.*	*beside, next to* Dein Buch liegt **neben der Zeitung**. *Your book is next to the newspaper.*
über	*over, across* Wir fliegen **über das Meer**. *We're flying across the ocean.*	*over, above* Die Sonne scheint **über dem Meer**. *The sun is shining over the ocean.*
unter	*under* Die Katze läuft **unter das Bett**. *The cat runs under the bed.*	*under, beneath* Die Katze schläft **unter dem Bett**. *The cat sleeps under the bed.*
vor	*in front of* Der Bus fährt **vor das Hotel**. *The bus is driving up in front of the hotel.*	*in front of* Der Bus hält **vor dem Hotel**. *The bus is stopping in front of the hotel.*
zwischen	*between* Er läuft **zwischen die Bäume**. *He's running between the trees.*	*between* Er steht **zwischen den Bäumen**. *He's standing between the trees.*

Note: The prepositions **an** and **in** are regularly contracted with the articles **das** and **dem** in the following way:

an das $\rightarrow$ **ans**   in das $\rightarrow$ **ins**
an dem $\rightarrow$ **am**   in dem $\rightarrow$ **im**

FRAGEWÖRTER

The question words **wohin** and **woher** can be separated in the following way:

Wohin gehst du?	*oder*	**Wo** gehst du **hin**?
Woher kommen Sie?	*oder*	**Wo** kommen Sie **her**?

Lab Manual Kap. 6, Var. zur Üb. 22.

Workbook Kap. 6, G–J.

19 Übung: *Wo* **oder** *wohin?*   Ihre Professorin fragt Sie, **wo** einige (*some*) Leute sind, oder **wohin** sie gehen. Antworten Sie mit **In der Mensa** oder **In die Mensa**.

1. Wo ist Karin?
2. Wo geht ihr jetzt hin?
3. Wo habt ihr gestern gegessen?
4. Wo sind Horst und Petra?
5. Wo hast du Wolf gesehen?
6. Wohin läuft Peter so schnell?

20 Partnerarbeit: *Wo* **oder** *wohin?* **(***Mit offenen Büchern***)**   Ask each other questions about where things are lying or where they are being placed. Answer with **Auf dem Tisch** or **Auf den Tisch** as appropriate.

1. Wo liegt meine Zeitung?
2. Wohin soll ich das Geld legen?
3. Wo liegen die Karten für heute Abend?
4. Wohin hast du das Buch gelegt?
5. Wo liegt denn das Vorlesungsverzeichnis?

21 Übung: Wo war Martina heute?   Martina war heute viel unterwegs. Sagen Sie, wo sie war.

BEISPIEL: Sie war in der Stadt.

22 **Gruppenarbeit (*Mit offenen Büchern*)**   Take turns replacing the verbs in the sentences below with new verbs from the list. Change the case of the prepositional object according to whether the verb you use shows destination or location. Choose three or four new verbs for each sentence.

gehen	liegen	warten	laufen	halten
arbeiten	fahren	lesen	wohnen	sein

1. Wir fahren in die Stadt.
2. Jutta steht hinter dem Haus.
3. Das Kind läuft unter den Tisch.
4. Hans steht am Fenster.
5. Wir sind im Zimmer.
6. Ich lese im Bett.

Note on the prepositions *an* and *auf*

The prepositions **an** and **auf** do not correspond exactly to any English prepositions.

■ **an** generally signals motion *toward* or location *at* a border, edge, or vertical surface.

Gehen Sie bitte **an die Tafel**.	*Please go to the blackboard.*
Wir fahren **ans Meer**.	*We're driving to the ocean.*
Sie steht **am Tisch**.	*She's standing at the table.*

■ **auf** generally signals motion *onto* or location *upon* a horizontal surface.

Leg das Buch **auf den Tisch**.	*Put (or lay) the book on the table.*
Das Buch liegt **auf dem Tisch**.	*The book is (lying) on the table.*

23 **Übung: Wo ist Hans? Wohin geht er?**   Sagen Sie, wohin Hans geht oder wo er steht.

24 Übung: *an* oder *auf*?   Complete each sentence with **an** or **auf** and the appropriate article.

A. Wohin? Antworten Sie mit Präposition + *Artikel im Akkusativ.*

1. Karl geht _____ Tafel.
2. Legen Sie Ihren Mantel _____ Stuhl.
3. Marga fährt im Sommer _____ Meer.
4. Ich habe die Zeitung _____ Schreibtisch gelegt.

B. Wo? Antworten Sie mit Präposition + *Artikel im Dativ.*

5. Das Kind steht _____ Stuhl.
6. Karl wartet _____ Tür.
7. Das Haus liegt _____ Meer.
8. Das Essen ist schon _____ Tisch.

25 Gruppenarbeit: Wo im Klassenzimmer?   Answer the questions about where the people and things are located in the classroom shown below. Then describe the locations of other people and objects.

BEISPIEL: Wo sitzt Herr Schröder?
Er sitzt auf dem Tisch (vor Marie usw.).

1. Wo sitzt Marie?
2. Wo steht Jutta?
3. Wo steht Karl?
4. Wo steht Gertrud?

5. Wo sitzt der Lehrer?
6. Wo steht Emil?
7. Wo liegt die Zeitung?
8. Wo sind diese Leute?

26 Gruppenarbeit   Jetzt beschreiben Sie *Ihr* Klassenzimmer. Wo stehen oder sitzen die Menschen?

27 Gruppenarbeit   Look on page 171 at another picture of the same classroom. Now everyone is moving around and doing things. Tell where they are going and what they are doing. Describe any other actions you can.

1. Wohin legt Gertrud ihr Buch?
2. Wo geht Karl hin?
3. Wohin legt der Lehrer das Buch?

4. Wo geht Emil hin?
5. Wo geht Anna hin?

---

4. Masculine N-nouns

A few masculine nouns take the ending **-en** or **-n** in all cases except the nominative singular. They are called *N-nouns*.

	Singular	Plural
nom.	der Student	die Student**en**
acc.	den Student**en**	die Student**en**
dat.	dem Student**en**	den Student**en**

Nominative: Dieser Student kennt München sehr gut.
Accusative: Kennst du diesen Student**en**?
Dative: Ich habe diesem Student**en** einen Stadtplan verkauft.

A good rule-of-thumb is that a noun that is masculine, refers to a person or animal, and has the plural ending **-en** or **-n** is an N-noun. Here are the N-nouns you have already learned. The first ending is for all cases in the singular *except* nominative; the second ending is for all cases in the plural.

When **Herr** is used as a title (*Mr.*), it also must have the N-noun singular ending: **Das ist Herr Weiß**; *but* **Kennen Sie Herrn Weiß?**

der **Bauer, -n, -n**   *farmer*
der **Herr, -n, -en**   *gentleman; Mr.*
der **Journalist, -en, -en** *journalist*
der **Kollege, -n, -n**   *colleague, co-worker*
der **Kunde, -n, -n**   *customer*
der **Mensch, -en, -en**   *person, human being*
der **Student, -en, -en**   *student*
der **Tourist, -en, -en**   *tourist*

28 **Partnerarbeit: Wer ist das? Ich kenne ihn nicht.**   Partner A asks who one of these men is; partner B answers. Partner A says he/she doesn't know this person. Switch roles for the next man.

BEISPIEL: A: Wer ist das?
            B: Das ist ein Bauer.
            A: Ich kenne diesen _____ nicht.
            B: Wer ist das? (usw.)

LESESTÜCK

Tipps zum Lesen und Lernen

Leicht zu merken

automatisch	
der **Film, -e**	
finanzieren	fina<u>nzie</u>ren
das **Foto, -s**	
das **Konzert, -e**	Kon<u>zert</u>
die **Party, -s**	
die **Philosophie**	Philoso<u>phie</u>
praktisch	
privat	pri<u>vat</u>
das **Programm, -e**	Pro<u>gramm</u>

In einer Vorlesung an der Universität Frankfurt am Main

Einstieg in den Text

Einen Brief lesen   The following text is a letter written by a German student named Claudia in response to a letter from her American friend Michael, who is coming to Germany as an exchange student. Such informal letters between friends are more loosely structured and associative than formal prose. They tend to be halfway between spoken and written style. In Claudia's letter, for instance, you'll find conversational phrases and slang (e.g., "Ich kann dir eine Menge erzählen" or "Da staunst du wohl, oder?").

Claudia writes first about what she's studying, then tells a bit about student life in Freiburg and compares it to America. Then she describes the difficulty of finding a place to live and talks about the rich cultural life in Freiburg. It is clear that her letter is a response to what Michael has written her. She refers to his letter with the following phrases:

"dein Brief ist gestern angekommen, ..." (line 6)

"Du schreibst, ... " (lines 6–7)

What do you think Michael wrote in his original letter? Claudia also asks some questions of him:

"Wie ist es denn bei dir? Bekommst du ... " (line 36)

How might Michael respond in his next letter to her?

Verben

antworten (+ *dat.*) to answer (*a person*)
  Ich kann dir nicht antworten. I can't answer you.
aus·geben, hat ausgegeben to spend (*money*)
belegen to take (*a university course*)
bezahlen to pay for
enttäuschen to disappoint
erzählen to tell, recount
feiern to celebrate; to have a party
schicken to send
staunen to be amazed, surprised

Substantive

der **Ausweis, -e** I.D. card
  der **Studentenausweis** student I.D.
der **Brief, -e** letter
der **Bürger, -** citizen
der **Krieg, -e** war
der **Termin, -e** appointment
das **Ende, -n** end
das **Glück** happiness; luck
  Glück haben to be lucky
das **Haar, -e** hair
das **Hauptfach, ¨er** major field (*of study*)
das **Kino, -s** movie theater
  ins Kino gehen to go to the movies
das **Nebenfach, ¨er** minor field (*of study*)

Glück haben means *to be lucky*, but **glücklich sein** means *to be happy*.

das **Referat, -e** oral report; written term paper
das **Stipendium, Stipendien** scholarship, stipend
das **Studium** (university) studies
das **Tempo** pace, tempo
die **Antwort, -en** answer
die **Geschichte, -n** story; history
die **Klausur, -en** written test
die **Kneipe, -n** tavern, bar
die **Wohnung, -en** apartment
die **Ferien** (*pl.*) (school or university) vacation
  die **Semesterferien** semester break

Der Urlaub is a vacation from a job. **Die Ferien** (always plural) is the term for school and university vacations.

Adjektive und Adverbien

billig inexpensive, cheap
gerade just, at this moment
je ever
kostenlos free of charge
lieb dear, nice, sweet
  Das ist lieb von dir! That's sweet of you!
schlimm bad
sofort immediately, right away
sonst otherwise, apart from that
verantwortlich (für) responsible (for)
wohl probably

Andere Vokabeln

alles (*sing.*) everything
einige some
selber or **selbst** by oneself (myself, yourself, ourselves, etc.)

Remember: **alle** (*pl.*) = *everybody*.

Nützliche Ausdrücke

das heißt that means, in other words
d.h. i.e. (= that is)
Herzlich willkommen! Welcome! Nice to see you!
letzte Woche last week

Gegensätze

billig ≠ teuer cheap ≠ expensive
Glück haben ≠ Pech haben to be lucky ≠ to be unlucky
je ≠ nie ever ≠ never
der Krieg ≠ der Frieden war ≠ peace

Mit anderen Worten

die **Bude, -n** (*Studentenslang*) = das **Studentenzimmer**
eine **Katastrophe** = eine schlimme Situation
eine **Menge** (*colloq.*) = **viel**

173281 ✳

ALBRECHTSBURG MEISSEN

Ein Brief aus Freiburg[5]

*Claudia Martens hat gerade einen Brief von ihrem amerikanischen Freund Michael
Hayward bekommen. Claudia war ein Jahr in Amerika als Austauschschülerin an
Mikes Schule in Atlanta. Sie schickt ihm sofort eine Antwort.*

Learning about German student life
and the university system is the
cultural goal of this chapter.

Freiburg, den 20.2.03

5 Lieber Michael,

    dein Brief ist gestern angekommen und ich möchte ihn sofort beantworten°. Du
schreibst, du willst zwei Semester an der Uni in Freiburg Geschichte studieren. Das
finde ich super! Ich studiere auch Geschichte, aber nur im Nebenfach. Mein Hauptfach ist eigentlich Philosophie. Letztes° Semester habe ich ein sehr interessantes
10 Seminar über den Ersten Weltkrieg belegt. Vielleicht können wir im Herbst
zusammen in die Vorlesung über Bismarck und die Gründerjahre[6] gehen.

answer (trans.)

last

    Habe ich dir je über unser Universitätssystem und das Studentenleben bei uns
berichtet? Die Semesterferien[7] haben gerade begonnen, also habe ich endlich ein
bisschen Freizeit und kann dir eine Menge erzählen. Im Allgemeinen° ist das Tempo
15 bei uns etwas langsamer und das Studium weniger° stressig als bei euch. Wir
schreiben nicht so viele Klausuren und Referate und man ist als Student mehr für
sich selbst° verantwortlich. Das heißt zum Beispiel, du kannst abends zu Hause
sitzen und Bücher wälzen° oder mit Freunden in die Kneipe gehen. Erst am
Semesterende musst du für das Seminar ein Referat schreiben; dann bekommst du
20 einen Schein°. Bei einer Vorlesung gibt es weder Referate noch° Klausuren! Da
staunst du wohl, oder°?

im Allgemeinen = in general
weniger = nicht so

für ... = for oneself
*Bücher wälzen = hit the
  books*
*certificate of course credit /
  weder ... noch = neither ...
  nor / = nicht wahr?*

    Wie du vielleicht schon weißt, sind unsere Unis staatlich°; das bedeutet, sie
sind für uns Studenten fast kostenlos. Die Studiengebühren° sind nicht sehr hoch.
Ansonsten° muss man praktisch nur für Wohnung, Essen, Bücher und Kleidung Geld
25 ausgeben. Außerdem° bekommen viele Studenten auch das so genannte° Bafög.[8] Wie
finanzierst du eigentlich dein Jahr in Deutschland? Mit einem Stipendium, oder
musst du alles selber bezahlen?

state-run
tuition fees
otherwise
in addition / so-called

    Jedenfalls° ist das Essen in der Mensa immer billig und relativ gut, aber mit dem
Wohnen ist es manchmal eine Katastrophe. Es gibt nicht genug Studentenwohnheime
30 für alle Studenten und private Buden sind wahnsinnig teuer geworden. Die
Wohnungsnot° ist besonders schlimm: In den Jahren nach der Wiedervereinigung°
sind viele Deutsche aus der ehemaligen° DDR und Aussiedler aus Osteuropa in den

in any case

*housing shortage /
  reunification / former*

---

[5] City in Baden-Württemberg between the Black Forest and the Rhine. The Albert-Ludwigs-
Universität was founded in 1457.
[6] **Otto von Bismarck** (1815–1898): German statesman and Prussian Chancellor, under whose
leadership the German states were united into the German Empire in 1871. **Gründerjahre**: the
"Founders' Years" refers to the period of 1870–1900, when many German businesses were
established.
[7] The German academic year has a **Wintersemester** that begins in mid-October and ends in
mid-February. The **Sommersemester** begins in late April and ends in mid-July. The **Semesterferien** come between the two semesters.
[8] Inexpensive government loans for university students in Germany are mandated by the
Federal Education Support Law, or **Bundesausbildungsförderungsgesetz** (Bafög). This acronym
has entered the university vocabulary.

Wo möchte dieser Student wohnen? Kann man ihn anrufen?

Westen gekommen.[9] Übrigens habe ich letztes Semester einigen Schulkindern aus zwei Aussiedlerfamilien Nachhilfestunden° in Deutsch gegeben, denn° diese neuen
35 Bürger können oft nur wenig Deutsch.

tutoring / because

Wie ist es denn bei dir? Bekommst du durch das Austauschprogramm automatisch einen Platz im Studentenwohnheim? Wenn nicht°, dann hast du Glück: Du kannst zu uns in die WG! Wir haben nämlich° nächstes Semester ein Zimmer frei und du bist herzlich willkommen. Michael, du bist immer so gern ins Kino und Konzert
40 gegangen. Ich bin sicher, die Filme und Konzerte hier werden dich nicht enttäuschen°. Mit deinem Studentenausweis bekommst du im Theater, Kino und Museum immer eine Ermäßigung°.

wenn nicht = if not
you see

werden ... = will ... not disappoint you / discount

Jetzt habe ich aber einen Termin beim Arzt und muss nachher für eine Party einkaufen. Wir feiern nämlich heute Abend das Semesterende. Also, genug für heute,
45 aber ich schreibe dir bald wieder. Viele herzliche Grüße an dich und deine Familie.

Deine

Claudia

mit kurzen Haaren: The plural form is usually used to describe someone's hair: **Jetzt hat sie kurze Haare.**

P.S. Ich hab' dir einen Stadtplan und ein paar Postkarten von der Altstadt beigelegt° und dazu° ein neues Foto von mir. Kennst du mich noch mit kurzen Haaren?

enclosed
in addition

---

[9] Citizens of the former German Democratic Republic and the **Aussiedler** (*emigrants, ethnic Germans from other Eastern countries*) have a constitutional right to German citizenship.

NACH DEM LESEN

Lab Manual Kap. 6, Diktat.

Workbook Kap. 6, Üb. M.

A Antworten Sie auf Deutsch.

1. Wo hat Claudia Michael kennen gelernt?
2. Was will Michael in Freiburg studieren?
3. Wie ist das Tempo im Studentenleben in Freiburg?
4. Warum kostet das Studium in Deutschland nicht sehr viel?
5. Warum sind Studentenzimmer manchmal wahnsinnig teuer?
6. Was hat Claudia letztes Semester in ihrer Freizeit gemacht?
7. Wo kann Michael in Freiburg wohnen?
8. Was hat ihm Claudia außer einem Brief geschickt?
9. Was war für Michael neu auf dem Foto von Claudia?

Vokabeln zum Thema Studium

This vocabulary focuses on an everyday topic or situation. Words you already know from **Wortschatz** sections are listed without English equivalents; new supplementary vocabulary is listed with definitions. Your instructor may assign some supplementary vocabulary for active mastery.

Einige Wörter kennen Sie schon.

studieren an (+ *dat.*)	*to study at*
Ich studiere an der FU.	
(= **Freien Universität, Berlin**).	
die **Bibliothek, -en**	
das **Fach, ⸚er**	*area of study, subject*
das **Hauptfach**, das **Nebenfach**	
die **Klausur, -en**	
das **Labor, -s**	*lab*
das **Referat, -e**	
ein Referat halten	*to give an oral report*
ein Referat schreiben	*to write a paper*
das **Semester, -**	
das **Sommersemester**	*spring term* (*usually April to July*)
das **Wintersemester**	*fall term* (*usually October to February*)
das **Seminar, -e**	
die **Vorlesung, -en**	
die **Wissenschaft, -en**	*science; scholarship; field of knowledge*

Note stress: **Labor.**

Einige Studienfächer

Note that most academic disciplines are feminine.

Additional vocabulary: **Völkerkunde** (or) **Anthropologie**, **Theologie**, **Amerikanistik** (*American studies*). **Hoch- und Tiefbau** (*civil engineering*), **Architektur**. In student slang, **WiWi = Wirtschaftswissenschaft** (*economics*). In Austria and Switzerland, **Jura = Jus**.

die **Anglistik**	Anglistik	*English studies*
die **Betriebswirtschaft**		*management, business*
die **Biologie**	Biologie	*biology*
die **Chemie**	Chemie	*chemistry*
die **Elektrotechnik**		*electrical engineering*
die **Germanistik**	Germanistik	*German studies*
die **Geschichte**		*history*
die **Informatik**	Informatik	*computer science*
Jura (*used without article*)		*law*
die **Kunstgeschichte**		*art history*
die **Linguistik**	Linguistik	*linguistics*
der **Maschinenbau**		*mechanical engineering*
die **Mathematik**	Mathematik	*mathematics*
die **Medizin**	Medizin	*medicine*
die **Musikwissenschaft**		*musicology*
die **Pädagogik**	Pädagogik	*education*
die **Philosophie**	Philosophie	*philosophy*
die **Physik**	Physik	*physics*
die **Politikwissenschaft**		*political science*
die **Psychologie**	Psychologie	*psychology*
die **Soziologie**	Soziologie	*sociology*
die **Wirtschaftswissenschaft**		*economics*

B Gruppenarbeit: Was studierst du denn?

1. Welche (*which*) Sudienfächer in der Liste kann man auch an Ihrer Universität oder an Ihrem College studieren? Gibt es Studienfächer bei Ihnen, die nicht in der Liste sind?
2. Was ist Ihr Hauptfach und was belegen Sie dieses Semester?

> BEISPIEL: Mein Hauptfach ist _____. Dieses Semester belege ich Deutsch, _____, _____ und _____. Was studierst denn du?

Info-Austausch

Partner B's information is found in Appendix 1.

C Welches Fach ist das?   Arbeiten Sie mit Ihrem Partner zusammen. Finden Sie die richtige Beschreibung (*description*) von jedem Hauptfach.

> BEISPIEL: A: Man studiert Philosophie. Was macht man an der Uni?
> B: Man studiert und analysiert große Denker wie Kant und Wittgenstein.
>
> B: Man studiert Organismen: Tiere (*animals*) und Pflanzen (*plants*). Welches (*which*) Fach ist das?
> A: Das ist Biologie.

Partner A:

Im Hauptfach studiert man ...	Das macht man an der Uni.
Philosophie	
Germanistik	
	Man vergleicht (*compares*) politische Systeme.
Informatik	
	Man studiert Lerntheorien und will später in der Schule lehren.
	Man liest und schreibt über die Vergangenheit (*past*) und interpretiert sie.
Biologie	

D Partnerarbeit: Interview   Interview each other in more detail about your studies. Take notes if necessary, and be prepared to report to the whole class. Ask each other questions such as the following:

1. Was machst du lieber: Referate schreiben oder Referate halten? Wie oft musst du das machen?
2. Arbeitest du oft in der Bibliothek oder mehr im Labor?
3. Was willst du nach dem Studium machen?
4. Brauchst du Deutsch für dein Studium oder für deinen Beruf?
5. Wie finanzierst du das Studium? Bekommst du ein Stipendium?
6. Wohnst du im Studentenwohnheim oder privat?

Einen Brief schreiben

Writing a letter in German is a communicative goal.

In **Kapitel 2** you learned how to write a simple postcard in German (see page 65). When writing an informal letter, Germans often include the place before the date. Also notice that if you are writing to two friends, one male and one female, you must repeat the salutation with the correct adjective ending. (One cannot write **Liebe Sabine und Markus**; one must write **Liebe Sabine, lieber Markus**.) You should be able to read the handwritten letter below, despite some differences between English and German handwriting. Note especially that the letters **u** and **n** can often look very similar in German.

Place and date:
day / month / year

Salutation:
-e with a female name,
-er with a male name

Jena, den 20.05.02

Liebe Sabine, lieber Markus!

Hallo! Wie geht's euch denn? Gestern sind wir hier ange-kommen und haben schon eure Cousine Gertrud besucht. Sie und ihre Freunde sind wahnsinnig nett und haben uns sehr viel von Jena gezeigt.

Morgen fahren wir nach Berlin und sind dann Freitag wieder zu Hause.

Bis dann

Standard closing = *many cordial greetings*

Viele herzliche Grüße von Tanja und Fabian

▶ **Schreiben wir mal: „Liebe Claudia, ..."** Claudias Brief an Michael Hayward haben Sie schon gelesen. In diesem Brief hat sie ihm das Studentenleben in Freiburg beschrieben. Jetzt spielen Sie die Rolle von Michael Hayward und schreiben Sie eine Antwort an Claudia. Beantworten Sie ihre Fragen und schreiben Sie über das Studentenleben bei Ihnen. Haben Sie andere Fragen an Claudia über Freiburg und das Studium dort?

Manchmal arbeitet man zusammen am Referat.

E Wie sagt man das auf Deutsch?

1. I've brought you a course catalogue.
2. Did it cost much?
3. No, it was cheap. Shall I put it on your desk?

4. The lecture began at ten o'clock.
5. Unfortunately, I arrived too late.
6. I stood behind my friends and didn't hear anything.

7. What did you study in Dresden?
8. History was my major but I also studied German.

9. Tonight we're going to the movies together.
10. I hope you haven't forgotten your student I.D.
11. No, it's in my pocket.
12. Good, let's go! We have to be there before eight o'clock.

UNIVERSITIES IN THE GERMAN-SPEAKING COUNTRIES

The university system is similar in all the German-speaking countries, but differs in fundamental ways from that in the United States. All but a few institutions of higher learning (**Hochschulen**) in Austria, Germany, and Switzerland are state-run and financed by taxes. Successful completion of the **Abitur** examination (called **Matura** in Austria and Switzerland) entitles a student to enroll in any university in the country. German universities do not have the general education or distribution requirements common at American colleges and universities; students begin their studies in a particular major. Some specialized schools (e.g., **Musikhochschulen**, **Kunsthochschulen**) and majors in high demand (e.g., medicine and management) have restricted enrollments.

Educational reforms in the 1960s and '70s led both to an increase in the number of students and more diversity in their socio-economic backgrounds. In 1950, for example, only 6% of German pupils completed the **Abitur**, and they were mostly the children of the upper middle class whose parents also had a university education. Today, the percentage of students in any given year who go on to university varies from about 16% in Switzerland to about 30% in Germany. Moreover, students who have not attended a **Gymnasium** can obtain a diploma that allows them to study at **Fachhochschulen**, which emphasize applied knowledge rather than theory. For example, one can study electrical engineering but not physics at a **Fachhochschule**, while hotel management is offered at some **Fachhochschulen**, not at universities.

The biggest difference from the United States is the fact that students pay almost no tuition. While a university education is thus feasible for almost everyone, the system has no strong financial incentive for students to complete their education quickly. In the past few years, universities have been encountering increasing fiscal difficulties. State education spending has not kept up with the needs of expanding institutions: faculties have not grown nearly as fast as student bodies, lecture halls and laboratories are often overcrowded, and libraries are unable to keep up with demand. Widespread but peaceful student strikes in Germany in late 1997 reflected growing discontent. Legislators in the German-speaking countries are addressing both the structure and financing of higher education in order to maintain its high quality.

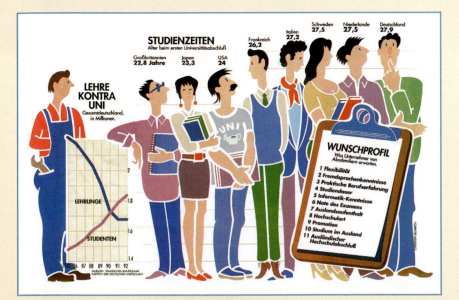

Essen im Zug macht Spaß.

Auf Reisen

Kommunikation

- Expressing opinions, preferences, and polite requests
- Telling time with the 24-hour clock
- Making travel plans and talking about traveling
- Talking on the telephone

Kultur

- Traveling in Europe

In diesem Kapitel

- **Lyrik zum Vorlesen**
  Wilhelm Müller, „Wanderschaft"
- **Grammatik**
  Der-words and **ein**-words
  Coordinating conjunctions
  Verbs with dative objects
  Personal dative
  Using **würden** + infinitive
  Verbs with two-way prepositions
  Perfect tense of modal verbs
  Official time-telling
- **Lesestück**
  Unterwegs mit Fahrrad, Auto und der Bahn
- **Almanach**
  Jugendherbergen

DIALOGE

Lab Manual Kap. 7, Dialoge, Fragen, Hören Sie gut zu!, Üb. zur Aussprache [u/ü].

11.27 Uhr is spoken **elf Uhr siebenundzwanzig.**

die Flasche: English cognate: *flask.*

der Straßenatlas: Most German drivers carry a bound road atlas of Western Europe rather than folding maps.

Am Bahnhof

Ein Student sieht eine alte Dame mit viel Gepäck und will ihr helfen.

STUDENT: Darf ich Ihnen helfen?

TOURISTIN: Ja, bitte! Würden Sie mir den Koffer tragen?

STUDENT: Gerne. Wohin müssen Sie denn?

TOURISTIN: Gleis dreizehn. Mein Zug fährt um 11.27 Uhr ab.

Vor der Urlaubsreise

MARION: Suchst du die Thermosflasche?

THORSTEN: Nein, nicht die Thermosflasche, sondern den Straßenatlas. Ich glaube, ich habe ihn auf den Tisch gelegt.

MARION: Ja, hier liegt er unter meiner Jacke.

THORSTEN: Häng die Jacke doch auf, dann haben wir mehr Platz. Wir müssen unsere Reise nach Venedig planen.

Am Telefon

Marion und Thorsten waren drei Wochen mit dem Wagen unterwegs. Jetzt sind sie wieder zu Hause und Marion ruft ihren Vater am Nachmittag an. Es klingelt lange, aber endlich kommt Herr Krogmann ans Telefon.

HERR KROGMANN: Krogmann.

MARION: Hallo Papa! Hier ist Marion. Warum hast du nicht gleich geantwortet?

KROGMANN: Ach, Marion, seid ihr wieder zurück? Ich habe auf dem Sofa gelegen und bin eingeschlafen.

MARION: Oh, tut mir Leid, Papa.

KROGMANN: Das macht nichts. Ich habe sowieso aufstehen wollen. Wie war denn eure Reise?

MARION: Alles war wunderbar.

Am Bahnhof

Auf Reisen

ab·fahren (fährt ab), ist abgefahren to depart, leave (*by vehicle*)

an·kommen, ist angekommen to arrive

reservieren to reserve

der **Bahnhof, ̈-e** train station
der **Koffer, -** suitcase
der **Straßenatlas** road atlas
der **Wagen, -** car, automobile
der **Zug, ̈-e** train

das **Gepäck** luggage
das **Gleis, -e** (railroad) track

Verben

danken (+ *dat.*) to thank

ein·schlafen (schläft ein), ist eingeschlafen to fall asleep

gefallen (gefällt), hat gefallen (+ *dat.*) to please, appeal to
Das Buch gefällt mir. I like the book.

gehören (+ *dat.*) to belong to (a person)

hängen, hat gehängt (*trans.*) to hang
auf·hängen to hang up

hängen, hat gehangen (*intrans.*) to be hanging

helfen (hilft), hat geholfen (+ *dat.*) to help

klingeln to ring

planen to plan

setzen to set (down), put

stellen to put, place

tun, hat getan to do

würden (+ *infinitive*) would (do something)

Substantive

der **Nachmittag, -e** afternoon
am Nachmittag in the afternoon

das **Telefon, -e** telephone

(das) **Venedig** Venice

die **Flasche, -n** bottle
die **Thermosflasche** thermos bottle

Adjektive und Adverbien

sowieso anyway

unterwegs on the way; en route; on the go

wunderbar wonderful

Andere Vokabeln

sondern but rather, but . . . instead

welch- which

Nützliche Ausdrücke

Es tut mir Leid. I'm sorry.

Das macht nichts. That doesn't matter.

Das ist (mir) egal. It doesn't matter (to me). I don't care.

Das macht (mir) Spaß. That's fun (for me).

Wie viel Uhr ist es? = Wie spät ist es?

Often shortened in spoken German: **Tut mir Leid; Macht nichts; Mir egal.**

Gegensätze

auf·stehen ≠ ins Bett gehen to get up ≠ to go to bed

ein·schlafen ≠ auf·wachen to fall asleep ≠ to wake up

Mit anderen Worten

Das ist mir Wurscht. (*colloq.*) = **Das ist mir egal.**

At the Train Station

A student sees an elderly lady with a lot of luggage and wants to help her.

S: May I help you?
T: Yes, please. Would you carry my suitcase?
S: Gladly. Where do you have to go?
T: Track thirteen. My train leaves at 11:27.

Before the Trip

M: Are you looking for the thermos bottle?
T: No, not the thermos, but the road atlas. I think I put it on the table.
M: Yes, here it is, under my jacket.
T: Hang up the jacket, then we'll have more room. We've got to plan our trip to Venice.

On the Telephone

Marion and Thorsten have been on the road with their car for three weeks. Now they're back home and Marion calls her father in the afternoon. It rings for a long time, but finally Mr. Krogmann comes to the phone.

MR. K: Krogmann.
M: Hello, Dad. This is Marion. Why didn't you answer right away?
MR. K: Oh, Marion, are you back? I was lying on the sofa and fell asleep.
M: Oh, sorry, Dad.
MR. K: That doesn't matter. I wanted to get up anyway. How was your trip?
M: Everything was wonderful.

Variationen

With means of transportation **mit** = *by*: **Die Touristin fährt mit dem Zug.**

A Persönliche Fragen

1. Sind Sie oft mit dem Zug gefahren? Wohin?
2. Fahren Sie gern mit dem Zug oder lieber mit dem Wagen?
3. Die Touristin muss zu ihrem Zug. Wohin müssen Sie heute?
4. Thorsten und Marion brauchen einen Straßenatlas für ihre Reise. Was brauchen Sie für eine Reise?
5. Thorsten plant eine Reise nach Venedig. Planen Sie eine Reise in den Ferien? Wohin?
6. Schlafen Sie gern nachmittags wie Herr Krogmann?
7. Herr Krogmann schläft auf dem Sofa. Wo schlafen Sie lieber am Nachmittag, auf dem Sofa oder im Bett?

B Reaktionen
Respond to the statements and questions on the left with an appropriate phrase from the right.

Review high-frequency idiomatic phrases like these in each **Zusammenfassung und Wiederholung** section of the Workbook. They are important for authentic conversational German.

1. Ich kann den Koffer nicht tragen.
2. Würden Sie mir bitte helfen?
3. Hast du das nicht gewusst?
4. Wo fährt denn Ihr Zug ab?
5. Waren die Hausaufgaben besonders schwer?
6. Wie war die Reise?
7. Wohin hast du den Atlas gelegt?
8. Wo liegt denn der Stadtplan?
9. Gehen wir zusammen einkaufen?
10. Was ist denn los?
11. Wann seid ihr angekommen?
12. Wann fährt unser Zug ab?

Einverstanden!
Sofort.
Doch!
Oh, das tut mir Leid!
Das macht nichts!
Gerne!
Heute Morgen.
Auf dem Tisch.
Gar nichts.
Auf das Sofa.
Das finde ich auch.
Bitte sehr.
Auf Gleis zehn.
Nee, gar nicht.
Wunderbar!

C Übung: Im Reisebüro (*At the travel agency*)
Im Reisebüro fragt man, ob Sie etwas machen wollen. Antworten Sie, Sie würden das gerne tun.

> **BEISPIEL:** A: Wollen Sie ein Hotelzimmer reservieren?
> B: Ja, ich würde gern ein Hotelzimmer reservieren.

1. Wollen Sie Ihren Mantel aufhängen?
2. Wollen Sie morgen abfahren?
3. Wollen Sie morgen Abend in Venedig ankommen?
4. Wollen Sie im Zug schlafen?
5. Wollen Sie mir Ihr Gepäck geben?
6. Wollen Sie Ihre Familie anrufen?

Inter Rail

D **Partnerarbeit: Am Telefon**   Situation: Barbara Hinrich phones her father to tell him when she's coming home tonight. He asks where she is and whether she's eating at home tonight. She says she's going out to eat with friends and then to a movie. Her father says he'll see her later. They say good-bye (on the telephone: **Auf Wiederhören**). Complete this conversation with your partner.

VATER: Hinrich.
BARBARA: Hallo _____! Hier ist _____.
VATER: Ach hallo _____! Wo _____?
BARBARA: _____.
VATER: Wirklich? _____?
BARBARA: _____.
VATER: Also, _____.
Auf Wiederhören, bis _____!
BARBARA: _____!

Freude für Tante Erna: Die ganze Familie ruft an.

LYRIK ZUM VORLESEN

Lab Manual Kap. 7, Lyrik zum Vorlesen.

Set to music by Franz Schubert, this poem is the first song in his cycle "Die schöne Müllerin," op. 5, no. 1 (D 795).

German Romantic literature uses nature images to evoke themes of yearning for the unknown, wandering, and love. The Romantic poets were obsessed with the illusory world of appearances expressed in moonlit nights, fog, and the forest. In the early 19th century **das Wandern** described the life of an itinerant journeyman. These were artisans who journeyed from town to town, gaining experience with different master craftsmen.

Wilhelm Müller's poem cycle "Die schöne Müllerin" (1820) is unified by the theme of the love of the journeyman for the miller's daughter. In this poem the youth is moved to **Wanderlust** by the mill itself with its rushing water and turning wheels. He ends by asking the miller and his wife for permission to depart.

Wanderschaft°

Das Wandern ist des Müllers Lust°,
Das Wandern!
Das muss ein schlechter Müller sein,
Dem niemals fiel das Wandern ein°,
Das Wandern.

Vom Wasser haben wir's gelernt,
Vom Wasser!
Das hat nicht Rast° bei Tag und Nacht,
Ist stets° auf Wanderschaft bedacht°,
Das Wasser.

Das sehn wir auch den Rädern ab°,
Den Rädern!
Die gar nicht gerne stille stehn
Und sich mein Tag nicht müde drehn°,
Die Räder.

Die Steine selbst°, so schwer sie sind,
Die Steine!
Sie tanzen mit den muntern Reihn°
Und wollen gar noch schneller sein,
Die Steine!

O Wandern, Wandern, meine Lust,
O Wandern!
Herr Meister und Frau Meisterin,
Lasst mich in Frieden weiterziehn°
Und wandern!

Wilhelm Müller (1794–1827)

journeying

***des ...** = the miller's desire*

***dem ...** = who has never thought of wandering*

rest
***stets** = **immer** / intent*

***sehn ...** = see also from the wheels*

***Und ...** = never tire of turning*

***Steine selbst** = even the stones*

cheerful dance

***Lasst ...** = let me go in peace*

Mit dem Fahrrad (*bicycle*) kann man billig reisen und auch fit bleiben. Woher kommen diese Radfahrer?

1. *Der*-words and *ein*-words

You have learned the definite and indefinite articles (**der** and **ein**) and similar words that precede nouns (**dies-**, **jed-**, **mein**, **kein**, **alle**). Such words are divided into two groups, the **der**-words and the **ein**-words, because of slight differences in their endings.

der-words		*ein*-words	
der, das, die	*the*	ein	*a, an*
dies-	*this, these*	kein	*no, not a*
jed-	*each, every*	mein	*my*
welch-	*which*	dein	*your*
all-	*all*	sein	*his, its*
		ihr	*her, its*
		unser	*our*
		euer	*your*
		ihr	*their*
		Ihr	*your*

possessive adjectives

Since the endings of the definite article (**der**, **das**, **die**) are slightly irregular, **dieser** is used here to review the **der**-word endings in the three cases you know so far.

			der-word endings		
		masculine	**neuter**	**feminine**	**plural**
nom.		dieser Stuhl	dieses Buch	diese Uhr	diese Bücher
acc.		diesen Stuhl			
dat.		diesem Stuhl	diesem Buch	dieser Uhr	diesen Büchern

The **ein**-words have the same endings as **der**-words *except in three cases* where they have *no* endings, as highlighted in the following table.

		ein-word endings		
	masculine	**neuter**	**feminine**	**plural**
nom.	mein Stuhl	mein Buch	meine Uhr	meine Bücher
acc.	meinen Stuhl	mein Buch		
dat.	meinem Stuhl	meinem Buch	meiner Uhr	meinen Büchern

Die Bahn DB

1 Übung   Ihre Professorin stellt eine Frage und Sie antworten.

BEISPIEL: *Welcher* Stuhl ist alt?
            Dieser Stuhl ist alt.

1. Welche Schuhe sind neu?
2. Welcher Student sitzt am Fenster?
3. Welche Studentin hat ihr Buch vergessen?
4. Welcher Student heißt _____?
5. Welches Fenster ist schmutzig (*dirty*)?
6. Welcher Student trägt ein neues T-Shirt?
7. Welche Studentin ist heute spät aufgestanden?
8. Welches Buch finden Sie gut?

Lab Manual Kap. 7, Üb. 2.

Workbook Kap. 7, A.

2 Übung   Respond to each statement as in the example.

BEISPIEL: Dieser Berg ist steil.
            Ja, aber nicht jeder Berg ist steil.

1. Dieser Koffer ist schwer.
2. Dieses Studentenwohnheim ist neu.
3. Dieser Zug fährt bald ab.
4. Dieses Telefon klingelt zu laut.
5. Diese Thermosflasche ist teuer.
6. Dieser Tourist kann Deutsch.
7. Diese Vorlesung ist langweilig.

3 Partnerarbeit: Dieses Buch ist mein Buch.   Take turns saying what belongs to you.

BEISPIEL: A: Dieses Buch ist mein Buch.
            B: Diese Hose ist meine Hose.

Now look around at other people in the room and ask what belongs to whom.

BEISPIEL: A: Welche Jacke ist seine Jacke?
            B: Diese Jacke ist seine Jacke.
            A: Welches Heft ist ihr Heft?
               usw.

2. Coordinating conjunctions (*koordinierende Konjunktionen*)

A clause is a unit containing a subject and an inflected verb. A simple sentence consists of one clause; a compound sentence has two or more clauses.

Coordinating conjunctions are words that join clauses that could each stand alone as a simple sentence. The coordinating conjunction joins them into a compound sentence.

Christa ist achtzehn.   Ihr Bruder ist sechzehn.
Christa ist achtzehn **und** ihr Bruder ist sechzehn.

Kannst du das Fenster aufmachen?   Soll ich es machen?
Kannst du das Fenster aufmachen **oder** soll ich es machen?

The most common coordinating conjunctions in German are:

und	*and*
oder	*or*
aber	*but, however*
sondern	*but rather, instead*
denn	*for, because*

Do not confuse the conjunction **denn** with the flavoring particle used with questions: **Wo bist du denn so lange gewesen?**

Remember the iron-clad rule: The verb is always in second position in German statements. A coordinating conjunction is *not* counted as being in first position in its clause. The word order of the second clause is *not* affected by the coordinating conjunction.

$$\overset{\textit{0 \quad 1 \quad 2}}{}$$
Ute kommt nicht zu Fuß, **sondern** sie fährt mit dem Auto.

$$\overset{\textit{0 \quad 1 \quad 2}}{}$$
Ich kann dich erst am Abend anrufen, **denn** ich bin bis sieben in der Bibliothek.

$$\overset{\textit{0 \quad 1 \quad 2}}{}$$
Klaus muss bis drei arbeiten, **aber** dann kann er nach Hause.

The coordinating conjunctions are also used to join units smaller than a clause.

Ich habe einen Bruder **und** eine Schwester.
Möchtest du Wein **oder** Bier?
Dieser Laden ist gut, **aber** sehr teuer.
Barbara ist nicht hier, **sondern** in Italien.

Note on punctuation: There is *always* a comma before **aber**, **sondern**, and **denn**.

Lab Manual Kap. 7, Var. zu Üb. 4, Üb. 5.

Workbook Kap. 7, B, C.

4 **Partnerarbeit** Use **und**, **aber**, **oder**, or **denn** to join each sentence from column A to one from column B. Try to find the most logical pairings. Compare results with other students.

A

Meine Eltern kommen morgen.
Bist du krank?
Gisela studiert in Freiburg.
Ich bringe das Buch mit.
Ich wohne in der Stadt.
Ich bin jetzt in Eile.
Willst du in der Mensa essen?
Willst du allein wohnen?
Ich habe Sabine gefragt.

B

Ich möchte sie dort besuchen.
Willst du in einer WG wohnen?
Ich zeige ihnen meine Wohnung.
Mein Bruder wohnt auf dem Land.
Du sollst es lesen.
Sie hat mir nicht geantwortet.
Mein Zug fährt gleich ab.
Wollen wir bei mir etwas kochen?
Geht es dir gut?

und

Die Bahn **DB**

InterRail
Ganz Europa für jeden

Aber versus sondern

Aber and **sondern** are both translated with English *but*. Both express a contrast, but they are *not* interchangeable. **Sondern** *must* be used when *but* means *but . . . instead, but rather.*

Er bleibt zu Hause, **aber** sie geht einkaufen.	*He's staying home, but she's going shopping.*
Er bleibt nicht zu Hause, **sondern** geht einkaufen.	*He's not staying home, **but** is going shopping **instead**.*

Sondern *always* follows a *negative* statement and expresses *mutually exclusive alternatives.* Note that the clause following **sondern** often leaves out elements it has in common with the first clause. Such deletion is called *ellipsis.*

Er bleibt nicht zu Hause, sondern [er] geht einkaufen.
Das ist kein Wein, sondern [das ist] Wasser.
Käthe hat es nicht getan, sondern die Kinder [haben es getan].

5 Übung: *Aber* oder *sondern*?   Combine each pair of simple sentences into a compound sentence, using **aber** or **sondern** as appropriate. Use ellipsis where possible.

1. Sie fliegt nach Italien. Ihr Mann fährt mit dem Zug.
2. Sie hasst mich nicht. Sie liebt mich.
3. Es ist noch nicht sieben Uhr. Er ist schon zu Hause.
4. Ich fahre nicht mit dem Auto. Ich gehe zu Fuß.
5. Ich trage keinen Mantel. Ich trage meine Jacke.
6. Bernd mag dieses Bier nicht. Lutz trinkt es gern.

Word order: *nicht X, sondern Y*

Notice how the position of **nicht** shifts when it is followed by **sondern**.

Ich kaufe den Mantel nicht.	*but*	Ich kaufe **nicht den Mantel**, sondern die Jacke.
Johanna arbeitet heute nicht.	*but*	Johanna arbeitet **nicht heute**, sondern morgen.

6 Übung: Nein, nicht x, sondern y.   Answer these questions negatively, using **sondern**.

BEISPIEL: Wollen Sie *um sieben* frühstücken?
            Nein, ich will nicht um sieben frühstücken, sondern um zehn.

1. Suchen Sie *die Thermosflasche*?
2. Gehen Sie *am Mittwoch* ins Kino?
3. Gehen Sie *mit Ursula* in die Stadt?
4. Gehen Sie mit Ursula in *die Stadt*?
5. Wollen Sie mir *die Fotos* zeigen?
6. Waren Sie *gestern* in der Bibliothek?

Review dative endings for **der**-words, p. 132, and dative forms of the personal pronouns, p. 134.

3. Verbs with dative objects (*Verben mit Dativobjekt*)

A few German verbs require an object in the dative case rather than the accusative. Two of these are **helfen** and **antworten**.

Ich sehe den Mann.	*I see the man.*
but:	
Ich helfe **dem** Mann.	*I'm helping the man.*
Du fragst die Frau.	*You ask the woman.*
but:	
Du antwortest **der** Frau.	*You answer the woman.*

This chapter introduces the following verbs with dative objects:

antworten	*to answer* (someone)
danken	*to thank*
gefallen	*to please*
gehören	*to belong to*
glauben	*to believe* (someone)
helfen	*to help*

Glauben takes an accusative inanimate object, but a dative personal object: **Ich glaube das**, *but* **Ich glaube dir.** One can thus say: **Ich glaube dir das.** = *I believe you when you say that.*

The dative object is usually a person.

Marie dankt **ihrem Lehrer**.	*Marie thanks her teacher.*
Wem gehört dieser Wagen?	*Who owns this car?* (Literally: *To whom does this car belong?*)
Diese Stadt gefällt **mir**.	*I like this city.* (Literally: *This city pleases me.*)

Note that **gefallen** is another way of saying to *like something*. However, since its literal meaning is *to please* (*someone*), the subject and object are the reverse of English. Remember that the verb must agree in number with the subject.

Die Vorlesungen gefallen **mir**.   literally: *The lectures please me.*

*I like the **lectures**.*

Lab Manual Kap. 7, Var. zur Üb. 7.

Workbook Kap. 7, D, E.

7 Übung: Was gefällt Ihnen hier?   Was gefällt Ihnen an dieser Uni oder diesem College? Hier sind einige Möglichkeiten (*possibilities*):

die Deutschstunde	mein Zimmer
das Essen in der Mensa	das Klima
meine Mitbewohner	usw.
die Vorlesungen	

BEISPIEL: Mir gefällt das Klima.

8 Übung: Wem haben Sie einmal geholfen?   Im ersten Dialog auf Seite 183 („Am Bahnhof") hilft ein Student einer Touristin mit ihrem Koffer. Sagen Sie, wem Sie einmal geholfen haben.

BEISPIEL: Ich habe einmal meiner Mutter geholfen.

9 Übung: Wem gehört das Buch?   Say what belongs to whom.

BEISPIEL: A: Wem gehört dieses Buch?
B: Es gehört mir. Es ist mein Buch.

4. Personal dative

The dative case is also used to indicate a person's involvement in or reaction to a situation. This *personal dative* is often translated by English *to* or *for*.

Ist es **Ihnen** zu kalt?	*Is it too cold **for you**?*
Es wird **mir** zu dunkel.	*It's getting too dark **for me**.*
Wie geht es **dir**?	*How are you?* (Literally: *How is it going **for you**?*)
Wie geht es **deiner Mutter**?	*How is **your mother**?*
Das ist **mir** egal.	*It's all the same **to me**.*
Das macht **mir** Spaß.	*That's fun **for me**.*

The personal dative may often be omitted without changing the basic meaning of the sentence.

Ist es zu kalt?	Wie geht es?
Es wird zu dunkel.	Das macht Spaß.

It may *not* be omitted in the following idiom:

Das tut mir Leid.   *I'm sorry about that.*

When personal dative is omitted, a statement is more absolute. Contrast **Es ist zu dunkel** with **Es ist mir zu dunkel**.

Lab Manual Kap. 7, Var. zur Üb. 10.

Workbook Kap. 7, F.

auch nicht = *not . . . either.*

10 Übung: Ist es Ihnen zu kalt?   Your instructor asks how you feel about something. Give your opinion, then ask your neighbor for an opinion.

BEISPIEL: Ist es Ihnen hier zu kalt?
A: Mir ist es nicht zu kalt. Und dir?
B: Mir ist es auch nicht zu kalt.

1. Ist es Ihnen zu dunkel hier?
2. Ist Ihnen dieses Zimmer zu heiß?
3. Ist Ihnen dieses Buch zu teuer?
4. Ist Ihnen dieser Stuhl hoch genug?
5. Macht Ihnen Deutsch Spaß?
6. Ist Ihnen der Winter hier zu kalt?

11 Partnerarbeit: Reaktionen   Make at least three statements (invented or real) about how things are going for you, what you're doing at the moment, etc. Your partner must decide whether to respond with indifference, sympathy, or enthusiasm. Then switch roles.

BEISPIEL: Ich habe morgen eine Klausur.
Oh, das tut mir Leid. (*oder*) Das ist mir egal.

Am Dienstag fahren wir nach Venedig.
Das finde ich toll!

5. Using *würden* + infinitive

Expressing opinions, preferences, and polite requests is a communicative goal.

To express opinions, preferences, and polite requests, **würden** is used with an infinitive.

Ich **würde** das nicht **machen**.	*I wouldn't do that.*
Was **würdest** du gerne **tun**?	*What would you like to do?*
Würden Sie mir den Koffer **tragen**?	*Would you carry my suitcase?*

Würden is the German equivalent of English *would*. It functions like a modal verb, with a dependent infinitive in final position. **Würden** is conjugated like **möchten** (see p. 76):

<table>
<tr><td colspan="4" align="center">würden would</td></tr>
<tr><td align="right">ich</td><td>würde sagen, ...</td><td align="right">wir</td><td>würden sagen, ...</td></tr>
<tr><td align="right">du</td><td>würdest sagen, ...</td><td align="right">ihr</td><td>würdet sagen, ...</td></tr>
<tr><td align="right">er, sie</td><td>würde sagen, ...</td><td align="right">sie, Sie</td><td>würden sagen, ...</td></tr>
</table>

12 Gruppenarbeit: Würden Sie bitte ... ? Ask your instructor to do a favor for you. Some possibilities are listed below.

BEISPIEL: Würden Sie bitte das Fenster schließen?

mir den Koffer tragen	für uns ein Foto machen
mir eine Brezel kaufen	Lebensmittel einkaufen
das Mittagessen kochen	Ihre Arbeit beschreiben
mir den Bahnhof zeigen	mir den Straßenatlas geben

13 Kettenreaktion: Ich würde gern ... Was würden Sie dieses Wochenende gerne machen? Sagen Sie es und dann fragen Sie weiter.

BEISPIEL: Dieses Wochenende würde ich gern _____. Und du?
Ich würde gern _____.

Expressing preferences is a communicative goal.

14 Partnerarbeit: Was würdest du lieber machen? Here are some choices you might make when traveling. Ask each other which you would rather do. State a preference and give a reason.

BEISPIEL:

sprechen
Ihre Muttersprache?   eine Fremdsprache?

Ich würde lieber eine Fremdsprache sprechen,
denn das macht mehr Spaß.

übernachten (*stay overnight*)
im Hotel?   in einer Jugendherberge (*youth hostel*)?

reisen
mit dem Wagen?   mit dem Zug?

mitbringen
einen Rucksack?   einen Koffer?

eine Woche verbringen (*spend*)

in der Stadt?   auf dem Land?

kennen lernen

Touristen aus Ihrem Land?   Studenten aus dem Ausland (*from abroad*)?

sitzen

im Konzert?   im Café?

6. Verbs with two-way prepositions

There is an important group of verb pairs used with the two-way prepositions. One verb shows destination and always takes the accusative case. The other shows location and always takes the dative case.

For two-way prepositions see pp. 166–167.

Destination (accusative)	Location (dative)
Weak transitive verbs	**Strong intransitive verbs**
legen, hat gelegt *to lay (down), put*	**liegen, hat gelegen** *to lie, be lying*
Ich lege das Buch **auf den Schreibtisch**. *I'm putting the book on the desk.*	Das Buch liegt **auf dem Schreibtisch**. *The book is (lying) on the desk.*
setzen, hat gesetzt *to set (down), put*	**sitzen, hat gesessen** *to sit, be sitting*
Sie setzt das Kind **auf den Stuhl**. *She's putting the child on the chair.*	Das Kind sitzt **auf dem Stuhl**. *The child is (sitting) on the chair.*
stellen, hat gestellt *to place (down), put*	**stehen, hat gestanden** *to stand, be standing*
Ich stelle die Flasche **auf den Tisch**. *I'll put the bottle on the table.*	Die Flasche steht **auf dem Tisch**. *The bottle is (standing) on the table.*
hängen, hat gehängt *to hang up*	**hängen, hat gehangen** *to be hanging*
Er hat die Karte **an die Wand** gehängt. *He hung the map on the wall.*	Die Karte hat **an der Wand** gehangen. *The map hung on the wall.*

Note that **hängen** has one infinitive form but a weak participle (**gehängt**) and a strong participle (**gehangen**).

Legen and **liegen** are used when objects are *laid down* or are *lying* in a horizontal position. **Stellen** and **stehen** are used when objects are *stood up* or are *standing* in a vertical position.

Ich **lege** das Buch auf den Tisch.   *I'm putting the book (down flat) on the table.*

but:

Ich **stelle** das Buch ins Bücherregal.   *I'm putting the book (upright) in the bookcase.*

15 **Übung: Bei Frau Schneider zu Hause** Frau Schneider is working around the house. Describe what she is doing in the left-hand pictures, then the results of her efforts in the right-hand pictures.

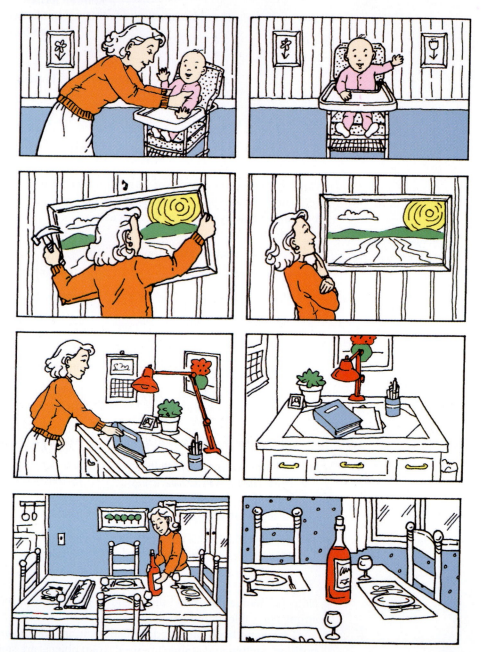

16 **Gruppenarbeit: Was mache ich jetzt?** The class is divided into two groups. The instructor does various things, and each team in turn tries to describe the action. A correct answer scores a point. If your team answers incorrectly, the other team has a chance to describe the same action.

> BEISPIEL: Was mache ich jetzt?
> Sie stellen die Flasche auf den Stuhl.

7. Perfect tense of modal verbs

You know that modal verbs are used with a dependent infinitive.

Ich muss Tanja **anrufen**.	*I have to call Tanja.*
Wir wollen nach Hause **gehen**.	*We want to go home.*

Here are the same sentences in the perfect tense:

Ich habe Tanja **anrufen müssen**.	*I had to call Tanja.*
Wir haben nach Hause **gehen wollen**.	*We wanted to go home.*

A modal verb with a dependent infinitive uses its own *infinitive* form instead of a past participle to form the perfect tense.[1] The infinitive of the modal verb *follows* the dependent infinitive. This construction is called a "double infinitive."

Note that the modal verbs always use **haben** as their auxiliary in the perfect tense, regardless of the dependent infinitive.

Wir **sind** nach Hause gegangen.	*We went home.*
but:	
Wir **haben** nach Hause gehen wollen.	*We wanted to go home.*

Lab Manual Kap. 7, Üb. 17.

Workbook Kap. 7, I.

17 **Übung**   Change these sentences from present to perfect tense.

BEISPIEL: Wir dürfen nicht laut singen.
Wir haben nicht laut singen dürfen.

1. Ich will meinen Stadtplan finden.
2. Meine Freundin muss ich heute anrufen.
3. Sie muss viel Geld ausgeben.
4. Ich kann den Bahnhof nicht finden.
5. Darf man Fotos machen?
6. Ich muss kein Referat schreiben.
7. Ich will dich nicht enttäuschen.

---

[1] All the modal verbs are mixed verbs and have past participles on the pattern **ge-** + *stem* + **-t** (**dürfen–gedurft, können–gekonnt, mögen–gemocht, müssen–gemusst, sollen–gesollt, wollen–gewollt**). These past participles, however, are used *only* when there is *no* dependent infinitive.

Das hat er nicht **gekonnt**.	*He wasn't able to do that.*
Sie hat mich nicht **gemocht**.	*She didn't like me.*
Das habe ich nicht **gewollt**.	*I didn't want that* (*to happen*). *I didn't intend that.*

8. Official time-telling

Telling time with the 24-hour clock is a communicative goal.

You already know how to tell time in German (see p. 16). For official time-telling, however, there is another system. One gives the full hour and the number of minutes past it. In addition, rather than A.M. or P.M., the twenty-four hour clock is used. This is the way the time is given in the media, in train schedules, on announcements of events, etc. Subtract 12 to get the P.M. time as expressed in English.

Midnight can be both **0 Uhr** and **24.00 Uhr**. However, one minute past midnight is **0.01** (**null Uhr eins**).

Written	Spoken	English
1.40 Uhr	ein Uhr vierzig	*1:40 A.M.*
7.55 Uhr	7 Uhr 55	*7:55 A.M.*
13.25 Uhr	13 Uhr 25	*1:25 P.M.*
20.00 Uhr	zwanzig Uhr	*8:00 P.M.*

> **Brokerage 24**
>
> **21.45 ist in Deutschland Schlafenszeit, in New York Börsenzeit, bei uns immer noch Orderzeit.**

18 **Übung: Wie viel Uhr ist es?** Sagen Sie die Uhrzeit auf Deutsch.

BEISPIEL: 11:20 P.M.
Es ist 23.20 Uhr (dreiundzwanzig Uhr zwanzig).

1. 1:55 P.M. 3. 11:31 A.M. 5. 10:52 P.M.
2. 6:02 P.M. 4. 9:47 P.M. 6. 2:25 A.M.

Info-Austausch

19 **Wann kommt der Zug an?** Arbeiten Sie mit einem Partner zusammen und ergänzen Sie (*complete*) die Informationen in dem Zugfahrplan am Hauptbahnhof Mannheim.

BEISPIEL: A: Wann kommt der Zug Nummer 6342 in Mannheim an?
B: Um 14.22 Uhr. Wann fährt der Zug Nummer 2203 nach Innsbruck in Mannheim ab?

Dr. med. Ulrich Mehler prakt. Arzt

Sprechzeiten:

Mo – Fr: 9 – 12 Uhr
Di + Fr: 16 – 18 Uhr

und nach Vereinbarung

Tel. 06031/12150

Praxis – Eingang

Wann kann man Dr. Mehler dienstags in der Praxis besuchen?

Partner B's train schedule is found in Appendix 1.

Partner A:

Ankunft (*arrivals*)			Abfahrt (*departures*)		
Zug-Nr.	ab[2]	an[2]	Zug-Nr.	ab	an
6342	Hamburg	Mannheim	1338	Mannheim	Zürich
	9.33 Uhr				8.12 Uhr
7422	München	Mannheim	2472	Mannheim	Nürnberg
		13.10 Uhr			9.33 Uhr
1387	Frankfurt/Main	Mannheim	6606	Mannheim	Straßburg
	11.20 Uhr			7.55 Uhr	
7703	Wien	Mannheim	2203	Mannheim	Innsbruck
	10.10 Uhr			10.12 Uhr	
9311	Berlin	Mannheim	3679	Mannheim	Prag
		19.16 Uhr		13.23 Uhr	

[2] **ab**: time and place of departure; **an**: time and place of arrival.

Tipps zum Lesen und Lernen

Tipps zum Vokabelnlernen

Translating English *to spend*   The reading passage in this chapter talks of spending time and money. Note the different verbs that German uses to distinguish between these two kinds of spending.

Zeit: verbringen

Wir **verbringen** unsere Ferien in den Alpen.	*We're spending our vacation in the Alps.*
Sie hat den Nachmittag zu Hause **verbracht**.	*She spent the afternoon at home.*

Sparen (*to save*) is used with both time *and* money.

Geld: ausgeben

Wie viel muss man für ein Zimmer **ausgeben**?	*How much do you have to spend for a room?*
Wir haben sehr viel Geld **ausgegeben**.	*We spent a lot of money.*

Note the verbal noun in Wilhelm Müller's poem on p. 187: ***Das Wandern** ist des Müllers Lust.*

Verbal nouns   Any German infinitive may act as a noun. It is then capitalized and is always neuter.

reisen → **das Reisen** (*traveling*)

Das Reisen ist heutzutage leicht.	*Traveling is easy nowadays.*

These verbal nouns correspond to English gerunds (the form ending in **-ing**); some have additional, more specific meanings. For instance, **das Essen** means *eating* but also *food* and *meal*. Here are some other examples:

das **Fliegen**	*flying*		das **Sein**	*being; existence*
das **Lernen**	*learning, studying*		das **Wissen**	*knowing; knowledge*
das **Leben**	*living; life*			

Wissen ist Macht.

DER SPIEGEL

Leicht zu merken

der **Horizont, -e**	Horizont
das **Instrument, -e**	Instrument
die **Kamera, -s**	
der **Kontakt, -e**	Kontakt
packen	
spontan	
die **Tour, -en**	
die **Wanderlust**	

Einstieg in den Text

"Unterwegs mit Fahrrad, Auto und der Bahn" describes how German young people travel in Europe. To gain a first impression of this text, simply skim it, do not read it. Look for familiar vocabulary that is related to travel. In addition, watch for context clues that point to new travel-related vocabulary. As you skim, also keep an eye out for obvious cognates such as **Instrument**.

After skimming the text, go back and read it through once completely. Use the following questions as a guide to highlight some main ideas. See whether you can answer them after a first reading.

Wie kann man durch Europa reisen?
Warum reisen diese Menschen gern?
Wie kann man beim Reisen Geld sparen?
Wo kann man unterwegs Menschen kennen lernen?
Wo kann man auf der Reise übernachten?

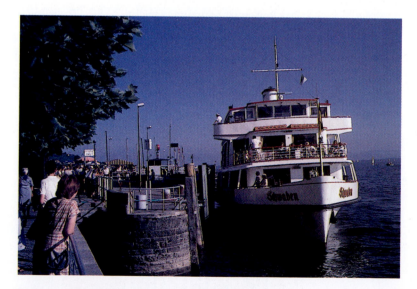

Ausflugsschiff (*excursion boat*) auf dem Bodensee.

Unterwegs (*on the go; en route*)

ein·steigen, ist eingestiegen to get in (*to a vehicle*)

aus·steigen, ist ausgestiegen to get out (*of a vehicle*)

Rad fahren (fährt Rad), ist Rad gefahren to bicycle

übernachten to spend the night

der Führerschein, -e driver's license

    den **Führerschein machen** to get one's driver's license

der Rucksack, ̈e rucksack, backpack

das Ausland (*sing.*) foreign countries

    im Ausland abroad (*location*)

    ins Ausland abroad (*destination*)

das Benzin gasoline

das Fahrrad, ̈er bicycle

    das **Rad, ̈er** wheel; bike (*slang*)

das Flugzeug, -e airplane

die Autobahn, -en expressway, high-speed highway

die Bahn railroad; railroad system

die Fahrkarte, -n ticket (*for means of transportation*)

die Jugendherberge, -n youth hostel

Verben

genießen, hat genossen to enjoy

hoffen to hope

quatschen (*colloq.*) to talk nonsense; to chat

sparen to save (*money or time*)

verbringen, hat verbracht (+ *time phrase*) to spend (*time*)

Substantive

der Platz, ̈e seat

das Ding, -e thing

das Foto, -s photograph

    ein Foto machen to take a picture

(das) Frankreich France

(das) München Munich

die Freiheit, -en freedom

die Tasche, -n pocket; hand *or* shoulder bag

The word **Frankreich** recalls the original empire of the Franks (**die Franken**), a Germanic tribe that settled mainly west of the Rhine. The greatest Frankish king was Charlemagne (**Karl der Große**), 747–814 A.D.

Adjektive und Adverbien

bequem comfortable

italienisch Italian

pünktlich punctual, on time

so so

sympathisch friendly, congenial, likeable

unbekannt unknown

verliebt in (+ *acc.*) in love with

    Sie ist in ihn verliebt. She's in love with him.

verrückt crazy, insane

Andere Wörter

nicht nur … sondern auch not only . . . but also

viele (*pronoun*) many people

Gegensätze

bekannt ≠ unbekannt known; well-known ≠ unknown

bequem ≠ unbequem comfortable ≠ uncomfortable

sympathisch ≠ unsympathisch likeable; friendly ≠ unlikeable; unfriendly

Auf dem Fahrradspur (*bike lane*) fährt man leicht durch Dresden.

Lab Manual Kap. 7, Lesestück.

Unterwegs mit Fahrrad, Auto und der Bahn

Mit dem Sommer kommt wieder die Wanderlust. Dann packt man den Koffer oder den Rucksack und macht eine Reise. Viele fahren mit dem eigenen° Wagen oder mit dem Flugzeug, aber junge Leute mit wenig Geld in der Tasche können nicht immer so viel ausgeben. Sie fahren lieber mit der Bahn oder machen Radtouren. Ein paar erzählen
5 *hier von ihren Reiseerfahrungen°.*

°own

Learning about traveling in Europe is the cultural goal of this chapter.
travel experiences

Adrienne, 18, Azubi° aus Kaisersaschern

„Radfahren erweitert° den Horizont. Ich habe öfter mit meinem Freund Markus in Deutschland und auch im Ausland Radtouren unternommen°. Das Radfahren macht uns Spaß und hält° uns fit. Uns gefallen besonders die kleinen unbekannten
10 Dörfer und Täler. Man kann sie einfach nicht genießen, wenn° man mit 160[3] auf der Autobahn vorbeisaust°!

= *Lehrling*

broadens
taken
keeps
when
roars by

Letzten Sommer waren wir zwei Wochen in Italien unterwegs und haben überall Glück gehabt: Das Wetter war herrlich, die Menschen waren sympathisch und wir haben auch eine Menge Geld gespart. Wir sind von Venedig nach Florenz[4] gefahren
15 und haben immer in Jugendherbergen übernachtet. In einer Gaststätte° auf dem Land haben wir eine nette italienische Familie kennen gelernt. Sie haben ein bisschen Deutsch verstehen können und wir haben sogar drei Tage bei ihnen verbracht. Mit meiner Kamera habe ich ein paar schöne Fotos von den Kindern gemacht. Ich hoffe, wir können in Kontakt bleiben, oder vielleicht besuchen sie uns
20 nächstes Jahr. Ja, im Zug oder im Auto lernt man die Menschen einfach nicht so gut kennen."

= *kleines Restaurant*

Thomas, 19, Abiturient° aus München

„Die Deutschen waren schon immer in ihre Autos verliebt. Letztes Jahr habe ich den Führerschein gemacht und zum Geburtstag haben mir meine Eltern einen

pupil in the last year of Gymnasium

---

[3] 160 = **160 km/h (Stundenkilometer)**.
[4] Florence: city in Tuscany famous as a center of Italian Renaissance culture.

²⁵ Gebrauchtwagen° geschenkt. Ein amerikanischer Freund hat mir erzählt, in den USA darf man schon mit 16° Auto fahren. Da bin ich aber neidisch°, denn bei uns darf man das erst mit 18 Jahren. Die Versicherung° und Benzin muss ich natürlich selber bezahlen, aber das ist kein großes Problem, und die Bewegungsfreiheit° gefällt mir sehr.

used car
mit … = at age 16 / envious
insurance
freedom of movement

³⁰   In München fahre ich natürlich meistens mit der Straßenbahn und der S-Bahn°, denn in der Stadt findet man keinen Parkplatz. Aber am Wochenende kann ich jetzt mit Freunden spontan in die Berge zum Skifahren oder Klettern° fahren. Nach dem Abitur planen wir eine große Tour über° Südfrankreich an die Costa del Sol.⁵"

Straßenbahn … = streetcar and urban rail system
rock climbing
via

Herbert, 29, Assistenzarzt° aus Ulm

resident (physician)

³⁵ „Als Student bin ich manchmal per Autostopp gereist°, aber heute würde ich das nicht mehr machen. Die Unsicherheit° ist mir zu stressig und ich habe nicht mehr so viel Freizeit. Das Reisen mit der Bahn gefällt mir, denn es ist sehr praktisch und bequem. Man geht einfach zum Bahnhof, kauft eine Fahrkarte und steigt in den Zug ein. Und man weiß, man kommt pünktlich an.

per … = hitchhiked
uncertainty

⁴⁰   Im Zug quatsche ich gern ein bisschen mit den Mitreisenden° über viele Dinge. Letztes Wochenende bin ich zum Beispiel nach Berlin gefahren. Neben mir hat ein Musikstudent aus Leipzig gesessen. Er ist in Wittenberg⁶ ausgestiegen und ich habe ihm mit seinem Gepäck geholfen. Er hatte° nicht nur einen Rucksack und einen Koffer mit, sondern auch eine Bassgeige°. Für sein Instrument hat er einen zweiten°

⁴⁵ Platz reservieren müssen. Verrückt, nicht?"

fellow passengers

had
double bass / second

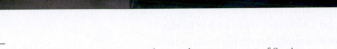

Unterwegs mit der Bahn

---

⁵ Popular Mediterranean resort area on the southeastern coast of Spain.
⁶ The composer Johann Sebastian Bach (1685–1750) spent the greater part of his life in **Leipzig** (in the state of Saxony). The church reformer Martin Luther (1483–1546) is buried in **Wittenberg** (in the state of Saxony-Anhalt).

A Antworten Sie auf Deutsch.

1. Mit welchen Verkehrsmitteln (*means of transportation*) kann man reisen?
2. Wohin ist Adrienne mit dem Rad gefahren?
3. Hat es ihr Spaß gemacht? Warum?
4. Wen hat sie in Italien kennen gelernt?
5. Wo kann man billig übernachten?
6. In welchem Alter (*at what age*) macht man in Deutschland den Führerschein?
7. Ein Auto kann teuer sein. Muss Thomas alles selber (*himself*) bezahlen?
8. Wohin fährt Thomas nach dem Abitur?
9. Warum würde Herbert heute nicht mehr per Autostopp fahren?
10. Warum fährt er gern mit dem Zug?
11. Wen hat er im Zug kennen gelernt? Warum hat er das komisch gefunden?

Urlaub auf dem Bauernhof
Ferien auf dem Lande

Seite 140 Marlene Jensen, Steinbergkirche
Einzelhof, ruhig und schön gelegen, Spiel-
platz, Tischtennis, Fahrräder, 7 km zur Ostsee, BAB-Abfahrt Tarp, Bahnstation Sörup.

B Gruppenarbeit: Eine Radtour durch das Neckartal (*3–4 Personen*) Der Allgemeine Deutsche Fahrrad-Club (ADFC) organisiert viele Radtouren in Deutschland und im Ausland. Wir wollen zusammem eine Tour durch das romantische und historische Neckartal planen, aber wir brauchen einige Infos (*facts*) aus der Broschüre (auf Seite 205) vom ADFC.

1. Wie lang ist die Tour? (_____ km)
2. Wo beginnt sie?
3. Wo endet sie?
4. Wo in Deutschland ist das Neckartal? im Nordosten?
5. Durch welche Großstadt würden wir fahren?
6. Welche zwei Kulturstädte würden wir sehen?
7. Die Broschüre beschreibt ein Pauschalangebot (*package tour*) mit Übernachtung und Frühstück (ÜF). Wie viele Tage dauert diese Tour?
8. Was kostet sie pro Person? (DM _____ , € _____)

DER NECKARTAL RADWEG

BADEN-WÜRTTEMBERG

Bahnhof Schwenningen

Neckarquelle im Stadtpark Möglingshöhe

AUF EINEN BLICK

  teilweise hügelig

Anreise: Villingen, Rottweil, Stuttgart, Heidelberg
Länge: 375 km
Beginn: Villingen-Schwenningen
Ziel: Heidelberg
Charakter: Die Route entlang des Neckar erschließt dem Radler gegensätzliche und sehenswerte Landschaften, kombiniert mit Kulturstädten wie Tübingen und Heidelberg oder der Metropole Stuttgart. Ausbauzustand und das nur gelegentliche Vorhandensein von Steigungen machen die Route für jeden befahrbar.
Wegweisung: grünes Fahrrad mit rot-gestreiftem Vorderrad und Routennamen auf weißem Grund

Karten- und Literaturtipps:
Radtourenbuch „Neckar-Radweg", 1:50.000, Esterbauer-Verlag; Radwanderkarte „Neckartal-Radweg", Bielefelder Verlagsanstalt; Radwanderkarte „Neckartal-Radweg", Stöppel Verlag; Fahrradführer „Am Strom entlang", Moby Dick Verlag

weitere Infos:
Arbeitsgemeinschaft Neckartal-Radweg
Verkehrsamt Villingen-Schwenningen
Bahnhof Schwenningen,
78054 Villingen-Schwenningen
Tel. + 49 (0) 77 20/81 02 77
Fax + 49 (0) 77 20/81 02 79
e-mail: neckartalradweg@t-online.de

PAUSCHALANGEBOTE:
8x ÜF, Infopaket, Gepäcktransfer, DZ
p.P. ab **822,-** DM / 420,28 €
Tel.: +49/(0) 77 20/81 02 77

Vokabeln zum Thema Reisen und Verkehr (*travel and traffic*)

Some of these words are already familiar.

Verben

ab·fahren ≠ **an·kommen**
ein·steigen ≠ **aus·steigen**
um·steigen   *to transfer, change (buses, trains, etc.)*

Substantive

der **Bahnhof**, ¨e
der **Bus**, -se   *bus*
der **Flughafen**, ¨   *airport*
der **Verkehr**   *traffic*
der **Wagen**, -
der **Zug**, ¨e
das **Auto**, -s
das **Flugzeug**, -e
das **Ticket**, -s   *ticket*
die **Autobahn**, -en
die **Fahrkarte**, -n

Nützliche Ausdrücke

Ich fahre **mit dem Wagen**.   . . . *by car.*
             mit dem Bus.   . . . *by bus.*
             mit der Bahn.   . . . *by train.*
Ich fliege.

Das Ticket has been borrowed from English and is used mainly for airline tickets and international train travel. In a train, however, the conductor will say **Fahrkarten, bitte** (*Tickets, please*).

Debate continues about whether to impose a speed limit on the **Autobahn**. Many claim the present lack of a speed limit contributes to Germany's high accident rate.

C **Partnerarbeit: Was habe ich zuerst gemacht?**   Here are eight statements about a train trip. Number them in the order that the events most likely happened. Then read them aloud in order.

_____ Ich habe im Zug mit der Frau neben mir gequatscht.
_____ Ich habe mir eine Fahrkarte gekauft.
_____ Ich habe im Zug einen guten Roman gelesen.
_____ Ich habe eine Reise ins Ausland machen wollen.
_____ Ich bin in den Zug eingestiegen.
_____ Ich habe mir eine Landkarte gekauft.
_____ Ich bin zum Bahnhof gegangen.
_____ Ich bin pünktlich angekommen.

Making travel plans and talking about traveling is a communicative goal.

D **Gruppenarbeit: Planen wir unsere Reise. (*4 Personen*)**   Planen Sie eine Reise nach Europa. Besprechen Sie diese Fragen zusammen. Benutzen Sie die Landkarte.

Welche Länder wollen wir besuchen?
Wie lange wollen wir bleiben?
Wie wollen wir durch Europa reisen? Mit der Bahn? Mit dem Rad? Mit dem Auto?
Wo wollen wir übernachten? In einer Jugendherberge? Im Hotel?
Was wollen wir mitnehmen? Machen wir eine Liste.
Haben wir etwas vergessen?

Jetzt berichtet jede Gruppe über ihre Pläne.

E **Partnerarbeit: am Telefon** Choose one of the following situations and invent a telephone conversation. Since long distance rates are expensive, be brief and convey as much information as efficiently as you can.

1. Phone a friend to report about your vacation abroad.
2. Phone home to say you have arrived somewhere.
3. Phone your roommate to say you've forgotten something.
4. Find out whether a youth hostel or hotel has room for you.

SCHREIBTIPP

More on free writing

In Kapitel 4 (p. 122) you were given some tips on free writing in German. Now that you have learned how to use the perfect tense, you can write about your own experiences in the past. In the first option below you are asked to recount a trip you have taken.

- Write only in German, not in English.
- Make notes about your memories of the trip, using telegram style instead of complete sentences, e.g., **1999 nach Kalifornien**; **mit Familie**; **im Meer geschwommen**.
- Look up vocabulary in an English-German dictionary only when absolutely necessary.
- Adverbs of time you already know will give your account a clear beginning, middle, and end: **Am Anfang ... und dann ... nachher ... endlich**.

▶ Schreiben wir mal.

1. Sie haben sicher schon einmal eine interessante Reise gemacht. Schreiben Sie eine Seite über diese Reise.
2. Schreiben Sie das Gespräch (*conversation*) im Zug zwischen Herbert und dem Musikstudenten aus Leipzig. (Siehe S. 203.)

F **Wie sagt man das auf Deutsch?**

1. Did you take a trip this year?
2. Yes, we went to Italy.
3. How did you like it? (*use* **gefallen**)
4. Very much. We especially enjoyed Venice.
5. Does this suitcase belong to you?
6. Not to me, but to my brother.
7. Where should I put it?
8. Would you please put it under the table?
9. How's your husband?
10. He's not very well.
11. Oh, I'm sorry.

Jugendherbergen 2001 in Deutschland

Almanach

JUGENDHERBERGEN

There are about 670 **Jugendherbergen** in Germany, 110 in Austria, 85 in Switzerland, and 13 in Luxembourg. They are meeting places for young travelers from all over the world. In addition to providing inexpensive food and lodging, they offer a variety of courses and organized trips.

Membership in the AYH (American Youth Hostels) entitles the cardholder to privileges in hostels all over the world. Membership costs as of 2001: under 18 years of age, free; 18–54, $25.00; over 55, $15.00. In Bavaria you must be under 26 years of age to stay in a youth hostel. To apply for membership, write to:

American Youth Hostels, Inc.
733 15th St. NW, Suite 840
Washington, D.C. 20005
(202) 783-6161
FAX: (202) 783-6171

Here are some Web addresses in the United States and the German-speaking countries.

USA:	www.hiayh.org
Austria:	www.oejhv.or.at
Germany:	www.djh.de
Switzerland:	www.youthhostel.ch

Here are some excerpts from the Youth Hostel handbook for Germany.

Tübingen   32 A2

Name:	JH Tübingen
Adresse:	Gartenstr. 22/2
	72074 Tübingen
	Tel. 07071/23002; Fax 25061
	email: jh-tübingen@t-online.de
Herbergseltern:	Ingrid und Gerhard Barth
Träger:	LVB Baden-Württemberg
Raumangebot:	161 Betten, 5 Tagesräume, 19 Betreuer-zimmer
Kat.IV Preis:	Jun. Ü/F 28,00 DM
	Jun. Ü/F 14,32 €
	Sen. Ü/F 33,00 DM
	Sen. Ü/F 16,87 €
Sport & Freizeit:	Motorradfreizeiten mit Sicherheits-training, Bootsverleih am Neckar
Geschlossen:	zeitweise im Winter, bitte voranmeld[...]
Sonstiges:	grundsätzlich Halbpension und Voll-pension gegen Aufpreis möglich
Nächste JH:	Erpfingen-Sonnenbühl, 30 km
	Esslingen, 40 km
Lage und Anreise:	Am Rande des Stadtkerns, direkt a[...]

Neckar.
Bahnhof 1 km. Ab Europaplatz mit Bus Linie 11 bis H[...]
stelle "Jugendherberge".
Auto: B 27 oder A 81.

• Zeichenerklärung •
• Explanation of Signs •
• Explication des Symboles •
• Explicacion de los Simbolos •

Für Familien geeignet
Suitable for families
Convient aux familles
Hay habitaciones familiares

Für Seminare geeignet
Suitable for training courses
Convient aux stages d´instruction
Hay habitaciores para seminarios

Für Rollstuhlfahrer geeignet*
Suitable for wheelchair users
Convient aux fauteuils roulants
Instalaciones adecuadas para usuarios con sillas de ruedas

Musikinstrumente vorhanden/für Musikgruppen geeignet
musical instruments in the youth hostel/ suitable for music groups
instruments de musique à l'auberge/ convient aux groupes de musique
instrumentos de música en el albergue/ preparado para grupos de música

Sportmöglichkeiten im/am Haus
Sports available at or near the hostel
Sports à ou près de l´auberge
Instalaciones deportivas en o cerca del albergue

Wintersport
Ski hostel
Centre de ski
Zona de esquí

* Für Rollstuhlfahrer stehen geeignete Zimmer und Sanitäreinrichtungen zur Verfügung. Die Anzahl der Zimmer reicht nicht immer für Gruppen aus. Bitte in der Jugendherberge anfragen.

EZ	Einzelzimmer
DZ	Doppelzimmer
FZ	Familienzimmer
LZ	Leiterzimmer
TR	Tagesraum

Die angegebenen Preise verstehen sich, sofern nichts anderes angegeben, inklusive Frühstück.

592

Ein Spaziergang durch
die Fußgängerzone
(Heidelberg)

Das Leben in der Stadt

Kommunikation

- Talking about food
- Ordering in a restaurant
- Discussing city life
- Asking for directions

Kultur

- Life in German cities

In diesem Kapitel

- **Lyrik zum Vorlesen**
  Heinrich Heine, „Ich weiß nicht, was soll es bedeuten"
  („Die Loreley")
- **Grammatik**
  Subordinate clauses and subordinating conjunctions
  Infinitive constructions with **zu**
  Genitive case
  Prepositions with the genitive case
  Nouns of measure, weight, and number
  Equivalents for English *to*
- **Lesestück**
  Aspekte der Großstadt
- **Almanach**
  Mit dem Bus durch Berlin

DIALOGE

Remember: **€ 11,50** is spoken **elf Euro fünfzig**. Note on tipping: German restaurants automatically add 15% for service to the bill. When paying, however, it is customary to round up the bill.

Most Germans eat a hot meal at noon and a simple supper of cold cuts, bread, cheese, and salad in the evening.

Im Restaurant: Zahlen bitte!

KELLNERIN: So, hat es Ihnen geschmeckt?
GAST: Ausgezeichnet!
KELLNERIN: Möchten Sie noch etwas bestellen?
GAST: Nein, danke, ich möchte zahlen, bitte.
KELLNERIN: Sie haben Schnitzel, Pommes frites, einen Salat und ein Bier gehabt, nicht wahr?
GAST: Ja, und auch eine Tasse Kaffee.
KELLNERIN: Das macht zusammen € 11,50, bitte sehr.
GAST: (*Gibt ihr 15 Euro*) 12 Euro.
KELLNERIN: Danke sehr, und drei Euro zurück.

Hat es Ihnen geschmeckt? (*How was everything?*) means literally *Did it taste good to you?*

Was brauchen wir noch?

DORA: Heute Morgen habe ich Max zum Abendessen eingeladen. Weißt du, ob er kommt?
FRANZ: Ja, aber er hat mir gesagt, dass er erst um halb sieben kommen kann. Wie viel Uhr ist es jetzt?
DORA: Halb sechs. Also muss ich noch schnell um die Ecke, um ein paar Sachen einzukaufen. Was brauchen wir noch?
FRANZ: Ein Kilo Kartoffeln, 200 Gramm Leberwurst, Käse, eine Flasche Rotwein und Obst zum Nachtisch.
DORA: Ist das alles?
FRANZ: Ich glaube schon.

Ein Stadtbummel

Marianne besucht ihren Freund Helmut in Köln. Er hat ihr das Stadtzentrum noch nicht gezeigt, weil es geregnet hat.

Du is used here as an attention-getter, equivalent to *hey, look.*

HELMUT: Du, der Regen hat endlich aufgehört! Hast du jetzt Lust einen Stadtbummel zu machen?
MARIANNE: Ja gerne. Aber ich hab' jetzt Hunger. Können wir zuerst essen?
HELMUT: Selbstverständlich! In der Nähe des Doms gibt es ein Lokal, wo wir griechisch essen können.
MARIANNE: Hmm, das klingt lecker!
HELMUT: Nachher können wir dann den Dom besuchen und von da ist es nicht mehr weit zum Kunstmuseum.

Wo gehen wir hin?
Essen & Trinken · Freizeit & Unterhaltung

Essen und Trinken

der **Durst** thirst
  Durst haben to be thirsty
der **Hunger** hunger
  Hunger haben to be hungry
der **Nachtisch** dessert
  zum Nachtisch for dessert
der **Salat, -e** salad; lettuce
das **Abendessen** supper, dinner, evening meal
  zum Abendessen for supper
das **Lokal, -e** neighborhood restaurant or tavern
das **Restaurant, -s** restaurant
das **Schnitzel, -** cutlet, chop
die **Kartoffel, -n** potato
die **Wurst, ⁻e** sausage
  die **Leberwurst** liverwurst

Verben

bestellen to order
ein·laden (lädt ein), hat eingeladen to invite
klingen, hat geklungen to sound
schmecken to taste; to taste good
  Wie schmeckt es dir? How does it taste? How do you like it?
zahlen to pay

Substantive

der **Abend, -e** evening
  am Abend in the evening
der **Bummel, -** stroll, walk
  einen Stadtbummel machen to take a stroll through town

Dom comes from Latin *domus ecclesiae* (*house of the congregation*).

der **Dom, -e** cathedral
der **Gast, ⁻e** guest; patron
der **Kellner, -** waiter
der **Liter** liter
der **Regen** rain
das **Gebäude, -** building
das **Glas, ⁻er** glass
das **Gramm** gram
das **Kilogramm** (*or* das **Kilo**) kilogram
(das) **Köln** Cologne
das **Museum, Museen** museum
das **Stadtzentrum** city center
die **Ecke, -n** corner
  an der Ecke at the corner
  um die Ecke around the corner
die **Kellnerin, -nen** waitress
die **Kunst, ⁻e** art
die **Sache, -n** thing; item
die **Tasse, -n** cup

Adjektive und Adverbien

ausgezeichnet excellent
griechisch Greek
lecker tasty, delicious
weit far; far away
zuerst first, at first

Andere Vokabeln

dass (*sub. conj.*) that
noch etwas something else, anything more
ob (*sub. conj.*) whether, if
um ... zu in order to

Nützliche Ausdrücke

Guten Appetit! *Bon appétit!* Enjoy your meal!
griechisch (italienisch, französisch usw.) essen to eat Greek (Italian, French, etc.) food
Ich glaube schon. I think so.
in der Nähe (+ *gen.*) near, nearby
Lust haben (etwas zu tun) to want to (do something)
Zahlen bitte! (May I have the) check please!

Gegensätze

Ich glaube schon. ≠ **Ich glaube nicht.** I think so. ≠ I don't think so.
weit ≠ **nah(e)** far ≠ near
zuerst ≠ **zuletzt** at first ≠ finally, last of all

Mit anderen Worten

der **Kram** (*colloq.*) = die **Sachen**; **alte Sachen**

In a Restaurant: Check Please!

WAIT.: How was everything?

P: Excellent!

WAIT.: Would you like to order anything else?

P: No thanks. I'd like the check, please.

WAIT.: You had a cutlet, French fries, a salad, and a beer, right?

P: Yes, and also a cup of coffee.

WAIT.: All together that comes to 11 euros 50, please.

P: (*Gives her 15 euros*) 12 euros.

WAIT.: Thank you, and three euros change.

What Else Do We Need?

D: This morning I invited Max to supper. Do you know if he's coming?

F: Yes, but he told me that he couldn't come until 6:30. What time is it now?

D: 5:30. So I need to run around the corner to buy a few things. What else do we need?

F: A kilo of potatoes, 200 grams of liverwurst, cheese, a bottle of red wine, and fruit for dessert.

D: Is that all?

F: I think so.

A Stroll Through Town

Marianne is visiting her friend Helmut in Cologne. He hasn't shown her around the center of town yet, because it's been raining.

H: Hey look, the rain's finally stopped! Do you want to take a stroll through town now?

M: Sure. But I'm hungry now. Can we eat first?

H: Of course. Near the cathedral there's a place where we can eat Greek food.

M: Hmm, that sounds delicious!

H: Then we can visit the cathedral afterwards, and from there it's not far to the art museum.

Variationen

A Persönliche Fragen

1. Haben Sie heute gefrühstückt? Was haben Sie denn gegessen? Hat's Ihnen geschmeckt?
2. Kennen Sie ein Lokal, wo man sehr gut essen kann? Wie heißt es?
3. Essen Sie gern griechisch? italienisch? französisch? deutsch?
4. Trinken Sie viel Kaffee? Was trinken Sie sonst?
5. Was essen Sie gern zum Nachtisch?
6. Laden Sie oft Freunde zum Abendessen ein?
7. Kaufen Sie im Supermarkt ein? Wie oft?
8. Marianne hat Lust einen Stadtbummel zu machen. Haben Sie Lust heute etwas zu machen? Was denn?
9. Gehen Sie gern ins Kunstmuseum? Welche Künstler (*artists*) mögen Sie?

B Übung: Raten Sie mal! (*Take a guess!*)   Marianne und Helmut wollen einen Stadtbummel machen. Das heißt, sie haben ein bisschen Freizeit und können langsam durch die Stadt gehen. Um einen Bummel zu machen braucht man also Zeit. Raten Sie mal, was diese Wörter bedeuten:

1. Sie machen einen **Schaufensterbummel**.
2. Ich hab' ein bisschen Geld in der Tasche. Machen wir doch einen **Einkaufsbummel**.
3. Der Zug hat an jedem kleinen Bahnhof gehalten. Ich fahre nie wieder mit diesem **Bummelzug**!
4. Fritz studiert seit 13 Semestern an der Uni und ist immer noch nicht fertig. Er ist ein **Bummelstudent**!
5. Die Arbeiter arbeiten immer noch, aber sehr langsam. Sie machen einen **Bummelstreik**.

C **Partnerarbeit: Schmeckt es dir?** Fragen Sie Ihren Partner, ob ihm etwas schmeckt.

BEISPIEL: A: Isst du gern Tomatensuppe?

B: Nein, das schmeckt mir nicht. (*oder*)

Ja, das schmeckt mir.

Käse	Kaffee
Bier	Brot
Pizza	Salat
Kartoffeln	Wiener Schnitzel
Pommes frites	griechisches Essen
Leberwurst	Wein

Unser SB-Wurst-Angebot:
Pfälzer Leberwurst
400-g-Packung
€1,78

Käse des Monats:

Echter Käse aus Holland
holländischer Schnittkäse,
30% Fett i.Tr., 100 g **€1,99**

Granny Smith Äpfel
Chile, Kl. I, neuerntig
1 kg **€1,53**

Obstabteilung!

Griech. Victoria-Trauben
Hkl. I
1 kg **€1,49**

Südafrik. Outspan-Orangen
Hkl. I
7er Netz **€2,00**

Vokabeln zum Thema

Am Tisch

1. die **Serviette, -n**
2. die **Gabel, -n**
3. der **Teller, -**
4. das **Messer, -**
5. der **Löffel, -**

6. das **Glas, ̈er**
7. die **Speisekarte, -n**
8. die **Flasche, -n**
9. das **Salz**
10. der **Pfeffer**

D Partnerarbeit: Am Cafétisch Fill in the blanks with words from the drawing on page 213.

Der Tisch ist für zwei Personen gedeckt (*set*). Sie wissen noch nicht, was Sie essen wollen. Sie müssen zuerst _____ lesen.

A: Ich habe Durst und bestelle mir eine _____ Mineralwasser. Das trinke ich aus _____.

B: Ich habe Hunger und bestelle mir Spaghetti bolognese und einen Salat. Ich lege mir die _____ auf meinen Schoß (*lap*).

A: Das klingt lecker. Aber ich bestelle mir ein Schnitzel. Das esse ich mit _____ und _____.

B: Zum Nachtisch bestellen wir Eiscreme. Die essen wir mit _____. Dann sind wir fertig und der Kellner nimmt unsere _____ weg.

LYRIK ZUM VORLESEN

Lab Manual Kap. 8, Lyrik zum Vorlesen.

Heinrich Heine

The cliff called the Loreley is on the Rhine River at its deepest spot. Heinrich Heine's famous poem "Ich weiß nicht, was soll es bedeuten" (1823) is a retelling of a Romantic legend invented by his contemporary Clemens Brentano (1778–1842). It recounts the tale of a siren who lures boatmen to their deaths at this place. Set to music by the composer Silcher, it achieved the status of a folk song.

Ich weiß nicht, was soll es bedeuten (Die Loreley)

Ich weiß nicht, was soll es bedeuten,	
dass ich so traurig° bin;	*sad*
ein Märchen aus alten Zeiten,	
das kommt mir nicht aus dem Sinn°.	***das ... = das kann ich nicht vergessen***
Die Luft ist kühl und es dunkelt°,	***es dunkelt = es wird dunkel***
und ruhig° fließt der Rhein;	*peacefully*
der Gipfel° des Berges funkelt°	*mountain top / glistens*
im Abendsonnenschein.	
Die schönste Jungfrau° sitzet°	*most beautiful maiden / **sitzet = sitzt***
dort oben° wunderbar,	*high above*
ihr goldenes Geschmeide° blitzet°,	*jewelry / glistens*
sie kämmt° ihr goldenes Haar.	*combs*
Sie kämmt es mit goldenem Kamme°,	*comb*
und singt ein Lied dabei°;	*while doing so*
das hat eine wundersame°,	***= wunderbare***
gewaltige° Melodei.	*powerful*
Den Schiffer° im kleinen Schiffe°	*sailor / boat*
ergreift es° mit wildem Weh°;	***ergreift ... = is gripped / longing***
er schaut° nicht die Felsenriffe°,	***= sieht / submerged rock***
er schaut nur hinauf in die Höh°.	*up to the heights*
Ich glaube, die Wellen° verschlingen°	*waves / swallow*
am Ende Schiffer und Kahn°;	*boat*
und das hat mit ihrem Singen	
die Loreley getan.	

Heinrich Heine (1797–1856)

1. Subordinate clauses and subordinating conjunctions (*Nebensätze und subordinierende Konjunktionen*)

When it answers a question, a subordinate clause can stand alone as a complete utterance: A: **Wie lange müssen wir warten?** B: **Bis der Regen aufhört.**

Subordinating conjunctions, like coordinating conjunctions, join two clauses together. The clause beginning with a subordinating conjunction, however, is *subordinate to*, or *dependent on*, the main clause. A subordinate clause is *not* an independent sentence.

> main clause   subordinate clause
> I know   that they still remember me.

In the example above, the subordinate clause "that they still remember me" is not a complete sentence. In this chapter you will learn the following subordinating conjunctions:

Causal meaning of *since*: Since it's raining . . . (**Da es regnet ...**); temporal meaning of *since*: Since November . . . (**Seit November ...**).

bis	*until*
da	*since* (causal, not temporal)
dass	*that*
ob	*whether, if* (when it means *whether*)
weil	*because*
wenn	*if*

Verb-last word order in the subordinate clause

Review the coordinating conjunctions **und**, **oder**, etc. on pp. 189–191, which do *not* change word order in the second clause.

A subordinate clause is always set off by a comma preceding the subordinating conjunction.

Unlike coordinating conjunctions, which do not affect word order, subordinating conjunctions *move the inflected verb to the end of the subordinate clause.*

Wir essen um halb sieben.

Ich glaube, **dass** wir ▬ um halb sieben essen.
I think that we're eating at 6:30.

Brauchen wir noch etwas?

Weißt du, **ob** ▬ wir noch etwas brauchen?
Do you know whether we need anything else?

Ich habe gerade gegessen.

Ich habe keinen Hunger, **weil** ich ▬ gerade gegessen habe.
I'm not hungry because I've just eaten.

Ich habe Zeit.

Ich helfe dir, **wenn** ich ▬ Zeit habe.
I'll help you if I have time.

Lab Manual Kap. 8,
Üb. 1, 2, 7; Var. zu
Üb. 3, 5, 8.

Workbook Kap. 8, A–D.

1 **Übung: Ich weiß, dass ...**   Sie planen miteinander ein Abendessen. Ihre Professorin sagt Ihnen etwas. Sagen Sie, dass Sie das wissen.

> BEISPIEL: Die Wurst ist teuer.
> Ich weiß, dass sie teuer ist.

1. Wir essen um sieben.
2. Wir brauchen Rotwein.
3. Der Käse schmeckt gut.
4. Die Kinder wollen essen.
5. Tante Marie kommt zum Abendessen.
6. Wir haben keinen Salat.
7. Wir brauchen etwas zum Nachtisch.
8. Tante Marie trinkt keinen Kaffee.

Reichelt
Eiscreme
verschiedene Sorten,
jeder 1000-ml-Becher   **2,04**

2 **Übung: Ich weiß nicht, ob ...**   Ihr Professor ist neu in dieser Stadt. Er hat viele Fragen, aber Sie wohnen auch nicht lange hier und können ihm keine Antworten geben.

> BEISPIEL: Ist dieses Restaurant teuer?
> Ich weiß nicht, ob es teuer ist.

1. Gibt es hier einen Automechaniker?
2. Ist dieses Hotel gut?
3. Ist die Uni weit von hier?
4. Gibt es eine Buchhandlung in der Nähe?
5. Kann man den Dom besuchen?
6. Kann man hier einen Stadtplan kaufen?

3 **Partnerarbeit: Warum lernst du Deutsch?**   Ask each other why you do the things listed below. Give your reason, then ask the next question.

> BEISPIEL: Warum lernst du Deutsch?
> Ich lerne Deutsch, *weil* es interessant ist. Warum ... ?

Deutsch lernen	einen Rucksack tragen
zur Buchhandlung gehen	bis 9.00 schlafen
jetzt essen	draußen sitzen
viel Kaffee trinken	keine Leberwurst essen
Rad fahren	früh aufstehen

Conditional sentences: If *X* is true, then *Y* is true

A clause introduced by **wenn** is called a *conditional clause* because it states a condition. The main clause is then called the *result clause* because it states the expected result of the condition. The result clause may begin with an optional **dann** which does not affect word order.

> *condition*   *result*
> Wenn ich Zeit habe, helfe ich dir.
> Wenn ich Zeit habe, **dann** helfe ich dir.

Fußgängerzone

4 **Übung: Wenn … , dann …**

A. Complete these sentences by supplying a result clause:

1. Wenn wir Hunger haben, dann …
2. Wenn du griechisch essen willst, dann …
3. Wenn du mich morgen einlädst, dann …

B. Now supply the conditional clause:

1. Wenn … , dann können wir einen Stadtbummel machen.
2. Wenn … , dann kannst du einen Nachtisch bestellen.
3. Wenn … , dann müssen wir noch schnell einkaufen.

Question words as subordinating conjunctions

The question words (**wann**, **warum**, **was**, **wer**, etc.) act as subordinating conjunctions when they introduce an indirect question (i.e., a question restated as a subordinate clause).

Question:	Was **brauchen** wir zum Abendessen?
Indirect question:	Weißt du, was ▬▬▬ wir zum Abendessen **brauchen**? *Do you know what we need for supper?*
Question:	Wer **ist** das?
Indirect question:	Ich kann Ihnen nicht sagen, wer ▬ das **ist**. *I can't tell you who that is.*

5 Übung: Eine Bahnreise nach Skandinavien   Eine Gruppe von Studenten will in den Semesterferien eine Bahnreise nach Skandinavien machen, aber Sie wissen nichts über die Reise, denn Sie fahren nicht mit. Also können Sie keine Fragen über die Reise beantworten (*answer*).

> BEISPIEL: Wer plant die Reise?
> Ich weiß nicht, wer die Reise plant.

1. Wohin fährt die Gruppe?
2. Wo wollen sie übernachten?
3. Warum fahren sie mit der Bahn?
4. Welche Städte besuchen sie?
5. Was wollen sie dort sehen?
6. Wen wollen sie besuchen?
7. Wann kommen sie zurück?

...für meine Familie tu' ich alles. Aber was passiert, wenn mir was passiert?

Verbs with separable prefixes in subordinate clauses

You know that when a verb with a separable prefix is used in a main clause, the prefix is separated from the verb and placed at the end of the clause.

> Dort **kaufe** ich immer **ein**.

In a subordinate clause, the verb moves to the end of the clause and the prefix is attached to it.

> Weißt du, warum ich ▬▬▬▬ immer dort **einkaufe**?

6 Partnerarbeit: Wie lange müssen wir warten?   Sie warten zusammen vor der Mensa. Sagen Sie einander, bis wann Sie warten müssen. (*Use the cues below.*)

> BEISPIEL: Wie lange müssen wir noch warten?
> (der Bus / ankommen)
> Wir müssen warten, bis der Bus ankommt.

1. der Regen / aufhören
2. Max / uns abholen
3. unsere Freunde / ankommen
4. die Vorlesung / anfangen
5. die Buchhandlung / aufmachen

7 Übung: Ich habe eine Frage.   Ihre Professorin stellt Fragen. Sie berichten den anderen Studenten, was die Professorin wissen möchte.

> BEISPIELE: Ich habe eine Frage: Wann stehen Sie auf?
> Sie möchte wissen, wann ich aufstehe.
>
> Kommt Bernd vorbei?
> Sie möchte wissen, ob Bernd vorbeikommt.

1. Wann fängt das Semester an?
2. Kommt Ingrid vorbei?
3. Warum geht Regine weg?
4. Bringt Maria die Kinder mit?
5. Hört die Musik bald auf?
6. Mit wem geht Hans spazieren?
7. Wo steigt man in die Straßenbahn ein?
8. Wo steigen wir aus?
9. Wer macht das Fenster zu?
10. Laden Sie Max zum Abendessen ein?

Order of clauses in the sentence

Subordinate clauses may either follow or precede the main clause.

1   2

Ich spreche langsam, da ich nicht viel Deutsch gelernt habe.

1   2

Da ich nicht viel Deutsch gelernt habe, spreche ich langsam.

When the subordinate clause comes first, the *entire* subordinate clause is considered the first element in the sentence. The verb of the main clause therefore follows it immediately in second position. The two inflected verbs are directly adjacent to each other, separated by a comma.

     subordinate clause   *main clause*

Wenn ich Zeit **habe**, **gehe** ich ins Museum.
Ob er sympathisch **ist**, **weiß** ich nicht.

8 Übung   Ihr Professor hat Fragen, aber Sie wissen die Antworten nicht.

BEISPIEL: Wie ist das Wetter?
                 Wie das Wetter ist, weiß ich nicht.

1. Wer ist das?
2. Wem gehört das?
3. Wohin fährt er?
4. Was kostet das?
5. Wie heißt sie?
6. Warum ist er müde?
7. Wessen Koffer ist das?
8. Wen kennt sie?

9 Übung: Ich mache heute keinen Stadtbummel.   You've decided not to take a stroll through town today. Use the cues below to explain why.

BEISPIEL: Es regnet noch.
                 Da es noch regnet, mache ich keinen Stadtbummel.

1. Ich habe keine Zeit.
2. Das Wetter ist schlecht.
3. Ich brauche nichts in der Stadt.
4. Ich gehe nicht gern allein.
5. Ich bin heute spät aufgestanden.
6. Ich habe zu viel Arbeit.

2. Infinitive constructions with *zu* (*der Infinitivsatz*)

When used in a sentence, the German infinitive is frequently preceded by **zu**. For the most part, this construction parallels the use of the English infinitive with *to*:

Was gibt's hier **zu sehen**?	*What's there to see here?*
Hast du Zeit diesen Brief **zu lesen**?	*Do you have time to read this letter?*

Note especially the second sentence above. In German, the infinitive with **zu** comes at the end of its phrase. In English, the infinitive with *to* comes at the beginning of its phrase.

When a separable-prefix verb is used, the **zu** is inserted between the prefix and the stem infinitive.

ab**zu**fahren   spazieren **zu** gehen

Ich hoffe bald **abzufahren**.	*I hope to leave soon.*
Hast du Lust mit mir **spazieren zu gehen**?	*Would you like to go for a walk with me?*

Here are some cases in which the infinitive with **zu** is used:

- as a complement of verbs like **anfangen**, **aufhören**, **beginnen**, **helfen**, **hoffen**, **lernen**, **planen**, **scheinen**, and **vergessen**.

Ich fange an **einen Brief zu schreiben**.	*I'm starting to write a letter.*
Sie hofft **Geschichte zu studieren**.	*She's hoping to study history.*
Ich habe vergessen **dir von meiner Reise zu erzählen**.	*I forgot to tell you about my trip.*

- as a complement of constructions like **Lust haben**, **Zeit haben**, and **Spaß machen**.

Hast du Lust **einen Stadtbummel zu machen**?	*Do you want to take a walk through town?*
Ich habe keine Zeit **einkaufen zu gehen**.	*I have no time to go shopping.*

- as a complement of many adjectives such as **dumm**, **einfach**, **schön**, and **wichtig**.

Es ist sehr wichtig **das zu verstehen**.	*It's very important to understand that.*
Es ist schön **dich wiederzusehen**.	*It's nice to see you again.*

10 Partnerarbeit: Wie findest du das?   On the left are some adjectives you can use to describe your attitude toward the activities listed on the right. Take turns telling each other what you think.

> BEISPIEL: Ich finde es wunderschön schwimmen zu gehen.

altmodisch	einen Stadtbummel zu machen
barbarisch	Deutsch zu lernen
bequem	schwimmen zu gehen
blöd	Hausaufgaben zu machen
einfach	meine Eltern anzurufen
fantastisch	um 6 Uhr aufzustehen
furchtbar	Frühstück zu essen
gut	Romane zu lesen
interessant	ins Museum zu gehen
klug	Geld zu sparen
leicht	im Sommer zu arbeiten
nett	Freunde einzuladen
schwierig	Kaffee zu trinken
stinklangweilig	ein Zimmer zu finden

11 Kettenreaktion: Was hast du vergessen?   Sie haben alle vergessen etwas zu tun. Sagen Sie, was Sie vergessen haben, dann fragen Sie den nächsten Studenten.

> BEISPIEL: A: Ich habe vergessen meine Hausaufgaben zu schreiben.
>   Was hast du vergessen?
>   B: Ich habe vergessen ...

Diese Liste gibt Ihnen einige Möglichkeiten (*possibilities*):

to invite my friends	to shop
to order tickets	to buy potatoes
to order dessert	to show you my photographs

Lab Manual Kap. 8,
Var. zu Üb. 12, 13; Üb. 16.

Workbook Kap. 8, E, F.

12 Übung: Es macht mir Spaß ...   Sagen Sie Ihrer Professorin, was Ihnen Spaß macht.

> BEISPIELE: Es macht mir Spaß am Telefon zu quatschen.
>   Es macht mir Spaß spazieren zu gehen.

Infinitives with *um ... zu* and *ohne ... zu*

■ **um ... zu** = *in order to*

Ich muss in die Stadt, **um Lebensmittel einzukaufen**.	*I have to go to town (in order) to buy groceries.*
Ich fahre nach Deutschland, **um Deutsch zu lernen**.	*I'm going to Germany in order to learn German.*

■ **ohne ... zu** = *without . . . -ing*

Sie ist abgefahren, **ohne mich zu besuchen**.	*She left without visiting me.*
Ich habe das Buch gelesen, **ohne es zu verstehen**.	*I read the book without understanding it.*

Rikscha-Taxistand vor dem
Kölner Dom

13 **Schreiben wir mal.** Rewrite each sentence, changing the **weil**-clause to an
um ... zu phrase. Don't forget to eliminate the modal verb and its subject.

> BEISPIEL: Ich gehe in die Stadt, weil ich einkaufen will.
> Ich gehe in die Stadt *um einzukaufen.*

1. Ich gehe ins Lokal, weil ich etwas essen will.
2. Sie sitzt am Fenster, weil sie die Straße sehen möchte.
3. Studenten essen in der Mensa, weil sie Geld sparen wollen.
4. Manchmal fährt man ins Ausland, weil man mehr lernen möchte.

14 **Gruppenarbeit: Warum tust du das?** Ask each other why you do certain things.
Answer with an **um ... zu** phrase.

> BEISPIEL: A: Warum gehst du in die Altstadt?
> B: Um einen Schaufensterbummel zu machen.

1. Warum gehst du ins Wasser?
2. Warum lernst du Deutsch?
3. Warum macht man oft Radtouren?
4. Warum bringt man eine Kamera mit, wenn man reist?
5. Warum fährt man im Winter in die Alpen?
6. Warum rufst du deine Freunde an?
7. Warum arbeitest du diesen Sommer?
8. Warum gehst du ins Museum?

15 **Partnerarbeit: Warum machst du das gern?** Find out two things your partner
likes to do, and why. Answers may use either **weil** or **um ... zu**. Report your finding to
the class.

> BEISPIEL: A: Was machst du denn gern?
> B: Ich gehe gern in die Stadt.
> A: Warum?
> B: Um ins Kino zu gehen.   (*oder*)
> Weil ich gern ins Kino gehe.

16 **Übung** Combine these sentences, changing the second one to an **ohne ... zu**
phrase.

> BEISPIEL: Er hat den Koffer genommen. Er hat mich nicht gefragt.
> Er hat den Koffer genommen, ohne mich zu fragen.

1. Sie sind abgefahren. Sie haben nicht Auf Wiedersehen gesagt.
2. Ich arbeite in einem Geschäft. Ich kenne den Chef nicht.
3. Karin hat ein Zimmer gefunden. Sie hat nicht lange gesucht.

4. Geh nicht spazieren. Du trägst keinen Mantel.
5. Geh nicht weg. Du hast kein Frühstück gegessen.
6. Sie können nicht ins Konzert. Sie haben keine Karten gekauft.

3. Genitive case (*der Genitiv*)

The genitive case is the fourth and last case to be learned. It expresses possession (***John's*** *books*) or a relationship between two nouns marked in English by the preposition *of* (*the color **of your eyes***). Here are some examples of genitive phrases:

der Wagen **meiner Mutter**	***my mother's*** *car*
die Freunde **der Kinder**	***the children's*** *friends*
das Haus **meines Bruders**	***my brother's*** *house*
das Ende **des Tages**	*the end **of the day***
Egons Freundin	***Egon's*** *girlfriend*
der Name **des Kindes**	*the child's name*

Forms of the genitive case

The genitive case has fewer endings than the other three cases you know. There are only two genitive endings for the limiting words: **-es** for masculine and neuter and **-er** for feminine and plural.

Note:

*Feminine nouns and nouns in the plural do *not* have a genitive ending on the noun itself.*

Review N-nouns on p. 171.

- For masculine and neuter nouns, *the noun itself takes a genitive ending* **-s** in addition to the genitive ending on the limiting word (in der Nähe de**s** Bahnhof**s**). The ending for monosyllabic nouns is usually **-es** (das Auto mein**es** Mann**es**).

- Masculine N-nouns are exceptions because they add the same **-en** or **-n** as in the accusative and dative.

Wissen Sie die Adresse **dieses Studenten?**	*Do you know the address of this student?*
Kennen Sie die Frau **dieses Herrn?**	*Do you know this gentleman's wife?*

Genitive case				
	masculine	**neuter**	**feminine**	**plural**
nom. **acc.**	der Mann den Mann	das Kind	die Frau	die Leute
dat.	dem Mann	dem Kind	der Frau	den Leuten
gen.	**-es -(e)s**	**-es -(e)s**	**-er**	**-er**
	des Mannes	**des** Kindes	**der** Frau	**der** Leute
	eines Mannes	**eines** Kindes	**einer** Frau	**keiner** Leute
	meines Mannes	**eures** Kindes	**Ihrer** Frau	**unserer** Leute
	dieses Mannes	**jedes** Kindes	**welcher** Frau	**dieser** Leute

Use of the genitive case

In German, the genitive generally *follows* the noun it modifies, but in English, the possessive precedes the noun: **das Haus meines Bruders** (*my brother's house*). Proper names and kinship titles used as names, however, usually *precede* the nouns they modify, as in English: **Egons Freundin** (*Egon's girlfriend*), **Muttis Wagen** (*Mom's car*). Proper names simply add **-s** without an apostrophe in the genitive.

German uses the genitive case for both persons and things, whereas English usually reserves the possessive ending *'s* for people and animals and uses *of* for things.

das Haus **meiner Großmutter**	*my grandmother's* house
die Häuser **der Stadt**	*the houses of the city*

Lab Manual Kap. 8, Üb. 17; Var. zur Üb. 18.

Workbook Kap. 8, G.

17 Übung Change these noun phrases from nominative to genitive.

BEISPIEL: der Zug
des Zuges

1. ein Arzt
2. mein Freund
3. unser Vater
4. die Lehrerin
5. das Kind
6. die Leute

7. jede Uni
8. deine Mutter
9. der Student
10. dieser Herr
11. das Essen
12. diese Zimmer

dtv Wörterbuch der deutschen Sprache

Wahrig

Klassiker des philosophischen Denkens Band 2

Hume Kant Hegel Marx Schopenhauer Nietzsche Heidegger Wittgenstein

dtv wissenschaft

The preposition *von* + dative

German uses **von** + *dative* where English uses **of** + *possessive*:

a friend of my brother's	**ein Freund von meinem Bruder**
a cousin of mine	**eine Cousine von mir**
Is Max a friend of yours?	**Ist Max ein Freund von dir?**

---

18 **Übung: Wie sagt man das auf Deutsch?**

> BEISPIEL: *your girlfriend's sister*
> die Schwester deiner Freundin

1. the walls of my room
2. the end of the week
3. Karl's major
4. the children's pictures
5. the history of the war
6. his brother's house
7. her sister's boyfriend
8. the cities of Switzerland
9. a student's letter
10. the rooms of the house
11. Maria's students
12. the cities of Europe
13. the windows of this room
14. your mother's car
15. the history of these countries
16. Grandpa's clock
17. a friend of yours
18. a student of mine

19 **Partnerarbeit: Wessen ... ist das?** Pictured below are Ute's family and some things that belong to them. Take turns asking what belongs to whom.

> BEISPIEL: A: Wessen Buch ist das?
> B: Das ist das Buch ihrer Schwester.

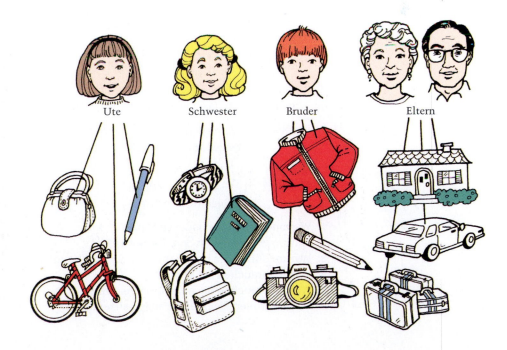

| Ute | Schwester | Bruder | Eltern |

4. Prepositions with the genitive case (*Präpositionen mit Genitiv*)

You've already memorized the accusative, dative, and two-way prepositions on pp. 101, 136, and 166–167. Remember that no prepositions take the nominative case.

There is a small group of prepositions that take the genitive case.

statt or anstatt	*instead of*	Schreib eine Karte **statt eines Briefes**.
trotz	*in spite of, despite*	**Trotz des Wetters** sind wir ans Meer gefahren.
während	*during*	**Während der Woche** fährt er oft in die Stadt.
wegen	*because of, on account of*	**Wegen meiner Arbeit** kann ich nicht mitkommen.

Note: **Statt** and **anstatt** are interchangeable and equally correct.

Workbook Kap. 8, H.

20 Übung   Form prepositional phrases with the elements provided and give English equivalents. Then make a complete sentence for each phrase.

BEISPIEL: während / Sommer
während des Sommers (*during the summer*)
Während des Sommers habe ich gearbeitet.

1. trotz / Wetter
2. während / Ferien
3. statt / Stadtplan
4. wegen / mein / Mutter
5. wegen / mein / Studium
6. trotz / Arbeit
7. während / Tag
8. anstatt / Hotel

21 Übung: Warum tun Sie das?   Ihre Professorin möchte wissen, warum Sie etwas tun. Sagen Sie es ihr. Die Liste von Gründen (*reasons*) hilft Ihnen.

BEISPIEL: Warum arbeiten Sie so viel?
Wegen meines Studiums.

Studium	Eltern	Wetter
Klausur	Schnee	Klima
Arbeit	Regen	Stress

1. Warum bleiben Sie heute zu Hause?
2. Warum wollen Sie im Süden wohnen?
3. Warum dürfen Sie heute Abend nicht mitkommen?
4. Warum brauchen Sie Ferien?
5. Warum brauchen Sie manchmal Aspirin?
6. Warum wollen Sie heute draußen sitzen?

22 Übung: Wann machen Sie das?   Ihr Professor fragt, wann Sie etwas machen. Die Liste der Zeitangaben (*time phrases*) hilft Ihnen mit der Antwort.

> BEISPIEL: Wann haben Sie Zeit eine Reise zu machen?
> Während der Ferien. / Im Sommer. / usw.

You can also use phrases such as **nach meiner Vorlesung** and **vor dem Frühstück**.

am	im	während
Morgen	Frühling	Woche
Abend	Herbst	Ferien
Wochenende	Winter	Vorlesung
Montag (usw.)	Januar (usw.)	Konzert

1. Wann gehen Sie zur Deutschstunde?
2. Wann haben Sie Zeit einzukaufen?
3. Wann schreiben Sie Briefe?
4. Wann schlafen Sie gern?
5. Wann haben Sie Lust ins Ausland zu fahren?
6. Wann haben Sie keine Zeit ins Kino zu gehen?

5. Nouns of measure, weight, and number

German noun phrases indicating measure and weight do not use a preposition. Equivalent English phrases use *of*.

See the Table of Equivalent Weights and Measures on the inside back cover of the book.

ein Glas Bier	*a glass **of** beer*
eine Flasche Wein	*a bottle **of** wine*
eine Tasse Kaffee	*a cup **of** coffee*
ein Kilo Kartoffeln	*a kilo **of** potatoes*
ein Liter Milch	*a liter **of** milk*
ein Stück Brot	*a piece **of** bread*
eine Portion Pommes frites	*an order **of** French fries*

Masculine and neuter nouns of measure *remain in the singular*, even following numerals greater than one.

drei **Glas** Bier	*three glass**es** of beer*
zwei **Kilo** Kartoffeln	*two kilo**s** of potatoes*
vier **Stück** Brot	*four piece**s** of bread*

Feminine nouns of measure, however, *do* use their plural forms.

zwei Tass**en** Kaffee	*two cups of coffee*
drei Flasch**en** Wein	*three bottles of wine*
drei Portion**en** Pommes frites	*three orders of French fries*

```
        15-08-02 #0000

GAST/TISCH # 161
 2 PAELLA VAL.  *20.45
 1 SCHNITZEL PA  *7.16
 1 KINDERTELLER  *4.60
 1 FL WASSER     *1.79
 1 FL LIMO       *1.79
 1 MÄRZEN 0.5    *1.43
 1 WEIZEN        *1.79
 1 MÄRZEN 0.3    *0.92
BROT            *1.02
BAR           *40.95
ENTH.MWST14%    *5.67

BESTEN DANK
COSTA DEL SOL
```

Ordering in a restaurant is a communicative goal.

23 **Übung: Im Lokal**   Sie reisen mit einer Studentengruppe durch Deutschland und essen in einem Lokal. Die anderen in der Gruppe können kein Deutsch. Sie müssen der Kellnerin sagen, was sie bestellen wollen.

> BEISPIEL: *I'd like a cup of coffee.*
> Bringen Sie uns bitte eine Tasse Kaffee.

I'd like

1. ... *a glass of wine and two cups of coffee.*
2. ... *three glasses of water and two glasses of beer.*
3. ... *a bottle of wine and two orders of French fries.*
4. ... *three glasses of beer, two glasses of wine, and a cup of coffee.*

Vokabeln zum Thema

In der Konditorei

A **Konditorei** is a bakery-café serving pastries and sometimes light fare such as cold cuts and egg dishes.

Auf der Speisekarte der Konditorei finden Sie auch:

die **Butter**	*butter*
das **Ei, -er**	*egg*
das **Eis**	*ice cream*
das **Kännchen, -**	*small (coffee or tea) pot*
der **Kuchen, -**	*cake*
die **Milch**	*milk*
die **Portion, -en**	*serving of, order of*
der **Saft, ̈e**	*juice*
die **Sahne**	*cream*
der **Schinken**	*ham*
der **Tee**	*tea*

Kaffee Hag is *decaffeinated coffee;* **Glühwein** is *hot mulled wine;* **Zitrone natur** is *fresh lemonade;* **Konfitüre** = **Marmelade**.

❖ *Café-Konditorei Reidel*

Warme Getränke

Tasse Kaffee	1,20
Kännchen Kaffee . . .	2,35
Tasse Mocca . . .	2,25
Kännchen Mocca . .	2,80
Tasse Kaffee Hag. . .	1,25
Kännchen Kaffee Hag . .	2,45
Tasse Kakao mit Sahne . .	1,25
Kännchen Kakao mit Sahne .	2,50
Glas Tee mit Milch oder Zitrone .	1,20
Glas Tee mit Rum . . .	2,30
Glas Pfefferminztee . . .	1,20
Glas Grog von Rum 4 cl . .	2,60
Glas Glühwein 0,2 l . .	2,30
Glas heiße Zitrone . . .	1,35

Eis und Eisgetränke

Portion gemischtes Eis . .	1,65
Portion gemischtes Eis mit Sahne	2,00
Früchte-Eisbecher „Florida". .	3,35
Eis-Schokolade . . .	2,10

Kalte Getränke

Flasche Mineralwasser . .	1,10
Flasche Coca Cola . . .	1,10
Flasche Orangeade . . .	1,10
Pokal Apfelsaft . . .	1,25
Glas Orangensaft . . .	1,50
Glas Tomatensaft . . .	1,50
Glas Zitrone natur	1,35

Frühstück

Kleines Gedeck	3,10
1 Kännchen Kaffee, Tee od. Schokolade, 2 Brötchen, Butter, Konfitüre	
Großes Gedeck	4,05
1 Kännchen Kaffee, Tee od. Schokolade, 2 Brötchen, Butter, Konfitüre, 1 gek. Ei, 1 Scheibe Schinken od. Käse	

Ergänzung zum Frühstück

1 gekochtes Ei	0,75
1 Portion Konfitüre . . .	0,45
1 Portion Butter	0,45
1 Scheibe Käse	0,90
1 Scheibe Schinken . . .	1,00
1 Brötchen oder 1 Scheibe Brot	0,35

24 **Gruppenarbeit: In der Konditorei (*3 oder 4 Personen*)**   Sie sitzen zusammen in der Café-Konditorei Reidel und bestellen etwas zu essen und zu trinken. Jemand in der Gruppe spielt den Kellner oder die Kellnerin. Die anderen bestellen von der Speisekarte.

6. Equivalents for English *to*

The all-purpose English preposition indicating destination is *to*: We're going *to Germany, to the ocean, to the train station, to the movies, to Grandma's*. German has several equivalents for English *to*, depending on the destination.

 Workbook Kap. 8, I.

■ Use **nach** with cities, states, and most countries.

Wir fahren **nach Wien.**
             nach Kalifornien.
             nach Deutschland.
             nach Europa.

and in the idiom: **nach Hause.**

Remember also that **an** + *accusative* signals motion toward a border, edge, or vertical surface: **Ich gehe ans Fenster/an die Tafel/an die Tür. Wir fahren ans Meer/an den See.** (Review p. 169.)

■ Use **zu** with people and some locations.

Ich gehe **zu meinen Freunden.**
             zu meiner Großmutter.
             zum Arzt.
             zum Bahnhof.
             zur Buchhandlung.
             zur Post (*to the post office*).

■ Use **in** with countries whose names are feminine or plural, and with some locations.

Ich fahre **in die Schweiz.**
             in die Bundesrepublik.
             in die USA.

Wir gehen **ins Kino.**
             ins Bett.
             ins Konzert.
             ins Museum.
             ins Restaurant/ins Lokal.
             ins Theater.
             in die Stadt (*downtown*).
             in die Kirche (*to church*).
             in die Mensa.

Here is a rough rule-of-thumb for deciding whether to use **zu** or **in** with a destination within a city: **in** is usually used with destinations where one will spend a relatively long time (**ins Kino, in die Kirche, ins Bett**); **zu** is usually used with destinations involving a briefer visit (**zum Bahnhof, zur Post**).

2.5 Übung: Wohin gehen Sie?   Antworten Sie auf Deutsch.

> BEISPIEL: Wohin gehen Sie, wenn Sie einkaufen wollen?
> Ich gehe in die Stadt.

Wohin gehen Sie, wenn Sie … ?

1. krank sind
2. mit der Bahn reisen
3. müde sind
4. Musik hören wollen
5. ein Buch kaufen wollen
6. Ihre Familie besuchen wollen
7. Hunger haben
8. einen Film sehen wollen
9. einen Brief schicken wollen
10. Kunst sehen wollen

LESESTÜCK

Tipps zum Lesen und Lernen

Tipp zum Vokabelnlernen

The topic of this chapter is **die Stadt**. Compound nouns with **Stadt** define various kinds of cities. You have already encountered, for example, **die Altstadt**, *the old city* or the medieval core of modern German cities, and **die Hauptstadt**, *the capital city*. A city center can also be called **die Innenstadt** or **das Zentrum**. In the following reading, other kinds of cities are mentioned: **Großstadt**, **Kleinstadt**, **Hafenstadt** (*port city*), **Heimatstadt** (*hometown*), and **Residenzstadt** (*seat of a monarch's court*).

▶ **Übung**   Try to describe in German the following kinds of cities:

> BEISPIEL: Industriestadt
> Eine Stadt mit viel Industrie. (*oder*)
> Eine Stadt, wo es viel Industrie gibt.

Touristenstadt
Universitätsstadt
Kulturstadt
Weltstadt
Ferienstadt

Lab Manual Kap. 8, Üb. zur Betonung.

Leicht zu merken

der **Architekt, -en, -en** (*m.*)	Architekt
der **Aspekt, -e**	Aspekt
die **Dynastie, -n**	Dynastie
(das) **Großbritannien**	

hektisch	
historisch	
das **Kulturzentrum**	Kul<u>tu</u>rzentrum
ökonomisch	
die **Residenz**	Resi<u>de</u>nz
die **Restauration, -en**	Restaurati<u>o</u>n
die **Ruine, -n**	R<u>ui</u>ne
der/die **Sozialarbeiter/in**	Soz<u>ia</u>larbeiter
symbolisch	
die **Tradition, -en**	Traditi<u>o</u>n

The meaning of **die Residenz** is restricted in German "the building or city where a reigning monarch lives, the seat of the court."

Einstieg in den Text

Discussing city life is a communicative goal.

In the following reading, entitled **Aspekte der Großstadt**, an American exchange student in Hamburg and a German family from Dresden tell about themselves and their experiences living in large cities. Before reading it, think about your own experiences in or impressions of cities. Write a few sentences in German about what you find good or bad about big cities.

Das Stadtleben	
Das gefällt mir:	**Das gefällt mir nicht:**

Wortschatz 2

Verben

auf·wachsen (wächst auf), ist aufgewachsen to grow up
bauen to build
führen to lead
nennen, hat genannt to name
zerstören to destroy

Substantive

der **Alltag** everyday life
der **Eindruck, ¨e** impression
der **Hafen, ¨** port, harbor
der **Künstler, -** artist (*m.*)
das **Jahrhundert, -e** century
das **Kreuz, -e** cross
(das) **Sachsen** Saxony
das **Schloss, ¨er** palace
die **Arbeitslosigkeit** unemployment

die **Aufgabe, -n** task
die **Brücke, -n** bridge
die **Fabrik, -en** factory
die **Gelegenheit, -en** opportunity
die **Großstadt, ¨e** large city (*over 500,000 inhabitants*)
die **Heimatstadt, ¨e** hometown; native city
die **Kirche, -n** church
die **Kleinstadt, ¨e** small city, town (*5,000 to 20,000 inhabitants*)
die **Künstlerin, -nen** artist (*f.*)
die **Sehenswürdigkeit, -en** place of interest, sight, attraction

Adjektive und Adverbien

arbeitslos unemployed
geradeaus straight ahead
im Jahr(e) 2006 in 2006

Im Jahr(e): Like the final **-e** in **nach Hause**, this **-e** is an old dative ending.

links to *or* on the left
rechts to *or* on the right
stark strong
trotzdem in spite of that, nevertheless

Nützliche Ausdrücke

auf dem Land in the country (i.e., rural area)
aufs Land to the country
im Gegenteil on the contrary

Gegensätze

führen ≠ folgen to lead ≠ to follow (+ *dat.*)
stark ≠ schwach strong ≠ weak

Mit anderen Worten

riesengroß = sehr, sehr groß

Einkaufen auf dem Markt
(München)

Aspekte der Großstadt

Lab Manual Kap. 8, Lesestück.

Die meisten° Deutschen leben in Städten mit über 80 000 Einwohnern. Welche Vorteile und Nachteile° gibt es, wenn man in einer Großstadt wohnt?

most

Vorteile ... = *advantages and disadvantages*

Eindrücke eines Amerikaners

Mark Walker, Austauschstudent in Hamburg[1]: Da ich aus einer Kleinstadt in

5 Colorado komme, schien° mir Hamburg zuerst riesengroß. Es war mir schwer zu verstehen, wie die Deutschen so dicht zusammengedrängt° leben können.

seemed

dicht ... = *crowded together*

 Aber das heißt nicht, dass Hamburg mir nicht gefällt. Im Gegenteil! Ich finde es fantastisch, dass es in der Stadt so viel zu tun gibt. Wenn ich Lust habe, kann ich jeden Tag ins Konzert, ins Kino oder ins Museum gehen. Hamburg ist die

10 zweitgrößte° Stadt der Bundesrepublik. Weil es eine Hafenstadt ist, gibt es seit Jahrhunderten Verbindungen° mit dem Ausland.

second largest

ties

 Wenn das Stadtleben mir zu viel wird, dann ist es sehr leicht mein Fahrrad zu nehmen, in die Bahn zu steigen und aufs Land zu fahren. In der Lüneburger Heide[2] südlich von° Hamburg kann man schöne Radtouren machen. Dieser Kontrast

15 zwischen Stadt und Land scheint mir typisch für Deutschland. Das Land ist den Einwohnern° der Städte sehr wichtig als Erholung° vom Stress des Alltags.

south of

inhabitants / relaxation

Learning about life in German cities is the cultural goal of this chapter.

Familie Oberosler aus Dresden[3]

Anke Oberosler, 26, Fremdenführerin° in Dresden: Also, da ich in Dresden

20 aufgewachsen bin, kenne ich die Stadt wie meine eigene° Tasche. Sie ist die Hauptstadt von Sachsen und hat eine lange Tradition als Kulturzentrum. Die

tourist guide

own

---

[1] A deep-water port on the Elbe River, population 1.7 million.
[2] **Die Lüneburger Heide** (*heath*) is an extensive nature preserve on the North German plain between Hamburg and Hannover.
[3] **Dresden** on the Elbe River is the capital of the federal state of Saxony (**Sachsen**), population ca. 520,000. Under the 18th-century Saxon kings it reached its zenith as a center of art and culture. It is renowned for its beautiful public buildings and art treasures.

Blick (*view*) auf Dresden mit der
Frauenkirche links (Bernardo
Bellotto [Canaletto], 1747)

Das zerstörte Dresden, 1945

wunderbaren Kirchen, Schlösser und Museen aus dem 18. und 19. Jahrhundert und
die Lage° an der Elbe machen Dresden zu einer der schönsten° Städte Deutschlands.
Als Fremdenführerin habe ich jeden Tag die Gelegenheit, Besuchern die
Sehenswürdigkeiten der Stadt zu zeigen.

    Vielleicht wissen Sie schon, dass die Wettiner – die königliche Dynastie in
Sachsen – berühmte Kunstsammler° waren. August der Starke (1670–1733) hat
hervorragende° Künstler und Architekten nach Dresden gebracht, um seine Residenz
so prachtvoll wie möglich° zu machen. Wegen der Schönheit der Stadt hat man
Dresden oft „Elbflorenz"[4] genannt.

    Aber fast am Ende des Krieges haben Luftangriffe° der Briten° und Amerikaner
die Innenstadt mit einem Feuersturm° zerstört. Tausende von Menschen[5] sind
ums Leben gekommen° und fast alle historischen Gebäude der Innenstadt waren

location / most beautiful

art collectors
outstanding
so ... = *as magnificent as*
    possible
air raids / British
firestorm
ums ... = **gestorben**

---

[4] "Florence on the Elbe"
[5] Historians do not agree about the number of civilians killed in the Dresden air raids of
February 13–14, 1945. Estimates range from 35,000 to over 100,000.

abgebrannt°. Heute ist es unsere Aufgabe, aus dieser Katastrophe etwas Positives° zu
35 machen. Mein Vater kann Ihnen von der Restaurationsarbeit berichten.

Clemens Oberosler, 52; Steinmetz°: Wie mein Vater bin ich auch Steinmetz und habe
jahrelang° am Wiederaufbau° meiner Heimatstadt gearbeitet, besonders an der
Restauration der Frauenkirche.[6] Sie soll im Jahr 2006 fertig sein. Das neue Kreuz für
die Kuppel° hat uns eine Gruppe aus Großbritannien geschenkt. Das ist für mich
40 eine schöne Geste der Versöhnung°. Wir bauen neue Gebäude aus den Ruinen und
gleichzeitig° neue Brücken zwischen Menschen.

Beate Oberosler, 49, Sozialarbeiterin: Ich arbeite mit arbeitslosen Jugendlichen°.
Bei uns in Ostdeutschland gibt es immer noch mehr Arbeitslosigkeit als im Westen.
Nach der Wiedervereinigung° hat man viele Betriebe° geschlossen, weil sie nicht
45 konkurrenzfähig° waren. In der DDR[7] hat es Arbeit für alle gegeben und darum hat
diese neue Arbeitslosigkeit bei vielen Jugendlichen zu Bitterkeit° geführt. Einige
suchen dann Lösungen° bei den Rechtsradikalen°.

Ich bin trotzdem optimistisch, weil Firmen wie VW und Siemens bei uns neue
Fabriken bauen und neue Arbeitsplätze schaffen°. Ich hoffe, dass die ökonomischen
50 Unterschiede° zwischen Ost- und Westdeutschland allmählich° kleiner werden.

burned down / *etwas ...* =
something positive

stonemason
for years / reconstruction

cupola
Geste ... = gesture of
reconciliation /
simultaneously
= *junge Leute*

reunification / factories
competitive
bitterness
solutions / right-wing radicals

neue ... = create new jobs
differences / gradually

Seals of the five federal states created
from the former German Democratic
Republic; from left to right:
Mecklenburg-Vorpommern
Sachsen-Anhalt
Thüringen
Sachsen
Brandenburg

---

[6] **Frauenkirche**: The Church of Our Lady, completed in 1743, is architecturally one of the most
important Protestant churches in Germany. Contributions toward the work of restoration have
been received from all over the world.
[7] **DDR** = **Deutsche Demokratische Republik**, the former East German socialist state that
became part of the Federal Republic of Germany in 1990.

NACH DEM LESEN

Lab Manual Kap. 8,
Diktat.

Workbook Kap. 8, J–L.

A **Antworten Sie auf Deutsch.**

1. Woher kommt Mark Walker und was macht er in Hamburg?
2. Wie gefällt ihm das Stadtleben?
3. Was können die Einwohner (*inhabitants*) der Stadt machen, wenn ihnen der
   Stress des Alltags zu hektisch wird?
4. Wo liegt Dresden? In welchem Bundesland? An welchem Fluss?
5. Kennen Sie noch eine Stadt an diesem Fluss?
6. Was ist Anke Oberosler von Beruf? Und ihre Eltern?
7. Welche Sehenswürdigkeiten gibt es in Dresden?
8. Was ist am Ende des Krieges in Dresden passiert (*happened*)?
9. Herr Oberosler restauriert eine Kirche aus dem achtzehnten Jahrhundert. Wie
   heißt sie?
10. Welche Probleme sieht die Sozialarbeiterin Beate Oberosler heute in Dresden?

B Wie ist es bei Ihnen zu Hause? Sie haben über zwei deutsche Städte gelesen. Jetzt beschreiben Sie einem deutschen Freund den Ort, wo Sie wohnen. Geben Sie z.B. Informationen über diese Themen:

Größe (*size*)
Lage und Umgebung (*location and surroundings*)
Industrie
Kultur (Museen, Konzerte, Kinos usw.)
Geschäfte
Hochschulen

BEISPIEL: Boston ist eine Großstadt mit vielen Unis und Colleges. Es ist eine Hafenstadt und historisch sehr interessant. ...

Vokabeln zum Thema Stadt

This vocabulary focuses on an everday topic or situation. Words you already know from **Wortschatz** sections are listed without English equivalents; new supplementary vocabulary is listed with definitions. Your instructor may assign some supplementary vocabulary for active mastery.

Gebäude und Orte (*Buildings and places*)

die **Apotheke, -n**	*pharmacy*
die **Brücke, -n**	
das **Café, -s**	
die **Fußgängerzone, -n**	*pedestrian zone*
die **Haltestelle, -n**	*streetcar or bus stop*
das **Kaufhaus, ̈-er**	*department store*
die **Kirche, -n**	
die **Konditorei, -en**	
die **Post**	*post office*
das **Rathaus, ̈-er**	*city hall*

Verkehrsmittel (*Means of transportation*)

der **Bus, -se**	
das **Taxi, -s**	*taxicab*
die **Straßenbahn**	*streetcar*
die **U-Bahn**	*subway*

U-Bahn: short for **Untergrundbahn**.

Fragen wir nach dem Weg. (*Let's ask for directions.*)

Entschuldigung, wie komme ich **zur Post**?
         ... **zum Bahnhof**?
Das ist gleich in der Nähe.
Das ist nicht weit von hier.
Gehen Sie über die Straße und dann **geradeaus**.
         ... **nach links**.
         ... **nach rechts**.
         ... **um die Ecke**.

Hamburg

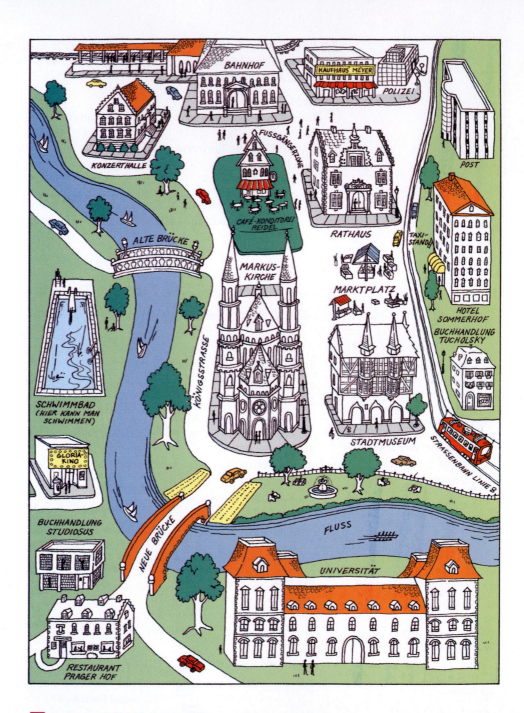

Asking directions is a communicative goal.

C **Partnerarbeit: Wie komme ich zu … ?**   Partner A ist fremd in dieser Stadt und benutzt den Stadtplan, um nach dem Weg zu fragen. Partner B ist hier zu Hause und sagt Partner A den Weg durch die Stadt. Dann tauschen (*exchange*) Sie die Rollen.

1. Sie stehen vor der Post und wollen zum Marktplatz.
2. Sie sind im Museum und müssen zum Hotel zurück, um zu Mittag zu essen.
3. Sie sind in der Fußgängerzone und haben Hunger. Sie brauchen Hilfe (*help*), um ein Restaurant zu finden.

D Gruppendiskussion: Was machen wir denn morgen? Mit einer Studentengruppe machen Sie eine Reise durch Deutschland. Heute Abend sind Sie in einer Großstadt angekommen und übernachten im Hotel Sommerhof (siehe Stadtplan). Besprechen Sie, was Sie morgen machen wollen.

> Wohin wollen wir gehen?
> Was gibt es dort zu tun oder zu sehen?
> Wo wollen wir essen?
> Was machen wir denn am Abend?
> Wie kommen wir hin (*get there*)? Zu Fuß, mit einem Taxi oder mit der Straßenbahn?

SCHREIBTIPP

Brainstorming ideas for a topic

This essay topic requires you to conceptualize an ideal city based on your experiences. Before you start writing, it's often helpful to brainstorm ideas about the topic. For instance, if the topic is City Life, then you might write down "many things to do, lots of friends, too hectic, too much noise," etc.

When you're writing in a foreign language, let the relevant vocabulary you already know guide your brainstorming. For instance, **Stadtleben: viel zu tun, Kulturleben gefällt mir, manchmal zu hektisch**, usw. Resort to an English-German dictionary as little as possible.

▶ **Schreiben wir mal: Die ideale Stadt** Sie sind Städteplaner/in von Beruf und kennen viele Städte. Einige haben Ihnen sicher gefallen, einige nicht. Jetzt dürfen Sie die ideale Stadt planen. Beschreiben Sie diese Stadt. Was würde sie haben, was würde sie nicht haben? Warum?

In the **Schreiben wir mal** activity and exercise E, avoid using adjectives attributively (before nouns). Attributive adjectives need endings that are taught in Kapitel 9.

E Ein Brief nach Hause Sie kennen schon die Stadt auf Seite 236. Sie haben den Tag dort verbracht. Jetzt sitzen Sie am Abend im Hotel und schreiben einen Brief nach Hause. Beschreiben Sie Ihrer Familie, wie der Tag war. Was sind Ihre Eindrücke von der Stadt und von den Menschen?

F Wie sagt man das auf Deutsch?

1. Can you please tell me where the cathedral is?
2. It isn't far from here. If you go around the corner, you'll see it.
3. Thanks very much.

4. What do you do when city life gets too stressful for you?
5. Sometimes I go to the country and go for a walk.

With this chapter you have completed the second quarter of *Neue Horizonte*. For a concise review of the grammar and idiomatic phrases in chapters 5–8, you may consult the **Zusammenfassung und Wiederholung 2** (*Summary and Review 2*) of your Workbook. The review section is followed by a self-correcting test.

6. Do I still have time to go shopping?
7. Yes, of course. If we can go right away, I'll come along.
8. My brother's girlfriend has a birthday tomorrow and I want to buy her something.

9. During the week I don't have time to go to the museum.
10. Therefore I'd like to stay here until it closes.

Almanach

MIT DEM BUS DURCH BERLIN

Most German cities have superb public transportation systems that make it easy to get around. Berlin, for instance, has a comprehensive system of subways, buses, streetcars, and commuter trains. These pages from a brochure give information about touring the city with the double-decker buses of the **BVG** (Berlin's public transportation authority). The map of bus line 100 (**die Hunderter Linie**) through the heart of Berlin (**Berlin Mitte**) and the accompanying photos show points of interest along the route. These include the Brandenburg Gate (**das Brandenburger Tor**) and Museum Island (**die Museumsinsel**).

Brandenburger Tor

Wahrzeichen für die Stadt Berlin und seit dem Mauerfall auch Symbol für die Einheit Deutschlands. 1788-91 wurde das Brandenburger Tor von Langhans nach antikem Vorbild erbaut. 1793 wurde Schadows Quadriga mit der Siegesgöttin aufgestellt.

Staatsoper Unter den Linden

Die Lindenoper feierte 1992 ihr 250-jähriges Jubiläum. Mendelssohn-Bartholdy, Furtwängler und Richard Strauss feierten hier große künstlerische Triumphe. Der 1742 eingeweihte Knobelsdorf-Bau ist ein Zeugnis des norddeutschen Rokoko.

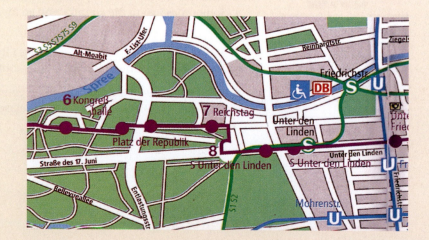

Berliner Dom

⑪ Im Stil der Neorenaissance wurde die Hof-
kirche der Hohenzollern in den Jahren 1893
bis 1905 erbaut. Im Krieg stark zerstört,
wurde der größte Kirchenbau Berlins 1993
nach 18jähriger Renovierung wiedereröff-
net. Hörenswert sind die Konzerte auf der
historischen Orgel des Doms.

Museumsinsel

⑩ Zwischen dem Alten Museum und dem
Bodemuseum erstreckt sich auf einer Insel
zwischen Spree und Kupfergraben einer
der weltweit bedeutendsten Museums-
komplexe. Unter anderem befindet sich
hier auch das Pergamonmuseum. Attrak-
tionen sind der beeindruckende Perga-
mon-Altar und das berühmte Markttor von
Milet. Nehmen Sie sich Zeit für einen
Spaziergang in einer Welt von Kunst und
Geschichte.

KAPITEL 9

Haus an der Ostsee (Ostseebad Ahrenshoop, Mecklenburg)

Unsere Umwelt

Kommunikation

- Talking about sports
- Using adjectives to describe things
- Giving the date
- Discussing ecology and recycling

Kultur

- German and global environmental issues

In diesem Kapitel

- **Lyrik zum Vorlesen**
  Jürgen Werner, „Die Lorelei 1973"
- **Grammatik**
  Attributive adjectives and adjective endings
  Word order of adverbs: Time/manner/place
  Ordinal numbers and dates
- **Lesestück**
  Unsere Umwelt in Gefahr
- **Almanach**
  Seid ihr schlaue Umweltfüchse?

DIALOGE

Lab Manual Kap. 9,
Dialoge, Fragen, Hören
Sie gut zu!

Haus also = *apartment house,
building.*

Recycling in unserem Wohnhaus

Frau Berg trifft Herrn Reh auf der Treppe.

FRAU BERG: Um Gottes Willen? Wohin mit dem riesengroßen Sack?

HERR REH: In den Keller. Die neuen Container sind da. Jetzt können wir Altglas und Altpapier hier im Haus sammeln.

FRAU BERG: Na, endlich! Jetzt brauche ich meinen Müll nicht mehr zum Recycling zu schleppen.

HERR REH: Ja, das ist auch nicht mehr nötig. Wenn wir alle mitmachen, dann ist das ein großer Fortschritt.

Ein umweltfreundliches Geburtstagsgeschenk

DANIEL: Hallo Frank! Das ist aber ein schönes Fahrrad! Woher hast du es denn?

FRANK: Marianne hat's mir zum Geburtstag geschenkt, weil wir unseren Zweitwagen verkauft haben.

DANIEL: Wieso denn?

FRANK: Er war sowieso kaputt, und da wir in die Stadt umgezogen sind, kann ich jetzt mit dem Rad zur Arbeit fahren.

DANIEL: Da sparst du aber viel Geld.

FRANK: Ja, und ich habe auch ein gutes Gefühl, weil ich etwas gegen die Luftverschmutzung tue.

Video Workbook
5. Treibst du gern Sport?

Treibst du gern Sport?

JUNGE: Sag mal, treibst du gern Sport?

MÄDCHEN: Klar. Ich verbringe das ganze Wochenende auf dem Tennisplatz. Spielst du auch Tennis?

JUNGE: Ja, das ist mein Lieblingssport, aber ich bin kein guter Spieler.

MÄDCHEN: Da kann ich dir einen wunderbaren Tennislehrer empfehlen.

NOTES ON USAGE

Adverb *da* and flavoring particle *aber*

The adverb da At the beginning of a clause, the adverb **da** often means *then, in that case, under those circumstances, for that reason.*

> **Da** sparst du aber viel Geld.
> **Da** kann ich dir einen wunderbaren Tennislehrer empfehlen.

The flavoring particle aber As a flavoring particle, **aber** is often used to intensify a statement. It adds the sense of *really, indeed.*

> Da sparst du **aber** viel Geld.   *Then you'll **really** save a lot of money.*

The particle **aber** can add a note of surprise or admiration.

> Mensch, das ist **aber** teuer!   *Wow, that's **really** expensive!*

Verben

empfehlen (empfiehlt), hat empfohlen to recommend
mit·machen to participate, cooperate
sammeln to collect
schleppen (*colloq.*) to drag, lug (along), haul
treffen (trifft), hat getroffen to meet
treiben, hat getrieben to drive, force, propel
  Sport treiben to play sports
um·ziehen, ist umgezogen to move, change residence

Substantive

der **Container, -** large trash container
der **Fortschritt, -e** progress
der **Geburtstag, -e** birthday
  zum Geburtstag for (your/her/my/etc.) birthday
der **Junge, -n, -n** boy
der **Keller, -** cellar, basement
der **Müll** trash, refuse
der **Sack, ¨e** sack
der **Sport** sport
der **Tennisplatz, ¨e** tennis court
der **Zweitwagen, -** second car

das **Gefühl, -e** feeling
das **Geschenk, -e** present
das **Mädchen, -** girl
das **Papier, -e** paper
das **Recycling** recycling; recycling center
das **Tennis** tennis
das **Wohnhaus, ¨er** apartment building
die **Luft** air
die **Treppe** staircase, stairs
  auf der Treppe on the stairs
die **Verschmutzung** pollution
  die **Luftverschmutzung** air pollution

Adjektive und Adverbien

da then, in that case
ganz whole, entire
  das ganze Wochenende all weekend, the whole weekend
kaputt (*colloq.*) broken, kaput; exhausted
klar clear; (*colloq.*) sure, of course
nötig necessary
schmutzig dirty
sportlich athletic
umweltfreundlich environ-mentally safe, non-polluting
zweit- second

Andere Vokabeln

Lieblings- (*noun prefix*) favorite
  Lieblingssport favorite sport
was für ... ? what kind of . . . ?

Nützliche Ausdrücke

Na endlich! at last! high time!
Um Gottes Willen! For heaven's sake! Oh my gosh!

Gegensätze

nötig ≠ unnötig necessary ≠ unnecessary
schmutzig ≠ sauber dirty ≠ clean

Mit anderen Worten

dreckig (*colloq.*) = **schmutzig**

The word **kaputt** comes from a French cardplaying term, *être capot:* "to lose all the tricks, be wiped out."

Note that **zweit-** must have an adjective ending. See pp. 246–249. It can also be a prefix, as in **Zweitwagen**.

Recycling in Our Apartment Building

Ms. Berg meets Mr. Reh on the stairs.

MS. B: Oh my gosh! Where to with that huge sack?

MR. R: To the cellar. The new trash containers are here. Now we can collect (old) glass and waste paper here in the building.

MS. B: At last! Now I don't have to haul my trash to the recycling center anymore.

MR. R: Yes, that's not necessary anymore. If we all participate, then that's great progress.

An Ecological Birthday Present

D: Hi, Frank! What a beautiful bicycle! Where'd you get it?

F: Marianne gave it to me for my birthday because we've sold our second car.

D: How come?

F: It was kaput anyway, and since we've moved to the city, I can ride my bike to work.

D: Then you're saving a lot of money.

F: Yes, and it also feels good to be doing something about air pollution.

Do You Like to Play Sports?

BOY: Hey, do you like to play sports?

GIRL: Sure. I spend all weekend on the tennis court. Do you play tennis too?

BOY: Yes, that's my favorite sport, but I'm not a good player.

GIRL: Then I can recommend a wonderful tennis instructor to you.

Variationen

A Persönliche Fragen

1. Ist man in Ihrem Studentenwohnheim umweltfreundlich? Was macht man da für die Umwelt?

2. Auch als Hobby kann man Dinge sammeln, z.B. Briefmarken (*stamps*), Münzen (*coins*) oder CDs. Sammeln Sie etwas?

3. Frau Berg hat früher ihren Müll zum Recycling geschleppt. Was müssen Sie jeden Tag mitschleppen (z.B. in Ihrem Rucksack)?

4. Zum Geburtstag hat Frank ein neues Fahrrad bekommen. Was würden Sie gern zum Geburtstag bekommen?

5. Besitzt Ihre Familie einen Zweitwagen? Wenn ja, warum brauchen Sie zwei Wagen?

6. Fährt jemand in Ihrer Familie mit dem Rad zur Arbeit? Wenn nicht, warum nicht?

7. Meinen Sie, dass die Luftverschmutzung hier ein Problem ist? Wie ist die Luft bei Ihnen zu Hause?

8. Treiben Sie Sport? Wie oft in der Woche?

9. Was ist Ihr Lieblingssport? Lieblingsfilm? Lieblingsbuch? Und Ihre Lieblingsstadt?

B Kettenreaktion: Warum brauchst du denn Geld? Sagen Sie, warum Sie Geld brauchen. Dann fragen Sie weiter.

BEISPIEL: A: Ich brauche Geld, um einen Pulli zu kaufen. Rebecca, warum brauchst du denn Geld?

B: Ich ...

Neue Mode: Alte Häuser

Übung: Welche Farbe hat das?   Sagen Sie, welche Farbe diese Dinge haben.

> **BEISPIEL:**   Welche Farbe hat Georgs Hemd?
> Es ist rot.

Welche Farbe hat/haben ...

der Wald?	der Wein?
der Kaffee?	das Hemd dieses Jungen?
das Meer?	diese Landkarte?
die Wände dieses Zimmers?	die Bäume im Sommer? im Herbst?
die Bluse dieser Studentin?	Ihr Pulli?

Vokabeln zum Thema Sport

Talking about sports is a communicative goal.

„Wer Sport treibt, bleibt fit" hört man oft. Was meinen Sie? Treiben Sie Sport, um fit und gesund zu bleiben, oder nur, weil es Ihnen Spaß macht? Hier sind einige Piktogramme von den Olympischen Spielen.

laufen
der **Läufer**
die **Läuferin**

schwimmen
der **Schwimmer**
die **Schwimmerin**

Ski fahren
der **Skifahrer**
die **Skifahrerin**

(Eis)hockey spielen
der **Hockeyspieler**
die **Hockeyspielerin**

Volleyball spielen
der **Volleyballspieler**
die **Volleyballspielerin**

Fußball spielen
der **Fußballspieler**
die **Fußballspielerin**

Rad fahren
der **Radfahrer**
die **Radfahrerin**

D **Gruppenarbeit: Was spielst du gern?**

> **BEISPIEL:**   A: Was spielst du gern?
> B: Ich schwimme gern. Und du?
> A: Ich laufe gern. Und du?
> C: Ich fahre lieber Ski.

E Gruppenarbeit: Sprechen wir über Sport. (*2 oder 3 Personen*)

1. Welchen Sport treibst du?
2. Warum gefällt dir dieser Sport?
3. Treibst du an der Uni Sport? Hast du auch in der Schule Sport getrieben?

LYRIK ZUM VORLESEN

Lab Manual Kap. 9, Lyrik zum Vorlesen.

Many words are not glossed here because they are the same as in Heine's poem. Some new active vocabulary comes from **Wortschatz 2** of this chapter.

Albtraum (*nightmare*) is an old word related to English *elf* and suggesting a terrifying vision. It has nothing to do with the mountains (**die Alpen**).

Um diese Parodie zu verstehen muss man „Die Loreley" von Heinrich Heine schon kennen. Lesen Sie noch einmal Heines Gedicht (*poem*) auf Seite 214 und dann diesen Text.

Die Lorelei 1973

Ich weiß nicht, was soll es bedeuten,
dass ich so traurig bin;
ein Albtraum° aus unseren Zeiten,   *nightmare*
er geht mir nicht aus dem Sinn.

Die Luft ist schwül° und verdunkelt,   *close, heavy*
und dreckig fließt der Rhein;
kein Gipfel des Berges funkelt,
wo sollt' auch die Sonne sein?

Am Ufer° des Rheines sitzt sie,   *bank*
die deutsche Chemie-Industrie;
dort braut° sie gefährliche Gifte°,   *brews / poisons*
die Luft macht erstickend° sie.   *suffocating*

Sie kümmert sich nicht um° den Abfall°,   ***kümmert ...** = doesn't care about / garbage / that / pipes*
der° aus den Rohren° fließt;
er kommt aus dem chemischen Saustall°,   *pigsty*
wo er in den Rhein sich ergießt°.   ***sich ...** = pours*

Dem Schiffer im Tankerschiffe,
ihm macht das Atmen Müh'°;   ***ihm ...** = has trouble breathing*
er schaut nicht die Felsenriffe,
er schaut nur die dreckige Brüh'°.   *slop*

Ich weiß, die Wellen verschlingen
einst° nicht nur Schiffer und Kahn;   *some day*
und das hat mit ihren Giften
die Industrie getan.

Jürgen Werner (geboren 1939)

1. Attributive adjectives and adjective endings (*Adjektivendungen*)

Predicate adjectives versus attributive adjectives

Adjectives in both English and German are used in one of two ways:

- They may follow linking verbs such as *to be, to become, to remain*, and *to seem* (**sein, werden, bleiben, scheinen**), in which case they are called *predicate adjectives* because they constitute the second part of the predicate. Most of the adjectives you have encountered in this book have been predicate adjectives.

Das Rad ist **neu**.	*The bike is **new**.*
Meine Großeltern werden **alt**.	*My grandparents are getting **old**.*
Der Kaffee ist **heiß**.	*The coffee is **hot**.*

Predicate adjectives in German have *no endings*.

- Adjectives may also occur *before* a noun. In this position they are called *attributive adjectives*.

das **neue** Rad	*the **new** bike*
meine **alten** Großeltern	*my **old** grandparents*
heißer Kaffee	***hot** coffee*

German attributive adjectives *always* have endings.

The noun phrase

Attributive adjectives occur in noun phrases. A noun phrase consists of a noun and the words directly associated with it. English and German noun phrases have similar structures. They typically consist of three types of words: *limiting words, attributive adjectives*, and *nouns*.

Limiting words are the **der**-words and **ein**-words you already know.

der-words	*ein*-words	
der, das, die	ein	
dieser	kein	
jeder	mein	
welcher	dein	
alle	sein	
	ihr	**possessive adjectives**
	unser	
	euer	
	ihr	

These words are called "limiting words" because they *limit* the noun in some way rather than describing it: ***dieses*** **Fahrrad** (*this bicycle, not that one*), ***meine*** **Großeltern** (*my grandparents, not yours*).

Here are some examples of noun phrases. Note that the noun phrase does not necessarily contain both a limiting word and an attributive adjective.

limiting word	+	attributive adjective	+	noun	
das		neue		Fahrrad	*the new bicycle*
jede				Woche	*every week*
alle		deutschen		Studenten	*all German students*
		heißer		Kaffee	*hot coffee*
meine		kleine		Schwester	*my little sister*

Alle is usually plural and takes the primary plural endings. Adjectives that follow it take the secondary plural endings: **alle deutschen Studenten**. When **alle** is followed by a second limiting word, however, they both take the same primary ending: **alle meine Freunde**, **alle diese Leute**.

German adjective endings have acquired the reputation of being a formidable obstacle for the learner. However, the system is conceptually quite simple and just requires practice until it becomes automatic in spoken German. To be able to use attributive adjectives, you need to know only two sets of endings—called the *primary endings* and the *secondary endings*—and three rules for their use. Half of the system is already familiar to you: the primary endings are simply the endings of the **der-**words that show gender, number, and case.

Primary endings	masculine	neuter	feminine	plural
nom.	-er	-es	-e	-e
acc.	-en	-es	-e	-e
dat.	-em	-em	-er	-en
gen.	-es	-es	-er	-er

There are only two secondary endings, **-e** and **-en**. They occur in the following pattern:

Secondary endings	masculine	neuter	feminine	plural
nom.	-e	-e	-e	-en
acc.	-en	-e	-e	-en
dat.	-en	-en	-en	-en
gen.	-en	-en	-en	-en

Note that the **-en** occurs *throughout the plural* as well as *throughout the dative and genitive cases*.

EIN NEUES DENKEN FÜR EINE NEUE ZEIT

Rules for the use of adjective endings

1. Noun phrases with adjectives must have a primary ending, either on the limiting word, or on the adjective itself. When the limiting word takes a primary ending, the adjective that follows it takes a secondary ending.

limiting word with **primary** ending	+	attributive adjective with secondary ending	+	noun	
dies**es**		schön**e**		Bild	*this beautiful picture*
mit mein**er**		gut**en**		Freundin	*with my good friend*

2. If the noun phrase has no limiting word or has an **ein**-word without an ending, then the attributive adjective takes the primary ending.[1]

no limiting word, or **ein**-word without ending	+	attributive adjective with **primary** ending	+	noun	
		alt**e**		Häuser	*old houses*
		heiß**er**		Kaffee	*hot coffee*
ein		alt**es**		Haus	*an old house*

The following examples contrast noun phrases with and without limiting words. Note how the primary ending shifts from the limiting word to the adjective when there is no limiting word:

diese neu**en** Tennisplätze → neu**e** Tennisplätze
mit mein**em** amerikanisch**en** Geld → mit amerikanisch**em** Geld
welch**es** deutsche Bier → deutsch**es** Bier

3. Attributive adjectives in succession have the same ending.

ein groß**es** alt**es** Haus   *a large old house*
groß**e** alt**e** Häuser   *large old houses*
gut**er** deutsch**er** Wein   *good German wine*

Pay special attention to the three instances in which **ein**-words have no endings. They are the *only* instances in which **ein**-word endings differ from **der**-word endings.

masculine nominative	**neuter nominative and accusative**
ein alt**er** Mann	ein klein**es** Kind
but	*but*
d**er** alte Mann	dies**es** kleine Kind

---

[1] There is one exception to rule 2: in the masculine and neuter genitive singular, the attributive adjective not preceded by a limiting word takes the *secondary ending* -en rather than the primary ending.

    trotz tief**en** Schnees   *in spite of deep snow*
    wegen schlecht**en** Wetter**s**   *because of bad weather*

Such phrases are quite rare. Moreover, note that the primary ending *is* present on the noun itself.

Adjectives whose basic forms end in unstressed **-er** (**teuer**) or **-el** (**dunkel**) drop the **-e-** when they take endings.

Die Theaterkarten waren **teuer**.   Das waren aber **teure** Karten!

Ist diese Farbe zu **dunkel**?   Ich mag **dunkle** Farben.

Let's summarize. The first table below shows the complete declension of an adjective following a **der**-word; the second, following an **ein**-word. The highlighted forms in the second table show the only instances in which the **ein**-word endings differ from the **der**-word endings. The third table shows adjective endings in noun phrases without a limiting word.

Adjective endings following a *der*-word			
	masculine	neuter	feminine	plural
nom.	dies**er** jung**e** Mann	dies**es** jung**e** Kind	dies**e** jung**e** Frau	dies**e** jung**en** Leute
acc.	dies**en** jung**en** Mann	dies**es** jung**e** Kind	dies**e** jung**e** Frau	dies**e** jung**en** Leute
dat.	dies**em** jung**en** Mann	dies**em** jung**en** Kind	dies**er** jung**en** Frau	dies**en** jung**en** Leute**n**
gen.	dies**es** jung**en** Mann**es**	dies**es** jung**en** Kind**es**	dies**er** jung**en** Frau	dies**er** jung**en** Leute

Adjective endings following an *ein*-word			
	masculine	neuter	feminine	plural
nom.	ein jung**er** Mann	ein jung**es** Kind	ein**e** jung**e** Frau	mein**e** jung**en** Leute
acc.	ein**en** jung**en** Mann	ein jung**es** Kind	ein**e** jung**e** Frau	mein**e** jung**en** Leute
dat.	ein**em** jung**en** Mann	ein**em** jung**en** Kind	ein**er** jung**en** Frau	mein**en** jung**en** Leute**n**
gen.	ein**es** jung**en** Mann**es**	ein**es** jung**en** Kind**es**	ein**er** jung**en** Frau	mein**er** jung**en** Leute

Adjective endings without a limiting word			
	masculine	neuter	feminine	plural
nom.	kalt**er** Wein	kalt**es** Wasser	kalt**e** Milch	kalt**e** Suppen
acc.	kalt**en** Wein	kalt**es** Wasser	kalt**e** Milch	kalt**e** Suppen
dat.	kalt**em** Wein	kalt**em** Wasser	kalt**er** Milch	kalt**en** Suppen
gen.	kalt**en** Wein**es**	kalt**en** Wasser**s**	kalt**er** Milch	kalt**er** Suppen

Unser königliches Bier.

Weisse Flotte Potsdam - wir haben es für Sie an Bord!

Lab Manual Kap. 9, Var. zu Üb. 1, 2, 6, 8.

Workbook Kap. 9, A–H.

Using adjectives to describe things is a communicative goal.

1 **Übung: Welcher Tisch ist das?** (*Mit offenen Büchern*)   Below is a list of some people and classroom objects arranged by gender, as well as a list of adjectives that you can use to describe them. Your instructor will ask you about them. Describe them with adjectives as in the example.

BEISPIEL: Welches Bild ist das?
Das ist *das neue Bild*.

Masculine	Neuter	Feminine	Plural	Adjectives
Bleistift	Bild	Gruppe	Bücher	alt
Junge	Buch	Hose	Jeans	billig
Kugelschreiber	Fenster	Jacke	Schuhe	blau, rot,
Mantel	Foto	Kamera	Studenten	grün *usw*.
Pulli	Glas	Landkarte		bunt
Radiergummi	Heft	Studentin		fleißig
Stadtplan	Hemd	Tafel		freundlich
Student	Kleid	Tasche		groß
Stuhl	Mädchen	Tür		herrlich
	Papier	Uhr		höflich
	Poster	Zeitschrift		kaputt
	Wörterbuch	Zeitung		kurz
				langweilig
				neu
				schrecklich
				stark
				toll
				typisch
				wunderbar

2 **Gruppenarbeit: Beschreiben wir das Klassenzimmer.**

BEISPIEL: Dort hängt ein großes Bild an der Wand.
Dort steht ein kleiner Tisch.

Was sehen Sie sonst? Benutzen Sie (*use*) Adjektive!

3 **Übung: Sehen Sie den Tisch?**   Your instructor asks whether you see certain objects or people. You're not sure which ones are meant, so you ask for more information.

BEISPIEL: Sehen Sie den Tisch?
Meinen Sie den *grünen* Tisch?

Was für can also introduce exclamations: **Was für ein schöner Wagen!** (*What a beautiful car!*)

FRAGEWORT

Was für … ?   *What kind of … ?*

Was für ein Mensch ist sie?	*What sort of person is she?*
Was für einen Wagen hast du?	*What kind of car do you have?*
Mit **was für** Menschen arbeitest du zusammen?	*What kind of people do you work with?*

4 Übung: Was für ein Buch ist das?   Jetzt fragt Ihr Professor zum Beispiel, was für ein Buch das ist. Sie beschreiben das Buch.

> BEISPIEL: Was für ein Buch ist das?
> Das ist ein interessantes Buch.

5 Partnerarbeit: Nicht wahr?   Respond to each other's impressions. One partner asks, the other responds, then switch roles.

> BEISPIEL: A: Das Haus ist schön, nicht wahr?
> B: Ja, das ist ein schönes Haus. (*oder*)
> Nein, das ist kein schönes Haus.

1. Die Kneipe ist alt, nicht?
2. Der Junge ist klug, nicht wahr?
3. Das Hotel ist teuer, nicht wahr?
4. Der Automechaniker ist gut, nicht?
5. Das Kind ist müde, nicht wahr?
6. Die Buchhandlung ist fantastisch, nicht?
7. Das Bett ist bequem, nicht?
8. Der Tag ist warm, nicht?

Now create your own sentences on the same pattern.

6 Übung: Was für ein Buch brauchen Sie?   Jetzt möchte Ihre Professorin wissen, was für Sachen Sie brauchen, tragen usw. Sagen Sie es ihr.

> BEISPIELE: Was für ein Buch brauchen Sie?
> Ich brauche ein neues Buch.
>
> Was für Schuhe tragen Sie heute?
> Heute trage ich alte Turnschuhe.

7 Gruppenarbeit: Wer trägt was?   Benutzen Sie Adjektive, um die Kleider eines Studenten oder einer Studentin in der Klasse zu beschreiben. Die anderen müssen raten (*guess*), wen Sie meinen. Sie können auch Ihre eigenen Kleider beschreiben.

> BEISPIEL: A: Wer trägt heute eine alte Hose und ein hässliches Hemd?
> B: Meinst du Rick?

8 Übung: Wir haben keinen neuen Wagen.   Ihr Professor fragt Sie nach (*about*) etwas. Sie antworten, dass Sie es nicht haben.

> BEISPIEL: Ist Ihr Wagen neu?
> Nein, ich habe keinen neuen Wagen.

1. Ist Ihr Fahrrad neu?
2. Sind diese Bücher langweilig?
3. Ist der Tennislehrer wunderbar?
4. Ist der Kaffee heiß?
5. Ist die Wurst frisch?
6. Sind Ihre Freunde sportlich?
7. Sind diese Kleider schmutzig?
8. Ist Ihr Zimmer groß?
9. Ist Ihr Mantel neu?

Schwerindustrie im Ruhrgebiet

9 **Übung: Was machen Sie lieber?**   Der Professor fragt Sie, was Sie lieber machen.

BEISPIEL: Dieser Zug fährt langsam, aber dieser fährt schnell.
              Mit welchem Zug fahren Sie lieber?
              Ich fahre lieber mit dem langsamen Zug.

1. Dieser Kaffee ist heiß, aber dieser ist kalt. Welchen trinken Sie lieber?
2. Dieses Hemd ist rot und dieses ist gelb. Welches gefällt Ihnen besser?
3. Diese Kartoffeln sind groß, aber diese sind klein. Welche nehmen Sie?
4. Dieser See ist warm, aber dieser ist kühl. In welchem würden Sie lieber schwimmen?
5. Diese Stadt ist schön, aber diese ist hässlich. In welcher würden Sie lieber wohnen?
6. Dieses Zimmer ist hell, aber dieses ist dunkel. Welches gefällt Ihnen?
7. Dieses Hotel ist alt, aber dieses ist neu. In welchem würden Sie lieber übernachten?
8. Diese Brezeln sind frisch, aber diese sind alt. Welche würden Sie lieber essen?

10 **Schreiben wir mal: Ich habe ein interessantes Bild gefunden.**   Suchen Sie in einem Bilderbuch oder einer Zeitschrift ein interessantes Bild oder Foto. Beschreiben Sie es. Benutzen Sie viele Adjektive! Sie können Ihre Beschreibung in der Deutschstunde vorlesen (*read aloud*).

BEISPIEL: Ich habe dieses schöne Bild in einem alten Buch gefunden. Hier sieht man viele Häuser in einem kleinen Dorf. In der Mitte des Bildes steht eine alte Kirche und vor dieser schönen Kirche geht ein alter Mann mit einem kleinen Kind spazieren. Hinter dem Dorf sieht man auch einen dunklen Wald usw.

2. Word order of adverbs: Time/manner/place

Place can be either location (**zu Hause**) or destination (**nach Kopenhagen**). Notice that prepositional phrases such as these function as adverbs.

You learned in **Kapitel 1** that adverb sequence in German is *time* before *place*.

	time	*place*
Ich fahre	**morgen**	**nach Kopenhagen.**
Wir bleiben	**heute**	**zu Hause.**

If an adverb or adverbial phrase of manner (answering the question **wie?** or **mit wem?**) is also present, the sequence is *time—manner—place.*

	time	*manner*	*place*
Ich fahre	morgen	**mit der Bahn**	nach Kopenhagen.
Sie bleibt	heute	**allein**	zu Hause.

A good mnemonic device is that adverbs answer the following questions in alphabetical order:

wann? (morgen)   **wie?** (mit der Bahn)   **wo(hin)?** (nach Kopenhagen)

Workbook Kap. 9, I.

11 **Gruppenarbeit: Wie? Mit wem?**   Create your own answers to these questions. Follow the example sentences.

1. Wie können wir morgen nach Berlin fahren?
   Wie viele Möglichkeiten gibt es für eine Reise nach Berlin?

   BEISPIEL: Wir können morgen *mit der Bahn* nach Berlin fahren.

2. Mit wem gehen Sie abends ins Kino?

   BEISPIEL: Ich gehe abends *mit meinem Freund* ins Kino.

12 **Schreiben wir mal.**   Combine elements of your choice from the following lists to write ten sentences that describe activities. Create both statements and questions and use both present and perfect tense.

Wann?	Wie?	Wo(hin)?	Verben
im Oktober	mit meinen	ins Ausland	reisen
letzten Dienstag	Freunden	im Bett	liegen
morgen	allein	in der Bibliothek	lesen
gestern	mit dem Zug	ins Kino	übernachten
1999	mit dem Auto	in die Bibliothek	gehen
heute	ziemlich schnell	in der Jugendherberge	essen
am Mittwoch	gerne	im Tennisklub	joggen
nächsten Monat	fleißig	an der Uni	Sport treiben
dieses Semester	zusammen	in der Mensa	Tennis spielen
	ohne mich	nach Österreich	

BEISPIELE: Am Mittwoch esse ich mit meinen Freunden in der Mensa.

Wann habt ihr zusammen in der Jugendherberge übernachtet?

3. Ordinal numbers and dates (*Ordinalzahlen; das Datum*)

The ordinal numbers (i.e., *first, second, third*, etc.) are adjectives and in German take the usual adjective endings.

German numbers up to **neunzehn** add **-t-** to the cardinal number and then the appropriate adjective ending. Note the three irregular forms in boldface.

der, das, die				
erste	*1st*	elfte	*11th*
zweite	*2nd*	zwölfte	*12th*
dritte	*3rd*	dreizehnte	*13th*
vierte	*4th*	vierzehnte	*14th*
fünfte	*5th*	fünfzehnte	*15th*
sechste	*6th*	sechzehnte	*16th*
siebte	*7th*	siebzehnte	*17th*
achte	*8th*	achtzehnte	*18th*
neunte	*9th*	neunzehnte	*19th*
zehnte	*10th*		

German numbers **zwanzig** and above add **-st-** and the adjective ending to the cardinal number.

der, das, die		
zwanzigste	*20th*
einundzwanzigste	*21st*
zweiundzwanzigste	*22nd*
dreiundzwanzigste	*23rd*
usw.	
dreißigste	*30th*
vierzigste	*40th*
hundertste	*100th*
tausendste	*1000th*

In German, an ordinal number is seldom written out in letters. It is usually indicated by a period after the numeral.

der **10**. November = der zehnte November

13 **Kettenreaktion: Ich bin die Erste. Ich bin der Zweite.** Count off using ordinal numbers. Males say **der** ... , females say **die** ...

The ordinal numbers are capitalized here (**die Erste, der Zweite**) because they are used as nouns. See **Kapitel 11**, pp. 312–313.

KONZERTHAUS
BERLIN
Freitag
27. April 2001
20.00 Uhr
Konzerteinführung
18.45 Uhr Musikclub
Samstag
28. April 2001
16.00 Uhr

Rundfunk-Sinfonieorchester Berlin

DIRIGENT Daniel Harding

Gustav
Mahlers Zehnte

Sinfonie Nr. 10 Fis-Dur
(nach Skizzen ergänzte Fassung
von Deryck Cooke)

Giving the date is a communicative goal.

In German, the full date is given in the order: day, month, year.

den 1.2.2003   *February 1, 2003*

Here is how to say on what date something occurs or occurred:

Das war **am zehnten** August.   *That was on the tenth of August.*
Wir fliegen **am Achtzehnten**.   *We're flying on the eighteenth.*

To tell in what year something happened, English uses a phrase with *in*: *in 2003*. The German equivalent is **im Jahre 2003** or simply **2003** (no **in**): **Ich bin 1985 geboren. Im Jahre 2000 war ich mit meiner Familie in Berlin.**

Here is how to ask for and give the date:

Den Wievielten haben wir heute?
                or
Der Wievielte ist heute?

What's the date today?
(literally: "The how manyeth do we have today/is today?")

Heute haben wir **den Dreizehnten.**
                or
Heute ist **der Dreizehnte**.

Today is the thirteenth.

Lab Manual Kap. 9, Üb. 14, 15.

Workbook Kap. 9, J, K.

14 Übungen

A. Der Wievielte ist heute?
    Heute ist der …

    3. August
    9. Februar
    1. Mai
    20. Juli
    2. Januar
    8. April

B. Den Wievielten haben wir heute?
    Heute haben wir den …

    5. März
    13. Juni
    11. November
    19. September
    7. Dezember
    28. Oktober

15 Übung   Wann kommt Frank? Er kommt am …

    4. Januar
    30. September
    5. April
    25. Juli
    31. Oktober
    20. Februar
    24. März

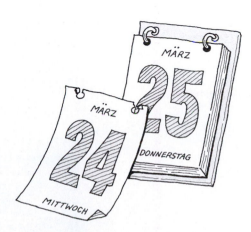

16 Partnerarbeit: Wann gehen wir ins Konzert? Hier sehen Sie einen Spielplan aus Berlin. Es spielen hauptsächlich Jugendorchester aus der ganzen Welt in einem Sommerfestival der klassischen Musik. Suchen Sie mit Ihrem Partner diese Informationen auf dem Plan.

1. Aus welchen Ländern kommen die Orchester? Finden Sie mindestens sechs Länder.
2. An welchem Tag spielt das Danubia Youth Symphony Orchestra? (Sagen Sie das Datum.) (Am ...)
3. Welches Orchester spielt am 4.8.?
4. Wann kann man ein Werk von Richard Strauss hören? (Am ... und am ...) Und von Beethoven? (Am ...) Von Prokofjéw? (Am ...)
5. Wo kann man Konzerte im Freien (= *draußen*) hören?
6. Um wie viel Uhr beginnt das Konzert auf dem Gendarmenmarkt am 12.7.? (Um ...)

---

26 KlassikKonzerte | young.euro.classik

Konzerthaus Berlin Großer Saal

Sinfonietta Cracovia
(Polen) Dir: Krzysztof Penderecki; Sol: Rafa Kwiatkowski (Violoncello); Werke u.a. von Abel Korzeniowski, Dmitri Schostakowitsch
3.8. 19 Uhr

Bundesjugendorchester
(Deutschland) Dir: Roberto Paternostro; Werke von Bernd Alois Zimmermann und Gustav Mahler
4.8. 20 Uhr

National Students' Symphony Orchestra
(Russland) Dir: Wladislaw Tschernuschenko; Werke von Boris Tischtschenko und Valery Gawrilin
5.8. 20 Uhr

SERENADE Symphonie Orchestra
(Armenien) Dir: Eduard Topchjan; Werke u.a. von Karen Hakopjan, Eduard Mirzoyan
6.8. 20 Uhr

Festivalorchester des Schleswig-Holstein Musik Festivals
(International) Dir: Heinrich Schiff; Sol: Bruno Weinmeister (Violoncello); Werke von Witold Lutoslawski und Ludwig van Beethoven
7.8. 20 Uhr

Joven Orquesta Nacional de Espana
(Spanien) Dir: Edmon Colomer; Sol: Miguel Ituarte (Klavier); Werke von R. Lazkano, J. Guinjoan und W. Lutoslawski
8.8. 20 Uhr

Aproarte Youth Orchestra
(Portugal) Dir: Ernst Schelle; Sol: Luis Rodriges (Bariton); Werke von P. Hindemith, F. C. Lapa und L. de Reitas Branco
9.8. 20 Uhr

Ensemble SoNoR
(Aserbaidschan) Dir: Roland Freisitzer; Werke u.a. von A. Toovey, F. Karaev, M. Smetanin
10.8. 20 Uhr

Ensemble Resonanz
(Deutschland) Dir: Jonathan Stockhammer; Werke u.a. von Carola Bauckholt, Isabel Mundry
11.8. 20 Uhr

Danubia Youth Symphony Orchestra
(Ungarn) Dir: Domonkos Héja; Werke u.a. von B. Bartók, Z. Kodály
12.8. 20 Uhr

Wiener Jeunesse Orchester
(Österreich) Dir: Herbert Böck; Sol: Michaela Kaune (Sopran); Othmar Müller (Violoncello); Werke u.a. von Richard Strauss, Herwig Reiter
13.8. 20 Uhr

Ensemble Studio Neue Musik
(Russland) Dir: Igor Dronov; Sol: Svetlana Savenko (Sopran); Werke u.a. von I. Kefaldi, A. Kesselmann, M. Boulgakova
14.8. 20 Uhr

Hermann Scherchen Jugendorchester
(International) Dir: Christian von Borries; Werke u.a. von Alban Berg, Bernd Alois Zimmermann
15.8. 20 Uhr

The String Orchestra of the Reykjavik College of Music
(Island) Dir: Mark Reedman; Sol: Sigrún Edvaldsdóttir (Violine); Werke u.a. von B. Britten, Stefán Arason
17.8. 20 Uhr

Gustav Mahler Jugendorchester
(International) Dir: Iván Fischer; Sol: Amanda Roocroft (Sopran); Werke von Richard Strauss und Gustav Mahler
18.8. 20 Uhr

Jeunesses Musicales Weltorchester
(International) Dir: Roberto Paternostro; Sol: Yayoi Todi (Violine); Werke von Frank-Michael Beyer, Tristan Keuris und Sergej Prokofjéw
19.8. 19 Uhr

Classic Open Air auf dem Gendarmenmarkt

Verdi
12.7., 20.30 Uhr
Spanische Nacht
13.7., 20 Uhr
José Cura
14.7., 20 Uhr
Classics of Musical
15.7., 20 Uhr
Russische Nacht
16.7., 20 Uhr
José Carreras in Concert
17.7., 20 Uhr

17 Adjektive im Kontext. Rewrite this narrative, filling in each blank with an appropriate adjective. Don't forget to add the endings where they are needed.

Heute ist der _____ Mai und es ist ein _____ Tag. Ich bin mit meiner _____ Freundin Laura im _____ Wald spazieren gegangen. Die Sonne war _____ und im Wald war es sehr _____ . Wir haben unser Mittagessen mitgebracht und um ein Uhr waren wir schon hungrig. Aber wir haben vergessen eine Flasche Wein mitzubringen. Wir haben gewusst, dass es im Wald ein _____ Restaurant gibt, und bald haben wir es gefunden. Dort haben wir also eine _____ Flasche Wein gekauft. Die Kellnerin war eine sehr _____ Frau. Mit ihr haben wir über das _____ Wetter gesprochen. Sie hat auch ein _____ Kind gehabt und wir haben ein bisschen mit diesem _____ Mädchen gespielt. Später haben wir meinen _____ Freund Hannes getroffen. Er hat uns seinen _____ Wagen gezeigt. Am Ende dieses _____ Tages sind wir dann mit der Straßenbahn in die _____ Stadt zurückgefahren.

LESESTÜCK

Tipps zum Lesen und Lernen

Tipps zum Vokabelnlernen

Identifying noun gender Now that you have acquired a German vocabulary of several hundred words, you can begin to recognize some patterns in the gender and formation of nouns. You have already learned that agent nouns ending in **-er** are always masculine (**der Lehrer**) and that the ending **-in** always designates a female (**die Lehrerin**).

The gender of many nouns is determined by a suffix. Here are some of the most common suffixes that form nouns.

■ Nouns with the following suffixes are *always feminine* and *always* have the plural ending **-en**:

> **-ung**, **-heit**, **-keit**, **-schaft**, **-ion**, **-tät**

■ Suffix **-ung** forms nouns from verb stems:

lösen (*to solve*) → **die Lösung** (*solution*)
zerstören (*to destroy*) → **die Zerstörung** (*destruction*)
verschmutzen (*to pollute*) → **die Verschmutzung** (*pollution*)

■ Suffixes **-heit** and **-keit** form nouns from adjective stems and from other nouns:

frei → **die Freiheit** (*freedom*)
freundlich → **die Freundlichkeit** (*friendliness*)
gesund → **die Gesundheit** (*health*)
Mensch → **die Menschheit** (*humanity*)

- Suffix **-schaft** forms collective and more abstract nouns from concrete nouns:

Studenten → **die Studentenschaft** (*student body*)
Land → **die Landschaft, -en** (*landscape*)
Freund → **die Freundschaft, -en** (*friendship*)

- Suffixes **-ion** and **-tät**: Words with these suffixes are borrowed from French or Latin. Most have English cognates:

die Diskussion, -en   **die Universität, -en**
die Generation, -en   **die Elektrizität**

- The suffixes **-chen** and **-lein** form diminutives. The stem vowel of the noun is umlauted wherever possible, and the noun automatically becomes *neuter*. The plural and singular forms are always identical.

die Karte →   **das Kärtchen, -** (*little card*)
das Stück →   **das Stückchen, -** (*little piece*)
das Brot →   **das Brötchen, -**
die Magd (archaic: *maid*) → **das Mädchen, -**
die Frau →   **das Fräulein, -** (*Miss; young woman*)
das Buch →   **das Büchlein, -** (*little book*)

▶ **Übung: Raten Sie mal! (*Take a guess!*)**   Was bedeuten diese Wörter?

1. die Möglichkeit
2. die Wanderung
3. die Ähnlichkeit
4. die Mehrheit
5. die Meinung
6. die Lehrerschaft
7. die Wohnung
8. die Schönheit
9. die Dummheit
10. die Studentenschaft
11. die Radikalität
12. die Gesundheit
13. die Schwierigkeit
14. das Brüderlein
15. das Liedchen
16. das Städtchen
17. das Würstchen
18. das Häuschen
19. die Kindheit
20. die Menschheit

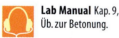

Lab Manual Kap. 9, Üb. zur Betonung.

Leicht zu merken

aktiv	ak<u>ti</u>v
akut	
das **Atom, -e**	<u>A</u>tom
die **Basis**	
demonstrieren	demon<u>strie</u>ren
die **Elektrizität**	Elektriz<u>i</u>tät
die **Energie**	En<u>e</u>rgie
enorm	
die **Industrie, -n**	Indus<u>tri</u>e
die **Konsequenz, -en**	Konse<u>quenz</u>
der **Lebensstandard**	
die **Natur**	Nat<u>u</u>r
das **Ökosystem**	Ökosy<u>ste</u>m

**Die Wälder sterben-
nach den Wäldern
sterben die Menschen.**

das **Plastik**
politisch
produzieren   produ<u>zie</u>ren
das **Prozent** (%)
radikal   radi<u>kal</u>
sortieren   sor<u>tie</u>ren
sowjetisch   sow<u>j</u>etisch
der **Supertanker, -**

Einstieg in den Text

The following text discusses environmental problems. These issues concern people all over the globe. They are particularly crucial in densely populated Europe.

Look over **Wortschatz 2**, then read the following hypotheses about the environment. Do you agree or disagree with them? Compare your responses to the opinions expressed in the reading.

	Das stimmt.	**Das stimmt nicht.**
1. Wir sind heute immer noch sehr abhängig von (*dependent upon*) der Natur.	☐	☐
2. Die Schwerindustrie ist für die Umweltverschmutzung verantwortlich.	☐	☐
3. Die Atomenergie ist eine gute Alternative zum Öl.	☐	☐
4. Der Durchschnittsbürger (*average citizen*) kann im Alltag viel gegen die Umweltverschmutzung tun.	☐	☐
5. Die Politiker müssen viel mehr für die Umwelt tun.	☐	☐

You have now learned all four cases in German, you understand the stucture of dependent clauses and infinitive phrases, and you have learned how to use attributive adjectives. Consequently, you can now understand more complex and sophisticated German. You will notice that in the second half of *Neue Horizonte*, the **Lesestücke** are more challenging. Here is a sentence from lines 28–30:

> Aber nicht nur die umweltbewusste Jugend, sondern auch Deutsche aus allen Altersgruppen sind heute bereit ihr Leben zu ändern, um Meere, Wälder, Tiere und Pflanzen zu retten.

Although much of the vocabulary in this sentence is new, try to identify the following elements and write them down without looking up words.

1. the lengthy compound subject in first position
2. the two elements being contrasted by **nicht nur ... sondern auch**
3. the verb of the main clause in second position
4. the predicate adjective used with the verb
5. the infinitive phrase at the end of the main clause
6. the **um ... zu** phrase that ends the sentence

Now try translating the entire sentence into English. The glosses will help you.

Verben

benutzen to use
lösen to solve
retten to rescue, save
verschmutzen to pollute; to dirty
verschwenden to waste
werfen (wirft), hat geworfen to throw
  weg·werfen to throw away, discard

Substantive

der **Fisch, -e** fish
der **Politiker, -** politician (*m.*)
der **Preis, -e** price
der **Unfall, ̈e** accident
der **Vogel, ̈** bird

das **Beispiel, -e** example
das **Kraftwerk, -e** power plant
  das **Atomkraftwerk** atomic power plant
das **Öl** oil
das **Tier, -e** animal

die **Chance, -n** chance
die **Dose, -n** (tin) can
die **Gefahr, -en** danger
die **Gesellschaft, -en** society
die **Gesundheit** health
die **Jugend** (*sing.*) youth; young people
die **Kraft, ̈e** power, strength
die **Lösung, -en** solution
die **Menschheit** mankind, human race
die **Partei, -en** political party
die **Pflanze, -n** plant
die **Politik** politics; policy
die **Politikerin, -nen** politician (*f.*)
die **Technik** technology
die **Ware, -n** product

Adjektive und Adverbien

bereit prepared, ready
eigen- own
erstaunlich astounding
gefährlich dangerous

gesund healthy
hoch (*predicate adj.*), **hoh-** (*attributive adj.*) high
  Das Gebäude ist **hoch**.
   aber
  Das ist ein **hohes** Gebäude.
jährlich annually
sauer sour; acidic
  der **saure Regen** acid rain

Andere Vokabeln

mancher, -es, -e many a (*in plural* = some)
  manche Pflanzen some plants
obwohl (*sub. conj.*) although
solcher, -es, -e such, such a

Gegensätze

gesund ≠ krank healthy ≠ sick
die **Gesundheit ≠** die **Krankheit** health ≠ sickness
hoch ≠ niedrig high ≠ low
sauer ≠ süß sour ≠ sweet

BITTE VERLASSEN SIE DIESEN PLANETEN SO, WIE SIE IHN VORZUFINDEN WÜNSCHEN!

Es geht auch OHNE PVC

PVC = Polyvinylchlorid.

Im Schwarzwald

Learning about German and global environmental issues is the cultural goal of this chapter.

 Lab Manual Kap. 9, Lesestück.

Unsere Umwelt in Gefahr

Das Problem: Der Mensch gegen die Natur?

Wir leben heute in Europa und Nordamerika in einer hoch industrialisierten° Welt. Wir lieben unseren Luxus° und brauchen die Technik, denn sie ist die Basis unseres hohen Lebensstandards. Aber der Preis für diesen erstaunlichen Fortschritt ist sehr
5 hoch. Manchmal vergessen wir, dass wir immer noch von der Natur abhängig° sind.

Um unsere Lebensweise° möglich zu machen brauchen wir enorm viel Energie. Obwohl die Nordamerikaner und Westeuropäer nur zirka 15% der Weltbevölkerung° sind, verbrauchen° sie zirka 65% aller produzierten Energie. Spätestens° seit der Katastrophe im sowjetischen Atomkraftwerk in Tschernobyl am 26. April 1986 weiß
10 man aber, wie gefährlich diese Energiequelle° für unser Ökosystem sein kann. Ein zweites Beispiel ist die Exxon-Valdez-Katastrophe vom Jahre 1989; das Öl aus diesem verunglückten° Supertanker hat das Meer verschmutzt und Fische und Vögel weit und breit° in Gefahr gebracht. Die schlimmen Folgen° von solchen Unfällen können jahrelang fortdauern°. Leider sind aber alle unsere Hauptenergiequellen (Öl, Kohle°,
15 Atomkraft) schädlich° für die Natur und für unsere Gesundheit.

Aber nicht nur die Schwerindustrie muss für die Umwelt verantwortlich sein, sondern auch jeder einzelne° Mensch. Wir fahren zu viel Auto, wir essen zu viel in Fastfood-Restaurants, wir benutzen zu viele Spraydosen° und produzieren zu viel

hoch ... = *highly industrialized / luxury*

von ... = *dependent on nature*
way of life
world population
consume / at the latest

energy source

grounded
far and wide / consequences
jahrelang ... = *persist for years / coal / harmful*

individual
aerosol cans

Waldsterben

Müll. Die Konsequenzen sind: der saure Regen, Müllhalden° voll von unnötigen
20 Plastikverpackungen° und die Zerstörung der Ozonschicht°. Das Problem ist im dicht
besiedelten° Deutschland besonders akut. Dort wirft jeder Bürger jährlich zirka 300
bis 400 kg Müll weg! Man möchte wirklich fragen: Sind wir Menschen denn die
Feinde° der Natur?

Die Lösung: aktiv umweltfreundlich sein!

25 Besonders die junge Generation in Deutschland zeigt für diese Probleme starkes
Engagement°. Manche finden bei den Grünen² eine Alternative zu der Umweltpolitik
der anderen Parteien. Viele demonstrieren gegen neue Atomkraftwerke und suchen
auch in ihrem eigenen Leben Alternativen zu der Wegwerfgesellschaft. Aber nicht nur
die umweltbewusste° Jugend, sondern auch Deutsche aus allen Altersgruppen° sind
30 heute bereit ihr Leben zu ändern°, um Meere, Wälder, Tiere und Pflanzen zu retten.³
      Wie kann man denn ein umweltfreundliches Leben führen? Man kann z.B. mehr
Rad fahren oder zu Fuß gehen und weniger° Auto fahren. Man sollte° nur Waren
ohne unnötige Verpackung kaufen und den Hausmüll sortieren und zum Recycling
bringen. Man kann auch so wenig Wasser und Elektrizität wie° möglich
35 verschwenden. Diese Vorschläge° für den Alltag sind nur ein Anfang. Man muss
natürlich auch von den Politikern mehr Umweltbewusstsein° fordern°. Die
Menschheit hat nicht mehr viel Zeit. Nur wenn alle Länder politisch
zusammenarbeiten, haben wir noch eine Chance unsere Umwelt zu retten.

trash dumps

*plastic packaging / ozone
   layer / **dicht besiedelt** =
   densely populated*

enemies

commitment

*environmentally conscious /
   age groups / change*

less / should

so ... wie = *as . . . as*
suggestions
*environmental awareness /
   demand*

---

² **Die Grünen** (*the Greens*), the environmental and anti-nuclear party, became the junior partner
in the ruling coalition with the left-of-center SPD (Social Democratic Party) in 1998.
³ In 1990 the Federal Republic became the first nation to ban the production and use of ozone-
depleting chlorofluorocarbons.

NACH DEM LESEN

Lab Manual Kap. 9, Diktat.

Workbook Kap. 9, L–N.

Discussing ecology and recycling is a communicative goal.

A **Antworten Sie auf Deutsch.**

1. Von welchen Umweltkatastrophen haben Sie schon gehört?
2. Wann war die Katastrophe in Tschernobyl?
3. Wie können Umweltkatastrophen für die Natur gefährlich sein?
4. Wer soll denn für die Umwelt verantwortlich sein?
5. Nennen Sie unsere Hauptenergiequellen.
6. Kennen Sie alternative Energiequellen?
7. Wie kann unser modernes Alltagsleben für die Umwelt gefährlich sein?
8. Wie können wir ein umweltfreundliches Leben führen?

B **Gruppenarbeit: Unsere Wegwerfgesellschaft?** (*4 oder 5 Personen*)   Jeden Tag benutzen wir viele Sachen. Aber wir verschwenden auch eine Menge, besonders Dinge aus Plastik. Machen Sie eine Liste von solchen Dingen aus Ihrem Alltag. Was haben Sie in den letzten Tagen wegwerfen müssen? Warum?

Liste: „Das haben wir in letzter Zeit weggeworfen."

C **Gruppenarbeit: Es gibt eine Alternative!**   Hier sind einige Beispiele der Umweltverschmutzung. Können Sie Alternativen geben?

> BEISPIEL: Einen Plastiklöffel wirft man meistens weg.
> *Alternative*: Aber ich muss nicht mit Plastiklöffeln essen.

1. Meine Familie wirft jede Woche viele Flaschen weg.
2. Sonntags fahre ich gern im eigenen Auto aufs Land.
3. Im Supermarkt sind die Lebensmittel alle in Plastik verpackt.
4. Manchmal werfen Menschen Papier auf die Straße.
5. Wenn mein Kugelschreiber keine Tinte (*ink*) mehr hat, werfe ich ihn weg.
6. In unserem Studentenwohnheim gibt es keine Recyclingcontainer.

Storks (**der Storch, ¨e**), an endangered species, nest in Europe and winter in North Africa. Europeans put wagon wheels on high roofs as nesting platforms for storks, which are traditionally believed to bring good luck.

MEHR LEBENSRAUM
FÜR DEN WEISS-STORCH

D Übung Construct sentences from the elements provided. Be prepared to translate your sentences into English.

1. mein / umweltfreundlich / Mitbewohner / tragen / Müll / in / Keller
2. alle / neu / Einwohner / unser- (*gen.*) / Studentenwohnheim- / mitmachen
3. das / riesengroß / Zimmer / ist / sonnig / und / ich / haben / mein / eigen / Schreibtisch
4. um / ein / lang, / gesund / Leben / haben, / sollen / jed- / Mensch / aktiv / bleiben
5. bei / dies- / schön / Wetter / wir / wollen / zusammen / zum / neu / Tennisplatz / gehen
6. ich / haben / ein / gut / Gefühl, / wenn / ich / mein- / schmutzig / alt / Dosen / zum / Recycling / schleppen

---

SCHREIBTIPP

Using adjectives in descriptions

1. Before you begin writing, think about the place or person you are describing and make a list of adjectives appropriate to your subject. If you were going to write about a place on the ocean, you might list **sonnig**, **warm**, **flach**, **blau**, etc. Consult an English-German dictionary for adjectives you don't find in *Neue Horizonte*.
2. Try to use your adjectives attributively, i.e., instead of writing **Das Meer ist blau**, write **Das blaue Meer war wunderschön**.
3. Once you've written your first draft, review each noun phrase. Have you used the correct adjective endings?

▶ **Schreiben wir mal.** Schreiben Sie eine Seite über eins dieser Themen (*themes*).

1. Sie kennen sicher eine Landschaft oder einen Ort (*place*), wo die Natur besonders schön ist. Beschreiben Sie diesen Ort und sagen Sie, warum Sie ihn schön finden. Benutzen Sie Adjektive!

   BEISPIEL: Hinter unserem Haus gibt es einen kleinen Wald mit schönen, hohen Bäumen. Dort habe ich als Kind ...

2. Beschreiben Sie einen wichtigen Menschen in Ihrem Leben.

AUCH FÜSSE HABEN GEFÜHLE

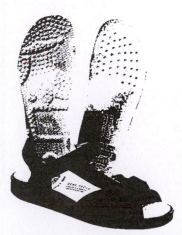

E **Klassendiskussion: Was meinen Sie?**

1. Kann man fit bleiben, ohne Sport zu treiben?
2. In Deutschland gibt es viele Sportklubs, aber nur wenige (*few*) Universitätsmann-schaften (*university teams*). Finden Sie es gut, dass es solche Mannschaften an amerikanischen Unis gibt? Warum?

F **Wie sagt man das auf Deutsch?**

1. What's the date today?
2. It's April 5th. Why do you ask?
3. My old friend Markus has a birthday today, and I haven't called him up yet.

4. Can you recommend a good restaurant to me?
5. Do you like to eat French food?
6. Of course. Do you know a good French restaurant?
7. Yes. My favorite restaurant is in the old part of town (**Altstadt**).

8. Are you throwing these old bottles away, Frau Schuhmacher?
9. Yes, I don't have time to carry them to the cellar.
10. May I have them? I'm collecting bottles to earn money.

Hier kann man Glas recyclen (Darmstadt).

SEID IHR SCHLAUE UMWELTFÜCHSE?

Der „Bund für Umwelt und Naturschutz Deutschland" ist eine Lobby von umweltfreundlichen Menschen. In einer Broschüre geben sie Tipps zum Schutz (*protection*) der Umwelt.

Umweltfüchse wissen, ...

- dass Wasser ein Lebensmittel ist.
- dass jeder Deutsche pro Tag zirka 150 Liter Trinkwasser benutzt.

Schlaue Umweltfüchse ...

- werfen keine Medikamente in die Toilette, sondern bringen sie zur Sammelstelle für Giftmüll.
- duschen lieber, als ein Vollbad zu nehmen, weil sie beim Duschen nur 50 bis 100 Liter Wasser benutzen, statt 200 Liter beim Baden.

Umweltfüchse wissen, ...

■ dass die Bundesrepublik jedes Jahr einen Müllberg produziert, der so groß wie die Zugspitze ist.

■ dass nur 11 Prozent dieses Mülls echter Müll sind. 89 Prozent wären recyclebar.

Schlaue Umweltfüchse ...

■ kaufen Recyclingprodukte, z.B. Umweltschutzpapier.

■ sortieren ihren Müll und bringen Glasflaschen, Metall und Papier zu Containern oder direkt zum Recycling.

Die junge Donau, nicht weit von der Quelle (*source*) in Süddeutschland

Frankfurt am Main

Deutschland im 20. Jahrhundert

Kommunikation

- Narrating events in the past
- Telling how long ago something happened
- Telling how long something lasted

Kultur

- The Weimar Republic (1919–1933)

In diesem Kapitel

- **Lyrik zum Vorlesen**
  Bertolt Brecht, „Mein junger Sohn fragt mich"
- **Grammatik**
  Simple past tense
  Equivalents for *when*: **als, wenn, wann**
  Past perfect tense
  More time expressions
- **Lesestück**
  Eine Ausstellung historischer Plakate aus der Weimarer Republik
- **Almanach**
  German Politics and the European Union

DIALOGE

Lab Manual Kap. 10, Dialoge, Fragen, Hören Sie gut zu!

Damals

Zwei Senioren sitzen nachmittags auf einer Bank.

HERR ZIEGLER: Wie lange wohnen Sie schon hier, Frau Planck?

FRAU PLANCK: Seit letztem Jahr. Vorher habe ich in Mainz gewohnt.

HERR ZIEGLER: Ach, das wusste ich ja gar nicht. Als ich ein Kind war, habe ich immer den ganzen Sommer dort bei meinen Großeltern verbracht.

FRAU PLANCK: Ja, damals vor dem Krieg war die Stadt natürlich ganz anders.

Das ärgert mich!

JÜRGEN: Heinz, was ist denn los? Du siehst so besorgt aus.

HEINZ: Ach, Barbara hat mir vor zwei Wochen ihren neuen CD-Spieler geliehen ...

JÜRGEN: Na und? Du hast ihn doch nicht verloren, oder?

HEINZ: Keine Ahnung. Ich hatte ihn in meinem Rucksack, aber vor zehn Minuten konnte ich ihn dann plötzlich nicht mehr finden.

JÜRGEN: So ein Mist! Meinst du, jemand hat ihn dir geklaut?

HEINZ: Nee, ich glaube nicht, denn mein Geldbeutel fehlt nicht ... Mensch, das ärgert mich!

The tag question ... **oder**? (here = *Did you*?) can follow either positive or negative statements. **Nicht wahr?** (p. 84) follows positive statements only.

Schlimme Zeiten

Als Hausaufgabe muss Steffi (14 Jahre alt) ihre Oma interviewen.

STEFFI: Oma, für die Schule sollen wir unsere Großeltern über die Kriegszeit interviewen.

OMA: Nun, was willst du denn wissen, Steffi?

STEFFI: Also ... wann bist du eigentlich geboren?

OMA: 1935. Als der Krieg anfing, war ich noch ein kleines Mädchen.

STEFFI: Erzähl mir bitte, wie es euch damals ging.

OMA: Gott sei Dank lebten wir auf dem Land und zuerst ging es uns relativ gut, obwohl wir nicht reich waren.

STEFFI: Was ist dann passiert?

OMA: Das dauerte nur bis 1943. Dann ist mein Bruder in Russland gefallen und ein Jahr später starb meine Mutter.

Remember: English *in 1935* = **1935** (no *in*) or **im Jahre 1935**.

Note the restricted meaning of **fallen** in this context: *to die in combat*. Proverb: **Generale siegen, Soldaten fallen** (**siegen** = *to be victorious*).

NOTE ON USAGE

Flavoring particle *doch*

In **Kapitel 4**, you learned that **doch** can soften a command to a suggestion. In a statement, **doch** adds emphasis in the sense of *surely, really*. In the second dialogue, Jürgen fears the worst and says to Heinz:

Du hast ihn **doch** nicht verloren, oder?   *(Surely) you haven't lost it, have you?*

Verben

ärgern to annoy
dauern to last; to take (time)
fallen (fällt), fiel, ist gefallen to fall; to die in battle
fehlen to be missing; to be absent
interviewen, hat interviewt to interview
leihen, lieh, hat geliehen to lend, loan; to borrow
passieren, passierte, ist passiert to happen
stehlen (stiehlt), stahl, hat gestohlen to steal

Substantive

der **Geldbeutel, -** wallet, change purse
der **Monat, -e** month
der **Senior, -en, -en** senior citizen
die **Bank, ¨e** bench

Adjektive und Adverbien

besorgt worried, concerned
damals at that time, back then
letzt- last
plötzlich sudden(ly)
reich rich

Andere Vokabeln

als (*sub. conj.*) when, as
doch (*flavoring particle, see p. 269*)
nachdem (*sub. conj.*) after
nun now; well; well now

Nützliche Ausdrücke

(Ich habe) keine Ahnung. (I have) no idea.
den ganzen Sommer (Tag, Nachmittag usw.) all summer (day, afternoon, etc.)
Na und? And so? So what?
So ein Mist! (*crude, colloq.*) What a drag! What a lot of bull!
Wann sind Sie geboren? When were you born?

Gegensätze

besorgt ≠ unbesorgt
 concerned ≠ carefree
reich ≠ arm rich ≠ poor

Mit anderen Worten

klauen (*colloq.*) = stehlen

Back Then

Two senior citizens are sitting on a bench in the afternoon.

MR. Z: How long have you lived here, Mrs. Planck?
MRS. P: Since last year. Before that, I lived in Mainz.
MR. Z: Oh, I didn't know that. When I was a child, I always spent the whole summer there with my grandparents.
MRS. P: Yes, of course back then before the war the city was very different.

That Annoys Me!

J: Heinz, what's wrong? You look so worried.
H: Oh, Barbara loaned me her new CD-player two weeks ago . . .
J: So? You haven't lost it, have you?
H: No idea. I had it in my backpack, but then ten minutes ago I suddenly couldn't find it.
J: What a drag! You think somebody ripped it off?
H: No, I don't think so, because my wallet's not missing. . . . Man, that annoys me.

Tough Times

As a homework assignment, Steffi (age 14) has to interview her grandmother.

S: Grandma, for school we're supposed to interview our grandparents about the war years.
O: Well, what do you want to know, Steffi?
S: Let's see . . . when were you born, anyway?
O: In 1935. When the war began I was still a little girl.
S: Please tell me what it was like for you back then.
O: Thank goodness we lived in the country, and at first things were relatively good, although we weren't rich.
S: What happened then?
O: That lasted only until 1943. Then my brother was killed in action in Russia and my mother died a year later.

Variationen

A Persönliche Fragen

1. Heinz sieht besorgt aus, weil er etwas verloren hat. Haben Sie je etwas verloren? Was denn?
2. Was machen Sie, wenn Sie etwas nicht finden können?
3. Würden Sie jemand Ihren CD-Spieler leihen? Warum oder warum nicht?
4. Wissen Sie, wann und wo Ihre Eltern geboren sind? Ihre Großeltern?
5. Wie lange wohnen Sie schon in dieser Stadt?
6. Herr Ziegler hat als Kind seine Sommerferien bei seinen Großeltern verbracht. Was haben Sie als Kind im Sommer gemacht?

B Partnerarbeit: Fundbüro (*Lost and Found*)   Sie gehen zum Fundbüro, weil Sie etwas verloren haben. Unten ist eine Liste von Dingen im Fundbüro. Sagen Sie, was Sie verloren haben. Dann beschreiben Sie es.

BEISPIEL: A: Was haben Sie verloren?
            B: Ich habe meine Kamera verloren.
            A: Können Sie sie beschreiben?
            B: Es war eine _____ Kamera.

Fahrrad   Pulli
Jacke   Turnschuhe
Koffer   Geldbeutel
Tasche   Reisetasche
Wörterbuch   Sonnenbrille

Reisetasche

Sonnen-brillen und Sport-Sonnenbrillen für Damen und Herren

Fahrrad

C Übung: Was ist passiert?   Gestern war sehr viel los. Sagen Sie, was passiert ist.

BEISPIEL: Können Sie uns sagen, was gestern passiert ist?
            Ja, gestern ...

Wahlplakat der Grünen,
Rheinland-Pfalz

D Übung: Den ganzen Tag   How long did you do certain things? Answer that you did them all morning, all day, all week, all semester, and so on.

> BEISPIEL: Wie lange sind Sie in Europa gewesen?
> Ich war *den ganzen Sommer* da.

1. Wie lange haben Sie gestern Tennis gespielt?
2. Wie lange waren Sie in der Bibliothek?
3. Wie lange waren Sie mit Ihren Freunden zusammen?
4. Wie lange sind Sie im Bett geblieben?
5. Wie lange haben Sie an Ihrem Referat gearbeitet?

E Kettenreaktion: Ich suche ... (*Mit offenen Büchern*)   Wählen Sie ein Adjektiv und ein Substantiv und sagen Sie dann, was Sie suchen. Der nächste Student sagt, er hat das nicht. Dann geht's weiter.

> BEISPIEL: A: Ich suche deutsche Zeitungen.
> B: Leider habe ich keine deutschen Zeitungen. *Ich* suche ...

Adjektive		Substantive	
amerikanisch	bunt	Romane	Fahrräder
kurz	frisch	Menschen	Alternativen
bekannt	freundlich	Pullis	Politiker
gesund	kostenlos	Geschenke	Restaurants
toll	leer	Brötchen	Arbeiter
deutsch	nagelneu	Rucksäcke	Gebäude
lang	riesengroß	Flaschen	Kleider
ehrlich	sportlich	Bücher	Wälder
reich	umweltfreundlich	Professoren	Poster
interessant		Ideen	

LYRIK ZUM VORLESEN

Lab Manual Kap. 10, Lyrik zum Vorlesen.

Bertolt Brecht fled Germany in 1933 to settle first in France, then in Scandinavia. This poem, written in Finland during World War II, is the sixth of the short cycle *1940*. It reflects events of that year.

Mein junger Sohn fragt mich

Mein junger Sohn fragt mich: Soll ich
    Mathematik lernen?
Wozu°, möchte ich sagen. Dass zwei
    Stück Brot mehr ist als eines
Das wirst du auch so merken°.
Mein junger Sohn fragt mich: Soll
    ich Französisch lernen?
Wozu, möchte ich sagen. Dieses Reich
    geht unter°. Und
Reibe° du nur mit der Hand den Bauch°
    und stöhne°
Und man wird dich schon verstehen.
Mein junger Sohn fragt mich: Soll
    ich Geschichte lernen?
Wozu, möchte ich sagen. Lerne du nur
    deinen Kopf in die Erde stecken°
Da wirst du vielleicht übrig bleiben°.

Ja, lerne Mathematik, sage ich
Lerne Französisch, lerne Geschichte!

Bertolt Brecht (1898–1956)

what for?

Das … = *you'll notice that anyway*

Reich … = *empire will collapse*
rub / belly
groan

deinen … = *to stick your head in the sand* / ***wirst übrig bleiben*** = *will survive*

Narrating events in the past is a communicative goal.

Like the German present tense (see Kapitel 1, p. 29), the German past tense lacks progressive and emphatic forms (English: *was living*, *did live*).

1. Simple past tense (*das Präteritum*)

The *simple past* tense (also called the *preterit*) is used in written German to narrate a series of events in the past. Most literary texts are written in the simple past. In spoken German, however, the *perfect* tense is more commonly used to relate past events. Exceptions are **sein**, **haben**, and the modal verbs, which are used most frequently in the simple past in both conversation and writing. You learned the simple past tense of **sein** in **Kapitel 6**.

Weak verbs and strong verbs form the simple past tense in different ways. About 90 percent of German verbs are weak, but the strong verbs introduced in *Neue Horizonte* occur very frequently.

Simple past of weak verbs

The marker for the simple past of weak verbs is **-te**. Weak verbs form the simple past by adding endings to the verb stem as follows:

wohnen *to live*					
stem: **wohn-**					
ich	wohn-**te**	*I lived*	wir	wohn-**ten**	*we lived*
du	wohn-**test**	*you lived*	ihr	wohn-**tet**	*you lived*
er, es, sie	wohn-**te**	*he, it, she lived*	sie, Sie	wohn-**ten**	*they, you lived*

First- and third-person singular forms are identical: **ich wohnte**, **er wohnte**.

Verbs whose stems end in **-d** or **-t** add **-e-** between the stem and these endings:

arbeiten *to work*					
stem: **arbeit-**					
ich	arbeit-**ete**	*I worked*	wir	arbeit-**eten**	*we worked*
du	arbeit-**etest**	*you worked*	ihr	arbeit-**etet**	*you worked*
er, es, sie	arbeit-**ete**	*he, it, she worked*	sie, Sie	arbeit-**eten**	*they, you worked*

For weak verbs, the only form you need to know to generate all other possible forms is the infinitive: **wohnen**, **wohnte**, **hat gewohnt**; **arbeiten**, **arbeitete**, **hat gearbeitet**.

Lab Manual Kap. 10, Var. zu Üb. 1, 2, 4, 5, 7.

Workbook Kap. 10, A–E.

In short narratives like this, German uses the simple past rather than the perfect.

1 Übung: Doras Einkaufstag   Here is a present-tense narrative of Dora's day in town. Retell it in the simple past tense.

Dora **braucht** Lebensmittel. Sie **wartet** bis zehn Uhr, dann **kauft** sie in einer kleinen Bäckerei ein. Sie **bezahlt** ihre Brötchen und **dankt** der Verkäuferin. Draußen **schneit** es und sie **hört** Musik auf der Straße. Sie **sucht** ein Restaurant. Also **fragt** sie zwei Studenten. Die Studenten **zeigen** ihr ein gutes Restaurant gleich in der Nähe. Dort **bestellt** sie etwas zu essen und eine Tasse Kaffee. Es **schmeckt** ihr sehr gut, aber die Menschen am nächsten Tisch **quatschen** zu laut und das **ärgert** sie ein bisschen.

„Ich kam,
ich sah,
ich siegte."

Julius Cäsar

Simple past of strong verbs

Strong verbs do *not* have the marker **-te**. Instead, the verb stem is changed. The changed stem is called the *simple past stem*, e.g., nehmen, **nahm**, hat genommen. This new stem takes the following personal endings in the simple past tense:

nehmen *to take*					
simple past stem: **nahm-**					
ich	nahm	*I took*	wir	nahm-**en**	*we took*
du	nahm-**st**	*you took*	ihr	nahm-**t**	*you took*
er, es, sie	nahm	*he, it, she took*	sie, Sie	nahm-**en**	*they, you took*

Note that the **ich-** and the **er**, **es**, **sie-**forms of strong verbs have *no* endings in the simple past: **ich nahm, sie nahm.**

Principal parts of strong verbs

The simple past stem is one of the *principal parts* of a strong German verb. The principal parts (**Stammformen**) are the three (or sometimes four) forms you must know in order to generate all other forms of a strong verb. You have now learned all of them.

infinitive	*3rd-person sing. present*	*simple past stem*	*auxiliary + past participle*
nehmen	**(nimmt)**	**nahm**	**hat genommen**

The table on pages 276–277 contains the principal parts of all the strong verbs you have learned so far. As an aid to memorization, they have been arranged into groups according to the way their stem-vowels change in the past tenses. Memorize their simple past stems and review your knowledge of the other principal parts. Verbs formed by adding prefixes to these stems are not included in the table, e.g., **abfahren, aufstehen, beschreiben, verstehen.**

These are the 51 strong verbs introduced so far. The new simple past tense forms are boldfaced. Give yourself plenty of time to learn these and practice them aloud with a friend.

Principal Parts of Strong Verbs

Infinitive	3rd p. sing. pres.	Simple past	Perfect	English
anfangen	fängt an	**fing an**	hat angefangen	to begin
fallen	fällt	**fiel**	ist gefallen	to fall; to die in battle
halten	hält	**hielt**	hat gehalten	to hold; to stop
schlafen	schläft	**schlief**	hat geschlafen	to sleep
verlassen	verlässt	**verließ**	hat verlassen	to leave
aufwachsen	wächst auf	**wuchs auf**	ist aufgewachsen	to grow up
einladen	lädt ein	**lud ein**	hat eingeladen	to invite
fahren	fährt	**fuhr**	ist gefahren	to drive
tragen	trägt	**trug**	hat getragen	to carry; to wear
essen	isst	**aß**	hat gegessen	to eat
geben	gibt	**gab**	hat gegeben	to give
lesen	liest	**las**	hat gelesen	to read
sehen	sieht	**sah**	hat gesehen	to see
vergessen	vergisst	**vergaß**	hat vergessen	to forget
empfehlen	empfiehlt	**empfahl**	hat empfohlen	to recommend
helfen	hilft	**half**	hat geholfen	to help
nehmen	nimmt	**nahm**	hat genommen	to take
sprechen	spricht	**sprach**	hat gesprochen	to speak
stehlen	stiehlt	**stahl**	hat gestohlen	to steal
sterben	stirbt	**starb**	ist gestorben	to die
treffen	trifft	**traf**	hat getroffen	to meet
werfen	wirft	**warf**	hat geworfen	to throw
bleiben		**blieb**	ist geblieben	to stay
entscheiden		**entschied**	hat entschieden	to decide
leihen		**lieh**	hat geliehen	to lend
scheinen		**schien**	hat geschienen	to shine; to seem
schreiben		**schrieb**	hat geschrieben	to write
treiben		**trieb**	hat getrieben	to drive, propel
finden		**fand**	hat gefunden	to find
klingen		**klang**	hat geklungen	to sound
singen		**sang**	hat gesungen	to sing
trinken		**trank**	hat getrunken	to drink
beginnen		**begann**	hat begonnen	to begin
schwimmen		**schwamm**	ist geschwommen	to swim
liegen		**lag**	hat gelegen	to lie
sitzen		**saß**	hat gesessen	to sit
fliegen		**flog**	ist geflogen	to fly
fließen		**floss**	ist geflossen	to flow
genießen		**genoss**	hat genossen	to enjoy
schließen		**schloss**	hat geschlossen	to close
verlieren		**verlor**	hat verloren	to lose
ziehen		**zog**	hat gezogen	to pull

Principal Parts of Strong Verbs				
Infinitive	3rd p. sing. pres.	Simple past	Perfect	English
anrufen		**rief an**	hat angerufen	*to call up*
gehen		**ging**	ist gegangen	*to go*
hängen		**hing**	hat gehangen	*to be hanging*
heißen		**hieß**	hat geheißen	*to be called*
kommen		**kam**	ist gekommen	*to come*
laufen	läuft	**lief**	ist gelaufen	*to run*
sein	ist	**war**	ist gewesen	*to be*
stehen		**stand**	hat gestanden	*to stand*
tun		**tat**	hat getan	*to do*

2 Übung   Change the following sentences to the simple past tense.

1. Mir gefällt sein neues Fahrrad.
2. Barbara ruft um halb fünf an.
3. Sie schwimmt das ganze Jahr, um fit zu bleiben.
4. Stefan findet seinen Geldbeutel nicht.
5. Jede Woche schreibt sie uns eine Postkarte.
6. Der Film beginnt um 20.30 Uhr.
7. Er hilft mir gern mit meinen Hausaufgaben.
8. Sie heißt Dora Schilling.
9. Um acht gehen die Senioren miteinander essen.
10. Er liegt immer gern im Bett und liest die Zeitung.
11. Ich finde es komisch, dass er nichts trinkt.
12. Am Montag kommt Bert zurück.
13. Sie kommt um 10 Uhr an und bleibt den ganzen Tag da.
14. Sie sieht ihren Freund und läuft schnell zu ihm.

3 Übung: Ein Brief   Complete this letter by filling in the verbs in the simple past tense. Some of the verbs are strong and some are weak.

Liebe Martine,

weißt du, was dem armen Ulrich vorgestern passiert ist? Er hat mich gestern angerufen und _____ (erzählen) es mir. Er _____ (kennen lernen) im Park eine sympathische junge Studentin _____. Sie _____ (aussehen) ganz elegant und reich _____. Zusammen _____ (sitzen) sie auf einer Bank und _____ (sprechen) über das Studium. Ulrich _____ (tragen) eine Jacke, aber weil es sehr heiß war, _____ (legen) er sie auf die Bank. Alles _____ (scheinen) gut zu gehen und Ulrich _____ (einladen) sie in ein Konzert _____. Sie _____ (sagen) ja und _____ (geben) ihm ihre Adresse und Telefonnummer. Nach einer Stunde _____ (stehen) die Studentin auf und _____ (gehen) in die Bibliothek zurück. Am Abend _____ (kommen) er nach Hause und _____ (suchen) seinen Hausschlüssel in der Tasche seiner Jacke. Aber dort _____ (finden) er keinen Schlüssel und auch sein Geld _____ (sein) weg. Er _____ (rufen) die Nummer der Studentin an, aber sie _____ (wohnen) gar nicht da. So ein Mist, nicht?

Jetzt muss ich gehen. Viele Grüße

deine

Annelies

Simple past of modal verbs

The English modal system has no past tense for verbs like *must* and *may*; instead, English speakers say *had to* and *was allowed to*. The German system is much more regular.

The modal verbs form their simple past with the **-te** marker, like the weak verbs. But those modals that have an umlaut in the infinitive *drop* it in the past tense.

müssen, musste						
ich	muss**te**	*I had to*	wir	muss**ten**	*we had to*
du	muss**test**	*you had to*	ihr	muss**tet**	*you had to*
er, es, sie	muss**te**	*he, it, she had to*	sie, Sie	muss**ten**	*they, you had to*

Similarly:

dürfen	ich **durfte**	*I was allowed to*
können	ich **konnte**	*I was able to*
mögen	ich **mochte**	*I liked*
sollen	ich **sollte**	*I was supposed to*
wollen	ich **wollte**	*I wanted to*

Note that **mögen** drops the umlaut and also has a consonant change in the simple past.

4 Übung

1. Sagen Sie, was Sie gestern machen mussten.

   BEISPIEL: Ich musste gestern zwei Bücher lesen.

2. Jetzt sagen Sie, was Sie und Ihre Freunde gestern machen wollten.

   BEISPIEL: Wir wollten gestern Ski fahren gehen.

3. Was durften Sie als Kind nicht machen?

   BEISPIEL: Ich durfte nie allein schwimmen gehen.

Simple past of mixed verbs

The mixed verbs (see p. 165) use the **-te** marker for the simple past but attach it to the *changed* stem, which you have already learned for the past participles:

wissen, wusste, hat gewusst						
ich	wuss**te**	*I knew*	wir	wuss**ten**	*we knew*
du	wuss**test**	*you knew*	ihr	wuss**tet**	*you knew*
er, es, sie	wuss**te**	*he, it, she knew*	sie, Sie	wuss**ten**	*they, you knew*

Remember that **wissen** is irregular in the present-tense singular: ich **weiß**, du **weißt**, er **weiß**.

Similarly:

bringen, **brachte**, hat gebracht
kennen, **kannte**, hat gekannt
nennen, **nannte**, hat genannt

Simple past of *haben* and *werden*

Only **haben** and **werden** are irregular in the simple past tense.

haben, hatte, hat gehabt						
ich	hatt**e**	*I had*		wir	hatt**en**	*we had*
du	hatt**est**	*you had*		ihr	hatt**et**	*you had*
er, es, sie	hatt**e**	*he, it, she had*		sie, Sie	hatt**en**	*they, you had*

werden, wurde, ist geworden						
ich	wurd**e**	*I became*		wir	wurd**en**	*we became*
du	wurd**est**	*you became*		ihr	wurd**et**	*you became*
er, es, sie	wurd**e**	*he, it, she became*		sie, Sie	wurd**en**	*they, you became*

5 Übung Retell the following short narrative in the simple past.

Andreas **kennt** Mainz sehr gut, weil seine Großeltern dort **wohnen**. Als er 11 Jahre alt **wird**, **darf** er allein mit dem Zug nach Mainz fahren. Er **verbringt** jeden Sommer dort. Die Großeltern **wissen** alles über die Stadt, denn sie **leben** seit Jahren in Mainz. Er **bringt** ihnen immer ein Geschenk mit und das **haben** sie immer gern.

Use of the simple past tense

In English there is a difference in *meaning* between past tense and perfect tense. Compare these sentences:

> *I saw Marion in the restaurant.*
> *I have seen Marion in the restaurant.*

I saw Marion refers to a unique event in the past, while *I have seen Marion* implies that Marion has been in the restaurant on several occasions and may be there again.

In German, there is *no* difference in meaning between simple past and perfect tense. They both simply convey that the action is in the past:

> Ich **sah** Marion im Restaurant.
> Ich **habe** Marion im
>   Restaurant **gesehen**. } *I saw Marion in the restaurant.*

The difference between German simple past and perfect tense is mainly one of *usage*: they are used under different circumstances. As you have already learned, the perfect tense is the *conversational past*, used in conversation to refer to events in the past. The simple past tense is regularly used in conversation only with frequently occurring verbs such as **sein**, **haben**, and the modal verbs.

A: Wo **warst** du denn gestern? Ich habe auf dich gewartet.   *Where were you yesterday? I waited for you.*

B: Ich **hatte** kein Geld mehr und **musste** nach Hause.   *I didn't have any more money and had to go home.*

The primary use of simple past tense is in *written* German (in letters, newspaper reports, short stories, novels, etc.) to narrate a series of events in the past. Here, for example, is the beginning of the fairy tale "Hänsel und Gretel":

Es war einmal ... is the formulaic beginning for most German fairy tales.

Es **war** einmal ein armer Holzhacker. Er **wohnte** mit seinen zwei Kindern vor einem Wald. Sie **hießen** Hänsel und Gretel. Sie **hatten** wenig zu essen und ihre Stiefmutter **wollte** sie los werden.   *Once upon a time there was a poor woodcutter. He lived at the edge of a forest with his two children. Their names were Hansel and Gretel. They had little to eat and their stepmother wanted to get rid of them.*

6   **Gruppenarbeit: Schreiben wir eine Geschichte zusammen (*4–5 Personen*)**   Unten finden Sie eine Wortliste. Benutzen Sie diese Verben, um zusammen eine kurze Geschichte zu schreiben. Sie brauchen einen Sekretär oder eine Sekretärin. Er oder sie soll die Geschichte aufschreiben (*write down*). Der erste Satz der Geschichte ist: „Vor vielen Jahren lebte ein armer Student in einem alten Gebäude in der Altstadt." Student A wählt ein Verb von der Liste und sagt den zweiten Satz. Studentin B sagt einen dritten Satz usw. Sie dürfen natürlich auch andere Verben benutzen und sollen auch viele Adjektive benutzen.

A useful phrase when composing your stories: **eines Tages** = *one day*.

aufstehen	aufmachen	aussehen	beginnen
benutzen	besitzen	bleiben	einkaufen
essen	dauern	frühstücken	heißen
hoffen	kochen	bekommen	liegen
machen	nehmen	schlafen	trinken
sitzen	spazieren gehen	klauen	lernen
verdienen	verlieren	sagen	zahlen
anrufen	helfen	sterben	übernachten

Lesen Sie einander Ihre Geschichten vor. (**vorlesen** = *to read aloud*)

Simple past after the conjunction *als*

Clauses introduced by the subordinating conjunction **als** (*when* or *as* referring to a point or stretch of time in the past) require the simple past tense.

Remember that the inflected verb comes at the end of a subordinate clause.

Hans hat uns oft besucht, **als** er in New York **wohnte**.   *Hans often visited us when he lived in New York.*

Als ich meinen Geldbeutel **suchte**, konnte ich ihn nicht finden.   *When I looked for my wallet I couldn't find it.*

7 Übung: Es war schon spät   Sagen Sie, dass es schon spät war, als etwas passierte.

BEISPIEL: Das Konzert fing an.
Es war schon spät, als das Konzert anfing.

1. Ich fand den Laden.
2. Er ging endlich.
3. Wir kamen in München an.
4. Sie fuhr ab.
5. Das Telefon klingelte.
6. Meine Freunde kamen vorbei.

8 Partnerarbeit: Wie geht's weiter?   Take turns completing the following sentences with an **als**-clause.

1. Jürgen konnte seinen Schlüssel nicht finden, als …
2. Herr Ziegler hat jeden Sommer seine Großeltern besucht, als …
3. Es ging der Großmutter nicht gut, als …
4. Ute lief schnell ins Haus, als …
5. Alle Schüler lachten, als …

Now restate the sentences, beginning with your **als**-clause.

BEISPIEL: *Als* Jürgen nach Hause kam, konnte er seinen
Schlüssel nicht finden.

2. Equivalents for "when": *als, wenn, wann*

It is important to distinguish among three German subordinating conjunctions, each of which may be translated by English *when*.

■ **als** = *when* (in the past); *as*
Als refers to an event or state *in the past* and requires the simple past tense.

Als wir in Wien waren, haben wir Andreas besucht.	*When we were in Vienna, we visited Andreas.*

■ **wenn** = *when/if; whenever*
Wenn means *when* in reference to an event *in the present or future*. Since it can also mean *if*, clauses with **wenn** can be ambiguous.

Wenn wir in Wien sind, besuchen wir Andreas.	*When (If) we're in Vienna, we'll visit Andreas.*

Wenn also means *whenever* in reference to repeated action in the past or present. To avoid confusion between *whenever* and *if*, add the adverb **immer** if you mean *whenever*.

Wenn Hans nach Wien kommt, geht er **immer** ins Kaffeehaus.	*Whenever Hans comes to Vienna, he always goes to a coffeehouse.*

Note carefully the difference in meaning between **als** and **wenn** used with simple past tense.

Als sie das sagte, wurde er rot.
When she said that, he turned red.

Wenn sie das sagte, wurde er immer rot.
Whenever she said that, he always turned red.

- **Wann** = *when, at what time*
Wann is always a question word, used both in direct questions and in indirect questions:

Wann ist das passiert?
When did that happen?

Ich weiß nicht, **wann** das passiert ist.
I don't know when that happened.

Rule of thumb: For cases in which English *when* = *at what time*, use German **wann**. If *when* = *if* or *whenever*, use **wenn**.

 Workbook Kap. 10, F.

9 Übung: Als, wenn oder wann? (*Mit offenen Büchern*)

1. Mutti, _____ darf ich spielen?
_____ du das Altglas in den Keller getragen hast.

2. _____ fängt das Konzert an?
Ich weiß nicht, _____ es anfängt.
Karl kann es uns sagen, _____ er zurückkommt.
Wir haben viele Konzerte gehört, _____ wir Berlin besuchten.
Das möchte ich auch tun, _____ ich nächstes Jahr in Berlin bin.

3. _____ ich gestern an der Uni war, habe ich Angelika getroffen. Sie hat gesagt, sie kommt heute Abend mit.
Gut! _____ Angelika mitkommt, macht es mehr Spaß.
Sag mir bitte noch einmal, _____ die Party beginnt.

10 Partnerarbeit: Wie sagt man das auf Deutsch? Sagen Sie diese Dialoge auf Deutsch.

1. A: When did you meet Claudia?
B: I met her when I was studying in Vienna. Whenever I'm there, I always write her a postcard.
A: I don't know when I'll go to Vienna again.

2. A: When I was in Europe, I went to Prague.
B: When I go to Europe, I'll do that too.
A: When are you going to Europe?
B: When I have enough money.

11 Partnerarbeit: Als meine Großeltern jung waren Interviewen Sie einander über die Jugend Ihrer Großeltern. Füllen Sie den Fragebogen aus (*fill out the questionnaire*).

1. Wo sind deine Großeltern geboren? _____

2. Wo lebten sie als Kinder? _____

3. Kamen sie aus großen Familien? _____

4. Wo und wie lernten sie einander kennen? _____

5. Wie war ihre Kindheit und Jugend anders als heute? _____

Alte Ansichtskarte (*postcard*) von dem Reichstag (Berlin)

3. Past perfect tense (*das Plusquamperfekt*)

The past perfect tense is used for an event in the past that preceded another event in the past.

Als Hans aufstand, **hatte** Ulla schon **gefrühstückt**.	*When Hans got up, Ulla **had** already **eaten breakfast**.*

The form of the past perfect tense is parallel to that of the perfect tense, but the auxiliary verb (**haben** or **sein**) is in the past tense instead of the present (**haben** → **hatte**, **sein** → **war**).

ich	**hatte gegessen**	*I had eaten*
du	**hattest gegessen**	*you had eaten*
er	**hatte gegessen**	*he had eaten*
wir	**hatten gegessen**	*we had eaten*
ihr	**hattet gegessen**	*you had eaten*
sie	**hatten gegessen**	*they had eaten*
ich	**war aufgestanden**	*I had gotten up*
du	**warst aufgestanden**	*you had gotten up*
sie	**war aufgestanden**	*she had gotten up*
wir	**waren aufgestanden**	*we had gotten up*
ihr	**wart aufgestanden**	*you had gotten up*
sie	**waren aufgestanden**	*they had gotten up*

Look at the following timetable of morning events at Hans and Ulla's house, then at how they are combined in the sentences that follow.

8.00 Uhr: Ulla hat gefrühstückt.　　　9.00 Uhr: Hans ist aufgestanden.

10.00 Uhr: Ulla ist zur Uni gegangen.　　　11.00 Uhr: Hans hat gefrühstückt.

event 1 (8.00 Uhr)　　　　　　**event 2 (9.00 Uhr)**

Ulla **hatte** schon **gefrühstückt**,　　als Hans aufstand.
Ulla had already eaten breakfast,　　*when Hans got up.*

The order of the clauses may of course be reversed:

event 2 (9.00 Uhr)　　　　　　**event 1 (8.00 Uhr)**

Als Hans aufstand,　　　　　　**hatte** Ulla schon **gefrühstückt**.
When Hans got up,　　　　　　*Ulla had already eaten breakfast.*

The subordinating conjunction **nachdem** (*after*) is often used with the past perfect tense.

Nachdem Ulla gefrühstückt hatte,　　*After Ulla had eaten breakfast,*
ging sie zur Uni.　　　　　　　　　*she went to the university.*

Distinguish between the preposition **nach** (+ noun in the dative) and the conjunction **nachdem** (+ clause with the verb in final position). Both are translated *after*. **Nach der Deutschstunde** … (*after German class*); **Nachdem wir das Essen bestellt hatten** … (*After we had ordered the meal* …).

 Lab Manual Kap. 10, Var. zur Üb. 12.

 Workbook Kap. 10, G.

12 **Übung: Als Ulla nach Hause kam**　Sie spielen die Rolle von Hans. Sie sind heute vor Ulla nach Hause gekommen und hatten viel Zeit eine Menge zu machen. Sagen Sie, was Sie schon gemacht hatten, als Ulla um 23.00 Uhr endlich nach Hause kam.

BEISPIEL:　Lebensmittel eingekauft
　　　　　　Als Ulla nach Hause kam, hatte ich schon
　　　　　　Lebensmittel eingekauft.

1. nach Hause gekommen
2. Kartoffeln gekocht
3. alles sauber gemacht
4. die Kinder abgeholt
5. einkaufen gegangen
6. den Kindern das Essen gegeben
7. die Zeitung gelesen
8. ein Glas Wein getrunken
9. die Kinder ins Bett gebracht
10. ein paar Briefe geschrieben
11. meine Cousine angerufen
12. ins Bett gegangen

4. More time expressions

The preposition *vor* + dative = "ago"

Telling how long ago something happened is a communicative goal.

The preposition **vor** is used with various time expressions in the dative case to mean *ago.*

vor fünf Minuten	*five minutes ago*
vor einer Stunde	*an hour ago*
vor drei Tagen	*three days ago*
vor vielen Wochen	*many weeks ago*
vor einem Monat	*a month ago*
vor hundert Jahren	*a hundred years ago*

13 Übung: Wann war das? Sagen Sie auf Deutsch, wann Sie einen Freund angerufen haben.

BEISPIEL: Wann haben Sie ihn angerufen?
(*two days ago*): Vor zwei Tagen.

1. a minute ago
2. an hour ago
3. three years ago
4. five months ago
5. ten days ago
6. a couple of weeks ago

14 Partnerarbeit: Wann hast du zuletzt ... gemacht? Ask each other when you last did these things.

BEISPIEL: A: Wann hast du zuletzt deine Großeltern besucht?
B: Ich habe sie vor drei Monaten besucht.

deine Oma besuchen	in ein neues Haus umziehen
Geld ausgeben	Sport treiben
einen Stadtbummel machen	etwas für die Umwelt tun
einen langen Roman lesen	einen Brief bekommen
fernsehen	Musik hören

„Vor 60 Jahren hast du mich hier ins Kino eingeladen. Nächstes Jahr lade ich dich ein."

Duration ending in the past

Telling how long something lasted is a communicative goal.

German and English differ in the way they show an action ending in the past versus an action continuing into the present. English makes this distinction by using different verb tenses:

We **lived** in Berlin for three years.   *Past tense* for a state ending in the past (i.e., we don't live there any more).

We **have lived** in Berlin for three years.   *Perfect tense* for a state continuing at the moment of speaking (i.e., we're *still* living there).

In German, however, both *the simple past* and *the perfect tense* are used for a state ending in the past.

Wir **wohnten** drei Jahre in Berlin. } *We **lived** in Berlin*
Wir **haben** drei Jahre in Berlin **gewohnt**. } *for three years.*

Duration beginning in the past but continuing in the present

For a state beginning in the past but continuing at the moment of speaking, German uses *present tense* and one of these adverbial phrases:

schon (+ accusative)	→	**schon drei Jahre**
seit (+ dative)	→	**seit drei Jahren**

Wir **wohnen** *schon drei Jahre* in Berlin. } *We **have lived** in*
Wir **wohnen** *seit drei Jahren* in Berlin. } *Berlin **for three years**.*

Note carefully the difference between verb tenses in the two languages!

Lab Manual Kap. 10, Üb. 15.

Workbook Kap. 10, H.

15 Übung: Wie lange schon?   Ihre Professorin möchte wissen, wie lange Sie etwas schon machen. Sagen Sie, Sie machen es schon zwei Jahre.

BEISPIEL: Wie lange arbeiten Sie schon hier?
Ich arbeite schon zwei Jahre hier.

A. Antworten Sie mit **schon**.

1. Wie lange studieren Sie schon hier?
2. Wie lange lernen Sie schon Deutsch?
3. Wie lange treiben Sie schon Sport?
4. Wie lange wohnen Sie schon im Studentenwohnheim?
5. Wie lange fahren Sie schon Rad?

B. Antworten Sie mit **seit**.

6. Seit wann kennen Sie mich?
7. Seit wann haben Sie kurze Haare?
8. Seit wann studieren Sie hier?
9. Seit wann haben Sie den Führerschein?
10. Seit wann spielen Sie ein Musikinstrument?

16 **Partnerarbeit: Wie sagt man das auf Deutsch?** Übersetzen Sie diese Sätze mit Ihrem Partner.

1. We've known him for a year.
2. She's lived here for two weeks.
3. He's been lending me money for a long time.
4. Barbara has already been here five days.
5. She has studied in Halle for two semesters.
6. For ten years there's been an excellent restaurant here.
7. Michael has been interviewing her for three hours.
8. I've been hungry for two days.

17 **Partnerarbeit: Wie lange machst du das schon?** Fragen Sie einander, wie lange oder seit wann Sie etwas machen. Unten (*below*) sind einige Ideen, aber Sie können auch Ihre eigenen Fragen stellen.

1. Wie lange studierst du schon hier?
2. Seit wann lernst du Fremdsprachen?
3. Wie lange lernst du schon Deutsch?
4. Seit wann gibt es diese Uni?
5. Wie lange kannst du schon Auto fahren?
6. Seit wann arbeitest du mit dem Computer?
7. Wie lange sind wir heute schon in der Deutschstunde?

Die neue Reichstagskuppel (*dome*) von innen. (Siehe die alte Kuppel auf Seite 283.)

LESESTÜCK

Tipps zum Lesen und Lernen

Tipps zum Vokabelnlernen

Other examples: **Katholizismus, Protestantismus, Kapitalismus, Protektionismus, Sozialismus, Anarchismus, Modernismus, Expressionismus, Futurismus, Terrorismus**.

Nouns ending in *-ismus*   The following reading mentions several concepts such as National Socialism, Communism, and anti-Semitism. English words ending in *-ism* denote a system of belief, a doctrine, or a characteristic. Their German equivalents end in the suffix **-ismus**. These words are all masculine in German and the stress is always on the penultimate syllable (**Opti*mis*mus**).

der Antisemitismus	der Kommunismus
der Extremismus	der Optimismus
der Idealismus	der Pessimismus

This is the origin of words like *hamburger, wiener, frankfurter, Budweiser,* and *pilsner* (from *Budweis* and *Pilsen*, German names for the Czech cities **České Budejovice** and **Plzeň**).

City names as adjectives   The reading also mentions the *Weimar* Republic, the *Versailles* Treaty, and the *New York* Stock Exchange. When the names of cities are used as adjectives in German, they are capitalized and simply add the ending **-er** in all cases: **die Weimarer Republik**, **der Versailler Vertrag**, **die New Yorker Börse**.

Lab Manual Kap. 10, Üb. zur Betonung.

Leicht zu merken

die **Demokratie, -n**	Demokra*tie*
demokratisch	
der **Direktor, -en**	
die **Epoche, -n**	E*po*che
extrem	
die **Form, -en**	
ideologisch	
illegal	*il*legal
die **Inflation**	Infla*tion*
katastrophal	katastro*phal*
manipulieren	manipu*lie*ren
die **Methode, -n**	Me*tho*de
die **Monarchie, -n**	Monar*chie*
die **Opposition, -en**	Opposi*tion*
die **Republik, -en**	Repu*blik*
die **Situation, -en**	Situa*tion*
terroristisch	terro*ris*tisch

Einstieg in den Text

In the following reading, you will encounter quite a bit of factual historical information about an important period in modern German history, the Weimar

Republic. Much of the information may be new to you, but you already know enough German to be able to understand complex issues.

When reading the text through for the first time, keep the following basic information questions in mind as a guide:

Was war die Weimarer Republik?
Wann war diese historische Epoche?
Wer hat damals eine Rolle gespielt?
Warum war diese Zeit so wichtig?

Before reading, also examine the illustrations that accompany and are referred to in the reading. These convey an impression of the content of the reading and will help you to understand the issues discussed.

Was für Plakate sind das?
Aus welcher Zeit kommen sie?
Was zeigen die Bilder?
Welche Wörter oder Namen können Sie schon verstehen?

Wortschatz 2

Verben

erklären to explain
steigen, stieg, ist gestiegen
  to climb
stören to disturb
unterbrechen (unterbricht),
  unterbrach, hat unterbrochen
  to interrupt
versuchen to try, attempt
wachsen (wächst), wuchs, ist
  gewachsen to grow
wählen to choose; to vote; to elect
zählen to count

Substantive

der **Arm, -e** arm
der **Schriftsteller, -** writer (*m.*)
der **Staat, -en** state
der **Wähler, -** voter

das **Plakat, -e** poster
das **Reich, -e** empire, realm
das **Volk, ¨er** people, nation, folk
die **Ausstellung, -en** exhibition
die **Bedeutung, -en** meaning,
  significance
die **Dame, -n** lady
die **Idee, -n** idea
die **Schriftstellerin, -nen** writer
  (*f.*)
die **Wahl, -en** choice; election

German equivalents for *people*: **das Volk** (a people defined by a common language and culture: **das deutsche Volk**); **Menschen** (people in general: **die Menschen in dieser Stadt**); **Leute** (more restricted grouping: **die Leute hier im Zimmer**).

Idea: **die Idee** is the most general equivalent: **Das ist eine gute Idee. Ahnung** means *inkling*: **Ich habe keine Ahnung.**

Adjektive und Adverbien

ausländisch foreign
hart hard; tough; harsh
unruhig restless, uneasy, troubled

Andere Vokabel

bevor (*sub. conj.*) before

Nützliche Ausdrücke

zu Ende sein to end, be finished,
  be over
  1918 war der Krieg zu Ende.
    The war ended in 1918.
eine Frage stellen to ask a
  question

Fragen takes a direct object of person (**Ich habe ihn gefragt**).

Gegensätze

unruhig ≠ ruhig
  restless ≠ calm, peaceful

Eine Ausstellung historischer Plakate aus der Weimarer Republik

Lab Manual Kap. 10, Lesestück.

Im Hessischen Landesmuseum° gab es vor einigen Jahren eine Ausstellung politischer Plakate aus der Weimarer Republik (1919–1933). Der Museumsdirektor führte eine Gruppe ausländischer Studenten durch die Ausstellung.

„Meine Damen und Herren, herzlich willkommen im Landesmuseum! Bevor wir
5 in die Ausstellung gehen, möchte ich Ihnen ein paar Worte über die Geschichte der Weimarer Republik sagen. Vielleicht ist Ihnen diese Epoche schon bekannt, aber wenn Ihnen etwas nicht klar ist, können Sie immer Fragen stellen – das stört mich gar nicht.

Was war das eigentlich, die Weimarer Republik? So nennen wir den deutschen
10 Staat in der Zeit zwischen dem Ende des Ersten Weltkrieges 1918 und dem Anfang des Dritten Reiches[1] im Januar 1933. Es war Deutschlands erster Versuch° eine demokratische Staatsform zu entwickeln°. Unsere Plakate zeigen die extremen ideologischen Gegensätze° dieser Epoche. Aber sie zeigen auch, wie man gegensätzliche° Ideen oft mit ähnlichen Bildern darstellen° kann."

15 Hier unterbrach ein Student mit einer Frage: „Entschuldigung, aber können Sie uns erklären, warum es die ‚Weimarer' Republik hieß? War Berlin nicht damals die Hauptstadt Deutschlands?"

„Sicher. Berlin blieb auch die Hauptstadt, aber die Politiker kamen 1919 in der Stadt Weimar zusammen, um die neue demokratische Verfassung zu beschließen°. In
20 Berlin war die politische Situation damals sehr unruhig und außerdem° hatte Weimar wichtige symbolische Bedeutung als die Stadt, wo die großen Schriftsteller Goethe und Schiller[2] früher gelebt und gearbeitet hatten.

Die ersten Jahre der Republik waren eine Zeit der Arbeitslosigkeit und der hohen Inflation. Deutschland hatte den Ersten Weltkrieg verloren und die Monarchie war zu

Hessian State Museum

Plakat is the term for *informational posters*, **Poster** for *decorative posters* (performers, vacation spots, etc.).

Learning about the Weimar Republic is the cultural goal of this chapter.

attempt
develop
polarities
contradictory / represent

Verfassung ... = *ratify the constitution / moreover*

---
[1] **Das Dritte Reich**: The Nazis' own name for their regime (1933–1945). The first empire was the Holy Roman Empire (962–1806). The second empire (**das Deutsche Reich**, 1871–1918) collapsed at the end of the First World War.
[2] Johann Wolfgang von Goethe (1749–1832); Friedrich von Schiller (1759–1805).

The symbols on the snakes from left to right identify the following parties: the Social Democrats (SPD), the Nazis (NSDAP), and the Communists (KPD). The fourth snake behind the others probably represents the right-wing German National People's Party (DNVP).

25 Ende.[3] Unter dem harten Versailler Friedensvertrag musste der neue demokratische Staat 20 Milliarden° Goldmark an die Siegermächte° (besonders an Frankreich) zahlen. Unser erstes Plakat, aus der Zeit vor 1925, zeigt den deutschen Reichsadler° durch den Versailler Vertrag gefesselt°.

billion / victors
imperial eagle
fettered

Als die New Yorker Börse° 1929 stürzte°, wurde die Wirtschaftskrise° in den
30 Industrieländern Europas katastrophal. Man zählte im Februar 1930 schon mehr als° 3,5 Millionen arbeitslose Menschen in Deutschland.

stock market / crashed /
*economic crisis / **mehr als** –*
more than

Diese Wirtschaftskrise brachte die junge deutsche Demokratie in Gefahr, denn schon 1932 waren sieben Millionen Menschen arbeitslos. Es gab damals mehr als dreißig politische Parteien und besonders die antidemokratischen konnten
35 schnell wachsen. Auf diesem zweiten Plakat sieht man, wie die ‚starke Hand' der katholischen Zentrumspartei[4] die extremen Parteien erwürgt°. In den Wahlen nach 1930 stieg aber die Macht der Nationalsozialistischen Deutschen Arbeiterpartei (NSDAP) – der Nazis –, bis sie die stärkste° im Reichstag[5] wurde. Ihr Führer Adolf Hitler benutzte den Antisemitismus und Antikommunismus, um die Ängste des
40 Volkes zu manipulieren. Ein Plakat der Nazis zeigt den symbolischen ‚starken Mann', der° Deutschland retten soll. Die Opposition sehen Sie noch auf diesem Plakat von 1931, wo starke Arme versuchen, das Hakenkreuz° der Nazis zu zerreißen°."

strangles

strongest

who

swastika / rip apart

---

[3] Kaiser Wilhelm II (1859–1941) abdicated in November 1918 and went into exile in the Netherlands. The Treaty of Versailles officially ended the First World War in 1919.
[4] The conservative Center Party, consisting mainly of Catholic voters.
[5] The name of the German Parliament until 1945, now called **der Bundestag**. The parliament building in Berlin is still called the **Reichstag**.

SPD poster for the Reichstag election of May 1924 ("The Answer to the Hitler Trial")

After the failed Nazi putsch in Munich in November 1923, Hitler received a light prison sentence of five years and his National Socialist Party was officially banned. The SPD made a weak showing in the election, while both the Communists and the radical Right gained strength.

Eine Studentin stellte eine Frage: „Ist denn Hitler nicht illegal an die Macht gekommen°?"

45 „Eigentlich nicht", antwortete der Museumsdirektor. „Nachdem die Wähler den Nazis die meisten Stimmen° gegeben hatten, musste man Hitler zum Reichskanzler ernennen°. Erst als er Kanzler geworden war, konnte er mit terroristischen Methoden die Republik in eine Diktatur verwandeln°. Deutschland ist also ein gutes Beispiel für die Zerstörung einer schwachen Demokratie durch wirtschaftliche Not° und 50 politischen Extremismus."

an ... = came to power

(here) votes
zum ... = appoint chancellor
in ... = transform into a dictatorship /
wirtschaftliche Not = economic hardship

A Antworten Sie auf Deutsch.

1. Warum besuchte die Studentengruppe das Museum?
2. Aus welcher Zeit waren die Plakate dieser Ausstellung?
3. Wer führte die Gruppe durch die Ausstellung?
4. Was für Plakate haben die Studenten im Museum gesehen?
5. Warum hieß der deutsche Staat damals die „Weimarer" Republik?
6. Wie war die Situation in Deutschland nach dem Ersten Weltkrieg? Beschreiben Sie die Probleme.
7. Warum war die junge Demokratie in Gefahr?
8. Wann wurde Hitler Reichskanzler?
9. Wie ist er an die Macht gekommen?

B **Gruppendiskussion: Bilder erzählen Geschichte.** Im Lesestück finden Sie fünf politische Plakate aus der Weimarer Republik. Besprechen Sie diese historischen Bilder.

1. Lesen Sie den Text auf dem Plakat vor.
2. Beschreiben Sie das Bild so ausführlich (*completely*) wie möglich.
3. Interpretieren Sie die Bilder: Was symbolisiert z.B. der Adler auf dem ersten Plakat? die Hand auf dem zweiten? die Kette auf dem letzten? usw.

Vokabeln zum Thema Politik

This vocabulary focuses on an everyday topic or situation. Words you already know from **Wortschatz** sections are listed without English equivalents; new supplementary vocabulary is listed with definitions. Your instructor may assign some supplementary vocabulary for active mastery.

In dem Lesestück haben Sie nicht nur etwas über Geschichte, sondern auch etwas über Politik gelernt. Was hat denn diese politische Diskussion mit unserem Leben zu tun? Wir sind alle politische Menschen und die Politik spielt eine Rolle in unserem Alltag, ob wir es wollen oder nicht.

Spielen wir jetzt ein bisschen mit der Sprache und den Bildern der Politik. Zuerst einige Wörter (viele sind Ihnen schon bekannt):

die **Freiheit**
der **Frieden**
der **Krieg, -e**
die **Politik**
der **Politiker/die Politikerin**
die **Regierung, -en**   *government in power, administration*
der **Staat, -en**
die **Umwelt**
das **Volk, ¨er**
die **Wahl, -en**
wählen
der **Wähler, -**

Politik also means *policy*:
Außenpolitik (*foreign policy*),
Energiepolitik, **Umweltpolitik** usw.

Wahlplakate in Lübeck

C Gruppenarbeit: Wir sind politisch aktiv (*in kleinen Gruppen*)   Gründen Sie (*found*) eine neue politische Partei.

> Der Name unserer Partei: _____
> Unser Parteiprogramm:
>   Wir sind für _____, _____ usw.
>   Wir sind gegen _____, _____ usw.
> Wir sehen viele Probleme in der modernen Welt: _____
> Unsere Lösungen sind: _____
> Unsere Parole (*slogan*) für die Wahlen: _____

D Gruppenarbeit: politische Symbole   Ihre politische Partei braucht auch ein Symbol für ihr Wahlplakat. Wie Sie gerade gelesen haben, waren Tiere wichtige Symbole auf den Plakaten in der Weimarer Republik. Wählen Sie ein Tier als Symbol Ihrer Partei und machen Sie ein Wahlplakat.

der **Adler, -**	*eagle*	der **Fuchs, ¨e**	*fox*
der **Bär, -en, -en**	*bear*	der **Löwe, -n, -n**	*lion*
der **Elefant, -en, -en**	*elephant*	die **Schlange, -n**	*snake*
der **Esel, -**	*donkey*	die **Taube, -n**	*dove*

E Gruppenarbeit: Wahlkampagne (*Election campaign*)   Jetzt zeigen Sie den anderen Studenten Ihr Wahlplakat. Erklären Sie, warum man Ihre Partei wählen soll. Die „Wähler" können natürlich Fragen stellen oder kritisieren.

> Unser Plakat zeigt ...
> Wählt unsere Partei, weil ...

F Gruppenspiel: Wer war ich?   Wählen Sie eine bekannte historische Person. Spielen Sie diese Person vor der Klasse. Geben Sie genug Information, so dass man Ihre Identität erraten (*guess*) kann.

> BEISPIEL: Ich war im 18. Jahrhundert eine österreichische Prinzessin.
> Später wurde ich die Frau des Königs von Frankreich. Eigentlich
> habe ich nie gesagt: „Wenn das Volk kein Brot hat, dann soll es
> Kuchen essen." Während der Revolution verlor ich dann meinen
> Kopf. Wer war ich?

G Übung   Create sentences with a verb from column 1, an indirect object from column 2, and a direct object from column 3. Don't forget to change adjective endings where necessary.

> BEISPIEL: Ich habe meinem lieben Onkel einen langen Brief geschrieben.

1	2	3
geben	mein lieber Onkel	ein langer Brief
schenken	die nette Austauschstudentin	das neue Restaurant
kaufen	die kleinen Kinder	unsere schöne Altstadt
zeigen	unsere neuen Freunde	unser großer Straßenatlas
erzählen	meine Großeltern	ein Geburtstagsgeschenk
schreiben	das sympathische Mädchen	neue Turnschuhe
beschreiben	mein sportlicher Freund	ein neuer CD-Spieler
empfehlen	die ausländischen Touristen	das alte Märchen
leihen	meine gute Freundin	dieser neue Roman

H Museumsbesuch   Write a friend a note about your visit to the poster exhibition. Use the simple past and the past perfect tenses.

1. nachdem / ich / essen (*past perfect tense*) // ich / treffen / mein / Freunde / vor / Museum
2. dort / es / geben / interessant / Ausstellung / von / politisch / Plakate
3. wir / wollen / sehen / Ausstellung // um ... zu / lernen / über / modern / Geschichte
4. wir / unterbrechen / der Museumsdirektor // um ... zu / Fragen / stellen
5. Plakate / zeigen / die / viel / Partei / während / dies- / Zeit
6. nachdem / wir / verbringen / ganz / Nachmittag / dort (*past perfect tense*) // gehen / miteinander / in / Café

SCHREIBTIPP

Using simple past tense to write about the past

- Simple past tense is used primarily in written German to narrate events that occured in the past.
- If you choose to write about the first topic below, you will use simple past when mentioning events during the Weimar Republic, but present tense when drawing conclusions for the present (e.g., "Die Wirtschaftskrise der Weimarer Republik **brachte** die Demokratie in Gefahr. Heute **kann** eine schwache Wirtschaft auch gefährlich sein").
- If you choose to write a story (topic 3 below), write entirely in the simple past (or past perfect) except for dialogue (e.g., "Vor vielen Jahren **lebte** ein armer Student in einem alten Gebäude in der Altstadt. Jeden Tag **aß** er sein Mittagsessen allein. Aber eines Tages **fragte** ihn eine Freundin: 'Willst du nicht mit uns in der Mensa essen?'")

▶ **Schreiben wir mal.**   Wählen Sie 1, 2 oder 3 und schreiben Sie eine Seite über dieses Thema.

1. Was können wir aus der Geschichte der Weimarer Republik lernen?
2. Warum ist es wichtig für Politiker, die Geschichte ihres Landes zu kennen?
3. Take a story you composed orally with your classmates in exercise 6 on p. 280 and polish it as a written assignment.

I Wie sagt man das auf Deutsch?

1. How long have you lived in this house?
2. We've been here for two years. We like it a lot.
3. When we worked in Rostock, we only had a small apartment.

4. You look worried. Did something happen to you?
5. I think that somebody stole my new backpack.
6. I had it beside me in the restaurant and suddenly it was gone.
7. I hope you had your ID and your wallet in your pocket.

8. When were you in Heidelberg?
9. Two years ago, when I was an exchange student in Germany.
10. I tried all year to find an old friend of my parents, but he had died.

Almanach

GERMAN POLITICS AND THE EUROPEAN UNION

On December 2, 1990, with the addition of the five new **Länder** (*states*) from the former German Democratic Republic, a united Germany held its first free elections in fifty-eight years. The last had been in November 1932, just before Hitler's seizure of dictatorial powers. In order to prevent the profusion of small parties that had weakened the Reichstag during the Weimar Republic, the framers of the post-war **Grundgesetz** (*Basic Law* or constitution of the Federal Republic of Germany) in 1949 added a requirement that a party must receive at least 5% of the popular vote to be represented in the **Bundestag** (*Federal Parliament*). This provision has effectively excluded small extremist parties of both the Right and the Left.

The **CDU** (**Christlich-Demokratische Union**), with its Bavarian sister party the **CSU** (**Christlich-Soziale Union**), form the conservative end of the German political spectrum and have consistently received 45–50% of the popular vote. The **SPD** (**Sozialdemokratische Partei Deutschlands**) is the oldest party in the **Bundestag**, with a history stretching back to the beginnings of socialism in the 19th century. Today's SPD is dedicated to the welfare state, with only a minority supporting a more radical position. It traditionally receives 35–45% of the popular vote from industrial workers, students, and young professionals.

The small, liberal **FDP** (**Freie Demokratische Partei**) has had an influence out of proportion to its size because the larger parties have often needed it as a coalition partner to achieve a majority in the **Bundestag**. The environmental and anti-nuclear party known as the Greens (**Die Grünen**) first won parliamentary representation in 1983 and has forced the traditional parties to adopt more environmentally-conscious platforms. In 1998 the Greens joined the Social Democrats (**SPD**) to form a coalition government. The **PDS** (**Partei des Demokratischen Sozialismus**), successor to the former East German Communist Party, draws its votes largely from East Germans dissatisfied with the unemployment and social dislocations brought about by unification and integration into a free market economy.

Since the end of World War Two, the central concern of German foreign policy has been to insure Germany's integration into a peaceful Europe. The rabid nationalism that led to two disastrous wars in the first half of the 20th century was replaced by a firm commitment to European unity. France and Germany, archenemies since the 19th century, formed a coal and steel cooperative in 1950 that gradually grew into today's European Union. The 1992 Treaty of Maastricht committed the Union's 15 member nations to a central banking system and a common currency (the Euro) and to increased political coordination, especially in the areas of foreign policy and security.

Germans have been divided in their attitude toward their Eastern European neighbors, but since the early 1970s, the major parties of both the Right and the Left have recognized the need for increasing contact and dialogue with the East. After the break-up of the Soviet Union in the late 1980s, several of its former satellite states applied for membership in both the European Union and NATO. Hungary and the Czech Republic have already joined the latter. Because of its history of division between West and East, its central location, and its strong economy, Germany will continue to play a leading role in the unification of Europe.

Wahlplakat in München

Brandenburger Tor und
Berliner Mauer im Jahre 1989

Deutschland nach der Mauer

Kommunikation

- Identifying the parts of the body
- Describing morning routines
- Designating nationalities and saying where people are from

Kultur

- Germany's role in Europe today

In diesem Kapitel

- **Lyrik zum Vorlesen**
  Hoffmann von Fallersleben, „Das Lied der Deutschen"
- **Grammatik**
  Reflexive verbs and pronouns
  Dative pronouns with clothing and parts of the body
  Adjectives and pronouns of indefinite number
  Adjectival nouns
  More on **bei**
  Designating decades: The 90s, etc.
- **Lesestück**
  Deutschland im europäischen Haus
- **Almanach**
  Zeittafel zur deutschen Geschichte, 1939–heute

aus den USA: Note dative plural.

Lab Manual Kap. 11, Dialoge, Fragen, Hören Sie gut zu!

Video Workbook 6. Das vergesse ich nie.

Das Brandenburger Tor: The Brandenburg Gate is a triumphal arch built in the late 18th century. From 1961 to 1989 the Berlin Wall ran just west of it (see photo, p. 298).

More information on unification is found in the **Lesestück** in this chapter. See also the map of Germany on the inside front cover.

Am Brandenburger Tor

Helen aus den USA war 1989 in Berlin. Jetzt ist sie wieder dort, um ihre Bekannte Anke zu besuchen. Zusammen stehen sie am Brandenburger Tor.

ANKE: Weißt du noch, wie es am 9. November 1989 hier an der Mauer aussah?

HELEN: Als die DDR die Grenze öffnete? Das vergess' ich nie!

ANKE: Die Menschen haben sich so gefreut, sogar die Polizeibeamten waren freundlich!

HELEN: Ja, der Unterschied ist unglaublich! Heute gibt es gar keine Mauer mehr, sondern nur Baustellen und neue Gebäude.

ANKE: Stimmt. Berlin ist wieder eine große europäische Hauptstadt geworden.

Ein Unfall: Stefan bricht sich das Bein

23.00 Uhr. Stefans Vater liegt schon im Bett. Seine Mutter spricht am Telefon. Plötzlich läuft sie ins Schlafzimmer.

MUTTER: Markus, zieh dich schnell an und komm mit! Etwas Schlimmes ist passiert!

VATER: Was ist denn los?

MUTTER: Stefan hat sich beim Radfahren verletzt! Ich fürchte, er hat sich das Bein gebrochen.

VATER: Um Gottes Willen! Beeilen wir uns!

Anna besucht Stefan im Krankenhaus

ANNA: Wie geht's dir denn, du Armer?

STEFAN: Hallo Anna! Schön, dass du gekommen bist.

ANNA: Fühlst du dich heute besser oder tut dir das Bein noch weh?

STEFAN: Ach, es geht. Ich kann mich schon selber waschen, aber ich darf noch nicht aufstehen.

ANNA: Schade! Schau mal, ich habe dir Schokolade und Blumen mitgebracht.

STEFAN: Oh, die sind hübsch! Danke, das ist aber lieb von dir!

ANNA: Nichts zu danken! Gute Besserung!

NOTE ON USAGE

The definite article as pronoun

In colloquial spoken German, the definite article can replace the personal pronoun. This is somewhat more emphatic than the personal pronoun and usually comes at the beginning of the sentence.

Die (= sie) sind hübsch! *Those* are pretty.

Gute Besserung

Körperteile (*parts of the body*)

der **Finger, -** finger
der **Kopf, ⸚e** head
der **Mund, ⸚er** mouth
der **Zahn, ⸚e** tooth

das **Auge, -n** eye
das **Bein, -e** leg
das **Gesicht, -er** face
das **Ohr, -en** ear

You already know **der Arm, der Fuß, das Haar, die Hand, die Nase**.

Verben

sich[1] etwas an·sehen (sieht an), sah an, hat angesehen to take a look at something
sich an·ziehen, zog an, hat angezogen to get dressed
sich beeilen to hurry
brechen (bricht), brach, hat gebrochen to break
sich erkälten to catch a cold
sich freuen to be happy
sich fühlen to feel (*intrans.*)
fürchten to fear
sich etwas leisten können to be able to afford something
  Das kann ich mir nicht leisten. I can't afford that.
öffnen to open
schauen to look
schneiden, schnitt, hat geschnitten to cut
sich setzen to sit down
sich verletzen to injure oneself, get hurt
sich verspäten to be late
sich etwas vor·stellen to imagine something

waschen (wäscht), wusch, hat gewaschen to wash
weh·tun, tat weh, hat wehgetan (+ *dat. of person*) to hurt
  Das tut (mir) weh. That hurts (me).

Compare: **Das tut mir weh** (*That hurts me*) with **Es tut mir Leid** (*I'm sorry*).

Substantive

der **Arzt, ⸚e** doctor (*m.*)
der **Beamte, -n** (*adj. noun*) official, civil servant (*m.*)
der/die[2] **Bekannte, -n** (*adj. noun*) acquaintance, friend
der **Unterschied, -e** difference
der/die **Verwandte, -n** (*adj. noun*) relative

das **Krankenhaus, ⸚er** hospital
das **Schlafzimmer, -** bedroom
das **Tor, -e** gate

die **Ärztin, -nen** doctor (*f.*)
die **Baustelle, -n** construction site
die **Beamtin, -nen** official, civil servant (*f.*)
die **Begeisterung** enthusiasm
die **Blume, -n** flower
die **Deutsche Demokratische Republik (DDR)** the German Democratic Republic (GDR)
die **Grenze, -n** border
die **Hauptstadt, ⸚e** capital city
die **Mauer, -n** (*freestanding or outside*) wall
die **Polizei** (*sing. only*) police
die **Schokolade** chocolate

Contrast **die Mauer** (*free-standing wall*) with **die Wand** (*interior wall*). The two words tell the cultural story of Roman innovations in building techniques. **Mauer** (from the Latin *murus*) was made of stone and capable of having windows (**Fenster** from Latin *fenestra*), whereas the Germanic **Wand** is related to the verb **winden** (*to wind*), and described a wall of woven twigs.

Adjektive und Adverbien

ander- other, different
europäisch European
genau exact, precise
hübsch pretty, handsome
mehrere several, a few
unglaublich unbelievable
wenige few

Andere Vokabeln

gar kein no . . . at all, not a . . . at all
sich (*third-person reflexive pronoun, see pp. 303–304*)

Nützliche Ausdrücke

Gute Besserung! Get well soon!
schade too bad
  Das ist schade! That's a shame! Too bad! What a pity!
Schau mal. Look. Look here.
Weißt du noch? Do you remember?

Gegensätze

sich anziehen ≠ sich ausziehen to get dressed ≠ to get undressed

Mit anderen Worten

schnell machen (*colloq.*) = **sich beeilen**

---

[1] **Sich** is a reflexive pronoun. This will be explained on pp. 303–304.
[2] Inclusion of both masculine and feminine articles indicates that this is an adjectival noun. See pp. 312–313.

At the Brandenburg Gate

Helen from the USA was in Berlin in 1989. Now she's in Berlin again to visit her friend Anke. They're standing together at the Brandenburg Gate.

A: Do you remember what it looked like here at the Wall on November 9, 1989?

H: When the GDR opened the border? I'll never forget it!

A: People were so happy, even the police officers were friendly.

H: Yes, the difference is unbelievable! Today there's no more wall at all, only construction sites and new buildings.

A: That's right. Berlin has become a great European capital again.

An Accident: Stefan Breaks His Leg

11:00 P.M. Stefan's father is already in bed. His mother is talking on the telephone. Suddenly she runs into the bedroom.

M: Markus, get dressed quickly and come along! Something bad has happened.

F: What's wrong?

M: Stefan hurt himself riding his bike! I'm afraid he's broken his leg.

F: For heaven's sake! Let's hurry!

Anna Visits Stefan in the Hospital

A: How are you, you poor guy?

S: Hi, Anna! Nice of you to come.

A: Do you feel better today or does your leg still hurt?

S: Oh, it's all right. I can wash myself already, but they won't let me get up yet.

A: Too bad. Look, I've brought you chocolate and flowers.

S: Oh, those are pretty. Thanks, that's really nice of you!

A: Don't mention it. Get well soon!

Variationen

A Persönliche Fragen

1. Helen besucht ihre Bekannte in Berlin. Haben Sie Bekannte oder Verwandte im Ausland? Wo leben sie? Haben Sie sie schon einmal besucht?

2. Helen sagt, sie vergisst den 9. November 1989 nie. Gibt es einen Tag, den Sie nie vergessen können? Was ist an diesem Tag passiert?

3. Stefan hatte einen Unfall beim Radfahren. Haben Sie je einen Unfall gehabt? Mit dem Rad oder dem Auto?

4. Er hat sich verletzt. Ist Ihnen so was je passiert? Wenn ja, wie?

5. Sind Sie je im Krankenhaus gewesen? Warum? Haben Ihnen Ihre Freunde etwas mitgebracht? Was denn?

6. Anna bringt Stefan Schokolade und Blumen mit. Was bringen Sie mir, wenn ich im Krankenhaus bin?

B Übung: Ich habe etwas Interessantes gemacht! Choose from the list of adjectives below to characterize something you have done. Then say what it was you did.

BEISPIEL: A: Ich habe einmal etwas _____-es gemacht.

B: Wieso? Was hast du denn gemacht?

A: Ich habe (*oder* bin) _____.

blöd	wahnsinnig
interessant	neu
wunderbar	langweilig
toll	intelligent
gefährlich	furchtbar
schwierig	schlimm

C **Partnerarbeit: Wie geht's denn weiter?** Take these two lines from the second
dialogue and compose your own continuation. Then perform your dialogue for
the class.

A: Zieh dich schnell an und komm mit!
B: Was ist denn los?

A: _____ .
B: _____ .
A: _____ .
B: _____ .

LYRIK ZUM VORLESEN

The famous "Lied der Deutschen," also known as the "Deutschlandlied," is one of the
most fervently nationalistic—and controversial—political songs ever composed.
Although the first stanza is commonly associated with German military
expansionism, the author was, ironically, an opponent of repressive government. His
anti-authoritarian sentiments cost him his post as professor at the University of
Breslau. The text proclaims abstract concepts ("unity, law, freedom") and calls for a
unification of all German-speaking territories into one state. The idealistic dreams of
unity were appropriate for Hoffmann von Fallersleben's generation, which had
survived the ravages of the Napoleonic Wars and was frustrated by the division of
Germany into many small states.

Hoffmann von Fallersleben wrote the text in 1841 to a favorite popular tune by
Franz Joseph Haydn in praise of the Austrian Emperor, "Gott erhalte Franz den
Kaiser" (*God Preserve Kaiser Franz*, [1797]). Haydn also used this melody in his
magnificent *Kaiserquartett* (op. 76, no. 3, second movement). The song did not
become the German national anthem until 1922, when it was chosen by the young
Weimar Republic. In 1945 it was banned by the allied military government. In 1952,
when no satisfactory substitute could be found, the third stanza alone became the
national anthem of the Federal Republic of Germany. Fearing that the nationalist
sentiments of this text could be misused by modern extremists, the German
government has banned the singing of the first stanza in public.

Lab Manual Kap. 11,
Lyrik zum Vorlesen.

die Maas = *the Meuse River
(Belgium);* **die Memel** = *the
Nemunas River (Lithuania);* **die
Etsch** = *the Adige River (South
Tirol, Italy);* **der Belt** = *strait
between two Danish islands in
the Baltic Sea.*

Das Lied der Deutschen

Deutschland, Deutschland über alles,
Über alles in der Welt,
Wenn es stets° zu Schutz und Trutze°   = *immer / Schutz ...* = *protection and
Brüderlich zusammenhält;*   defiance*
Von der Maas bis an die Memel,
Von der Etsch bis an den Belt:
Deutschland, Deutschland über alles,
Über alles in der Welt!

Deutsche Frauen, deutsche Treue°,   *loyalty*
Deutscher Wein und deutscher Sang°   *song*
Sollen in der Welt erhalten°   *preserve*
Ihren alten, schönen Klang°,   *sound*
Uns zu edler Tat begeistern°   ***Uns ...** = inspire us to noble deeds*
Unser ganzes Leben lang:
Deutsche Frauen, deutsche Treue,
Deutscher Wein und deutscher Sang!

Einigkeit° und Recht° und Freiheit
Für das deutsche Vaterland!
Danach lasst uns alle streben°
Brüderlich mit Herz und Hand!
Einigkeit und Recht und Freiheit
Sind des Glückes Unterpfand°:
Blüh° im Glanze° dieses Glückes,
Blühe, deutsches Vaterland!

unity / justice

lasst ... *= let us strive*

des ... *= guarantees of happiness*
flourish / glow

August Heinrich Hoffmann von Fallersleben (1798–1874)

GRAMMATIK

1. Reflexive verbs and pronouns (*Reflexivverben und Reflexivpronomen*)

In most sentences with objects, the subject and the object are two different people or things.

> *subj.* *obj.*
> **Ich** habe **ihn** verletzt.   *I injured **him**.*

Sometimes, however, a verb's subject and object are the *same* person or thing. The verb is then called *reflexive*. The object of a *reflexive verb* is always a pronoun called a *reflexive pronoun*.

> *subj.* *obj.*
> **Ich** habe **mich** verletzt.   *I hurt **myself**.*

English reflexive pronouns end in *-self* or *-selves*, e.g., *myself, himself, herself, themselves*. German has both accusative and dative reflexive pronouns. German reflexive pronouns in the first and second person are identical to the accusative and dative personal pronouns, which you already know (**mich, mir, dich, dir**, etc.). However, the reflexive pronoun in the third person and the formal second person is new: **sich**.

Note on spelling: **sich** is not capitalized when used with the polite **Sie**: **Fühlen Sie sich heute besser?**

Reflexive pronouns		
	accusative	**dative**
ich	mich	mir
du	dich	dir
er, es, sie	sich	sich
wir	uns	uns
ihr	euch	euch
sie, Sie	sich	sich

In the plural, the reflexive pronouns often denote reciprocity and are the equivalent of English *each other*.

Wir treffen **uns** morgen.	*We'll meet **each other** tomorrow.*
Kennt ihr **euch**?	*Do you know **each other**?*
Sie kennen **sich** seit langem.	*They've known **each other** for a long time.*
Wir verstehen **uns** gut.	*We understand **each other** well.*

NOTE ON USAGE

The pronoun *einander* (each other)

Plural reflexive pronouns used reciprocally may be replaced by the reciprocal pronoun **einander** (*each other*).

> Kennt ihr **euch**? = Kennt ihr **einander**?

Remember that **einander** can also combine with prepositions.

miteinander	*with each other*
zueinander	*to each other*

Verbs with accusative reflexive pronouns

A transitive verb is a verb that takes a direct object (e.g., **sehen**, **tragen**, **verletzen**). An intransitive verb cannot take a direct object (e.g., **sein**, **werden**, **schlafen**).

Any transitive verb may be used reflexively. Here is a sample conjugation using **sich verletzen**.

Ich habe **mich** verletzt.	*I hurt **myself**.*
Du hast **dich** verletzt.	*You hurt **yourself**.*
Sie hat **sich** verletzt.	*She hurt **herself**.*
Wir haben **uns** verletzt.	*We hurt **ourselves**.*
Ihr habt **euch** verletzt.	*You hurt **yourselves**.*
Sie haben **sich** verletzt.	*They hurt **themselves**. (You hurt yourself / yourselves.)*

Lab Manual Kap. 11, Var. zu Üb. 1, 5, 8, 10.

Workbook Kap. 11, A–E.

1 **Übung: Wer hat sich verletzt?** Die ganze Klasse war im Bus, als der Busfahrer einen kleinen Unfall hatte. Sagen Sie, wer sich verletzt hat.

BEISPIEL: Ich habe mich verletzt.

NOTE ON USAGE

Intensifiers *selber* and *selbst*

The words **selber** and **selbst** are often used to intensify or emphasize a reflexive pronoun.

Soll ich das Kind waschen?	*Should I wash the child?*
Nein, sie kann sich **selber** waschen.	*No, she can wash herself.*

2 **Übung: Er kennt nur sich selbst.**   Answer these questions by saying that the person knows, sees, etc. only him- or herself.

> BEISPIEL: Wen kennt er denn?
> Er kennt nur sich selbst.

1. Wen sieht sie denn?
2. Wen versteht er denn?
3. Wen lieben Sie denn?
4. Wen brauche ich denn?
5. Wen haben Sie denn verletzt?
6. Wen hat er geärgert?
7. Wen haben sie gerettet?

Proverb: **Liebe dich selbst, so hast du keine Rivalen.**

3 **Partnerarbeit: Wir verstehen uns.**   Use each of the verbs below in the following routine.

> BEISPIEL: A: *Verstehst* du mich?
> B: Ja, ich verstehe dich. Verstehst du mich?
> A: Ja, ich verstehe dich auch.
> A & B: Wir verstehen uns! (Wir verstehen einander!)

verstehen	kennen
sehen	morgen treffen
brauchen	am Wochenende besuchen

German reflexive verbs that are not reflexive in English

Many German reflexive verbs are not reflexive in English. Their English equivalents often use *get.* Here are some examples.

sich anziehen	*to get dressed*
sich waschen	*to get washed*
sich setzen	*to sit down*
Sie wäscht **sich.**	*She's getting washed.*
Er zog **sich** an.	*He got dressed.*
Bitte, setzen Sie **sich.**	*Please sit down.* (literally: *Please seat yourself* or *yourselves.*)

Täglich sich waschen

4 **Übung: Bitte, setzen Sie sich!**   Your instructor will tell you to stand up or sit down. Then say what you have done.

> BEISPIEL: Bitte stehen Sie auf!
> (*Student/in steht auf.*) Ich bin aufgestanden.
>
> Bitte setzen Sie sich.
> (*Student/in setzt sich.*) Ich habe mich gesetzt.

Verbs requiring the accusative reflexive

Verbs like **anziehen** and **waschen** may be used either reflexively (**ich wasche mich**) or nonreflexively (**ich wasche den Wagen**). Some German verbs, however, must *always* be used with an accusative reflexive pronoun. Their English equivalents are *not* reflexive.

An analogous English verb is *to enjoy oneself*. *I enjoyed myself at the party* means I enjoyed the *party*, not literally *myself*. German: **sich amüsieren**.

sich beeilen	*to hurry*
sich erkälten	*to catch cold*
sich freuen	*to be happy*
sich fühlen	*to feel*
sich verspäten	*to be late*

5 **Gruppenarbeit: Wann freust du dich besonders? (*3 oder 4 Personen*)** Alle müssen sagen, wann sie sich besonders freuen. Die Bilder geben Ihnen einige Ideen, aber Sie dürfen auch frei antworten.

> BEISPIEL: Ich freue mich, wenn die Sonne scheint. Wann freust du dich?

6 **Gruppenarbeit: Warum musst du dich beeilen?** Jetzt sind Sie alle in Eile. Sagen Sie einander warum. Die Bilder geben Ihnen einige Ideen.

> BEISPIEL: Ich muss mich beeilen, weil ich zur Uni muss. Warum musst du dich beeilen?

7 **Gruppenarbeit: Warum hast du dich verspätet?** Jeder verspätet sich manchmal. Erzählen Sie der Klasse, warum Sie sich einmal verspätet haben. Unten sind einige Möglichkeiten, aber Sie dürfen auch frei antworten.

> BEISPIEL: Ich habe mich einmal verspätet, weil _____.

krank sein	Fahrrad kaputt
spät aufstehen	die Deutschstunde vergessen
sich verletzen	die Uhr verlieren
einen Unfall haben	einen Freund im Krankenhaus besuchen

Verbs with dative reflexive pronouns

Verbs with dative objects   Verbs such as **helfen** that require a dative object take a dative reflexive pronoun when they are used reflexively.

> Ich kann **mir selber** helfen.   *I can help **myself**.*

Reflexive indirect object   The subject and *indirect* object of a verb can be the same person. In this case the indirect object is a *dative* reflexive pronoun.

Note: Except for **mir** and **dir**, the dative reflexive pronouns are identical in form to the accusative reflexive pronouns.

Ich kaufe **mir** Blumen.	*I'm buying **myself** flowers.*
Du kaufst **dir** Blumen. Sie kaufen **sich** Blumen. }	*You're buying **yourself** flowers.*
Er kauft **sich** Blumen.	*He's buying **himself** flowers.*
Wir kaufen **uns** Blumen.	*We're buying **ourselves** flowers.*
Ihr kauft **euch** Blumen. Sie kaufen **sich** Blumen. }	*You're buying **yourselves** flowers.*
Sie kaufen **sich** Blumen.	*They're buying **themselves** flowers.*

The dative reflexive makes explicit the fact that the subject is the beneficiary of its own action. It may be omitted without changing the basic meaning of the sentence.

Ich kaufe mir eine Jacke.	*I'm buying myself a jacket.*
Ich kaufe eine Jacke.	*I'm buying a jacket.*

8 Übung: Einkaufsbummel   Jetzt gehen wir zusammen einkaufen. Jeder hat € 350 und darf sich etwas kaufen. Erzählen Sie den anderen, was Sie sich kaufen. Die Bilder geben Ihnen einige Ideen, aber Sie dürfen sich natürlich auch andere Sachen kaufen.

BEISPIEL: A: Was kaufen Sie sich, Robert?
           B: Ich kaufe mir ein neues Hemd und eine Zeitung.

Verbs requiring the dative reflexive

There are some German verbs that must *always* be used with the dative reflexive pronoun. They all require a *direct object* (in the accusative) as well. Their English equivalents are *not* reflexive.

German: dative reflexive	English: not reflexive
sich etwas ansehen	*to take a look at, look over*
Ich wollte **mir** den Wagen ansehen.	*I wanted to take a look at the car.*
sich etwas leisten können	*to be able to afford*
Kannst du **dir** ein neues Fahrrad leisten?	*Can you afford a new bicycle?*
sich etwas vorstellen	*to imagine*
Das kann ich **mir** nicht vorstellen.	*I can't imagine that.*

Since the pronoun **sich** is both accusative and dative, how do you know which it should be with any particular reflexive verb? When a **Wortschatz** entry in this book includes the direct object **etwas**, it indicates that the reflexive pronoun is dative. If you look up **ansehen**, for example, you find **sich etwas ansehen**. This tells you that **etwas** is accusative and **sich** is dative. Any noun or pronoun in the accusative can replace **etwas**.

A parallel English structure is *to cook oneself something* (**sich etwas kochen**). I'm cooking myself (*ind. obj.*) an egg (*dir. obj.*). = **Ich koche mir ein Ei.**

sich (*dative*) **etwas** (*accusative*) ansehen

Ich möchte **mir** das **Auto** ansehen.

9 **Kettenreaktion: Die armen Studenten**   Wie alle Studenten haben Sie nie genug Geld. Sagen Sie, was Sie sich nicht leisten können, und dann fragen Sie weiter.

BEISPIEL: A: Ich kann mir keine Europareise leisten. Was kannst du dir nicht leisten?
B: Ich kann mir …
C: Ich …

10 **Partnerarbeit: Was wollen wir uns heute Nachmittag ansehen?**   Sehen Sie sich den Stadtplan auf Seite 236 an. Sie verbringen den Nachmittag zusammen in dieser Stadt. Sagen Sie einander, was Sie sich ansehen möchten.

BEISPIEL: A: Ich möchte mir die Markuskirche und _____ ansehen. Und du?
B: Ich möchte mir lieber _____ ansehen.

2. Dative pronouns with clothing and parts of the body

Unlike English, German does not usually use possessive forms with parts of the body, or with articles of clothing when they are being put on or taken off. German uses the personal dative instead.

Note that plural **die Haare** is more common than singular: **Sie hat dunkle Haare.**

Die Mutter wäscht **dem Kind** die Hände.	*The mother washes **the child's** hands.*
Meine Freundin schneidet **mir** die Haare.	*My girlfriend cuts **my** hair.*
Sie zog **ihm** den Mantel an.	*She put the coat on **him**.*

If the subject is performing the action on itself, the dative pronoun is of course *reflexive*.

Ich habe **mir** die Hände gewaschen.	*I washed **my** hands.*
Sie zog **sich** den Mantel an.	*She put on **her** coat.*
Ich schneide **mir** selber die Haare.	*I cut **my** hair myself.*
Stefan hat **sich** das Bein gebrochen.	*Stefan broke **his** leg.*
Warum hast du **dir** die Jacke angezogen?	*Why did you put on **your** jacket?*

Identifying the parts of the body is a communicative goal.

11 **Übung: Körperteile**   Practice vocabulary for parts of the body by identifying them in the picture below.

die **Katze, -n** *cat*   der **Hund, -e** *dog*

Rätsel (Riddle)

Was ist das? Hat Arme, aber keine Hände, läuft und hat doch keine Füße.

Lab Manual Kap. 11, Var. zur Üb. 12.

12 **Übung: Wo tut es Ihnen weh?**   Stefan tut das Bein noch ein bisschen weh. Sagen Sie Ihrer Professorin, wo es Ihnen wehtut.

> BEISPIEL: A: Wo tut's Ihnen denn weh?
> B: Mir tut der Kopf weh.

Describing morning routines is a communicative goal.

Ich ziehe **mich** an. = *I'm getting dressed.*
Ich ziehe **mir** ein Hemd an. = *I'm putting on a shirt.*

13 **Übung**   Sagen Sie Ihrem Professor, **wann** Sie sich heute angezogen haben, und dann, **was** Sie sich angezogen haben.

> BEISPIEL: A: Um wie viel Uhr haben Sie sich heute angezogen?
> B: Ich habe mich um halb acht angezogen.
> A: Was haben Sie sich angezogen?
> B: Ich habe mir _____, _____ und _____ angezogen.

14 **Übung: Die Morgenroutine**   Welcher Satz gehört zu welchem Bild?

Er kämmt sich die Haare.   Er rasiert sich.   Sie schminkt sich.
Sie badet sich.   Sie putzt sich die Zähne.   Er duscht sich.

Write as a series of natural exchanges, beginning like this:

DR. BÜCHNER: **Guten Morgen, Herr Lenz!**

HERR LENZ: **Morgen, Herr Doktor.**

DR. BÜCHNER: **Es tut mir Leid, dass ich mich verspätet habe ...**

15 **Schreiben wir mal: Gute Besserung!**   Schreiben Sie diese Anekdote als Dialog zwischen Dr. Büchner und seinem Patienten Herrn Lenz. Der arme Herr Lenz liegt im Krankenhaus.

Dr. Büchner läuft morgens um 10.00 Uhr ins Krankenzimmer und sagt Herrn Lenz, es tut ihm Leid, dass er sich verspätet hat. Er würde gern wissen, wie es Herrn Lenz geht und ob er sich besser fühlt. Er fragt, wo es ihm noch wehtut und was er sonst noch braucht. Der Arzt sagt, dass er sich schon vorstellen kann, wie langweilig es ist, so lange im Bett liegen zu müssen.

Herr Lenz antwortet, dass es ihm nicht so gut geht, dass er noch sehr krank ist, dass es ihm überall wehtut, dass ihm das Essen im Krankenhaus nicht schmeckt und dass er das Fernsehen langweilig findet und einige neue Romane haben möchte.

Dr. Büchner sagt, es freut ihn zu sehen, dass Herr Lenz so viel besser aussieht. Er soll sich anziehen, denn er darf heute nach Hause.

3. Adjectives and pronouns of indefinite number

Adjectives of indefinite number

You have already learned as individual vocabulary words a group of adjectives used with plural nouns to indicate indefinite amounts.

wenige	*few*
einige	*some*
mehrere	*several*
andere	*other(s)*
viele	*many*

VIELE LIEBE GRÜSSE

The greeting on this card is also a standard phrase used at the end of a letter to close friends or relatives. What would the English equivalent be?

For **limiting words**, see p. 246; for **primary and secondary endings**, see p. 247.

These adjectives are *not* limiting words. They are treated just like descriptive adjectives: when not preceded by a limiting word, they take *primary* endings.

Andere Leute waren da.	*Other people were there.*
Ich habe **viele** Freunde in Bonn.	*I have a lot of friends in Bonn.*

When a limiting word precedes them, they take *secondary* endings.

Die anderen Leute waren da.	*The other people were there.*
Meine vielen Freunde schreiben mir oft.	*My many friends often write to me.*

Remember that descriptive adjectives following the adjective of indefinite number *always* have the *same* ending as the adjective of indefinite number.

Ander**e** jung**e** Leute waren da.	*Other young people were there.*
Die ander**en** jung**en** Leute waren da.	*The other young people were there.*

16 **Gruppenarbeit: Viele oder wenige?**   Choose a word from each column and state your opinion about a group of people. Begin with **Ich würde sagen, …**

BEISPIEL: Ich würde sagen, viele sportliche Frauen sind gesund.

A	B	C	D
viele	jung	Menschen	Sport treiben
wenige	sportlich	Amerikaner	gesund sein
	reich	Professoren	Müll recyclen
	arm	Studenten	glücklich sein
	stark	Frauen	Deutsch sprechen
	sympathisch	Männer	gut verdienen
	verrückt	Eltern	sich erkälten
	kreativ		sich beeilen

Lab Manual Kap. 11, Var.
zur Üb. 17.

Workbook Kap. 11, F.

17 **Übung** Supply the correct adjective endings.

1. Darf ich mir einig____ schön____ Postkarten ansehen?
2. Sie hat schon mehrer____ deutsch____ Bücher gelesen.
3. Viel____ jung____ amerikanisch____ Schüler verstehen das nicht.
4. Haben Sie auch die ander____ neu____ Arbeiter kennen gelernt?
5. Ich habe mit viel____ interessant____ Menschen gesprochen.
6. Deine viel____ neu____ Ideen gefallen mir sehr.
7. Das sind die Probleme der ander____ jung____ Journalisten.
8. Ich kenne einig____ gut____ Restaurants in Hamburg.

Indefinite pronouns

viele	=	*many people*
wenige	=	*few people*
einige	=	*some people*
andere	=	*other people, others*

When these words are not followed by nouns (as in **viele Häuser**), they function as indefinite pronouns referring to human beings.

Viele sagen das.	*Many (people) say that.*
Einige gehen ins Kino, **andere** ins Theater.	*Some (people) are going to the movies, others to the theater.*

18 **Übung: Einige und andere** Not everyone in your class likes doing the same things. Answer the following questions by saying that *some* of you (**einige**) like doing one thing, *others* (**andere**) prefer something else.

BEISPIEL: A: Gehen Sie gern ins Kino?
B: *Einige* gehen gern ins Kino.
C: *Andere* gehen lieber _____.

1. Spielen Sie gern Tennis?
2. Sprechen Sie gern über Politik?
3. Essen Sie gern Wurst?
4. Fahren Sie gern Ski?
5. Lesen Sie gern Zeitung?
6. Arbeiten Sie gern in der Bibliothek?
7. Trinken Sie gern Kaffee zum Frühstück?
8. Sitzen Sie gern vor dem Fernseher?

4. Adjectival nouns

Adjectival nouns referring to people

In English, adjectives such as *sick, rich,* and *famous* occasionally function as nouns referring *collectively* to a group of people.

*Florence Nightingale cared for **the sick**.*
*Lifestyles of **the rich and famous**.*

Adjectival nouns are more frequent in German than in English. Moreover, they can refer to individuals, not just to collective groups as in English. Masculine adjectival nouns denote men, feminine ones denote women, while plural adjectival nouns are not gender specific.

Colloquial **mein Alter/meine Alte** can mean *my father/my mother* or *my husband/my wife* (compare English *my old man/old lady*).

der Alte	*the old man*
die Alte	*the old woman*
die Alten	*the old people*

Like other nouns in German, adjectival nouns are capitalized, but they *receive adjective endings* as though they were followed by the nouns **Mann**, **Frau**, or **Menschen**. Here are some examples that include these nouns in brackets to make the structure clear. *Note the adjective endings!* As in any noun phrase, these endings will change depending on whether or not the adjectival noun is preceded by a limiting word.

Die Alte [Frau] lag im Bett.	*The old woman was lying in bed.*
Kennst du **den Großen** [Mann] da?	*Do you know that tall man there?*
Hier wohnt **ein Reicher** [Mann].	*A rich man lives here.*
Er wollte **den Armen** [Menschen] helfen.	*He wanted to help the poor.*

In principle, any adjective can be used as an adjectival noun. Here are some common ones you should learn:

Only the masculine form **der Beamte** is an adjectival noun. The feminine form is **die Beamtin**.

der/die Deutsche is the *only* noun of nationality that is adjectival.

der/die **Alte, -n**	*old man/woman*
der/die **Arme, -n**	*poor man/woman*
der **Beamte, -n**	*official, civil servant*
der/die **Bekannte, -n**	*acquaintance, friend*
der/die **Deutsche, -n**	*German (man/woman)*
der/die **Grüne, -n**	*member of the Greens (the environmental political party)*
der/die **Kleine, -n**	*little boy/girl* or *short man/woman*
der/die **Kranke, -n**	*sick man/woman*
der/die **Verwandte, -n** (from **verwandt** = *related*)	*relative*

Realia has good examples of adjectival nouns in nominative and accusative plural.

Immer auf der richtigen Höhe – damit die Kleinen am Tisch der Großen sitzen können.

Fürs vierte Jahr

Fürs erste Jahr

Workbook Kap. 11, G, H, I.

19 **Übung** Complete each sentence with the appropriate form of **mein Bekannter** (*my acquaintance, friend* [m.]).

> BEISPIEL: Das ist _____.
> Das ist *mein Bekannter.*

1. Heute zum Mittagessen treffe ich _____.
2. Ich gehe oft mit _____ Volleyball spielen.
3. Das ist die Frau _____.
4. _____ heißt Robert.

Now use a form of **meine Bekannten** (*my friends*).

5. Das sind _____.
6. Kennen Sie _____?
7. Helfen Sie bitte _____!
8. Das sind die Kinder _____.

Now use a form of **die Deutsche** (*the German* [f.]).

9. Wie heißt denn _____?
10. Meinst du _____?
11. Ich reise mit _____ nach Italien.
12. Ist das der Rucksack _____?

Now use a form of **die Alten** (*the old people*).

13. Das haben wir von _____ gelernt.
14. Morgen kommen _____.
15. Wer trägt denn die Koffer _____?
16. Machen wir etwas Schönes für _____.

Now use a form of **unser Verwandter** (*our relative* [m.]).

17. Helmut ist _____.
18. Kennst du _____?
19. Du sollst mit _____ sprechen.
20. Die Tochter _____ besucht uns morgen.

Surf- und Segelschule Hering *sh*

Berlins meistbesuchte Surf- und Segelschule vom DSV anerkannt. T. 860101 Alle Surf-/Alle Segelscheine Urlaubs-Segelreisen Ostsee/Mittelmeer Theorie-Unterricht im Stadtzentrum

Neuter adjectival nouns referring to qualities

Neuter adjectival nouns are abstract nouns designating qualities (e.g., *something good, nothing new*). They occur only in the singular, most frequently after the indefinite pronouns **etwas**, **nichts**, **viel**, and **wenig**. Note that since these pronouns are *not* limiting words, the following adjectival noun has the *primary* neuter ending **-es**.

etwas Herrliches	*something marvelous*	**viel Gutes**	*much that is good*
nichts Neues	*nothing new*	**wenig Interessantes**	*little of interest*

Neuter adjectival nouns can also occur after the definite article **das**. In this case, they are abstract nouns signaling the *quality* designated by the adjective. There are several English equivalents for this.

Compare the adjective endings in **etwas Modernes** (*something modern*) and **das Moderne** (*what is modern; modern things*).

Das Moderne gefällt mir.	*I like modern things. / I like what is modern.*
Sie sucht immer **das Gute**.	*She's always seeking the good.*
	She's always seeking what's good.

Info-Austausch

Partner B's information is found in Appendix 1.

20 **Weihnachtsgeschenke** (*Christmas presents*)

Sie und Ihr Partner schenken einander viele Sachen zu Weihnachen. Fragen Sie, was Sie einander schenken.

BEISPIEL: A: Schenkst du mir etwas Neues?
B: Ja, ich schenke dir eine tolle neue CD. Schenkst du mir etwas Warmes?
A: Ja, ich schenke dir einen neuen Pulli.

Partner A:

	Schokolade
umweltfreundlich	
	ein Stückchen von der Berliner Mauer
teuer	
	ein Bernhardiner (*St. Bernard dog*)
grün	
	ein neuer Pulli
neu	

21 **Schreiben wir mal.** Complete the three mini-dialogues with appropriate nouns formed from adjectives. Choose from the following list:

gut	schön	verwandt	bekannt
deutsch	einfach	altmodisch	interessant
neu	kalt	toll	modern
besonder-	schlimm	herrlich	

1. A: Hast du etwas _____ zu berichten?
   B: Ja, in der Stadt habe ich heute etwas ganz _____ gesehen!
   A: Wirklich? In unserer langweiligen Stadt? Das ist schon etwas _____!

The first sentence in item 2 requires a designation of nationality (without article, see pp. 150, 313).

2. A: Kennst du Steffi Hartmann? Sie ist _____ und ist gerade aus Stuttgart angekommen.
   B: Wie nett dich kennen zu lernen, Steffi! Eine alte _____ von mir aus der Schulzeit heißt Hartmann und wohnt auch in Stuttgart.
   C: Ja, dann ist sie vielleicht sogar eine _____ von mir. Unsere Familie ist ziemlich groß.

3. A: Das _____ bei uns im Sommer ist nicht nur das Wetter, sondern auch die hohen Berge und die schöne Natur.
   B: Super. Für mich ist das etwas _____. Ich bin in der Großstadt zu Hause.
   A: Aber in unserem kleinen Dorf auf dem Lande ist das Leben manchmal noch wie im 19. Jahrhundert. Da gibt es wenig _____ zu tun.
   B: Das ist mir ja egal! So was gibt's in der Großstadt! Ich bin zu euch gekommen um das _____ zu sehen.

22 **Rollenspiel: Schade, dass du im Krankenhaus bist! (*3 Personen*)** Lesen Sie zusammen diese Situation und dann spielen Sie sie miteinander:

Ein Student spielt einen Verletzten. Er hat einen Unfall gehabt und liegt jetzt im Krankenhaus. Die anderen zwei sind Freunde und besuchen ihn dort. Sie haben noch nichts Genaues über den Unfall gehört. (Sie wissen z.B. nicht, wie er sich verletzt hat.) Sie stellen ihm Fragen. Sie haben ihm natürlich auch Geschenke mitgebracht.

5. More on *bei*

In **Kapitel 5** you learned that the dative preposition **bei** has the spatial meanings *in the home of* or *at*. Frequently, however, **bei** is used to set a scene. It then has the meanings *during, while . . . ing*, or *at* (an activity or someone's home or business). In this meaning, **bei** is often used with verbal nouns (p. 199).

Er hat sich **beim Radfahren** verletzt.	*He injured himself while riding his bicycle.*
Marion ist jetzt **bei der Arbeit**.	*Marion's at work now.*
Ich lese oft **beim Essen**.	*I often read while eating.*
Ich war gestern **beim Arzt**.	*I was at the doctor's yesterday.*

Lab Manual Kap. 11, Var. zur Üb. 23.

23 **Übung: Wann passiert das?** Sagen Sie, wann etwas passiert oder nicht passiert. Benutzen Sie **bei** in Ihrer Antwort.

> BEISPIEL: Ich falle nie, wenn ich Ski fahre (*go skiing*).
> Ich falle nie beim Skifahren.

The two elements of the verbs **Ski fahren** (*to ski*) and **Rad fahren** (*to bike*) are written separately. When they become verbal nouns, they are written together: **das Skifahren** (*skiing*), **das Radfahren** (*biking*).

1. Mein Mitbewohner stört mich, wenn ich lese.
2. Wir treffen uns oft, wenn wir Rad fahren.
3. Höfliche Kinder singen nicht, wenn sie essen.
4. Wenn wir spazieren gehen, können wir miteinander sprechen.
5. Ich höre gern Musik, wenn ich Auto fahre.
6. Wenn ich arbeite, ziehe ich mir die Schuhe aus.

24 **Übung** Antworten Sie mit **bei**.

> BEISPIEL: Wie hat er sich denn verletzt? (*while bicycling*)
> Beim Radfahren.

1. Wie haben Sie sich erkältet? (*while swimming*)
2. Wo sind Sie morgens um zehn? (*at work*)
3. Wann lernt man viele Menschen kennen? (*while traveling*)
4. Wann sprechen Sie nicht viel? (*when driving a car*)
5. Wo ist denn Ihre Frau? (*at the doctor's*)
6. Wie hast du so viel Geld verloren? (*playing cards*)

6. Designating decades: The 90s, etc.

These examples show how German designates decades (**das Jahrzehnt, -e**).

die 20er (zwanziger) Jahre	*the 20s (twenties)*
aus den 60er Jahren	*from the 60s*
in den 90er Jahren	*in the 90s*

Note that the cardinal number adds the ending **-er**. No other adjective ending is used, regardless of case.

25 Übung: Historische Briefmarken (*stamps*) Aus welchen Jahrzehnten kommen diese deutschen Briefmarken?

Source: Design Ingo Wulff

Tipps zum Lesen und Lernen

 ### Tipps zum Vokabelnlernen

Designating nationalities and saying where people are from are communicative goals.

Country names; nouns and adjectives of nationality The only designation of nationality that is an adjectival noun is **der/die Deutsche**. Some other nouns of nationality have a masculine form ending in **-er** and a feminine in **-erin**. You already know some of these:

Country	Male native	Female native	Adjective
Amerika	der Amerikaner	die Amerikanerin	amerikanisch
England	der Engländer	die Engländerin	englisch
Italien	der Italiener	die Italienerin	italienisch
Kanada	der Kanadier	die Kanadierin	kanadisch
Österreich	der Österreicher	die Österreicherin	österreichisch
die Schweiz	der Schweizer	die Schweizerin	schweizerisch

Other nouns of nationality are N-nouns in the masculine that add **-in** (and sometimes an umlaut) in the feminine.

Country	Male native	Female native	Adjective
China	der Chinese, -n, -n	die Chinesin	chinesisch
Frankreich	der Franzose, -n, -n	die Französin	französisch
Russland	der Russe, -n, -n	die Russin	russisch

Remember that when stating a person's nationality, Germans do *not* use the indefinite article.

Sind Sie Deutsche?	*Are you a German?*
Nein, ich bin Französin.	*No, I'm French.*

A **Gruppenarbeit: Woher kommst du?** Sie sind auf einer internationalen Studententagung (*convention*). Sie bekommen vom Professor ein Stück Papier. Auf dem Papier steht der Name Ihrer Heimat (*native country*). Jetzt fragen Sie einander, woher Sie kommen.

BEISPIEL: A: Woher kommst du denn?
           B: Ich komme aus England.
           A: Ach, du bist Engländerin!

Lab Manual Kap. 11, Üb. zur Betonung.

Leicht zu merken

die **Demokratisierung**
die **Demonstration**, -en   Demonstrati<u>on</u>
die **Europäische Union (EU)**   Uni<u>on</u>

existieren	exis<u>tie</u>ren
die **Integration**	Integrati<u>on</u>
investieren	inves<u>tie</u>ren
der **Kapitalismus**	Kapita<u>lis</u>mus
der **Kommunismus**	Kommu<u>nis</u>mus
der **Manager, -**	
die **Million, -en**	Milli<u>on</u>
modernisieren	moderni<u>sie</u>ren
Osteuropa	
der **Protest**	Pro<u>test</u>
die **Reform, -en**	
reformieren	refor<u>mie</u>ren
die **Revolution, -en**	Revoluti<u>on</u>
(das) **Rumänien**	
separat	sepa<u>rat</u>
die **Sowjetunion**	Sow<u>je</u>tunion
stabil	sta<u>bil</u>
das **Symbol, -e**	Sym<u>bol</u>
zentral	zen<u>tral</u>
die **Zone, -n**	

Einstieg in den Text

Word features such as prefixes and suffixes can help you build on your existing vocabulary and recognize new words in context.

The negating prefix un-   The prefix **un-** attached to a noun or adjective forms the antonym of that word. Guess the meanings of these words from the **Lesestück**:

> die **Unsicherheit** (line 3)
> **ungelöste Probleme** (line 36)

The suffix -los   The suffix **-(s)los** is attached to nouns and forms adjectives and adverbs, e.g., **arbeitslos**. It is the equivalent of the English suffix *-less*. Guess the meanings of these words from the **Lesestück**:

> **gewaltlos**   (from **Gewalt**: *force, violence*) line 27
> **hoffnungslos** (from **Hoffnung**: *hope*) line 38

Past participles as adjectives   Past participles of verbs are often used as attributive adjectives. They take regular adjective endings.

> **bauen** → **gebaut-**   *to build* → *built*
>
> Das ist das neu **gebaute**   *That's the newly built dormitory.*
>   Studentenwohnheim.

The reading contains the following participles used as adjectives:

> **besiegen** *to defeat*   → **besiegt-** (line 9)
> **entnazifizieren** *to denazify* → **entnazifiziert-** (line 10)
> **vereinen** *to unite*   → **vereint-** (line 32)
> **lösen** *to solve*   → **ungelöst-** (line 36)

Übung Wie heißt das Adjektiv (mit Endung!)? Und wie heißt der neue Satz auf Englisch?

> BEISPIEL: Jemand hat diese Waren gestohlen.
> Die Polizei hat die *gestohlenen* Waren gefunden.
> *The police found the stolen goods.*

1. Ich habe Altpapier gesammelt und jetzt schleppe ich das _____ Altpapier zum Recycling.
2. Eine Fabrik hat diesen Fluss verschmutzt und jetzt darf man in dem _____ Wasser nicht schwimmen.
3. Der Krieg hat viele deutsche Städte zerstört. Jetzt hat Deutschland seine _____ Städte wieder aufgebaut.
4. Wir hatten eine schöne Reise nach Schottland geplant, aber leider konnten wir uns die _____ Reise nicht leisten.
5. Ich habe meiner Mutter ein schönes Zimmer reserviert, aber das _____ Zimmer war ihr zu klein.

Wortschatz 2

Verben

ändern to change (*trans.*)
  Sie hat ihr Leben geändert. She changed her life.
sich ändern to change (*intrans.*)
  Ihr Leben hat sich geändert. Her life changed.
auf·geben (gibt auf), gab auf, hat aufgegeben to give up
aus·wandern to emigrate
rufen, rief, hat gerufen to call, shout
vereinen to unite
verschwinden, verschwand, ist verschwunden to disappear

Substantive

der Hass hatred
der Nachbar, -n, -n neighbor
der Schlüssel, - key
der Spiegel, - mirror
der Teil, -e part
der Tod death

das Mitglied, -er member
das Ziel, -e goal

die Heimat homeland; native country
die Macht, ⸚e power, might
die Nachbarin, -nen neighbor (*f.*)
die Regierung, -en government in power, administration
die Wirtschaft economy
die Zukunft future

Adjektive und Adverbien

beid- both
berühmt famous
offen open
tief deep
tot dead
verschieden various, different
wirtschaftlich economic

Compare **verschieden** (*various, different*) and **ander-** (*other, different*): **Ich kenne viele verschiedene Lieder** (*I know many different songs*) vs. **Ich kenne andere Lieder als du** (*I know different songs than you*).

Gegensätze

auswandern ≠ einwandern to emigrate ≠ to immigrate
der Hass ≠ die Liebe hatred ≠ love
offen ≠ geschlossen open ≠ closed
der Tod ≠ das Leben death ≠ life
die Zukunft ≠ die Vergangenheit future ≠ past

Berlin, Potsdamer Platz

Understanding Germany's role in Europe today is the cultural goal of this chapter.

 Lab Manual Kap. 11, Lesestück.

Deutschland im europäischen Haus

Im Jahre 1989 ging mit dem Fall° der Berliner Mauer eine Epoche der europäischen Geschichte zu Ende: Die Nachkriegszeit war endlich vorbei°. Besonders für die Länder Osteuropas sind die Jahre seit 1989 eine Zeit der Unsicherheit, aber auch der neuen Hoffnungen. Mit seiner zentralen Lage° zwischen Ost und West und seiner
5 starken Wirtschaft ist Deutschland in vieler Hinsicht° der Schlüssel zum neuen „europäischen Haus".[3]

fall
over

location
in ... = in many respects

Historischer Hintergrund°: 1945 bis 1989

1945 teilten die vier Alliierten° – Amerika, Großbritannien, Frankreich und die Sowjetunion – das besiegte° Hitlerreich in vier Zonen auf°, mit dem Ziel später einen
10 neuen entnazifizierten° Staat zu bilden°. Aber bald änderte sich das politische Klima. Es begann der so genannte° Kalte Krieg zwischen dem Kommunismus im Osten und dem Kapitalismus im Westen. Anstatt eines vereinten Landes gründete° man 1949

background

allies
defeated / teilten ... auf = divided / denazified / form
so-called
founded

---

[3] The common "European House" was envisioned by the former Soviet President Mikhail Gorbachev, leader of the Soviet Union from 1985 to 1991.

DDR-Wagen kurz vor der Wiedervereinigung. Was bedeutet „BRDDR"?

die Bundesrepublik Deutschland (BRD) und die Deutsche Demokratische Republik (DDR), zwei separate und sehr verschiedene Staaten.

15   Weil die Grenze zwischen Ost- und Westberlin bis 1961 offen blieb, konnten zirka 2,7 Millionen Menschen aus der DDR in den Westen auswandern.[4] Die DDR verblu- tete°. Um einen langsamen Tod zu verhindern° baute die ostdeutsche Regierung 1961 eine Mauer mitten durch° Berlin. Die Berliner Mauer, das berühmte Symbol des Kalten Krieges, existierte 28 Jahre, bis die zwei Supermächte USA und
20   die Sowjetunion endlich ihre Feindschaft° aufgaben.

*was bleeding to death / to prevent / **mitten …** = through the middle of*

enmity

November 1989: Die Grenze öffnet sich

In den 80er-Jahren leitete die „Glasnost-Politik"[5] Michael Gorbatschows in der Sowjetunion eine Reform ein°, die° sich schnell auf die anderen Länder Osteuropas ausweitete°. Im Sommer 1989 gab es in Leipzig, Dresden und vielen anderen Städten
25   der DDR riesengroße friedliche° Demonstrationen gegen den kommunistischen Staat. „Wir sind das Volk", riefen die Demonstranten° und später: „Wir sind *ein* Volk". Diese Demonstrationen leiteten die erste erfolgreiche° gewaltlose Revolution der deutschen Geschichte ein. Die Regierung musste die Grenze öffnen. Im März 1990 kamen dann die ersten freien Wahlen in der DDR und im Oktober die Vereinigung°
30   der beiden Teile Deutschlands.

leitete … ein = initiated / that sich … ausweitete = spread peaceful
demonstrators
successful

unification

Deutschland im neuen Europa

Als Wirtschaftsmacht und größtes° Mitglied der Europäischen Union[6] spielt das vereinte Deutschland eine wichtige Rolle als Brücke zwischen Ost und West.

biggest

---

[4] Although Berlin was located in the middle of the Soviet Occupation Zone, it too was divided among the Allies because of its importance as the capital. Air and highway corridors linked it to the West.
[5] Mikhail Gorbachev initiated the internal reforms in the former Soviet Union known as *perestroika* (restructuring) and *glasnost* (openness). These changes eroded the Communist Party's centralized control and hegemony.
[6] The European Union, a political and economic alliance of western European nations.

Deutschland ist selber ein Spiegel der großen Unterschiede in Europa. Wie sieht
35 denn die Zukunft des europäischen Hauses aus?

Es gibt natürlich noch ungelöste Probleme. Die Umwelt in Osteuropa war durch
die Industrie viel mehr beschädigt° als° im Westen. Auch waren die meisten° Fabriken   *damaged / than / most*
in den neuen Bundesländern und in anderen osteuropäischen Ländern hoffnungslos
veraltet° und konnten mit der westeuropäischen Industrie nicht mehr konkurrieren°.   **hoffnungslos ...** = *hopelessly antiquated / compete /*
40 Man musste sie entweder schließen oder° sehr viel investieren, um sie zu moderni-   **entweder ... oder** = *either... or / resentment /*
sieren und umweltfreundlicher zu machen. Das bedeutete im Osten mehr Arbeits-
losigkeit und Ressentiments° gegen die Manager aus dem Westen, die° die   *who / market economy /*
Marktwirtschaft° einführen° sollten.   *introduce*

Die wirtschaftliche Situation in Osteuropa war nach der Auflösung° der   *dissolution*
45 Sowjetunion so prekär°, dass viele Menschen ihre Heimat verließen und nach   *precarious*
Deutschland auswanderten.[7] Besonders die so genannten° „Aussiedler" – d.h.   *so-called*
Menschen deutscher Abstammung° aus Ländern wie Rumänien und Russland –   **deutscher ...** = *of German descent / better / most*
stellten sich ein besseres° Leben in Deutschland vor. Obwohl die meisten° Deutschen
diesen Menschen helfen wollen, gibt es auch eine rechtsradikale Minderheit°. Solche   **rechtsradikale ...** = *radical right minority / spread /*
50 Neonazis propagieren° Hass gegen Ausländer und erwecken° im Ausland alte Ängste   *awaken*
aus der Hitlerzeit.

Es dauert wahrscheinlich noch lange, bis diese alten Ängste und die neuen
politischen Probleme überwunden° sind. Aber die Demokratisierung und Integration   *overcome*
Osteuropas mit dem Westen sind nicht mehr aufzuhalten°. Zwischen den neuen   **sind ...** = *can no longer be stopped*
55 Nachbarn im Osten und den reichen Demokratien im Westen steht die politisch
stabile und wirtschaftlich starke Bundesrepublik. Es ist sicher, dass sie in der
Europäischen Union eine führende° Rolle zu spielen hat.   *leading*

Lab Manual Kap. 11, Diktat.

Workbook Kap. 11, Üb. J, K.

A **Antworten Sie auf Deutsch.**

1. Wer hat zuerst von einem „europäischen Haus" gesprochen? Was bedeutet das?
2. Warum ist Deutschlands Rolle so wichtig im neuen Europa?
3. Wie kam es zu zwei deutschen Staaten?
4. Warum waren die beiden deutschen Staaten so verschieden?
5. Warum hat die Regierung der DDR die Mauer mitten durch Berlin gebaut?
6. Wie hat die friedliche Revolution in der DDR begonnen?
7. Wann hat die DDR-Regierung die Grenze ganz geöffnet?
8. Warum wollten Menschen aus Osteuropa nach Deutschland auswandern?

---

[7] Until 1993 Germany had the most liberal asylum laws in the world. In January 1993 alone,
36,000 foreigners applied for asylum. Through a constitutional amendment that redefined
application criteria, applications were reduced to 13,000 by January 1994. In 2000 Germany
granted citizenship to 186,700 immigrants.

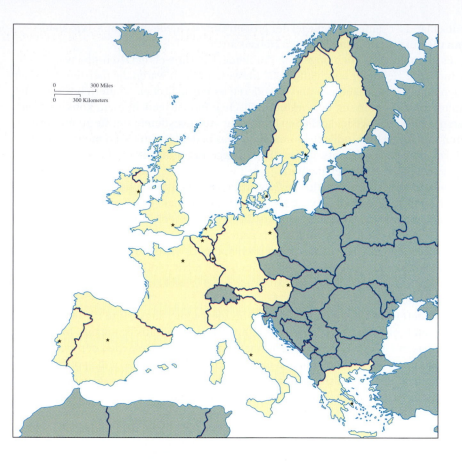

B Partnerarbeit: EU-Quiz

1. Tragen Sie die Namen der EU-Mitgliedstaaten und ihrer Hauptstädte auf die Karte ein. (**eintragen**: *to enter*)

Mitgliedstaaten		Hauptstädte	
Belgien	Italien	Athen	London
Dänemark	Luxemburg	Berlin	Luxemburg
Deutschland	Niederlande	Brüssel	Madrid
Finnland	Österreich	den Haag	Paris
Frankreich	Portugal	Dublin	Rom
Griechenland	Schweden	Helsinki	Stockholm
Großbritannien	Spanien	Kopenhagen	Wien
Irland		Lissabon	

2. Welche Kurzbeschreibung passt (*fits*) zu welchem Land?

   a. Wurde erst 1995 Mitglied der EU. Landessprache: Deutsch.
   b. Hat im 16. Jahrhundert Mexiko, Süd- und Mittelamerika kolonisiert.
   c. Der kleinste EU-Staat.
   d. Hier hatten die abendländische (*western*) Philosophie und die Demokratie ihren Anfang.
   e. Im 17. und 18. Jahrhundert eine große See- und Handelsmacht; hatte in Afrika, Indonesien und Nordamerika Kolonien.
   f. Halbinsel im Mittelmeer; historisches Zentrum eines alten Weltreichs.

C **Gruppenarbeit: Sprechen wir über die Fotos in diesem Kapitel.** Man sagt, ein Bild ist tausend Worte wert. Die Fotos auf Seite 328–329 zeigen die menschliche Seite der Geschichte unserer Zeit. Sehen Sie sich diese Fotos an und versuchen Sie so viel wie möglich auf jedem Foto zu beschreiben. Dann stellen Sie sich vor, wie die Menschen auf diesen Fotos sich fühlen, was sie denken oder sagen.

D **Gruppendiskussion:** Was hat sich geändert? Was muss sich noch ändern?

1. In Kapitel 10 und 11 haben Sie eine ganze Menge über deutsche Geschichte im 20. Jahrhundert gelesen. Versuchen wir mal eine kurze Liste von einigen Tatsachen (*facts*) aus dieser Epoche an die Tafel zu schreiben. Was scheint Ihnen besonders wichtig zu sein? Warum?

2. Sie haben in diesem Kapitel über viele große Änderungen gelesen. Das Jahr 1989 bedeutete das Ende des Kalten Krieges. Aber 2001 begann ein neuer „Krieg" gegen den Terrorismus. Müssen die USA heute immer noch so viel Geld wie früher für das Militär (*the military*) ausgeben? Stellen Sie sich mal vor, Sie sind Berater (*advisors*) des amerikanischen Präsidenten. Was würden Sie ihm sagen? Soll man dieses Geld jetzt für etwas anderes ausgeben? Was soll sich in unserem Land oder in der Welt ändern?

E **Die Berliner Mauer und das vereinigte Deutschland** Machen Sie ganze Sätze. Vergessen Sie die Endungen nicht! (// = Komma)

1. (*perfect tense*) wegen / dies- / Situation / auswandern / viel- / Menschen
2. (*first clause: past perfect tense*) nachdem / man / Mauer / bauen // (*second clause: simple past tense*) können / wenig- / Menschen / nach Westen / reisen
3. (*simple past tense*) Mauer / müssen / 28 Jahre / existieren // bis / politisch / Situation / sich ändern
4. (*present tense*) nach / Vereinigung / beid- (*genitive*) / deutsch- / Staaten / aussehen / Zukunft / anders
5. (*present tense*) all- / Menschen / sich freuen // wenn / Völker / Europa (*genitive*) / in Frieden / miteinander / leben / können

Strasbourg is the seat of the legislative branch of the EU: **Europäisches Parlament**; Brussels the seat of the executive branch: **Ministerrat** and **Europäische Kommission**; Luxembourg the seat of the judicial branch: **Europäischer Gerichtshof**.

Bundeskanzler Gerhard
Schröder mit König
Juan Carlos von Spanien

Making information interesting

Below you are asked to write about your morning routine. In describing a series of actions, the temptation is to give every sentence the same structure, e.g., **Ich stehe auf. Ich wasche mich. Ich ...** To make your prose more interesting and informative, vary sentence structure and add transition words and time phrases, e.g., Ich stehe fast immer um 7 Uhr aur. **Zuerst ... Und dann ... Um 8 Uhr ... Aber am Wochenende ...**

▶ **Schreiben wir mal: Meine Morgenroutine**   Beschreiben Sie Ihre Morgenroutine. Hier sind einige nützliche Verben:

> frühstücken
> den Rucksack packen
> aufstehen
> zur Uni gehen
> sich rasieren (*shave*) / sich schminken (*put on makeup*)
> sich die Zähne putzen
> eine zweite Tasse Kaffee trinken
> sich anziehen
> sich duschen (*shower*) / sich baden (*take a bath*)
> sich die Haare kämmen (*comb one's hair*)

F Wie sagt man das auf Deutsch?

1. When did your relatives immigrate to America?
2. Some emigrated from Germany sixty years ago.
3. Others arrived at the beginning of the 19th century.

4. Ute told me that you got hurt.
5. Yes, I broke my arm last week.
6. How did that happen?
7. I had an accident with my new bicycle.

8. Hurry up or we'll be late!
9. I still have to wash and get dressed.
10. Thank goodness we can afford a taxi.
11. Have the children already eaten?
12. Yes, and they've washed and are in bed already.

ZEITTAFEL ZUR DEUTSCHEN GESCHICHTE, 1939–HEUTE

1939 Deutscher Einmarsch in Polen; Anfang des Zweiten Weltkriegs.

1945 9. Mai Kapitulation Deutschlands. Der Zweite Weltkrieg ist zu Ende in Europa.

1946 Erste demokratische Kommunalwahlen seit 1933.

1947 Marshall-Plan bringt den Westzonen ökonomische Hilfe. Der Wiederaufbau beginnt.

1948 Währungsreform im Westen. Berlin-Blockade durch die Sowjets, Berliner Luftbrücke.

1949 Gründung der BRD und der DDR, Deutschland in zwei Staaten geteilt.

1953 Protestdemonstrationen in Ostberlin gegen zu hohe Arbeitsnormen.

1955 BRD wird Mitglied der NATO, DDR wird Mitglied des Warschauer Paktes.

1961 Bau der Mauer zwischen
Ost- und West-Berlin.

1963 Besuch des US-Präsidenten
John F. Kennedy an der Mauer.

70er Jahre Willy Brandts
Ostpolitik. Normalisierung
der Beziehungen zwischen
BRD und DDR.

1987
750-Jahr-Feier in beiden Teilen der Stadt Berlin.

1989 Spätsommer Tägliche Flucht vieler DDR-Bürger über Ungarn. Erich Honecker tritt zurück. Millionen
demonstrieren in Ostberlin, Leipzig und anderen Städten.
9. November Die Regierung öffnet die Grenzen.

1990 März Erste demokratische Wahlen in der DDR.
Juli Währungsunion der beiden deutschen Staaten.
Oktober Deutsche Vereinigung.
Dezember Erste gesamtdeutsche demokratische Wahlen seit 1932.

1991 Berlin wird wieder die Hauptstadt Deutschlands.

1994 Die letzten alliierten Truppen verlassen Berlin.

1995 Österreich wird Mitglied der Europäischen Union.

1999 Im Kosovo nehmen deutsche Truppen zum ersten Mal seit
dem Zweiten Weltkrieg an einer Militäraktion im Ausland teil.

2002 Der Euro wird die offizielle Währung aller EU-Länder
außer Großbritannien und Dänemark.

Der Mainzer Dom

Erinnerungen

Kommunikation

- Comparing things
- Saying how often things happen
- Talking about memories

Kultur

- Reading an authentic German literary text

In diesem Kapitel

- **Lyrik zum Vorlesen**
  Joseph von Eichendorff, „Heimweh"
- **Grammatik**
  Comparison of adjectives and adverbs
  Relative pronouns and relative clauses
  The verb **lassen**
  Time phrases with **Mal**
  Parts of the day
- **Lesestück**
  Anna Seghers, „Zwei Denkmäler"
- **Almanach**
  Denkmäler

DIALOGE

Lab Manual Kap. 12,
Dialoge, Fragen, Hören
Sie gut zu!

Idiotensicher

HANS-PETER: Du, Karin, hast du das Buch mit, das ich dir geliehen habe?

KARIN: Ach, tut mir Leid. Ich hab's wieder zu Hause gelassen. Ich arbeite noch an meinem Referat.

HANS-PETER: Ist ja egal. Du darfst es ruhig noch behalten. Hast du noch viel zu tun?

KARIN: Nein, ich bin fast fertig. Ich benutze zum ersten Mal meinen neuen Computer. Die Software ist wirklich idiotensicher.

Klatsch

PETRA: Wer war denn der Typ, mit dem Rita gestern weggegangen ist?

LUKAS: Der Mann, der so komisch angezogen war?

PETRA: Genau, den meine ich.

LUKAS: Das war der Rudi. Stell dir vor, sie hat sich mit ihm verlobt!

PETRA: Wenigstens sah er intelligenter aus als ihr letzter Freund.

Vor der Haustür

Notice two N-nouns: **Nachbar** and **Herr**.

Frau Schwarzer, die neulich ins Haus eingezogen ist, redet nach der Arbeit mit ihrem Nachbarn Herrn Beck.

FRAU SCHWARZER: Ach Herr Beck, ich wollte Sie etwas fragen. Wo kann ich am billigsten meinen VW reparieren lassen?

HERR BECK: In der nächsten Querstraße gibt's den besten Mechaniker in der Gegend, aber der ist leider nicht der Billigste.

FRAU SCHWARZER: Hmm … Im Augenblick bin ich etwas knapp bei Kasse. Ich glaub', ich mache es diesmal lieber selber.

HERR BECK: Na, viel Spaß… Also, dann wünsche ich Ihnen einen schönen Abend noch.

FRAU SCHWARZER: Danke, gleichfalls!

Guten Abend is a greeting. (**Ich wünsche Ihnen einen) schönen Abend noch** is said when parting.

NOTES ON USAGE

The words *es* and *etwas*

In spoken German, the pronoun **es** is often contracted to **'s**.

Ich **hab's** wieder zu Hause gelassen.
In der nächsten Querstraße **gibt's** den besten Mechaniker.

etwas   Note three different meanings:

Ich wollte Sie **etwas** fragen.	*something*
Ich bin **etwas** knapp bei Kasse.	*somewhat, a little*
Hast du **etwas** Geld?	*some*

Verben

behalten (behält), behielt, hat behalten to keep, retain
erinnern an (+ *acc.*) to remind of
sich erinnern an (+ *acc.*) to remember
lassen (lässt), ließ, hat gelassen to leave (something or someone); leave behind; to let, allow; to cause to be done
reden to talk, speak
reparieren to repair
sich verloben mit to become engaged to
weg·gehen, ging weg, ist weggegangen to go away, leave
wünschen to wish

Substantive

der **Augenblick, -e** moment
   im Augenblick at the moment
der **Besuch, -e** visit
der **Computer, -** computer
der **Klatsch** gossip
der **Typ, -en** (*slang*) guy

der Typ: Used colloquially for males (**ein sympathischer Typ**). For both male and female: **Er/sie ist nicht mein Typ.**

das **Mal, -e** time (*in the sense of "occurrence"*)
   jedes Mal every time
   zum ersten Mal for the first time
die **Erinnerung, -en** memory
die **Gegend, -en** area, region
die **Nacht, ⸚e** night
   in der Nacht at night
   Gute Nacht. Good night.
die **Querstraße, -n** cross street
die **Software** software

Adjektive und Adverbien

diesmal this time
etwas somewhat, a little
idiotensicher foolproof
intelligent intelligent
knapp scarce, in short supply
   knapp bei Kasse short of money
komisch peculiar, odd; funny
nächst- nearest; next
neulich recently
ruhig (*as sentence adverb*) feel free to, go ahead and
   Du kannst ruhig hier bleiben. Feel free to stay here.

Remember the basic meaning of **ruhig**: peaceful, calm. Cf. cartoon on p. 75.

übermorgen the day after tomorrow
vorgestern the day before yesterday

Andere Vokabeln

als (*with adj. or adv. in comparative degree*) than
   intelligenter als more intelligent than
na well . . .

Nützliche Ausdrücke

(Einen) Augenblick, bitte! Just a moment, please!
Danke, gleichfalls. Thanks, you too. Same to you.
Viel Spaß! Have fun!

Gegensätze

sich erinnern ≠ vergessen to remember ≠ to forget
reden ≠ schweigen, schwieg, hat geschwiegen to speak ≠ to be silent
reparieren ≠ kaputtmachen to repair ≠ to break
weggehen ≠ zurückkommen to go away ≠ to come back
die Nacht ≠ der Tag night ≠ day

Proverb: **Reden ist Silber, Schweigen ist Gold.**

Foolproof

H-P: Karin, do you have the book with you that I lent you?

K: Oh, sorry. I left it at home again. I'm still working on my paper.

H-P: Doesn't matter. Go ahead and keep it. Do you still have a lot to do?

K: No, I'm almost done. I'm using my new computer for the first time. The software is really foolproof.

Gossip

P: Who was the guy Rita left with yesterday?

L: The man who was dressed so funny?

P: Exactly. He's the one I mean.

L: That was Rudi. Just imagine, she's gotten engaged to him!

P: At least he looked more intelligent than her last boyfriend.

At the Front Door

Ms. Schwarzer, who has recently moved into the building, is talking after work to her neighbor, Mr. Beck.

MS. S: Oh Mr. Beck, I wanted to ask you something. Where can I get my VW repaired most cheaply?

MR. B: In the next cross street there's the best mechanic in the area, but he's unfortunately not the cheapest.

MS. S: Hmm . . . At the moment I'm somewhat short of cash. I think I'll do it myself this time.

MR. B: Well, have fun. . . Then I'll wish you a good evening.

MS. S: Thanks, you too.

Variationen

A Persönliche Fragen

1. Schreiben Sie Ihre Referate mit dem Computer?
2. Leihen Sie Ihren Freunden Bücher oder nicht? Wie ist es mit CDs, Ihrem Fahrrad oder mit Kleidern?
3. Was haben Sie heute zu Hause gelassen?
4. Lukas sagt, dass Rudi komisch angezogen war. Ziehen Sie sich manchmal komisch an? Was tragen Sie dann?
5. Wie alt soll man sein, bevor man sich verlobt? Was meinen Sie?
6. Besitzen Sie einen Wagen? Was für einen?
7. Sind Sie ein guter Mechaniker? Können Sie Ihr Auto selber reparieren?

B Übung: Was braucht man?   Um ihr Referat zu schreiben, braucht Karin Bücher, einen Computer und vielleicht auch ein Wörterbuch. Was braucht man, um ...

einen Brief zu schreiben?
das Frühstück zu machen?
eine Urlaubsreise zu machen?
eine Fremdsprache zu lernen?
einkaufen zu gehen?
eine Radtour zu machen?
eine Wanderung in den Bergen zu machen?

**Rosen an einer alten Mauer
(Schloss Langenburg,
Baden-Württemberg)**

C **Übung: Das Beste in der Gegend**   Herr Beck weiß, wer der beste Mechaniker in der Gegend ist. Wissen Sie, wo man das Beste in der Gegend findet? Wo ist hier in unserer Gegend ...

das beste griechische Restaurant?
das beste französische Restaurant?
das beste Kleidergeschäft?
das beste Hotel?
die beste Kneipe?
die beste Pizza?
das beste Sportgeschäft?
der beste Supermarkt?

D **Übung: Sie dürfen das ruhig machen.**   Sie sagen, Sie würden gern etwas machen. Der/Die Nächste sagt, Sie dürfen es ruhig machen (oder) Sie können es ruhig machen.

BEISPIEL: A: Ich würde gern deinen Kuli benutzen.
              B: Klar, du darfst ihn *ruhig* benutzen.

The sentence adverb **ruhig** goes immediately after the inflected verb and all personal pronouns.

1. Ich würde gerne deinen Wagen bis 3 Uhr behalten.
2. Heute Abend würde ich dich gerne besuchen.
3. Ich würde gern etwas Wichtiges sagen.
4. Ich würde meine Freunde gerne einladen.
5. Ich würde gern etwas essen.
6. Meinen Wagen würde ich gerne hier lassen.
7. Ich würde mir gerne die Kirche ansehen.
8. Ich würde gern meine Freundin Gertrud mitbringen.

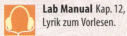
Joseph von Eichendorff was one of the foremost poets of the Romantic movement in Germany. Reverence for nature, longing for one's beloved, and nostalgia for one's homeland are all typical themes for the Romantics. The poem "Heimweh" (*Homesickness*) is from Eichendorff's story ***Aus dem Leben eines Taugenichts*** (*From the Life of a Good-for-Nothing*), in which the hero, in Italy, yearns for Germany and his beloved.

Lab Manual Kap. 12, Lyrik zum Vorlesen.

Heimweh

Wer in die Fremde° will wandern	= *ins Ausland*
Der muss mit der Liebsten° gehn,	*beloved*
Es jubeln° und lassen die andern	*rejoice*
Den Fremden alleine stehn.	
Was wisset ihr, dunkele Wipfel°	*treetops*
Von der alten, schönen Zeit?	
Ach, die Heimat hinter den Gipfeln°,	*peaks*
Wie liegt sie von hier so weit!	
Am liebsten° betracht° ich die Sterne°,	*most of all / contemplate / stars*
Die schienen, wie° ich ging zu ihr,	= *als*
Die Nachtigall° hör ich so gerne,	*nightingale*
Sie sang vor der Liebsten Tür.	
Der Morgen, das ist meine Freude°!	*joy*
Da steig ich in stiller° Stund'	*quiet*
Auf den höchsten° Berg in die Weite°,	*highest / distance*
Grüß dich, Deutschland, aus Herzens Grund°!	*aus* ... = *from the bottom of my heart*

Joseph von Eichendorff (*1788–1857*)

Zeichnung (*drawing*) von Ludwig Richter (19. Jhdt.)

1. Comparison of adjectives and adverbs

Comparing things is a communicative goal.

When adjectives or adverbs are used in comparisons, they can occur in three stages or degrees.

- Positive degree (*basic form*)

> **so interessant wie** = *as interesting as*
> **so schnell wie** = *as fast as*

Lukas ist **so interessant wie** Dieter.
Jutta **läuft so schnell wie** ich.

*Lukas is **as interesting as** Dieter.*
*Jutta runs **as fast as** I do.*

- Comparative degree (*marker:* **-er**)

> **interessanter als** = *more interesting than*
> **schneller als** = *faster than*

Lukas ist **interessanter als** Helmut.

Jutta läuft **schneller als** Jörg.

*Lukas is **more interesting than** Helmut.*
*Jutta runs **faster than** Jörg.*

- Superlative degree of attributive adjectives (*marker:* **-(e)st**)

> **der interessanteste Schüler** = *the most interesting pupil*
> **die schnellste Läuferin** = *the fastest runner*

Lukas ist **der interessanteste Schüler** in unserer Schule.
Jutta ist **die schnellste Läuferin** in unserer Schule.

*Lukas is **the most interesting pupil** in our school.*
*Jutta is **the fastest runner** in our school.*

- Superlative of adverbs and predicate adjectives (*marker:* **am** _____**-(e)sten**)

> **am interessantesten** = *most interesting*
> **am schnellsten** = *fastest*

Von allen Schülern ist Lukas **am interessantesten**.
Jutta läuft **am schnellsten**.

*Of all the pupils, Lukas is **most interesting**.*
*Jutta runs **fastest**.*

Hier sehen Sie einen der größten Kohlendioxidfresser der Welt.

Formation of comparative degree (*der Komparativ*)

Spelling note: Adjectives ending in **-el** and **-er** drop the **-e-** in the comparative:

dunkel → **dunkler**
teuer → **teurer**

■ To form the comparative degree of any adjective or adverb, add the marker **-er** to the basic form:

Basic form	+	-er	=	Comparative degree
schnell-		-er		**schneller**
dunkel-		-er		**dunkler**
interessant-		-er		**interessanter**

English adjectives longer than two syllables form their comparative with *more*: *interesting* → *more interesting*. German does not follow this pattern. Simply add **-er** to make the comparative, no matter how long the adjective is: **interessant → interessanter**.

■ Attributive adjectives add the regular adjective endings *after* the comparative **-er-** ending.

Basic form	+	-er-	+	Adjective ending
schnell-		-er-		-en
interessant-		-er-		-es

Wir fuhren mit dem **schnelleren** Zug.	*We took the faster train.*
Ich lese ein **interessanteres** Buch.	*I'm reading a more interesting book.*

■ **Als** = *than* when used with the comparative.

Das Buch ist interessanter **als** der Artikel.	*The book is more interesting than the article.*

Lab Manual Kap. 12, Üb. 1 and Var. zu Üb. 3, 4, 6, 7, 9–12.

Workbook Kap. 12, A–F.

1 Übung   Everyone is praising Jörg, but you respond that you are *more* everything than he is.

BEISPIEL: A: Jörg ist interessant.
            B: Aber ich bin interessanter als er.

1. Jörg ist hübsch.
2. Er ist ruhig.
3. Er läuft schnell.
4. Er ist ehrlich.
5. Jörg ist fleißig.
6. Er ist freundlich.
7. Er steht früh auf.
8. Er ist sportlich.

2 Übung: Vergleichen wir! (*Let's compare!*)   Antworten Sie mit einem ganzen Satz.

BEISPIEL: A: Was fährt schneller als ein Fahrrad?
            B: Ein Auto fährt schneller als ein Fahrrad.

1. Was fährt langsamer als ein Zug?
2. Was schmeckt Ihnen besser (*better*) als Salat?
3. Was ist moderner als eine Schreibmaschine (*typewriter*)?
4. Wer ist reicher als Sie?
5. Welches Auto ist teurer als ein Volkswagen?
6. Welche Energiequelle (*energy source*) ist umweltfreundlicher als Öl?
7. Welche Stadt ist sauberer als New York?
8. Welche Länder sind kleiner als Deutschland?

Wer hilft mir, meine Ziele zu verwirklichen?

LEHRER
...mehr als nur ein Job!

3 Übung: Im Kaufhaus Sie sind Verkäufer im Kaufhaus (*department store*). Ihr Professor spielt einen Kunden. Nichts scheint ihm zu gefallen. Sie versuchen ihm etwas Schöneres, Billigeres usw. zu zeigen.

> BEISPIEL: Dieses Hemd ist mir nicht dunkel genug.
> Hier haben wir dunklere Hemden.

1. Diese Blumen sind mir nicht schön genug.
2. Diese Brötchen sind mir nicht frisch genug.
3. Diese Taschen sind mir nicht leicht genug.
4. Diese Bücher sind mir nicht billig genug.
5. Diese Fahrräder sind mir nicht leicht genug.
6. Diese Computer sind mir nicht schnell genug.

Formation of the superlative (*der Superlativ*)

The superlative is formed in the following ways:

Adverbs All adverbs form their superlative using the following pattern:

> am _____-(e)sten
> **am schnellsten** = *most quickly*

Note on spelling: An extra **-e-** is added when the basic form ends in **-d, -t, -s, -ß,** or **-z: am mildesten, am heißesten**.

Jutta läuft **am schnellsten**.	*Jutta runs **fastest**.*
Hans hat **am schönsten** gesungen.	*Hans sang **most beautifully**.*

German has no superlative marker like English *most*. No matter how long an adverb is, simply add **-(e)sten: am interessantesten** = *most interestingly*.

Attributive Adjectives   With attributive adjectives, add the regular adjective endings after the superlative **-(e)st-**, for example:

Basic form	+	-(e)st-	+	Adjective ending
interessant-		-est-		-e
schnell-		-st-		-en

Die **interessanteste** Studentin
   heißt Marianne.
Wir fuhren mit dem **schnellsten** Zug.

*The **most interesting** student is
   named Marianne.*
*We took the **fastest** train.*

Predicate Adjectives   Predicate adjectives in the superlative may occur either in the **am** _____-**(e)sten** pattern or with the definite article and regular adjective endings.

Albert ist **am interessantesten**.
Albert ist **der Interessanteste**.
Diese Bücher sind **die
   interessantesten**.

*Albert is **most interesting**.*
*Albert is **the most interesting person**.*
*These books are **the most interesting**
   (**ones**).*

You can use the superlative only with the *definite* article, never with the *indefinite* article: **der tiefste See**, but not **ein tiefster See**.

When the superlative adjective is used as an adjectival noun, it is capitalized: **der/die Interessanteste** = *the most interesting person;* **das Späteste** = *the latest thing.*

4 **Übung: Ich mache das am besten!**   A visitor is praising the whole class. You then praise yourself in the superlative.

BEISPIEL: A: Sie laufen alle schnell.
               B: Aber ich laufe am schnellsten.

1. Sie sind alle freundlich.
2. Sie sind alle sehr fleißig.
3. Sie singen alle sehr schön.
4. Sie sind alle elegant angezogen.
5. Sie sind alle sehr sportlich.
6. Sie denken alle sehr kreativ.

5 **Gruppenarbeit: Ich bin der/die _____-ste!**   Here are some adjectives you can use to describe yourself. Choose the one that you think you exemplify the best of anyone in the class. (Don't take this too seriously!) Then say, **Ich bin der/die _____-(e)ste.**

BEISPIEL: Ich bin der/die Schönste hier!

aktiv	elegant	hungrig
altmodisch	faul	modern
blöd	fleißig	radikal
clever	höflich	wahnsinnig

Clever in German means *sly, ingenious.*

6 **Übung: Im Laden**   Sie sind wieder Verkäufer und Ihre Professorin spielt eine Kundin. Sie sucht etwas und Sie sagen, Sie haben das Neueste, Billigste usw.

BEISPIEL: Ich suche billige Weine.
               Hier sind die *billigsten* Weine.

1. Ich suche neue Schuhe.
2. Ich suche schöne Bilder.
3. Ich suche interessante Bücher.
4. Ich suche moderne Stühle.
5. Ich suche leichte Fahrräder.
6. Ich suche elegante Kleider.

**Die besten
Restaurants in
Deutschland**

Umlaut in comparative and superlative

Some comparative and superlative adjectives have two possible forms: **roter/röter**, **nasser/nässer**, **gesunder/gesünder**. **Gesund** is the only two-syllable adjective where umlaut is possible.

Many one-syllable adjectives and adverbs whose stem vowels are **a, o**, or **u** (but *not* **au**) are umlauted in the comparative and superlative degrees. Here is a list of adjectives and adverbs you already know. Some occur in easy-to-remember pairs of opposites.

	Positive	Comparative	Superlative
old	alt	älter	am ältesten
young	jung	jünger	am jüngsten
dumb	dumm	dümmer	am dümmsten
smart	klug	klüger	am klügsten
cold	kalt	kälter	am kältesten
warm	warm	wärmer	am wärmsten
short	kurz	kürzer	am kürzesten
long	lang	länger	am längsten
strong	stark	stärker	am stärksten
weak	schwach	schwächer	am schwächsten
sick	krank	kränker	am kränksten
healthy	gesund	gesünder	am gesündesten
poor	arm	ärmer	am ärmsten
hard, harsh	hart	härter	am härtesten
often	oft	öfter	am öftesten
red	rot	röter	am rötesten
black	schwarz	schwärzer	am schwärzesten

7 Gruppenarbeit: kalt / kälter / am kältesten   The first student reads a sentence, and the next two respond with the comparative and superlative.

> BEISPIEL: A: Meine Wohnung ist kalt.
> B: Meine Wohnung ist noch kälter.
> C: Aber meine Wohnung ist am kältesten.

1. Mein Bruder ist stark.
2. Mein Auto ist alt.
3. Mein Referat ist lang.
4. Mein Freund ist krank.

5. Meine Schwester ist jung.
6. Mein Zimmer ist warm.
7. Mein Besuch war kurz.
8. Mein Beruf ist hart.

8 Gruppenarbeit: Vergleichen wir. (*Let's compare*)   Sechs oder sieben Studenten kommen nach vorne (*to the front*). Zuerst sagen sie auf Deutsch, wann sie geboren sind. Dann antworten die Anderen auf die folgenden (*following*) Fragen.

1. Wer ist der/die Älteste?
2. Wer ist der/die Jüngste?
3. Wer ist der/die Größte?
4. Wer ist der/die Kleinste?
5. Wer hat die längsten/kürzesten Haare?
6. Wer ist heute am schönsten angezogen?

Irregular comparatives and superlatives

Some of the most frequently used adjectives and adverbs in German have irregular forms in the comparative and superlative.

Note: The superlative of **groß** adds **-t** (**größt-**) rather than **-est** to the stem.

Positive	Comparative	Superlative	
groß	größer	am größten	*big/bigger/biggest*
gut	besser	am besten	*good, well/better/best*
hoch, hoh-	höher	am höchsten	*high/higher/highest*
nahe	näher	am nächsten	*near/nearer/nearest; next*
viel	mehr	am meisten	*much, many/more/most*
gern	lieber	am liebsten	*like to/prefer to/most of all like to*

■ The three degrees of **gern** are used to say how much you like to do things.

Ich gehe **gern** ins Kino.	*I like to go to the movies.*
Ich gehe **lieber** ins Theater.	*I'd rather* (or) *I prefer to go to the theater.*
Ich gehe **am liebsten** ins Konzert.	*Most of all, I like to go to concerts.*

Wenig, the antonym of **viel**, functions in the same way:
Ich esse *wenig* Brot.
Ich habe *wenige* Freunde.
Ich habe *weniger* Freunde als du.

■ **Viel** means *much* or *a lot of* and it has *no adjective endings.* **Viele** means *many* and *does* have regular plural endings.

Ich esse **viel** Brot.	*I eat a lot of bread.*
Ich habe **viele** Freunde.	*I have many friends.*

The comparative degree **mehr** *never* has adjective endings.

Du hast **mehr** Freunde als ich.	*You have more friends than I.*

The superlative degree **meist-** *does* take endings; in addition, it is used with the definite article, in contrast to English *most.*

Die meisten Studenten essen in der Mensa.	***Most** students eat in the cafeteria.*

9 **Übung: gut, besser, am besten**   Rank the items on the right according to the criteria on the left.

BEISPIEL: schnell fahren   Bus, Fahrrad, Zug
             Ein Fahrrad fährt schnell, ein Bus fährt schneller und
                  ein Zug fährt am schnellsten.

1. gut schmecken   Schokolade, Wurst, Kartoffelsalat
2. hoch sein   Berg, Haus, Dom
3. nahe sein   Studentenwohnheim, Mensa, Bibliothek
4. viel wissen   Schüler, Professoren, Studenten

10 Gruppenarbeit: Was sind Ihre Präferenzen?   Rank your preferences, as in the example.

> BEISPIEL: trinken   Tee, Kaffee, Milch
> Ich trinke gern Milch. Ich trinke lieber Kaffee. Aber
> am liebsten trinke ich Tee.

1. lesen   Zeitungen, Gedichte, Romane
2. hören   Rockmusik, Jazz, klassische Musik
3. wohnen   in der Stadt, auf dem Land, am Meer
4. spielen   Fußball, Tennis, Volleyball
5. bekommen   Briefe, Geschenke, gute Noten
6. essen   Pommes frites, Sauerkraut, Bauernbrot
7. schreiben   Briefe, Referate, Postkarten

Comparisons

> **genauso ... wie** = *just as . . . as*
> **nicht so ... wie** = *not as . . . as*

Heute ist es **genauso kalt wie** gestern.
  Aber es ist **kälter als** vorgestern.

*Today is **just as cold as** yesterday.*
  *But it's **colder than** the day before*
  yesterday.

Stuttgart ist **nicht so groß wie** Berlin.
  Aber es ist **größer als** Tübingen.

*Stuttgart is **not as large as** Berlin.*
  *But it's **bigger than** Tübingen.*

> **immer _____-er** (shows progressive change)

Das Kind wird **immer größer**.
Sie liest **immer mehr** Bücher.

*The child's getting **bigger and bigger**.*
*She's reading **more and more** books.*

11 Gruppenarbeit: Damals und jetzt   Vergleichen wir damals und jetzt. Jeder sagt, wie es früher war und wie sich alles immer mehr ändert.

> BEISPIELE: Früher hatte man mehr Zeit, heute ist man immer
> mehr in Eile.
> Früher war das Lebenstempo langsamer, jetzt wird es
> immer schneller.
> Früher kostete das Studium ...

12 Schreiben wir mal.   Find similarities and differences in two pictures that you have drawn, photographed, or found in books or magazines. Compare them in German.

> BEISPIELE: Diese Bäume sind höher als diese hier, aber dieser
> Berg ist genauso hoch wie der andere.
>
> Diese Mutter sieht nicht so jung aus wie diese hier,
> aber dieses Kind ist genauso alt wie das Kind da.
> Das dritte Kind ist das älteste.

13 Weltrekorde   Jeder von Ihnen stellt den anderen eine Frage über einen Weltrekord. Die anderen müssen die Antwort erraten (*guess*).

> BEISPIEL: Wie heißt der höchste Berg der Welt?
> Wer ist die beste Tennisspielerin der Welt?

2. Relative pronouns and relative clauses (*Relativpronomen und Relativätze*)

A relative clause is a subordinate clause that modifies or further clarifies a noun. Relative clauses are introduced by relative pronouns. Compare the following sentences:

Das ist das **neue** Buch.   *That's the **new** book.*

	rel. pron.	
Das ist das Buch,	***das***	**du mir geliehen hast**.
That's the book	***that***	*you lent me.*

The relative clause **das du mir geliehen hast**, like the descriptive adjective **neue**, modifies **Buch** by telling *which* book is being talked about.

The relative pronouns in English are *that, which, who, whom,* and *whose.* The German relative pronoun is identical in most cases to the definite article, which you already know. Study the following table and note especially the forms in bold, which are *different* from the definite article.

Compare declension of definite article on p. 223. There are only three relative pronouns that are not identical to forms of the definite article: **denen, dessen,** and **deren.** These forms are printed in boldface in the table.

Relative pronouns				
	masculine	neuter	feminine	plural
nom.	der	das	die	die
acc.	den	das	die	die
dat.	dem	dem	der	**denen**
gen.	**dessen**	**dessen**	**deren**	**deren**

Relative pronouns refer back to a noun (called the *antecedent*) in the main clause. Here are some examples. Note how the antecedent and the relative pronoun always denote the same person or thing.

masc. sing.
antecedent   *nom.*
1. Das ist **der Typ**.   **Er** war im Kino.

Das ist der Typ, **der** im Kino war.

rel. pron.
*That's the guy **who** was at the movies.*

fem. sing.
antecedent   *dat.*
2. Kennst du **die Frau**?   Ich arbeite mit **ihr**.

Kennst du die Frau, mit **der** ich arbeite?

rel. pron.
*Do you know the woman [**whom**] I work with?*

masc. sing.
antecedent   *gen.*
3. Das ist **der Autor**.   Die Romane **des Autors** sind berühmt.

Das ist der Autor, **dessen** Romane berühmt sind.

rel. pron.
*That's the author **whose** novels are famous.*

acc.
antecedent   *plur.*
4. Hast du **die Bücher**?   Ich habe **sie** dir geliehen.

Hast du die Bücher, **die** ich dir geliehen habe?

rel. pron.
*Do you have the books [**that**] I lent you?*

Rules for relative clauses

1. The relative pronoun is *never* omitted in German, as it often is in English (examples 2 and 4 above).

2. The relative pronoun *always* has the same gender and number as its antecedent.

3. The case of a relative pronoun is determined by its function in the relative clause.

   fem. sing.   *fem. sing.*
   nom.   *dat.*
   Das ist **die Frau**, mit **der** ich arbeite.

4. If the relative pronoun is the object of a preposition, the preposition *always* *precedes* it in the relative clause (example 2 above). In English the preposition often comes at the end of the relative clause (e.g., *the woman I work **with***). This is *never* the case in German (die Frau, **mit** der ich arbeite).

5. The relative clause is *always a subordinate clause* with verb-last word order. The relative clause is *always* set off from the rest of the sentence by commas.

6. The relative clause is usually placed immediately after its antecedent.

Das Buch, **das** du mir geliehen hast, hat mir geholfen.

The book that you lent me helped me.

Lab Manual Kap. 12, Üb. 14, 17, and Var. zu Üb. 21, 22.

Workbook Kap. 12, G–K.

14 **Kettenreaktion**   Student A liest den ersten Satz auf Deutsch vor. Studentin B gibt eine englische Übersetzung und liest dann den nächsten Satz vor usw.

1. Das ist der Mann, der hier wohnt.
2. Das ist der Mann, den ich kenne.
3. Das ist der Mann, dem wir helfen.
4. Das ist der Mann, dessen Frau ich kenne.

5. Das ist das Fahrrad, das sehr leicht ist.
6. Das ist das Fahrrad, das sie gekauft hat.
7. Das ist das Fahrrad, mit dem ich zur Arbeit fahre.
8. Das ist das Fahrrad, dessen Farbe mir gefällt.

9. Das ist die Frau, die Deutsch kann.
10. Das ist die Frau, die wir brauchen.
11. Das ist die Frau, der wir Geld geben.
12. Das ist die Frau, deren Romane ich kenne.

13. Das sind die Leute, die mich kennen.
14. Das sind die Leute, die ich kenne.
15. Das sind die Leute, denen wir helfen.
16. Das sind die Leute, deren Kinder wir kennen.

15 **Übung**   Lesen Sie jeden Satz mit dem richtigen Relativpronomen vor.

In Europa ist nur die Wolga in Russland länger als die Donau (2.850 km). Die Zugspitze (2.692 m) ist der höchste Berg Deutschlands.

1. Die Donau ist ein Fluss, _____ durch Österreich fließt.   (*that*)
2. Der Berg, _____ man am Horizont sieht, ist die Zugspitze.   (*that*)
3. Kennst du den Herrn, _____ dieser Wagen gehört?   (*to whom*)
4. Der Professor, _____ Bücher dort liegen, kommt gleich zurück.   (*whose*)
5. Das ist ein Schaufenster, _____ immer bunt aussieht.   (*that*)
6. Mir schmeckt jedes Abendessen, _____ du kochst.   (*that*)
7. Das Kind, _____ ich geholfen habe, ist wieder gesund.   (*whom*)
8. Sie kommt aus einem Land, _____ Regierung undemokratisch ist.   (*whose*)
9. Die Studentin, _____ neben mir saß, war im zweiten Semester.   (*who*)
10. Beschreiben Sie mir die Rolle, _____ ich spielen soll.   (*that*)
11. Christa, _____ der Computer gehört, leiht ihn dir gerne.   (*to whom*)
12. Die Touristengruppe, _____ Gepäck dort steht, ist aus England.   (*whose*)
13. Wer sind die Leute, _____ dort vor der Mensa stehen?   (*who*)
14. Da sind ein paar Studenten, _____ du kennen lernen sollst.   (*whom*)
15. Es gibt viele Menschen, _____ dieser Arzt geholfen hat.   (*whom*)
16. Sind das die Kinder, _____ Hund gestorben ist?   (*whose*)

Historische Fassaden
(*facades*) in Mainz

16 **Spiel: Ratet mal, wen ich meine!**   Choose another student in the room to describe, but don't tell anyone who it is. When your turn comes, say **Ich kenne eine Studentin, die ...** or **Ich kenne einen Studenten, der ...** and then add some description. The others must guess whom you mean.

BEISPIEL: Ich kenne eine Studentin, die heute eine gelbe Hose
            trägt.

17 **Übung**   Antworten Sie wie im Beispielsatz.

BEISPIEL: Arbeiten Sie für *diesen* Chef?
            Ja, das ist der Chef, für den ich arbeite.

1. Sind Sie durch *diese* Stadt gefahren?
2. Haben Sie in *diesem* Hotel übernachtet?
3. Haben Sie mit *diesen* Amerikanern geredet?
4. Haben Sie an *dieser* Uni studiert?
5. Erinnern Sie sich an *diesen* Roman?
6. Kommen Sie aus *dieser* Stadt?
7. Wohnen Sie bei *dieser* Familie?
8. Spricht er mit *diesen* Menschen?
9. Steht unser Wagen hinter *diesem* Gebäude?
10. Bekommst du Briefe von *diesen* Freunden?

18 **Übung**   Machen Sie aus den zwei Sätzen *einen* Satz. Machen Sie aus dem zweiten Satz einen Relativsatz.

BEISPIEL: Ich kenne die Frau. (Du meinst sie.)
            Ich kenne die Frau, die du meinst.

These sentences are paired as conversational exchanges. The relative clauses in items 4, 10, and 13 begin with prepositions. In items 11 and 14, the relative pronoun is in the genitive case.

1. Suchst du die Schokolade? (Sie war hier.)
2. Nein, ich habe selber Schokolade. (Ich habe sie mitgebracht.)

3. Ist das die Geschichte? (Horst hat sie erzählt.)
4. Ja, er erzählt Geschichten. (Man muss über seine Geschichten lachen.)

5. Das ist ein Buch. (Ingrid hat es schon letztes Jahr gelesen.)
6. Meinst du das Buch? (Es ist jetzt sehr bekannt.)

7. Ist das der Mann? (Sie haben ihm geholfen.)
8. Nein, ich habe einem anderen Mann geholfen. (Er war nicht so jung.)

9. Kennst du die Studenten? (Sie wohnen in der Altstadt.)
10. Ja, das sind die Studenten. (Mit ihnen esse ich zusammen in der Mensa.)

11. Wie heißt der Junge? (Sein Vater ist Professor.)
12. Er hat einen komischen Namen. (Ich habe ihn vergessen.)

13. Ist die Frau berufstätig? (Du wohnst bei ihr.)
14. Ja, sie ist eine Frau. (Ihre Kinder wohnen nicht mehr zu Hause.)

19 **Partnerarbeit: Ist das ein neuer Mantel?**   Fragen Sie einander, ob Ihre Kleider und andere Sachen neu sind. Antworten Sie, dass Sie alles letztes Jahr gekauft haben. Benutzen Sie einen Relativsatz in Ihrer Antwort.

> BEISPIEL: Ist das ein neuer Mantel?
> Nein, das ist ein Mantel, *den* ich letztes Jahr gekauft habe.

20 **Schreiben wir mal.**   Antworten Sie mit Ihren eigenen Worten. Benutzen Sie in Ihrer Antwort einen Relativsatz (*relative clause*).

> BEISPIEL: Mit was für Menschen verbringen Sie gern Ihre Freizeit?
> Ich verbringe gern meine Freizeit mit Menschen, mit denen ich Sport treiben kann.

1. Was für Bücher würden Sie gern lesen?
2. Mit was für Menschen leben Sie gern zusammen?
3. Aus was für einer Familie kommen Sie?
4. Was für Städte gefallen Ihnen besonders gut?
5. In was für einem Gebäude wohnen Sie?
6. Mit was für Menschen verbringen Sie gern Ihre Freizeit?

ACHT MINIS, DIE SPASS HABEN.

The relative pronoun *was*

A relative clause following the pronoun antecedents **das**, **etwas**, **nichts**, **viel**, **wenig**, and **alles** begins with the relative pronoun **was**. Note again that English often leaves out the relative pronoun, whereas German requires it.

Stimmt **das**, **was** er uns erzählte?	*Is what he told us right?*
	(literally: *Is that right what he told us?*)
Gibt es noch **etwas**, **was** Sie brauchen?	*Is there something else* [that] *you need?*
Nein, Sie haben **nichts**, **was** ich brauche.	*No, you have nothing* [that] *I need.*
Alles, **was** er sagt, ist falsch.	*Everything* [that] *he says is wrong.*

Was must also begin a relative clause whose antecedent is a neuter adjectival noun (see p. 314):

Was war **das Interessante**, **was** du mir zeigen wolltest?	*What was the interesting thing* [that] *you wanted to show me?*
Ist das **das Beste**, **was** Sie haben?	*Is that the best* [that] *you have?*

Was also begins a relative clause whose antecedent is an entire clause (English uses *which*):

Rita hat sich verlobt, **was** ich nicht verstehen kann.	*Rita got engaged, which I can't understand.*

21 Übung: Etwas, was mir gefällt. / Etwas, was mich ärgert.   Ihre Professorin sagt etwas und möchte Ihre Reaktion hören. Ist das etwas, was Sie ärgert, oder etwas, was Ihnen gefällt?

> BEISPIEL: Die Umwelt ist sehr verschmutzt.
>   Das ist etwas, was mich ärgert!

1. Alles wird immer teurer.
2. Ich möchte Ihnen etwas schenken.
3. Ihr Mitbewohner spielt abends laute Rapmusik.
4. Heute Abend in der Mensa gibt es Pizza zum Abendessen.
5. Bald haben wir Ferien.
6. Morgen kommen viele Verwandte zu Besuch.

Informationen, die Sie nicht über Ihr Telefon bekommen

Frankfurter Allgemeine

22 **Partnerarbeit: Was war das Tollste, was du je gemacht hast?** Below are cues for asking each other questions such as, "What's the greatest thing you've ever done?" Take turns asking each other the questions.

> BEISPIEL: toll / machen
> A: Was war das Tollste, was du je gemacht hast?
> B: Ich habe 1989 auf der Berliner Mauer gesessen.

1. schwierig / machen
2. schön / sehen
3. gefährlich / machen
4. dumm / sagen

5. erstaunlich / hören
6. gut / essen
7. interessant / lesen
8. toll / bekommen

3. The verb *lassen*

The verb **lassen** has several meanings in German:

- *to leave* (*something or someone*), *leave behind*

Lassen Sie uns bitte allein.	*Please leave us alone.*
Hast du deinen Mantel im Restaurant **gelassen**?	*Did you leave your coat in the restaurant?*

- *to allow, let:* **lassen** + *infinitive*

Man **lässt** uns **gehen**.	*They're letting us leave.*
Lass doch die Kinder **spielen**!	*Let the children play!*

- *to have or order something done:* **lassen** + *infinitive*

In the following sentences **lassen** shows that the subject is not performing an action, but rather having it done by someone else.

Sie **lässt** ihren Wagen **reparieren**.	*She's having her car fixed.*

The accusative case shows who performs the action:

Sie lässt **den Mechaniker** ihren Wagen reparieren.	*She's having the mechanic fix her car.*

A dative reflexive pronoun shows explicitly that one is having something done for one's own benefit.

Ich lasse **mir** ein Haus bauen.	*I'm having a house built (for myself).*

When **lassen** is used with a dependent infinitive, it takes the double infinitive construction in the perfect tense. The structure is parallel to that of the modal verbs (see page 197).

double infinitive
Die Beamtin hat mich nicht **reden lassen**.
The official didn't let me speak.

double infinitive
Ich habe den Wagen **reparieren lassen**.
I had my car repaired.

Lab Manual Kap. 12, Var. zu Üb. 23, 25.

Workbook Kap. 12, L, M.

23 Übung: Warum ist das nicht hier?   Sagen Sie, wo Sie diese Menschen oder Dinge gelassen haben. Rechts gibt es einige Möglichkeiten, aber Sie können auch frei antworten.

> BEISPIEL: Warum haben Sie heute keine Jacke?
> Ich habe sie zu Hause gelassen.

1. Warum sind Ihre Kinder nicht hier?	in der Schweiz
2. Warum tragen Sie heute keine Brille (*glasses*)?	im Rucksack
3. Warum haben Sie Ihr Referat nicht mit?	bei der Großmutter
4. Warum haben sie Ihren Ausweis nicht mit?	auf dem Bett
5. Warum haben Sie Ihren Wagen nicht mit?	zu Hause
6. Warum ist Ihre Tochter nicht hier?	in der Manteltasche

24 Partnerarbeit: Wo hast du das gelassen?   Hat Ihre Partnerin heute etwas nicht mitgebracht? Fragen Sie sie, wo sie es gelassen hat.

> BEISPIEL: A: Wo hast du heute deine grüne Jacke gelassen?
> B: Ich habe sie im Zimmer gelassen.

25 Übung: Er hat es machen lassen.   Manchmal will man etwas nicht selber machen, sondern man will es lieber machen lassen. Was haben diese Leute machen lassen?

> BEISPIEL: Hat Fritz das Mittagessen selber gekocht?
> Nein, er hat es kochen lassen.

1. Hat Herr von Hippel sein Haus selber gebaut?
2. Hat Frau Beck ihren Wagen selber repariert?
3. Hat Oma ihren Koffer selbst getragen?
4. Hat deine Freundin sich die Haare selber geschnitten?
5. Hat Frau Schwarzer den Brief selbst abgeschickt (*sent off*)?
6. Hat Günter das Referat selbst geschrieben?
7. Hat Robert seine Schuhe selber geputzt (*cleaned*)?

Info-Austausch

Partner B's information is found in Appendix 1.

26 Du kannst das selber machen.   Arbeiten Sie mit einem Partner/einer Partnerin zusammen. Sagen Sie, er/sie soll etwas machen lassen, oder sagen Sie, er/sie soll es selber tun.

> BEISPIEL: A: Mein CD-Spieler ist kaputt.
> B: Du sollst ihn reparieren lassen. Ich möchte Kaffee trinken.
> A: Du kannst ihn selber kochen.

Partner A:

Mein CD-Spieler ist kaputt.	
	selber kochen
Meine Haare sind jetzt zu lang.	
	das Mittagessen selber machen
Ich will mein Referat nicht selber tippen (*type*).	
	selber einkaufen gehen
Mein Auto ist schmutzig.	

German equivalents for *to leave*

The equivalent you choose for the English verb *to leave* depends on whether it means *to go away* (intransitive) or *to leave something behind* (transitive), and also on what or whom you are leaving.

- Intransitive: **gehen**, **weggehen**, **abfahren** (= *leave by vehicle*)

Ich muss jetzt **gehen**.	*I have to leave now.*
Er **ging weg**, ohne etwas zu sagen.	*He left without saying anything.*
Um elf **fuhr** sie mit dem Zug **ab**.	*She left by train at eleven.*

- Transitive: **lassen** (= *leave something somewhere*); **verlassen** (= *leave a person or place for good*)

Ich habe meine Tasche zu Hause **gelassen**.	*I left my bag at home.*
Viele wollten ihre Heimat nicht **verlassen**.	*Many did not want to leave their homeland.*

27 Übung: Wie sagt man das auf Deutsch?

1. Jörg left the house at seven.
2. Jörg left at seven.
3. Jörg's train left at seven.
4. Jörg left his book in the Mensa.
5. Jörg, please leave the room.
6. Jörg left his car in front of the hotel.
7. Jörg wants to leave school.

Gestern Nachmittag haben wir das Baby bei Oma gelassen.

4. Time phrases with *Mal*

The English word *time* has two German equivalents, **die Zeit** and **das Mal**.

- **Zeit** denotes time in general.

  Ich brauche mehr **Zeit**.   *I need more time.*

- **Mal** denotes an occurrence.

Wie viele Male = Wie oft

  Das erste **Mal** habe ich das Buch   *I didn't understand the book the*
  nicht verstanden.   *first time.*
  Wie viele **Male** hast du es   *How many times did you read it?*
  gelesen?

Learn the following idioms with **Mal**.

das erste Mal	*the first time*	**diesmal**	*this time*
zum ersten Mal	*for the first time*	**jedes Mal**	*every time*
zum zweiten Mal	*for the second time*	**das nächste Mal**	*(the) next time*
zum letzten Mal	*for the last time*		

NOTE ON USAGE

Saying how often things happen is a communicative goal.

The suffix *-mal*

Note that **-mal** added as a suffix to cardinal numbers forms adverbs indicating repetition.

einmal	*once*
zweimal	*twice*
zwanzigmal	*twenty times*
hundertmal	*a hundred times*
zigmal	*umpteen times*

Workbook Kap. 12, N.

28 **Übung: Wie oft haben Sie das schon gemacht?**   Fragen Sie einander, wie oft Sie etwas schon gemacht haben.

BEISPIEL: A: John, wie oft hast du schon dein Lieblingsbuch gelesen?
            B: Ich habe es schon viermal gelesen.

1. Wie oft hast du schon deinen Wagen reparieren lassen?
2. Wie oft bist du dieses Jahr schon nach Hause gefahren?
3. Wie oft bist du dieses Semester schon ins Kino gegangen?
4. Wie oft hast du dieses Semester schon Referate schreiben müssen?
5. Wie oft hast du dieses Semester schon deinen besten Freund angerufen?
6. Wie oft bist du schon am Wochenende weggefahren?

29 **Übung: Wie sagt man das auf Deutsch?**

1. Please give me more time.
   Unfortunately, I don't have more time for you.

2. I'm trying it for the first time.
   The next time it's easier.

3. I need time and money.
   You say that every time.

30 **Gruppenarbeit: Was haben Sie zum ersten Mal hier erlebt?** Wenn man Student wird, erlebt (*experiences*) und lernt man viel Neues. Sagen Sie, was Sie hier an der Uni oder am College zum ersten Mal getan, erlebt, gelernt, gesehen, angefangen oder versucht haben.

> BEISPIEL: Ich habe *zum ersten Mal* etwas über Astronomie gelernt.
> Ich habe *zum ersten Mal* über Politik diskutiert.

5. Parts of the day

German divides up the day in the following way:

Proverb: **Morgenstund' hat Gold im Mund** (*The early bird catches the worm*).

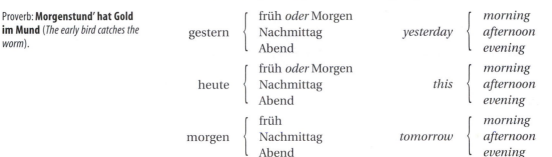

gestern	früh *oder* Morgen Nachmittag Abend	yesterday	*morning* *afternoon* *evening*
heute	früh *oder* Morgen Nachmittag Abend	this	*morning* *afternoon* *evening*
morgen	früh Nachmittag Abend	tomorrow	*morning* *afternoon* *evening*

In addition, remember:

Workbook Kap. 12, 0.

31 **Übung: Gestern, heute und morgen** Fragen Sie einander, wann Sie verschiedene Dinge zum letzten Mal gemacht haben.

> BEISPIEL: A: Wann hast du zum letzten Mal Kaffee getrunken?
> B: Gestern Abend. (*oder*) Heute früh.

1. Wann hast du zum letzten Mal mit deinem besten Freund geredet?
2. Wann bist du zum letzten Mal einkaufen gegangen?
3. Wann hast du zum letzten Mal Hausaufgaben gemacht?
4. Wann bist du zum letzten Mal ins Kino gegangen?
5. Wann hast du zum letzten Mal telefoniert?

Jetzt fragen Sie, wann Sie verschiedene Dinge das nächste Mal machen.

6. Wann besuchst du das nächste Mal deine Eltern?
7. Wann gehst du das nächste Mal ins Konzert?
8. Wann gehst du das nächste Mal ins Museum?
9. Wann fährst du das nächste Mal Rad?
10. Wann triffst du das nächste Mal deine Freunde?

Lab Manual Kap. 12, Üb. zur Betonung.

Tipps zum Lesen und Lernen

Tipps zum Vokabelnlernen

The prefix *irgend-*   With question words like **wo**, **wie**, and **wann**, the prefix **irgend-** creates indefinite adverbs as does the English word *some* in *somewhere, somehow, sometime,* etc.

irgendwo	*somewhere (or other), anywhere*
irgendwie	*somehow (or other)*
irgendwann	*sometime (or other), any time*

Similarly:
irgendwer
(= **irgendjemand**),
irgendwas
(= **irgendetwas**),
irgendwohin,
irgendwoher.

Hast du meine Zeitung **irgendwo** gesehen?

Have you seen my newspaper anywhere?

Kommen Sie **irgendwann** vorbei?

Will you come by sometime?

Meinen Schlüssel habe ich **irgendwie** verloren.

Somehow or other I've lost my key.

Im Lesetext für dieses Kapitel schreibt Anna Seghers:

Der Dom hat die Luftangriffe … **irgendwie** überstanden.

The cathedral survived the air raids somehow or other.

Einstieg in den Text

Like the poems in **Lyrik zum Vorlesen**, the following reading, "Zwei Denkmäler" by Anna Seghers, was written not for students learning German but rather for an audience of German speakers. Nonetheless, you have now learned enough German to read an authentic text with a little help from marginal glosses.

"Zwei Denkmäler" is not a story, but rather an essay *about* a story that Seghers never finished but could not "get out of her head" (**Das geht mir heute nicht aus dem Kopf**). She focuses on two monuments (**Denkmäler**)—one of grand cultural significance, the other of individual suffering.

Now that you have learned how relative clauses work in German, you will notice how frequent they are in expository prose like "Zwei Denkmäler." During your first reading of the text, be on the lookout for the eight relative clauses it contains. On a separate piece of paper, list each antecedent and relative clause. Here is the first one:

1. … eine Erzählung, die der Krieg unterbrochen hat. (… *a story that the war interrupted.*)
2. _____
3. _____
etc.

Friedrich der Große, König von Preußen (Prussia), 1712–1786

Verben

holen to fetch, get
**vergleichen, verglich, hat
   verglichen** to compare
**wieder sehen (sieht wieder), sah
   wieder, hat wieder gesehen** to
   see again, meet again

On the telephone one says **auf Wiederhören**.

Substantive

der **Stein, -e** stone
das **Denkmal, ¨er** monument
das **Schiff, -e** ship

die **Erde** earth
die **Erzählung, -en** story, narrative
die **Freude, -n** joy
die **Größe, -n** size; greatness
die **Milch** milk

Adjektive und Adverbien

einzig- single, only
fern distant, far away

grausam terrible, gruesome;
   cruel
jüdisch Jewish

Nützliche Ausdrücke

Das geht mir nicht aus dem Kopf.
   = Das kann ich nicht vergessen.
werden aus to become of
   Was ist aus ihnen geworden?
      What has become of them?

Zwei Denkmäler

Anna Seghers

Lab Manual Kap. 12,
Lesestück.

*Anna Seghers is the pseudonym of Netty Reiling, who was born in Mainz in 1900. She
studied art history and sinology. Because of her membership in the Communist Party,
she was forced to flee Germany in 1933. She sought asylum in France and Mexico.
Much of her writing in exile reflects the turbulent existence of a refugee and committed
antifascist. In 1947 she moved to the GDR, where she died in 1983.*

*The opening sentence of Seghers's essay establishes the historical context of an exile
from Hitler's Germany, writing during World War II about the horrors of World War I.
The writer addresses loss on many levels: of human life during wartime, of a literary
manuscript, and of the memory of one woman's sacrifice. She suggests, however, that in
the story she wanted to write, Frau Eppstein's daughter would have preserved that
memory.*

In der Emigration° begann ich eine Erzählung, die der Krieg unterbrochen hat. Ihr
Anfang ist mir noch in Erinnerung geblieben. Nicht Wort für Wort, aber dem Sinn
nach°. Was mich damals erregt° hat, geht mir auch heute nicht aus dem Kopf. Ich
erinnere mich an eine Erinnerung.

5   In meiner Heimat, in Mainz am Rhein, gab es zwei Denkmäler, die ich niemals°
vergessen konnte, in Freude und Angst, auf Schiffen, in fernen Städten. Eins° ist der
Dom. Wie ich als Schulkind zu meinem Erstaunen° sah, ist er auf Pfeilern° gebaut, die
tief in die Erde hineingehen° – damals kam es mir vor°, beinahe° so hoch wie der
Dom hochragt°. Ihre Risse sind auszementiert worden° sagte man, in vergangener°
10   Zeit, da, wo das Grundwasser Unheil stiftete°. Ich weiß nicht, ob das stimmt, was uns
ein Lehrer erzählte: Die romanischen[1] und gotischen[2] Pfeiler seien haltbarer° als die
jüngeren.

here: in exile

*dem ... = the sense of it /
   excited*

niemals = nie
one of them
astonishment / pillars
*go into / kam ... = it seemed
   to me / = fast / looms up /
   Risse ... = cracks have
   been patched / past /
   Grundwasser ... =
   groundwater caused
   damage / seien ... = were
   more durable*

---

[1] **romanisch:** Romanesque style (mid–11th to mid–12th century), characterized by round arches
and vaults.
[2] **gotisch:** Gothic style (mid–12th to mid–16th century), characterized by pointed arches and
vaults.

Berlin um 1900

Reading an authentic German literary text is the cultural goal of this chapter.

Dieser Dom über der Rheinebene° wäre mir in all seiner Macht und Größe geblieben°, wenn ich ihn auch nie wieder gesehen hätte°. Aber ebensowenig° kann
15 ich ein anderes Denkmal in meiner Heimatstadt vergessen. Es bestand nur aus° einem einzigen flachen Stein, den man in das Pflaster° einer Straße gesetzt hat. Hieß die Straße Bonifaziusstraße? Hieß sie Frauenlobstraße? Das weiß ich nicht mehr. Ich weiß nur, dass der Stein zum Gedächtnis° einer Frau eingefügt wurde°, die im Ersten Weltkrieg durch Bombensplitter umkam°, als sie Milch für ihr Kind holen wollte.
20 Wenn ich mich recht erinnere, war sie die Frau des jüdischen Weinhändlers° Eppstein. Menschenfresserisch°, grausam war der Erste Weltkrieg, man begann aber erst an seinem Ende mit Luftangriffen° auf Städte und Menschen. Darum hat man zum Gedächtnis der Frau den Stein eingesetzt, flach wie das Pflaster, und ihren Namen eingraviert°.
25 Der Dom hat die Luftangriffe des Zweiten Weltkriegs irgendwie überstanden°, wie auch° die Stadt zerstört worden ist°. Er ragt° über Fluss und Ebene. Ob der kleine flache Gedenkstein° noch da ist, das weiß ich nicht. Bei meinen Besuchen habe ich ihn nicht mehr gefunden.

In der Erzählung, die ich vor dem Zweiten Weltkrieg zu schreiben begann und im
30 Krieg verlor, ist die Rede von° dem Kind, dem die Mutter Milch holen wollte, aber nicht heimbringen° konnte. Ich hatte die Absicht°, in dem Buch zu erzählen, was aus diesem Mädchen geworden ist.

Rhine plain / **wäre geblieben** = *would have remained* / **wenn ...** = *even if I had never seen it again* / *no less* / *consisted of only* / *pavement*

in memory of / *had been set in*
durch ... = *was killed by shrapnel* / *wine merchant*
cannibalistic
air raids

engraved
survived
obwohl / **zerstört ...** = *was destroyed* / *looms* / *commemorative stone*

ist ... = *the story is about*
= **nach Hause bringen** / *intention*

NACH DEM LESEN

Lab Manual Kap. 12, Diktat.

Johann Gutenberg (born and died in Mainz, c. 1400–1468), was chosen Man of the Millennium by an international panel of scholars because of the vast importance of his invention of movable type.

A **Antworten Sie auf Deutsch.**

1. Was hat Anna Seghers' Erzählung unterbrochen?
2. Welche Stadt war Anna Seghers' Heimatstadt?
3. Was konnte sie nie vergessen?
4. Über welche Denkmäler schreibt sie?
5. Vergleichen Sie diese zwei Denkmäler.
6. An wen sollte der Stein erinnern?
7. Hat Anna Seghers den Stein wieder gefunden?
8. Wann begann sie die Erzählung zu schreiben?
9. Was wollte sie erzählen?

GUTENBERG-MUSEUM
Liebfrauenplatz 5
55116 Mainz
Tel.: 06131-122640/44

Eintritt DM 5.--

Nº 62966

B Gruppendiskussion: Wo haben Sie als Kind gelebt? Leben Sie noch in der Stadt, wo Sie geboren sind, oder sind Sie umgezogen? Gefällt es Ihnen besser, wo Sie jetzt wohnen? Besuchen Sie manchmal Ihren Geburtsort? Was wollen Sie dort sehen? Was hat sich dort geändert?

SCHREIBTIPP

Creative writing in German

The writing assignment below asks you to expand on Anna Segher's essay by inventing either the beginning or the end of the story about Frau Eppstein and her daughter. This would be the story that Seghers planned but never wrote. You are thus being asked to invent characters only suggested by Seghers. Keep the following things in mind while writing:

- If you write the beginning of the story, you will focus on the mother. Imagine her distress in this extreme situation.
- If you write the end of the story, imagine what happened to the daughter in subsequent years and how the experience of losing her mother at an early age affected her life.
- Narrate in the simple past tense.
- Consult a good English-German dictionary for vocabulary you need.
- Confine yourself to familiar grammatical structures.
- Try using some new structures you learned in this chapter, such as relative clauses and adjectives in the comparative or superlative degree.

▶ Schreiben wir mal.

Talking about memories is a communicative goal.

1. Schreiben Sie über eine wichtige Erinnerung aus Ihrer Kindheit. Gibt es z.B. einen besonderen Menschen, an den Sie sich erinnern? Oder einen Lieblingsort oder ein Gebäude, wo Sie gewohnt haben oder Zeit verbracht haben? Warum geht es Ihnen nicht aus dem Kopf?

2. Anna Seghers hat eine Erzählung über das Mädchen begonnen, dessen Mutter im Ersten Weltkrieg Milch holen wollte, aber sie hat diese Erzählung nie zu Ende geschrieben. Wie würden Sie diese Geschichte erzählen? Schreiben Sie entweder den Anfang oder das Ende der Erzählung aus der Perspektive der Tochter.
   a. Wie würde die Geschichte anfangen?
   b. Schreiben Sie das Ende der Geschichte. Was ist aus dem Mädchen geworden?

C Wie sagt man das auf Deutsch?

1. Can you repair your car yourself?
2. No, I never learned that. I always have it repaired.
3. A German I know is the best mechanic in the city.

4. Are German trains really more punctual than American trains?
5. Yes, but French trains are the fastest.

6. Have you heard the newest gossip?
7. Not yet. What's going on?
8. Rita went away with the richest guy in the office.
9. She left poor Rudi, who was always short of cash.

 With this chapter you have completed the third quarter of *Neue Horizonte*. For a concise review of the grammar and idiomatic phrases in chapters 9–12, you may consult the **Zusammenfassung und Wiederholung 3** (*Summary and Review 3*) of your Workbook. The review section is followed by a self-correcting test.

Almanach

DENKMÄLER

Jedes Volk baut sich Denkmäler, die an wichtige historische Personen und Ereignisse (*events*) in seiner Geschichte erinnern. Unten sehen Sie Fotos von Denkmälern aus den deutschsprachigen Ländern. Sind Ihnen einige dieser Menschen und Ereignisse schon bekannt?

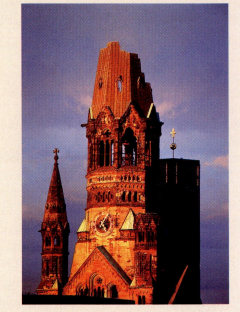

Kaiser Wilhelm-Gedächtniskirche (Berlin)

1891–1895 als Kaiser Wilhelm-Kirche gebaut. Im November 1943 durch Bomben zerstört. Zur Erinnerung an den Krieg als Ruine stehen gelassen.

Mozarts Geburtshaus (Salzburg)

Hier wurde der große Komponist 1756 geboren.

Reste (*remains*) **der Berliner Mauer**

Zur Erinnerung an die Teilung Deutschlands stehen gelassen.

Martin Luther-Denkmal (Wittenberg)

An der Universität in Wittenberg war Luther (1483–1546) Student und Professor.

Goethe-Schiller-Denkmal (Weimar)

In Weimar haben die zwei großen Schriftsteller Johann Wolfgang von Goethe (1749–1832) und Friedrich von Schiller (1759–1805) gewohnt und zusammen gearbeitet.

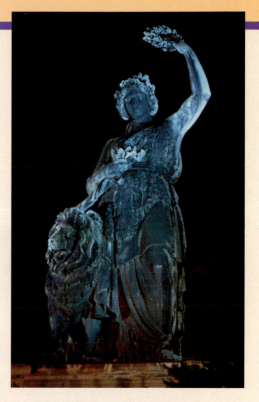

Bavaria (München)

Allegorisches Symbol für das Bundesland Bayern. Die Bavaria ist in ein Bärenfell (*bearskin*) gekleidet und trägt einen Eichenkranz (*oak wreath*) in der Hand. Neben ihr steht ein Löwe (*lion*), das bayerische Wappentier (*heraldic animal*).

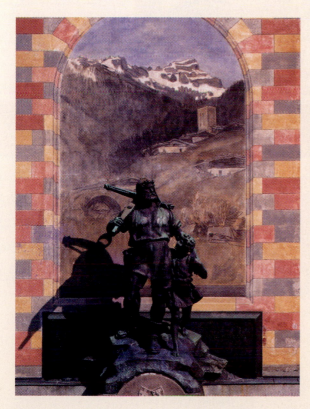

Stolpersteine (Köln)

Die Kölner Stolpersteine (*"stumbling blocks"*) erinnern an Kölner Juden (*Jews*), die im Holocaust gestorben sind.

Wilhelm Tell-Denkmal (Altdorf, Kanton Uri)

Der legendäre Schweizer Patriot aus dem 13. Jahrhundert.

Zürich

KAPITEL 13

Die Schweiz

Kommunikation
- Talking about the future
- Introducing yourself and others
- Telling people you'd like them to do something

Kultur
- The culture and history of Switzerland

In diesem Kapitel
- **Lyrik zum Vorlesen**
  Eugen Gomringer, „nachwort"
- **Grammatik**
  Verbs with prepositional complements
  Pronouns as objects of prepositions: **da-** and **wo-** compounds
  Future tense
  Wanting *X* to do *Y*
- **Lesestück**
  Zwei Schweizer stellen ihre Heimat vor
- **Almanach**
  Profile of Switzerland

DIALOGE

Lab Manual Kap. 13, Dialoge, Fragen, Hören Sie gut zu!

Ski is pronounced (and alternatively spelled) **Schi**. Note the colloquial contraction **vorm = vor dem**.

Video Workbook
7. Fährst du mit in die Schweiz?

Cities in German-speaking countries have information offices or booths in airports, train stations, and in the center of town. You are guided to them by signs with a lower-case "i." These offices supply maps, brochures, hotel and theater bookings, and other useful tips.

Skifahren in der Schweiz

Kurz vor dem Semesterende sprechen zwei Studentinnen über ihre Ferienpläne.

BRIGITTE: Ich freue mich sehr auf die Semesterferien!

JOHANNA: Hast du vor wieder Ski zu fahren?

BRIGITTE: Ja, ich werde zwei Wochen in der Schweiz verbringen. Morgen früh flieg' ich nach Zürich.

JOHANNA: Da bin ich ja ganz baff! Früher hast du doch immer Angst vorm Fliegen gehabt!

BRIGITTE: Stimmt, aber ich habe mich einfach daran gewöhnt.

In der WG: Bei Nina ist es unordentlich.

UTE: Nina, hör mal zu, wann wirst du deine Sachen endlich aufräumen?

NINA: Das mach' ich gleich. Seid mir nicht böse – ich musste mich heute Morgen wahnsinnig beeilen.

LUTZ: Ja, das sagst du immer. Jetzt haben wir aber die Nase voll. Alle müssen doch mitmachen.

NINA: Ihr habt Recht. Von jetzt an werde ich mich mehr um die Wohnung kümmern.

Am Informationsschalter in Basel

TOURIST: Entschuldigung. Darf ich Sie um Auskunft bitten?

BEAMTIN: Gerne. Wie kann ich Ihnen helfen?

TOURIST: Ich bin nur einen Tag in Basel und kenne mich hier nicht aus. Was können Sie mir empfehlen?

BEAMTIN: Es kommt darauf an, was Sie sehen wollen. Das Kunstmuseum lohnt sich besonders. Wenn Sie sich für das Mittelalter interessieren, dürfen Sie die neue Ausstellung nicht verpassen.

TOURIST: Das interessiert mich aber sehr. Wie komme ich denn dahin?

BEAMTIN: Direkt vor dem Bahnhof ist die Haltestelle. Dort müssen Sie in die Straßenbahnlinie 2 einsteigen. Am Museum steigen Sie dann aus.

TOURIST: Darf ich auch einen Stadtplan mitnehmen?

BEAMTIN: Selbstverständlich.

TOURIST: Vielen Dank für Ihre Hilfe.

BEAMTIN: Bitte sehr.

NOTE ON USAGE

Nicht dürfen

The equivalent for English *must not* is **nicht dürfen**.

Die Ausstellung dürfen Sie nicht verpassen.   *You mustn't (really shouldn't) miss the exhibit.*

Verben

Angst haben vor (+ *dat.*) to be afraid of

auf·räumen to tidy up, straighten up

sich aus·kennen to know one's way around

Ich kenne mich hier nicht aus. I don't know my way around here.

bitten, bat, hat gebeten um to ask for, request

sich freuen auf (+ *acc.*) to look forward to

sich gewöhnen an (+ *acc.*) to get used to

interessieren to interest

sich interessieren für to be interested in

sich kümmern um to look after, take care of; to deal with

sich lohnen to be worthwhile, worth the trouble

mit·nehmen (nimmt mit), nahm mit, hat mitgenommen to take along

Ski fahren (fährt Ski), fuhr Ski, ist Ski gefahren to ski

verpassen to miss (*an event, opportunity, train, etc.*)

sich vor·bereiten auf (+ *acc.*) to prepare for

vor·haben to plan, have in mind

warten auf (+ *acc.*) to wait for

zu·hören (+ *dat.*) to listen (to)

Hören Sie gut zu! Listen carefully.

Hör mir zu. Listen to me.

Substantive

der Schalter, - counter, window

das Mittelalter the Middle Ages

die Auskunft information

die Haltestelle, -n (streetcar or bus) stop

die Hilfe help

die Linie, -n (streetcar or bus) line

die Straßenbahn, -en streetcar

Adjektive und Adverbien

böse (+ *dat.*) angry, mad (at); bad, evil

Sei mir nicht böse. Don't be mad at me.

direkt direct(ly)

unordentlich disorderly, messy

Nützliche Ausdrücke

von jetzt an from now on

Es kommt darauf an. It depends.

Es kommt darauf an, was Sie sehen wollen. It depends on what you want to see.

Wie komme ich dahin? How do I get there?

Gegensätze

böse ≠ gut evil ≠ good

sich interessieren ≠ sich langweilen to be interested ≠ to be bored

unordentlich ≠ ordentlich disorderly, messy ≠ orderly, neat

Mit anderen Worten

baff sein (*colloq.*) = **sehr staunen, sprachlos sein**

unordentlich = schlampig (*colloq.*)

Die Museen in Basel

Skiing in Switzerland

Shortly before the end of the semester, two students are talking about their vacation plans.

B: I'm really looking forward to the semester break!

J: Do you plan to go skiing again?

B: Yes, I'll spend two weeks in Switzerland. Tomorrow morning I fly to Zürich.

J: I'm flabbergasted! Before, you were always afraid of flying!

B: True, but I've simply gotten used to it.

In the Group Apartment: Nina's Place is Messy

U: Listen, Nina, when are you finally going to straighten up your things?

N: I'll do it right away. Don't be mad at me—I was in a big rush this morning.

L: Yeah, you always say that. Now we're really fed up. Everybody has to pitch in.

N: You're right. From now on I'll take more care of the apartment.

At the Information Window in Basel

T: Excuse me. May I ask you for information?

O: Sure. How can I help you?

T: I'm only in Basel for a day, and I don't know my way around here. What can you recommend to me?

O: It depends on what you want to see. The art museum is especially worthwhile. If you're interested in the Middle Ages, you mustn't miss the new exhibit.

T: That interests me a lot. How do I get there?

O: Right in front of the station is the streetcar stop. You have to get the number 2 streetcar. Then get off at the museum.

T: May I take a city map too?

O: Of course.

T: Many thanks for your help.

O: You're welcome.

Variationen

A Persönliche Fragen

1. Brigitte freut sich auf die Semesterferien. Freuen Sie sich auf etwas?
2. Sie hat vor Ski zu fahren. Was haben Sie am Wochenende vor?
3. Fahren Sie in den Semesterferien irgendwohin?
4. Bei Nina sieht's schlampig aus. Wie sieht es bei Ihnen im Zimmer aus?
5. Die anderen in der WG sind Nina böse, weil sie nicht aufräumt. Wann werden Sie böse?
6. Der Tourist kennt sich in Basel nicht aus, aber zu Hause kennt er sich natürlich sehr gut aus. In welcher Stadt kennen Sie sich besonders gut aus?
7. Der Tourist interessiert sich für das Mittelalter. Wann war denn das Mittelalter?
8. Der Tourist will die Ausstellung nicht verpassen. Haben Sie je etwas Gutes verpasst? Was denn?
9. Was machen Sie, wenn Sie sich in einer fremden Stadt nicht auskennen?

B Übung: Wie sagt man das mit anderen Worten?

1. Wenn man sehr wenig Geld hat, ist man _____.
2. Wenn man zu viel von etwas gehabt hat, sagt man: „Ich habe _____ voll."
3. Jemand, der besonders müde ist, nennt man _____.
4. Wenn Sie sich bei einer Vorlesung sehr gelangweilt haben, dann haben Sie sie _____ gefunden.
5. Etwas, was sehr groß ist, kann man auch _____ nennen.
6. Ein anderes Wort für *dumm* ist _____.

C **Übung: Es kommt darauf an. (*It depends.*)** Ihr Professor spielt die Rolle eines Freundes, dem Sie verschiedene Dinge empfehlen sollen. Sie sagen ihm jedes Mal, es kommt darauf an.

> BEISPIEL: Können Sie mir etwas *in der Stadt* empfehlen?
> Es kommt darauf an, *was Sie sehen wollen.*

1. etwas auf der Speisekarte
2. ein gutes Buch
3. eine neue CD
4. ein Reiseziel
5. ein ruhiges Hotel
6. einen guten Wein
7. einen guten Computer
8. einen neuen Beruf

D **Rollenspiel: Am Informationsschalter** (*Gruppen von 3 Studenten*)   Zwei von Ihnen sind Touristen und kennen sich in dieser Stadt nicht aus. Der/die Dritte arbeitet am Infoschalter und gibt Auskunft. Vergessen Sie nicht „Sie" zueinander zu sagen. Fangen Sie so an:

> TOURISTEN: Entschuldigung, dürfen wir Sie um Auskunft bitten?
> BEAMTER/BEAMTIN: Gerne. Wie kann ich Ihnen helfen?

LYRIK ZUM VORLESEN

Eugen Gomringer was born to Swiss parents in Bolivia. True to his typically polyglot Swiss background, he has written poems in German, Swiss-German dialect, French, English, and Spanish. Gomringer is a leading exponent of concrete poetry (**konkrete Poesie**), which rejects metaphor, radically simplifies syntax, and considers the printed page a visual as much as a linguistic experience. The following poem consists entirely of nouns followed by relative clauses in strict parallelism. Readers must work out the interrelationships for themselves. Pay particular attention to the verb tenses as you read this poem aloud.

 Lab Manual Kap. 13, Lyrik zum Vorlesen.

nachwort°	*afterword*
das dorf°, das ich nachts hörte	*village*
der wald, in dem ich schlief	
das land, das ich überflog°	*flew across*
die stadt, in der ich wohnte	
das haus, das den freunden gehörte	
die frau, die ich kannte	
das bild, das mich wach hielt°	*kept awake*
der klang°, der mir gefiel	*sound*
das buch, in dem ich las	
der stein, den ich fand	
der mann, den ich verstand	
das kind, das ich lehrte°	*taught*
der baum, den ich blühen° sah	*blooming*
das tier, das ich fürchtete	
die sprache, die ich spreche	
die schrift°, die ich schreibe	*writing*

Eugen Gomringer (geboren 1925)

1. Verbs with prepositional complements

Many verbs use a prepositional phrase to complete, expand, or change their meaning. Such phrases are called *prepositional complements*.

Ich spreche.	*I'm speaking.*
Ich spreche **mit ihm**.	*I'm speaking **with him**.*
Ich spreche **gegen ihn**.	*I'm speaking **against him**.*

In the examples above, English and German happen to use parallel prepositions. In many cases, however, they do not. For example:

Er wartet **auf** seinen Bruder.	*He's waiting **for** his brother.*
Sie bittet **um** Geld.	*She's asking **for** money.*

For this reason, you must learn the verb and the preposition used with it *together*. For instance, you should learn **bitten (bat, hat gebeten) um**, *to ask for*. Here is a list of the verbs with prepositional complements that you have already learned in this and previous chapters.

Sometimes the complete verbal idea also involves a noun, as in **Angst haben vor**. Notice that most equivalent English verbs also have prepositional complements (*to look forward to*, *to wait for*), but some do not (*to remember*, *to request*).

- **Angst haben vor** (+ *dat.*)   *to be afraid of*

Hast du Angst vorm Fliegen?	*Are you afraid of flying?*

- **bitten um**   *to ask for, request*

Sie bat mich um Geld.	*She asked me for money.*

- **erinnern an** (+ *acc.*)   *to remind of*

Das erinnert mich an etwas Wichtiges.	*That reminds me of something important.*

- **sich erinnern an** (+ *acc.*)   *to remember*

Sie hat sich an meinen Geburtstag erinnert.	*She remembered my birthday.*

- **sich freuen auf** (+ *acc.*)   *to look forward to*

Ich freue mich auf die Ferien!	*I'm looking forward to the vacation!*

- **sich gewöhnen an** (+ *acc.*)   *to get used to*

Sie konnte sich nicht an das kalte Wetter gewöhnen.	*She couldn't get used to the cold weather.*

- **sich interessieren für**   *to be interested in*

Interessieren Sie sich für moderne Kunst?	*Are you interested in modern art?*

- **sich kümmern um**   *to look after, take care of; to deal with*

Ich werde mich mehr um die Wohnung kümmern.	*I'll take more care of the apartment.*

- **sprechen (schreiben, lesen, lachen usw.) über** (+ *acc.*)   *to talk (write, read, laugh, etc.) about*

  Er hat über seine Heimat gesprochen. | *He talked about his home.*

- **sich verloben mit**   *to get engaged to*

  Rita hat sich mit Rudi verlobt. | *Rita got engaged to Rudi.*

- **sich vor·bereiten auf** (+ *acc.*)   *to prepare for*

  Wir haben uns auf seinen Besuch gut vorbereitet. | *We prepared well for his visit.*

- **warten auf** (+ *acc.*)   *to wait for*

  Auf wen warten Sie denn? | *Whom are you waiting for?*

Notice: Perfect tense of **sich vorbereiten** is **hat sich vorbereitet** (no **-ge-**).

Notes on verbs with prepositional complements

1. When a prepositional phrase is a verbal complement, it constitutes the second part of the predicate (see p. 74) and therefore comes at the end of the sentence or clause.

   Sie **schrieb** mir letzte Woche **über ihre neue Stelle**. | *She wrote me about her new job last week.*

2. When the preposition used with a verb is a two-way preposition, you must memorize the verb, the preposition, and the case it takes (dative or accusative). Don't just learn **warten auf**, *to wait for*, but rather **warten auf** + *accusative, to wait for.*

3. The two-way prepositions **auf** and **über** almost always take the accusative case when used as verbal complements in a non-spatial sense.

   Spatial

   Er wartet auf **der** Straße.
   He's waiting on the street.

   Das Bild hängt über **meiner** Tür.
   The picture hangs above my door.

   Non-spatial

   Er wartet auf **die** Lehrerin.
   He's waiting for the teacher.

   Ich sprach über **meine** Heimat.
   I talked about my homeland.

Erstbesteigung (*first ascent*) des Matterhorns (4.478 m) im Jahre 1865

4. Some verbs have both a direct object *and* a prepositional complement.

d.o.   *prep. compl.*

Er bittet die **Beamtin um Auskunft**.   *He asks the official for information.*

d.o.   *prep. compl.*

Das erinnert **mich an meine Heimat**.   *That reminds me of my homeland.*

5. Be careful not to confuse prepositional complements (**erinnern *an***) and separable prefixes (***an*kommen**). Although separable prefixes sometimes look like prepositions, they are not, because they have no object.

Prepositional complement   **Separable prefix**

object

Er erinnert mich **an meinen Bruder**.   Der Zug kommt um 9 Uhr **an**.

object

Wartest du **auf mich**?   Wann stehst du **auf**?

FRAGEWÖRTER

To ask a question using a verb with a prepositional complement, German forms a question word by attaching the prefix **wo-** to the preposition: **wo-** + **vor** = **wovor**. (If the preposition begins with a vowel, the prefix is **wor-**: **wor-** + **auf** = **worauf**.)

Wovor hast du Angst?   *What* are you afraid *of*?
Worauf wartest du denn?   *What* are you waiting *for*?
Wofür interessieren Sie sich?   *What* are you interested *in*?

Lab Manual Kap. 13, Var. zu Üb. 1–4, 5, 6.

Workbook Kap. 13, A, B.

1 **Kettenreaktion: Wovor hast *du* denn Angst?**   Jeder hat manchmal Angst. Es gibt viele Sachen, vor denen man Angst haben kann. Sagen Sie, wovor Sie Angst haben, und fragen Sie dann weiter. Die Liste gibt Ihnen einige Beispiele, aber Sie können auch frei antworten.

> **BEISPIEL:**   A: Ich habe Angst vor großen Hunden. Wovor hast *du* denn Angst?
>   B: Ich habe Angst vor ...

große Hunde	komplizierte Technik
tiefes Wasser	Klausuren
ein Besuch beim Zahnarzt	das Leben in der Großstadt
das Fliegen	eine Umweltkatastrophe

2 **Übung: Darf ich Sie um etwas bitten?**   Jeder braucht etwas und bittet die Professorin darum. Was brauchen Sie?

> **BEISPIEL:**   Darf ich Sie um Hilfe bitten?
>   Natürlich. Ich helfe Ihnen gerne.

3 **Kettenreaktion: Worauf wartest *du* denn?**   Sie stehen an einer Straßenecke und warten auf etwas. Sagen Sie, worauf Sie warten, und dann fragen Sie weiter.

> **BEISPIEL:**   A: Ich warte auf die Staßenbahn, Linie 2. Worauf wartest *du* denn?
>   B: Ich warte auf _____.

4 **Kettenreaktion: Worauf freust *du* dich?**   Sagen Sie, worauf Sie sich besonders freuen, und dann fragen Sie weiter.

> BEISPIEL: A: Ich freue mich auf die Semesterferien. Worauf freust
> *du* dich?
> B: Ich freue mich auf _____.

5 **Kettenreaktion: Wofür interessierst *du* dich?**   Nicht alle interessieren sich für die gleichen Dinge. Sagen Sie, wofür Sie sich besonders interessieren, und dann fragen Sie weiter.

> BEISPIEL: A: Ich interessiere mich für das Mittelalter. Wofür
> interessierst *du* dich?
> B: Ich interessiere mich für _____.

6 **Gruppenarbeit: Woran konnten Sie sich nicht gewöhnen?**   Wenn man anfängt zu studieren, ist es manchmal schwer sich an das Neue zu gewöhnen. Sagen Sie, woran Sie sich am Anfang nicht so leicht gewöhnen konnten.

> BEISPIEL: A: Woran konnten Sie sich hier am Anfang nicht gewöhnen?
> B: Ich konnte mich nicht an das Klima gewöhnen.

7 **Partnerarbeit: Worauf wartest du denn?**   Stellen Sie einander Fragen mit diesen Verben.

> BEISPIEL: A: Worauf wartest du denn?
> B: Ich warte auf die Straßenbahn.

1. sich freuen auf
2. sich interessieren für
3. sich ärgern über
4. sich kümmern um
5. sich erinnern an
6. warten auf
7. Angst haben vor
8. sich vorbereiten (müssen) auf

2. Pronouns as objects of prepositions: *da*-compounds and *wo*-compounds

Da-compounds

When noun objects of prepositions are replaced by pronouns (e.g., **für meinen Freund** → **für ihn**), a distinction is made in German between nouns referring to people and nouns referring to inanimate objects.

■ Nouns referring to people are replaced by personal pronouns, as in English.

Steht Christof hinter Gabriele?	*Is Christof standing behind Gabriele?*
Ja, er steht **hinter ihr**.	*Yes, he's standing **behind her**.*
Sprichst du oft mit den Kindern?	*Do you often talk with the children?*
Ja, ich spreche oft **mit ihnen**.	*Yes, I often speak **with them**.*
Wartet ihr auf Manfred?	*Are you waiting for Manfred?*
Ja, wir warten **auf ihn**.	*Yes, we're waiting **for him**.*

Da-compounds simplify things; they do not reflect case, number, or gender of the nouns they replace.

■ Nouns referring to inanimate objects, however, are *not* replaced by personal pronouns. Instead, they are replaced by the prefix **da-** attached to the preposition (**da-** + **mit** = **damit**). If the preposition begins with a vowel, the prefix is **dar-** (**dar-** + **auf** = **darauf**).

Steht dein Auto vor oder hinter dem Haus?	*Is your car in front of the house or behind it?*
Es steht **dahinter**.	*It's **behind it**.*
Was machen wir mit diesen alten Maschinen?	*What shall we do with these old machines?*
Ich weiß nicht, was wir **damit** machen.	*I don't know what we'll do **with them**.*
Wie lange warten Sie schon auf den Zug?	*How long have you been waiting for the train?*
Ich warte schon 10 Minuten **darauf**.	*I've been waiting **for it** for 10 minutes.*

cellular phone = **das Handy**

Damit haben Sie das ganze Büro in der Hand

8 Übung   Antworten Sie wie im Beispielsatz.

> BEISPIEL: A: Stand er neben dem Fenster?
> B: Ja, er stand daneben.

1. Interessieren Sie sich für Fremdsprachen?
2. Hast du nach dem Konzert gegessen?
3. Fangt ihr mit der Arbeit an?
4. Hat er lange auf die Straßenbahn gewartet?
5. Hat sie sich an das Wetter gewöhnt?
6. Hat sie wieder um Geld gebeten?
7. Bereitest du dich auf die Deutschstunde vor?
8. Liegt meine Zeitung unter deinem Rucksack?
9. Erinnerst du dich an die Ferien?
10. Haben Sie vor der Bibliothek gewartet?

9 Partnerarbeit   Diesmal kommt es darauf an, ob das Objekt ein Mensch ist. Wenn nicht, dann müssen Sie mit **da-** antworten.

> BEISPIELE: A: Steht Ingrid neben *Hans-Peter*?
> B: Ja, sie steht *neben ihm*.
>
> A: Steht Ingrid neben dem *Wagen*?
> B: Ja, sie steht *daneben*.

1. Hast du dich an das Wetter gewöhnt?
2. Bist du mit Ursula gegangen?
3. Erinnerst du dich an deine Großeltern?
4. Können wir über dieses Problem sprechen?
5. Wohnst du bei Frau Lindner?
6. Demonstrierst du gegen diesen Politiker?
7. Demonstrierst du gegen seine Ideen?
8. Interessierst du dich für Sport?
9. Gehst du mit Karin essen?
10. Hat er dir für das Geschenk gedankt?

Wo-compounds

With questions beginning with a prepositional phrase, the same distinction between animate and inanimate objects is made. To ask a question about a person, German uses the *preposition* + **wen** or **wem**.

Auf wen warten Sie denn?	*Whom* are you waiting **for**?
Mit wem spielen die Kinder?	*Whom* are the children playing **with**?

When asking about a thing, use the **wo**-compounds you have already learned.

Worauf warten Sie denn?	*What* are you waiting **for**?
Womit spielt das Kind?	*What* is the child playing **with**?

10 Übung: Wie sagt man das auf Deutsch?

BEISPIEL: What are you reading about?
Worüber liest du denn?

1. What are you waiting for?
2. What are you interested in?
3. What is she asking for?
4. What can't you get used to?
5. What is he afraid of?

11 Übung What questions elicit the following answers?

BEISPIELE: Sie wartet *auf einen Brief.*
Worauf wartet sie?

Sie wartet *auf Peter.*
Auf wen wartet sie?

1. Ich freue mich auf die Semesterferien.
2. Ich arbeite mit Professor Hauser.
3. Ich verlobe mich mit Rita (mit Rudi).
4. Ich kümmere mich um die Wohnung.
5. Ich interessiere mich für deutschen Wein.
6. Ich habe keine Angst vor Polizeibeamten.
7. Ich erinnere mich an meinen komischen Onkel.
8. Ich kann mich an dieses Wetter nicht gewöhnen.

3. Future tense (*das Futur*)

Formation: *werden* + infinitive

Talking about the future is a communicative goal.

The future is a compound tense, using an inflected form of the verb **werden** plus a dependent infinitive in final position.

ich	**werde schlafen**	*I shall sleep*	wir	**werden schlafen**	*we shall sleep*
du	**wirst schlafen**	*you will sleep*	ihr	**werdet schlafen**	*you will sleep*
sie	**wird schlafen**	*she will sleep*	sie, Sie	**werden schlafen**	*they, you will sleep*

Note: **Werden** as the auxiliary (helping) verb for future tense corresponds to *shall* or *will* in English. Do not confuse it with the modal verb **wollen**.

Er **wird** schlafen.   He **will** sleep.
Er **will** schlafen.   He **wants to** sleep.

Here is how the future tense of a modal verb is formed. Note that the order of the modal and its dependent infinitive is the reverse of English.

Wir werden es **tun müssen**.

*We will **have to do** it.*

Use of future tense

As you already know, German usually uses *present tense* to express future meaning, especially when a time expression makes the future meaning clear.

> **Sie kommt** morgen zurück.   *She's coming back tomorrow.*

Future tense makes the future meaning explicit, especially in the absence of a time expression such as **morgen**.

> **Sie wird** selbstverständlich   *Of course she will come back.*
>   **zurückkommen**.

Lab Manual Kap. 13, Var. zur Üb. 12.

Workbook Kap. 13, H.

12 Partnerarbeit: Noch nicht, aber bald.   Fragen Sie einander, ob etwas schon passiert ist. Anworten Sie, dass es bald passieren wird.

> BEISPIEL: A: Hast du schon gegessen?
>   B: Noch nicht, aber ich werde bald essen.

1. Hat es schon geregnet?
2. Hast du schon aufgeräumt?
3. Bist du schon Ski gefahren?
4. Ist er schon aufgestanden?
5. Hast du dich schon vorbereitet?
6. Hast du das schon machen müssen?
7. Hat Susi schon angerufen?
8. Seid ihr schon essen gegangen?

13 Partnerarbeit: Was wird sein?   Lesen Sie die Zukunft Ihres Partners oder Ihrer Partnerin aus der Hand. Wie sieht die Zukunft aus?

> BEISPIEL: Du wirst lange leben. Du wirst dich oft verloben und dreimal
>   heiraten (*get married*). Du wirst …

14 Gruppenarbeit: Seid ihr optimistisch oder pessimistisch?   Wie wird die Welt in fünfzig Jahren aussehen? Wird das Leben besser sein oder nicht? Werden die Menschen glücklicher sein? Sagen Sie Ihre eigene Meinung.

4. Wanting *X* to do *Y*

Telling people you'd like them to do something is a communicative goal.

To express the idea that a person wants something to happen or be done, English uses a direct object and an infinitive phrase.

>   *d.o.*   *infin. phrase*
> *She would like* **the music to stop***.*
> *I don't want*   **him**   **to think that***.*

German uses **wollen** or **möchten** followed by a **dass**-clause to express the same idea.

> Sie möchte, **dass die Musik aufhört**.
> Ich will nicht, **dass er das glaubt**.

Lab Manual Kap. 13, Üb. 15 and Var. zur Üb. 16.

Workbook Kap. 13, I.

15 Übung: Der Chef will das so. Sie arbeiten für einen Chef, der sehr streng (*strict*) ist. Heute zeigen Sie einem neuen Lehrling das Büro. Er fragt immer, ob man alles so machen *muss*. Sagen Sie ihm, der Chef *will*, dass man es so macht.

BEISPIEL: *Müssen* wir schon um acht im Büro sein?
Ja, der Chef will, dass wir schon um acht im Büro sind.

1. *Müssen* wir den ganzen Tag hier bleiben?
2. *Muss* ich immer pünktlich sein?
3. *Dürfen* wir erst um *zehn* Kaffee trinken?
4. *Müssen* wir diese alten Computer benutzen?
5. *Müssen* wir auch samstags arbeiten?
6. *Muss* man immer eine Krawatte tragen?

16 Übung: Ich möchte etwas ändern. Diese Situationen gefallen Ihnen nicht. Sagen Sie, wie Sie sie ändern möchten. Mehrere Antworten sind möglich.

BEISPIEL: Die Musik ist Ihnen zu laut.
Ich möchte, dass sie leiser wird.
... , dass sie aufhört.

1. Draußen regnet es.
2. Das Wetter ist Ihnen zu kalt.
3. Ihre Mitbewohner quatschen zu viel.
4. Ihr kleiner Bruder stört Sie bei der Arbeit.
5. Man verschwendet zu viel Glas und Papier.
6. Ihre Mitbewohner sind Ihnen zu schlampig.

17 Partnerarbeit: Ich will, dass du dich änderst. Sagen Sie Ihrem Partner, wie er sein Leben ändern soll. Dann antwortet er darauf. (Das ist nur ein Spiel. Nehmen Sie es also nicht zu ernst!)

BEISPIEL: A: Ich will, dass du früher aufstehst!
B: Warum denn? Ich schlafe doch gern. *Ich* möchte, dass *du* ...

Alpendorf im Winter (Kanton Graubünden)

Tipps zum Lesen und Lernen

Tipps zum Vokabelnlernen

German equivalents for *only*   When *only* is an adjective (meaning *sole* or *unique*), use **einzig-**. Otherwise use **nur**.

> Er ist der **einzige** Mechaniker in der Gegend.
>
> Ich habe **nur** fünf Euro in der Tasche.

> *He's the **only** mechanic in the area.*
>
> *I have **only** five euros in my pocket.*

▶ Übung: Wie sagt man das auf Deutsch?

1. I have only one pencil.
2. My only pencil is yellow.
3. A cup of coffee costs only € 1,00.
4. That was the only restaurant that was open.

 Lab Manual Kap. 13, Üb. zur Betonung.

Leicht zu merken

die **Barriere, -n**	Barri<u>e</u>re
(das) **Chinesisch**	
der **Dialekt, -e**	Dial<u>ek</u>t
die **Globalisierung**	
konservativ	konserv<u>ativ</u>
neutral	neu<u>tral</u>
offiziell	offizi<u>ell</u>
romantisch	

Einstieg in den Text

In dem Lesestück auf Seite 376 sagt der Schweizer Dr. Anton Vischer, dass er sich manchmal über die Klischees ärgert, die er im Ausland über seine Heimat hört. Wenn man an die Schweiz denkt, denkt man z.B. automatisch an Schokolade, Schweizer Käse und gute Uhren. Diese Klischees sind Ihnen vielleicht auch bekannt. Aber interessanter ist sicher das Neue, was er über seine Heimat erzählt.

   Nachdem Sie den Text gelesen haben, machen Sie sich eine Liste von wenigstens fünf neuen Dingen, die Sie über die Schweiz gelernt haben.

Verben

antworten auf (+ *acc.*) to answer (something); to respond to
sich ärgern (**über** + *acc.*) to get annoyed (at), be annoyed (about)
denken, dachte, hat gedacht to think
  denken an (+ *acc.*) to think of
sich erholen (**von**) to recover (from); to get well; to have a rest
reagieren auf (+ *acc.*) to react to
sich etwas überlegen to consider, ponder, think something over
  Das muss ich mir überlegen. I have to think it over.
vor·stellen to introduce; to present
  Darf ich meine Tante vorstellen? May I introduce my aunt?
sich wundern (**über** + *acc.*) to be surprised, amazed (at)

Use **antworten** + *dat.* for answering people (**Antworten Sie mir.**). Use **antworten auf** for answering questions (**Antworten Sie auf meine Frage.**).

Substantive

der **Druck** pressure
der **Ort, -e** place; town
der **Rechtsanwalt, ⸚e** lawyer (*m.*)
der **Schweizer, -** Swiss (*m.*)
das **Gespräch, -e** conversation
das **Werk, -e** work (of art), musical composition
die **Rechtsanwältin, -nen** lawyer (*f.*)
die **Schweizerin, -nen** Swiss (*f.*)
die **Schwierigkeit, -en** difficulty
die **Vereinigung** unification

Adjektive und Adverbien

französisch French
froh happy
schweizerisch Swiss
stolz auf (+ *acc.*) proud of

Andere Vokabel

beides (*sing.*) both things

Nützliche Ausdrücke

eines Tages some day (*in the future*); one day (*in the past or future*)
in Zukunft in the future

Gegensatz

froh ≠ traurig happy ≠ sad

Zürich ist eine internationale Stadt! Chaussures de Luxe = Luxusschuhe

„In den Bergen kann man sich körperlich und seelisch erholen."

Lab Manual Kap. 13, Lesestück.

Zwei Schweizer stellen ihre Heimat vor

Dr. Anton Vischer (45 Jahre alt), Rechtsanwalt aus Basel[1]

„In meinem Beruf bin ich für die Investitionen° ausländischer Firmen verantwortlich und reise darum viel ins Ausland. Dort höre ich oft die alten Klischees über meine Heimat. Wenn man sagt, dass man aus der Schweiz kommt, denken viele Menschen
5   automatisch an saubere Straßen, Schokolade, Uhren, Käse und an die Schweizer Garde[2] im Vatikan. Darüber ärgere ich mich immer ein bisschen. Ich möchte lieber, dass andere wissen, was für eine politische Ausnahme° die Schweiz in Europa bildet°. Ich werde versuchen Ihnen etwas davon zu beschreiben.

    Schon seit dem 13. Jahrhundert hat die Schweiz eine demokratische Verfassung°.[3]
10 Sie gehört also zu° den ältesten und stabilsten Demokratien der Welt. In beiden Weltkriegen ist die Schweiz neutral geblieben. Diese Tradition der stolzen schweizerischen Unabhängigkeit° beeinflusst° noch heute die politische Diskussion.

investments

Learning about the culture and history of Switzerland is the cultural goal of this chapter.

exception / constitutes

constitution
gehört ... = ist also eine von

independence / influences

---

[1] Basel (*French* Bâle), Swiss city on the Rhine.
[2] The Vatican's Swiss Guards, founded in 1505 by Pope Julius II, are the remnant of the Swiss mercenaries who served in foreign armies from the 15th century on. The Vatican guards are recruited from Switzerland's Catholic cantons.
[3] In 1991, Switzerland celebrated the 700th anniversary of the Oath of Rütli, the defense pact among the three original cantons against the Austrian Habsburgs. Wilhelm Tell is the legendary hero of this period of Swiss resistance to foreign power.

Wir sind erst seit 2002 in der UNO, aber weder in der NATO noch° in der EU.[4] Unter dem Druck der Globalisierung wird sich das vielleicht eines Tages ändern.

weder ... noch = *neither ... nor*

15   Einige werden unsere Gesellschaft wohl zu konservativ finden. Die Frauen, z. B., können erst seit 1971 wählen. Anderseits° hat eine Frau schon im Jahre 1867 an der Uni Zürich den Doktorgrad° bekommen – zum ersten Mal in Europa. Und man darf nicht vergessen, dass es in der Schweiz durchaus° auch einen Platz für soziale Kritik° gibt. Das zeigen die Werke unserer bekanntesten Schriftsteller wie Max Frisch und
20 Friedrich Dürrenmatt.[5]

on the other hand
Ph.D.
definitely / criticism

Jemand fragte mich einmal, ob ich stolz bin, Schweizer zu sein. Darauf habe ich sofort mit Ja reagiert, aber in Zukunft werde ich mir die Antwort genauer überlegen. Ich werde einfach sagen, ich bin *froh* Schweizer zu sein, denn meine Heimat ist das schönste Land, das ich kenne. Da ich meine Freizeit immer auf Bergtouren verbringe,
25 ist mein Leben mit der Alpenlandschaft eng verbunden°. Für mich sind die Alpen der einzige Ort, wo ich mich körperlich und seelisch° erholen kann. Das klingt vielleicht romantisch, aber eigentlich bin ich ein ganz praktischer Mensch."

eng verbunden = *closely connected / körperlich ... = physically and emotionally*

Nicole Wehrli (24 Jahre alt), Dolmetscherin° aus Biel

interpreter

„Ich bin in der zweisprachigen° Stadt Biel – auf Französisch Bienne – aufgewachsen,
30 direkt an der Sprachgrenze zwischen der französischen und der deutschen Schweiz. Bei uns können Sie manchmal auf der Straße Gespräche hören, in denen die Menschen beides – Französisch *und* Deutsch – miteinander reden. In der Schule habe ich dann Latein°, Englisch und Italienisch gelernt. Sie werden sich also nicht wundern, dass ich mich für Fremdsprachen interessiere. Eines Tages möchte ich
35 sogar Chinesisch lernen.

bilingual

Latin

Die Eidgenossenschaft[6] ist wohl ein Unikum° in Europa, denn sie ist viersprachig. Die Sprachbarrieren waren lange Zeit ein großes Hindernis° für die politische Vereinigung der Kantone.[7] Heute gibt es keine großen Schwierigkeiten mehr, denn fast alle Schweizer können wenigstens zwei Landessprachen, und viele können auch

something unique
obstacle

Milch- und Käse- Spezialitäten
natürli
us de Region Zürcher Berggebiet

This ad contains Swiss dialect. Can you guess the standard German equivalents for **natürli** and **us de Region**?

---

[4] **Die UNO** = the United Nations Organization; **die NATO** = the North Atlantic Treaty Organization, a defensive alliance of the USA, Canada, Turkey, and certain western European nations which was formed after World War II; **die EU** = the **Europäische Union**.
[5] Max Frisch (1911–1991) and Friedrich Dürrenmatt (1921–1990) both wrote novels, essays, and plays.
[6] **Eidgenossenschaft** = Confederation. *Confoederatio Helvetica* is the official (Latin) name for modern Switzerland, hence CH on Swiss cars.
[7] Switzerland is composed of 23 confederated cantons, each with considerable autonomy.

**Kinder mit Schlitten (*sleds*)
in der Altstadt von Basel**

40　Englisch. 64% der Bevölkerung° hat Deutsch als Muttersprache, 19% spricht
　　Französisch, 8% Italienisch und etwa° ein Prozent Rätoromanisch.[8] Unser
　　„Schwyzerdütsch"[9] können die meisten Deutschen nicht verstehen. Da unsere
　　Kinder Schriftdeutsch° erst in der Schule lernen müssen, ist es für sie oft so schwer
　　wie eine Fremdsprache. Die geschriebene und offizielle Sprache in den Schulen
45　bleibt Schriftdeutsch, aber nach dem Unterricht° reden Lehrer und Schüler
　　Schwyzerdütsch miteinander."

population
approximately

standard written German

***nach ...** = after class*

---

[8] Rhaetoromansch, or simply Romansch. It is a Romance language, a linguistic remnant of
the original Roman occupation of the Alpine territories, spoken by about 40,000 rural Swiss in
the canton of Grisons (**Graubünden**). Long under threat of extinction, it was declared one of the
four national languages in 1938.
[9] **Schweizerdeutsch** = *Swiss-German dialect*. **Hochdeutsch** (*High German*) is the official,
standardized language of German-speaking countries. It is the language of the media, the law,
and education and is based on written German (**Schriftdeutsch**). Educated native speakers
are bi-dialectal, knowing their local dialect and High German, which they may speak with a
regional accent.

Wappen (*coats of arms*) von einigen Schweizer Kantonen: Zürich, Aargau, Schaffhausen und Genf (*Geneva*).

NACH DEM LESEN

Lab Manual Kap. 13, Diktat.

Workbook Kap. 13, J, K.

🔺 **Antworten Sie auf Deutsch.**

1. Was ist Dr. Vischer von Beruf?
2. Welche Klischees hört er über die Schweiz, wenn er im Ausland ist?
3. Wie reagiert er darauf?
4. Seit wann hat die Schweiz eine demokratische Verfassung?
5. Was macht Herr Vischer in seiner Freizeit?
6. Warum ist die Stadt Biel, wo Nicole Wehrli aufgewachsen ist, besonders interessant?
7. Wie viele Schweizer sind deutschsprachig?
8. Warum haben manche Deutschen Schwierigkeiten die Schweizer zu verstehen?

„Mi Wält"

er Ma im Mond.

Lab Manual Kap. 13, Nach dem Lesen B.

B Schweizer Deutsch   In diesem Kapitel haben Sie über den Schweizer Dialekt – das Schwyzerdütsch – gelesen. Hier ist der Anfang eines Märchens auf Schwyzerdütsch mit einer Übersetzung ins Schriftdeutsche. Das Märchen kommt aus dem Kanton Aargau, westlich von Zürich. „Der Ma im Mond"[10] erzählt von einem Mann, der am Sonntag Holz (*wood*) stiehlt. Gott bestraft (*punishes*) ihn, indem er ihn zum Mann im Mond (*moon*) macht (*by making him . . .*).

Der Ma im Mond

Weisch, wer dört oben im Mond lauft? Das isch emol en usöde Ma gsi, de het nid umegluegt ob's Sunntig oder Wärchtig gsi isch; goht einisch am ene heilige Sunntig is Holz und fangt a e Riswälle zsämestäle; und won er fertig gsi isch, und die Wälle bunde gha het, nimmt er si uf e Rügge und isch e heimlige Wäg us, won er gmeint het, das ihm kei Mönsch begägni. Aber wer em do begägnet, das isch der lieb Gott sälber gsi.

Hier ist eine Übersetzung ins Schriftdeutsche.

Der Mann Im Mond

up there
sich ... = didn't pay attention / weekday / holy / woods
bundle of sticks
tied up / back / secret path
***begegnen** (+ dat.) = to encounter*

Weißt (du), wer dort oben° im Mond läuft? Das ist einmal ein böser Mann gewesen, der hat sich nicht umgesehen°, ob es Sonntag oder Werktag° gewesen ist; (er) geht einmal an einem heiligen° Sonntag ins Holz° und fängt an, ein Reisigbündel° zusammenzustehlen; und als er fertig gewesen ist und das Bündel gebunden hat°, nimmt er es auf den Rücken° und ist einen heimlichen Weg° hinausgegangen, wovon er gemeint hat, dass ihm kein Mensch begegnet°. Aber wer ihm dort begegnet, das ist der liebe Gott selber gewesen.

Vokabeln zum Thema

Wie stellt man sich vor?

Introducing yourself and others is a communicative goal.

Wie stellt man sich oder einen Bekannten auf Deutsch vor? Es kommt auf die Situation an. Unten sind vier verschiedene Situationen, aber zuerst ein paar Bemerkungen (*comments*).

---

[10] From: *Kinder- und Hausmärchen aus der Schweiz*. Collected and edited by Otto Sutermeister, with drawings by J. S. Weißbrod. Aarau: H. R. Sauerländer, 1873.

Unter jungen Menschen ist es nicht so formell: Man sagt einfach seinen Namen und **Hallo** oder **Tag**, wie zum Beispiel in *Situation 1* (unten). Wie Sie schon wissen, sagen Studenten sofort **du** zueinander.

Wenn man ältere Menschen zum ersten Mal kennen lernt, ist es formeller (*Situationen 2* und *3*). Man sagt **angenehm** oder **freut mich** oder **sehr erfreut** (alle drei = *pleased to meet you*). Natürlich sagt man **Sie** statt **du**.

In allen Situationen ist es höflich einander die Hand zu geben (*shake hands*). Das machen die Europäer viel öfter als die Amerikaner.

1. Die Studentin Sonja stellt ihrem Freund Wolfgang ihre Freundin Margaret aus Amerika vor.

> SONJA: Hallo Wolfgang! Darf ich vorstellen? Das ist meine Freundin Margaret aus Chicago.
> WOLFGANG: (*gibt ihr die Hand*) Hallo Margaret!
> MARGARET: Hallo Wolfgang.
> WOLFGANG: Nett, dich kennen zu lernen.
> MARGARET: Danke, gleichfalls.

2. Bernd, 20, stellt seiner Mutter einen Freund vor.

> BERND: Mutter, ich möchte dir meinen Freund Theo vorstellen.
> FRAU RINGSTEDT: Freut mich, Sie kennen zu lernen, Theo.
> THEO: Angenehm, Frau Ringstedt. (*Sie geben sich die Hand.*)

3. Der amerikanische Austauschstudent Michael Hayward stellt sich einem Professor in der Sprechstunde (*office hour*) vor.

> MICHAEL HAYWARD: Guten Tag, Professor Mohr. Darf ich mich vorstellen? Mein Name ist Hayward. (*Gibt ihm die Hand.*)
> PROF. MOHR: Guten Tag, Herr Hayward. Bitte nehmen Sie Platz.

4. Zwei Geschäftsleute treffen sich auf einer Konferenz.

> FRAU MÜLLER: Guten Tag, mein Name ist Müller.
> HERR BEHRENS: Freut mich, Frau Müller. Behrens.

C **Rollenspiele**   Spielen Sie diese Miniszenen mit anderen Studenten zusammen.

1. Darf ich mich vorstellen?
   Sie sind alle zusammen auf einer Studentenparty, wo sie einander noch nicht kennen. Stehen Sie alle auf und stellen Sie sich einander vor.

2. Ich möchte euch meine Freunde vorstellen.
   Zwei Studenten spielen die Rollen der Eltern. Ein dritter Student bringt zwei Freunde mit nach Hause und stellt sie den Eltern vor.

3. Now pretend that you're all business people at a convention. Introduce yourselves to each other. (In this kind of situation, people usually give only their last names.)

Partner B's information can be found in Appendix 1.

Info-Austausch

D **Hobbys** Arbeiten Sie mit einem Partner zusammen. Wofür interessieren sich diese Leute? Welche Hobbys haben sie?

BEISPIELE: A: Wofür interessierst sich Vladimir?
B: Er interessiert sich für Entymologie. Was sammelt er denn?
A: Er sammelt Schmetterlinge.

B: Nina spielt Trompete. Wofür interessiert sie sich?
A: Sie interessiert sich für Jazz.

Partner A:

Name	Interessiert sich für …	Sammelt/Spielt/Macht …
Vladimir		Schmetterlinge (*butterflies*)
Nina	Jazz	
Bobby		Schach (*chess*)
Steffi	Sport	
Lutz		Fotos
Claudio	klassische Musik	
Beate		Gymnastik
Mein Partner		
Ich		

SCHREIBTIPP

Formulating interview questions

- When you are interviewing someone to obtain information, it is important to formulate your questions in advance.
- In addition to the question words you have learned (e.g., **was**, **woher**, **warum**, **wie viele**), you can now ask a wider range of questions using **wo**-compounds (e.g., **Wofür interessierst du dich**?).

▶ **Schreiben wir mal.** Arbeiten Sie mit einem Partner zusammen und interviewen Sie einander über Ihr Leben und Ihre Interessen. Schreiben Sie zuerst zehn Fragen, die Sie Ihrem Partner stellen wollen. Dann schreiben Sie einen Absatz (*paragraph*) über Ihren Partner.

E Wie sagt man das auf Deutsch?

1. Are you looking forward to the end of the semester?
2. Yes, I'm planning to go skiing in Switzerland.
3. That sounds good. Have a good trip.

4. What do you think of when people talk about Switzerland?
5. I remember my father's aunt who came from Switzerland.

6. Excuse me, do you know your way around in the library?
7. A bit. How can I help you?
8. I'm interested in books on Switzerland. Do you know where they are?
9. Just a moment, please. I'll have to think it over.

10. What are you so annoyed about?
11. My roommate asked me for money.
12. She wants me to give it to her soon.
13. Will you give it to her?
14. I don't think so.

Schnell und zuverlässig:
Kurierversand in alle Welt

CONFISERIE SPRÜNGLI
Tel. 01-224 47 11 / Fax 01-224 47 37
E-mail: kundendienst@spruengli.ch
www.confiserie-spruengli.ch

Almanach

Zürich

PROFILE OF SWITZERLAND

Area: 41,288 square kilometers; 15,941 square miles (approximately the same area as the states of Massachusetts, Connecticut, and Rhode Island combined)

Population: 7,262,000; density 176 people per square kilometer (455 per square mile)

Currency: Schweizer Franken (*Swiss Franc*); 1 sfr = 100 Rappen or Centimes

Major Cities: Berne (**Bern**, capital, pop. 130,000), Zurich (**Zürich**, largest city, pop. 343,000), Basel, Geneva (**Genf**), Lausanne

Religions: 46% Roman Catholic, 40% Protestant, 14% other

Switzerland has one of the highest per capita incomes in the world, as well as one of the highest standards of living. The literacy rate is 99.5%. The beauty of the Swiss Alps has made tourism Switzerland's main service industry; the alpine rivers provide inexpensive hydroelectric power.

Switzerland has not sent troops into foreign wars since 1515. It guards its neutrality even to the extent of staying out of the European Union. After having been a member of many UN agencies for years, Switzerland finally joined the UN in 2002. The second headquarters of the UN are in Geneva, which is also the seat of the International Red Cross and the World Council of Churches.

In der zweisprachigen Stadt
Biel / Bienne

Wien, U-Bahnstation
Karlsplatz (1899).
Architekt: Otto Wagner.

Österreich

Kommunikation

- Reserving a hotel room
- Expressing wishes contrary to fact
- Making suggestions
- Making polite requests
- Talking about contrary-to-fact situations
- Talking about hypothetical situations

Kultur

- The culture and history of Austria

In diesem Kapitel

- **Lyrik zum Vorlesen**
  Ernst Jandl, „ottos mops"
- **Grammatik**
  General subjunctive: Present tense
  Uses of the general subjunctive
- **Lesestück**
  Zwei Österreicher stellen sich vor
- **Almanach**
  Profile of Austria

DIALOGE

Lab Manual Kap. 14,
Dialoge, Fragen, Hören
Sie gut zu!

Auf Urlaub in Österreich

Nach einem langen Tag in Salzburg will das Ehepaar Burckhardt aus Bern zum Abendessen ausgehen.

HERR BURCKHARDT: Ursula, hast du zufällig noch Bargeld?

FRAU BURCKHARDT: Nein, wieso? Hast du alles ausgegeben?

HERR BURCKHARDT: Ich fürchte ja. Wenn heute nicht Samstag wäre, könnte ich bei der Bank wechseln.

FRAU BURCKHARDT: Das macht ja nichts. In der Fußgängerzone gibt's sicher einen Bankautomaten. Sonst zahlen wir im Restaurant entweder mit Kreditkarte oder Reiseschecks.

An der Rezeption

heute Nacht = *tonight*, but also *last night* if said early in morning.

TOURIST: Grüß Gott! Hätten Sie noch ein Zimmer frei für heute Nacht?

ANGESTELLTER: Wünschen Sie ein Einzelzimmer oder ein Doppelzimmer?

TOURIST: Am liebsten hätte ich ein Einzelzimmer mit Dusche.

ANGESTELLTER: Das könnte ich Ihnen erst morgen geben. Im Moment ist nur ein Doppelzimmer mit Bad frei.

TOURIST: Was würde das denn kosten?

Most hotels in Europe include breakfast in the room price.

ANGESTELLTER: 55 Euro mit Frühstück.

TOURIST: Dürfte ich mir das Zimmer ansehen?

Note: **im ersten Stock** is the equivalent of American *on the second floor*.

ANGESTELLTER: Selbstverständlich. (*Gibt ihm den Schlüssel.*) Das wäre Zimmer Nummer 14 im ersten Stock.

Ausflug zum Heurigen

Heurige are taverns in and around Vienna, each originally belonging to a vineyard and serving wine (called **Heuriger**) pressed from the current harvest (**heuer** = *this year*). **Grinzing**, a suburb of Vienna, has many **Heurige**.

Zwei Freunde im ersten Semester in Wien wollen den neuen Wein probieren.

ANDREAS: Hast du heute Abend etwas Besonderes vor?

ESTHER: Nein, warum?

ANDREAS: Dann könnten wir endlich nach Grinzing zum Heurigen fahren.

ESTHER: Ja, höchste Zeit! Und es wäre auch schön dort zu essen.

ANDREAS: Gute Idee! Ich hab' schon Riesenhunger.

ESTHER: Dann sollten wir gleich losfahren.

Bach-Hengl

·SEIT· ·1685·

WEINGUT   GRINZING   HEURIGER

GRINZING,   MUSIK   BUFFET
SANDGASSE 9,   PRÄMIERTE
TEL. 32 24 39   FLASCHENWEINE

Auf der Bank

wechseln to exchange (money)
der **Bankautomat, -en, -en** cash machine, automatic teller machine
der **Scheck, -s** check
  der **Reisescheck, -s** traveler's check
das **Bargeld** cash
die **Bank, -en** bank
die **Kasse, -n** cash register; cashier's office
die **Kreditkarte, -n** credit card

Im Hotel

das **Bad, ¨er** bath; bathroom
  ein Bad nehmen to take a bath
das **Badezimmer, -** bathroom
das **Doppelzimmer, -** double room
das **Einzelzimmer, -** single room
die **Dusche, -n** shower
die **Rezeption** reception desk

Verben

aus·gehen, ging aus, ist ausgegangen to go out
los·fahren (fährt los), fuhr los, ist losgefahren to depart; start; leave
probieren to sample, try

Substantive

der/die **Angestellte, -n** employee
der **Ausflug, ¨e** outing, excursion
der **Fußgänger, -** pedestrian
  die **Fußgängerzone, -n** pedestrian zone
der **Stock** floor (*of a building*)
  der **erste Stock** the second floor
  im ersten Stock on the second floor
das **Ehepaar, -e** married couple
das **Erdgeschoss** first floor, ground floor
die **Nummer, -n** number

Adjektive und Adverbien

österreichisch Austrian
zufällig by chance

Andere Vokabeln

entweder ... oder (*conj.*) either . . . or

Nützlicher Ausdruck

höchste Zeit high time

Gegensatz

entweder ... oder ≠ **weder ... noch** either . . . or ≠ neither . . . nor

Mit anderen Worten

der Riesenhunger = sehr großer Hunger

On Vacation in Austria

After a long day in Salzburg, Mr. and Mrs. Burckhardt from Berne want to go out to dinner.

MR. B: Ursula, by any chance do you still have cash?
MRS. B: No. Why? Have you spent everything?
MR. B: I'm afraid so. If it weren't Saturday, I could change money at the bank.
MRS. B: It doesn't matter. There's sure to be a cash machine in the pedestrian zone. Otherwise we'll pay in the restaurant either with credit card or traveler's checks.

At the Reception Desk

T: Hello, would you still have a room free for tonight?
E: Do you want a single or a double room?
T: I'd prefer a single room with shower.
E: I couldn't give you that until tomorrow. At the moment there is only a double room with bath available.
T: What would that cost?
E: 55 euros with breakfast.
T: May I please have a look at the room?
E: Of course. (*Hands him the key*). That would be room number 14 on the second floor.

Outing to a *Heuriger*

Two friends in their first semester in Vienna want to try the new wine.

A: Have you got anything special planned for tonight?
E: No, why?
A: Then we could finally go to Grinzing to a *Heuriger*.
E: Yes, high time! And it would be nice to eat there too.
A: Good idea! I'm already famished.
E: Then we ought to leave right away.

Variationen

A Persönliche Fragen

1. Haben Sie je Geld wechseln müssen? Wo?
2. Zahlen Sie im Restaurant mit Kreditkarte, Scheck oder Bargeld?
3. Haben Sie je in einem Hotel übernachtet? Wo war das?
4. Würden Sie lieber in Jugendherbergen oder in Hotels übernachten, wenn Sie nach Österreich reisen? Warum?
5. Haben Sie ein Doppel- oder ein Einzelzimmer im Studentenwohnheim?
6. Grinzing ist ein Ausflugsort in der Nähe von Wien. Kennen Sie in Ihrer Gegend einen schönen Ausflugsort?

German dormitories have only singles and doubles. A triple would be called **ein Dreibettzimmer**.

B Übung: Was ist ein Riese?
Ein berühmter Riese in der Bibel hieß Goliath. Sie kennen schon das Wort „riesengroß". So nennt man etwas sehr Großes. Jetzt wissen Sie auch, wenn man sehr hungrig ist, sagt man: „Ich habe Riesenhunger!" Also:

1. Einen riesengroßen Hunger nennt man auch *einen Riesenhunger.*
2. Einen sehr sehr großen Koffer nennt man auch _____.
3. Eine ganz große Freude ist _____.
4. Wenn viele Menschen zusammen demonstrieren, dann hat man _____.
5. Wenn ein Supertanker einen Unfall hat und sein Öl ins Meer fließt, dann ist das _____.
6. Ein sehr großes Hotel kann man auch _____ nennen.

Das Wiener Riesenrad: The 67-meter-high Ferris wheel offers splended views of Vienna.

C Partnerarbeit: Wie wäre das? (*How would that be?*)
Ihr Partner schlägt Ihnen etwas vor. Reagieren Sie darauf mit Ihren eigenen Worten: **Das wäre ...!** (Switch roles for second column.)

> BEISPIEL: A: Sollen wir einen Ausflug machen?
>   B: Ja, das wäre toll!

ins Kino gehen?	uns die Stadt ansehen?
Geld wechseln?	zu Hause sitzen?
Freunde einladen?	das Zimmer aufräumen?
Ski fahren gehen?	im Restaurant essen?
Theaterkarten kaufen?	eine Radtour machen?

D Übung: entweder ... oder Sagen Sie, Sie machen entweder **dies** oder **das**.

BEISPIEL: Was trinken Sie heute Abend?
            Ich trinke entweder Tee oder Kaffee.

1. Wohin fahren Sie im Sommer?
2. Was möchten Sie gern essen?
3. Mit wem wollen Sie Tennis spielen?
4. Welche Fremdsprache werden Sie nächstes Jahr lernen?
5. Wer war denn das?
6. Wissen Sie, in welchem Stock Ihr Hotelzimmer ist?
7. Wie kann man im Hotel zahlen?
8. Wann wollen Sie das nächste Mal Ski fahren gehen?

Vokabeln zum Thema Hotel

This vocabulary focuses on an everyday topic or situation. Words you already know from **Wortschatz** sections are listed without English equivalents; new supplementary vocabulary is listed with definitions. Your instructor may assign some supplementary vocabulary for active mastery.

Auf Seite 391 sehen Sie die Rezeption in einem Hotel. Hier ist eine Liste von Vokabeln, die Ihnen zum größten Teil (*for the most part*) schon bekannt sind.

Die Hotelgäste

sich an·melden	*to register*
das Gepäck	
der Koffer, -	
der Reisepass, -pässe	*passport*
ein Zimmer reservieren	
ein Taxi bestellen	

An der Rezeption

der/die Angestellte	
die Kasse	
der Zimmerschlüssel, -	
der Stadtplan, ⸚e	
der Stadtführer, -	*city guidebook*
der Speisesaal	*dining room*
der Lift	*elevator*

Im Hotelzimmer

das Bad	
die Dusche	
das Telefon (telefonieren)	
sich duschen	*to shower*
sich um·ziehen	*to change clothes*

Reserving a hotel room is a
communicative goal.

E **Rollenspiele** (*Gruppen von 3 Personen*)   Spielen Sie diese Situationen zusammen.
Improvisieren Sie.

An der Rezeption

Zwei Touristen kommen gerade vom Flughafen im Hotel an. Sie haben schon ein
Zimmer reserviert. Sie melden sich an der Rezeption an und stellen Fragen über das
Zimmer.

Eine Stunde später

Die Touristen haben sich jetzt geduscht und umgezogen. Jetzt wollen sie ausgehen
und sich die Stadt ansehen. An der Rezeption bitten sie um Auskunft. Der Angestellte
gibt ihnen viele Informationen über die Stadt, z.B. über das kulturelle Leben,
Verkehrsmittel, Restaurants usw. Bei ihm bekommen sie auch Stadtführer, Stadtpläne
und Broschüren (*brochures*). Sie müssen auch Geld wechseln.

LYRIK ZUM VORLESEN

Lab Manual Kap. 14, Lyrik zum Vorlesen.

The Austrian poet Ernst Jandl was born in Vienna. In the following poem, he shows that it is possible to tell a whole story using only one vowel. Reading it aloud will be a good review of the German long and short **o**! Like many other modern poets, Jandl does not capitalize nouns.

ottos mops°

pug (dog)

ottos mops trotzt°   *won't obey*
otto: fort° mops fort   *go away*
ottos mops hopst° fort   *hops*
otto: soso

otto holt koks°   *charcoal briquettes*
otto holt obst
otto horcht°   *listens*
otto: mops mops
otto hofft

ottos mops klopft°   *knocks*
otto: komm mops komm
ottos mops kommt
ottos mops kotzt°   *pukes*
otto: ogottogott

Ernst Jandl (1925–2000)

Caricature by Wilhelm Busch (1832–1908), German painter, satirist, humorist. As an artist and poet, Busch paved the way for modern comics. He told stories with line drawings captioned with his own humorous texts, the most famous of which is **Max und Moritz** (1865). This drawing is from 1870.

GRAMMATIK

In addition to the general subjunctive, German also has a "special" subjunctive that you will learn in Kapitel 16.

The *imperative* (Kapitel 4) is also a grammatical mood.

1. General subjunctive: Present tense (*der Konjunktiv*)

Language must be able to present information in various ways. It can present facts. It can also present hypotheses, conjectures, and situations contrary to fact. Both German and English have two different sets of verb forms for these two possibilities, called the *indicative* and the *subjunctive moods* (from Latin *modus*, "manner, mode, way").

Up to now, you have been using the *indicative mood* (**der Indikativ**) to talk about what is definite, certain, and real.

Barbara **ist** nicht hier.	Barbara **isn't** here.
Ich **habe** Zeit.	I **have** time.

The *subjunctive mood* (**der Konjunktiv**) is used to talk about hypothetical, uncertain, or unreal situations, and also to make polite statements and requests.

You've been using **würde**, the subjunctive form of **werden**, since Kapitel 7.

A common subjunctive form in English is *were* in *If I were you*.

Wenn Barbara nur hier **wäre**!	*If only Barbara **were** here!*
Wenn ich mehr Zeit **hätte** ...	*If I **had** more time . . .*
Würden Sie mir bitte helfen?	***Would** you please help me?*

English *present* subjunctive is signalled by what look like *past-tense* forms or by *would* + verb.

*If they **lived** nearby, we **would** visit them.*	(condition contrary to fact)
*If only I **had** more time!*	(wish contrary to fact)
*I **would like** to have a room.*	(polite request)

Note that the verbs *lived* and *had* in the examples above are identical to the past in *form*, but have present-tense meaning.

*If they **lived** nearby . . .*	(right now)
*If only I **had** more time!*	(right now)

Present subjunctive of weak verbs

The present tense of the general subjunctive in German, like English, is based on past indicative forms. In the case of *weak* verbs (see p. 274), the present subjunctive is *identical* to the simple past indicative you have already learned.

wenn ich	wohn**te**	*if I lived*	wenn wir	wohn**ten**	*if we lived*
wenn du	wohn**test**	*if you lived*	wenn ihr	wohn**tet**	*if you lived*
wenn sie	wohn**te**	*if she lived*	wenn sie, Sie	wohn**ten**	*if they, you lived*

In Austria **Servus** means both *hello* and *so long*. It originally meant "Your servant" in Latin.

Servus in Österreich®

Expressing wishes contrary to fact is a communicative goal.

Wishes contrary to fact

A contrary-to-fact wish can be expressed in German using the introductory phrase **Ich wünschte** followed by the wish in the subjunctive mood.

Ich wünschte, sie **wohnte** näher!   *I wish she lived closer!*

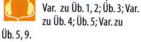

Lab Manual Kap. 14, Var. zu Üb. 1, 2; Üb. 3; Var. zu Üb. 4; Üb. 5; Var. zu Üb. 5, 9.

Workbook 14, A–D.

1 **Übung: Ich wünschte, es wäre anders!** (*I wish it were otherwise!*)   Sie können diesen Sommer leider keine Reise nach Wien machen. Sie hören die Tatsachen (*facts*). Wünschen Sie im Konjunktiv, dass es anders wäre.

> **BEISPIEL:**   A: Ich mache diesen Sommer keine Reise.
> *I'm not taking a trip this summer.*
>   B: Ich wünschte, ich machte eine Reise.
> *I wish I were taking a trip.*

1. Ich reise nicht nach Wien.
2. Ich wohne nicht im Hotel Sacher.
3. Ich besuche den Prater nicht.
4. Ich setze mich nicht ins Restaurant.
5. Ich bestelle kein Wiener Schnitzel.
6. Ich mache keinen Ausflug nach Grinzing.
7. Ich probiere den neuen Wein nicht.

Der Prater: a large nature and amusememt park in Vienna, where the **Riesenrad** (see p. 389) is located.

Present subjunctive of strong verbs

The present subjunctive of strong verbs is also based on their past indicative forms (see p. 275), but these forms are *modified* according to the following three-step procedure.

- *Step 1:* Take the simple past stem of the verb:

  fahren → **fuhr-**   gehen → **ging-**   laufen → **lief-**   sein → **war-**

Remember that you can only add an umlaut to **a**, **o**, **u**, and **au**.

- *Step 2:* Add an umlaut to the stem vowel whenever possible:

  führ-   **ging-**   **lief-**   **wär-**

- *Step 3:* Add the following personal endings:

ich	wär- **e**	*I would be*	wir	wär- **en**	*we would be*
du	wär- **est**	*you would be*	ihr	wär- **et**	*you would be*
er	wär- **e**	*he would be*	sie, Sie	wär- **en**	*they, you would be*

Note the difference between the present subjunctive endings and the past indicative endings of strong verbs:

Present subjunctive (*would go*)		Past indicative (*went*)	
ich	ginge	ich	ging
du	gingest	du	gingst
sie	ginge	sie	ging
wir	gingen	wir	gingen
ihr	ginget	ihr	gingt
sie, Sie	gingen	sie, Sie	gingen

Only the **wir-** and the plural **sie-**endings are the same.

A complete list of the principal parts of strong and irregular verbs is in Appendix 2, pp. 473–474.

2 Übung Review the simple past stems of these strong verbs.

BEISPIEL: laufen *lief*

scheinen	fahren
kommen	sein
tun	schlafen
aussteigen	bekommen
gehen	

3 Übung: Wenn es nur anders wäre! Jetzt hören Sie eine Situation im Indikativ. Sie wünschen im Konjunktiv, dass es anders wäre.

BEISPIEL: Meine Gäste gehen nicht nach Hause.
Ich wünschte, sie gingen nach Hause.

1. Gabi läuft nicht mit uns.
2. Die Sonne scheint nicht.
3. Robert kommt nicht um zwölf.
4. Karin geht nicht mit uns spazieren.
5. Wir sind nicht alt genug.
6. Das Kind schläft nicht länger.
7. Wir bekommen kein Doppelzimmer.
8. Die Uhr geht nicht richtig.
9. Unsere Freunde fahren nicht nach Australien.
10. Das tut Marie nicht gern.
11. Wir steigen hier nicht aus.

Das Hundertwasserhaus, Wien

Friedensreich Hundertwasser (1928–2000) was a painter, designer, and architect whose building designs incorporate bright color and flowing lines and often use trees and plants as integral elements. The Hundertwasserhaus is an apartment building finished in 1985.

Present subjunctive of modal verbs

To form the present subjunctive of modal verbs, take the past indicative, *including endings* (see p. 278), and add an umlaut to the stem vowel of *only* those verbs that have an umlaut in their infinitive.

Infinitive		Past indicative	
dürfen	*to be allowed*	**ich durfte**	*I was allowed*

Present subjunctive					
ich	**dürfte**	*I would be allowed*	wir	**dürften**	*we would be allowed*
du	**dürftest**	*you would be allowed*	ihr	**dürftet**	*you would be allowed*
er	**dürfte**	*he would be allowed*	sie, Sie	**dürften**	*they, you would be allowed*

Similarly:

Past indicative		Present subjunctive	
ich konnte	*I was able to*	ich **könnte**	*I could, would be able to*
ich mochte	*I liked*	ich **möchte**	*I would like to*
ich musste	*I had to*	ich **müsste**	*I would have to*

The present subjunctive of **sollen** and **wollen**, however, is *not* umlauted, and so looks just like the past indicative.

ich sollte	*I was supposed to*	ich **sollte**	*I ought to*
ich wollte	*I wanted to*	ich **wollte**	*I would want to*

4 **Übung: Hören Sie gut zu!** (*Mit geschlossenen Büchern*)   Listen to each pair of sentences, then say which one is past indicative and which present subjunctive. Then, with open books, repeat each sentence aloud and give the English equivalent.

1. Durfte sie das machen?
   Dürfte sie das machen?

2. Wir könnten ihn abholen.
   Wir konnten ihn abholen.

3. Sie müsste das wissen.
   Sie musste das wissen.

4. Mochte er das Frühstück?
   Möchte er das Frühstück?

Ohne Musik wäre das Leben ein Irrtum.
Friedrich Nietzsche

5 Übung: Ich wünschte, es wäre anders! Ihre Professorin beschreibt wieder eine Situation im Indikativ. Sie wünschen im Konjunktiv, dass es anders wäre.

> BEISPIEL: Christine kann kein Englisch.
> Ich wünschte, sie *könnte* Englisch.

1. Wir können kein Französisch.
2. Die Gäste müssen nach Hause.
3. Wir dürfen nicht länger bleiben.
4. Esther will nicht nach Grinzing mitkommen.
5. Die Kinder können nicht mitfahren.
6. Unsere Freunde müssen abfahren.
7. Ich darf nicht alles sagen.
8. Andreas will nicht helfen.

Making suggestions is a communicative goal.

NOTE ON USAGE

Using the subjunctive to make suggestions
Use the general subjunctive to make suggestions.

Wir **könnten** zusammen ausgehen.	We **could** go out together.
Wir **sollten** eigentlich hier bleiben.	We really **ought** to stay here.

Info-Austausch

Partner B's information can be found in Appendix 1.

6 Was könnten wir heute machen? Sie besprechen mit Ihrem Partner einen Plan für nächste Woche. Es gibt schöne Sachen, die Sie machen könnten, aber auch Wichtiges, was Sie machen sollten.

> BEISPIEL: A: Was könnten wir am Montag machen?
> B: Wir könnten spazieren gehen.
> A: Eigentlich sollten wir das Zimmer aufräumen.

Partner A:

Wochentag	Etwas Schönes	Etwas Wichtiges
Montag		das Zimmer aufräumen
Dienstag	Karten spielen	
Mittwoch	italienisch essen gehen	
Donnerstag		uns auf die Klausur vorbereiten
Freitag	einen Ausflug machen	

Wien: Karlskirche,
erbaut 1716–1739 von
Fischer von Erlach

Present subjunctive of *haben*, *werden*, and *wissen*

To form the present subjunctive of the verbs **haben**, **werden**, and **wissen**, take the past indicative, including endings (see pp. 278–279), and add an umlaut to the stem vowel:

Past indicative		Present subjunctive	
ich hatte	*I had*	ich **hätte**	*I would have*
ich wurde	*I became*	ich **würde**	*I would become, I would*
ich wusste	*I knew*	ich **wüsste**	*I would know*

NOTE ON USAGE

Making polite requests is a communicative goal.

Polite requests: Subjunctive + *gern*
Use the general subjunctive and **gern** to make polite requests.

Ich hätte gern ein Einzelzimmer mit Bad.	*I would like to have a single room with bath.*
Ich wüsste gern, wo die Kasse ist.	*I would like to know where the cashier is.*

7 **Kettenreaktion: Was hätten Sie gern?**   Sagen Sie, was Sie gern hätten.

BEISPIEL: Ich hätte gern ein frisches Brötchen. Und du?
Ich hätte gern ein-_____.

8 **Kettenreaktion: Was wüssten Sie gern?**   Sagen Sie, was Sie gern wüssten.

BEISPIEL: Ich wüsste gern, wo ich Geld verdienen könnte. Und du?
Ich wüsste gern, _____.

Ohne Zeitung hätten Sie weniger zu sagen.

DIE ZEITUNGEN IN DEUTSCHLAND.

Present subjunctive with *würden* + infinitive

In **Kapitel 7** you learned how to use the subjunctive construction **würden** + *infinitive* to express intentions, opinions, preferences, and polite requests. This construction is an alternative to the one-word present subjunctive forms you have been learning in this chapter.

There is no difference in meaning between the following clauses:

Er **käme ...**
Er **würde kommen ...** } *He would come . . .*

The present subjunctive with **würden** often replaces the one-word form of weak verbs which is indistinguishable from the past indicative:

Ich kaufte das nicht. { *I didn't buy that.* (*past indic.*)
I wouldn't buy that. (*pres. subj.*)

is replaced by:

Ich **würde** das nicht **kaufen.**   *I wouldn't buy that.*

Spoken German also replaces the one-word form of many strong verbs with **würden** + *infinitive* (but *not* in the case of the frequently used verbs **sein**, **haben**, and the modals).

Ich **tränke** Wein.

is replaced by:

Ich **würde** Wein **trinken.**   *I would drink wine.*

9 **Übung: Was würden Sie machen?**   Sagen Sie, was Sie in diesen Situationen machen würden.

BEISPIEL: Was würden Sie machen, wenn Sie diese Woche frei hätten?
Ich würde nach Hause fahren.

Was würden Sie machen ...

1. wenn Sie 200 Euro hätten?
2. wenn Sie Hunger hätten?
3. wenn Sie Durst hätten?
4. wenn Sie Musik hören wollten?
5. wenn Sie Wanderlust hätten?
6. wenn Sie knapp bei Kasse wären?
7. wenn Sie Spaß haben wollten?
8. wenn Sie sich das Studium nicht leisten könnten?
9. wenn Sie reich wären?
10. wenn Sie jetzt Ferien hätten?

2. Uses of the general subjunctive

Talking about contrary-to-fact situations is a communicative goal.

Conditions contrary to fact: "If *X* were true, then *Y* would be true."

In **Kapitel 8** you learned about conditional sentences containing a **wenn**-clause (see p. 216). When the conditional sentence is describing a situation that is contrary to fact, the verbs must be in the subjunctive. Note the difference between the following sentences:

Indicative

Wenn der Junge schon dreizehn **ist**, **darf** er den Film sehen.	*If the boy is already thirteen he's allowed to see the movie.*

(*Implication*: The speaker doesn't know whether the boy is thirteen or not.)

Subjunctive

Wenn der Junge schon dreizehn **wäre**, **dürfte** er den Film sehen.	*If the boy were already thirteen, he would be allowed to see the movie.*

(*Implication*: The speaker knows the boy is not yet thirteen.)

A **wenn**-clause states the condition contrary to fact: "If X were true . . ."[1]

Wenn wir jetzt in Deutschland **wären** ...	*If we were in Germany now . . .*
Wenn ich mehr Geld **hätte** ...	*If I had more money . . .*

The main clause (with an optional **dann** as the first word) draws the unreal conclusion: ". . . then Y would be true."

... (**dann**) **würden** wir sehr schnell Deutsch lernen.	. . . (*then*) *we would learn German very quickly.*
... (**dann**) **müsste** ich nicht so viel arbeiten.	. . . (*then*) *I wouldn't have to work so much.*

Putting them together:

> Wenn wir jetzt in Deutschland **wären**, **würden** wir sehr schnell Deutsch lernen.
> Wenn ich mehr Geld **hätte**, dann **müsste** ich nicht so viel arbeiten.

Conditional sentences may begin either with the **wenn**-clause (as in the two previous examples) *or* with the conclusion clause.[2]

> Wir **würden** sehr schnell Deutsch lernen, wenn wir jetzt in Deutschland **wären**.
> Ich **müsste** nicht so viel arbeiten, wenn ich mehr Geld **hätte**.

---

[1] A **wenn**-clause with an added **nur** can also express a wish contrary to fact.

Wenn wir **nur** mehr Geld **hätten**!   *If only we had more money!*

[2] The **wenn** is sometimes omitted from the **wenn**-clause. Its verb is then placed at the *beginning* of the clause. Compare the similar structure in English that omits *if*:

Hätte er das Geld, (dann) **würde** er mehr kaufen.   ***Had** he the money, he would buy more.*

Lab Manual Kap. 14, Üb. 10, 15; Var. zu Üb. 12, 15.

Workbook 14, E–I.

10 Übung: Aber wenn es anders wäre ... (*Mit offenen Büchern*)   Ihr Professor beschreibt eine Situation im Indikativ. Sie sagen im Konjunktiv, wie es wäre, wenn die Situation *anders* wäre. (Note that the logic of these sentences demands changing positive to negative and vice versa.)

> BEISPIEL: Weil es so kalt ist, können wir nicht schwimmen.
> Aber wenn es *nicht* so kalt *wäre, könnten* wir schwimmen.

1. Weil es so weit ist, können wir nicht zu Fuß gehen.
2. Weil ich keine Lust habe, mache ich es nicht.
3. Weil dieses Buch langweilig ist, lesen wir es nicht.
4. Weil der Dom geschlossen ist, können Sie ihn nicht besuchen.
5. Weil ich keine Zeit habe, kann ich kein Bad nehmen.
6. Weil sie nicht aus Österreich kommt, sagt sie nicht „Grüß Gott".
7. Weil ich keinen Hunger habe, bestelle ich nichts.
8. Weil sie sich nicht für diesen Film interessiert, geht sie nicht mit.

11 Übung (*Mit offenen Büchern*)   Wiederholen Sie, was Sie schon in **Übung 10** gemacht haben, aber diesmal beginnen Sie *nicht* mit **wenn**.

> BEISPIEL: Wir kommen zu spät, weil du nicht schneller fährst.
> Aber wir würden nicht zu spät kommen, wenn du schneller fahren würdest.

1. Wir bleiben hier, weil er uns braucht.
2. Ich muss jetzt wechseln, weil ich keine Euros habe.
3. Wir gehen spazieren, weil die Sonne scheint.
4. Wir fahren mit dem Zug nach Italien, weil wir keinen Wagen haben.
5. Ich lese die Zeitung nicht, weil ich so müde bin.
6. Er kann mir nicht danken, weil er meinen Namen nicht weiß.
7. Wir sehen uns nicht, weil er nicht mehr vorbeikommt.

Wenn ich fliegen könnte...

Hypothetical statements and questions

German also uses subjunctive for hypothetical statements and questions, where English uses *would, could,* or *ought to.*

Du **solltest** daran denken.	*You **ought to** think of that.*
Wir **könnten** nach Grinzing fahren.	*We **could** drive to Grinzing.*
Das **wäre** schön!	*That **would be** nice!*
Was **würde** das kosten?	*What **would** that cost?*

12 Partnerarbeit: Wie wäre das?   Sie wollen heute irgendetwas zusammen machen. Partner A macht einen Vorschlag (*suggestion*). Partner B reagiert darauf.

> BEISPIEL: A: Wir *könnten* eine Wanderung machen.
> B: Ja, das *wäre* schön! (*oder*) Nein, das *wäre* mir zu langweilig.

Talking about hypothetical situations is a communicative goal.

13 **Gruppenarbeit: Ein Cartoon**   The humor of this cartoon depends on the use of subjunctive in a hypothetical question and answer. See if you can guess from context the meaning of the two words you haven't learned, then translate the joke.

14 **Gruppenarbeit: Studentenreise nach Österreich** *(4–5 Personen)*   Sie reisen nächstes Jahr mit einer Studentengruppe nach Österreich. Sie müssen sich jetzt darauf vorbereiten.

1. Was sollte man mitbringen?
2. Was für Bücher könnte man über Österreich lesen?
3. Was sollte man dort sehen? (Die Fotos in diesem Kapitel geben Ihnen vielleicht einige Ideen.)
4. Was würden Sie am liebsten in Österreich machen?

Flag and coat of arms of Austria

Alt und Jung ruhen sich
auf einer Bank aus.
(Tirol, Österreich)

Polite requests

Note the difference in the tone of the following two requests:

Indicative   *Subjunctive*

Can *you do this for me? vs.* **Could** *you do this for me?*

It is more polite to soften the request with the subjunctive, as in the second sentence.
German uses the subjunctive in the same way as English to make polite requests.
These are sometimes in the statement form you have already used.

Ich **hätte** gern eine Tasse Kaffee.	*I'd like to have a cup of coffee.*
Ich **wüsste** gern, wo der Bahnhof ist.	*I'd like to know where the train station is.*

Sometimes polite requests are questions.

Könnten Sie mir bitte helfen?	*Could you please help me?*
Würden Sie mir bitte den Koffer tragen?	*Would you please carry my suitcase?*
Dürfte ich eine Frage stellen?	*Might I ask a question?*

15 **Übung: Könnten Sie das bitte machen?** Benutzen Sie den Konjunktiv statt des Indikativs, um höflicher zu sein.

BEISPIEL: Können Sie mir bitte ein Einzelzimmer zeigen?
Könnten Sie mir bitte ein Einzelzimmer zeigen?

1. Können Sie mir bitte sagen, wann der Zug nach Berlin abfährt?
2. Haben Sie Zeit eine Tasse Kaffee mit mir zu trinken?
3. Darf ich mich hier setzen?
4. Tragen Sie mir bitte die Koffer? (Benutzen Sie *würden*!)
5. Ist es möglich eine Zeitung zu kaufen?
6. Können Sie mir meinen Platz zeigen?
7. Haben Sie ein Einzelzimmer mit Dusche?
8. Wissen Sie, wo man Karten kaufen kann?

16 **Partnerarbeit: Rollenspiele**   Spielen Sie diese Situation zusammen. Seien Sie höflich und benutzen Sie den Konjunktiv! Seien Sie bereit Ihren Dialog vor der Klasse zu spielen.

Kellner und Gast im Lokal

Der Kellner fragt den Gast, was er (*oder* sie) bestellen möchte. Der Gast fragt, ob man verschiedene Gerichte (*dishes*) hat, und bestellt dann ein großes Essen. (You can use some food vocabulary from **Kapitel 8**, p. 228).

KELLNER/IN: Bitte sehr? Was hätten Sie gern?

GAST: Hätten Sie vielleicht … ? Könnten Sie mir sagen … ? Ich hätte gern …

LESESTÜCK

Tipps zum Lesen und Lernen

Tipps zum Vokabelnlernen: Adverbs of time

The suffix -lang   To form the German equivalents of the English adverbial phrases *for days, for hours,* etc., add the suffix **-lang** to the plural of the noun.

minuten**lang**	*for minutes*	monate**lang**	*for months*
stunden**lang**	*for hours*	jahre**lang**	*for years*
tage**lang**	*for days*	jahrhunderte**lang**	*for centuries*
wochen**lang**	*for weeks*		

You can guess the meaning of **jahrzehntelang**.

Compare the Note on Usage on p. 286.

Also learn the phrase

eine Zeit lang   *for a time, for a while*

In diesem Kapitel lesen Sie über Österreich. Das Lesestück spricht von der historischen Rolle Österreichs als Weltreich:

> „Die Habsburger Dynastie regierte **jahrhundertelang** über Deutsche, Ungarn, Tschechen, Polen, Italiener, Serben und **eine Zeit lang** sogar über Mexikaner."

▶ **Übung: Wie lange hat's gedauert?**   Ihre Professorin möchte wissen, ob etwas lange gedauert hat. Wählen Sie ein Zeitadverb mit **-lang** für Ihre Antwort.

BEISPIEL: Haben Sie lange im Zug zwischen Paris und Berlin gesessen?
Ja, *stundenlang.*

1. Hat das elegante Abendessen lange gedauert?
2. Haben Sie lange auf den Bus warten müssen?
3. War's letzten Sommer sehr heiß?
4. War der Chef lange am Telefon?
5. Sind Sie manchmal schlecht gelaunt?
6. Waren die alten Römer lange Zeit in Nordeuropa?

Lab Manual Kap. 14,
Üb. zur Betonung.

Leicht zu merken

analysieren	analy<u>sie</u>ren
der **Humor**	Hu<u>mor</u>
die **Ironie**	Iro<u>nie</u>
kreativ	krea<u>tiv</u>
literarisch	lite<u>ra</u>risch
die **Melancholie**	Melancho<u>lie</u>
der **Patient, -en, -en**	Pati<u>ent</u>
philosophieren	philoso<u>phie</u>ren
produktiv	produk<u>tiv</u>
die **Psychoanalyse**	Psychoana<u>ly</u>se

Einstieg in den Text

The two Austrians in the following reading selection use subjunctive mood mainly for conjectural and hypothetical statements. Below is one example of each type. After reading through the text once, write down other examples of subjunctive mood used for these purposes; be sure you understand them and can give English equivalents.

Hypothetical statement: Ich ... **könnte** ... bei meinen Eltern wohnen und an der Musikhochschule in Wien studieren.

Conjecture: ... ohne Johann Strauß **würde** die Welt wahrscheinlich keine Walzer **tanzen**.

Blick auf Salzburg

Verben

erwarten to expect
sich konzentrieren auf (+ *acc.*) to concentrate on
statt·finden, fand statt, hat stattgefunden to take place
tanzen to dance
träumen to dream

Substantive

der **Witz, -e** joke; wit

das **Klavier, -e** piano

die **Gegenwart** present (time)

die **Hochschule, -n** university; institution of higher learning

Adjektive und Adverbien

außerdem (*adv.*) besides, in addition
begeistert von enthusiastic about, ecstatic about
ernst serious
  etwas ernst nehmen to take something seriously
gemütlich cozy, comfortable; quiet, relaxed
zunächst first (of all), to begin with

Hochschule corresponds roughly to college, not high school (generically called **die Oberschule**).
Musikhochschule = *conservatory*; **Technische Hochschule** = *engineering college*.

Andere Vokabeln

beide (*pl. pronoun*) both (people)

Nützlicher Ausdruck

eine Zeit lang for a time, for a while

Gegensätze

ernst ≠ heiter serious ≠ cheerful
gemütlich ≠ ungemütlich cozy ≠ unpleasant, not cozy

Poster designed by Oskar Kokoschka for a 1908 art show of the Viennese "Secession Movement"

Gustav Klimt (1862–1918), Porträt von Mäda Primavesi (1912)

Mozartdenkmal im
Burggarten, Wien (1896)

Zwei Österreicher stellen sich vor

 Lab Manual Kap. 14,
Lesestück.

Marie-Therese Werdenberg, Musikstudentin in Salzburg

„Ich heiße Marie-Therese Werdenberg und bin Musikstudentin. Ich komme aus Wien
und könnte freilich° dort bei meinen Eltern wohnen und an der Musikhochschule in
Wien studieren. Aber ich studiere lieber in Salzburg, weil ich mich hier besser auf das
5   Klavierspielen konzentrieren kann. In Wien gäbe es zwar mehr Konzerte, in die man
gehen könnte, aber hier ist es ruhiger und gemütlicher. Außerdem finden hier im
Sommer die berühmten Festspiele³ statt und da habe ich die Gelegenheit mit vielen
Musikern° in Kontakt zu kommen.

Ja, was wäre Österreich ohne seine Musiktradition? Und umgekehrt°: Was wäre
10 die Musikgeschichte ohne Österreich? Salzburg ist Mozarts Geburtsort°. Auch Haydn,
Schubert, Bruckner, Mahler und Schönberg sind alle in Österreich geboren.
Beethoven und Brahms – beide kamen aus Deutschland – haben in Wien ihre
wichtigsten Werke geschrieben. Und ohne Johann Strauß würde die Welt wahrscheinlich keine Walzer° tanzen.

15 Aber ich sollte nicht nur über Musik reden, bloß° weil ich davon so begeistert bin.
Die Kulturgeschichte Österreichs hat der Welt eine ganze Menge gegeben. In Wien
um 1900 gab es z.B. ein besonders produktives und faszinierendes° Kulturleben. Die
literarischen Werke von Hugo von Hofmannsthal und Arthur Schnitzler sind ein
Spiegel dieser sehr kreativen Zeit. In der Malerei° arbeiteten Künstler wie Gustav
20 Klimt und Oskar Kokoschka. Um diese Zeit gründete° Sigmund Freud die
Psychoanalyse. Ich könnte noch viele Namen nennen, aber dann müssten wir fast
den ganzen Tag hier sitzen."

= ***natürlich***

Learning about the culture and
history of Austria is the cultural goal
of this chapter.

= ***Menschen, die Musik,***
machen / *vice versa*
= ***Ort, wo man geboren ist***

waltzes
= ***nur***

= ***sehr interessantes***

painting
founded

---

³ The **Salzburger Festspiele** are an annual summer festival of drama and classical music.

Im Café Tiroler Hof, Wien

Dr. Ulrich Kraus, Psychologe° aus Wien

psychologist

„Mein Name ist Kraus und ich bin Psychologe. Mit meinen Patienten und ihren
Problemen habe ich mehr als genug zu tun; erwarten Sie also nicht von mir, dass ich
den Durchschnittsösterreicher° analysiere. Ich könnte aber mindestens° versuchen
diesen Menschen – den *homo austriacus* – ein bisschen zu beschreiben.

*average Austrian /
= **wenigstens***

Zunächst etwas Geschichte: Ich möchte Sie daran erinnern, dass wir Österreicher
auf eine sehr alte und große Tradition stolz sind. Die Habsburger Dynastie regierte°
jahrhundertelang über Deutsche, Ungarn, Tschechen, Polen, Italiener, Serben und
eine Zeit lang sogar über Mexikaner.[4] Was man vom englischen Weltreich sagt,
könnte man auch von Österreich sagen: Die Sonne ging nicht unter° über diesem
Reich.

ruled

***ging unter** = set*

Heute spielt unser kleines Land eine viel bescheidenere° politische Rolle. Und
dieser Kontrast zwischen Vergangenheit und Gegenwart hat zu unserem Humor und
unserer Selbstironie beigetragen°. Manchmal habe ich das Gefühl, wir Österreicher
sind unglücklich über unsere verlorene Größe, aber wir sind wenigstens glücklich,
dass wir unglücklich sind. Verstehen Sie diese witzige Melancholie, die sich selbst
nicht ganz ernst nimmt?

more modest

contributed

Viele Österreicher würden den Unterschied zwischen sich und den Deutschen
so ausdrücken°: Die Deutschen sind fleißig, aber die Österreicher gemütlich. Die
Wiener Kaffeehäuser könnten nicht existieren, wenn der Österreicher nicht gern
stundenlang vor seinem Mokka[5] säße und träumte. Er philosophiert gern darüber,
wie die Welt sein könnte. Darum nennt man Österreich manchmal das Land des
Konjunktivs: ‚Alles würde hier besser gehen, wenn wir nur ...‘ oder ‚Das wäre
möglich, wenn ... ‘"

express

---

[4] The Habsburgs ruled the Holy Roman Empire from 1278 to 1806, and Austria (later Austria-
Hungary) until 1918. The empire came to include Germans, Hungarians, Czechs, Poles, Italians,
and Serbs. In 1864 Archduke Maximilian, brother of the Austrian Emperor, was made Emperor
of Mexico. He was executed in 1867 by republican troops.
[5] A strong, aromatic coffee served in demitasse cups, named after a city in Yemen. The drink was
introduced into Vienna during the Turkish siege of the city in 1683. Viennese coffee houses serve
dozens of different types of coffee, each with its own name.

NACH DEM LESEN

Lab Manual Kap. 14, Diktat.

Workbook 14, J–L.

A Antworten Sie auf Deutsch.

1. Woher kommt die Musikstudentin im ersten Teil des Textes und was macht sie in Salzburg?
2. Warum studiert sie lieber dort als in Wien?
3. Nennen Sie einen berühmten Menschen, der in Salzburg geboren ist.
4. Kennen Sie andere berühmte Namen aus der Musikgeschichte Österreichs?
5. Warum war Wien um 1900 besonders interessant? Wer hat damals dort gelebt und gearbeitet?
6. Was wissen Sie von der Geschichte Österreichs?
7. Beschreiben Sie den größten Unterschied für die Österreicher zwischen der Vergangenheit und der Gegenwart ihres Landes.
8. Welche Unterschiede findet Dr. Kraus zwischen den Deutschen und seinen Landsleuten?
9. Warum nennt man Österreich manchmal das Land des Konjunktivs?

B Gruppendiskussion: Wie könnten wir das ändern?   An Ihrer Uni gibt es sicher Sachen, die Sie gern ändern würden. Machen Sie eine Liste von diesen Sachen. Dann diskutieren Sie, wie man sie ändern oder anders machen könnte.

> BEISPIEL: Die Bibliothek schließt zu früh. Das müsste man ändern. Sie sollte länger offen bleiben, besonders am Semesterende. Ja, das wäre viel besser. Dann hätte man mehr Zeit zu lernen. Aber natürlich würde das mehr kosten. Wer würde das bezahlen?

Prepare by reviewing "Specifying time" in the **Zusammenfassung und Wiederholung 3** of your Workbook.

C Übung: Eine witzige Anekdote aus Österreich   Provide the missing time word or phrase (in parentheses) in the following anecdote.

_____ (*Many years ago*), _____ (*when*) noch relativ wenige Touristen nach Österreich kamen, erzählte man eine Anekdote über eine reiche Amerikanerin, die _____ (*one month*) in den österreichischen Alpen verbrachte. Sie wohnte in einem gemütlichen Hotel in einem kleinen Dorf, wo die Menschen sie sehr interessant fanden. _____ (*Each morning*), _____ (*when*) sie Frühstück aß, bestellte sie nur wenig zu essen: ein weich gekochtes Ei [*soft-boiled egg*] und eine Tasse Kaffee. _____ (*Whenever*) das Wetter gut war, verbrachte sie _____ (*the whole day*) draußen und aß Brot und Käse aus ihrem Rucksack, _____ (*when*) sie Hunger hatte. _____ (*When*) die Dame endlich wieder nach Hause musste, sagte sie dem Wirt [*innkeeper*] _____ (*on Sunday*), sie würde _____ (*day after tomorrow*) abfahren. _____ (*On Tuesday*) bestellte sie nach dem Frühstück die Rechnung [*bill*]. Zunächst las sie die Rechnung und sagte _____ (*for a while*) nichts. Darauf stand „für 28 Eier: 300 Schilling". Es stimmte, sie hatte _____ (*for weeks*) _____ (*every morning*) ein weiches Ei gegessen, aber sie konnte sich nicht erinnern, _____ (*when*) sie je in ihrem Leben so teure Eier gegessen hatte. Sie ließ sofort den Wirt kommen und bat ihn um eine Erklärung. „_____ (*When*) ich _____ (*every morning*) mein Ei bestellte," sagte sie, „wusste ich nicht, dass sie bei Ihnen so selten [*rare*] sind." Der Wirt antwortete: „Ja, wissen Sie, gnädige Frau [*Madame*], die Eier sind bei uns *nicht* so selten, aber *Amerikanerinnen* sehr." Sie lachte, bezahlte die Rechnung und sagte, sie würde _____ (*next year*) wieder kommen. „Hoffentlich sind _____ (*then*) Amerikanerinnen _____ (*no longer*) so selten und die Eier weniger teuer!"

Austrian currency until 2002 was the shilling. **100 Groschen = 1 Schilling**.

D **Übung: Partizipien und Adjektive**   For each pair of sentences below, fill in the past participle cued in English in the first sentence. In the second sentence, it is used as an attributive adjective. Don't forget the adjective ending!

1. Wer hat im Zimmer _____?   (*straightened up*)
   Es ist schön in einem _____ Zimmer zu sitzen.

2. Letztes Jahr habe ich sehr viel Geld _____.   (*saved*)
   Mit meinem _____ Geld will ich eine Reise ins Ausland machen.

3. Hat man dir den Rucksack _____?   (*stolen*)
   Ja, und meine neue Kamera war leider im _____ Rucksack.

4. Ich habe meine Hemden _____.   (*washed*)
   Die _____ Hemden hängen draußen hinter dem Haus.

5. Der Mann, mit dem sie sich verlobt hat, ist immer gut _____.   (*dressed*)
   Sie geht nur mit gut _____ Männern aus.

6. Frau Schwarzer hat ihren Wagen selber _____.   (*repaired*)
   Ihr _____ Wagen läuft jetzt gut.

E **Gruppenarbeit: Buttje, Buttje, in der See**   Es gibt ein bekanntes norddeutsches Märchen („Der Fischer und seine Frau"), in dem ein großer Butt (*flounder*) einem Fischer seine Wünsche erfüllt (*grants*). Der Fischer ruft ihn immer wieder aus der See mit den Worten: „Buttje, Buttje, in der See" und sagt ihm, was er sich wünscht. Jetzt sagen Sie einander, was Sie sich wünschen. Antworten Sie, ob Sie den Wunsch erfüllen können oder nicht.

BEISPIEL: A: Ich wünschte, ich könnte wie ein Vogel fliegen!
            B: Das kann ich dir leider nicht erfüllen!

F Wenn ich ein Vöglein wär' You have learned that the subjunctive is used to express wishes contrary to fact. As you might expect, this use of subjunctive occurs frequently in poems about love and longing. A well-known German folk song begins like this:

> Wenn ich ein Vöglein wär'
> Und auch zwei Flüglein° hätt'   *little wings*
> Flög' ich zu dir.
> Weil's aber nicht kann sein,
> Bleib' ich allhier°.   = *hier*

Try creating a short poem of your own (either rhymed or not) in which you express such an unfulfillable wish.

> Wenn ich ...
> ...
> Dann ...

SCHREIBTIPP

Using the subjunctive to write a speculative essay

The essay topic asks you to speculate about what you *would* do *if* you had the power to rule the world. Because you will be writing about a situation contrary to fact, you must use the subjunctive mood. However, a series of sentences all beginning with "Ich würde ..." would soon become boring. Here are two strategies for making your essay more interesting:

- Combine subjunctive and indicative clauses:

  Weil viele Menschen nicht genug zu essen **haben**, **würde** ich ...

- Use modal verbs to make your essay more varied:

  Wenn ich noch Zeit hätte, dann **könnte** (or **wollte**) ich ...

▶ **Schreiben wir mal: Wenn ich die Welt regieren könnte** Stellen Sie sich vor, Sie könnten eine Woche lang die Welt regieren. Was würden Sie für die Völker der Erde tun? Was würden Sie ändern? Schreiben Sie eine Seite darüber.

G Wie sagt man das auf Deutsch?

1. Would you like to go dancing with us tomorrow night?
2. That would be great, but unfortunately I've broken my leg.
3. That's a shame! You could come along anyway.
4. Your old friend Rainer will be there.

5. Max has been in Graz for weeks.
6. It would be nice to write him a postcard.
7. If only I knew where he is living now.
8. He's either in the Hotel Europa or somewhere in a youth hostel.

9. Can't you concentrate on your paper?
10. No, Marie always disturbs me with her loud music.
11. If you didn't have a piano in your room, you wouldn't have a problem.
12. That's right, but then I would have to look for a new roommate.

PROFILE OF AUSTRIA

Area: 83,858 square kilometers; 32,377 square miles (slightly smaller than the state of Maine)
Population: 8,131,000; density 97 people per square kilometer (251 people per square mile)
Currency: der Euro; 1 € = 100 Cent
Major Cities: Wien (English: Vienna; capital, pop. 1,533,000), Graz, Linz, Salzburg, Innsbruck
Religion: 78% Roman Catholic, 5% Protestant, 17% other

Austria consists of nine states (**Bundesländer**). It became a member of the European Union in 1995. In addition to basic industries such as machinery, iron and steel, textiles, and chemicals, tourism provides an important source of income. The literacy rate is 98%.

Austria plays a vital role in the United Nations, and Vienna is an important point of contact between eastern and western Europe. With the opening of the "UNO City" in 1979, Vienna became the third seat of the United Nations. It is also the headquarters for OPEC (the Organization of Petroleum Exporting Countries).

Straßenkonzert vor dem Stephansdom, Wien

Endlich ist der Frühling da. (Innsbruck mit Blick auf die Nordkette)

Burgenland Kärnten Niederösterreich

Oberösterreich Salzburg Steiermark

Tirol Vorarlberg Wien

TSCHECHISCHE REPUBLIK

NIEDERÖSTERREICH

die Donau

BRD

Linz

OBERÖSTERREICH

St. Pölten

Wien ★

Salzburg

Eisenstadt

die Salzach

ÖSTERREICH

Bodensee

Inn

Bregenz

der

SALZBURG

STEIERMARK

BURGENLAND

VORARL-
BERG

TIROL

Innsbruck

LIECHTEN-
STEIN

OST-
TIROL

KÄRNTEN

Graz

die Mur

UNGARN

SCHWEIZ

ITALIEN

Klagenfurt

0   90 Km.

0   60 Mi.

SLOWENIEN

KROATIEN

Zwei Kulturen in
der Großstadt
(Berlin-Kreuzberg)

Kulturelle Vielfalt

Kommunikation

- Talking about what could or might have happened in the past
- Talking about houses and apartments

Kultur

- Cultural diversity in the German-speaking countries

In diesem Kapitel

- **Lyrik zum Vorlesen**
  Clara Tauchert-da Cruz, „Über Grenzen"
  Şadi Üçüncü, „Integration"
- **Grammatik**
  General subjunctive: Past tense
  Passive voice
  The present participle
  Directional prefixes: **hin-** and **her-**
- **Lesestück**
  Şinasi Dikmen, „Wer ist ein Türke?"
- **Almanach**
  Foreigners Living and Working in Germany

DIALOGE

Lab Manual Kap. 15, Dialoge, Fragen, Hören Sie gut zu!

Video Workbook 8. *Ich* bezahle das Abendessen!

Ich bin doch hier geboren: See p. 269 for flavoring particle **doch**.

Wo liegt die Heimat?

Emine, Schülerin aus einer deutsch-türkischen Familie in Berlin-Kreuzberg, wird für die Schülerzeitung interviewt.

INTERVIEWER: Emine, du kannst ja perfekt Deutsch. Was sprecht ihr denn zu Hause?

EMINE: Ja, ich bin doch hier geboren, und mit meinen Geschwistern spreche ich oft Deutsch. Aber wir sprechen mit den Eltern und Großeltern immer Türkisch.

INTERVIEWER: Man könnte dich für eine Deutsche halten. Wo fühlst du dich eigentlich zu Hause, in Deutschland oder in der Türkei?

EMINE: Das frag' ich mich auch. Hier in Berlin kenne ich mich besser aus als in Istanbul. Aber mir ist klar, dass ich hier nicht von allen akzeptiert werde.

verpasste: Notice the adjectival use of past participle.

Die verpasste Geburtstagsfeier

LILLI: Bist du nicht zu Sonjas Geburtstagsfeier eingeladen worden?

FELIX: Doch, und ich wünschte, ich wäre dabei gewesen. Aber ich war auf Urlaub in Spanien.

LILLI: Du hättest wenigstens anrufen können, um ihr zu gratulieren.

FELIX: Da hast du Recht. Das hätte ich machen sollen.

Vor der Post

Vor der Hauptpost sehen Herr und Frau Becker einen Briefkasten.

FRAU BECKER: Da kannst du deinen Brief einwerfen.

drauf (*colloq.*) = **darauf**

HERR BECKER: Augenblick. Hab' ich genug Briefmarken drauf? Vielleicht sollte ich hineingehen und ihn wiegen lassen.

FRAU BECKER: Zeig mal her – aber Hartmanns sind doch umgezogen! Das ist ihre alte Adresse.

HERR BECKER: Verflixt nochmal! Das hätte ich nicht vergessen sollen.

FRAU BECKER: Ach, reg dich nicht auf! Wir kaufen schnell einen neuen Umschlag.

Haus Becker
Kieler Straße 314
22083 Hamburg

Frau
Annemarie Hartmann
Vogelsang-straße 17
60327 Frankfurt

An der Post

ein·werfen (wirft ein), warf ein, hat eingeworfen to mail (a letter); (*literally*) to throw in

wiegen, wog, hat gewogen to weigh (*trans. and intrans.*)

der **Briefkasten, ⁚** mailbox

der **Umschlag, ⁚e** envelope

die **Adresse, -n** address

die **Briefmarke, -n** stamp

die **Post** post office; postal service; mail

Verben

akzeptieren to accept

sich auf·regen (über + acc.) to get upset (about), get excited (about)

dabei sein to be present, attend

sich fragen to wonder, ask oneself
  Ich frage mich, ob ... I wonder if . . .

gratulieren (+ dat.) to congratulate
  Ich gratuliere dir zum Geburtstag! Happy birthday!

halten für to take for, regard as, think X is
  Ich halte es für möglich. I think it's possible.

Substantive

(das) **Spanien** Spain

die **Feier, -n** celebration, party
  die **Geburtstagsfeier** birthday party

die **Vielfalt** variety, diversity

Andere Vokabel

hinein- (*prefix*) in, into (*see pp. 428–429*)

Nützlicher Ausdruck

Zeig mal her. Let's see. Show it to me.

Mit anderen Worten

Verflixt nochmal! (*colloq.*) = **So ein Mist!** (*Das sagt man, wenn man sich über etwas sehr ärgert.*)

Spanien: adj. **spanisch**. Idiom: **Das kommt mir spanisch vor** (*It's Greek to me*). The expression recalls the elaborate customs introduced to the Habsburg court from Spain in the 16th century.

Where Is Home?

Emine, a student from a German-Turkish family in Berlin-Kreuzberg, is being interviewed for the school newspaper.

I: Emine, you can speak perfect German. What do you and your family speak at home?

E: Well, I was born here and I often speak German with my brothers and sisters. But we always speak Turkish with our parents and grandparents.

I: People could think you were a German. Where do you actually feel at home, in Germany or Turkey?

E: I ask myself that as well. I know my way around better here in Berlin than in Istanbul. But it's clear to me that I'm not accepted by everyone here.

The Missed Birthday Party

L: Weren't you invited to Sonja's birthday party?

F: Yes I was, and I wish I had been there. But I was on vacation in Spain.

L: At least you could have phoned to congratulate her.

F: You're right. I should have done that.

In Front of the Post Office

Mr. and Mrs. Becker see a mailbox in front of the main post office.

MRS.B: You can mail your letter there.

MR.B: Just a second. Do I have enough stamps on it? Maybe I should go in and have it weighed.

MRS.B: Let me see—but the Hartmanns have moved! That's their old address.

MR.B: Darn it all! I shouldn't have forgotten that.

MRS.B: Oh, don't get upset! We'll just buy a new envelope.

Alte Wohnhäuser in Lübeck

Variationen

A Persönliche Fragen

1. Emine weiß nicht genau, wo sie sich eigentlich zu Hause fühlt. Wo fühlen Sie sich zu Hause: wo Sie jetzt wohnen, wo Ihre Eltern wohnen oder wo Sie geboren sind?
2. Felix hat Sonjas Geburtstagsfeier verpasst. Haben Sie je etwas Wichtiges verpasst? Erzählen Sie davon.
3. Schreiben Sie oft Briefe? An wen? Telefonieren Sie lieber oder benutzen Sie E-Mail?
4. Wo ist hier der nächste Briefkasten?
5. Gehen Sie oft zur Post? Wann gehen Sie zur Post? Was lassen Sie dort machen?

B Gruppenarbeit: Reg dich nicht auf! (*Take it easy!*)
Manchmal regt man sich unnötig auf. In welchen Situationen regen Sie sich besonders auf? Wenn Sie etwas vergessen haben? Wenn Sie etwas Wichtiges vorhaben? Machen Sie zusammen eine Liste von solchen Situationen.

BEISPIEL: Ich rege mich auf, wenn ich ein Referat halten muss.

C Klassendiskussion: Geburtstagstraditionen
Was macht man in Ihrer Familie, wenn jemand Geburtstag hat? Gibt es bestimmte Familientraditionen? Feiern Sie zu Hause oder im Restaurant? Lädt man viele Gäste ein oder ist es nur eine kleine Feier? Darf sich das Geburtstagskind (die Person, die Geburtstag hat) sein Lieblingsessen bestellen?

Telefonieren = *to use the phone, talk on the phone* (intrans.): **Es ist billiger abends zu telefonieren.**

Anrufen = *to call up, telephone* (trans.): **Rufe mich morgen vor zehn an.**

In diesen Gedichten beschreiben zwei Lyriker ihre Gefühle als Fremde in Deutschland. Obwohl diese Lyriker nicht in Deutschland geboren sind, leben sie jetzt dort und schreiben auf Deutsch. Clara Tauchert-da Cruz ist in Portugal geboren und studierte Germanistik. Şadi Üçüncü ist in der Türkei geboren und kam 1974 zum Studium der politischen Wissenschaften nach Deutschland.

Über Grenzen

Draußen
ist es leicht
die Grenzen zu überschreiten°.   *cross*

Tief drinnen°   *within*
aber
sind die eigenen Grenzen
nicht zu überwinden°.   **sind ... nicht zu überwinden** = *can't be
                                                       conquered*

Zu spät
kommt die Erkenntnis°   *insight*
— die Heimat ist schon
verloren
und keine neue gewonnen°.   *gained*

Clara Tauchert-da Cruz (geboren 1938)

Integration

ich bin glücklich,
wenn du mir „Guten Tag"
    oder „Hallo" sagst;

ich bin froh,
wenn du mir freundlich
begegnest°;   **mir begegnest** = **mich grüßt**

ich freue mich,
wenn du mich fragst:
„Wie geht es dir";

ich finde es gut,
wenn du mit mir solidarisch°   *supportive*
und brüderlich° bist;   **brüderlich** = **wie ein Bruder**

es ist sehr nett
von dir,
wenn du mir hilfst;

es ist willkommen,
wenn du mich besuchst
ab und zu°;   *now and then*

dann fühle ich mich
in dieser fremden Gesellschaft,
in der Du und Ich
nebeneinander, miteinander
und
füreinander
leben,
nicht mehr
als Fremder, als Ausländer°.　　　　　*foreigner*

Şadi Üçüncü (geboren 1945)

GRAMMATIK

1. General subjunctive: Past tense

Talking about what could or might have happened in the past is a communicative goal.

Past subjunctive is used to talk about hypothetical or contrary-to-fact situations *in the past* (e.g., "*I would have waited* for you yesterday"). Now that you have learned how to use present-tense subjunctive, past subjunctive will prove quite easy. Its form is similar to the *perfect tense* of the indicative. The only difference is that the auxiliary verb is in the *present subjunctive* (a form of **hätten** or **wären** instead of **haben** or **sein**).

Past subjunctive					
ich	**hätte** gewartet	*I would have waited*	ich	**wäre** gekommen	*I would have come*
du	**hättest** gewartet	*you would have waited*	du	**wärest** gekommen	*you would have come*
er	**hätte** gewartet	*he would have waited*	sie	**wäre** gekommen	*she would have come*
wir	**hätten** gewartet	*we would have waited*	wir	**wären** gekommen	*we would have come*
ihr	**hättet** gewartet	*you would have waited*	ihr	**wäret** gekommen	*you would have come*
sie, Sie	**hätten** gewartet	*they, you would have waited*	sie, Sie	**wären** gekommen	*they, you would have come*

Caution! Note that English uses the word *would* in both the present and past subjunctive, while German uses **würden** *only* in the present subjunctive, *not* in the past.

Present:	Er **würde** mitkommen.	He ***would*** come along.
Past:	Er **wäre** mitgekommen.	He ***would have*** come along.

Note also that the subjunctive mood has *only this one past tense*, unlike the indicative which has three past tenses (simple past, perfect, past perfect).

1 Übung: Aber *ich* hätte das gemacht.   Ihre Professorin sagt Ihnen, was sie nicht gemacht hat. Sie sagen, dass *Sie* es gemacht hätten.

> BEISPIEL: Ich habe keinen Ausflug gemacht.
> Aber *ich* hätte einen Ausflug gemacht.

1. Ich habe nicht um Auskunft gebeten.
2. Ich habe Anna nicht geholfen.
3. Ich habe die Adresse nicht gewusst.
4. Ich bin nicht Ski gefahren.
5. Ich habe mir die Haare nicht gekämmt (*combed*).
6. Ich bin nicht lange geblieben.
7. Ich habe den Plan nicht verstanden.
8. Ich bin nicht tanzen gegangen.
9. Ich habe mich nicht verspätet.
10. Ich habe die Briefe nicht eingeworfen.

2 Übung   Wie sagt man das auf Deutsch?

1. I would have hated that.
2. Bernd wouldn't have waited.
3. We would have bought stamps.
4. I would have gotten up earlier.
5. That would have lasted a long time.
6. That would have cost too much.
7. You wouldn't have been happy.
8. I would have gotten used to it.
9. They would have stayed longer.
10. They would have shown us a double room.
11. She would have congratulated me.
12. We would have gladly flown to Spain.

3 Gruppenarbeit: Was hätten Sie gemacht, wenn ...   So ist es *nicht* gewesen, aber es hätte anders sein können. Was hätten Sie gemacht, ...

1. wenn Sie dieses Semester nicht studiert hätten?
2. wenn Sie letztes Jahr eine Million im Lotto gewonnen hätten?
3. wenn Sie vor 100 Jahren gelebt hätten?
4. wenn Sie Beethoven gewesen wären?
5. wenn Sie gestern einen Autounfall gehabt hätten?
6. wenn Ihr Professor sich gestern das Bein gebrochen hätte?

4 Partnerarbeit: Was hättest du lieber gemacht?   In den Sommerferien hat man nie genug Zeit alles zu machen, was man machen möchte. Sagen Sie einander zuerst, was Sie letzten Sommer gemacht haben, und dann was Sie lieber gemacht hätten.

> BEISPIEL: Ich musste den ganzen Tag im Büro arbeiten, aber ich
> hätte lieber eine lange Radtour gemacht.

5 Gruppenarbeit: Ich wünschte, ich hätte das nicht gemacht.   Als Kinder haben wir alle viel gemacht, was wir lieber nicht gemacht hätten. Sagen Sie, was Sie lieber gemacht oder nicht gemacht hätten.

> BEISPIELE: Ich wünschte, ich hätte meine ältere Schwester nicht so oft geärgert.
> Ich wünschte, ich hätte mehr Klavier geübt.
> Ich wünschte, ich wäre ...

Past subjunctive of modal verbs

Review the double-infinitive construction in perfect indicative of modals, p. 197, and in perfect tense of **lassen**, p. 349.

The past subjunctive of modal verbs is also similar to the perfect indicative tense. Because modal verbs always use **haben** as their auxiliary, their past subjunctive is formed with **hätten** plus the *double infinitive*.

Du **hättest** doch **anrufen können**.	*You could have called.*
Das **hätte** ich **machen sollen**.	*I should have done that.*

In English, the past subjunctive of modal verbs uses *would have*, *could have*, or *should have*. Notice how simple and consistent German modals are compared to English.

Ich **hätte** kommen **dürfen**.	*I **would have been allowed** to come.*
Ich **hätte** kommen **können**.	*I **could have** come.*
Ich **hätte** kommen **müssen**.	*I **would have had to** come.*
Ich **hätte** kommen **sollen**.	*I **should have** come.*
Ich **hätte** kommen **wollen**.	*I **would have wanted to** come.*

Note: When the double-infinitive structure occurs in a *subordinate* clause, the inflected auxiliary (**hätte** in the sentences above) must come *before* the double infinitive.

Er sagte mir, dass ich mehr Geld **hätte** wechseln sollen ⬅.

Ich fragte, wie ich das **hätte** wissen sollen ⬅.

This is the *only* case in German where the inflected verb is not in final position in a subordinate clause.

6 **Übung: Das hätten Sie machen sollen**   Ihr Professor hat vergessen viele wichtige Dinge zu machen. Sagen Sie ihm, er hätte sie machen sollen.

BEISPIEL: Ich habe vergessen meinen Regenschirm mitzubringen.
            Sie hätten ihn doch mitbringen sollen.

1. Ich habe vergessen mein Bett zu machen.
2. Ich habe vergessen meine Bücher mitzubringen.
3. Ich habe vergessen meine Frau anzurufen.
4. Ich habe vergessen eine Zeitung zu kaufen.
5. Ich habe vergessen das Fenster zu schließen.
6. Ich habe vergessen den Witz zu erzählen.

7 **Übung**   Wie sagt man das auf Deutsch?

1. We could have flown.
2. We would have had to buy tickets.
3. Frank should have come along.
4. He wouldn't have wanted to come along.
5. He wouldn't have been allowed to come along.

2. Passive voice (*das Passiv*)

Compare the following sentences:

Die meisten Studenten lesen diesen Roman.

Most students read this novel.

Dieser Roman wird von den meisten Studenten gelesen.

This novel is read by most students.

Both sentences say essentially the same thing, but the first is in the *active voice* while the second is in the *passive voice*. The passive voice is used to emphasize that something is being *acted upon* (the *novel* is being read) rather than to emphasize the agent performing that action (the *students* are reading it).

In active sentences, the grammatical subject is also the agent or performer of the action.

Die Studenten lesen.

The students read.

In passive sentences, the grammatical subject is the *object* of the action.

Der Roman wird gelesen.

The novel is read.

Since the passive voice emphasizes the thing acted upon, most passive sentences do not express the agent at all. For passive sentences with an agent, see p. 427.

Every passive sentence can be thought of as the transformation of an active sentence *with a transitive verb and a direct object.* The direct object (*acc.*) of the active sentence becomes the *subject* (*nom.*) of the passive sentence.

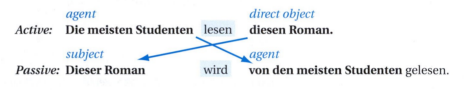

	agent		*direct object*
Active:	**Die meisten Studenten**	lesen	**diesen Roman.**

	subject			*agent*
Passive:	**Dieser Roman**		wird	**von den meisten Studenten** gelesen.

Formation of the German passive voice

The passive voice in English consists of the auxiliary verb *to be* plus a past participle.

Active voice		**Passive voice**			
			aux.		*part.*
They see him.	→	*He*	*is*		*seen.*
We never do that.	→	*That*	*is*	*never*	*done.*
They drank coffee.	→	*Coffee*	*was*		*drunk.*

The passive voice in German consists of the auxiliary verb **werden** plus a past participle.

Active voice		**Passive voice**			
			aux.		*part.*
Sie sehen ihn.	→	Er	**wird**		**gesehen.**
Wir machen das nie.	→	Das	**wird**	nie	**gemacht.**
Sie tranken Kaffee.	→	Kaffee	**wurde**		**getrunken.**

Here is a table showing the formation of all tenses of **gesehen werden** (*to be seen*).

Passive voice				
passive infinitive: **gesehen werden** *to be seen*				
present	Er **wird**	gesehen.	*He **is***	*seen.*
past	Er **wurde**	gesehen.	*He **was***	*seen.*
future	Er **wird**	gesehen **werden.**	*He **will be***	*seen.*
perfect	Er **ist**	gesehen **worden.**	*He **has been***	*seen.* *or:*
			*He **was***	*seen.*
past perfect	Er **war**	gesehen **worden.**	*He **had been***	*seen.*

Note:

Use Appendix 2, pp. 473–474, to review the past participles of strong transitive verbs.

- In both German and English passive, the past participle (**gesehen**/ *seen*) appears in all tenses. The auxiliary verb (**werden**/ *to be*) is conjugated.

- The normal past participle of **werden** (**geworden**) is contracted to **worden** in the perfect tenses of the passive voice.

- The German passive infinitive is in the reverse order of English.

gesehen werden

to be seen

You should be able to understand the two passive structures in this advertisement.

Lab Manual Kap. 15, Üb. 9, 14, and Var. zu Üb. 8, 12.

Workbook Kap. 15, E–G.

Üb. 8, **9**, **12**: Each of these sentences in the active voice has a personal pronoun or **man** as its subject. These pronoun subjects disappear in the passive voice. Do not try to express an agent in these passive sentences.

8 Übung　Change the sentences from the active to the passive. Be careful to keep the same tense as in the active sentence.

Present tense

1. Man liest diese Romane oft.
2. Morgens kaufen wir die Zeitung.
3. Bei uns sieht man nicht viele Deutsche.
4. Ich rufe meine Eltern jedes Wochenende an.
5. Man versteht mich nicht!
6. Wir feiern morgen deinen Geburtstag.
7. Wir räumen die Schlafzimmer jeden Samstag auf.
8. Ich schicke dieses Paket nach Australien.

Simple past tense

9. Im 18. Jahrhundert schrieb man viele Briefe.
10. In der ganzen Welt las man seinen ersten Roman.
11. Man zeigte den Film in jedem Kino.
12. Man kaufte viele Bananen.

Future tense

13. Was wird man sagen?
14. Man wird dieses Wahlplakat nicht sehen.
15. Man wird neue Wohnungen für die Armen bauen.
16. Man wird dieses Thema besprechen.

Perfect tense

17. Man hat die alte Wohnung verkauft.
18. Man hat die Briefe eingeworfen.
19. Man hat den jungen Künstler eingeladen.
20. Man hat unsere Umwelt verschmutzt.

Welches Haus wurde früher gebaut? Fachwerk- (*half-timbered*) **und modernes Einfamilienhaus**

9 Übung: Das wird sofort gemacht!   Sie sind alle Hotelangestellte. Ihre Professorin ist Gast im Hotel und bittet Sie etwas für sie zu machen. Sie sagen, alles wird sofort gemacht.

> BEISPIEL: Können Sie mir bitte diese Uhr reparieren?
> Ja, sie wird sofort repariert!

1. Können Sie mir bitte einen Brief einwerfen?
2. Können Sie mir bitte einen Tisch reservieren?
3. Können Sie mir bitte die Schuhe putzen?
4. Können Sie mir bitte das Zimmer aufräumen?
5. Können Sie mir bitte meine Kleider aufhängen?
6. Können Sie mir bitte das Bett machen?
7. Können Sie mir bitte das Frühstück bringen?
8. Können Sie mir bitte ein Taxi bestellen?

10 Übung   Erzählen Sie die „Lebensgeschichten" der folgenden Dinge im Passiv. Das wird so gemacht:

> You can connect your sentences with **dann: Die Zeitung wird zuerst von Journalisten geschrieben,** *dann* **wird sie ...**

> BEISPIEL: Zeitung: Journalisten / schreiben
> Die Zeitung wird zuerst von Journalisten geschrieben.
> (usw.)

1. die Zeitung: Journalisten / schreiben
   am Morgen auf der Straße / kaufen
   zwischen sieben und halb acht / lesen
   im Zug / vergessen
   alter Mann / finden und lesen
2. der Roman: Schriftsteller / schreiben
   in der Buchhandlung / kaufen
   zu Hause / lesen
   einem Freund / leihen
   vom Freund / verlieren
3. die Wurst: Metzger (*butcher*) / machen
   Hausfrau / kaufen
   im Wasser / kochen
   zum Mittagessen / essen
4. die Postkarte: in Italien / kaufen
   Barbara / schreiben
   zur Post / bringen
   in den Briefkasten / einwerfen
   Familie / lesen

Erzählen Sie weiter von den folgenden Gegenständen (*objects*): der Tisch, das Auto, das Brötchen, das Frühstück, das Gepäck, die Weinflasche, das Foto.

11 Gruppenarbeit: Trivial Pursuit (*2 Mannschaften*)   Jetzt spielen Sie ein bisschen „Trivial Pursuit". Jede Mannschaft stellt der anderen Fragen über Geschichte, berühmte Personen, Kunst, Literatur usw. Benutzen Sie das Passiv.

> BEISPIELE: Von wem wurde *Faust* geschrieben?
> Wo wurde Jazzmusik zuerst gespielt?

Passive voice with a modal verb

Often you need to say that something *must* be done, *should* be done, *can* be done, or *may* be done. In such cases, you must use the modal verb with the passive voice. Just keep in mind that the dependent infinitive is the two-word *passive infinitive* (e.g., **getan werden**) rather than the one-word active infinitive (**tun**).

Active:	Er muss es **tun**.	*He has **to do** it.*
Passive:	Es muss **getan werden**.	*It has **to be done**.*

This table shows the formation of all tenses of a modal verb with the passive voice.

Passive with a modal verb		
present	Das **muss** getan werden.	*That **has** to be done.*
past	Das **musste** getan werden.	*That **had** to be done.*
future	Das **wird** getan werden **müssen**.	*That **will have** to be done.*
perfect	Das **hat** getan werden **müssen**.	*That **had** to be done.*
past perfect	Das **hatte** getan werden **müssen**.	*That **had had** to be done.*

Note: The modal verb is inflected. The passive infinitive remains unchanged throughout all tenses.

12 **Übung**   Change the sentences from active to passive voice. Be sure to use the same tense as in the active sentence.

Present
1. Wir müssen die Wohnung aufräumen.
2. Wir müssen noch den Wein kaufen.
3. Du darfst deine Freunde einladen.
4. Ich muss Oma nach Hause bringen.
5. Ich soll diese Briefe wiegen.

Past
6. Man musste die Fenster schließen.
7. Man musste die Kinder abholen.
8. Man konnte das Mädchen nicht interviewen.
9. Man durfte nichts kochen.
10. Ich durfte diesen Witz nicht erzählen.

13 **Gruppenarbeit: Was muss gemacht werden?** (*Mit offenen Büchern*)   Sie diskutieren, was gemacht werden muss, um die Umwelt zu retten. Unten sind einige Möglichkeiten zum Kombinieren, aber Sie sollen auch Ihre eigenen Ideen benutzen.

BEISPIEL: Der Müll muss zum Recycling gebracht werden.

der Müll	schließen
das Altglas	finden
Alternativen	organisieren
Atomkraftwerke	zum Recycling bringen
Demonstrationen	ändern
unser Denken	bauen
umweltfreundliche Autos	sammeln

Passive voice with an agent

Most passive sentences make no mention of the agent performing the action.

Diese Häuser wurden sehr schnell gebaut.	*These houses were built very quickly.*
Das wird oft gesagt.	*That is often said.*

When the person performing the action *is* mentioned, **von** + *dative* is used.

Diese Häuser wurden **von türkischen Gastarbeitern** gebaut.	*These houses were built by Turkish foreign workers.*
Das wird **von vielen Menschen** gesagt.	*That is said by many people.*

14 Übung Restate the following sentences in the passive. Use the same tense as in the active sentence.

BEISPIEL: Meine Freundin liest jetzt den Roman.
Der Roman wird jetzt von meiner Freundin gelesen.

1. Fast alle Physikstudenten belegen dieses Seminar.
2. Viele deutsche Schüler tragen gern Turnschuhe.
3. Unser Professor empfahl dieses Buch.
4. Alle Schüler in der Schweiz müssen Fremdsprachen lernen.
5. Michael hat mich eingeladen.
6. Die Gruppe hat das Referat besprochen.
7. Mein Freund hat die Gäste abgeholt.
8. Die Kinder singen immer dieses Lied.
9. Der Gepäckträger (*porter*) schleppte den Koffer zum Taxi.
10. Die ganze Familie feiert Omas Geburtstag.

Info-Austausch

Partner B's information can be found in Appendix 1.

15 Von wem? Jeder Partner bekommt Listen mit den Titeln „Was?" und „Von wem?" Stellen Sie einander Fragen im Passiv, um Ihre Listen zu ergänzen (*complete*).

BEISPIEL:

Was?	**Von wem?**
Don Giovanni komponieren	Bäcker
Brot backen	Mozart

A: Von wem wird Brot gebacken?   B: Vom Bäcker.
B: Von wem wurde *Don Giovanni* komponiert?   A: Von Mozart.

Partner A:

Was?	Von wem?
Hamlet schreiben	Automechaniker
Vorlesungen an der Uni halten	Schriftsteller
die 9. Symphonie komponieren	Goethe
Zeitungsartikel schreiben	Kellner
die Relativitätstheorie formulieren	Sigmund Freud

3. The present participle (*das Partizip Präsens*)

To form the present participle (English: *sleeping*, *reading*, etc.) of a German verb, simply add **-d** to the infinitive.

schlafend	*sleeping*	**denkend**	*thinking*
feiernd	*celebrating*	**lesend**	*reading*

The present participle is used:

Remember that past participles can also be used as adjectives. See p. 319.

■ as an attributive adjective with the standard adjective endings:

Wir wollen das **schlafende** Kind nicht stören.	*We don't want to disturb the sleeping child.*
Lesen Sie die **folgenden** Seiten.	*Read the following pages.*

■ occasionally as an adverb:

Das Kind lief **weinend** ins Zimmer.	*The child ran into the room crying.*

The German present participle is *not* used as a verbal noun. German uses the infinitive for this purpose: *No Parking* = **Parken verboten** (see p. 199).

Schlafende Hunde beißen nicht.

Lab Manual Kap. 15, Üb. 16.

Workbook Kap. 15, H.

16 Übung   Add the present participle of the cued verb as an adjective to each sentence.

BEISPIEL: Wir können die Preise nicht mehr zahlen. (steigen)
              Wir können die steigenden Preise nicht mehr zahlen.

1. Jeder Mensch weiß das. (denken)
2. Was meinen die Politiker? (führen)
3. Die Arbeitslosigkeit ist ein Problem. (wachsen)
4. Sie hörte die Kinder. (lachen)
5. Bitte stören Sie meinen Mitbewohner nicht. (schlafen)

4. Directional prefixes: *hin-* and *her-*

German has two separable prefixes that combine with verbs of motion to show whether that motion is *toward the speaker* (**her-**) or *away from the speaker* (**hin-**). You are already familiar with these directional indicators from the question words **woher**? (*from where*?) and **wohin**? (*to where*?).

Können wir nicht **hin**fahren?	*Can't we go **there**?*
Komm doch mal **her**.	*Come **here** a minute.*
Wie komme ich (da)**hin**?	*How do I get **there**?*

Recall Herr Becker's line in the third dialogue, p. 413: **Vielleicht sollte ich hineingehen ...** Notice that the preposition **in** becomes the prefix **ein**: hineingehen = *to go in.*

These directional indicators are often used in combination with other separable prefixes that indicate direction. Two sets of these are **auf und unter** (*up and down*) and **ein und aus** (*in and out*). The two elements combine to make one separable prefix that can be attached to any verb of motion.

In spoken German, both directional prefixes are often replaced by initial **r**: **Raus mit dir! Gehen wir rein/rauf/runter.** (Computersprache: **runterladen** = *to download*)

The prefixes **hin-** and **her-** must be used when the sentence does not contain a directional phrase such as **in die Post** or **ins Haus**. It is *incorrect* to say „Gehen wir ein." Correct is: **Gehen wir hinein.**[1]

Da ist die Hauptpost. Gehen wir **hinein**.   *There's the main post office. Let's go in.*

Draußen scheint die Sonne. Gehen wir **hinaus**.   *The sun is shining outside. Let's go out.*

Note: When someone knocks at the door, Germans simply say

Herein!   *Come in!*

---

[1] Even when a prepositional phrase is used, the directional prefixes are sometimes added.

Er ist aus dem Haus **heraus**gekommen.   *He came **out** of the house.*

Sie ging in die Kirche **hinein**.   *She went **into** the church.*

Workbook Kap. 15, I.

17 **Gruppenarbeit: Gehen wir hinein!** Complete these sentences by filling in the missing words.

You're standing *outside* the house.

1. Gehen wir _____. (*in*)
2. Karl, komm doch _____! (*out*)
3. Anna ist vor einer Minute _____. (*gone in*)
4. Bald kommen die Kinder aus dem Haus _____. (*out*)

You're standing *inside* the house.

5. Kommt Grete bald _____? (*in*)
6. Es ist so schön, ich möchte jetzt _____. (*go out*)
7. Wir sollten alle _____. (*go out*)
8. (*Es klingelt.*) _____! (*"Come in!"*)

You're standing *at the top* of the steps.

9. Warum kommt ihr nicht _____? (*up*)
10. Jörg ist gerade _____. (*gone down*)

You're standing *at the bottom* of the steps.

11. Susi, ich brauche Hilfe! Komm mal schnell _____! (*down here*)
12. Ich bin jetzt müde. Ich gehe _____ und lege mich aufs Bett. (*up*)

18 **Partnerarbeit: Wo kommt sie her? Wo geht er hin?** Beschreiben Sie, was diese Menschen machen.

Tipps zum Lesen und Lernen

Tipps zum Vokabelnlernen

German equivalents for *to think*   The English verb *to think* has several meanings, for which German has various verbs (rather than just one). You have already learned most of these verbs as separate vocabulary items.

■ When *think = to have an opinion*, use **glauben**, **meinen**, or **finden**.

Ich **finde** das toll.	*I think that's great.*
Ich **meine**, das stimmt nicht.	*I think that's incorrect.*
Ich **glaube** schon.	*I think so.*
Ich **glaube** nicht.	*I don't think so.*

■ When *think = to think of, keep in mind*, use **denken an**.

Er **dachte an** seine Jugend.	*He was thinking of his youth.*
Denken Sie **an** die anderen.	*Think of the others.*

■ When *think = to think X is . . ., to take X for . . .*, use **halten für**.

Ich **hielt** sie **für** eine Deutsche.	*I thought she was a German.*
Ich **halte** das **für** zu schwer.	*I think that's too difficult.*

■ When *think = to think about, ponder*, use **sich etwas überlegen**.

Das muss ich mir **überlegen**.	*I have to think about that.*
Ich werde mir die Alternativen **überlegen**.	*I'll think about the alternatives.*

In contemporary colloquial usage, **denken** is frequently used as a synonym for **meinen**.

Synonyms for **halten für**: Ich *finde* das zu schwer. Ich *meine*, das ist zu schwer.

▶ Übung: Wie sagt man das auf Deutsch?

1. I often think of you.
2. I think she's a good doctor.
3. What do *you* think?
4. I have to think about the answer.
5. I think that's a great idea!
6. Do you think I'm crazy?
7. I don't think so.

Lab Manual Kap. 15, Üb. zur Betonung.

Leicht zu merken

die **Anekdote, -n**	Anekdote
die **Arroganz**	Arroganz
die **Klinik, -en**	
die **Nationalität, -en**	Nationalität

Einstieg in den Text

Recognizing the passive voice in context The following text contains four passive constructions. You will recognize them by the fact that they all have some form of **werden** plus a past participle. Here is the first occurrence of passive voice (l. 7):

> ... der wegen seiner Nationalität nicht überall akzeptiert wird.

As you encounter the others, jot them down and make sure you understand them.

Leitfragen Im folgenden Lesestück beschreibt der Autor – ein Türke, der in Deutschland lebt –, was er eines Tages in einem Zugabteil erlebte (*experienced*). Die deutschen Mitreisenden halten ihn für einen Deutschen. Wenn dann ein „richtiger" Türke ins Abteil will, ist ihre Reaktion ganz anders. Die Sprache dieser Anekdote ist relativ einfach und direkt, aber auch witzig. Suchen Sie Antworten auf die folgenden Fragen, während Sie lesen:

1. Warum fühlt sich der Autor als Türke, obwohl er in Deutschland lebt und arbeitet?
2. Welche Klischees über die Türken und die Deutschen finden Sie in dieser Anekdote?
3. Was ist der Unterschied zwischen dem Erzähler und dem „richtigen" Türken? Zum Beispiel, wie sehen diese zwei Türken aus?

Wortschatz 2

Verben

an·schauen to look at
diskutieren to discuss
kontrollieren to check, inspect
schreien, schrie, hat geschrien to shout, yell
teil·nehmen (nimmt teil), nahm teil, hat teilgenommen an (+ *dat.*) to take part in
sich unterhalten (unterhält), unterhielt, hat sich unterhalten (mit) to converse with, talk to

Anschauen and its synonym, **ansehen** = *to look at.* Contrast **sich etwas ansehen** = *to take a (good) look at something.*

Substantive

der **Ausländer, -** foreigner (*m.*)
der **Pass, ⸚e** passport
der **Türke, -n, -n** Turk (*m.*)

das **Abteil, -e** railway compartment
das **Thema,** *pl.* **Themen** topic, subject, theme
(das) **Türkisch** Turkish (language)
die **Ausländerin, -nen** foreigner (*f.*)
die **Fahrt, -en** trip, ride
die **Türkin, -nen** Turk (*f.*)
die **Tüte, -n** (paper, plastic) bag

Adjektive

angenehm pleasant
richtig (*here*) true; real

Andere Vokabel

so ein (*demonstrative*) such a

Gegensätze

angenehm ≠ unangenehm pleasant ≠ unpleasant

Wer ist ein Türke?

 Lab Manual Kap. 15, Lesestück.

Şinasi Dikmen ist 1945 in Ladik/Samsun in der Türkei geboren. Er besuchte in der Heimat eine Berufsschule für Gesundheitswesen°. Er arbeitete vier Jahre als Gesundheitsberater° in der Türkei. Dikmen lebt seit 1972 in der BRD. Dort arbeitete er zunächst als Fachkrankenpfleger° auf der chirurgischen° Intensivstation der
5 Universitäts-Kliniken Ulm. Heute ist er freier Schriftsteller°.

     In der folgenden Anekdote schreibt Dikmen mit Humor über ein ernstes soziales Thema. Als Ausländer, der wegen seiner Nationalität nicht überall akzeptiert wird, muss er sich fragen, was es denn bedeutet, ein Türke in Deutschland zu sein.

Wer ist ein Türke? Wie erkennt° man ihn, woher weiß man, ob jemand ein Türke ist?
10 Diese Fragen beschäftigen° mich, seit ich in Deutschland bin. (...) Viele glauben, ein Türke sei[2] der°, der einen schwarzen Schnurrbart° und einen türkischen Pass hat. Es gibt in Europa aber viele Türken, die keinen türkischen Pass haben, darunter sogar etliche, denen gar der Schnurrbart fehlt°. Nichtsdestoweniger° sind es[3] Türken, denn sie sprechen Türkisch. Viele von ihnen sprechen aber auch Deutsch. Sind es[3] darum
15 Deutsche? (...)

     Ich bin in der Türkei geboren, mit türkischer Erziehung° aufgewachsen. Meine Eltern sind Türken wie meine Geschwister und meine Verwandten. Ich habe die türkische Schule besucht, als türkischer Gastarbeiter° bin ich nach Deutschland gekommen, als Türke habe ich mich beim Ausländeramt gemeldet°. Meine Kranken-
20 versicherung°, meine Rente° und meine Autoversicherung° laufen unter der Nationalität „Türke" und ich spreche mit meinen Kindern, soweit° es möglich ist, zu Hause Türkisch, ich liebe türkisch°, ich hasse türkisch, ich esse türkisch (...), und ich glaubte fest° daran, dass ich ein Türke sei – bis mir dieser Vorfall° passierte.

     Vor zwei Jahren nahm ich an einer Lesung° in Hameln teil und stieg in Hannover
25 in den Zug Richtung° Ulm.[4] Es war eine gute Lesung in Hameln. Das Publikum[5] war nett, wir unterhielten uns angenehm, diskutierten über die Situation der Türken und über die Deutschen, über Gott und die Welt°. Nach der Lesung gingen wir in ein griechisches Lokal, wo wir fast türkisch aßen. Am nächsten Tag wurde ich von einer Dame bis zum Bahnhof in Hannover gefahren. Ich betrat° ein Abteil, in dem nur ein
30 älteres Ehepaar saß. Ich fragte sie höflich, ob ein Platz frei sei, und sie antworteten höflich, ja, bitte; ich setzte mich hin, schlug „Die Zeit"[6] auf° und tat, was in Deutschland bei einer solchen° Fahrt verlangt° wird, nämlich° schweigen, schweigen, schweigen, nie etwas fragen, solange° du selbst nicht gefragt wirst. (...)

     Ich (...) las weiter „Die Zeit", stellte niemandem Fragen, wurde auch nichts
35 gefragt. (...) In Fulda[7] stieg ein richtiger Türke zu°, fragte das Ehepaar kurz und knapp°: „Frei?" Bevor er ausgesprochen hatte, schrie die Dame schon: „Nein, nichts frei!" Der Türke, klein, gedrungen°, mit handgestrickter Weste°, grün, ich würde

---

health professions
health consultant
nurse-specialist / surgical
freier ... = *freelance writer*

Dikmen berichtet in heiterem Ton von Vorurteilen gegen Ausländer. Der **Almanach** (S. 438) behandelt (*treats*) die ernste Seite dieses Themas.

recognize
concern
der = **jeder Mann** / *moustache*

darunter ... = *among them even many who have no moustache* / = **trotzdem**

upbringing

guest worker
habe ... = *registered with the Resident Alien Office* / *health insurance* / *pension* / *car insurance* / *as far as* / **türkisch** = **als Türke** / *firmly* / *incident* / *reading*
in the direction of

über ... Welt = **über alles**

= **ging in ... hinein**

schlug ... auf = **machte ... auf**
einer solchen = *such a* / *required* / *namely* / *as long as*

stieg ... zu = **stieg auch ein**
kurz und knapp = **ohne viele Worte** / *stocky* / *hand-knit vest*

Learning about issues of cultural diversity in the German-speaking countries is the cultural goal of this chapter.

---

[2] **sei** (lines 11, 23, 30, 44): Special subjunctive form of **sein** used to report speech and thoughts indirectly (= *is* or *was*).
[3] **sind es Türken ... Sind es Deutsche?** The singular pronoun **es** used with plural **sind** is parallel to the phrase **das sind** (*those are*) and refers to people collectively.
[4] **Hameln, Hannover**: Städte in Niedersachsen. Dikmen wohnt in **Ulm**.
[5] **Publikum** = **Menschen, die zur Lesung gekommen waren.**
[6] **Die Zeit**: weekly newspaper with educated readership.
[7] **Fulda**: Stadt im Bundesland Hessen.

Kulturelle Vielfalt ■ **433**

Autoaufkleber in Berlin

sagen, Türkengrün[8], in beiden Händen Plastiktüten, ging nach dieser barschen°
Antwort weiter.

40   Ich schaute ihn an, er schaute mich an, so als frage er°, hier sind doch drei Plätze
frei; ich hatte das alles nicht richtig mitbekommen°, so schnell ging es. Der Zug war,
soviel° ich sehen konnte, voll. Der Türke stellte sich genau vor unsere Tür – wie zum
Trotz°. Ich fragte die Dame: „Hier sind doch noch drei Plätze frei. Warum sagten Sie
dem Mann, dass nichts frei sei?" Wie stets°, wenn Deutsche sich gegenseitig°

45 taxieren°, antwortete die Dame mit einer Stimme, die zwar höflich war, aber° vom
Gesprächspartner Abstand verlangte°, dass sie mit so einem Typen nicht zusammen
in einem Abteil fahren möchte.

     Ich hakte nach°: „Was meinen Sie mit Typen? Mit einem türkischen Typen? Woher
wissen Sie, dass er ein Türke ist?" „Das merkt man doch gleich", antwortete sie, ich

50 solle° mal richtig hinschauen°, dieser finstere Blick° und diese Arroganz. Ich erwider-
te°: „Der Mann hat doch nur höflich gefragt." „Das meinen Sie! Ich aber kenne diese
Türkenblicke°!" Nein, ich könne° von der Dame nicht verlangen°, dass sie sich die
Fahrt durch die Anwesenheit° eines Türken verderbe°. Sie möchte auf keinen Fall°
mit einem Türken im Abteil sitzen. Ich ließ nicht locker°: „Sie fahren aber mit einem

55 Türken im Abteil." „Nein", sagte sie, „nein, der ist mein Mann, ich fahre nicht und ich
werde auch nicht fahren." „Doch, Sie fahren mit einem Türken, und zwar° mit mir!"
Sie wusste zunächst nicht, was sie sagen sollte. Sie schaute ihren Mann an, bat ihn

= *unhöflich*

so ... = *as if to ask*
= *verstanden*
as far as
zum Trotz = *out of defiance*
= *immer* / = *einander*
"check out" / *zwar ... aber* =
  to be sure . . . but /
  = *Distanz erwartete*

hakte nach = *followed up*

= *sollte* / *take a look* /
  finsterer Blick = *scowl* /
  = *antwortete* / *"the way
  the Turks look at you"* /
  = *konnte* / = *erwarten* /
  presence / *ruin* / *auf ...*
  = *nie* / *ließ ...* = *didn't let
  up* / *namely*

---

[8] **Türkengrün**: Wortspiel auf **Türkisgrün** (*turquoise*). Dieser Stein wurde zuerst in der Türkei
gefunden.

[9] Alternative usage of **Typ** as N-noun.

um Hilfe, aber der verlor kein Wort°, er kontrollierte seine Fußspitze°, tat so, als höre
er nichts°. (...)

60 „Ich bin aber Türke, und Sie fahren leider mit einem Türken zusammen.“ „Sie
können doch kein Türke sein.“ „Warum nicht?“ „Nur so°.“ „Ich bin Türke, soll ich
Ihnen meinen Pass zeigen?“ „Das brauchen Sie nicht, weil Sie kein Türke sind.“
„Warum sind Sie so sicher?“ „Erstens°, ja, hmm, erstens, ich weiß nicht, aber, hmm,
Sie sind auf alle Fälle kein° Türke.“ „Warum nicht?“ „Weil, hmm, weil, wie soll ich
65 sagen, hmm, weil Sie ,Die Zeit‘ lesen.“

Ich weiß nicht, wie viele „Zeit“-Leser es in Deutschland gibt, einhundert-,
zweihundert-, drei-, vier-, fünfhunderttausend oder eine Million. In Deutschland
leben 60 Millionen vermeintliche° Deutsche. Da nicht alle „Die Zeit“ lesen, denke ich,
dass die Deutschen, die keine „Zeit“ lesen, keine Deutschen sind, sondern Türken.

*verlor ... = **sagte nichts** / tip
of his foot / **tat ...** = acted as
if he didn't hear anything*

"Just because."

first of all
auf ... = gar kein

putative, supposed

NACH DEM LESEN

Lab Manual Kap. 15,
Diktat.

Workbook Kap. 15, J–L.

A **Antworten Sie auf Deutsch.**

1. Wann und wo ist Şinasi Dikmen geboren?
2. Was hat er als Beruf gelernt? Wo wohnt er jetzt?
3. Was halten viele Deutsche für „typisch türkisch“?
4. Was identifiziert den Autor als Türken?
5. Was für einen Eindruck macht das deutsche Ehepaar im Abteil auf Dikmen? Was
   für einen Eindruck macht er auf sie?
6. Was hält er für „typisch deutsch“?
7. Warum wird der „richtige Türke“ von der deutschen Dame nicht akzeptiert?
8. Warum hält die Dame den Autor für einen Deutschen?

B **Rollenspiel: Begegnung [encounter] im Zugabteil (*3 Personen*)**   Zwei Personen
sitzen im Zugabteil. Eine dritte Person kommt herein, fragt, ob hier ein Platz frei ist,
und setzt sich. Die neue Person hat etwas Interessantes in der Hand und die ersten
zwei fangen ein Gespräch mit der dritten Person an. Sprechen Sie zirka fünf Minuten
zusammen und lernen Sie einander so gut wie möglich kennen.

C **Übung: Wie wird das im Passiv gesagt?**   Rewrite these sentences in passive voice.
Keep the same tense.

1. Man akzeptiert mich fast überall.
2. Robert interviewt eine italienische Schülerin.
3. Man warf den Brief in den Briefkasten ein.
4. Die Studenten haben eine Europareise geplant.
5. Hat jemand die Wohnung im ersten Stock schon gekauft?
6. Dort sprach man nur Türkisch.
7. Man muss dieses Problem verstehen.
8. Die Gäste haben meine Großmutter überrascht.
9. Der Beamte muss das Gepäck kontrollieren.
10. Am Montag soll man dieses Thema diskutieren.

Vokabeln zum Thema Haus und Wohnung

Refer to p. 157 for furniture vocabulary.

This vocabulary focuses on an everyday topic or situation. Your instructor may assign some supplementary vocabulary for active mastery.

Hier ist der Grundriss (*floorplan*) vom Erdgeschoss einer typischen deutschen Wohnung. Wahrscheinlich gibt es auch noch einen ersten Stock mit mehr Schlafzimmern. Wie ist diese deutsche Wohnung anders als eine amerikanische? In Deutschland gibt es zum Beispiel keine eingebauten Schränke (*built-in closets*) wie in Amerika, sondern man hat einen großen Kleiderschrank (*wardrobe*) im Schlafzimmer. Merken Sie andere Unterschiede?

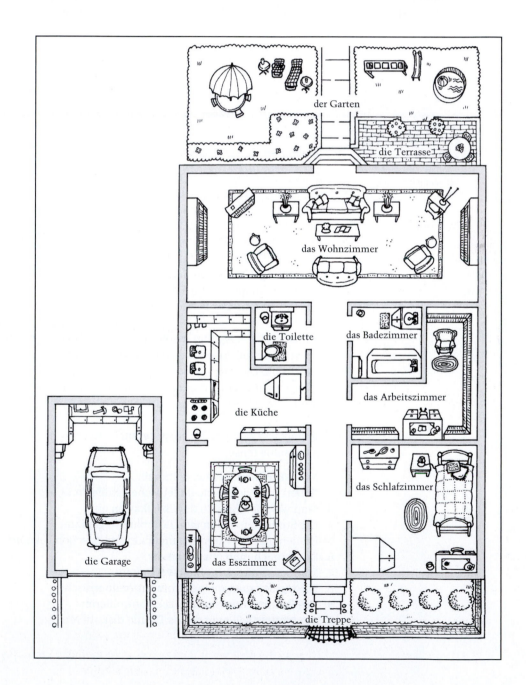

der Garten

die Terrasse

das Wohnzimmer

die Toilette

das Badezimmer

die Küche

das Arbeitszimmer

das Schlafzimmer

die Garage

das Esszimmer

die Treppe

D **Übung: Zimmernamen** Um diese Übung zu machen müssen Sie zuerst die Namen der Zimmer wissen.

1. Wo wird das Essen gekocht?
2. Wo wird das Auto geparkt?
3. Wo werden Referate, Briefe usw. geschrieben?
4. Wo könnte man fernsehen und die Zeitung lesen?
5. Wo spielen die Kinder bei schönem Wetter?
6. Wo putzt man sich die Zähne?
7. Wo schläft man?
8. Wo nimmt man ein Bad?
9. Wo isst die Familie zusammen?
10. Wo könnte man bei gutem Wetter sitzen und Kaffee trinken?

E **Gruppenarbeit: Zur Diskussion**

Talking about houses and apartments is a communicative goal.

1. Wie wohnen Sie zu Hause? Beschreiben Sie das Haus oder die Wohnung Ihrer Familie.
2. Wie würde Ihr Traumhaus aussehen? Beschreiben Sie es.

SCHREIBTIPP

Choosing between subjunctive and indicative

Look at the three topics given below.

- Topic 1 asks you to reflect upon a real situation. Use present indicative here.
- Topic 2 asks you to speculate about the present. You thus need to use the present subjunctive.
- Topic 3 asks you to speculate about the past (e.g., how *would* you have lived if you *had been* …). Use past subjunctive here.

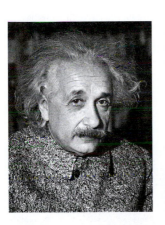

▶ **Schreiben wir mal.**

1. Gibt es Arbeiter aus dem Ausland in Nordamerika? Wie ist die Situation anders als in Europa?
2. Was für Schwierigkeiten hätten Sie in einem Land, wo kein Englisch gesprochen wird? Beschreiben Sie einige typische Situationen.
3. Wählen Sie eine historische Person und stellen Sie sich vor, Sie wären dieser Mensch gewesen. Wie hätten Sie gelebt? Hätten Sie etwas anderes gemacht?

   BEISPIEL: Wenn ich Einstein gewesen wäre …

F **Wie sagt man das auf Deutsch?**

1. Would you like to have lived in the 19th century?
2. I have to think about that.
3. How would life have been different back then?
4. You would not have been able to work with a computer.
5. My paper has to be written soon.
6. When are you going to start? (*Use future tense.*)
7. Either today or the day after tomorrow.
8. What are you writing about?
9. About foreigners in the EU.
10. That's a current topic that interests me too.
11. There is the post office. Didn't you want to mail your letter?
12. Yes, let's go in. I could also buy some stamps.

Almanach

FOREIGNERS LIVING AND WORKING IN GERMANY

During the past fifty years, Germany has attracted large numbers of people from other countries. In 1998, 7.3 million foreigners were living in Germany, comprising 9 percent of the total population.

In the economic recovery following World War II, manpower shortages existed in the industrialized countries of northern Europe. From the 1960s to the early 1970s, workers from Turkey, Yugoslavia, Italy, Greece, Spain, and Portugal were brought to West Germany. Many of these workers and their families have lived in Germany for years and recent changes in the law make it easier for them to become citizens.

Another large class of foreigners in Germany are those seeking asylum from political persecution in their native countries. The German Basic Law (**Grundgesetz**) of 1949 stated that "those being persecuted politically have a right to asylum." But by the early 1990s, the densely populated country was finding it increasingly difficult to support large numbers of political refugees (438,000 in 1992). In 1993 the Basic Law was amended to make the requirements for asylum seekers much more strict.

The liberalization of Eastern Europe and the opening of what used to be called the Iron Curtain in the late 1980s and early 1990s led to an influx into the Federal Republic of ethnic Germans (the so-called **Aussiedler**) from Poland, the Soviet Union, and Romania. Under the German constitution, they are entitled to citizenship.

The "graying" of German society and the extremely low birth rate in the Federal Republic have led to an increasingly urgent debate about how best to attract to Germany young, educated immigrants with advanced education and skills.

The result of all these trends has been to make German society increasingly diverse in its ethnic and racial makeup.

Türkische Arbeiter bei der Weinernte (*grape harvest*), Worms

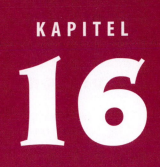

Briefträgerin bei der
Bundespost (München)

Die Frau: Neue Wege und Rollen

Kommunikation

- Expressing feelings
- Reporting what others have said

Kultur

- Changes in the social roles of women in the
  German-speaking countries

In diesem Kapitel

- **Lyrik zum Vorlesen**
  Vier Gedichte von Mascha Kaléko
- **Grammatik**
  Subjunctive with **als ob**
  Indirect quotation and special subjunctive
  Impersonal passive
  Subjective use of modal verbs
  Extended modifiers
- **Lesestück**
  Marie Marcks: Politik mit Witz
- **Almanach**
  Berühmte Frauen

DIALOGE

Lab Manual Kap. 16, Dialoge, Fragen, Hören Sie gut zu!

Video Workbook 8. *Ich* bezahle das Abendessen!

Kind oder Beruf?

Margarete ist bei ihrer alten Schulfreundin Martha zu Besuch. Sie sitzen im Garten bei einer Tasse Kaffee.

MARTHA: Wie schafft ihr das, wenn euer Kind da ist? Wirst du deine Stelle aufgeben?

MARGARETE: Nee, eine so gut bezahlte Stelle ist schwer zu finden. Rolf kann vormittags auf das Baby aufpassen und nachmittags an seiner Diss arbeiten.

MARTHA: Wer passt *dann* auf das Baby auf?

MARGARETE: Dann bin ich da. Ich habe meine Chefin schon gefragt, ob es möglich sei, halbtags zu arbeiten.

MARTHA: Was sagte sie dazu?

MARGARETE: Sie meinte, das ginge. Die ist ja selber verheiratet und hat Kinder.

Goldene Hochzeit

Am Morgen vor der Vorlesung treffen sich Heinrich und Liese im Studentencafé.

HEINRICH: Liese, du siehst aus, als ob du kaum geschlafen hättest.

LIESE: Stimmt schon. Bei uns wurde bis halb vier gefeiert.

HEINRICH: Was wurde denn gefeiert?

LIESE: Die goldene Hochzeit meiner Großeltern.

HEINRICH: Wirklich? Sie sehen noch fabelhaft aus.

LIESE: Kein Wunder. Sie haben sehr jung geheiratet.

Eltern sein

» Durchgeschlafen habe ich schon lange nicht mehr. «

Nie ausschlafen zu können, fällt mir schon schwer.
Manchmal brauche ich einfach nur Zeit für mich.
Die nehme ich mir auch.

Verben

arbeiten an (+ *dat.*) to work on
auf·passen to pay attention; to
  look out
    aufpassen auf (+ *acc.*) to look
    after
heiraten to marry, get married
verheiratet sein to be married

Substantive

der **Weg, -e** way; path

das **Baby, -s** baby

die **Hochzeit, -en** wedding
  die **goldene Hochzeit** golden
    wedding anniversary

Hochzeit, which originally meant *celebration*,
has become more specific since the Middle Ages
and now refers to the "high times" enjoyed at a
wedding.

Adjektive und Adverbien

fabelhaft fabulous
golden golden
halbtags (*adv.*) half days
  halbtags arbeiten to work
    part-time
kaum hardly, barely
vormittags (in the) mornings

Andere Vokabel

als ob (+ *subjunctive*) as if, as
  though

Nützliche Ausdrücke

Kein Wunder. no wonder
Was sagen/meinen Sie dazu?
  What do you say to that?

Gegensätze

verheiratet ≠ unverheiratet /
  ledig married ≠ unmarried /
  single

Mit anderen Worten

**die Diss = die Dissertation = die
Doktorarbeit**

Child or Career?

*Margarete is visiting her old school
friend Martha. They're having coffee
in the garden.*

M: How are you going to manage
    when your child is born? Will
    you quit your job?
M: No, such a well-paying job is
    hard to find. Rolf can look after
    the baby in the mornings and
    work on his dissertation in the
    afternoons.
M: Who'll look after the baby then?
M: Then I'll be here. I've already
    asked my boss whether it's
    possible to work part-time.
M: What did she say to that?
M: She thought it would work.
    She's married and has kids
    herself.

Golden Wedding Anniversary

*In the morning before their lecture,
Heinrich and Liese meet in the
student café.*

H: Liese, you look as though you
    had hardly slept.
L: That's right. Our party went on
    until 3:30.
H: What were you celebrating?
L: My grandparents' golden
    wedding anniversary.
H: Really? They still look fabulous.
L: No wonder. They got married
    very young.

Schauen Sie sich diese Briefmarken an.
Was wird darauf als Beruf gewürdigt
(*commemorated*)? Was meinen Sie: Kann
man das einen Beruf nennen? Warum?

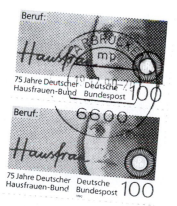

Variationen

A Persönliche Fragen

1. Margarete sagt, sie wird ihre Stelle nicht aufgeben, um auf das Baby aufzupassen. Was würden Sie in dieser Situation machen, wenn Sie gerade ein Kind bekommen hätten?
2. Haben Sie je eine gute Stelle aufgegeben? Warum?
3. Wollen Sie eines Tages Kinder haben? Wie stellen Sie sich Ihr Leben mit Kindern vor?
4. Liese sagt, dass sie bis halb vier gefeiert hat. Haben Sie je so lange gefeiert? Was wurde gefeiert?
5. Lieses Großeltern haben ihre goldene Hochzeit gefeiert. Nach wie vielen Jahren feiert man goldene Hochzeit?
6. Leben Ihre Großeltern noch? Wenn ja, wissen Sie, wie lange sie schon verheiratet sind?

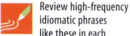

Review high-frequency idiomatic phrases like these in each **Zusammenfassung und Wiederholung** section. They are important for authentic conversational German.

B Gruppenarbeit: Was sagen Sie dazu?   Reagieren Sie auf die Sätze links mit einem passenden (*appropriate*) Ausdruck von der rechten Seite.

Heute habe ich Geburtstag.	Das wäre nett!
Du sprichst ja perfekt Deutsch.	Gott sei Dank!
Gehen wir zusammen Ski fahren?	Doch.
Möchten Sie etwas trinken?	Natürlich.
Darf ich meinen Freund Gerd vorstellen?	Kein Wunder!
Morgen früh wasche ich mir die Haare.	Lieber nicht.
Stefan hat sich das Bein gebrochen.	Sehr angenehm.
Wollt ihr viele Kinder haben?	Höchste Zeit!
Wir bekommen einen neuen Professor.	Gerne!
Ich war bis halb vier auf.	Wie schade!
Kannst du mich nicht verstehen?	Verflixt nochmal!
Ich hab meinen Geldbeutel verloren!	Ich gratuliere!
	Danke gleichfalls!
	Bist du verrückt?

C Übung: Das ist schwer zu finden   Margarete sagt, eine gute Stelle ist schwer zu finden. Antworten Sie auf die folgenden Fragen.

1. Was ist in dieser Gegend schwer zu finden?
2. Was ist manchmal schwer zu wissen?
3. Was ist für Sie schwer zu verstehen?

Hildegard von Bingen
1098–1179

Hildegard von Bingen was a Benedictine nun and abbess. An early German mystic and author of numerous theological and spiritual works as well as sacred vocal music, Hildegard also wrote tracts on diet and health that are still read today.

Vokabeln zum Thema Gefühle

Expressing feelings is a communicative goal.

Sie haben schon viele Ausdrücke gelernt, mit denen Sie Gefühle und Reaktionen ausdrücken können. Die folgende Liste wiederholt solche Ausdrücke aus früheren Kapiteln.

sich freuen (die Freude, *joy*)

Wunderbar!
Ich bin heute so glücklich!
Das ist ja wunderschön!
Ich gratuliere (dir)!
Ich bin begeistert!

Mitleid ausdrücken (das Mitleid, *sympathy*)

Das tut mir Leid.
Gute Besserung!
Schade!
Du siehst traurig aus.
Was ist denn los?
Du Arme! Du Armer!

sich ärgern (der Ärger, *annoyance, anger*)

Ich habe die Nase voll.
So ein Mist!
Verflixt nochmal!
Ich bin frustriert!

enttäuscht sein (die Enttäuschung, *disappointment*)

Schade!
Ich habe Pech gehabt.
So ein Mist!

überrascht sein (die Überraschung, *surprise*)

Um Gottes Willen!
Mensch!
So was!
Ich bin ganz baff!
Ich bin erstaunt!

Angst haben

Ich habe Angst vor ...
Ich fürchte ...
Hilfe!

D **Gruppenarbeit: Mensch, bin ich ...!** Diese Zeichnungen zeigen Menschen, die starke Gefühle haben. Welche Emotionen werden gezeigt? Was sagt der Mensch auf jedem Bild? (Es gibt natürlich verschiedene Möglichkeiten.)

Lab Manual Kap. 16, Lyrik zum Vorlesen.

Mascha Kaléko wurde 1907 als Tochter eines russischen Vaters und einer österreichischen Mutter geboren. Nach dem Ersten Weltkrieg zog die Familie nach Marburg. Kaléko studierte in Berlin, wo sie in den frühen 30er-Jahren begann, für führende Zeitungen zu schreiben. 1938 verließ sie Hitlers Drittes Reich und ging nach New York ins Exil. 1966 zog sie nach Israel, wo sie 1975 starb.

Kalékos Gedichte, die oft in der Alltagssprache der Großstadt geschrieben sind, zeigen Witz, Ironie und manchmal etwas Melancholie. Diese vier kurzen Gedichte erschienen (*appeared*) zuerst in der Sammlung *Kleines Lesebuch für Große* (1934).

Von Mensch zu Mensch

Nun, da du fort° bist, scheint mir alles trübe°.
Hätt' ich's geahnt°, ich ließe dich nicht gehn.
Was wir vermissen°, scheint uns immer schön.
Woran das liegen mag° –. Ist das nun Liebe?

= *weg* / = *traurig*
foreseen
= *was uns fehlt*
woran ... = *I wonder why that is.*

Von Elternhaus und Jugendzeit

Jetzt bin ich groß. Mir blüht kein Märchenbuch°.
Ich muss schon oft „Sie" zu mir selber sagen.
Nur manchmal noch, an jenen stillen° Tagen,
Kommt meine Kindheit heimlich° zu Besuch.

Mir ... = *Life's not going to be a fairy tale.*
jenen ... = *those quiet*
in secret

Von den Jahreszeiten

Der Frühling fand diesmal im Saale° statt.
Der Sommer war lang und gesegnet°.
– Ja, sonst gab es Winter in dieser Stadt.
Und sonntags hat's meistens geregnet ...

= *im Zimmer*
blissful

Von Reise und Wanderung

Einmal sollte man seine Siebensachen°
Fortrollen aus diesen glatten Geleisen°.
Man sollte sich aus dem Staube machen°
Und früh am Morgen unbekannt verreisen°.

possessions
Fortrollen ... = *roll off of these smooth tracks* /
sich ... = *hit the road* /
= *wegreisen*

Mascha Kaléko (*1907–1975*)

Mascha Kaléko
Kleines Lesebuch für Große

1. Subjunctive with *als ob*

The subordinating conjunction **als ob** (*as if, as though*) must be followed by a verb in the subjunctive.[1] Clauses with **als ob** are preceded by introductory phrases such as the following (note the special meaning of **tun** in the first example).

Du tust (so), als ob ...	*You act as though . . .*
Du siehst aus, als ob ...	*You look as if . . .*
Es war, als ob ...	*It was as if . . .*
Es klingt, als ob ...	*It sounds as if . . .*

Er tut, **als ob** er nichts **wüsste**.	*He acts as if he didn't know anything.*
Du siehst aus, **als ob** du krank **wärest**.	*You look as though you're ill.*
Es war, **als ob** wir uns immer gekannt **hätten**.	*It was as if we had always known each other.*
Es klingt, **als ob** du viel zu tun **hättest**.	*It sounds as if you have a lot to do.*

 Lab Manual Kap. 16, Var. zur Üb. 1.

 Workbook Kap.16, A.

1 **Übung: Aber Sie tun doch, als ob Sie gesund wären!**   Ihr Professor erzählt Ihnen etwas über sich selbst. Sagen Sie ihm, er tut, als ob das Gegenteil stimmte.

BEISPIEL: Ich fühle mich heute krank.
Aber Sie tun doch, als ob Sie gesund wären.

1. Ich bin traurig.
2. Ich bin knapp bei Kasse.
3. Ich bin von Natur aus (*by nature*) faul.
4. Ich bin relativ altmodisch.
5. Ich bin eigentlich ein schlampiger Mensch.
6. Ich bin fast immer ernst.
7. Eigentlich bin ich dumm.

Hannah Arendt (1906–1975): German-born political theorist, emigrated to the United States in 1941.
Sophie Scholl (1921–1943): leader of Munich student resistance to Hitler, executed with her brother Hans by the Nazis.
Nelly Sachs (1891–1970): poet, shared 1966 Nobel Prize for Literature.

---

[1] Either general *or* special subjunctive may be used. Sometimes this conjunction is used in the abbreviated form of **als** alone (without **ob**). In this case, the verb immediately follows it rather than coming at the end of the clause: Du siehst aus, als **wärest** du krank.

2 **Gruppenarbeit: Sie sehen aus, als ob ...** Sehen Sie sich die Menschen auf diesen Fotos an. Wie sehen sie aus? (Gefühle, Berufe usw.)

BEISPIEL: Sie sieht aus, *als ob ...*

1.

2.

3.

4.

2. Indirect quotation and special subjunctive (*indirekte Rede*)

Direct versus indirect quotation

Reporting what others have said is a communicative goal.

Note on punctuation: German uses a colon before a direct quotation, while English uses a comma.

There are two basic ways to report what someone has said: directly or indirectly. One can quote directly, repeating the original speaker's exact words.

Bernd sagte: „Ich muss heute in die Bibliothek."

Bernd said, "I have to go to the library today."

It is much more common, however, to report speech in *indirect* quotation, either without a conjunction:

Bernd sagte, er muss heute in die Bibliothek.

Bernd said he had to go to the library today.

or with the conjunction **dass** (*that*):

Bernd sagte, dass er heute in die Bibliothek muss.

Bernd said that he had to go to the library today.

Note that in indirect quotation, pronouns often have to be changed: „**Ich** muss in die Bibliothek." — Er sagte, **er** muss in die Bibliothek.

In conversation many Germans simply use the indicative for indirect quotation, as in the previous examples and as we have done up to this point in this book. But it is also quite common to use *general subjunctive* for indirect quotation.

Bernd sagte, er **müsste** in die Bibliothek.	*Bernd said he had to go to the library.*
Meine Chefin meinte, das **ginge**.	*My boss thought it would work.*

In formal written and spoken German, however (for example, in a term paper, newspaper article, television news report, or speech), indirect quotation *must* be expressed with forms called the *special subjunctive*.

Er sagte, er **müsse** in die Bibliothek.
Die Chefin meinte, das **gehe**.

Notice that *thoughts* (**Die Chefin meinte ...**) can also be reported in indirect quotation.

Formation of the special subjunctive

To form the special subjunctive, add the endings from the general subjunctive of strong verbs (**-e**, **-est**, **-e**; **-en**, **-et**, **-en**) to the *unchanged infinitive stem* of the verb.

> er, es, sie **gehe**, **laufe**, **könne**, **wisse**, **müsse**, **sehe** usw.

In practice, the special subjunctive occurs *almost exclusively* in the third-person singular.[2] This form is immediately recognizable for the following reasons:

■ It is built on the *infinitive* stem (**geh-**, **lauf-**), not on the past stem (**ging-**, **lief-**) like the general subjunctive.

■ Special subjunctive ends in **-e** (**er, es, sie gehe**), not in the indicative ending **-t** (**er, es, sie geht**).

The *only* German verb with a complete set of forms in the special subjunctive is **sein**. Note that the **ich-** and **er-**forms lack endings.

ich	**sei**	wir	**seien**
du	**seiest**	ihr	**seiet**
er, es, sie	**sei**	sie, Sie	**seien**

The special subjunctive has only two additional tenses, future and past, each formed using the special subjunctive of the auxiliary verb.

Future:	sie **werde** das **sagen**	*she will say that*
Past:	er **habe** das **gewusst**	*he knew that*
	sie **sei** dort **gewesen**	*she was there*

---

[2] There are two reasons for this. First, one is usually indirectly quoting what some third person has said (rather than quoting oneself or an interlocutor). Second, special subjunctive forms that are identical to indicative forms are never used. General subjunctive forms are used instead, as in the following paradigm:

ich	(~~laufe~~) **liefe**	wir	(~~laufen~~) **liefen**
du	**laufest**	ihr	**laufet**
er, sie	**laufe**	sie, Sie	(~~laufen~~) **liefen**

Thus, every verb has a special subjunctive **er/sie**-form, but only verbs with an irregular indicative have a special subjunctive **ich**-form: ich **könne**, ich **müsse**, ich **wisse**.

Use of special subjunctive

You will encounter indirect quotation in special subjunctive introduced by a verb of saying or asking in the *indicative*. Once an environment of indirect quotation has been thus established, the economy of special subjunctive becomes evident: it makes explicit that the person is still being quoted indirectly, and no further verbs saying who is speaking are required, as they sometimes are in English. Here are some examples of the kind you might hear on the evening news or read in the paper:

Bei seinem Besuch in Rostock sagte der Bundeskanzler, er **wisse** noch nicht, wie man dieses Problem lösen **werde**, aber er **glaube**, dass etwas bald entschieden werden **müsse**. Man **habe** nicht mehr viel Zeit.

On his visit to Rostock, the Chancellor said he didn't know yet how they would solve this problem, but he believed that something had to be decided soon. (He continued that) there wasn't much time left.

In einem exklusiven Interview mit unserem Reporter sagte der junge Tennisstar, sie **hoffe** noch eine lange Karriere vor sich zu haben. Sie **sei** noch jung und **fühle** sich sehr fit, besonders seit sie sich von einer schlimmen Erkältung erholt **habe**.

In an exclusive interview with our reporter, the young tennis star said that she hoped to have a long career still ahead of her. (She said) she was still young and felt very fit, especially since recovering from a bad cold.

Tenses in indirect quotation

As you can see from the examples above, there is a difference in the way English and German handle tenses in indirect quotation. In English, the tense of the introductory verb of saying influences the tense of the indirect quotation.

	Introductory verb in the present	Introductory verb in the past
direct quotation	Anne **says**, "I **have to** go to the library."	Anne **said**, "I **have to** go to the library."
indirect quotation	Anne **says** that she **has to** go to the library.	Anne **said** that she **had to** go to the library.

In German, the tense of the introductory verb of saying has *no influence* on the tense of the indirect quotation. The tense of the indirect quotation is *always the same as the tense of the direct quotation* from which it derives. If the tense of the direct quotation was *present*, use *present subjunctive* for the indirect quotation.

Bundeskanzler: „Ich **muss** mir das überlegen."

Der Bundeskanzler sagt,
Der Bundeskanzler sagte, } er **müsse** sich das überlegen.

If the tense of the direct quotation was *future*, use *future subjunctive*.

Tennisstar: „Ich **werde** mehr spielen."

Der Tennisstar sagt,
Der Tennisstar sagte, } sie **werde** mehr spielen.

If the tense of the direct quotation was *any past tense,* use *past subjunctive.*

> Tennisstar: „Ich **habe** mich von der Erkältung **erholt**.“

Der Tennisstar sagt,
Der Tennisstar sagte, } sie **habe** sich von der Erkältung **erholt**.

If the original quotation is *already* in the subjunctive, the indirect quotation simply *remains* in the subjunctive.

> Bundeskanzler: „Ich **möchte** nichts mehr darüber sagen.“

Der Bundeskanzler sagt,
Der Bundeskanzler sagte, } er **möchte** nichts mehr darüber sagen.

Lab Manual Kap. 16, Var. zu Üb. 3, 5.

Workbook Kap. 16, B–E.

3 **Übung: Zeitungsartikel**   Here are two examples of indirect quotation one might encounter in a news report. Reconstruct the original direct quotations, changing pronouns as necessary.

1. Eine führende Politikerin meinte, eine gemeinsame euorpäische Außenpolitik werde immer realistischer. Man **könne** jetzt beginnen dem Europa-Parlament in Straßburg mehr Autorität zu geben. Es **werde** wahrscheinlich noch ein paar Jahre dauern, bis alle Probleme gelöst **seien**. Sie persönlich **glaube** aber, dass man schon große Fortschritte gemacht **habe**.

2. Die Polizei meldete (*announced*) heute, ein schwerer Unfall auf der Autobahn zwischen Stuttgart und Heidelberg **habe** acht Verletzte und zwei Tote gekostet. Die Ursache (*cause*) des Unfalls **sei** das neblige Wetter im Neckartal gewesen. Alle Autofahrer **sollten** sich andere Routen nach Norden aussuchen.

Und Sie dachten immer, Sie wüssten alles über Ihren Lieblingsautor: Der große Linkkatalog unter www.libri.de

The most polite form of address to someone with a professional title is **Frau Doktor Edenhof**, **Herr Professor Nolden**.

4 Schriftliche Übung: Bericht über ein Interview   As a reporter for the student newspaper, you interview Frau Dr. Edenhof, a visiting lecturer on international affairs. Below is a transcript from your tape recorder. Now report what she said to you in indirect quotation. Begin your report with „Frau Dr. Edenhof sagte, ... " and be careful to change pronouns and possessive adjectives as necessary.

„Ich freue mich sehr hier an der Uni zu sein. Ich war vor zehn Jahren zum letzten Mal hier und habe damals viele nette Menschen kennen gelernt. Ich finde diese Stadt wunderschön. Ich hoffe, ich werde diesmal mehr Zeit haben, um mir die Stadt anzusehen. Mein Thema für heute Abend ist die Zukunft der NATO in Europa. Ich weiß, dass es hier sehr viel Interesse für dieses aktuelle Problem gibt. Man kann natürlich in einer Stunde nicht alles darüber sagen. Ich hoffe, am Ende meines Vortrags (*lecture*) eine gute Diskussion mit Ihnen zu haben."

Questions and commands in indirect quotation

- Yes/no questions become **ob**-clauses in indirect quotation.

  Karin: „Hat Hans genug Geld?"

  Karin fragte, **ob** Hans genug Geld hat (habe, hätte).

- Information questions become subordinate clauses introduced by a question word.

  Tourist: „Wo ist der Bahnhof, bitte?"

  Der Tourist fragte, **wo** der Bahnhof ist (sei, wäre).

- Commands become statements with the verb **sollen**, with or without **dass**.

  Frau Henning: „Pass doch auf, Heinz!"

  Frau Henning sagte ihrem Mann, er **soll** (solle, sollte) aufpassen.
  Frau Henning sagte ihrem Mann, **dass** er aufpassen **soll** (solle, sollte).

5 Übung: Was hat sie denn gesagt?   Ihre Professorin fragt Sie etwas oder sagt, Sie sollen etwas machen. Erzählen Sie dem nächsten Studenten, was die Professorin gesagt hat.

BEISPIELE: Bitte leihen Sie mir einen Bleistift.
Sie sagte, ich soll ihr einen Bleistift leihen.

Wo ist Ihr Regenschirm?
Sie fragte, wo mein Regenschirm sei.

1. Wie fühlen Sie sich heute?
2. Arbeiten Sie oft mit dem Computer?
3. Was haben Sie zum Frühstück gegessen?
4. Empfehlen Sie mir bitte etwas Neues.
5. Helfen Sie mir bitte heute Nachmittag.
6. Können Sie sich auf Ihre Arbeit konzentrieren?
7. Können Sie sich ein neues Fahrrad leisten?
8. Haben Sie Ihren Studentenausweis mit?
9. Passen Sie gut auf!
10. Seien Sie froh!

3. Impersonal passive

Note that impersonal passive is only passive in *structure*, not in *meaning*. The verb does not need to be transitive, but must designate a human activity. Impossible: **Hier wird geregnet** (not a human activity).

One use of the German passive voice has no precise English equivalent. It is used to say that some human activity is going on, without mentioning who performs it. No subject is expressed at all, and the verb is *always* in the third-person singular.

Bis halb vier **wurde gefeiert**.	*The party went on until 3:30.*
Hier **wird** bis zwei Uhr morgens **getanzt und gesungen**.	*There's dancing and singing here until 2:00 A.M.*

If no other element occupies first position in the sentence, an impersonal **es** is used to fill it. This **es** is not a real subject and disappears if any other element occupies first position.[3]

Es wurde bis halb vier gefeiert.
Es wird hier bis zwei Uhr morgens getanzt.

---

[3] Similarly, when verbs with dative objects (see p. 192) are used in the passive voice, their objects *remain* in the dative case and the passive is *always* in the third-person singular. An impersonal **es** is in the first position if no other element occupies it.

Active
Man hilft dem Alten.   *They're helping the old man.*

Passive
Dem Alten wird geholfen   } *The old man is being helped.*
Es wird dem Alten geholfen.

Lab Manual Kap. 16,
Var. zur Üb. 6.

Workbook Kap. 16, F–H.

6 **Übung: Anders gesagt**   Diese Sätze mit **man** kann man auch als unpersönliche Passivsätze formulieren.

BEISPIEL: Heute isst man um neun Uhr.
Heute wird um neun Uhr gegessen.

1. Hier singt man zu laut.
2. Beim Bäcker fängt man früh an.
3. In Leipzig demonstrierte man.
4. Damals arbeitete man schwer.
5. Morgen liest und schreibt man viel.
6. Jetzt kauft man ein.
7. Gestern tanzte man bis zwei Uhr.
8. In unserer Stadt baut man immer mehr.

Was wird hier gemacht?

7 **Übung: Wo wird das in der Wohnung gemacht?**   Antworten Sie auf diese Fragen.

BEISPIELE: Wo wird in der Wohnung oder im Haus gekocht?
In der Küche.

Was wird im Arbeitszimmer gemacht?
Bücher werden dort gelesen.

1. Wo wird gegessen?
2. Was wird im Schlafzimmer gemacht?
3. Wo wird ferngesehen?
4. Was wird im Garten gemacht?
5. Wo wird der Wagen geparkt?

Und jetzt stellen Sie einander ähnliche Fragen.

Fanny Mendelssohn-Bartholdy (1805–1847):
Child prodigy at the piano, composer, diarist;
sister of Felix Mendelssohn-Bartholdy. Her music
includes works for solo voice, chorus, piano, and
chamber ensemble.

---

8 **Partnerarbeit: Was wird hier gemacht?** Arbeiten Sie zusammen. Sagen Sie einander, was auf jedem Bild gemacht wird. (Use passive sentences with or without a subject and try to describe as many activities as possible for each picture. Then write your sentences down.)

BEISPIEL: A: Hier wird gearbeitet.
B: Hier werden Bücher gelesen.

Sehen Sie sich das Foto genau an. Was weiß man über das Ehepaar?

Moderne „Zusammenarbeit": So wird das Essen vorbereitet.

4. Subjective use of modal verbs

The modal verbs are sometimes used to show speakers' subjective attitudes toward what they are saying. By and large, this subjective use of the modal verbs is parallel to English.

- **mögen** expresses *possibility*

  Das **mag** sein.   *That may be.*

- **müssen** expresses *strong probability*

  Die Menschen drüben   *The people over there must be tourists.*
      müssen Touristen sein.

- **sollen** expresses *hearsay*

  Sie **soll** eine gute Lehrerin   *She's supposed to be a good teacher.*
      sein.
  Sie **sollen** so glücklich sein.   *They are said to be so happy.*

- **können** expresses *fairly strong possibility*

  Kann das Richard sein?   *Can that be Richard?*
  Es **kann** sein, dass sie   *It could be that she'll stay three weeks.*
      drei Wochen bleibt.

- **wollen** casts *doubt on someone else's claim* (no parallel in English)

  Er **will** viel über Musik   *He claims to know a lot about music.*
      wissen.

Workbook Kap. 16, I, J.

9 Übung: Kann das sein?   Lesen Sie die folgenden Sätze laut vor. Dann geben Sie ein Äquivalent auf Englisch und sagen Sie, ob das Modalverb objektiv oder subjektiv gebraucht wird.

1. Kann das Utes Wagen sein?
2. Nein, das muss Richards Wagen sein.
3. Wieso, Ute wollte sich doch einen roten Wagen kaufen, nicht?
4. Mag sein. Wir müssen Ute fragen.
5. Ja, sie soll um drei wieder da sein.
6. Dann müssen wir zusammen in die Vorlesung.

Übung: Wie sagt man das auf Deutsch?

1. She is supposed to be very famous.
2. That may be.

3. Hans-Peter must know a lot about politics.
4. He claims to know everything about politics.

5. It may be that they don't love each other any more.
6. But they are supposed to be so happy together!

5. Extended modifiers

Look at the following phrases:

diese deutsche Schriftstellerin	*this German writer*
diese bekannte deutsche Schriftstellerin	*this well-known German writer*
diese sehr bekannte deutsche Schriftstellerin	*this very well-known German writer*

Both German and English can extend noun phrases by inserting a series of adjectives and adverbs between a limiting word (**diese**) and its noun (**Schriftstellerin**). In German, however, such a series can be continued much further than in English.

diese unter jungen Lesern sehr bekannte deutsche Schriftstellerin	*this German writer who is very well known among young readers*
diese unter jungen Lesern in Europa sehr bekannte deutsche Schriftstellerin	*this German writer who is very well known among young readers in Europe*
diese heute unter jungen Lesern in Europa sehr bekannte deutsche Schriftstellerin	*this German writer who is very well known among young readers in Europe today*

Such extended modifiers are encountered primarily in written German, and their use or avoidance is a matter of stylistic preference. You should not try to use this construction actively until you have had more experience with German, but you *should* be able to recognize and understand it.

The extended modifier is a substitute for a relative clause.

diese unter Studenten bekannte Schriftstellerin =
diese Schriftstellerin, **die unter Studenten bekannt ist**

Extended modifiers often contain a present or past participle functioning as an attributive adjective. This participle would be the conjugated verb in the corresponding relative clause.

Die Schüler freuen sich auf **die in zwei Tagen** *beginnenden* **Ferien.** =
Die Schüler freuen sich auf die Ferien, **die in zwei Tagen** *beginnen*.

Eine so gut *bezahlte* **Stelle** ist schwer zu finden. =
Eine Stelle, **die so gut** *bezahlt wird,* ist schwer zu finden.

11 **Übung: Die Schriftstellerin**   First read these sentences aloud. Then give their
English equivalents. Finally, transform the extended modifiers into relative clauses.

BEISPIEL: Die in Hamburg geborene Schriftstellerin wohnt heute in
Berlin.
The writer, who was born in Hamburg, lives in Berlin today.
Die Schriftstellerin, die in Hamburg geboren ist, wohnt
heute in Berlin.

1. Ihr erstes, im Ausland kaum gelesenes Buch machte sie in Deutschland berühmt.
2. Ihre zwei Jahre jüngere Schwester ist Lehrerin in Düsseldorf.
3. In Berlin wohnt sie in einem alten, von Touristen kaum besuchten Stadtteil.
4. Aus ganz Deutschland bekommt sie Briefe von ihren oft sehr jungen Lesern.
5. Von ihr erwartet man Antworten auf viele für die Jugend immer ernster werdende
Probleme.

LESESTÜCK

Tipps zum Lesen und Lernen

Lab Manual Kap. 16,
Üb. zur Betonung.

Leicht zu merken

ambivalent	ambiva<u>lent</u>
die **Architektur**	Architek<u>tur</u>
autobiographisch	
der **Autor, -en**	
der **Cartoon, -s**	
die **Emanzipation, -en**	Emanzipat<u>ion</u>
die **Frustration, -en**	Frustrat<u>ion</u>
die **Karikatur, -en**	Karika<u>tur</u>
die **Karriere, -n**	Karri<u>e</u>re
konfrontieren	konfront<u>ie</u>ren
skeptisch	

Einstieg in den Text

Leitfragen   Das folgende Lesestück präsentiert Zeichnungen von der Künstlerin
Marie Marcks, in denen sie einen witzigen Blick auf die Rolle der Frau in der
Gesellschaft und der Familie wirft. Durch verschiedene Situationen wird gezeigt, wie
kompliziert das Leben der Frau in der modernen Welt geworden ist. Marcks zeigt,
wie manche Frauen viele Rollen spielen müssen: Ehefrau, Mutter und berufstätigen
Menschen.

Als Vorbereitung auf das Lesen sollen Sie über Ihre eigenen Meinungen zu diesem Thema nachdenken. Als Gruppendiskussion sollten Sie sich folgende Fragen stellen.

1. Ist Ihre Mutter Hausfrau?
2. Ist sie auch berufstätig?
3. Wie war es mit Ihrer Großmutter?
4. Vergleichen Sie das Leben Ihrer Mutter mit dem Leben Ihrer Großmutter.
5. Wollen Sie heiraten und Kinder haben? Wenn ja, wie stellen Sie sich Ihr Leben als Vater oder Mutter vor?

Identifying special subjunctive and extended modifiers in context The following reading contains examples of both indirect quotation in the special subjunctive and extended modifiers. After reading the text through once, first see if you understand why special subjunctive is used in lines 18 and 28. Then look closely at the two examples of extended modifiers and try to translate them into English. The marginal glosses will help you.

(lines 16–17) **Eine zwischen Familie und Karriere hin- und hergerissene Frau** zeigt z.B. die folgende Zeichnung:

(lines 30–31) **Jeder durch so viele verschiedene Pflichten gestresste Mensch** wird natürlich frustriert.

Wortschatz 2

Verben

bieten, bot, hat geboten to offer; to provide
blicken to gaze, look
brennen, brannte, hat gebrannt to burn
frustrieren to frustrate
sich lustig machen über (+ *acc.*) to make fun of
schützen vor (+ *dat.*) to protect from
zeichnen to draw
zu·schauen (+ *dat.*) to watch

Substantive

der **Blick, -e** view; gaze; glance
der **Ehemann, ¨er** married man; spouse
der **Zeichner, -** draftsman, graphic artist (*m.*)

das **Gesetz, -e** law
das **Vorurteil, -e** prejudice
die **Ehe, -n** marriage
die **Ehefrau, -en** married woman; spouse
die **Küche, -n** kitchen
die **Pflicht, -en** duty
die **Zeichnerin, -nen** graphic artist (*f.*)
die **Zeichnung, -en** drawing

Adjektive und Adverbien

alltäglich everyday
beliebt popular
deutschsprachig German-speaking
gesellschaftlich social
gestresst (*colloq.*) stressed out
gleich equal
gleichberechtigt enjoying equal rights
kritisch critical

Andere Vokabel

damit (*sub. conj.*) so that

Gegensätze

beliebt ≠ unbeliebt popular ≠ unpopular

Nützlicher Ausdruck

Es geht um ... It's a question of . . . ; It's about . . .
Worum geht es in dieser Zeichnung? What's this drawing about?
Es geht um Vorurteile. It's about prejudices.

Es geht um: This phrase always has **es** as its subject. Thus, "This book is about a family" must be translated **In diesem Buch geht es um eine Familie.**

Marie Marcks: Politik mit Witz

Die Zeichnerin und Autorin Marie Marcks ist 1922 in Berlin geboren und lebt heute in Heidelberg. Während der Schulzeit lernte sie Zeichnen und Schrift° bei ihrer Mutter, die eine private Kunstschule leitete°. In ihrem autobiographischen Werk *Marie, es brennt!* (1985) zeigt sie sich als kleines Mädchen, das seiner Mutter bei der
5 Arbeit am Zeichentisch zuschaut.

lettering
directed

wackeln = jiggle

Learning about changes in the social roles of women in the German-speaking countries is the cultural goal of this chapter.

Am selben° Tisch arbeitet Marie Marcks noch heute.

Von 1942 bis 1944 studierte sie dann Architektur. Seit den 60er-Jahren erscheinen° ihre Zeichnungen regelmäßig° in deutschen Zeitungen und Zeitschriften. Sie hat auch Plakate gezeichnet und über zwanzig Bücher veröffentlicht°, die in der
10 deutschsprachigen Welt sehr beliebt sind.

Die Themen, für die Marie Marcks bei ihren Lesern besonders bekannt ist, spiegeln ihr Leben als Ehefrau und Mutter von fünf Kindern wider°. In ihrer Kunst geht es fast immer um die Rollen von Männern und Frauen in der Gesellschaft, ihre ambivalenten Gefühle in der Ehe, die Beziehungen° zwischen Eltern und Kindern
15 und auch um die alltäglichen Frustrationen, mit denen Frauen zu Hause und in der Arbeitswelt konfrontiert werden. Eine zwischen Familie und Karriere hin- und hergerissene° Frau zeigt z.B. die folgende Zeichnung:

same

appear / regularly
published

spiegeln ... wider = reflect

relations

hin- ... = pulled back and forth

Sozialleistungen = fringe benefits / versteht sich = selbstverständlich

Ein altes Klischee behauptet°, die Frau solle sich nur um Kinder, Küche und Kirche kümmern. Über diese traditionelle Rolle der Frau macht sich Marie Marks im nächsten Cartoon lustig. Hier schützt eine Frau ihren Mann vor den lauten Kindern, damit er „arbeiten" kann:

asserts

20

Es sieht aus, als ob diese beiden Frauen sich von ihren Familienpflichten nicht befreien° könnten. Aber es mag sein, dass in Zukunft Mädchen diese Rolle nicht mehr akzeptieren werden, wie die nächste Bilderfolge° zeigt.

= frei machen
series of pictures

Schlampe = ein schlampiges Mädchen
kriegt = bekommt

25   Dass manche Männer wegen ihrer Vorurteile gar nicht merken, was Frauen schon leisten können, zeigt diese letzte Zeichnung:

sowas = *that kind of thing*

    Im Grundgesetz[4] der BRD (Artikel 3) steht zwar°, dass alle Menschen vor dem Gesetz gleichberechtigt seien. Aber wie sieht es in Wirklichkeit aus? Manche berufstätigen Frauen müssen sich noch allein um den ganzen Haushalt° kümmern,
30 obwohl sie oft den gleichen Arbeitstag haben wie ihre Ehemänner. Jeder durch so viele verschiedene Pflichten gestresste Mensch wird natürlich frustriert.

    Mit kritischem Blick durchleuchtet° Marie Marcks diese Situation mit ihren Cartoons. Mit ihren Karikaturen blickt sie skeptisch, aber witzig auf das Leben der modernen Frau. Ihre Zeichnungen sind wohl immer autobiographisch, denn jede
35 bietet ein Stück ihrer persönlichen Emanzipationsgeschichte.

to be sure

household work

illuminates

———
[4] The *Basic Law* or constitution of Germany.

NACH DEM LESEN

Lab Manual Kap. 16, Diktat.

Workbook Kap. 16, K.

A   Antworten Sie auf Deutsch.

1. Welchen Einfluss (*influence*) hatte die Mutter auf Marie Marcks und ihre Berufswahl?
2. Wie alt war Marcks während des Krieges?
3. Was hat sie in den vierziger Jahren gemacht?
4. Was sind die Hauptthemen ihrer Zeichnungen?

B Bildbeschreibung Wählen Sie eine Zeichnung im Lesestück aus und beschreiben Sie sie so ausführlich (*completely*) wie möglich. In der Zeichnung auf Seite 460, zum Beispiel, was sieht man vor dem Fenster? auf dem Nachttisch? Was machen die Krankenschwestern? usw.

C Partnerarbeit: Minidialoge Unten werden verschiedene Situationen beschrieben. Erfinden Sie (*invent*) zu jeder Situation einen Mini-Dialog, in dem Sie Gefühle und Reaktionen ausdrücken. Spielen Sie dann einen von Ihren Dialogen vor der ganzen Klasse.

1. Sie wollen zusammen ausgehen. Ihre Freundin kann aber ihren Geldbeutel nicht finden.
2. Ein Partner ruft den anderen an und sagt, er müsse heute leider zu Hause bleiben, weil er sich erkältet habe.
3. Ein Partner arbeitet für die Lotterie (*lottery*) und ruft den anderen an, um ihm zu gratulieren: Er habe € 100 000 gewonnen.
4. Sie freuen sich schon seit Monaten auf eine Reise nach Spanien. Jetzt hören Sie plötzlich, dass die Reise nicht mehr stattfinden kann, weil die Reisegesellschaft (*travel agency*) bankrott (*bankrupt*) ist.
5. Sie verbringen einen langweiligen Nachmittag vor dem Fernseher und plötzlich klingelt es. Sie gehen an die Haustür und da steht Ihr Lieblingsonkel Max, den Sie seit vier Jahren nicht mehr gesehen haben.

D Worum geht es? Nennen Sie zuerst Filme oder Bücher, die Ihnen besonders gefallen. Dann sagen Sie bei jedem Werk, worum es geht.

Casablanca (1942) was directed by Austrian émigré Michael Curtiz. It starred Humphrey Bogart, Ingrid Bergman, and Claude Rains, as well as the German émigrés Peter Lorre and Conrad Veidt.

> **BEISPIEL:** Mein Lieblingsfilm heißt „Casablanca". In dem Film geht es um Liebe, aber auch um Politik.

E Partnerarbeit: Rollenspiel Wählen Sie eine Situation aus und seien Sie bereit sie vor der ganzen Klasse zu spielen.

1. **Abends um 18 Uhr**
   Margarete, die vor vier Monaten ein Baby bekommen hat, arbeitet wieder in ihrer alten Stelle. Ihr Mann Rolf schreibt an seiner Diss und bleibt bei dem Kleinen zu Hause. Margarete kommt nach einem harten Arbeitstag nach Hause.

2. **Umziehen oder hier bleiben?**
   Monika und Harald sind Studenten in ihrem letzten Semester an der Uni in München. Sie haben vor, bald zu heiraten. Harald hat gerade eine gut bezahlte Stelle an einem Gymnasium in Frankfurt bekommen. Monika hat noch keine Stelle gefunden und sie will München nicht verlassen.

3. **Mutter und Tochter**
   Anita (19 Jahre alt) fragt ihre Mutter (50), wie es damals war, als sie jung war. Frau Baumann erzählt ihrer Tochter, was sie als junge Frau gern gemacht hätte oder was sie heute anders machen würde.

F Klassendiskussion: Unterschiede und Ähnlichkeiten

1. Besprechen Sie einige Unterschiede und Ähnlichkeiten
   a. in der Erziehung (*upbringing*) von Mädchen und Jungen.
   b. im Leben von Studenten und Studentinnen an dieser Uni.
2. An einigen privaten Hochschulen in den USA studieren *nur* Frauen (ohne Männer). Halten Sie das für gut? Warum oder warum nicht?

SCHREIBTIPP

Using indirect quotation in German

As you have learned in this chapter, special subjunctive is required in certain kinds of formal writing. In term papers, newspaper articles, official reports, and similar texts, you must use special subjunctive to report what someone has said or written if you are not quoting word for word (i.e., between quotation marks). Before doing the activity below, you may wish to review the special subjunctive on pages 446–450.

▶ **Schreiben wir mal: Fernsehinterview**   Im Fernsehen gab es neulich ein Gespräch zwischen einem Interviewer und der bekannten Politikerin Elisabeth Schmidt-Baumann. Lesen Sie das Protokoll (*transcript*) des Interviews und dann schreiben Sie einen Bericht darüber. Benutzen Sie dabei nur indirekte Rede (*indirect quotation*).

INTERVIEWER: Wie lange müssen Sie wohl noch für die Emanzipation der Frau arbeiten?

FRAU S–B: Das ist schwer zu sagen. Ich werde einfach nicht aufgeben, bis alle Frauen gleichberechtigt sind …

INTERVIEWER: (*unterbricht*)   Aber die Gleichberechtigung (*equal rights*) steht schon seit Jahren im Grundgesetz, nicht wahr?

FRAU S–B: Ja, das stimmt schon und es ist auch wichtig. Auf der anderen Seite sind das Grundgesetz und die Wirklichkeit leider oft zwei verschiedene Sachen. Die Frauenemanzipation darf nicht nur im Gesetz stehen. Man muss auch das traditionelle Denken über die Rollen von Mann und Frau kritisch untersuchen.

INTERVIEWER: Frau Schmidt-Baumann, ich danke Ihnen für das Gespräch.

Im Büro

G Aufsatzthemen

1. Für Studenten: Was wäre in Ihrem Leben anders, wenn Sie eine Frau wären?
   Für Studentinnen: Was wäre in Ihrem Leben anders, wenn Sie ein Mann wären?

2. Wählen Sie ein Thema aus der Klassendiskussion F (S. 462) und schreiben Sie darüber.

H Wie sagt man das auf Deutsch?

1. Max told me that there was a new restaurant around the corner.
2. Yes, the food is supposed to be very good.
3. But the prices could be lower.
4. Max has eaten there three times already. He recommended it to me.

5. Did you ask Mimi whether she were coming to the wedding?
6. Yes, but she acted as if she had never heard about it.
7. Brigitte says she invited her last month.

8. Hello, Ruth! Why weren't you at Lina's birthday party on Friday night?
9. I'm sorry, but I was simply too tired.
10. You know, I've found a new job and I had a lot to do.
11. Too bad you missed it.
12. We celebrated until 3:30. (*Use impersonal passive.*)

With this chapter you have completed the fourth quarter of *Neue Horizonte*. For a concise review of the grammar and idiomatic phrases in chapters 13–16, you may consult the **Zusammenfassung und Wiederholung 4** (*Summary and Review 4*) of your Workbook. The review section is followed by a self-correcting test.

Almanach

BERÜHMTE FRAUEN

Welche Namen, Biographien und Portraits gehören zusammen?

Namen:

Maria Sibylla Merian (1647–1717)
Marlene Dietrich (1901–1992)
Franka Potente (geboren 1974)
Angela Merkel (geboren 1954)
Clara Schumann (1819–1896)
Anne-Sophie Mutter (geboren 1963)
Kaiserin Viktoria (1840–1901)
Steffi Graf (geboren 1969)

b.

a.

Kurzbiographien:

1. Die älteste Tochter der englischen Königin Victoria. Frau des deutschen Kaisers Friedrich III., der nur ein paar Monate regierte. Mutter von Kaiser Wilhelm II. Sie war politisch liberal und wirkte (*worked actively*) gegen den Antisemitismus und Militarismus ihrer Zeit.

2. Wurde bekannt als rothaariger Star des Films *Lola rennt* (1998, Regie: Tom Tykwer), in dem sie durch Berlin laufen muss, um ihren Freund zu retten. Spielte auch mit Matt Damon in *The Bourne Identity* (2002, Regie: Doug Liman).

3. Bekannt als Klaviervirtuosin und Frau eines berühmten Komponisten (*composer*) des 19. Jahrhunderts.

4. Eine der größten Tennisspielerinnen der letzten Jahre. 1988 hat sie die vier größten Tennisturniere der Welt gewonnen (*won*): Australian Open, French Open, Wimbledon und US Open.

5. Wuchs in der DDR auf und wurde als erste Frau 1998 Vorsitzende (*chairwoman*) der Christlich-Demokratischen Union (CDU).

6. Spielt seit dem 13. Lebensjahr Violinkonzerte mit den größten Orchestern der Welt.

c.

d.

e.

f.

g.

h.

7. Deutsche Künstlerin aus Frankfurt am Main, die für ihre Bilder von europäischen Pflanzen und Insekten bekannt wurde. Diese Bilder sind wissenschaftlich (*scientifically*) präzise aber auch künstlerisch schön (man hat ihre Werke viel später als Motive auf Briefmarken der USA benutzt). Ihr Interesse für Botanik führte sie nach der holländischen Kolonie Surinam in Südamerika – eine erstaunliche Reise für eine Frau zu ihrer Zeit.

8. Wurde als Filmschauspielerin (*film actress*) in der Weimarer Republik berühmt. Sie spielte die Sängerin Lola Lola in dem Film *Der blaue Engel* (1930, Regie: Josef von Sternberg), bevor sie nach Hollywood ging.

Info-Austausch Activities: Part B

Kapitel 1 (*Übung 17, S. 37*)

▶ Was machen die Kinder heute?

Work together to say what people are doing today.

BEISPIEL: A: Was machen die Kinder heute?
B: Sie spielen draußen. Was macht Karin heute?
A: Sie _____.

Partner B:

	spielen draußen
Karin	
	arbeitet nicht viel im Moment
Herr Lehmann	
	fliegt nach Wien
Hans	

Kapitel 3 (*Übung F, S. 92*)

▶ Was trägst du in diesen Situationen?

Work with a partner to say what you would wear in the following situations.

BEISPIEL: A: Es regnet. Was trägst du?
B: Ich trage einen Regenmantel oder einen Regenschirm.
Es schneit. Was trägst du?
A: Ich trage _____.

Partner B:

Situation	Kleider
	einen Regenschirm oder einen Regenmantel
Es schneit.	
	eine Jacke und eine Mütze
Die Sonne scheint und es ist sehr warm.	
	(für Männer): einen Anzug und eine Krawatte (für Frauen): einen Rock und eine Bluse
Wir machen heute Abend eine Party.	

▶ Dann sollst du schlafen gehen!

Work with a partner. One partner states a desire or need. The other says what to do about it.

BEISPIEL: A: Ich bin so müde!
B: Dann sollst du schlafen gehen. Ich bin so hungrig.
A: Dann sollst du...

Partner B:

	schlafen gehen
Ich bin so hungrig.	
	schwimmen gehen
Ich brauche Geld.	

Kapitel 5 *(Übung C, S. 147)*

C Wer macht was?

Work together to assign an occupation and a job description to each person in the chart. Partner A assigns an occupation to the first person from the information given below. Partner B chooses the appropriate job description for that person. Partner B then chooses an occupation for the next person and Partner A gives the appropriate job description.

BEISPIEL: A: Jörg Krolow ist Fabrikarbeiter. Was macht er?
B: Er arbeitet in einer Fabrik. Klaus Ostendorff ist Journalist. Was macht er?
A: Er...

Name	Was ist er/sie von Beruf?	Was macht er/sie?
Jörg Krolow		
Klaus Ostendorff		
Marina Spira		
Pawel Kempowskij		
Christine Sauermann		
Vanessa Johnson		
Hasan Turunc		
Antje Hakenkamp		
Melanie von Schmolke		

Partner B:

Berufe	Berufsbeschreibungen
Verkäufer/in	bäckt Brote und Brötchen
Journalist/in	macht Bilder und Zeichnungen (drawings)
Professor/in	macht die Hausarbeit und betreut (takes care of) die Kinder
Buchhändler/in	arbeitet in einer Fabrik
	unterrichtet (teaches) an einer Schule

▶ Welches Fach ist das?

Arbeiten Sie mit Ihrem Partner zusammen. Finden Sie die richtige Beschreibung (*description*) von jedem Hauptfach.

BEISPIEL: A: Man studiert Philosophie. Was macht man an der Uni?

B: Man studiert und analysiert große Denker wie Kant und Wittgenstein.

B: Man studiert Organismen: Tiere (*animals*) und Pflanzen (*plants*). Welches (*which*) Fach ist das?

A: Das ist Biologie.

Partner B:

Im Hauptfach studiert man ...	Das macht man an der Uni.
	Man studiert und analysiert große Denker wie Kant und Wittgenstein.
	Man lernt über Sprache, Literatur, Geschichte und Kultur in den deutschsprachigen Ländern.
Politikwissenschaft	
	Man schreibt Programme und entwickelt (*develops*) Software für Computer.
Pädagogik	
Geschichte	
	Man studiert Organismen: Tiere (*animals*) und Pflanzen (*plants*).

Kapitel 7 (*Übung 19, S. 198*)

▶ Wann kommt der Zug an?

Arbeiten Sie mit einem Partner zusammen und ergänzen Sie (*complete*) die Informationen in dem Zugfahrplan am Hauptbahnhof Mannheim.

BEISPIEL: A: Wann kommt der Zug Nummer 6342 in Mannheim an?
B: Um 14.22 Uhr. Wann fährt der Zug Nummer 2203 nach Innsbruck in Mannheim ab?

Partner B:

Ankunft (*arrivals*)			Abfahrt (*departures*)		
Zug-Nr.	**ab¹**	**an¹**	**Zug-Nr.**	**ab**	**an**
6342	Hamburg	Mannheim	1338	Mannheim	Zürich
		14.22 Uhr		5.20 Uhr	
7422	München	Mannheim	2472	Mannheim	Nürnberg
	10.03 Uhr			6.06 Uhr	
1387	Frankfurt/Main	Mannheim	6606	Mannheim	Straßburg
		12.01 Uhr			8.40 Uhr
7703	Wien	Mannheim	2203	Mannheim	Innsbruck
		17.56 Uhr			15.46 Uhr
9311	Berlin	Mannheim	3679	Mannheim	Prag
	11.05 Uhr				20.09 Uhr

¹**ab**: time and place of departure; **an**: time and place of arrival.

Kapitel 11 (*Übung 20, S. 315*)

▶ Weihnachtsgeschenke (*Christmas presents*)

Sie und Ihr Partner schenken einander viele Sachen zu Weihnachten. Fragen Sie, was Sie einander schenken.

BEISPIEL: A: Schenkst du mir etwas Neues?
B: Ja, ich schenke dir eine tolle neue CD. Schenkst du mir etwas Warmes?
A: Ja, ich schenke dir einen neuen Pulli.

Partner B:

lecker	
	ein Fahrrad
klein	
	eine Armbanduhr aus Gold
groß	
	eine Pflanze
warm	
	eine tolle neue CD

Kapitel 12 (*Übung 26, S. 350*)

▶ Du kannst das selber machen.

Work with a partner. Tell your partner that he or she should have something done or can do it himself or herself.

BEISPIEL: A: Mein CD-Spieler ist kaputt.
B: Du sollst ihn reparieren lassen. Ich möchte Kaffee trinken.
A: Du kannst ihn selber kochen.
usw.

Partner B:

	reparieren lassen
Ich möchte Kaffee trinken.	
	schneiden lassen
Ich habe Hunger.	
	tippen lassen
Ich brauche Lebensmittel.	
	waschen lassen

▶ Hobbys

Arbeiten Sie mit einem Partner zusammen. Wofür interessieren sich diese Leute? Welche Hobbys haben sie?

BEISPIELE:
A: Wofür interessiert sich Vladimir?
B: Er interessiert sich für Entymologie. Was sammelt er denn?
A: Er sammelt Schmetterlinge.

B: Nina spielt Trompete. Wofür interessiert sie sich?
A: Sie interessiert sich für Jazz.

Partner B:

Name	Interessiert sich für ...	Sammelt, spielt, macht ...
Vladimir	Entymologie	
Nina		Trompete
Bobby	Strategie	
Steffi		Tennis
Lutz	Kunst und Technik	
Claudio		Klavier
Beate	Tanz (dance) und Sport	
Mein Partner		
Ich		

▶ Was könnten wir heute machen?

Sie besprechen mit Ihrem Partner einen Plan für nächste Woche. Es gibt schöne Sachen, die Sie machen könnten, aber auch Wichtiges, was Sie machen sollten.

BEISPIEL: A: Was könnten wir am Montag machen?
B: Wir könnten spazieren gehen.
A: Eigentlich sollten wir das Zimmer aufräumen.

Partner B:

Wochentag	Etwas Schönes	Etwas Wichtiges
Montag	spazieren gehen	
Dienstag		Hausaufgaben machen
Mittwoch		Lebensmittel einkaufen
Donnerstag	ins Konzert gehen	
Freitag		das Auto waschen

▶ Von wem?

Jeder Partner bekommt Listen mit den Titeln „Was?" und „Von wem?" Stellen Sie einander Fragen im Passiv, um Ihre Listen zu ergänzen (complete).

BEISPIEL: **Was?**   **Von wem?**
Don Giovanni komponieren   Bäcker
Brot backen   Mozart

A: Von wem wird Brot gebacken?   B: Vom Bäcker.
B: Von wem wurde Don Giovanni komponiert?   A: Von Mozart.

Partner B:

Was?	Von wem?
Faust schreiben	Journalisten
das Essen im Restaurant bringen	Beethoven
Romane schreiben	Professoren
die Psychoanalyse gründen	Shakespeare
Autos reparieren	Einstein

Principal Parts of Strong and Irregular Verbs

The following table contains the principal parts of all the strong, mixed, and irregular verbs in *Neue Horizonte*. With a few exceptions, only the basic stem verbs are listed, e.g., **gehen**, **bringen**, and **kommen**. Verbs formed by adding a prefix—e.g., **weggehen**, **verbringen**, and **ankommen**—change their stems in the same way as the basic verb.

Infinitive	Third-person sing. present	Simple past	Perfect	English
anfangen	fängt an	fing an	hat angefangen	*begin*
beginnen		begann	hat begonnen	*begin*
bieten		bot	hat geboten	*offer, provide*
bitten		bat	hat gebeten	*ask for, request*
bleiben		blieb	ist geblieben	*stay*
brechen	bricht	brach	hat gebrochen	*break*
brennen		brannte	hat gebrannt	*burn*
bringen		brachte	hat gebracht	*bring*
denken		dachte	hat gedacht	*think*
dürfen	darf	durfte	hat gedurft	*may, be allowed to*
einladen	lädt ein	lud ein	hat eingeladen	*invite*
empfehlen	empfiehlt	empfahl	hat empfohlen	*recommend*
entscheiden		entschied	hat entschieden	*decide*
essen	isst	aß	hat gegessen	*eat*
fahren	fährt	fuhr	ist gefahren	*drive*
fallen	fällt	fiel	ist gefallen	*fall*
finden		fand	hat gefunden	*find*
fliegen		flog	ist geflogen	*fly*
fließen		floss	ist geflossen	*flow*
geben	gibt	gab	hat gegeben	*give*
gehen		ging	ist gegangen	*go*
genießen		genoss	hat genossen	*enjoy*
haben	hat	hatte	hat gehabt	*have*
halten	hält	hielt	hat gehalten	*hold, stop*
hängen[1]		hing	hat gehangen	*be hanging*
heißen		hieß	hat geheißen	*be called*
helfen	hilft	half	hat geholfen	*help*
kennen		kannte	hat gekannt	*know, be acquainted with*
klingen		klang	hat geklungen	*sound*
kommen		kam	ist gekommen	*come*
können	kann	konnte	hat gekonnt	*can, be able to*
lassen	lässt	ließ	hat gelassen	*leave; let; allow to; cause to be done*

---

[1] When it is transitive, **hängen** is weak: **hängte, hat gehängt**.

Infinitive	Third-person sing. present	Simple past	Perfect	English
laufen	läuft	lief	ist gelaufen	*run*
leihen		lieh	hat geliehen	*lend*
lesen	liest	las	hat gelesen	*read*
liegen		lag	hat gelegen	*lie*
mögen	mag	mochte	hat gemocht	*like*
müssen	muss	musste	hat gemusst	*must, have to*
nehmen	nimmt	nahm	hat genommen	*take*
nennen		nannte	hat genannt	*name, call*
raten	rät	riet	hat geraten	*guess*
rufen		rief	hat gerufen	*call, shout*
scheinen		schien	hat geschienen	*shine, seem*
schlafen	schläft	schlief	hat geschlafen	*sleep*
schließen		schloss	hat geschlossen	*close*
schneiden		schnitt	hat geschnitten	*cut*
schreiben		schrieb	hat geschrieben	*write*
schreien		schrie	hat geschrien	*shout, yell*
schweigen		schwieg	hat geschwiegen	*be silent*
schwimmen		schwamm	ist geschwommen	*swim*
sehen	sieht	sah	hat gesehen	*see*
sein	ist	war	ist gewesen	*be*
singen		sang	hat gesungen	*sing*
sitzen		saß	hat gesessen	*sit*
sollen	soll	sollte	hat gesollt	*should*
sprechen	spricht	sprach	hat gesprochen	*speak*
stehen		stand	hat gestanden	*stand*
stehlen	stiehlt	stahl	hat gestohlen	*steal*
steigen		stieg	ist gestiegen	*climb*
sterben	stirbt	starb	ist gestorben	*die*
tragen	trägt	trug	hat getragen	*carry, wear*
treffen	trifft	traf	hat getroffen	*meet*
treiben		trieb	hat getrieben	*drive, propel*
trinken		trank	hat getrunken	*drink*
tun		tat	hat getan	*do*
vergessen	vergisst	vergaß	hat vergessen	*forget*
vergleichen		verglich	hat verglichen	*compare*
verlassen	verlässt	verließ	hat verlassen	*leave*
verlieren		verlor	hat verloren	*lose*
verschwinden		verschwand	ist verschwunden	*disappear*
wachsen	wächst	wuchs	ist gewachsen	*grow*
waschen	wäscht	wusch	hat gewaschen	*wash*
werden	wird	wurde	ist geworden	*become*
werfen	wirft	warf	hat geworfen	*throw*
wiegen		wog	hat gewogen	*weigh*
wissen	weiß	wusste	hat gewusst	*know (a fact)*
wollen	will	wollte	hat gewollt	*want to*
ziehen		zog	hat gezogen	*pull*

The following list contains all the words introduced in *Neue Horizonte* except for definite and indefinite articles, personal and relative pronouns, possessive adjectives, cardinal and ordinal numbers, and words glossed in the margins of the **Lesestücke**. The code at the end of each entry shows where the word or phrase is introduced in the text:

12-1	Kapitel 12, Wortschatz 1
9-2	Kapitel 9, Wortschatz 2
Einf.	Einführung (Introductory Chapter)
2-G	Kapitel 2, Grammatik
5-TLL	Kapitel 5, Tipps zum Lesen und Lernen (*in the section* Leicht zu merken)
10-VzT	Kapitel 10, Vokabeln zum Thema
2-VID	Video segment 2 (in the Workbook/Laboratory Manual/Video Workbook)

Strong and irregular verbs are listed with their principal parts: **nehmen (nimmt)**, **nahm**, **hat genommen**. Weak verbs using **sein** as their auxiliary are shown by inclusion of the perfect: **reisen, ist gereist**.

Separable prefixes are indicated by a raised dot between prefix and verb stem: **ab·fahren**. This dot is *not* used in German spelling.

When a verb has a prepositional complement, the preposition follows all the principal parts. If it is a two-way preposition, the case it takes with this verb is indicated in parentheses: **teil·nehmen (nimmt teil), nahm teil, hat teilgenommen** *an* (+ *dat.*).

Adjectival nouns are indicated thus: der / die **Verwandte, -n**.

Masculine N-nouns like **der Student** and irregular nouns like **der Name** are followed by both the genitive singular and the plural endings: der **Student, -en, -en**; der **Name, -ns, -n**.

Adjectives followed by a hyphen may only be used attributively: **eigen-**.

If an adjective or adverb requires an umlaut in the comparative and superlative degrees, or if these forms are irregular, this is indicated in parentheses: **arm (ärmer)**; **gern (lieber, am liebsten)**.

The following abbreviations are used here and throughout *Neue Horizonte*.

acc.	accusative	*m.*	masculine
adj.	adjective	*neut.*	neuter
adj. noun	adjectival noun	*pers.*	person
adv.	adverb	*pl.*	plural
colloq.	colloquial	*prep.*	preposition
conj.	conjunction	*sing.*	singular
coor. conj.	coordinating conjunction	*sub. conj.*	subordinating conjunction
dat.	dative		
f.	feminine	*trans.*	transitive
gen.	genitive	*usw.*	(= **und so weiter**) etc.
intrans.	intransitive		

A

der **Abend, -e** evening, 1-1
  am Abend in the evening, 8-1
  Guten Abend! Good evening, *Einf.*
  heute Abend this evening, tonight, 1-1
das **Abendessen, -** supper, evening meal, 8-1
  zum Abendessen for supper, 8-1
abends (in the) evenings, every evening, 5-2
aber (1) but (*coor. conj.*), 1-1; (2) (*flavoring particle*), 9-1
ab·fahren (fährt ab), fuhr ab, ist abgefahren to depart, leave (by vehicle), 7-1
ab·holen to pick up, fetch, get, 5-2
das **Abi** (*slang*) = Abitur, 5-1
das **Abitur** final secondary school examination, 5-1
das **Abteil, -e** railway compartment, 15-2
ach oh, ah, 2-1
das **Adjektiv, -e** adjective
die **Adjektivendung, -en** adjective ending, 9-G
der **Adler, -** eagle, 10-VzT
die **Adresse, -n** address, 15-1
das **Adverb, -ien** adverb
ähnlich (+ *dat.*) similar (to), 3-2
  Sie ist ihrer Mutter ähnlich. She's like her mother.
die **Ähnlichkeit, -en** similarity, 9-TLL
die **Ahnung** notion, inkling, hunch
  (Ich habe) keine Ahnung. (I have) no idea. 10-1, 5-VID
der **Akkusativ** accusative case, 2-G
aktiv active, 9-TLL
aktuell current, topical, 5-2
akut acute, 9-TLL
akzeptieren to accept, 15-1
alle (*pl.*) all; everybody, 2-2
allein alone, 1-2
alles everything, 6-2
der **Alltag** everyday life, 8-2
alltäglich everyday, quotidian, 16-2
der **Almanach, -e** almanac
die **Alpen** (*pl.*) the Alps, 4-TLL
als (1) when (*sub. conj.*), 10-1; (2) as a, 5-1; (3) than (*with comparative degree*), 12-1
  als ob (+ *subjunctive*) as if, as though, 16-1
also (1) well . . . 1-1; (2) thus, 3-2
alt (älter) old, 2-2
die **Alternative, -n** alternative, 2-TLL
altmodisch old-fashioned, 4-2
die **Altstadt, ̈e** old city center, 8-TLL
ambivalent ambivalent, 16-TLL
(das) **Amerika** America, 3-2
der **Amerikaner, -** American (*m.*), 1-2
die **Amerikanerin, -nen** American (*f.*), 1-2
amerikanisch American, 3-2

an (*prep.* + *acc.* or *dat.*) to, toward; at, alongside of, 6-1
analysieren to analyze, 14-TLL
ander- other, different, 11-1
ändern to change (*trans.*), 11-2
  sich ändern to change (*intrans.*), 11-2
anders different, 2-2
  jemand anders someone else, 8-VID
die **Anekdote, -n** anecdote, 15-TLL
der **Anfang, ̈e** beginning, 6-1
  am Anfang at the beginning, 6-1
an·fangen (fängt an), fing an, hat angefangen to begin, start, 5-1
der **Anfänger, -** beginner, 5-TLL
angenehm pleasant, 15-2; pleasure to meet you, 13-VzT
der/die **Angestellte, -n** (*adj. noun*) employee, 14-1
die **Anglistik** English studies, 6-VzT
die **Angst, ̈e** fear, 3-2
  Angst haben to be afraid, 3-2
  Angst haben vor (+ *dat.*) to be afraid of, 13-1; 16-VzT
an·kommen, kam an, ist angekommen to arrive, 5-1
  an·kommen auf (+ *acc.*) to depend on, be contingent on
  Es kommt darauf an. It depends. 13-1
sich an·melden to register (at a hotel, at the university, etc.), 14-VzT
an·rufen, rief an, hat angerufen to call up, 5-1
an·schauen to look at, 15-2
sich etwas an·sehen (sieht an), sah an, hat angesehen to take a look at something, 11-1
anstatt (*prep.* + *gen.*) instead of, 8-G
die **Antwort, -en** answer, 6-2
antworten (+ *dat.*) to answer (a person), 6-2
  antworten auf (+ *acc.*) to answer (something), respond to, 13-2
an·ziehen, zog an, hat angezogen to dress
  sich anziehen to get dressed, 11-1
  sich etwas anziehen to put something on, 11-G
der **Anzug, ̈e** suit, 3-VzT
die **Apotheke, -n** pharmacy, 8-VzT
der **Appetit** appetite
  Guten Appetit! *Bon appétit!* Enjoy your meal! 8-1
(der) **April** April, *Einf.*
die **Arbeit** work, 2-2
arbeiten to work, 1-1
  arbeiten an (+ *dat.*) to work on, 16-1
der **Arbeiter, -** worker (*m.*), 5-2
die **Arbeiterin, -nen** worker (*f.*), 5-2
arbeitslos unemployed, 8-2
die **Arbeitslosigkeit** unemployment, 8-2

das **Arbeitszimmer, -** study, 15-VzT
die **Architektur** architecture, 16-TLL
der **Architekt, -en, -en** architect (*m.*), 8-TLL
die **Architektin, -nen** architect (*f.*), 8-TLL
der **Ärger** annoyance, anger, 16-VzT
ärgern to annoy; offend, 10-1
  sich ärgern (über + *acc.*) to get annoyed (at), be annoyed (about), 13-2; 16-VzT
arm (ärmer) poor, 10-1
  Du Arme(r)! Poor one! 16-VzT
der **Arm, -e** arm, 10-2
die **Armbanduhr, -en** wristwatch
die **Arroganz** arrogance, 15-TLL
der **Artikel, -** article, 2-1
der **Arzt, ̈e** doctor (*m.*), 5-VzT; 11-1
die **Ärztin, -nen** doctor (*f.*), 5-VzT; 11-1
der **Aspekt, -e** aspect, 8-TLL
das **Atom, -e** atom, 9-TLL
das **Atomkraftwerk** atomic power plant, 9-2
auch also, too, 1-1
auf (*prep.* + *acc.* or *dat.*) onto; on, upon, on top of, 6-1
die **Aufgabe, -n** task, assignment, 8-2
auf·geben (gibt auf), gab auf, hat aufgegeben (*trans.* & *intrans.*) to give up, quit, 11-2
auf·hängen to hang up, 7-1
auf·hören (mit etwas) to cease, stop (doing something), 5-1
auf·machen to open, 5-1
auf·passen to pay attention; to look out, 16-1; 5-VID
  auf·passen auf (+ *acc.*) to look after, 16-1
auf·räumen to tidy up, straighten up, 13-1
sich auf·regen (über + *acc.*) to get upset (about), get excited (about), 15-1
der **Aufsatz, ̈e** essay
das **Aufsatzthema, -themen** essay topic
der **Aufschnitt** (*no pl.*) cold cuts, 4-VzT
auf·stehen, stand auf, ist aufgestanden (1) to stand up; to get up; (2) to get out of bed, 5-1; 2-VID
auf·wachen, ist aufgewacht to wake up (*intrans.*), 7-1
auf·wachsen (wächst auf), wuchs auf, ist aufgewachsen to grow up, 8-2
das **Auge, -n** eye, 11-1
der **Augenblick, -e** moment, 12-1
  (Einen) Augenblick, bitte. Just a moment, please. 12-1
  im Augenblick at the moment, 12-1
(der) **August** August, *Einf.*
aus (*prep.* + *dat.*) out of; from, 5-1
aus·brechen (bricht aus), brach aus, ist ausgebrochen to break out

der **Ausdruck, ⁀e**   expression

der **Ausflug, ⁀e**   outing, excursion, 14-2

aus·geben (gibt aus), gab aus, hat ausgegeben   to spend (money), 6-2

aus·gehen, ging aus, ist ausgegangen   to go out, 14-1

ausgezeichnet   excellent, 8-1

sich aus·kennen, kannte aus, hat ausgekannt   to know one's way around, 13-1

die **Auskunft**   information, 13-1

das **Ausland** (*sing.*)   foreign countries, 7-2

   im Ausland   abroad (*location*), 7-2

   ins Ausland   abroad (*destination*), 7-2

der **Ausländer, -**   foreigner (*m.*), 15-2

die **Ausländerin, -nen**   foreigner (*f.*), 15-2

ausländisch   foreign, 10-2

aus·sehen (sieht aus), sah aus, hat ausgesehen   to appear, look (like), 5-2

   Du siehst traurig aus   You seem sad, 16-VzT

außer (*prep. + dat.*)   except for; besides; in addition to, 5-1

außerdem (*adv.*)   besides, in addition, 14-2

aus·steigen, stieg aus, ist ausgestiegen   to get out (of a vehicle), 7-2

die **Ausstellung, -en**   exhibition, 10-2

der **Austauschstudent, -en, -en**   exchange student (*m.*), 6-1

die **Austauschstudentin, -nen**   exchange student (*f.*), 6-1

aus·wandern, ist ausgewandert   to emigrate, 11-2

der **Ausweis, -e**   I.D. card, 6-2

aus·ziehen, zog aus, ist ausgezogen   to move out, 6-1

   sich ausziehen   to get undressed, 11-1

das **Auto, -s**   car, 2-2

die **Autobahn, -en**   expressway, high-speed highway, 7-2

autobiographisch   autobiographical, 16-TLL

automatisch   automatic, 6-TLL

der **Automechaniker, -**   auto mechanic (*m.*), 5-1

die **Automechanikerin, -nen**   auto mechanic (*f.*), 5-1

der **Autor, -en**   author, 16-TLL

B

das **Baby, -s**   baby, 16-1

der **Bäcker, -**   baker (*m.*), 5-1

die **Bäckerei, -en**   bakery, 5-1

die **Bäckerin, -nen**   baker (*f.*), 5-1

das **Bad**   bath, 14-1

   ein Bad nehmen   to take a bath, 14-1

sich baden   to take a bath, 11-G

das **Badezimmer, -**   bathroom, 14-1, 15-VzT

baff sein (*colloq.*)   to be flabbergasted, speechless, 13-1; 16-VzT

die **Bahn**   railroad, railway system, 7-2

der **Bahnhof, ⁀e**   train station, 7-1

bald   soon, 1-2

die **Banane, -n**   banana, 6-VID

die **Bank, ⁀e**   bench, 10-1

die **Bank, -en**   bank, 14-1

der **Bankautomat, -en**   automatic teller machine, 14-1

der **Bär, -en, -en**   bear, 10-VzT

barbarisch   barbaric, 4-TLL

das **Bargeld**   cash, 14-1; 7-VID

die **Barriere, -n**   barrier, 13-TLL

die **Basis**   basis, 9-TLL

bauen   to build, 8-2

der **Bauer, -n, -n**   farmer (*m.*), 5-1

die **Bäuerin, -nen**   farmer (*f.*), 5-1

das **Bauernbrot**   dark bread, 5-1

der **Baum, ⁀e**   tree, 4-2

die **Baustelle, -n**   construction site, 11-1

der **Beamte, -n** (*adj. noun*)   official, civil servant (*m.*), 11-1

die **Beamtin, -nen**   official, civil servant (*f.*), 11-1

bedeuten   to mean, signify, 2-2

die **Bedeutung, -en**   meaning, significance, 10-2

sich beeilen   to hurry, 11-1

begeistert (von)   enthusiastic (about), 14-2, 16-VzT

die **Begeisterung**   enthusiasm, 11-1

beginnen, begann, hat begonnen   to begin, 4-1

behalten (behält), behielt, hat behalten   to keep, retain, 12-1

bei (*prep. + dat.*)   (1) at the home of; near; at, 5-1; (2) during, while -ing, 11-G

beid- (*adj.*)   both, 11-2

beide (*pl. pronoun*)   both (people), 14-2

beides (*sing. pronoun*)   both things, 13-2

das **Bein, -e**   leg, 11-1

das **Beispiel, -e**   example, 9-2

   zum Beispiel   for example, 1-2

bekannt   known; well known, 7-2

der/die **Bekannte, -n** (*adj. noun*)   acquaintance, friend, 11-1

bekommen, bekam, hat bekommen   to receive, get, 4-1

belegen   to take (a university course), 6-2

beliebt   popular, 16-2

benutzen   to use, 9-2

das **Benzin**   gasoline, 7-2

bequem   comfortable, 7-2

bereit   prepared, ready, 9-2

der **Berg, -e**   mountain, 3-1

bergig   mountainous, 4-VzT

berichten   to report, 5-2

der **Beruf, -e**   profession, vocation, 2-2

   Was sind Sie von Beruf?   What is your profession? 5-VzT

berufstätig   employed, 2-2

berühmt   famous, 11-2

beschreiben, beschrieb, hat beschrieben   to describe, 4-2

besitzen, besaß, hat besessen   to own, 2-2

besonders   especially, 5-2

besorgt   worried, concerned, 10-1

besprechen (bespricht), besprach, hat besprochen   to discuss, 3-2

besser   better, 12-G

die **Besserung: Gute Besserung!**   Get well soon! 11-1; 16-VzT

best-   best, 12-G

bestellen   to order, 8-1

bestimmt   certainly, surely, 5-VID

der **Besuch, -e**   visit, 12-1

besuchen   to visit, 3-1

die **Betriebswirtschaft**   management, business, 6-VzT

das **Bett, -en**   bed, 6-1; 1-VID

   ins Bett gehen   to go to bed, 7-1

bevor (*sub. conj.*)   before, 10-2

bezahlen   to pay, 6-2

die **Bibliothek, -en**   library, 6-1

das **Bier, -e**   beer, 4-2

bieten, bot, hat geboten   to offer; to provide, 16-2

das **Bild, -er**   picture; image, 5-2

billig   inexpensive, cheap, 6-2

die **Biologie**   biology, 6-VzT

bis (*prep. + acc.*)   until, *Einf.*; by, 1-1

   bis dann   until then, 1-1

   Bis morgen.   Until tomorrow, *Einf.*

   Bis nachher!   See you later!, 4-1

ein bisschen   a little; a little bit; a little while, 3-1

bitte (sehr)   (1) you're welcome, 2-1; (2) please, 1-2; (3) here it is, there you are, 5-1

bitten, bat, hat gebeten um   to ask for, request, 13-1

   Er bittet mich um das Geld.   He's asking me for the money.

blau   blue, 3-2

bleiben, blieb, ist geblieben   to stay, remain, 2-2

der **Bleistift, -e**   pencil, *Einf.*

der **Blick, -e**   view; gaze; glance, 16-2

blicken   to gaze, look, 16-2

blitzschnell   quick as lightning, 3-2

blöd   dumb, stupid, 5-1

die **Blume, -n**   flower, 11-1

die **Bluse, -n**   blouse, 3-VzT

der **Boden, ⁀**   floor, 6-VzT

böse (*+ dat.*)   angry, mad (at); bad, evil, 13-1

die **Boutique, -n**   boutique, 5-TLL

brauchen   to need, 2-1

braun   brown, 3-2

die **BRD** (= **Bundesrepublik Deutschland**) the FRG (= the Federal Republic of Germany), 2-2

brechen (bricht), brach, hat gebrochen to break, 11-1

brennen, brannte, hat gebrannt to burn, 16-2

die **Brezel, -n** soft pretzel, 5-1

der **Brief, -e** letter, 6-2

der **Briefkasten, ⁻** mailbox, 15-1

die **Briefmarke, -n** postage stamp, 15-1

der **Briefträger, -** letter carrier, mailman, 5-TLL

die **Brille** (*sing.*) (eye)glasses, 3-VzT

bringen, brachte, hat gebracht to bring, 6-1

das **Brot, -e** bread, 5-1

das **Brötchen, -** roll, 4-1

die **Brücke, -n** bridge, 8-2

der **Bruder, ⁻** brother, 2-1

das **Buch, ⁻er** book, *Einf.*

buchen to book (a flight, hotel, etc.), 7-VID

das **Bücherregal, -e** bookcase, 6-VzT

der **Buchhändler, -** bookseller (*m.*), 5-2

die **Buchhändlerin, -nen** bookseller (*f.*), 5-2

die **Buchhandlung, -en** bookstore, 5-2

die **Bude, -n** (*colloq.*) (rented) student room, 6-2

der **Bummel, -** stroll, walk, 8-1

einen Bummel machen to take a stroll, 8-1

die **Bundesrepublik Deutschland** the Federal Republic of Germany, 2-2

bunt colorful, multicolored, 3-2

der **Bürger, -** citizen, 6-2

das **Büro, -s** office, 1-1

der **Bus, -se** bus, 7-VzT

die **Butter** butter, 4-VzT; 2-VID

C

das **Café, -s** café, 5-TLL; 8-VzT

campen to camp, 5-TLL

der **Cartoon, -s** cartoon, 16-TLL

die **CD, -s** CD (compact disk), 6-VzT

der **CD-Spieler** CD player, 6-VzT

die **Chance, -n** chance, 9-2

der **Chef, -s** boss (*m.*), 5-1

die **Chefin, -nen** boss (*f.*), 5-1

die **Chemie** chemistry, 6-VzT

die **Chemiestunde** chemistry class, 3-1

(das) **China** China, 11-TLL

der **Chinese, -n, -n** Chinese (*m.*), 11-TLL

die **Chinesin, -nen** Chinese (*f.*), 11-TLL

chinesisch Chinese (*adj.*), 11-TLL

(das) **Chinesisch** Chinese (language), 13-TLL

der **Computer, -** computer, 6-VzT; 12-1

der **Container, -** container, 9-1

der **Cousin, -s** cousin (*m.*), 2-2

die **Cousine, -n** cousin (*f.*), 2-2

D

da (1) there, 1-1; (2) then, in that case, 9-1; (3) since (*sub. conj., causal*), 8-G

da drüben over there, 2-1

dabei sein to be present, be there, 15-1

dahin: Wie komme ich dahin? How do I get there? 13-1

damals at that time, back then, 10-1

die **Dame, -n** lady, 10-2

damit (*sub. conj.*) so that, 16-2

danach (*adv.*) after that, 7-VID

der **Dank** thanks

vielen Dank thanks a lot, 2-1

danke thanks, thank you, *Einf.*; 1-1

Danke, gleichfalls. You too. Same to you. *Einf.*; 12-1

danken (+ *dat.*) to thank, 7-1

Nichts zu danken! Don't mention it! 2-1

dann then, 1-1

darf (*see* **dürfen**)

darum therefore, for that reason, 3-2

das sind (*pl. of* **das ist**) those are, 2-2

Das war's. That's it; That's everything, 4-VID

dass that (*sub. conj.*), 8-1

der **Dativ** dative case, 5-G

das **Datum,** *pl.* **Daten** date, 9-G

dauern to last; to take (time), 10-1

dazu: Was sagen/meinen Sie dazu? What do you say to that? 16-1

die **DDR** (= **Deutsche Demokratische Republik**) the GDR (= the German Democratic Republic), 11-1

die **Decke, -n** ceiling, 6-VzT; 6-VID

die **Demokratie, -n** democracy, 10-TLL

demokratisch democratic, 10-TLL

die **Demokratisierung** democratization, 11-TLL

die **Demonstration, -en** demonstration, 11-TLL

demonstrieren to demonstrate, 9-TLL

denken, dachte, hat gedacht to think, 13-2

denken an (+ *acc.*) to think of, 13-2

das **Denkmal, ⁻er** monument, 12-2

denn (1) (*flavoring particle in questions*), 2-1; (2) (*coor. conj.*) for, because, 7-G

deutlich clear

deutsch (*adj.*) German, 2-2

(das) **Deutsch** German language, 3-2

auf Deutsch in German, 1-2

der/die **Deutsche, -n** (*adj. noun*) German (person), 1-2

die **Deutsche Demokratische Republik** German Democratic Republic (GDR), 11-1

(das) **Deutschland** Germany, 1-2

deutschsprachig German-speaking, 16-2

die **Deutschstunde, -n** German class, 3-1

(der) **Dezember** December, *Einf.*

d.h. (= **das heißt**) i.e. (= that is), 6-2

der **Dialekt, -e** dialect, 13-TLL

der **Dialog, -e** dialogue

der **Dichter, -** poet

(der) **Dienstag** Tuesday, *Einf.*

dies- this, these, 4-1

diesmal this time, 12-1

das **Ding, -e** thing, 7-2

direkt direct(ly), 13-1

der **Direktor, -en** director, 10-TLL

die **Diskussion, -en** discussion, 2-2

diskutieren to discuss, 15-2

die **Diss** (*university slang*) = **Dissertation**, 16-1

die **Dissertation, -en** dissertation, 16-1

doch (1) (*stressed, contradictory*) yes I do, yes I am, yes he is, etc., 3-1; (2) (*unstressed flavoring particle with commands*), 4-1; (3) (*unstressed flavoring particle with statements*), 10-1

die **Doktorarbeit, -en** dissertation, 16-1

der **Dom, -e** cathedral, 8-1

(der) **Donnerstag** Thursday, *Einf.*

das **Doppelzimmer, -** double room, 14-1

das **Dorf, ⁻er** village, 5-2

dort there, 2-1

die **Dose, -n** (tin) can, 9-2

draußen outside, 1-1

dreckig (*colloq.*) dirty, 9-1

dritt- third, 9-G

drüben over there, 2-1

der **Druck** pressure, 13-2

dumm (dümmer) dumb, 5-1

dunkel dark, 3-2

durch (*prep.* + *acc.*) through, 4-1

dürfen (darf), durfte, hat gedurft may, to be allowed to, 3-1

Was darf es sein? What'll it be? May I help you? 5-1

der **Durst** thirst, 8-1

Durst haben to be thirsty, 8-1

die **Dusche, -n** shower, 14-1

sich duschen to take a shower, 11-G; 14-VzT

duzen to address someone with **du**, 1-2

die **Dynastie, -n** dynasty, 8-TLL

E

echt? (*colloq.*) really? 3-VID
die Ecke, -n corner, 8-1
  an der Ecke at the corner, 8-1
  um die Ecke around the corner, 8-1
egal: Das ist (mir) egal. It doesn't matter (to me). I don't care. 7-1
die Ehe, -n marriage, 16-2
die Ehefrau, -en married woman; spouse, 16-2
der Ehemann, ⸚er married man; spouse, 16-2
das Ehepaar, -e married couple, 14-1
ehrlich honest, 3-2
das Ei, -er egg, 4-VzT; 2-VID
eigen- own, 9-2
eigentlich actually, in fact, 3-2
die Eile hurry
  in Eile in a hurry, 1-1
einander (*pronoun*) each other, 1-2
der Eindruck, ⸚e impression, 8-2
einfach simple, easy, 5-1
einige some, 6-2
ein·kaufen to shop for; to go shopping, 5-2
ein·laden (lädt ein), lud ein, hat eingeladen to invite, 8-1
einmal once, 4-1
  noch einmal once again, once more, 4-1
ein paar a couple (of), a few, 5-2
eins one, *Einf.*
ein·schlafen (schläft ein), schlief ein, ist eingeschlafen to fall asleep, 7-1
ein·steigen, stieg ein, ist eingestiegen to get in (a vehicle), 7-2
der Einstieg, -e entrance, way in
einverstanden Agreed. It's a deal. O.K. 5-1
ein·wandern, ist eingewandert to immigrate, 11-2
ein·werfen (wirft ein), warf ein, hat eingeworfen to throw in; to mail (a letter), 15-1
das Einzelzimmer, - single room, 14-1
ein·ziehen, zog ein, ist eingezogen to move in, 6-1
einzig- single, only, 12-2
das Eis (1) ice; (2) ice cream, 8-VzT
das Eishockey ice hockey, 9-VzT
der Elefant, -en, -en elephant, 10-VzT
die Elektrizität electricity, 9-TLL
die Elektrotechnik electrical engineering, 6-VzT
der Elektrotechniker, - electrician; electrical engineer (*m.*), 5-VzT
die Elektrotechnikerin, -nen electrician; electrical engineer (*f.*), 5-VzT
die Eltern (*pl.*) parents, 2-1
die E-Mail, -s e-mail, 1-TLL
die Emanzipation emancipation, 16-TLL

empfehlen (empfiehlt), empfahl, hat empfohlen to recommend, 9-1; 4-VID
das Ende, -n end, 6-2
  am Ende at the end, 6-1
  Ende Februar at the end of February
  zu Ende sein to end, be finished, be over, 10-2
endlich finally, 1-1
die Energie, -n energy, 9-TLL
der Engländer, - Englishman, 11-TLL
die Engländerin, -nen Englishwoman, 11-TLL
englisch English, 11-TLL
(das) Englisch English language, 3-2
der Enkel, - grandson, 6-VID
enorm enormous, 9-TLL
entscheiden, entschied, hat entschieden to decide, 3-2
Entschuldigung! Pardon me! Excuse me. 1-1
enttäuschen to disappoint, 6-2
die Enttäuschung, -en disappointment, 16-VzT
entweder ... oder either . . . or, 14-1
die Epoche, -n epoch, 10-TLL
die Erdbeermarmelade strawberry jam, 2-VID
die Erde earth, 12-2
das Erdgeschoss ground floor, first floor, 14-1 (*see* **Stock**)
erfinden, erfand, hat erfunden to invent
erfreut pleased
  Sehr erfreut. Pleased to meet you.
sich erholen (von) (1) to recover (from), get well; (2) to have a rest, 13-2
erinnern an (+ *acc.*) to remind of, 12-1
  sich erinnern an (+ *acc.*) to remember, 12-1
die Erinnerung, -en memory, 12-1
sich erkälten to catch a cold, 11-1
erklären to explain, 10-2
die Ermäßigung, -en discount, 7-VID
ernst serious, 14-2
  etwas ernst nehmen to take something seriously, 14-2
erst (*adv.*) not until; only, 5-1
erst- (*adj.*) first, 9-G
erstaunlich astounding, 9-2
erstaunt: Ich bin erstaunt! I'm amazed! 16-VzT
erwarten to expect, 14-2
erzählen to tell, recount, 6-2
die Erzählung, -en story, narrative, 12-2
der Esel, - donkey, 10-VzT
essen (isst), aß, hat gegessen to eat, 2-1
das Essen food; meal, 2-1
das Esszimmer, - dining room, 15-VzT

etwas (1) (*pronoun*) something, 3-1; (2) (*adj. & adv.*) some, a little; somewhat, 12-1
der Euro, -s euro (€), 5-1
(das) Europa Europe, 3-2
der Europäer, - European (*m.*), 3-2
die Europäerin, -nen European (*f.*), 3-2
europäisch European, 11-1
die Europäische Union (EU) European Union, 11-TLL
existieren to exist, 11-TLL
extrem extreme, 10-TLL

F

fabelhaft fabulous, 16-1
die Fabrik, -en factory, 8-2
das Fach, ⸚er area of study; subject, 6-VzT
fahren (fährt), fuhr, ist gefahren to drive, go (by vehicle), 3-1
die Fahrkarte, -n ticket (for bus, train, streetcar, etc.), 7-2
das Fahrrad, ⸚er bicycle, 7-2
die Fahrt, -en trip, ride, 15-2
fallen (fällt), fiel, ist gefallen (1) to fall; (2) to die in battle, 10-1
falsch false, incorrect, wrong, *Einf.*; 3-1
die Familie, -n family, 2-1
fantastisch fantastic, 2-1
die Farbe, -n color, 3-2
fast almost, 2-2
faul lazy, 5-2
(der) Februar February, *Einf.*
fehlen to be missing; to be absent, 10-1
die Feier, -n celebration, party, 15-1
feiern to celebrate, 6-2
das Fenster, - window, *Einf.*
die Ferien (*pl.*) (university and school) vacation, 6-2
fern distant, far away, 12-2
fern·sehen (sieht fern), sah fern, hat ferngesehen to watch TV, 5-2
der Fernseher, - television set, 2-2
fertig (mit) (1) done, finished (with); (2) ready, 5-1
der Film, -e film, movie, 6-TLL
finanzieren to finance, 6-TLL
finden, fand, hat gefunden to find, 2-2
  Das finde ich auch. I think so, too. 3-2
der Finger, - finger, 11-1
die Firma, *pl.* **Firmen** firm, company, 5-2
der Fisch, -e fish, 9-2
fit in shape, *Einf.*; 3-1
flach flat, 4-2
die Flasche, -n bottle, 7-1; 4-VID
das Fleisch meat, 2-1
fleißig industrious, hard-working, 5-2
fliegen, flog, ist geflogen to fly, 1-1

fließen, floss, ist geflossen   to flow, 4-2
der **Flughafen**, ⸚   airport, 7-VzT
das **Flugzeug, -e**   airplane, 7-2
der **Fluss**, ⸚e   river, 4-2
folgen, ist gefolgt (+ *dat.*)   to follow, 8-2
die **Form, -en**   form, 10-TLL
formell   formal, 1-TLL
formulieren   to formulate
der **Fortschritt, -e**   progress, 9-1
das **Foto, -s**   photograph, 6-TLL; 7-2
  ein Foto machen   to take a picture, 7-2
die **Frage, -n**   question, 2-1
  eine Frage stellen   to ask a question, 10-2
der **Fragebogen**   questionnaire
fragen   to ask, 1-1
  sich fragen   to wonder, ask oneself, 15-1
(das) **Frankreich**   France, 7-2
der **Franzose, -n, -n**   Frenchman, 11-TLL
die **Französin, -nen**   Frenchwoman, 11-TLL
französisch   French, 11-TLL; 13-2
die **Frau, -en**   woman; wife, 1-1
  Frau Kuhn   Mrs./Ms. Kuhn, *Einf.*
das **Fräulein**, -   young (unmarried) woman
  Fräulein Schmidt   Miss Schmidt, *Einf.*
frei   free; unoccupied, 2-1
die **Freiheit, -en**   freedom, 7-2
(der) **Freitag**   Friday, *Einf.*
die **Freizeit**   free time, leisure time, 5-2
fremd   (1) strange; (2) foreign, 3-2
die **Fremdsprache, -n**   foreign language, 3-2
die **Freude, -n**   joy, 12-2
freuen
  Das freut mich.   I'm glad. *Einf.*
  (Es) freut mich.   Pleased to meet you. *Einf.*
  sich freuen   to be happy, 11-1
  sich freuen auf (+ *acc.*)   to look forward to, 13-1
der **Freund, -e**   friend (*m.*), 2-1
die **Freundin, -nen**   friend (*f.*), 3-1
freundlich   friendly, 1-2
der **Frieden**   peace, 6-2
frisch   fresh, 5-1
froh   happy, glad, 13-2
früh   early, 3-1
der **Frühling**   spring, 4-2
das **Frühstück**   breakfast, 4-1
  zum Frühstück   for breakfast, 4-1
frühstücken   to eat breakfast, 4-1
die **Frustration, -en**   frustration, 16-TLL
frustrieren   to frustrate, 16-2
  Ich bin frustriert!   I'm frustrated! 16-VzT
der **Fuchs**, ⸚e   fox, 10-VzT
sich fühlen   to feel (*intrans.*), 11-1

führen   to lead, 8-2
der **Führerschein**   driver's license, 7-2
  den Führerschein machen   to get a driver's license, 7-2
für (*prep.* + *acc.*)   for, 1-1
furchtbar   terrible, *Einf.*
fürchten   to fear, 11-1; 16-VzT
der **Fuß**, ⸚e   foot, 4-2
  zu Fuß   on foot, 4-2
der **Fußball**   soccer; soccer ball, 5-2
der **Fußgänger**, -   pedestrian, 14-1
die **Fußgängerzone, -n**   pedestrian zone, 8-VzT; 14-1
das **Futur**   future tense, 13-G

G

die **Gabel, -n**   fork, 8-VzT
ganz   entire, whole, 9-1
  ganz gut   pretty good, 1-1
  den ganzen Sommer (Tag, Nachmittag usw.)   all summer (day, afternoon, etc.), 10-1
gar
  gar kein   no . . . at all, not a . . . at all, 11-1
  gar nicht   not at all, 3-2
die **Garage, -n**   garage, 15-VzT
der **Garten**, ⸚   garden, 15-VzT; 1-VID
der **Gast**, ⸚e   guest; patron, 8-1
das **Gebäude**, -   building, 8-1
geben (gibt), gab, hat gegeben   to give, 2-2
  es gibt (+ *acc.*)   there is, there are, 2-2
das **Gebirge**, -   mountain range, 4-TLL
geboren   born
  Wann bist du/sind Sie geboren?   When were you born? 10-1
der **Geburtstag, -e**   birthday, 9-1
  Ich gratuliere dir zum Geburtstag!   Happy birthday! 15-1
  Wann hast du Geburtstag?   When is your birthday? *Einf.*
  zum Geburtstag   for (one's) birthday, 9-1
die **Geburtstagsfeier, -n**   birthday party, 15-1
der **Gedanke, -ns, -n**   thought
das **Gedicht, -e**   poem
die **Geduld**   patience, 7-VID
die **Gefahr, -en**   danger, 9-2
gefährlich   dangerous, 9-2
gefallen (gefällt), gefiel, hat gefallen (+ *dat. of person*)   to please, appeal to, 7-1
das **Gefühl, -e**   feeling, 9-1
gegen (*prep.* + *acc.*)   (1) against, (2) around, about (*with time*), 4-1
die **Gegend, -en**   area, region, 12-1
der **Gegensatz**, ⸚e   opposite
das **Gegenteil: im Gegenteil**   on the contrary, 8-2
die **Gegenwart**   present (time), 14-2

gehen, ging, ist gegangen   (1) to go; (2) to walk, 1-1
  Es geht.   It's all right. 4-1
  Es geht nicht.   Nothing doing. It can't be done. 4-1
  es geht um   it's a question of . . . ; it's about . . . (*subject is always* es), 16-2
  Wie geht es Ihnen/dir?   How are you? *Einf.*
  Wie geht's?   How are you? *Einf.*
gehören (+ *dat. of person*)   to belong to (a person), 7-1
gelaunt
  gut gelaunt   in a good mood, *Einf.*
  schlecht gelaunt   in a bad mood, *Einf.*
gelb   yellow, 3-2
das **Geld**   money, 2-2
der **Geldbeutel**, -   wallet, change purse, 10-1; 5-VID
die **Gelegenheit, -en**   opportunity, chance, 8-2
das **Gemüse**   vegetables, 2-1
gemütlich   cozy, comfortable; quiet, relaxed, 14-2
genau   exact, precise, 11-1
genauso ... wie   just as . . . as, 12-G
genießen, genoss, genossen   to enjoy, 7-2
der **Genitiv**   genitive case, 8-G
genug   enough, 3-1
die **Geographie**   geography, 4-TLL
geographisch   geographical, 4-TLL
das **Gepäck**   luggage, 7-1
gerade   just, at this moment, 6-2
geradeaus   straight ahead, 8-2
die **Germanistik**   German studies, 6-VzT
gern(e) (lieber, am liebsten)   gladly, with pleasure, 3-1; 1-VID
  Ich hätte gern ...   I'd like to have . . . , 4-VID
  verb + **gern**   to like to do something, 4-G
  verb + **lieber**   prefer to, would rather, 4-1
  Lieber nicht.   I'd rather not. No thanks. Let's not. 4-1
das **Geschäft, -e**   business; store, 5-2
die **Geschäftsfrau, -en**   businesswoman, 5-VzT
der **Geschäftsmann**, *pl.* **Geschäftsleute**   businessman, 5-VzT
das **Geschenk, -e**   present (*gift*), 9-1
die **Geschichte, -n**   (1) story; (2) history, 6-2
geschlossen   closed (*see* **schließen**), 11-2
die **Geschwister** (*pl.*)   siblings, 2-2
die **Gesellschaft, -en**   society, 9-2
gesellschaftlich   social, 16-2
das **Gesetz, -e**   law, 16-2
  vor dem Gesetz   under the law, in the eyes of the law

das **Gesicht**, -er   face, 11-1
das **Gespräch**, -e   conversation, 13-2
gestern   yesterday, 6-1
  gestern Abend   yesterday evening, 12-G
  gestern früh   yesterday morning, 12-G
gestresst (*colloq.*)   stressed out, 16-2
gesund   healthy, 9-2
die **Gesundheit**   health, 9-2
das **Getränk**, -e   drink, 8-VID
sich **gewöhnen an** (+ *acc.*)   to get used to, 13-1
das **Glas**, ¨er   glass, 8-1
glauben (+ *dat. of person*)   (1) to believe; (2) to think, 4-1
  Ich glaube nicht.   I don't think so. 8-1
  Ich glaube schon.   I think so. 8-1
gleich   (1) right away, immediately, 5-1; (2) equal, 16-2
gleichberechtigt   enjoying equal rights, 16-2
die **Gleichberechtigung** (*sing.*)   equal rights
das **Gleis**, -e   track, 7-1
die **Globalisierung**   globalization, 13-TLL
das **Glück**   (1) happiness; (2) luck, 6-2
  Glück haben   to be lucky, 6-2
glücklich   happy, *Einf.*
der **Glückwunsch: Herzlichen Glückwunsch!**   Congratulations! Best wishes! 6-VID
golden   golden, 16-1
  die **goldene Hochzeit**   golden wedding anniversary, 16-1
der **Gott**, ¨er   god
  Gott sei Dank   thank goodness, 4-1
  Grüß Gott   hello (in southern Germany and Austria), *Einf.*
  Um Gottes Willen!   For heaven's sake! Oh my gosh! 9-1; 16-VzT
das **Gramm**   gram, 8-1
die **Grammatik**   grammar
der **Graphiker**, -   graphic artist (*m.*), 5-2
die **Graphikerin**, -nen   graphic artist (*f.*), 5-2
gratulieren (+ *dat. of person*)   to congratulate, 15-1
  Ich gratuliere (dir)   congratulations, 16-VzT
grau   gray, 3-2
grausam   terrible, gruesome; cruel, 12-2
die **Grenze**, -n   border, 11-1
(das) **Griechenland**   Greece
griechisch   Greek, 8-1
groß (**größer, am größten**)   big, tall, 2-1
(das) **Großbritannien**   Great Britain, 8-TLL
die **Größe**, -n   size; greatness, 12-1
die **Großeltern** (*pl.*)   grandparents, 2-2
die **Großmutter**, ¨   grandmother, 2-2
die **Großstadt**, ¨e   large city (over 500,000 inhabitants), 8-2

der **Großvater**, ¨   grandfather, 2-2
grün   green, 3-2
der **Grund**, ¨e   reason
die **Gruppe**, -n   group, 2-2
grüßen   to greet, say hello, 1-2
  Grüß dich!   Hello! (*informal*, in southern Germany and Austria), 1-2
  Grüß Gott   hello (in southern Germany and Austria), *Einf.*
gut (**besser, am besten**)   good, well, *Einf.*; 1-1
  ganz gut   pretty good, 1-1
  Guten Abend!   Good evening! *Einf.*
  Guten Morgen!   Good morning! *Einf.*
  Gute Reise!   Have a good trip! 1-1
  Guten Tag!   Hello! *Einf.*
  Ist gut. (*colloq.*)   O.K. Fine by me. 5-1
das **Gymnasium**, *pl.* **Gymnasien**   secondary school (prepares pupils for university), 3-2

H

das **Haar**, -e   hair, 6-2
  sich die **Haare kämmen**   to comb one's hair, 11-G
haben (**hat**), **hatte**, **hat gehabt**   to have, *Einf.*; 2-1
  Ich hätte gern ...   I'd like to have . . . 3-VID
der **Hafen**, ¨   port, harbor, 8-2
halb (*adv.*)   half
  halb acht   seven-thirty, *Einf.*
halbtags (*adv.*)   half days, 16-1
  halbtags arbeiten   to work part time, 16-1
Hallo!   Hello! *Einf.*
halten (**hält**), **hielt**, **hat gehalten**   (1) to stop (*intrans.*); (2) to hold, 3-1
  halten für (+ *acc.*)   to take for, regard as, think X is, 15-1
die **Haltestelle**, -n   (streetcar or bus) stop, 8-VzT; 13-1
die **Hand**, ¨e   hand, 5-1
der **Handschuh**, -e   glove, 3-VzT
hängen (*trans.*)   to hang, 7-1
hängen, **hing**, **hat gehangen** (*intrans.*)   to be hanging, 7-1
hart (**härter**)   hard; tough; harsh, 10-2
der **Hass**   hatred, 11-2
hassen   to hate, 3-2
hässlich   ugly, 1-1
Haupt- (*noun prefix*)   main, chief, primary, most important, 4-TLL
das **Hauptfach**, ¨er   major field (of study), 6-2
die **Hauptstadt**, ¨e   capital city, 4-TLL; 11-1
das **Haus**, ¨er   house; building, 2-1
  nach Hause   home (as destination of motion), 3-1
  zu Hause   at home, 2-2

die **Hausarbeit**   housework, 2-TLL
die **Hausaufgabe**, -n   homework assignment, 3-2
die **Hausfrau**, -en   housewife, 2-2
der **Hausmann**, ¨er   househusband, 5-VzT
das **Heft**, -e   notebook, *Einf.*
die **Heimat**   native place or country, homeland, 11-2
die **Heimatstadt**   hometown, 8-2
heiraten   to marry, get married, 16-1
heiß   hot, *Einf.*
heißen, **hieß**, **hat geheißen**   to be called, *Einf.*
  das **heißt**   that means, in other words, 6-2
  Ich heiße ...   My name is . . . *Einf.*
  Wie heißen Sie?/Wie heißt du?   What's your name? *Einf.*
heiter   cheerful, 14-2
hektisch   hectic, 8-TLL
helfen (**hilft**), **half**, **hat geholfen** (+ *dat.*)   to help, 7-1
hell   bright, light, 3-2; 1-VID
das **Hemd**, -en   shirt, 3-2
her- (*prefix*)   *indicates motion toward the speaker*, 15-G
der **Herbst**   fall, autumn, 4-2
der **Herr**, -n, -en   gentleman, 1-1
  Herr Lehmann   Mr. Lehmann, *Einf.*
herrlich   great, terrific, marvelous, *Einf.*
Herzlich willkommen!   Welcome! Nice to see you! 6-2
Herzlichen Glückwünsch!   Congratulations! Best wishes! 6-VID
heute   today, *Einf.*
  heute Abend   this evening, tonight, 1-1
  heute Morgen   this morning, 5-1
  heute Nachmittag   this afternoon, 12-G
hier   here, 1-1
die **Hilfe**   help, aid, 13-1; 16-VzT
hin- (*prefix*)   *indicates motion away from speaker*, 15-G
hinein- (*prefix*)   in, into, 15-1
hinter (*prep.* + *acc.* or *dat.*)   behind, 6-1
historisch   historic, 8-TLL
hoch (*predicative adj.*), **hoh-** (*attributive adj.*) (**höher, am höchsten**)   high, 4-2
  höchste Zeit   high time, 14-1
das **Hochland**   highlands, 4-TLL
die **Hochschule**, -n   university, institute of higher learning, 14-2
die **Hochzeit**, -en   wedding, 16-1; 6-VID
  die **goldene Hochzeit**   golden wedding anniversary, 16-1
hoffen   to hope, 7-2
hoffentlich (*adv.*)   I hope, 4-1
höflich   polite, 1-2

hoh-, höher (*see* **hoch**)
holen to fetch, get, 12-2
der Honig (*no pl.*) honey, 4-VzT
hören to hear; to listen, 1-2
der Horizont, -e horizon, 7-TLL
die Hose, -n trousers, pants, 3-2
das Hotel, -s hotel, 4-1
hübsch pretty, handsome, 11-1
der Hügel, - hill, 4-2
hügelig hilly, 4-VzT
der Humor humor, 14-TLL
der Hund, -e dog, 11-G
hundert hundred, 2-G
der Hunger hunger, 8-1
   Hunger haben to be hungry, 8-1
hungrig hungry, 4-1
der Hut, ¨e hat, 3-VzT

I

die Idee, -n idea, 10-2
ideologisch ideological, 10-TLL
idiotensicher foolproof, 12-1
illegal illegal, 10-TLL
immer always, 3-1
   immer größer bigger and bigger, 12-G
   immer noch still, 4-2
der Imperativ imperative mood, 4-G
das Imperfekt simple past tense, 6-G
in (*prep. + acc. or dat.*) in, into, 1-1
der Indikativ indicative, 14-G
die indirekte Rede indirect quotation, 16-G
die Industrie, -n industry, 9-TLL
der Infinitiv infinitive, 1-G
   der Infinitivsatz infinitive phrase, 8-G
die Inflation inflation, 10-TLL
die Informatik computer science, 6-VzT
der Ingenieur, -e engineer (*m.*), 5-VzT
die Ingenieurin, -nen engineer (*f.*), 5-VzT
die Insel, -n island, 4-TLL
das Instrument, -e instrument, 7-TLL
die Integration integration, 11-TLL
intelligent intelligent, 12-1
interessant interesting, 3-1
interessieren to interest, 13-1
   sich interessieren für (*+ acc.*) to be interested in, 13-1
international international, 3-TLL
interviewen to interview, 10-1
investieren to invest, 11-TLL
irgend- (*prefix*)
   irgendwann sometime or other, any time, 12-TLL
   irgendwie somehow or other, 12-TLL
   irgendwo somewhere or other, anywhere, 12-TLL
die Ironie irony, 14-TLL

(das) Italien Italy, 4-2
der Italiener, - Italian (*m.*), 11-TLL
die Italienerin, -nen Italian (*f.*), 11-TLL
italienisch Italian, 7-2

J

ja (1) yes; (2) (*unstressed flavoring particle*), 1-1
die Jacke, -n jacket, 3-2
das Jahr, -e year, 4-1
   im Jahr(e) 1996 in 1996, 8-2
jahrelang (*adv.*) for years, 14-TLL
die Jahreszeit, -en season
das Jahrhundert, -e century, 8-2
jahrhundertelang (*adv.*) for centuries, 14-TLL
jährlich annually, 9-2
(der) Januar January, *Einf.*
je ever, 6-2
die Jeans (*pl.*) jeans, 3-TLL
jed- each, every, 4-1
jeder (*pronoun*) everyone
jemand somebody, someone, 2-2
   jemand anders someone else, 8-VID
jetzt now, 3-1
   von jetzt an from now on, 13-1
der Joghurt, -s yogurt, 4-VzT
der Journalist, -en, -en journalist (*m.*), 5-TLL
die Journalistin, -nen journalist (*f.*), 5-VzT
jüdisch Jewish, 12-2
die Jugend (*sing.*) youth; young people, 9-2
die Jugendherberge, -n youth hostel, 7-2
(der) Juli July, *Einf.*
jung (jünger) young, 2-2
der Junge, -n, -n boy, 9-1
(der) Juni June, *Einf.*
Jura (study of) law, 6-VzT

K

der Kaffee coffee, 3-1
   eine Tasse Kaffee a cup of coffee, 1-VID
kalt (kälter) cold, *Einf.*
die Kamera, -s camera, 7-TLL
kämmen to comb
   sich die Haare kämmen to comb one's hair, 11-G
(das) Kanada Canada, 5-TLL; 6-1
der Kanadier, - Canadian (*m.*), 11-TLL
die Kanadierin, -nen Canadian (*f.*), 11-TLL
kanadisch Canadian (*adj.*), 11-TLL
das Kännchen, - small (coffee or tea) pot, 8-VzT

der Kapitalismus capitalism, 11-TLL
das Kapitel, - chapter
kaputt (*colloq.*) (1) broken, kaput; (2) exhausted, 9-1
   kaputt·machen to break, 12-1
die Karikatur, -en caricature, 16-TLL
die Karriere, -n career, 16-TLL
die Karte, -n (1) card; (2) ticket; (3) map, 4-1
die Kartoffel, -n potato, 8-1
der Käse cheese, 2-1, 4-VID
die Kasse, -n cash register; cashier's office, 14-1
katastrophal catastrophic, 10-TLL
die Katastrophe, -n catastrophe, 6-2
die Katze, -n cat, 11-G
kaufen to buy, 4-1
das Kaufhaus, ¨er department store, 8-VzT
kaum hardly, barely, 16-1
kein not a, not any, no, 3-1
   kein ... mehr no more . . . , not a . . . any longer, 4-G
der Keller, - cellar, basement, 9-1
der Kellner, - waiter, 5-VzT; 8-1
die Kellnerin, -nen waitress, 5-VzT; 8-1
kennen, kannte, hat gekannt to know, be acquainted with, 2-1
kennen lernen to get to know; to meet, 5-1
die Kette, -n chain
die Kettenreaktion, -en chain reaction, 6-2
das Kilo (*short for* das **Kilogramm**), 8-1
das Kilogramm kilogram, 8-1
der Kilometer, - kilometer
das Kind, -er child, 1-1
die Kindheit, -en childhood, 9-TLL
das Kino, -s movie theater, 6-2
die Kirche, -n church, 8-2
klar (1) clear; (2) (*colloq.*) sure, of course, 9-1
die Klasse, -n class; grade, 3-1
die Klassenarbeit written test, 3-1
der Klatsch gossip, 12-1
klauen (*colloq.*) to rip off, steal, 10-1
die Klausur, -en written test, 6-2
das Klavier, -e piano, 14-2
das Kleid, -er dress (*pl. =* dresses *or* clothes), 3-2
der Kleiderschrank, ¨e clothes cupboard, wardrobe, 6-VzT
die Kleidung clothing, 3-2
klein little, small; short, 2-1
die Kleinstadt, ¨e town (5,000 to 20,000 inhabitants), 8-2
das Klima climate, 4-2
klingeln to ring, 7-1
klingen, klang, hat geklungen to sound, 8-1
die Klinik, -en clinic, 15-TLL
das Klischee, -s cliché, 2-2
klug (klüger) smart, bright, 5-1

knapp   scarce, in short supply, 12-1
  knapp bei Kasse   short of cash, 12-1
die Kneipe, -n   tavern, bar, 6-2
kochen   to cook, 2-2
der Koffer, -   suitcase, 7-1
der Kollege, -n, -n   colleague (m.), 5-2
die Kollegin, -nen   colleague (f.), 5-2
(das) Köln   Cologne, 8-1
die Kolonie, -n   colony, 4-TLL
komisch   peculiar, odd; funny, 12-1
kommen, kam, ist gekommen   to
      come, Einf.; 1-1
  kommen aus   to come from, Einf.
  Wie kommt das?   How come?
      What's the reason for that? 8-VID
der Kommunismus   Communism,
      11-TLL
der Komparativ   comparative degree,
      12-G
die Konditorei, -en   pastry café, 8-VzT
der Konflikt, -e   conflict, 2-TLL
konfrontieren   to confront, 16-TLL
die Konjunktion, -en   conjunction,
      7-G
  die koordinierende Konjunktion
      coordinating conjunction, 7-G
  die subordinierende Konjunktion
      subordinating conjunction, 8-G
der Konjunktiv   subjunctive mood,
      14-G
können (kann), konnte, hat gekonnt
      can, be able to, 3-1
  Ich kann Deutsch.   I can speak
      German. 3-G
  Könnt' ich ...   Could I . . . 4-VID
die Konsequenz, -en   consequence,
      9-TLL
konservativ   conservative, 13-TLL
der Kontakt, -e   contact, 7-TLL
der Kontrast, -e   contrast, 4-TLL
kontrollieren   to check, inspect, 15-2
sich konzentrieren auf (+ acc.)   to
      concentrate on, 14-2
das Konzert, -e   concert, 6-TLL
der Kopf, -̈e   head, 11-1
  Das geht mir nicht aus dem Kopf.
      I can't forget that. 12-2
der Korrespondent, -en, -en
      correspondent, 5-TLL
(das) Korsika   Corsica
kosten   to cost, 5-1; 1-VID
  Wie viel kostet das bitte?   How
      much does that cost, please?
kostenlos   free of charge, 6-2
die Kraft, -̈e   power; strength, 9-2
das Kraftwerk, -e   power plant, 9-2
der Kram (colloq.)   stuff; things, 8-1
krank (kränker)   sick, Einf.
das Krankenhaus, -̈er   hospital, 11-1
der Krankenpfleger, -   nurse (m.),
      5-VzT
die Krankenschwester, -n   nurse (f.),
      5-VzT
die Krankheit, -en   sickness, 9-2
die Krawatte, -n   tie, 3-VzT

kreativ   creative, 14-TLL
die Kreditkarte, -n   credit card, 14-1
die Kreide   chalk, Einf.
(das) Kreta   Crete
das Kreuz, -e   cross, 8-2
der Krieg, -e   war, 6-2
kritisch   critical, 16-2
die Küche, -n   kitchen, 15-VzT; 16-2
der Kuchen, -   cake, 8-VzT
  ein Stück Kuchen   a piece of cake,
      1-VID
der Kugelschreiber, -   ballpoint pen,
      Einf.
kühl   cool, Einf.
die Kultur, -en   culture, 4-TLL
das Kulturzentrum   cultural center,
      8-G
sich kümmern um (+ acc.)   to look
      after, take care of, deal with, 13-1
der Kunde, -n, -n   customer (m.), 5-1
die Kundin, -nen   customer (f.), 5-1
die Kunst, -̈e   art, 8-1
die Kunstgeschichte   art history,
      6-VzT
der Künstler, -   artist (m.), 5-VzT; 8-2
die Künstlerin, -nen   artist (f.), 5-VzT;
      8-2
kurz (kürzer)   short; for a short time,
      4-1
die Küste, -n   coast, 4-TLL

L

das Labor, -s   laboratory, 6-VzT
lachen   to laugh, 3-2
der Laden, -̈   shop, store, 5-1
die Lampe, -n   lamp, 6-VzT
das Land, -̈er   country, 4-2
  auf dem Land   in the country, 8-2
  aufs Land   to the country, 8-2
die Landkarte, -   map, Einf.
die Landschaft, -en   landscape, 4-2
die Landsleute (pl.)   compatriots
der Landwirt, -e   farmer (m.), 5-VzT
die Landwirtin, -nen   farmer (f.),
      5-VzT
lang(e) (länger)   long; for a long time,
      4-1
langsam   slow, Einf.; 3-2
sich langweilen   to be bored, 13-1
langweilig   boring, 3-1
lassen (lässt), ließ, hat gelassen   (1) to
      leave (something or someone); to
      leave behind; (2) to let, allow;
      (3) to cause to be done, 12-1
laufen (läuft), lief, ist gelaufen   (1) to
      run; (2) (colloq.) to go on foot,
      walk, 3-1
laut   loud, Einf.
leben   to live, be alive, 2-2
das Leben   life, 4-2
die Lebensmittel (pl.)   groceries, 5-2
der Lebensstandard   standard of
      living, 9-TLL

die Leberwurst, -̈e   liverwurst, 8-1
lecker   tasty, delicious, 8-1
ledig   single (= unmarried), 16-1
leer   empty, 5-1
legen   to lay, put down, 6-1
der Lehrer, -   teacher (m.), Einf.
die Lehrerin, -nen   teacher (f.), Einf.
der Lehrling, -e   apprentice, 5-1
leicht   (1) light (in weight); (2) easy,
      3-1
das Leid   sorrow
  Das tut mir Leid.   I'm sorry about
      that. Einf.; 16-VzT
  Es tut mir Leid.   I'm sorry. 7-1
leider   unfortunately, 3-1
leihen, lieh, hat geliehen   (1) to lend,
      loan; (2) to borrow, 10-1
leise   quiet, soft, Einf.
leisten: sich etwas leisten können   to
      be able to afford something, 11-1
die Leitfrage, -n   guiding question
lernen   to learn, 3-2
lesen (liest), las, hat gelesen   to read,
      2-1
  lesen über (+ acc.)   to read about,
      2-1
das Lesestück, -e   reading selection
letzt-   last, 10-1
  letzte Woche   last week, 6-2
die Leute (pl.)   people, 2-1
lieb   dear; nice, sweet, 6-2
  Das ist lieb von dir!   That's sweet of
      you! 6-2
  Lieber Fritz!   Dear Fritz, (salutation
      in letter), 6-TLL
die Liebe   love, 11-2
lieben   to love, 3-2
lieber (verb +)   preferably, would
      rather (see gern), 4-1
  Lieber nicht.   I'd rather not. No
      thanks. Let's not. 4-1
Lieblings- (noun prefix)   favorite, 9-1
liebsten: am liebsten   most like to, like
      best of all to (see gern), 12-G
das Lied, -er   song, 4-2
liegen, lag, hat gelegen   to lie; to be
      situated, 4-2
der Lift, -s   elevator, 14-VzT
lila   violet, lavender, 3-VzT
die Limnologie   limnology
die Linguistik   linguistics, 6-VzT
die Linie, -n   (streetcar or bus) line,
      13-1
links   to the left; on the left, 8-2
die Liste, -n   list
der Liter   liter, 8-1
literarisch   literary, 14-TLL
der Löffel, -   spoon, 8-VzT
sich lohnen   to be worthwhile, worth
      the trouble, 13-1
das Lokal, -e   neighborhood
      restaurant or tavern, 8-1
los!   Let's go! 5-VID
  Was ist los?   (1) What's the matter?
      (2) What's going on? 3-1; 16-VzT

lösen to solve, 9-2

los·fahren (fährt los), fuhr los, ist losgefahren to depart; to start; to leave, 14-1

die **Lösung, -en** solution, 9-2

der **Löwe, -n, -n** lion, 10-VzT

die **Luft** air, 4-VzT; 9-1

die **Luftverschmutzung** air pollution, 9-1

die **Lust** desire

  Ich habe keine Lust. I don't want to. 3-1

  Lust haben (etwas zu tun) to want to do (something), 8-1

lustig: sich lustig machen über (+ *acc.*) to make fun of, 16-2

die **Lyrik** poetry

M

machen (1) to make; (2) to do, 1-1

  Das macht (mir) Spaß. That is fun (for me). 7-1

  Das macht nichts. That doesn't matter. 7-1

  Das macht zusammen ... All together that comes to . . . 5-1

die **Macht, ̈e** power, might, 11-2

das **Mädchen, -** girl, 9-1

mag (*see* **mögen**)

(der) **Mai** May, *Einf.*

mal (*flavoring particle with commands, see* p. 105), 4-1

das **Mal, -e** time (in the sense of occurrence), 12-1

  das nächste Mal (the) next time, 12-G

  jedes Mal every time, 12-1

  zum ersten Mal for the first time, 12-G

man one (*indefinite pronoun*), 1-2, 3-G

der **Manager, -** manager, 11-TLL

mancher, -es, -e many a, 9-2

  manche (*pl.*) some, 9-2

manchmal sometimes, 2-2

manipulieren to manipulate, 10-TLL

der **Mann, ̈er** (1) man; (2) husband, 2-1

der **Mantel, ̈** coat, 3-2

das **Märchen, -** fairy tale, 4-2

das **Marketing** marketing, 5-TLL

die **Marmelade** jam, 4-VzT

(das) **Marokko** Morocco

(der) **März** March, *Einf.*

die **Mathe** (*colloq.*) math, 3-VID

die **Mathematik** mathematics, 6-VzT

die **Mauer, -n** (freestanding or exterior) wall, 11-1

der **Mechaniker, -** mechanic (*m.*)

die **Mechanikerin, -nen** mechanic (*f.*)

die **Medizin** (field of) medicine, 6-VzT

das **Meer, -e** sea, 4-2

mehr more, 2-2

  nicht mehr no longer, not any more, 2-2

mehrere several, 11-1

meinen (1) to be of the opinion, think, 1-2; (2) to mean, 2-1

  Was meinen Sie dazu? What do you say to that? What do you think of that? 16-1

die **Meinung, -en** opinion

meist- most (*see* **viel**)

meistens mostly, usually, 5-2

die **Melancholie** melancholy, 14-TLL

die **Menge, -n** quantity; crowd

  eine Menge a lot, lots of, 6-2

die **Mensa** university cafeteria, 1-1

der **Mensch, -en, -en** person, human being, 6-1

  Mensch! Man! Wow! 3-1, 16-VzT

die **Menschheit** mankind, human race, 9-2

merken to notice

  leicht zu merken easy to remember

das **Messer, -** knife, 8-VzT

die **Methode, -n** method, 10-TLL

mieten to rent, 1-VID

die **Milch** milk, 4-VzT; 12-2

mild mild, 4-TLL

die **Million, -en** million, 11-TLL

die **Minute, -n** minute, 3-1

minutenlang (*adv.*) for minutes, 14-TLL

Mist: So ein Mist! (*crude & colloq.*) (1) What a drag. (2) What a lot of bull. 10-1

mit (*prep. + dat.*) with, 2-1; (*adv.*) along with, 4-1

der **Mitbewohner, -** fellow occupant, roommate, housemate (*m.*), 6-1

die **Mitbewohnerin, -nen** fellow occupant, roommate, housemate (*f.*), 6-1

mit·bringen, brachte mit, hat mitgebracht to bring along, take along, 6-1

miteinander with each other, together, 1-2

das **Mitglied, -er** member, 11-2

mit·kommen, kam mit, ist mitgekommen to come along, 5-1

das **Mitleid** sympathy, 16-VzT

mit·machen to participate, cooperate, pitch in, 9-1

mit·nehmen (nimmt mit), nahm mit, hat mitgenommen to take along, 13-1

das **Mittagessen** midday meal, lunch, 5-2

das **Mittelalter** the Middle Ages, 13-1

(der) **Mittwoch** Wednesday, *Einf.*

die **Möbel** (*pl.*) furniture, 6-VzT

möbliert furnished, 6-VzT

das **Modalverb, -en** modal verb, 3-G

modern modern, 4-2

modernisieren to modernize, 11-TLL

mögen (mag), mochte, hat gemocht to like, 4-1

  möchten would like to, 3-1

  Das mag sein. That may be. 16-G

möglich possible, 6-1

der **Moment, -e** moment

  im Moment at the moment, 1-1

die **Monarchie, -n** monarchy, 10-TLL

der **Monat, -e** month, 10-1

monatelang (*adv.*) for months, 14-TLL

(der) **Montag** Monday, *Einf.*

morgen tomorrow, *Einf.*

  morgen Abend tomorrow evening, 12-G

  morgen früh tomorrow morning, 12-G

  morgen Nachmittag tomorrow afternoon, 12-G

der **Morgen, -** morning, 1-1

  Guten Morgen! Good morning! *Einf.*

morgens (*adv.*) in the morning(s), every morning, 4-1; 5-TLL

das **Motorrad, ̈er** motorcycle, 5-1

müde tired, weary, *Einf.*

das **Müesli** (*no pl.*) cereal, 4-VzT

der **Müll** trash, refuse, 9-1

(das) **München** Munich, 7-2

der **Mund, ̈er** mouth, 11-1

munter wide-awake, cheerful, *Einf.*

das **Museum**, *pl.* **Museen** museum, 8-1

die **Musik** music, 3-2

die **Musikwissenschaft** musicology, 6-VzT

müssen (muss), musste, hat gemusst must, to have to, 3-1

die **Mutter, ̈** mother, 2-1

die **Muttersprache, -n** native language, 5-2

die **Mutti, -s** mama, mom, 2-2

die **Mütze, -n** cap, 3-VzT

N

na well . . . 12-1

  Na endlich! At last! High time! 9-1

  Na und? And so? So what? 10-1

nach (*prep. + dat.*) (1) after, 5-1; (2) to (with cities and countries), 1-1

  nach Hause home (as destination of motion), 3-1

der **Nachbar, -n, -n** neighbor (*m.*), 11-2

die **Nachbarin, -nen** neighbor (*f.*), 11-2

nachdem (*sub. conj.*) after, 10-1

nachher (*adv.*) later on, after that, 4-1

der **Nachmittag, -e**   afternoon, 7-1
  am Nachmittag   in the afternoon, 7-1
nachmittags   (in the) afternoons, every afternoon, 5-TLL
die **Nachspeise, -n**   dessert, 8-VID
nächst-   next; nearest, 12-1
  nächstes Semester   next semester, 2-1
die **Nacht, ⸚e**   night, 1-1
  Gute Nacht.   Good night. 12-1
  in der Nacht   in the night, at night, 12-1
der **Nachtisch, -e**   dessert, 8-1
  zum Nachtisch   for dessert, 8-1
nachts   at night, every night, 5-TLL
nagelneu   brand-new, 3-2
nah(e) (näher, am nächsten)   near, 8-1
die **Nähe**   nearness; vicinity
  in der Nähe (von or + *gen.*)   near, nearby, 8-1
der **Name, -ns, -n**   name, 5-1
  Wie ist Ihr Name?   What's your name? 5-VID
die **Nase, -n**   nose, 5-1
  Ich habe die Nase voll.   I'm fed up. I've had it up to here. 5-1; 16-VzT
nass   wet, damp, 4-2
die **Nationalität, -en**   nationality, 15-TLL
die **Natur**   nature, 9-TLL
natürlich   natural, naturally; of course, 1-1
der **Nebel**   fog, mist, 4-VzT
neben (*prep.* + *acc.* or *dat.*)   beside, next to, 6-1
das **Nebenfach, ⸚er**   minor field (of study), 6-2
der **Nebensatz, ⸚e**   subordinate clause, 8-G
neblig   foggy, misty, *Einf.*
nee (*colloq.*)   no, 6-1
nehmen (nimmt), nahm, hat genommen   to take, 2-1
nein   no, *Einf.*; 1-1
nennen, nannte, hat genannt   to name, call, 8-2
nett   nice, 6-1
neu   new, 3-2
neulich   recently, 12-1
neutral   neutral, 13-TLL
nicht   not, *Einf.*; 1-1
  gar nicht   not at all, 3-2
  nicht mehr   no longer, not any more, 2-2
  nicht nur ... sondern auch   not only . . . but also, 7-2
  nicht wahr?   isn't it? can't you? doesn't she? etc., 3-1
nichts   nothing, 3-1
  Nichts zu danken!   Don't mention it! 2-1
  Das macht nichts.   It doesn't matter. 7-1

nie   never, 3-1
niedrig   low, 9-2
niemand   nobody, no one, 2-2
noch   still, 1-2
  noch ein   another, an additional, 2-2
  noch einmal   once again, once more, 4-1
  noch etwas   something else, anything more, 8-1
  noch immer   still, 4-2
  noch jemand   someone else
  noch kein-   not a . . . yet, not any . . . yet, 4-G
  noch nicht   not yet, 4-1
der **Nominativ**   nominative case, 1-G
(das) **Nordamerika**   North America, 2-TLL
der **Norden**   the north, 4-2
normal   normal, 2-TLL
die **Note, -n**   grade, 5-1
nötig   necessary, 9-1
(der) **November**   November, *Einf.*
die **Nummer, -n**   number, *Einf.*; 14-1
nun   (1) now; (2) well . . . , well now, 10-1
nur   only, 2-1
nützlich   useful

O

ob (*sub. conj.*)   if, whether, 8-1
oben (*adv.*)   above; on top
das **Objekt**   object
  das **direkte Objekt**   direct object, 2-G
  das **indirekte Objekt**   indirect object, 5-G
das **Obst**   fruit, 2-1
  der **Obstsalat, -e**   fruit salad, 4-VzT
obwohl (*sub. conj.*)   although, 9-2
oder (*coor. conj.*)   or, 1-2
offen   open, 11-2
offiziell   official, 13-TLL
öffnen   to open, 11-1
oft (öfter)   often, 1-2
ohne (*prep.* + *acc.*)   without, 4-1
  ohne ... zu   without . . . -ing, 8-G
das **Ohr, -en**   ear, 11-1
ökonomisch   economic, 8-TLL
das **Ökosystem, -e**   ecosystem, 9-TLL
(der) **Oktober**   October, *Einf.*
das **Öl**   oil, 9-2
die **Oma, -s**   grandma, 2-2
der **Onkel, -**   uncle, 2-2
der **Opa, -s**   grandpa, 2-2
die **Opposition, -en**   opposition, 10-TLL
optimistisch   optimistic, 3-TLL
orange   orange, 3-VzT
der **Orangensaft, ⸚e**   orange juice, 4-VzT
ordentlich   tidy, orderly, 13-1
die **Ordinalzahl, -en**   ordinal number, 9-G

der **Ort, -e**   (1) place; (2) town, 13-2
der **Osten**   the east, 4-2
(das) **Österreich**   Austria, 4-1
der **Österreicher, -**   Austrian (*m.*), 11-TLL
die **Österreicherin, -nen**   Austrian (*f.*), 11-TLL
österreichisch   Austrian, 11-TLL, 14-1
(das) **Osteuropa**   Eastern Europe, 11-TLL

P

paar: ein paar   a couple (of), a few, 5-2
packen   to pack, 7-TLL
die **Pädagogik**   (field of) education, 6-VzT
das **Papier, -e**   paper, *Einf.*; 9-1
die **Partei, -en**   political party, 9-2
das **Partizip**   participle
  das **Partizip Präsens**   present participle, 15-G
der **Partner, -**   partner, 5-TLL
die **Party, -s**   party, 6-TLL
der **Pass, ⸚e**   passport, 15-2
passieren, ist passiert   to happen, 10-1
das **Passiv**   passive voice, 15-G
der **Patient, -en, -en**   patient, 14-TLL
pauken   (*student slang*) to cram, 3-VID
die **Pause, -n**   break; intermission, 3-1
  eine Pause machen   to take a break, 3-1
Pech haben   to have bad luck, be unlucky, 6-2, 16-VzT
perfekt   perfect, 5-TLL
das **Perfekt**   perfect tense, 6-G
die **Person, -en**   person
das **Personalpronomen, -**   personal pronoun, 1-G
persönlich   personal
pessimistisch   pessimistic, 3-TLL
der **Pfeffer, -**   pepper, 8-VzT
die **Pflanze, -n**   plant, 9-2
die **Pflicht, -en**   duty, 16-2
das **Pfund**   500 grams, 4-VID
die **Philosophie**   philosophy, 6-TLL; 6-VzT
philosophieren   to philosophize, 14-TLL
die **Physik**   physics, 6-VzT
das **Plakat, -e**   (political) poster, 10-2
planen   to plan, 7-1
das **Plastik**   plastic, 9-TLL
der **Platz, ⸚e**   (1) place; (2) space; (3) city square, 6-1; (4) seat, 7-2
plötzlich   suddenly, 10-1
der **Plural**   plural, 1-G
das **Plusquamperfekt**   past perfect tense, 10-G
die **Politik**   (1) politics; (2) policy, 9-2
der **Politiker, -**   politician (*m.*), 5-VzT; 9-2

die **Politikerin, -nen** politician (*f.*), 5-VzT; 9-2

die **Politikwissenschaft** political science, 6-VzT

politisch political, 9-TLL

die **Polizei** (*sing. only*) the police, 11-1

die **Pommes frites** (*pl.*) French fries, 3-2

die **Portion, -en** order, helping (of food), 8-VzT

die **Post** (1) post office; postal service; (2) mail, 8-VzT; 15-1

das **Poster, -** poster, *Einf.*

die **Postkarte, -n** postcard, 5-2

das **Prädikat** predicate, 3-G

praktisch practical, 6-TLL

die **Präposition, -en** preposition, 4-G

das **Präsens** present tense, 1-G

das **Präteritum** simple past tense, 10-G

der **Preis, -e** price, 9-2

preiswert inexpensive, 7-VID

prima terrific, great, *Einf.*; 1-1

privat private, 6-TLL

probieren to sample, try, 14-1; 4-VID

das **Problem, -e** problem, 2-2

produktiv productive, 14-TLL

produzieren to produce, 9-TLL

der **Professor, -en** professor (*m.*), *Einf.*

die **Professorin, -nen** professor (*f.*), *Einf.*

das **Programm, -e** program, 6-TLL

Prost! (*or*) **Prosit!** Cheers! 8-VID

der **Protest, -e** protest, 11-TLL

das **Prozent** percent, 9-TLL

die **Prüfung, -en** examination

die **Psychoanalyse** psychoanalysis, 14-TLL

die **Psychologie** psychology, 6-VzT

der **Pulli, -s** (*slang*) = **Pullover**, 3-2

der **Pullover, -** pullover, sweater, 3-2

pünktlich punctual, on time, 7-2

putzen to clean, 11-G

Q

Quatsch! Nonsense! 5-1

quatschen (*colloq.*) (1) to talk nonsense; (2) to chat, 7-2

die **Querstraße, -n** cross street, 12-1

R

das **Rad, ̈er** (1) wheel; (2) bicycle, 7-2

Rad fahren (fährt Rad), ist Rad gefahren to bicycle, 7-2

der **Radiergummi** eraser, *Einf.*

radikal radical, 9-TLL

das **Radio, -s** radio, 6-VzT

sich rasieren to shave, 11-G

raten (rät), riet, hat geraten to guess

Raten Sie mal! Take a guess!

das **Rathaus, ̈er** town hall, 8-VzT

reagieren auf (+ *acc.*) to react to, 13-2

die **Reaktion, -en** reaction

realistisch realistic, 5-TLL

die **Rechnung, -en** bill, check, 8-VID

Recht: Recht haben (hat Recht), hatte Recht, hat Recht gehabt to be right, 4-1

rechts (*adv.*) to the right; on the right, 8-2

der **Rechtsanwalt, ̈e** lawyer (*m.*), 5-VzT; 13-2

die **Rechtsanwältin, -nen** lawyer (*f.*), 5-VzT; 13-2

das **Recycling** recycling; recycling center, 9-1

reden to talk, speak, 12-1

das **Referat, -e** (1) oral report; (2) written term paper, 6-2

ein Referat halten to give a report, 6-VzT

ein Referat schreiben to write a paper, 6-VzT

das **Reflexivpronomen** reflexive pronoun, 11-G

das **Reflexivverb** reflexive verb, 11-G

die **Reform, -en** reform, 11-TLL

reformieren to reform, 11-TLL

das **Regal** shelf

der **Regen** rain, 4-VzT; 8-1

der **Regenschirm, -e** umbrella, 3-VzT

die **Regierung, -en** government in power, administration (U.S.), 10-VzT; 11-2

die **Region, -en** region, 4-TLL

regnen to rain, 1-1

Es regnet. It's raining. *Einf.*

regnerisch rainy, 4-VzT

reich rich, 10-1

das **Reich, -e** empire; realm, 10-2

die **Reise, -n** trip, journey, 1-2

eine Reise machen to take a trip, 1-2

Gute Reise! Have a good trip! 1-1

das **Reisebüro, -s** travel agency, 7-VID

der **Reiseführer, -** (travel) guidebook, 5-2

reisen, ist gereist to travel, 5-2

der **Reisepass, ̈e** passport, 14-VzT

der **Reisescheck, -s** traveler's check, 14-1

relativ (*adj. and adv.*) relative, 2-TLL

das **Relativpronomen** relative pronoun, 12-G

der **Relativsatz** relative clause, 12-G

reparieren to repair, 12-1

die **Republik, -en** republic, 10-TLL

reservieren to reserve, 7-1

die **Residenz** (1) residence; (2) royal seat or capital, 8-TLL

das **Restaurant, -s** restaurant, 8-1

die **Restauration, -en** restoration, 8-TLL

retten to save, rescue, 9-2

die **Revolution, -en** revolution, 11-TLL

die **Rezeption** hotel reception desk, 14-1

der **Rhein** the Rhine River, 4-TLL

richtig right, correct, 3-1; true, real, 15-2

der **Riese, -n, -n** giant

riesen- (*noun and adj. prefix*) gigantic

riesengroß huge, gigantic, 8-2

Ich habe Riesenhunger. I'm famished (*or*) hungry as a bear. 14-1

der **Rock, ̈e** skirt, 3-VzT

die **Rolle, -n** role, 2-2

der **Roman, -e** novel, 5-2

romantisch romantic, 13-TLL

rosa pink, 3-VzT

rot (röter) red, 3-2

der **Rucksack, ̈e** rucksack, backpack, 7-2

rufen, rief, hat gerufen to call, shout, 11-2

ruhig (1) calm, peaceful, 10-2; (2) (*as sentence adverb*) "feel free to," "go ahead and," 12-1

die **Ruine, -n** ruin, 8-TLL

(das) **Rumänien** Romania, 11-TLL

der **Russe, -n, -n** Russian (*m.*), 11-TLL

die **Russin, -nen** Russian (*f.*), 11-TLL

russisch Russian, 11-TLL

(das) **Russland** Russia, 11-TLL

S

die **Sache, -n** (1) thing; item, 8-1; (2) matter, affair

(das) **Sachsen** Saxony, 8-2

der **Sack, ̈e** sack, 9-1

der **Saft, ̈e** juice, 8-VzT

sagen to say; to tell, 1-2

Sag mal, ... Tell me, . . .

Was sagen Sie dazu? What do you say to that? What do you think of that? 16-1

die **Sahne** cream, 8-VzT

der **Salat, -e** (1) salad; (2) lettuce, 8-1

das **Salz, -e** salt, 8-VzT

sammeln to collect, 9-1

(der) **Samstag** Saturday, *Einf.*

der **Satz, ̈e** sentence; clause, 1-G

sauber clean, 9-1

sauer (*colloq.*) (1) ticked off, sore, *Einf.*; (2) sour, acidic, 9-2

schade too bad, 11-1; 16-VzT

Das ist schade! That's a shame! What a pity! 11-1

schaffen to handle, manage, get done, 3-1

der **Schalter, -** counter, window, 13-1

schauen to look, 11-1

Schau mal. Look. Look here. 11-1

Schau mal, wie ... Look at how . . . 5-VID

das **Schaufenster, -** store window, 5-2

der **Scheck, -s** check, 14-1

scheinen, schien, hat geschienen
(1) to shine; (2) to seem, 1-1
schenken to give (as a gift), 5-1
schicken to send, 6-2
das Schiff, -e ship, 12-2
der Schinken ham, 8-VzT
schlafen (schläft), schlief, hat geschlafen to sleep, 3-1
das Schlafzimmer, - bedroom, 11-1; 15-VzT
schlampig (*colloq.*) messy, disorderly, 13-1
die Schlange, -n snake, 10-VzT
schlecht bad, *Einf.*; 1-1
schleppen (*colloq.*) to drag, lug (along), haul, 9-1
schließen, schloss, hat geschlossen to close, 5-2
schlimm bad, 6-2
das Schloss, ¨er palace, 8-2
der Schlüssel, - key, 6-VzT; 11-2
schmecken (1) to taste (*trans. and intrans.*); (2) to taste good, 8-1; 4-VID
sich schminken to put on make-up, 11-G
schmutzig dirty, 9-1
der Schnee snow, 4-2
schneiden, schnitt, hat geschnitten to cut, 11-1
schneien to snow, 1-2
Es schneit. It's snowing. *Einf.*
schnell fast, *Einf.*; 3-2
schnell machen (*colloq.*) to hurry, 11-1
das Schnitzel, - cutlet, chop, 8-1
die Schokolade chocolate, 11-1
schon (1) already, yet, 1-2; (2) (*flavoring particle; see p. 69*)
schon lange for a long time, 10-G
schön beautiful, 1-1
schrecklich terrible, 4-2
schreiben, schrieb, hat geschrieben to write, 1-2
Wie schreibt man das? How do you write (spell) that? *Einf.*
der Schreibtisch, -e desk, 6-1
schreien, schrie, hat geschrien to shout, yell, 15-2
der Schriftsteller, - writer (*m.*), 5-VzT; 10-2
die Schriftstellerin, -nen writer (*f.*), 5-VzT; 10-2
der Schuh, -e shoe, 3-2
die Schule, -n school, 1-2
der Schüler, - grade school pupil or secondary school student (*m.*), *Einf.*; 1-1
die Schülerin, -nen grade school pupil or secondary school student (*f.*), *Einf.*; 1-1
das Schulsystem, -e school system, 3-TLL
schützen vor (+ *dat.*) to protect from, 16-2

schwach (schwächer) weak, 8-2
schwarz (schwärzer) black, 3-2
schweigen, schwieg, hat geschwiegen to be silent, 12-1
die Schweiz Switzerland, 4-2
der Schweizer, - Swiss (*m.*), 11-TLL; 13-2
die Schweizerin, -nen Swiss (*f.*), 11-TLL; 13-2
schweizerisch Swiss, 11-TLL; 13-2
schwer (1) heavy; (2) hard, difficult, 3-1
die Schwester, -n sister, 2-1
schwierig difficult, 5-1
die Schwierigkeit, -en difficulty, 13-2
das Schwimmbad, ¨er swimming pool, 8-VzT
schwimmen, schwamm, ist geschwommen to swim, 4-1
der See, -n lake, 4-1
am See at the lake, 4-1
sehen (sieht), sah, hat gesehen to see, 2-1
die Sehenswürdigkeit, -en sight, attraction, place of interest, 8-2
sehr very, 1-1
sein (ist), war, ist gewesen to be, *Einf.*; 1-1
dabei sein to be present, attend, 15-1
seit (*prep. + dat., sub. conj.*) since, 5-1
seit einem Jahr for the past year, 5-1
seit langem for a long time, 10-G
die Seite, -n page; side
selber (*or*) **selbst** (*adv.*) by oneself (myself, yourself, ourselves, etc.), 6-2
selbstverständlich "It goes without saying that . . ." 4-1
selten seldom, 1-2
das Semester, - semester, 2-1
nächstes Semester next semester, 2-1
die Semesterferien (*pl.*) semester break, 6-2
das Seminar, -e (university) seminar, 4-1
der Senior, -en, -en senior citizen, 10-1
separat separate, 11-TLL
(der) September September, *Einf.*
die Serviette, -n napkin, 8-VzT
setzen to set (down), put, 7-1
sich setzen to sit down, 11-1
Setz dich Sit down (*fam.*), 3-VID
Setzen Sie sich Sit down (*formal*), 2-VID
sich (*3rd person reflexive pronoun*) himself, herself, themselves; (*formal 2nd person*) yourself, yourselves, 11-1
sicher certain, sure, 2-1
siebt- seventh, 9-G
siezen to address someone with **Sie**, 1-2

singen, sang, hat gesungen to sing, 3-2
die Situation, -en situation, 10-TLL
sitzen, saß, hat gesessen to sit, 5-2
(das) Skandinavien Scandinavia
skeptisch skeptical, 16-TLL
Ski fahren (fährt Ski), ist Ski gefahren (*pronounced* "Schifahren") to ski, 9-VzT; 13-1
so (1) like this, 3-2; (2) so, 7-2
so ein (*demonstrative*) such a, 15-2
so lange (*adv.*) for such a long time, 6-1
sofort immediately, right away, 6-2
die Software software, 12-1
sogar even, in fact, 2-2
der Sohn, ¨e son, 2-1
solcher, -es, -e such, such a, 9-2
sollen (soll), sollte, hat gesollt should, be supposed to, 3-1
der Sommer summer, 4-1
im Sommer in the summer, 4-1
das Sommersemester spring term (usually May–July), 6-VzT
sondern (*coor. conj.*) but rather, instead, 7-1
nicht nur ... sondern auch not only . . . but also, 7-2
(der) Sonnabend Saturday, *Einf.*
die Sonne sun, 1-1
sonnig sunny, *Einf.*
(der) Sonntag Sunday, *Einf.*
sonst (*adv.*) otherwise, apart from that, 6-2
Sonst noch etwas? Will there be anything else? 5-1
sortieren to sort, 9-TLL
sowieso anyway, 7-1
sowjetisch Soviet, 9-TLL
die Sowjetunion Soviet Union, 11-TLL
sozial social, 2-TLL
der Sozialarbeiter, - social worker (*m.*), 8-TLL
die Sozialarbeiterin, -nen social worker (*f.*), 8-TLL
die Soziologie sociology, 6-VzT
(das) Spanien Spain, 15-1
sparen to save (money *or* time), 7-2
der Spaß fun
Das macht (mir) Spaß. That is fun (for me). 7-1
Viel Spaß. Have fun. 12-1
Viel Spaß noch! Have fun! 3-VID
spät late, 3-1
Ich bin spät dran. I'm late. 2-VID
Wie spät ist es? What time is it? *Einf.*
später later, 4-1
spazieren gehen, ging spazieren, ist spazieren gegangen to go for a walk, 5-2
die Speise, -n food, dish (menu item), 8-VID

die **Speisekarte, -n**   menu, 8-VzT
der **Speisesaal**   (hotel) dining room, 14-VzT
der **Spiegel, -**   mirror, 6-VzT; 11-2
spielen   to play, 1-1
spontan   spontaneous, 7-TLL
der **Sport**   sport, 3-TLL; 9-1
  Sport treiben   to play sports, 9-1
sportlich   athletic, 9-1
die **Sprache, -n**   language, 3-2
sprechen (spricht), sprach, hat gesprochen   to speak, talk, 1-2
  sprechen über (+ *acc.*)   to talk about, 2-1
der **Staat, -en**   state, 10-2
stabil   stable, 11-TLL
die **Stadt, ¨e**   city, 4-2
der **Stadtbummel, -**   stroll through town, 8-1
der **Stadtführer, -**   city guidebook, 14-VzT
der **Stadtplan, ¨**   city map, 5-2
das **Stadtzentrum**   city center, 8-1
die **Stammform, -en**   principal part of a verb, 10-G
stark (stärker)   strong, 8-2
statt (*prep.* + *gen.*)   instead of, 8-G
statt·finden, fand statt, hat stattgefunden   to take place, 14-2
staunen   to be amazed, surprised, 6-2
stehen, stand, hat gestanden   to stand, 5-1
stehlen (stiehlt), stahl, hat gestohlen   to steal, 10-1
steigen, stieg, ist gestiegen   to climb, 10-2
steil   steep, 3-1
der **Stein, -e**   stone, 12-2
die **Stelle, -n**   job, position, 2-2
stellen   to put, place, 7-1
  eine Frage stellen   to ask a question, 10-2
sterben (stirbt), starb, ist gestorben   to die, 5-2
die **Stimme, -n**   voice, 2-2
stimmen   to be right (*impersonal only*)
  das stimmt   that's right, that's true, 2-1
  Stimmt nicht.   That's wrong. 3-2
  Stimmt schon.   That's right. 3-2
stinklangweilig (*colloq.*)   extremely boring, 3-1
das **Stipendium**, *pl.* **Stipendien**   scholarship, stipend, 6-2
der **Stock**   floor (of a building), 14-1
  der erste Stock   the second floor, 14-1 (*see* **Erdgeschoss**)
  im ersten Stock   on the second floor, 14-1
stolz auf (+ *acc.*)   proud of, 13-2
stören   to disturb, 10-2
die **Straße, -n**   street; road, 1-1
der **Straßenatlas**   road atlas, 7-1
die **Straßenbahn, -en**   streetcar, 8-VzT; 13-1

der **Stress**   stress, 5-2
stressig   stressful, 5-2
das **Stück, -e**   piece, 5-1
  ein Stück Kuchen   a piece of cake, 8-G; 1-VID
  sechs Stück   six (of the same item), 5-1
der **Student, -en, -en**   university student (*m.*), *Einf.*; 1-2
der **Studentenausweis, -e**   student I.D., 6-2
das **Studentenwohnheim, -e**   student dormitory, 6-1
die **Studentin, -nen**   university student (*f.*), *Einf.*; 1-2
studieren   to attend a university; to study (a subject); to major in, 1-2
  studieren an (+ *dat.*)   to study at, 6-VzT
das **Studium**   university studies, 6-2
der **Stuhl, ¨e**   chair, *Einf.*
die **Stunde, -n**   (1) hour; (2) class hour, 3-1
stundenlang (*adv.*)   for hours, 14-TLL
das **Substantiv, -e**   noun
suchen   to look for, seek, 2-1
der **Süden**   the south, 4-2
super   super, 4-1
der **Superlativ**   superlative degree, 12-G
der **Supermarkt, ¨e**   supermarket, 5-TLL
der **Supertanker, -**   super tanker, 9-TLL
die **Suppe, -n**   soup, 1-1
süß   sweet, 9-2
das **Symbol, -e**   symbol, 11-TLL
symbolisch   symbolic, 8-TLL
sympathisch   friendly; congenial, likeable, 7-2
das **System, -e**   system, 3-TLL

T

die **Tafel, -n**   blackboard, *Einf.*
der **Tag, -e**   day, 1-1
  eines Tages   some day (in the future); one day (in the past or future), 13-2
  Guten Tag!   Hello! *Einf.*
  jeden Tag   every day, 4-G
  Tag!   Hi! Hello! *Einf.*
tagelang (*adv.*)   for days, 14-TLL
das **Tal, ¨er**   valley, 4-2
die **Tante, -n**   aunt, 2-2
tanzen   to dance, 14-2
die **Tasche, -n**   (1) pocket, (2) shoulder bag, 3-VzT; 7-2
die **Tasse, -n**   cup, 8-1
die **Taube, -n**   dove, pigeon, 10-VzT
tausend   thousand, 2-G
das **Taxi, -s**   taxicab, 8-VzT
die **Technik**   technology, 9-2
der **Tee**   tea, 4-VzT
der **Teil, -e**   part, 11-2

teil·nehmen (nimmt teil), nahm teil, hat teilgenommen an (+ *dat.*)   to take part in, 15-2
das **Telefon, -e**   telephone, 6-VzT; 7-2
telefonieren   to telephone, make a phone call, 14-VzT
die **Telefonnummer, -n**   telephone number, *Einf.*
der **Teller, -**   plate, 8-VzT
das **Tempo**   pace, tempo, 6-2
das **Tennis**   tennis, 9-1
der **Tennisplatz, ¨e**   tennis court, 9-1
der **Teppich, -e**   rug, 6-VzT
der **Termin, -e**   appointment, 6-2
die **Terrasse, -n**   terrace, 15-VzT
terroristisch   terrorist (*adj.*), 10-TLL
teuer   expensive, 6-2
der **Text, -e**   text
das **Theater, -**   theater, 3-TLL
das **Thema**, *pl.* **Themen**   topic, subject, theme, 15-2
die **Thermosflasche, -n**   thermos bottle, 7-1
tief   deep, 11-2
das **Tiefland**   lowlands, 4-TLL
das **Tier, -e**   animal, 9-2
der **Tipp, -s**   tip, hint, suggestion
der **Tisch, -e**   table, *Einf.*
die **Tochter, ¨**   daughter, 2-1
der **Tod**   death, 11-2
todmüde (*colloq.*)   dead tired, 4-1
die **Toilette, -n**   lavatory, 15-VzT
toll (*colloq.*)   great, terrific, 3-1
das **Tor, -e**   gate, 11-1
tot   dead, 11-2
die **Tour, -en**   tour, 7-TLL
der **Tourist, -en, -en**   tourist (*m.*), 1-2
die **Touristin, -nen**   tourist (*f.*), 1-2
die **Tradition, -en**   tradition, 8-TLL
traditionell   traditional, 2-TLL
tragen (trägt), trug, hat getragen   (1) to carry; (2) to wear, 3-1
träumen   to dream, 14-2
traurig   sad, 13-2; 16-VzT
treffen (trifft), traf, hat getroffen   to meet, 9-1
treiben, trieb, hat getrieben   to drive, force, propel, 9-1
  Sport treiben   to play sports, 9-1
die **Treppe**   staircase, stairs, 9-1; 15-VzT
  auf der Treppe   on the stairs, 9-1
trinken, trank, hat getrunken   to drink, 3-1
trocken   dry, 4-2
trotz (*prep.* + *gen.*)   in spite of, despite, 8-G
trotzdem (*adv.*)   in spite of that, nevertheless, 8-2
die **Trümmer** (*pl.*)   ruins, rubble, 6-VID
Tschüss!   So long! *Einf.*
das **T-Shirt, -s**   T-shirt, 3-VzT
das **Tuch, ¨er**   scarf; cloth, 8-VID
tun, tat, hat getan   to do, 7-1

Das tut mir weh. That hurts (me). 11-1

Er tut, als ob … (+ *subjunctive*) He acts as if … 16-G

Es tut mir Leid. I'm sorry (about that). 7-1

die **Tür, -en** door, *Einf.*

der **Türke, -n, -n** Turk (*m.*), 15-2

die **Türkei** Turkey, 5-2

die **Türkin, -nen** Turk (*f.*), 15-2

türkisch Turkish, 5-2

(das) **Türkisch** Turkish (language), 15-2

der **Turnschuh, -e** sneaker, gym shoe, 3-2

die **Tüte, -n** (paper, plastic) bag, 15-2; 4-VID

der **Typ, -en** (1) type; (2) (*slang*) guy, 12-1

typisch typical, 1-1

U

die **U-Bahn** (= Untergrundbahn) subway train, 8-VzT

üben to practice, *Einf.*

über (1) (*prep. + acc.*) about, 2-1; (2) (+ *acc.* or *dat.*) over, across; above, 6-1

überall everywhere, 2-2

sich etwas überlegen to consider, ponder, think something over, 13-2

übermorgen the day after tomorrow, 12-1

übernachten to spend the night, 7-2

die **Überraschung, -en** surprise, 16-VzT

übersetzen to translate, *Einf.*

übrigens by the way, 1-1

die **Übung, -en** exercise

die **Uhr, -en** clock; watch, *Einf.*

9 Uhr 9 o'clock, *Einf.*

Wie viel Uhr ist es? What time is it? 7-1

um (1) at (with times), 1-1; (2) around (the outside of), 4-1

Es geht um … It's a question of … ; It's about … 16-2

um … zu in order to, 8-1

der **Umschlag, ⸚e** envelope, 15-1

um·steigen, stieg um, ist umgestiegen to transfer, change (trains, buses, etc.), 7-VzT

die **Umwelt** environment, 3-2

umweltfreundlich environmentally safe, non-polluting, 9-1

um·ziehen, zog um, ist umgezogen to move, change residence, 9-1

sich um·ziehen, hat sich umgezogen to change clothes, 14-VzT

unangenehm unpleasant, 15-2

unbekannt unknown, 7-2

unbeliebt unpopular, 16-2

unbequem uncomfortable, 7-2

unbesorgt unconcerned, carefree, 10-1

und (*coor. conj.*) and, 1-1

der **Unfall, ⸚e** accident, 9-2

ungemütlich unpleasant, not cozy, 14-2

unglaublich unbelievable, 11-1

die **Uni, -s** (*colloq.*) = **Universität**, 6-1

die **Universität, -en** university, 1-TLL; 6-1

an der Universität/Uni at the university, 6-1

unmöglich impossible, 6-1

unnötig unnecessary, 9-1

unordentlich messy, disorderly, 13-1

unruhig restless, troubled, 10-2

unsympathisch unlikable; unfriendly, 7-2

unten (*adv.*) below, on the bottom

unter (+ *acc.* or *dat.*) (1) under, beneath; (2) among, 6-1

unterbrechen (unterbricht), unterbrach, hat unterbrochen to interrupt, 10-2

sich unterhalten (unterhält), unterhielt, hat sich unterhalten mit to converse with, talk to, 15-2

der **Unterschied, -e** difference, 11-1

unterwegs on the way, en route; on the go, 7-1

unverheiratet unmarried, 16-1

unwichtig unimportant, 2-2

uralt ancient, 3-2

der **Urlaub, -e** vacation (from a job), 4-1

Urlaub machen to take a vacation

auf (*or*) **im Urlaub sein** to be on vacation

in Urlaub gehen (*or*) **fahren** to go on vacation

die **USA** (*pl.*) the USA, 5-TLL

usw. (= **und so weiter**) etc. (= and so forth), 1-1

V

die **Variation, -en** variation

der **Vater, ⸚** father, 2-1

der **Vati, -s** papa, dad, 2-2

(das) **Venedig** Venice (Italy), 7-1

verantwortlich für responsible for, 6-2

das **Verb, -en** verb, 1-G

verboten forbidden, prohibited

verbringen, verbrachte, hat verbracht to spend (time), 7-2

verdienen to earn, 2-2

vereinen to unite, 11-2

die **Vereinigung** unification, 13-2

Verflixt nochmal! (*colloq.*) Darn it all! 15-1; 16-VzT

die **Vergangenheit** past (time), 11-2

vergessen (vergisst), vergaß, hat vergessen to forget, 5-2

vergleichen, verglich, hat verglichen to compare, 12-2

verheiratet sein to be married, 16-1

verkaufen to sell, 4-1

der **Verkäufer, -** salesman, 5-1

die **Verkäuferin, -nen** saleswoman, 5-1

der **Verkehr** traffic, 7-VzT

das **Verkehrsmittel, -** means of transportation, 8-VzT

verlassen (verlässt), verließ, hat verlassen to leave (a person or place), 5-1

sich verletzen to injure oneself, get hurt, 11-1

verliebt in (+ *acc.*) in love with, 7-2

verlieren, verlor, hat verloren to lose, 5-2; 5-VID

sich verloben mit (+ *dat.*) to become engaged to, 12-1

verpassen to miss (an event, opportunity, train, etc.), 13-1

verrückt crazy, insane, 7-2

verschieden different, various, 11-2

verschmutzen to pollute; to dirty, 9-2

die **Verschmutzung** pollution, 9-1

verschwenden to waste, 9-2

verschwinden, verschwand, ist verschwunden to disappear, 11-2

sich verspäten to be late, 11-1

verstehen, verstand, hat verstanden to understand, 3-1

versuchen to try, attempt, 10-2

der/die **Verwandte, -n** (*adj. noun*) relative, 11-1

viel (mehr, am meisten) much, a lot, 1-1

viele many, 1-2; (*pronoun*) many people, 7-2

vielen Dank many thanks, 2-1

die **Vielfalt** variety, diversity, 15-1

vielleicht maybe, perhaps, 1-1

das **Viertel** quarter

Viertel vor/nach sieben quarter to/past seven, *Einf.*

der **Vogel, ⸚** bird, 9-2

die **Vokabel, -n** word

das **Volk, ⸚er** people, nation, folk, 10-2

das **Volkslied, -er** folk song, 4-2

voll full, 5-1

der **Volleyball** volleyball, 9-VzT

von (*prep. + dat.*) from, 4-2; of; by, 5-1

vor (*prep. + acc.* or *dat.*) in front of, 6-1

vor einem Jahr a year ago, 10-G

vorbei·kommen, kam vorbei, ist vorbeigekommen to come by, drop by, 5-2

vor·bereiten to prepare

sich vor·bereiten auf (+ *acc.*) to prepare for, 13-1

vorgestern the day before yesterday, 12-1

vor·haben (hat vor), hatte vor, hat vorgehabt to plan, have in mind, 13-1

vorher (*adv.*) before that, previously, 4-1; 2-VID

vor·lesen (liest vor), las vor, hat vorgelesen to read aloud

die Vorlesung, -en university lecture, 6-1

das Vorlesungsverzeichnis, -se university course catalogue, 6-1

vormittags (*adv.*) (in the) mornings, 16-1

der Vorschlag, ̈e suggestion

vor·stellen to introduce, present, 13-2

  sich vor·stellen to introduce oneself

  sich etwas vor·stellen to imagine something, 11-1

das Vorurteil, -e prejudice, 13-VzT, 16-2

W

wachsen (wächst), wuchs, ist gewachsen to grow, 10-2

der Wagen, - car, 7-1

die Wahl, -en (1) choice; (2) election, 10-2

wählen (1) to choose; (2) to vote; to elect, 10-2

der Wähler, - voter, 10-2

wahnsinnig (*adv. colloq.*) extremely, incredibly, 3-1

wahr true, 3-1

  nicht wahr? isn't it? can't you? doesn't she? etc., 3-1

während (*prep. + gen.*) during, 8-G

wahrscheinlich probably, 1-2

der Wald, ̈er forest, 4-2

die Wand, ̈e (interior) wall, *Einf.*

die Wanderlust wanderlust, 7-TLL

wandern, ist gewandert to hike, wander, 4-2

die Wanderung, -en hike, 5-2

der Wandschrank, ̈e cupboard, 1-VID

wann? when? *Einf.*; 10-G

die Ware, -n product, 9-2

warm (wärmer) warm, *Einf.*

warten to wait, 4-1

  warten auf (+ *acc.*) to wait for, 13-1

  Warte mal! Wait a second! Hang on! 4-1

warum? why? 1-1

was? what? *Einf.*

  was für? what kind of? 9-1

  Was ist los? What's the matter? What's going on? 3-1

waschen (wäscht), wusch, hat gewaschen to wash, 11-1

das Wasser water, 4-1

wechseln to change (money), 14-1

wecken to wake up (*trans.*), 2-VID

der Wecker, - alarm clock, 6-VzT

weder ... noch neither . . . nor, 14-1

weg (*adv.*) away, gone, 4-1

der Weg, -e way, path, 16-1

wegen (*prep. + gen.*) because of, on account of, 8-G

weg·gehen, ging weg, ist weggegangen to go away, leave, 12-1

weg·werfen (wirft weg), warf weg, hat weggeworfen to throw away, 9-2

weh·tun, tat weh, hat wehgetan (+ *dat. of person*) to hurt, 11-1

weil (*sub. conj.*) because, 8-G

der Wein, -e wine, 4-2

weinen to cry, 3-2

weiß white, 3-2

weit far, far away, 8-1

weiter·gehen, ging weiter, ist weitergegangen to go on, continue

welcher, -es, -e which, 7-1; 4-VID

die Welt, -en world, 3-2

wem? (*dat.*) to whom? for whom? 5-1

wen? (*acc.*) whom? 2-1

wenig little bit, not much, 1-1

wenige few, 11-1

wenigstens at least, 2-2

wenn (*sub. conj.*) (1) if, 8-G; (2) when, whenever, 10-G

wer? (*nom.*) who? *Einf.*

werden (wird), wurde, ist geworden to become, get (*in the sense of become*), 4-1

  werden aus to become of, 12-2

  Was ist aus ihnen geworden? What became of them? 12-2

werfen (wirft), warf, hat geworfen to throw, 9-2

das Werk, -e work (of art), musical composition, 13-2

wessen? whose? 2-1

der Westen the west, 4-2

das Wetter weather, *Einf.*; 1-1

die WG, -s (= **Wohngemeinschaft**) communal living group, shared apartment, 6-1

wichtig important, 2-2

wie (1) how, *Einf.*; (2) like, as, 1-1

  Wie bitte? I beg your pardon? What did you say? *Einf.*

  Wie kommt das? How come? 8-VID

  wie lange? how long? 3-1

wieder again, 1-1

wiederholen to repeat, *Einf.*

die Wiederholung, -en repetition; review

wieder sehen (sieht wieder), sah wieder, hat wieder gesehen to see again, meet again, 12-2

  Auf Wiedersehen! Good-bye! *Einf.*

wiegen, wog, hat gewogen (*trans. and intrans.*) to weigh, 15-1

(das) Wien Vienna, 1-1

wieso? How come? How's that?; What do you mean? 3-1

wie viel? how much? 5-1

  Wie viel Uhr ist es? What time is it? 7-1

wie viele? how many? *Einf.*

Wievielt-: Den Wievielten haben wir heute? What's the date today? 9-G

wild wild, 4-TLL

Willen: Um Gottes Willen! For heaven's sake! Oh my gosh! 9-1; 16-VzT

willkommen welcome

  Herzlich willkommen! Welcome! Nice to see you!, 6-2

der Wind wind, 4-VzT

windig windy, *Einf.*

der Winter, - winter, 4-1

  im Winter in the winter, 4-1

das Wintersemester fall term (usually Oct.–Feb.), 6-VzT

wirklich real, 6-1

die Wirtschaft economy, 11-2

wirtschaftlich economic, 11-2

die Wirtschaftswissenschaft economics, 6-VzT

der Wischer, - (blackboard) eraser, *Einf.*

wissen (weiß), wusste, hat gewusst to know (a fact), 2-1

  Weißt du noch? Do you remember? 11-1

die Wissenschaft, -en (1) science; (2) scholarship; field of knowledge, 6-VzT

der Witz, -e (1) joke; (2) wit, 14-2

witzig witty, amusing, 5-2

wo? where? *Einf.*

die Woche, -n week, 1-2

das Wochenende, -n weekend, 5-2

  am Wochenende on the weekend, 5-2

  Schönes Wochenende! (Have a) nice weekend! *Einf.*

wochenlang (*adv.*) for weeks, 14-TLL

woher? from where? *Einf.*

wohin? to where? 3-1

wohl probably, 6-2

wohnen to live, dwell, 1-1

die Wohngemeinschaft, -en communal living group, shared apartment, 6-1

das Wohnhaus, ̈er apartment building, 9-1

die Wohnung, -en apartment, 6-2

das Wohnzimmer, - living room, 15-VzT

die Wolke, -n cloud, 4-VzT

wolkig cloudy, *Einf.*

wollen (will), wollte, hat gewollt (1) to want to, intend to, 3-1; (2) to claim to, 16-G

worden (*special form of the past participle of* **werden** *used in the perfect tenses of the passive voice*), 15-G

das **Wort** word (*2 plural forms:*
   die **Worte** = words in context;
   die **Wörter** = words in a list, as in
   a dictionary), 5-2
das **Wörterbuch, ̈er** dictionary, 5-2
der **Wortschatz** vocabulary
die **Wortstellung** word order, 1-G
das **Wunder, -** miracle
   Kein Wunder! No wonder! 16-1
wunderbar wonderful, 7-1; 16-VzT
sich wundern (**über** + *acc.*) to be
   surprised, amazed (at), 13-1
wunderschön very beautiful, 1-1;
   16-VzT
wünschen to wish, 12-1; 4-VID
die **Wurst, ̈e** sausage, 8-1; 2-VID
   Das ist mir Wurst (*or* **Wurscht**). I
   don't give a darn. 7-1

Z

die **Zahl, -en** number, *Einf.*
zahlen to pay, 8-1
   Zahlen bitte! Check please! 8-1
zählen to count, 10-2
der **Zahn, ̈e** tooth, 11-1
   sich die Zähne putzen to brush
   one's teeth, 11-G

zeichnen to draw, 16-2
der **Zeichner, -** draftsman, graphic
   artist (*m.*), 16-2
die **Zeichnerin, -nen** graphic artist
   (*f.*), 16-2
die **Zeichnung, -en** drawing, 16-2
zeigen to show, 5-1; 1-VID
   Zeig mal her. Let's see. Show it to
   me. 15-1
die **Zeile, -n** line (of text)
die **Zeit, -en** time, 3-2
   höchste Zeit high time, 14-1
   eine Zeit lang for a time, for a
   while, 14-2
die **Zeitschrift, -en** magazine, 5-2
die **Zeitung, -en** newspaper, 2-1
zentral central, 11-TLL
zerstören to destroy, 8-2
die **Zerstörung** destruction
ziehen, zog, hat gezogen to pull, 6-1
das **Ziel, -e** goal, 11-2
ziemlich fairly, quite, 1-2
zigmal (*adv.*) umpteen times, 12-G
das **Zimmer, -** room, 2-1
zirka circa, 4-TLL
die **Zone, -n** zone, 11-TLL
zu to; too, 1-1; (*prep.* + *dat.*) to, 5-1
   zu Fuß on foot, 4-2
   zu Hause at home, 2-2

zueinander to each other, 1-2
zuerst first, at first, 8-1
zufällig by chance, 14-1
zufrieden satisfied, 5-2
   Ich bin zufrieden. I can't complain.
   6-VID
der **Zug, ̈e** train, 7-1
zu·hören (+ *dat.*) to listen (to), 13-1
die **Zukunft** future, 11-2
   in Zukunft in the future, 13-2
zuletzt last of all, finally, 8-1
zu·machen to close, 5-1
zunächst first (of all), to begin with,
   14-2
zurück back
zurück·bringen, brachte zurück, hat
   zurückgebracht to bring back
zurück·kommen, kam zurück, ist
   zurückgekommen to come
   back
zusammen together, 1-2
die **Zusammenfassung** summary
zu·schauen (+ *dat.*) to watch, 16-2
zweimal twice, 12-G
zweit- second, 9-1
der **Zweitwagen, -** second car, 9-1
zwischen (*prep.* + *acc.* or *dat.*)
   between, 2-2

Strong and irregular verbs are marked by an asterisk: *brechen, *können, *bringen. Their principal parts can be found in Appendix 2.

A

able: be able to *können
about über (*prep. + acc.*)
 it's about X es geht um X
above oben (*adv.*); über (*prep. + dat. or acc.*)
abroad im Ausland (*location*); ins Ausland (*destination*)
absent: be absent fehlen
accept akzeptieren
accident der Unfall, ̈e
account: on account of wegen (*+ gen.*)
acidic sauer
acid rain der saure Regen
acquaintance der/die Bekannte, -n (*adj. noun*)
acquainted: be acquainted with *kennen
across über (*prep. + dat. or acc.*)
act: He acts as if . . . Er tut, als ob ...
active aktiv
actually eigentlich
acute akut
address die Adresse, -n
address with *du* duzen
address with *Sie* siezen
adjective das Adjektiv, -e
administration, government in power die Regierung, -en
adverb das Adverb, -ien
affair, matter die Sache, -n
afford: be able to afford something sich etwas leisten können
afraid: be afraid (of) Angst haben (vor + *dat.*)
after nach (*prep. + dat.*); nachdem (*sub. conj.*)
afternoon der Nachmittag, -e
 every afternoon jeden Nachmittag
 in the afternoon am Nachmittag
 (in the) afternoons nachmittags
 this afternoon heute Nachmittag (*adv.*)
afterwards, after that nachher (*adv.*)
again wieder
against gegen (*prep. + acc.*)
ago vor (*+ dat.*)
 a year ago vor einem Jahr
agreed einverstanden
ah ach

aid die Hilfe
air die Luft
 air pollution die Luftverschmutzung
airplane das Flugzeug, -e
airport der Flughafen, ̈
alarm clock der Wecker, -
alive: be alive leben
all alle (*pl.*)
 all summer (day, afternoon, etc.) den ganzen Sommer (Tag, Nachmittag usw.)
allow *lassen
allowed: be allowed to *dürfen
almanac der Almanach, -e
almost fast
alone allein
along with mit (*adv.*)
alongside of an (*prep. + acc. or dat.*)
a lot viel (mehr, am meisten); eine Menge
Alps die Alpen (*pl.*)
already schon
also auch
alternative die Alternative, -n
although obwohl (*sub. conj.*)
always immer
ambivalent ambivalent
amazed
 be amazed staunen
 be amazed (at) sich wundern (über + *acc.*)
America (das) Amerika
American amerikanisch (*adj.*); der Amerikaner, -; die Amerikanerin, -nen
among unter (*prep. + acc. or dat.*)
amusing witzig
analyze analysieren
ancient uralt
and und (*coor. conj.*)
anecdote die Anekdote, -n
anger der Ärger
angry (at) böse (*+ dat.*)
animal das Tier, -e
annoy ärgern
 get annoyed sich ärgern
annoyance der Ärger
annually jährlich
another, an additional noch ein
answer die Antwort, -en

answer (a person) antworten (*+ dat.*)
 answer (something) antworten auf (*+ acc.*)
anything
 Anything more? (Sonst) noch etwas?
 Will there be anything else? Sonst noch etwas?
anyway sowieso
anywhere irgendwo
apart from that sonst
apartment die Wohnung, -en
 apartment building das Wohnhaus, ̈er
appeal to *gefallen
appear *aus·sehen
appointment der Termin, -e
apprentice der Lehrling, -e
April (der) April
architect der Architekt, -en, -en; die Architektin, -nen
architecture die Architektur
area die Gegend, -en
arm der Arm, -e
around, about (with time) gegen (*prep. + acc.*)
around (the outside of) um (*prep. + acc.*)
arrive *an·kommen
arrogance die Arroganz
art die Kunst, ̈e
 art history die Kunstgeschichte
article der Artikel, -
artist der Künstler, -; die Künstlerin, -nen
as wie
 as a als
ask fragen
 ask a question eine Frage stellen
 ask for *bitten um
 ask oneself sich fragen
aspect der Aspekt, -e
assignment die Aufgabe, -n
astounding erstaunlich
at bei (*prep. + dat.*); an (*prep. + acc. or dat.*); (*with times*) um (*prep. + acc.*)
 At last! Na endlich!
 at least wenigstens
athletic sportlich
atom das Atom, -e

atomic power plant   das Atomkraftwerk, -e
attempt   versuchen
attention: pay attention   auf·passen
attraction, place of interest   die Sehenswürdigkeit, -en
August   (der) August
aunt   die Tante, -n
Austria   (das) Österreich
Austrian   österreichisch (*adj.*); der Österreicher, -; die Österreicherin, -nen
author   der Autor, -en; die Autorin, -nen
autobiographical   autobiographisch
automatic   automatisch
   automatic teller machine   der Bankautomat, -en
auto mechanic   der Automechaniker, -; die Automechanikerin, -nen
automobile   das Auto, -s; der Wagen, -
autumn   der Herbst
away   weg (*adv.*)

B

baby   das Baby, -s
back   zurück (*adv.*)
backpack   der Rucksack, ⸚e
bad   schlecht; schlimm; böse (*evil*)
bag   die Tüte, -n
baker   der Bäcker, -; die Bäckerin, -nen
bakery   die Bäckerei, -en
ballpoint pen   der Kugelschreiber, -
banana   die Banane, -n
bank   die Bank, -en
bar, tavern   die Kneipe, -n
barbaric   barbarisch
barely   kaum
barrier   die Barriere, -n
basement   der Keller, -
basis   die Basis
bath   das Bad
   take a bath   ein Bad *nehmen
bathroom   das Badezimmer, -
be   *sein
bear   der Bär, -en, -en
beautiful   schön
   very beautiful   wunderschön
because   weil (*sub. conj.*)
   because, for   denn (*coor. conj.*)
   because of   wegen (+ *gen.*)
become, get   *werden
bed   das Bett, -en
   get out of bed   *auf·stehen
   go to bed   ins Bett *gehen
bedroom   das Schlafzimmer, -
beer   das Bier, -e
before   bevor (*sub. conj.*)
   before that   vorher (*adv.*)
begin   *an·fangen; *beginnen
   to begin with   zunächst (*adv.*)
beginner   der Anfänger, -

beginning   der Anfang, ⸚e
   at/in the beginning   am Anfang
behind   hinter (*prep. + acc. or dat.*)
believe   glauben (+ *dat. of person*)
belong to (a person)   gehören (+ *dat.*)
below   unten (*adv.*); unter (*prep. + acc. or dat.*)
bench   die Bank, ⸚e
beneath   unter (*prep. + acc. or dat.*)
beside   neben (*prep. + acc. or dat.*)
besides   außer (+ *dat.*)
best   best-
   like best of all to   am liebsten (+ *verb*)
   Best wishes!   Herzlichen Glückwunsch!
better   besser
between   zwischen (*prep. + acc. or dat.*)
bicycle   das Fahrrad, ⸚er; das Rad, ⸚er (*colloq.*)
   ride a bicycle   Rad *fahren
big   groß (größer, größt-)
bill   die Rechnung, -en
biology   die Biologie
bird   der Vogel, ⸚
birthday   der Geburtstag, -e
   birthday party   die Geburtstagsfeier, -n
   Happy birthday!   Ich gratuliere dir zum Geburtstag!
   for one's birthday   zum Geburtstag
   When is your birthday?   Wann hast du Geburtstag?
black   schwarz (schwärzer)
blackboard   die Tafel, -n
blouse   die Bluse, -n
blue   blau
book   das Buch, ⸚er
bookcase   das Bücherregal, -e
bookseller   der Buchhändler, -; die Buchhändlerin, -nen
bookstore   die Buchhandlung, -en
border   die Grenze, -n
bored: be bored   sich langweilen
boring   langweilig
   extremely boring   stinklangweilig (*colloq.*)
born   geboren
borrow   *leihen
boss   der Chef, -s; die Chefin, -nen
both   beid-
   both (people)   beide (*pl. pronoun*)
   both (things)   beides (*sing. pronoun*)
bottle   die Flasche, -n
bottom: at the bottom   unten (*adv.*)
boutique   die Boutique, -n
boy   der Junge, -n, -n
brand-new   nagelneu
bread   das Brot, -e
   dark bread   das Bauernbrot
break, intermission   die Pause, -n
   take a break   eine Pause machen
break   *brechen; kaputt·machen
   break out   *aus·brechen

breakfast   das Frühstück, -e
   eat breakfast   frühstücken
   for breakfast   zum Frühstück
bridge   die Brücke, -n
bright (light)   hell
bright (intelligent)   klug (klüger)
bring   *bringen
   bring along   *mit·bringen
   bring back   *zurück·bringen
broken   kaputt (*colloq.*)
brother   der Bruder, ⸚
brown   braun
brush one's teeth   sich die Zähne putzen
build   bauen
building   das Gebäude, -
burn   *brennen
bus   der Bus, -se
business   das Geschäft, -e
   business (field of study)   die Betriebswirtschaft
   business people   die Geschäftsleute
   businessman   der Geschäftsmann
   businesswoman   die Geschäftsfrau
but   aber (*coor. conj.*)
   but rather   sondern (*coor. conj.*)
butter   die Butter
buy   kaufen
by
   by (a certain time)   bis (*prep. + acc.*)
   by oneself (myself, yourself, etc.)   selbst *or* selber (*adv.*)
   by the way   übrigens

C

café   das Café, -s
   pastry café   die Konditorei, -en
cafeteria (at the university)   die Mensa
cake   der Kuchen, -
call   *rufen
   be called   *heißen
   call up   *an·rufen
calm, peaceful   ruhig
camera   die Kamera, -s
camp   campen
can, be able to   *können
Canada   (das) Kanada
Canadian   kanadisch (*adj.*); der Kanadier, -; die Kanadierin, -nen
cap   die Mütze, -n
capitalism   der Kapitalismus
car   das Auto, -s; der Wagen, -
card   die Karte, -n
care: I don't care.   Das ist mir egal.
career   die Karriere, -n
carefree   unbesorgt
caricature   die Karikatur, -en
carry   *tragen
cartoon   der Cartoon, -s
cash   das Bargeld
cash register; cashier's office   die Kasse, -n

cat   die Katze, -n
catalogue (university)   das Vorlesungsverzeichnis, -se
catastrophe   die Katastrophe, -n
catastrophic   katastrophal
cathedral   der Dom, -e
cause to be done   *lassen (+ *infinitive*)
CD (compact disk)   die CD, -s
   CD player   der CD-Spieler, -
cease   auf·hören (mit)
ceiling   die Decke, -n
celebrate   feiern
celebration   die Feier, -n
cellar   der Keller, -
central   zentral
century   das Jahrhundert, -e
   for centuries   jahrhundertelang
cereal   das Müesli (*no pl.*)
certain, sure   sicher
chain   die Kette, -n
   chain reaction   die Kettenreaktion, -en
chair   der Stuhl, ⸚e
chalk   die Kreide
chance   die Gelegenheit, -en; die Chance, -n
   by chance   zufällig
change   ändern (*trans.*); sich ändern
   change (clothes)   sich *um·ziehen
   change (money)   wechseln
   change (trains, buses, etc.), transfer   *um·steigen
change purse   der Geldbeutel, -
chapter   das Kapitel, -
chat   quatschen (*colloq.*)
cheap   billig
check   der Scheck, -s (*bank check*); die Rechnung, -en (*restaurant bill*)
   Check please!   Zahlen bitte!
check   kontrollieren
cheerful   munter; heiter
Cheers!   Prost! *or* Prosit!
cheese   der Käse
chemistry   die Chemie
   chemistry class   die Chemiestunde
chief   Haupt- (*noun prefix*)
child   das Kind, -er
childhood   die Kindheit, -en
China   (das) China
Chinese   (das) Chinesisch; der Chinese, -n, -n; die Chinesin, -nen
chocolate   die Schokolade
choice   die Wahl, -en
choose   wählen
chop, cutlet   das Schnitzel, -
church   die Kirche, -n
circa   zirka
citizen   der Bürger, -
city   die Stadt, ⸚e
   capital city   die Hauptstadt, ⸚e
   city center   das Stadtzentrum
   city guidebook   der Stadtführer, -
   city map   der Stadtplan, ⸚e
   large city (over 500,000 inhabitants)   die Großstadt, ⸚e

old city center   die Altstadt, ⸚e
small city (5,000 to 20,000 inhabitants)   die Kleinstadt, ⸚e
civil servant   der Beamte (*adj. noun, m.*); die Beamtin, -nen (*f.*)
claim to   *wollen
class   die Klasse, -n
   class hour   die Stunde, -n
clean   sauber (*adj.*); putzen (*verb*)
clear   klar; deutlich
clerk   der Verkäufer, -; die Verkäuferin, -nen
cliché   das Klischee, -s
climate   das Klima
climb   *steigen
clinic   die Klinik, -en
clock   die Uhr, -en
close   *schließen, zu·machen
   closed   geschlossen
cloth   das Tuch
clothes   die Kleider (*pl.*)
   clothes cupboard   der Kleiderschrank, ⸚e
clothing   die Kleidung
cloud   die Wolke, -n
cloudy   wolkig
coat   der Mantel, ⸚
coffee   der Kaffee
cold   kalt (kälter)
   catch a cold   sich erkälten
   cold cuts   der Aufschnitt (*no pl.*)
colleague   der Kollege, -n, -n; die Kollegin, -nen
collect   sammeln
Cologne   (das) Köln
colony   die Kolonie, -n
color   die Farbe, -n
colorful   bunt
comb   kämmen
   comb one's hair   sich die Haare kämmen
come   *kommen
   All together that comes to . . .   Das macht zusammen . . .
   come along   *mit·kommen
   come back   *zurück·kommen
   come by   *vorbei·kommen
   I come from . . .   Ich komme aus . . .
   Where do you come from?   Woher kommst du?
comfortable   bequem
communal living group   die Wohngemeinschaft, -en; die WG, -s
Communism   der Kommunismus
compare   *vergleichen
compatriots   die Landsleute (*pl.*)
computer   der Computer, -
   computer science   die Informatik
concentrate on   sich konzentrieren auf (+ *acc.*)
concerned   besorgt
concert   das Konzert, -e
conclusion   der Schluss, ⸚e
   in conclusion   zum Schluss
conflict   der Konflikt, -e

confront   konfrontieren
congenial   sympathisch
congratulate   gratulieren (+ *dat. of person*)
Congratulations!   Herzlichen Glückwunsch!
consequence   die Konsequenz, -en
conservative   konservativ
consider something   sich etwas überlegen
construction site   die Baustelle, -n
contact   der Kontakt, -e
contingent: be contingent on, depend on   *an·kommen auf (+ *acc.*)
contrary: on the contrary   im Gegenteil
contrast   der Kontrast, -e
conversation   das Gespräch, -e
converse with   sich *unterhalten mit
cook   kochen
cool   kühl
cooperate   mit·machen
corner   die Ecke, -n
   around the corner   um die Ecke
   at/on the corner   an der Ecke
correct   richtig
correspondent   der Korrespondent, -en, -en
Corsica   (das) Korsika
cost   kosten
count   zählen
counter, window   der Schalter, -
country   das Land, ⸚er
   in the country   auf dem Land
   to the country   aufs Land
couple
   a couple (of)   ein paar
   married couple   das Ehepaar, -e
cousin   der Cousin, -s; die Cousine, -n
cozy, relaxed   gemütlich
cram   pauken (*student slang*)
crazy   verrückt
cream   die Sahne
creative   kreativ
Crete   (das) Kreta
critical   kritisch
cross   das Kreuz, -e
   cross street   die Querstraße, -n
crowd   die Menge, -n
cruel   grausam
cry   weinen
cultural center   das Kulturzentrum
culture   die Kultur, -en
cup   die Tasse, -n
current   aktuell (*adj.*)
customer   der Kunde, -n, -n; die Kundin, -nen
cut   *schneiden
cutlet   das Schnitzel, -

D

dad   der Vati, -s
damp   nass

dance tanzen
danger die Gefahr, -en
dangerous gefährlich
dark dunkel
darn
　Darn it all! Verflixt nochmal!
　I don't give a darn. Das ist mir
　　Wurst (*or* Wurscht).
date das Datum, *pl.* Daten
　What's the date today? Der
　　Wievielte ist heute? Den
　　Wievielten haben wir heute?
daughter die Tochter, ⸚
day der Tag, -e
　day after tomorrow übermorgen
　day before yesterday vorgestern
　for days tagelang
　in those days damals
　one day (in the past or future)
　　eines Tages
　some day (in the future) eines Tages
dead tot
deal with sich kümmern um
dear lieb
death der Tod, -e
December (der) Dezember
decide *entscheiden
deep tief
delicious lecker
democracy die Demokratie
democratic demokratisch
democratization die
　　Demokratisierung
demonstrate demonstrieren
demonstration die Demonstration,
　　-en
depart *ab·fahren; *los·fahren
department store das Kaufhaus,
　　⸚er
depend on *an·kommen auf (+ *acc.*)
describe *beschreiben
desire die Lust
desk der Schreibtisch, -e
despite trotz (+ *gen.*)
dessert der Nachtisch, -e
　for dessert zum Nachtisch
destroy zerstören
destruction die Zerstörung
dialect der Dialekt, -e
dialogue der Dialog, -e
dictionary das Wörterbuch, ⸚er
die *sterben
　die in battle *fallen
difference der Unterschied, -e
different, other ander- (*attributive
　　adj.*); anders (*predicate adj.*)
　different, various verschieden
difficult schwer; schwierig
difficulty die Schwierigkeit, -en
dining room das Esszimmer, -
direct(ly) direkt
director der Direktor, -en
dirty schmutzig; dreckig (*colloq.*)
disappear *verschwinden
disappoint enttäuschen

disappointment die Enttäuschung,
　　-en
discuss diskutieren; *besprechen
discussion die Diskussion, -en
disorderly schlampig (*colloq.*);
　　unordentlich
dissertation die Dissertation, -en;
　　die Diss (*university slang*); die
　　Doktorarbeit
distant fern
disturb stören
diversity die Vielfalt
divide teilen
do machen; *tun
doctor der Arzt, ⸚e; die Ärztin, -nen
dog der Hund, -e
done fertig
donkey der Esel, -
door die Tür, -en
dove die Taube, -n
draftsman der Zeichner, -
drag schleppen (*colloq.*)
draw zeichnen
drawing die Zeichnung, -en
dream träumen
dress das Kleid, -er
dress, get dressed sich *an·ziehen
drink *trinken
drive (a vehicle) *fahren
　drive, force *treiben
driver's license der Führerschein, -e
drop by *vorbei·kommen
dry trocken
dumb, stupid dumm (dümmer);
　　blöd
during während (+ *gen.*)
　during, while . . . -ing bei . . .
duty die Pflicht, -en
dwell wohnen
dynasty die Dynastie, -n

E

each jed-
　each other einander
eagle der Adler, -
ear das Ohr, -en
early früh
earn verdienen
earth die Erde
east der Osten
easy, simple einfach; leicht
eat *essen
economic wirtschaftlich; ökonomisch
economics die
　　Wirtschaftswissenschaft
economy die Wirtschaft
ecosystem das Ökosystem, -e
educated gebildet
education (as field of study) die
　　Pädagogik
egg das Ei, -er
either . . . or entweder . . . oder
elect wählen

election die Wahl, -en
electrical engineer der
　　Elektrotechniker, -; die
　　Elektrotechnikerin, -nen
electrical engineering die
　　Elektrotechnik
electrician der Elektrotechniker, -; die
　　Elektrotechnikerin, -nen
electricity die Elektrizität
elephant der Elefant, -en, -en
elevator der Lift, -s
e-mail die E-Mail, -s
emancipation die Emanzipation
emigrate aus·wandern
empire das Reich, -e
employed berufstätig
employee der/die Angestellte, -n
　　(*adj. noun*)
empty leer
end das Ende, -n; der Schluss, ⸚e
　at the end am Ende
　at the end of February Ende
　　Februar
end, be finished, be over zu Ende
　　*sein
energy die Energie
engaged: become engaged to sich
　　verloben mit
engineer der Ingenieur, -e; die
　　Ingenieurin, -nen
English (*adj.*) englisch
　English (language) (das)
　　Englisch
　English studies die Anglistik
Englishman der Engländer, -
Englishwoman die Engländerin,
　　-nen
enjoy *genießen
enormous enorm
enough genug
en route unterwegs
enthusiasm die Begeisterung
enthusiastic about begeistert von
entire ganz
entrance, way in der Einstieg, -e
envelope der Umschlag, ⸚e
environment die Umwelt
　environmentally safe, non-polluting
　　umweltfreundlich
epoch die Epoche, -n
equal gleich
equal rights die Gleichberechtigung
　　(*sing.*)
　enjoying equal rights
　　gleichberechtigt
eraser der Radiergummi (*pencil*); der
　　Wischer, - (*blackboard*)
especially besonders
essay der Aufsatz, ⸚e
　essay topic das Aufsatzthema,
　　-themen
etc. usw. (= und so weiter)
euro der Euro, -s
Europe (das) Europa
　Eastern Europe (das) Osteuropa

European europäisch (*adj.*); der Europäer, -; die Europäerin, -nen
European Union die Europäische Union
even, in fact sogar
evening der Abend, -e
  evening meal das Abendessen
  every evening jeden Abend
  good evening guten Abend
  in the evening am Abend
  (in the) evenings abends
  this evening heute Abend
ever je
every jed-
  every time jedes Mal (*adv.*)
everybody alle (*pl. pron.*)
everyday (*adj.*) alltäglich
everyday life der Alltag
everyone jeder (*sing. pron.*)
everything alles
everywhere überall
evil böse (*adj.*)
exact genau
examination die Prüfung, -en; das Abitur (*final secondary school exam*); das Abi (*slang*)
example das Beispiel, -e
  for example zum Beispiel
excellent ausgezeichnet
except for außer (+ *dat.*)
exchange student der Austauschstudent, -en, -en; die Austauschstudentin, -nen
excursion der Ausflug, ⸚e
Excuse me. Entschuldigung.
exercise die Übung, -en
exhausted kaputt (*colloq.*)
exhibition die Ausstellung, -en
exist existieren
expect erwarten
expensive teuer
experience die Erfahrung, -en
explain erklären
expression der Ausdruck, ⸚e
expressway die Autobahn, -en
extreme extrem
extremely wahnsinnig (*colloq. adv.*)
eye das Auge, -n
eyeglasses die Brille (*sing.*)

F

fabulous fabelhaft
face das Gesicht, -er
fact
  in fact eigentlich
  in fact, even sogar
factory die Fabrik, -en
fairly ziemlich
fairy tale das Märchen, -
fall, autumn der Herbst
  fall term das Wintersemester
fall *fallen
  fall asleep *ein·schlafen

false, incorrect falsch
family die Familie, -n
famous berühmt
fantastic fantastisch
far, far away weit; fern
farmer der Bauer, -n, -n; die Bäuerin, -nen; der Landwirt, -e; die Landwirtin, -nen
fast schnell
father der Vater, ⸚
favorite Lieblings- (*noun prefix*)
fear die Angst, ⸚e; Angst haben (vor + *dat.*); fürchten
February (der) Februar
Federal Republic of Germany (FRG) die Bundesrepublik Deutschland (BRD)
fed up: I'm fed up. Ich habe die Nase voll.
feel sich fühlen (*intrans.*)
feeling das Gefühl, -e
fetch holen
  fetch, pick up ab·holen
few wenige
  a few ein paar
film der Film, -e
finally endlich; zum Schluss; zuletzt
finance finanzieren
find *finden
Fine by me. Ist gut. (*colloq.*)
finger der Finger, -
finished with fertig mit
firm, company die Firma, *pl.* Firmen
first erst- (*adj.*); zuerst (*adv.*)
  at first zuerst
  first (of all) zunächst
fish der Fisch, -e
flabbergasted baff (*colloq.*)
flat flach
floor (of a building) der Stock
  ground floor, first floor das Erdgeschoss
  on the second floor im ersten Stock
  second floor der erste Stock
floor (of a room) der Boden, ⸚
flow *fließen
flower die Blume, -n
fly *fliegen
fog der Nebel
foggy neblig
folk das Volk, ⸚er
  folk song das Volkslied, -er
follow folgen, ist gefolgt (+ *dat.*)
food das Essen
foolproof idiotensicher
foot der Fuß, ⸚e
  on foot zu Fuß
for für (*prep.* + *acc.*)
  for, because denn (*coor. conj.*)
  for a long time lange; seit langem, schon lange
  for years seit Jahren
forbidden verboten
force, propel *treiben
foreign ausländisch

foreign, strange fremd
  foreign countries das Ausland (*sing.*)
  foreign language die Fremdsprache, -n
foreigner der Ausländer, -; die Ausländerin, -nen
forest der Wald, ⸚er
forget *vergessen
  I can't forget that. Das geht mir nicht aus dem Kopf.
fork die Gabel, -n
form die Form, -en
formal formell
formulate formulieren
fox der Fuchs, ⸚e
France (das) Frankreich
free
  free, unoccupied frei
  free of charge kostenlos
  free time die Freizeit
freedom die Freiheit, -en
French (*adj.*) französisch
French fries die Pommes frites (*pl.*)
Frenchman der Franzose, -n, -n
Frenchwoman die Französin, -nen
fresh frisch
Friday (der) Freitag
friend der Freund, -e; die Freundin, -nen
friendly freundlich; sympathisch
from aus (+ *dat.*); von (+ *dat.*)
front: in front of vor (*prep.* + *dat.* or *acc.*)
fruit das Obst
  fruit salad der Obstsalat, -e
frustrate frustrieren
frustration die Frustration, -en
full voll
fun der Spaß
  Have fun. Viel Spaß.
  make fun of sich lustig machen über (+ *acc.*)
  That is fun (for me). Das macht (mir) Spaß.
funny, peculiar komisch
furnished möbliert
furniture die Möbel (*pl.*)
future die Zukunft
  in the future in Zukunft

G

garage die Garage, -n
garden der Garten, ⸚
gasoline das Benzin
gate das Tor, -e
gaze der Blick, -e
gaze, look blicken
gentleman der Herr, -n, -en
geographical geographisch
geography die Geographie
German deutsch (*adj.*); der/die Deutsche, -n (*adj. noun*)
  German class die Deutschstunde, -n

German Democratic Republic (GDR)
die Deutsche Demokratische
Republik (DDR)

German (language)   (das)
Deutsch

German studies   die Germanistik

in German   auf Deutsch

German-speaking   deutschsprachig

Germany   (das) Deutschland

get, receive   *bekommen

get, become   *werden

get, fetch   holen

get, pick up   ab·holen

get in (a vehicle)   *ein·steigen

get out (of a vehicle)   *aus·
steigen

get there: How do I get there?   Wie
komme ich dahin?

get up, get out of bed   *auf·stehen

giant   der Riese, -n, -n

gigantic   riesengroß; riesen- (*noun
and adj. prefix*)

girl   das Mädchen, -

give   *geben

give (as a gift)   schenken

give up   *auf·geben

glad   froh

I'm glad.   Das freut mich.

gladly, with pleasure   gern(e) (*adv.*)

glance   der Blick, -e

glass   das Glas, ̈er

glasses   die Brille (*sing.*)

globalization   die Globalisierung

glove   der Handschuh, -e

go   *gehen

go (by vehicle)   *fahren

go away   *weg·gehen

go out   *aus·gehen

on the go   unterwegs

goal   das Ziel, -e

god   der Gott, ̈er

golden   golden

golden wedding anniversary   die
goldene Hochzeit

gone   weg

good   gut (besser, best-)

Good-bye!   Auf Wiedersehen!

Good evening!   Guten Abend!

Good morning!   Guten Morgen!

Have a good trip!   Gute Reise!

pretty good   ganz gut

gossip   der Klatsch

government in power   die Regierung,
-en

grade, class   die Klasse, -n

grade (on a test, paper, etc.)   die
Note, -n

gram   das Gramm

grammar   die Grammatik

granddaughter   die Enkelin, -nen

grandfather   der Großvater, ̈

grandma   die Oma, -s

grandmother   die Großmutter, ̈

grandpa   der Opa, -s

grandparents   die Großeltern (*pl.*)

grandson   der Enkel, -

graphic artist   der Zeichner, - ;
die Zeichnerin, -nen; der
Graphiker, -; die Graphikerin,
-nen

gray   grau

great, terrific   herrlich; prima, toll
(*colloq.*)

Great Britain   (das) Großbritannien

greatness   die Größe

Greece   (das) Griechenland

Greek   griechisch (*adj.*)

green   grün

greet   grüßen

groceries   die Lebensmittel (*pl.*)

group   die Gruppe, -n

grow   *wachsen

grow up   *auf·wachsen

gruesome   grausam

guess   *raten

Take a guess!   Raten Sie mal!

guest   der Gast, ̈e

guidebook   der Reiseführer, -

guy   der Typ, -en (*slang*)

gym shoe   der Turnschuh, -e

H

hair   das Haar, -e

half   halb (*adv.*)

half days   halbtags (*adv.*)

ham   der Schinken

hand   die Hand, ̈e

handsome   hübsch

hang   hängen (*trans.*); *hängen
(*intrans.*)

hang up   auf·hängen

happen   passieren, ist passiert

happiness   das Glück

happy   glücklich, froh

be happy   sich freuen

Happy birthday   Ich gratuliere dir
zum Geburtstag

harbor   der Hafen, ̈

hard   hart (härter)

hard, difficult   schwer

hardly   kaum

hard-working   fleißig

harsh   hart (härter)

hat   der Hut, ̈e

hate   hassen

hatred   der Hass

haul   schleppen

have   *haben

have in mind   *vor·haben

have to, must   *müssen

head   der Kopf, ̈e

health   die Gesundheit

healthy   gesund (gesünder)

hear   hören

heaven: For heaven's sake!   Um
Gottes Willen!

heavy   schwer

hectic   hektisch

hello   Grüß Gott! Grüß dich! (*in
southern Germany and Austria*);
Guten Tag!; Hallo!

say hello to   grüßen

help   die Hilfe; *helfen (+ *dat.*)

helping, portion   die Portion, -en

here   hier (*location*); her
(*destination*)

Here it is.   Bitte.

Hi!   Tag!

high   hoch (*pred. adj.*), hoh-
(*attributive adj.*) (höher, höchst-)

High time!   Höchste Zeit! Na
endlich!

highway   die Autobahn, -en

hike   die Wanderung, -en; wandern

hill   der Hügel, -

hilly   hügelig

hint   der Tipp, -s

historic   historisch

history   die Geschichte, -n

hold   *halten

home (as destination of motion)
nach Hause

at home   zu Hause

in the home of   bei (+ *dat.*)

homeland   die Heimat

homesickness   das Heimweh

hometown   die Heimatstadt

homework assignment   die
Hausaufgabe, -n

honest   ehrlich

honey   der Honig (*no pl.*)

hope   hoffen

I hope   hoffentlich (*adv.*)

horizon   der Horizont, -e

hospital   das Krankenhaus, ̈er

hot   heiß

hotel   das Hotel, -s

hour   die Stunde, -n

for hours   stundenlang

house   das Haus, ̈er

househusband   der Hausmann,
̈er

housemate   der Mitbewohner, -; die
Mitbewohnerin, -nen

housewife   die Hausfrau, -en

housework   die Hausarbeit

how?   wie?

How come?   Wieso?

how long?   wie lange?

how many?   wie viele?

how much?   wie viel?

however   aber

human being   der Mensch, -en,
-en

human race   die Menschheit

humor   der Humor

hunch   die Ahnung, -en

hunger   der Hunger

hungry   hungrig

be hungry   Hunger haben

hurry   die Eile; sich beeilen, schnell
machen (*colloq.*)

in a hurry   in Eile

hurt *weh·tun (+ *dat. of person*)
  get hurt sich verletzen
  That hurts (me). Das tut (mir) weh.
husband der Mann, ¨er

I

ice das Eis
  ice cream das Eis
  ice hockey das Eishockey
idea die Idee, -n
  (I have) no idea. (Ich habe) keine Ahnung.
I.D. card der Ausweis, -e
ideological ideologisch
if wenn (*sub. conj.*)
  if, whether ob (*sub. conj.*)
illegal illegal
image das Bild, -er
imagine something sich etwas vor·stellen
immediately gleich; sofort
immigrate ein·wandern
important wichtig
  most important Haupt- (*noun prefix*)
impossible unmöglich
impression der Eindruck, ¨e
in, into in (*prep. + acc. or dat.*); hinein- (*prefix*)
incorrect, false falsch
incredibly wahnsinnig (*colloq. adv.*)
indicative der Indikativ
industrious fleißig
industry die Industrie, -n
inexpensive billig, preiswert
inflation die Inflation
information die Auskunft
injure oneself sich verletzen
inkling die Ahnung, -en
insane verrückt
inspect kontrollieren
instead sondern (*coor. conj.*)
  instead of anstatt (+ *gen.*); statt (+ *gen.*)
instrument das Instrument, -e
integration die Integration
intelligent intelligent
intend to *wollen
interest interessieren
  be interested in sich interessieren für
interesting interessant
intermission die Pause, -n
international international
interrupt *unterbrechen
interview interviewen
into in (*prep. + acc.*); hinein- (*prefix*)
introduce vor·stellen
  introduce oneself sich vor·stellen
invent *erfinden
invest investieren
invite *ein·laden
irony die Ironie

Italian italienisch (*adj.*); der Italiener, -; die Italienerin, -nen
Italy (das) Italien

J

jacket die Jacke, -n
jam die Marmelade
January (der) Januar
jeans die Jeans (*pl.*)
Jewish jüdisch
job, position die Stelle, -n
joke der Witz, -e
journalist der Journalist, -en, -en; die Journalistin, -nen
journey die Reise, -n
joy die Freude, -n
juice der Saft, ¨e
  orange juice der Orangensaft, ¨e
July (der) Juli
June (der) Juni
just, at the moment gerade
  just as . . . as genauso ... wie

K

kaput kaputt (*colloq.*)
keep *behalten
key der Schlüssel, -
kilogram das Kilogramm; das Kilo (*colloq.*)
kilometer der Kilometer, -
kitchen die Küche, -n
knife das Messer, -
know (a fact) *wissen
  get to know kennen lernen
  know, be acquainted with *kennen
  know one's way around sich *aus·kennen
known bekannt

L

lab(oratory) das Labor, -s
lady die Dame, -n
lake der See, -n
  at the lake am See
lamp die Lampe, -n
landscape die Landschaft, -en
language die Sprache, -n
last letzt-
  last of all zuletzt
last, take time dauern
late spät
  be late sich verspäten
  I'm late. Ich bin spät dran.
later on nachher (*adv.*)
laugh lachen
lavatory die Toilette, -n
lavender lila
law das Gesetz, -e
  (study of) law Jura

  under the law, in the eyes of the law vor dem Gesetz
lawyer der Rechtsanwalt, ¨e; die Rechtsanwältin, -nen
lay, put down legen
lazy faul
lead führen
learn lernen
leave (something or someone), leave behind *lassen
  leave (a person or place) *verlassen
  leave (by vehicle) *ab·fahren; *los·fahren
  leave, go away *weg·gehen
lecture (university) die Vorlesung, -en
left: to the left, on the left links (*adv.*)
leg das Bein, -e
leisure time die Freizeit
lend *leihen
let *lassen
let's go! los!
letter der Brief, -e
lettuce der Salat, -e
library die Bibliothek, -en
lie, be situated *liegen
life das Leben
light (in color) hell
  light (in weight) leicht
like *mögen; wie (*conj.*)
  I like that. Das gefällt mir.
  like something etwas gern haben; etwas mögen
  I'd like to have . . . Ich hätte gern ...
  like this so
  like to (do something) gern (+ *verb*)
  would like to möchten
likeable sympathisch
limnology die Limnologie
line (of text) die Zeile, -n
  line (streetcar or bus) die Linie, -n
linguistics die Linguistik
lion der Löwe, -n, -n
list die Liste, -n
listen (*to people*) zu·hören (+ *dat.*); (*to music*) hören
liter der Liter
literary literarisch
little klein (*adj.*); wenig (*pronoun*)
  a little etwas
  a little; a little bit; a little while ein bisschen
live leben
  live, dwell wohnen
lively munter
liverwurst die Leberwurst, ¨e
loan *leihen
long lang(e) (länger)
  for a long time lange; (*stretch of time continuing in the present*) schon lange, seit langem
  for such a long time so lange
  no longer nicht mehr
look schauen, blicken
  look after auf·passen auf (+ *acc.*); sich kümmern um

look, appear *aus·sehen
look at an·schauen
look for, seek suchen
look forward to sich freuen auf (+ acc.)
Look here. Schau mal.
look out (for) auf·passen (auf + acc.)
take a look at something sich etwas *an·sehen
lose *verlieren
lots of eine Menge; viel
loud laut
love die Liebe; lieben
in love with verliebt in (+ acc.)
low niedrig
luck das Glück
be lucky Glück haben
be unlucky, have bad luck Pech haben
lug (along) schleppen (colloq.)
luggage das Gepäck
lunch, midday meal das Mittagessen

M

magazine die Zeitschrift, -en
mail die Post
mail (a letter) *ein·werfen
mailbox der Briefkasten, ¨
mailman der Briefträger, -
main Haupt- (noun prefix)
major field (of study) das Hauptfach, ¨er
major in (a subject) studieren
make machen
make-up: put on make-up sich schminken
mama, mom die Mutti, -s
man der Mann, ¨er
Man! Mensch!
manage schaffen (colloq.)
management (field of study) die Betriebswirtschaft
manager der Manager, -
manipulate manipulieren
mankind die Menschheit
many viele (adj.)
many a manch-
many people viele (pl. pron.)
many things vieles (sing. pron.)
map die Karte, -n; die Landkarte, -n
March (der) März
marketing das Marketing
marmalade die Marmelade
marriage die Ehe, -n
married man der Ehemann, ¨er
married woman die Ehefrau, -en
marry, get married heiraten
be married verheiratet sein
marvelous herrlich
math die Mathe (slang)
mathematics die Mathematik (sing.)
matter, affair die Sache, -n

matter
It doesn't matter. Es macht nichts.
It doesn't matter (to me). Das ist (mir) egal.
What's the matter? Was ist los?
May (der) Mai
may, be allowed to *dürfen
That may be. Das mag sein.
maybe vielleicht
meal das Essen
mean, signify bedeuten
mean, think meinen
that means, in other words das heißt
What do you mean? Wieso?
meaning die Bedeutung, -en
meat das Fleisch
mechanic der Mechaniker, -; die Mechanikerin, -nen
medicine die Medizin
meet (for the first time) kennen lernen
meet again wieder *sehen
meet (by appointment) *treffen
melancholy die Melancholie
member das Mitglied, -er
mention: Don't mention it. Nichts zu danken.
menu die Speisekarte, -n
messy schlampig (colloq.); unordentlich
method die Methode, -n
Middle Ages das Mittelalter (sing.)
might die Macht
mild mild
milk die Milch
million die Million, -en
minor field (of study) das Nebenfach, ¨er
minute die Minute, -n
for minutes minutenlang
miracle das Wunder, -
mirror der Spiegel, -
Miss Fräulein
miss (an event, opportunity, train, etc.) verpassen
missing: be missing fehlen
mist der Nebel
misty neblig
modern modern
modernize modernisieren
mom, mama die Mutti, -s
moment der Augenblick, -e; der Moment, -e
at the moment im Augenblick; im Moment
at the moment, just gerade
Just a moment, please. (Einen) Augenblick, bitte.
monarchy die Monarchie, -n
Monday (der) Montag
money das Geld
month der Monat, -e
for months monatelang
monument das Denkmal, ¨er

mood die Laune, -n
in a good/bad mood gut/schlecht gelaunt
more mehr
not any more nicht mehr
morning der Morgen, -
Good morning! Guten Morgen!
in the morning(s) morgens (adv.); vormittags (adv.)
this morning heute Morgen
Morocco (das) Marokko
most meist-
most like to am liebsten (+ verb)
mostly meistens
mother die Mutter, ¨
motorcycle das Motorrad, ¨er
mountainous bergig
mouth der Mund, ¨er
move, change residence *um·ziehen
move in *ein·ziehen
move out *aus·ziehen
movie der Film, -e
movie theater das Kino, -s
Mr. Herr
Mrs. Frau
Ms. Frau
much viel (mehr, meist-)
not much wenig
Munich (das) München
museum das Museum, pl. Museen
music die Musik
musicology die Musikwissenschaft
must *müssen

N

name der Name, -ns, -n; *nennen
My name is . . . Ich heiße ...
What's your name? Wie heißen Sie?/Wie heißt du?
napkin die Serviette, -n
nation, folk das Volk, ¨er
nationality die Nationalität, -en
native
native language die Muttersprache, -n
native place or country die Heimat
natural natürlich
nature die Natur
near nah (näher, nächst-)
near, nearby in der Nähe (von or + gen.)
nearness die Nähe
necessary nötig
need brauchen
neighbor der Nachbar, -n, -n; die Nachbarin, -nen
neither . . . nor weder ... noch
neutral neutral
never nie
nevertheless trotzdem
new neu
brand-new nagelneu
newspaper die Zeitung, -en

next   nächst-
nice   nett; lieb
night   die Nacht, ̈e
  every night, nights   nachts
  Good night.   Gute Nacht.
  in the night, at night   in der Nacht;
    nachts
no   nein; nee (*colloq.*)
  no, not a   kein (*negative article*)
  no more X   kein X mehr
nobody, no one   niemand
Nonsense!   Quatsch!
normal   normal
north   der Norden
North America   (das) Nordamerika
nose   die Nase, -n
not   nicht
  not a   kein (*negative article*)
  not a . . . at all   gar kein
  not an X any longer   kein X mehr
  not any   kein
  not any more, no longer   nicht
    mehr
  not any X yet   noch kein X
  not at all   gar nicht
  not much   wenig
  not only . . . but also   nicht nur ...
    sondern auch
  not yet   noch nicht
notebook   das Heft, -e
nothing   nichts
notice   merken
notion   die Ahnung, -en
noun   das Substantiv, -e
novel   der Roman, -e
November   (der) November
now   jetzt; nun
  from now on   von jetzt an
number   die Nummer, -n; die Zahl,
    -en
nurse   der Krankenpfleger, - (*m.*); die
    Krankenschwester, -n (*f.*)

O

object, thing   die Sache, -n
objective   objektiv
o'clock   Uhr (3 o'clock = 3 Uhr)
October   (der) Oktober
odd   komisch
of   von (*prep. + dat.*)
  of course   natürlich
  of course, sure   klar (*colloq.*)
offend   ärgern
offer   *bieten
office   das Büro, -s
official   offiziell (*adj.*); der Beamte
    (*adj. noun, m.*); die Beamtin, -nen
    (*f.*)
often   oft (öfter)
oh   ach
oil   das Öl
O.K.   Ist gut; okay (*colloq.*)
old   alt (älter)

old-fashioned   altmodisch
on   auf (*prep. + acc. or dat.*)
once   einmal
  once again, once more   noch
    einmal
one (*indefinite pronoun*)   man
oneself: by oneself (myself, yourself,
    etc.)   selber, selbst
only   nur (*adv.*)
  only, single   einzig- (*adj.*)
onto   auf (*prep. + acc. or dat.*)
open   offen (*adj.*); öffnen (*verb*)
opinion   die Meinung, -en
  be of the opinion, think   meinen
opportunity   die Gelegenheit, -en
opposite   der Gegensatz, ̈e
opposition   die Opposition, -en
optimistic   optimistisch
or   oder (*coor. conj.*)
orange   orange (*adj.*)
orange juice   der Orangensaft, ̈e
order   die Portion, -en (*of food*);
    bestellen
  in order to   um ... zu
orderly   ordentlich
other   ander-
otherwise   sonst
outing   der Ausflug, ̈e
out of   aus (*prep. + dat.*)
outside   draußen (*adv.*)
over   über (*prep. + dat. or acc.*)
  over there   drüben; da drüben
own   eigen- (*adj.*); *besitzen

P

pace   das Tempo
pack   packen
page   die Seite, -n
palace   das Schloss, ̈er
pants   die Hose, -n
papa   der Vati, -s
paper   das Papier, -e
  write a paper   ein Referat schreiben
  written term paper   das Referat
Pardon me.   Entschuldigung.
  I beg your pardon?   Wie bitte?
parents   die Eltern (*pl.*)
part   der Teil, -e
  take part in   *teil·nehmen an
    (*+ dat.*)
participate   mit·machen
partner   der Partner, -
party   die Party, -s
  party (political)   die Partei, -en
passport   der Pass, ̈e; der Reisepass, ̈e
past (time)   die Vergangenheit
path   der Weg, -e
patience   die Geduld
patient   der Patient, -en, -en
patron   der Gast, ̈e
pay   bezahlen; zahlen
  pay attention   auf·passen
peace   der Frieden

peaceful, calm   ruhig
peculiar   komisch
pedestrian   der Fußgänger, -
  pedestrian zone   die
    Fußgängerzone, -n
pen (ballpoint)   der Kugelschreiber, -
pencil   der Bleistift, -e
people   die Leute (*pl.*)
  people, nation, folk   das Volk, ̈er
pepper   der Pfeffer, -
percent   das Prozent
perfect   perfekt
perhaps   vielleicht
person   der Mensch, -en, -en; die
    Person, -en
personal   persönlich
pessimistic   pessimistisch
pharmacy   die Apotheke, -n
philosophize   philosophieren
philosophy   die Philosophie
photograph   das Foto, -s
physics   die Physik (*sing.*)
piano   das Klavier, -e
pick up   ab·holen
picture   das Bild, -er
  take a picture   ein Foto machen
piece   das Stück, -e
pigeon   die Taube, -n
pink   rosa
pity: What a pity!   Das ist schade!
place   der Ort, -e; der Platz, ̈e
place, put   stellen
plan   *vor·haben
  plan, make plans   planen
plant   die Pflanze, -n
plastic   das Plastik
plate   der Teller, -
play   spielen
  play sports   Sport *treiben
pleasant   angenehm
please   bitte
please, appeal to   *gefallen (*+ dat.*)
Pleased to meet you.   Sehr erfreut. *or*
    Es freut mich.
Pleasure to meet you.   Angenehm.
pocket   die Tasche, -n
poem   das Gedicht, -e
poet   der Dichter, -; die Dichterin, -nen
poetry   die Lyrik
police   die Polizei (*sing. only*)
policy   die Politik
polite   höflich
political   politisch
  political science   die
    Politikwissenschaft
politician   der Politiker, -; die
    Politikerin, -nen
politics   die Politik
pollute   verschmutzen
  non-polluting, ecologically
    beneficial   umweltfreundlich
pollution   die Verschmutzung
ponder something   sich etwas
    überlegen
poor   arm (ärmer)

popular   beliebt
port   der Hafen, ¨
portion   die Portion, -en
position, job   die Stelle, -n
possible   möglich
postage stamp   die Briefmarke, -n
postal service   die Post
postcard   die Postkarte, -n
poster   das Poster, -
   poster (political)   das Plakat, -e
post office   die Post
pot: small (coffee or tea) pot   das
     Kännchen, -
potato   die Kartoffel, -n
power   die Kraft, ¨e; die Macht, ¨e
   power plant   das Kraftwerk, -e
practical   praktisch
practice   üben
precise   genau
prefer (to do something)   lieber
   (+ verb)
preferably   lieber
prejudice   das Vorurteil, -e
prepared, ready   bereit
prepare for   sich vor·bereiten auf
   (+ acc.)
present (gift)   das Geschenk, -e
   be present, be there   dabei *sein
   present (time)   die Gegenwart
pressure   der Druck
pretty   hübsch
pretzel   die Brezel, -n
previously   vorher
price   der Preis, -e
primary   Haupt- (noun prefix)
private   privat
probably   wahrscheinlich; wohl
problem   das Problem, -e
produce   produzieren
product, ware   die Ware, -n
productive   produktiv
profession   der Beruf, -e
   What is your profession?   Was sind
     Sie von Beruf?
professor   der Professor, -en; die
     Professorin, -nen
program   das Programm, -e
progress   der Fortschritt, -e
prohibited   verboten
propel   *treiben
protect (from)   schützen (vor + dat.)
protest   der Protest, -e
proud of   stolz auf (+ acc.)
provide   *bieten
psychoanalysis   die Psychoanalyse
psychology   die Psychologie
pull   *ziehen
pullover   der Pullover, -; der Pulli, -s
   (colloq.)
punctual   pünktlich
pupil   der Schüler, -; die Schülerin,
   -nen
put   stellen
   put down, lay   legen
   put down, set   setzen

Q

quantity   die Menge, -n
quarter   das Viertel, -
   quarter to/past   Viertel vor/nach
question   die Frage, -n
   ask a question   eine Frage stellen
   guiding question   die Leitfrage, -n
   it's a question of   es geht um
questionnaire   der Fragebogen
quick as lightning   blitzschnell
quiet   leise
quit, to give up   *auf·geben
quite   ziemlich
quotidian   alltäglich

R

radical   radikal
radio   das Radio, -s
railroad, railroad system   die Bahn
railway compartment   das Abteil, -e
rain   der Regen; regnen
rainy   regnerisch
rather
   I'd rather not. No thanks. Let's not.
     Lieber nicht.
   would rather (do something)   lieber
     (+ verb)
reaction   die Reaktion, -en
react to   reagieren auf (+ acc.)
read   *lesen
   read aloud   *vor·lesen
reading selection   das Lesestück, -e
ready, finished   fertig
   ready, prepared   bereit
real   wirklich
realm   das Reich, -e
reason   der Grund, ¨e
receive   *bekommen
recently   neulich
reception desk   die Rezeption
recommend   *empfehlen
recover (from)   sich erholen von
recycling   das Recycling
red   rot (röter)
reform   die Reform, -en; reformieren
refuse, trash   der Müll
regard as   *halten für
regime   das Regime
region   die Gegend, -en; die Region, -en
register (at a hotel, the university, etc.)
   sich an·melden
   register for, take (a university
     course)   belegen
relative   relativ (adj. and adv.); der/die
     Verwandte, -n (adj. noun)
remain   *bleiben
remember   sich erinnern an (+ acc.)
   Do you remember?   Weißt du noch?
remind of   erinnern an (+ acc.)
rent (from somebody)   mieten
repair   reparieren
repeat   wiederholen

repetition   die Wiederholung, -en
report   berichten
   give a report   ein Referat *halten
   oral report   das Referat, -e
republic   die Republik, -en
request   *bitten um
rescue   retten
reserve   reservieren
residence, seat of a court   die
     Residenz
respond to   antworten auf (+ acc.)
responsible for   verantwortlich für
rest: have a rest   sich erholen
restaurant   das Restaurant, -s; das
     Lokal, -e
restless   unruhig
restoration   die Restauration
retain   *behalten
review   die Wiederholung
revolution   die Revolution, -en
Rhine River   der Rhein
rich   reich
right, correct   richtig
   be right   Recht *haben (with person
     as subject); stimmen (impersonal
     only)
   right away   sofort; gleich
   That's right.   Das stimmt. Stimmt
     schon.
   to the right, on the right   rechts
     (adv.)
ring   klingeln
rip off, steal   klauen (colloq.)
river   der Fluss, ¨e
road   die Straße, -n
   road atlas   der Straßenatlas
role   die Rolle, -n
roll   das Brötchen, -
Romania   (das) Rumänien
romantic   romantisch
room   das Zimmer, -
   dining room   das Esszimmer, -
   double room   das Doppelzimmer, -
   living room   das Wohnzimmer, -
   rented student room   die Bude, -n
     (colloq.)
   single room   das Einzelzimmer, -
roommate   der Mitbewohner, -; die
     Mitbewohnerin, -nen
rubble   die Trümmer (pl.)
rucksack   der Rucksack, ¨e
rug   der Teppich, -e
ruin   die Ruine, -n
run   *laufen
Russia   (das) Russland
Russian   russisch (adj.); der Russe, -n,
     -n; die Russin, -nen

S

sack   der Sack, ¨e
sad   traurig
salad   der Salat, -e
salesman   der Verkäufer, -

saleswoman   die Verkäuferin, -nen
salt   das Salz, -e
sample   probieren
satisfied   zufrieden
Saturday   (der) Samstag, (der) Sonnabend
sausage   die Wurst, ¨e
save, rescue   retten
   save (money or time)   sparen
Saxony   (das) Sachsen
say   sagen
   What did you say?   Wie bitte?
   What do you say to that?   Was meinen/sagen Sie dazu?
scarce, in short supply   knapp
scarf   das Tuch, ¨er
scholarship   die Wissenschaft
   scholarship, stipend   das Stipendium, *pl.* Stipendien
school   die Schule, -n; das Gymnasium, *pl.* Gymnasien (*prepares pupils for university*)
   elementary school pupil or secondary school student   der Schüler, -; die Schülerin, -nen
   school system   das Schulsystem, -e
science   die Wissenschaft, -en
sea   das Meer, -e
seat   der Platz, ¨e
second   zweit-
   second car   der Zweitwagen, -
see   *sehen
   Let's see.   Zeig mal her.
   see again   wieder *sehen
   See you later!   Bis nachher!
seek, look for   suchen
seem   *scheinen
seldom   selten
self: by oneself (myself, yourself, etc.)   selbst *or* selber (*adv.*)
sell   verkaufen
semester   das Semester, -
   semester break   die Semesterferien (*pl.*)
seminar   das Seminar, -e
send   schicken
senior citizen   der Senior, -en, -en
sentence   der Satz, ¨e
separate   separat
September   (der) September
serious   ernst
   take something seriously   etwas ernst *nehmen
set (down)   setzen
seventh   siebt-
several   mehrere, einige
shame: That's a shame!   Das ist schade!
shape: in shape   fit
shared apartment   die Wohngemeinschaft, -en; die WG, -s
shave   sich rasieren
shine   *scheinen
ship   das Schiff, -e

shirt   das Hemd, -en
shoe   der Schuh, -e
shop, store   der Laden, ¨
shop for, go shopping   ein·kaufen
short   kurz (kürzer); klein (*short in height*)
   short of cash   knapp bei Kasse
should   *sollen
shoulder bag   die Tasche, -n
shout   *schreien
show   zeigen
   Show it to me.   Zeig mal her.
shower   die Dusche, -n
   take a shower   sich duschen
siblings   die Geschwister (*pl.*)
sick   krank (kränker)
sickness   die Krankheit, -en
side   die Seite. -n
sight, place of interest   die Sehenswürdigkeit, -en
significance   die Bedeutung, -en
silent: be silent   *schweigen
similar (to)   ähnlich (+ *dat.*)
similarity   die Ähnlichkeit, -en
simple, easy   einfach; leicht
since (causal)   da (*sub. conj.*)
   since (temporal)   seit (*prep.* + *dat.* & *sub. conj.*)
sing   *singen
single, only   einzig- (*adj.*)
   single, unmarried   ledig
sister   die Schwester, -n
sit   *sitzen
   sit down   sich setzen
situated: be situated   *liegen
situation   die Situation, -en
size   die Größe, -n
skeptical   skeptisch
ski   Ski *fahren
skirt   der Rock, ¨e
sleep   *schlafen
slow   langsam
small   klein
smart   klug (klüger)
snake   die Schlange, -n
sneaker   der Turnschuh, -e
snow   der Schnee; schneien
so   so
   So long!   Tschüss!
   so that   damit (*sub. conj.*)
   So what?   Na und?
soccer   der Fußball
   soccer ball   der Fußball, ¨e
social   gesellschaftlich; sozial
   social worker   der Sozialarbeiter, -; die Sozialarbeiterin, -nen
society   die Gesellschaft, -en
sociology   die Soziologie
soft, quiet   leise
software   die Software
solution   die Lösung, -en
solve   lösen
some   etwas (*sing.*); einige (*pl.*); manche (*pl.*)
somebody   jemand

somehow or other   irgendwie
someone   jemand
   someone else   jemand anders
something   etwas
sometime or other   irgendwann
sometimes   manchmal
somewhat   etwas
somewhere or other   irgendwo
son   der Sohn, ¨e
song   das Lied, -er
soon   bald
sore, ticked off   sauer (*colloq.*)
sorry
   I'm sorry about that.   Das tut mir Leid.
   I'm sorry.   Es tut mir Leid.
sound   *klingen
soup   die Suppe, -n
sour, acidic   sauer
south   der Süden
Soviet   sowjetisch (*adj.*)
Soviet Union   die Sowjetunion
space   der Platz, ¨e
Spain   (das) Spanien
speak   reden; *sprechen
   I can speak German.   Ich kann Deutsch.
speechless   baff (*colloq.*)
speed   das Tempo
spell: How do you spell that?   Wie schreibt man das?
spend (money)   *aus·geben
   spend (time)   *verbringen
   spend the night   übernachten
spite
   in spite of   trotz (+ *gen.*)
   in spite of that, nevertheless   trotzdem (*adv.*)
spontaneous   spontan
spoon   der Löffel, -
sport   der Sport
   play sports   Sport *treiben
spouse   die Ehefrau, -en (*f.*); der Ehemann, ¨er (*m.*)
spring   der Frühling
   spring term   das Sommersemester
square: city square   der Platz, ¨e
stable   stabil
staircase   die Treppe, -n
stairs   die Treppe, -n
stamp   die Briefmarke, -n
stand   *stehen
   stand up   *auf·stehen
standard of living   der Lebensstandard
start   *an·fangen
   start, depart (by vehicle)   *los·fahren
state   der Staat, -en
stay   *bleiben
steal   stehlen
   steal, rip off   klauen (*colloq.*)
steep   steil
still (*adv.*)   noch; noch immer; immer noch

stipend das Stipendium, *pl.* Stipendien
stone der Stein, -e
stop (for streetcar or bus) die Haltestelle, -n
stop *halten (*intrans.*)
  stop (doing something) auf·hören (mit)
store das Geschäft, -e
  store, shop der Laden, ⸚
story die Geschichte, -n
  story, narrative die Erzählung, -en
straighten up auf·räumen
strange, foreign fremd
strawberry jam die Erdbeermarmelade
street die Straße, -n
streetcar die Straßenbahn, -en
strength die Kraft, ⸚e
stress der Stress
stressed out gestresst (*colloq.*)
stressful stressig
stroll der Bummel, -
  stroll through town der Stadtbummel, -
  take a stroll einen Bummel machen
strong stark (stärker)
student (at university) der Student, -en, -en; die Studentin, -nen
  student dormitory das Studentenwohnheim, -e
  student I.D. der Studentenausweis, -e
studies (at university) das Studium
study das Arbeitszimmer, -
study (a subject), major in studieren
  study at studieren an (+ *dat.*)
stuff der Kram (*colloq.*)
stupid blöd; dumm
subject, area of study das Fach, ⸚er
  subject, topic das Thema, *pl.* Themen
subjective subjektiv
subjunctive der Konjunktiv
subway train die Untergrundbahn; die U-Bahn
success der Erfolg, -e
such a so ein(e)
suddenly plötzlich
suggestion der Vorschlag, ⸚e; der Tipp, -s
suit der Anzug, ⸚e
suitcase der Koffer, -
summary die Zusammenfassung, -en
summer der Sommer
sun die Sonne
Sunday (der) Sonntag
sunny sonnig
super super
supermarket der Supermarkt, ⸚e
super tanker der Supertanker, -
supper das Abendessen
  for supper zum Abendessen
supposed: be supposed to *sollen

sure, certain sicher; bestimmt
  sure, of course klar (*colloq.*)
surprise die Überraschung, -en
  be surprised staunen
  be surprised (about) sich wundern (über + *acc.*)
sweater der Pullover, -; der Pulli, -s (*colloq.*)
sweet süß
  That's sweet of you! Das ist lieb von dir!
swim *schwimmen
swimming pool das Schwimmbad, ⸚er
Swiss schweizerisch (*adj.*); der Schweizer, -; die Schweizerin, -nen
Switzerland die Schweiz
symbol das Symbol, -e
symbolic symbolisch
sympathy das Mitleid
system das System, -e

T

T-shirt das T-Shirt, -s
table der Tisch, -e
take *nehmen
  take along *mit·bringen; *mit·nehmen
  take (a university course) belegen
  take for *halten für
  take part in *teil·nehmen an (+ *dat.*)
  take place *statt·finden
talk reden; *sprechen
  talk nonsense quatschen (*colloq.*)
  talk to sich *unterhalten mit
tall groß
task die Aufgabe, -n
taste; taste good schmecken
tasty lecker
tavern die Kneipe, -n; das Lokal, -e
taxicab das Taxi, -s
tea der Tee
teacher der Lehrer, -; die Lehrerin, -nen
technology die Technik
telephone das Telefon, -e; telefonieren
television set der Fernseher, -
  watch television *fern·sehen
tell sagen
  tell, recount erzählen
  tell me sag mal
tempo das Tempo
tennis das Tennis
  tennis court der Tennisplatz, ⸚e
term paper das Referat, -e
terrace die Terrasse, -n
terrible furchtbar; grausam; schrecklich
terrific herrlich; prima; toll (*colloq.*)
terrorist terroristisch (*adj.*)

test die Prüfung, -en
  written test die Klausur, -en; die Klassenarbeit
text der Text, -e
than (*with comparative degree*) als
thank danken (+ *dat.*)
  thank goodness Gott sei Dank
thanks der Dank
  thanks, thank you danke
  thanks a lot, many thanks vielen Dank
that dass (*sub. conj.*)
theater das Theater, -
theme das Thema, *pl.* Themen
then dann
  then, in that case da (*adv.*)
there da, dort
  How do I get there? Wie komme ich dahin?
  there is, there are es gibt (+ *acc.*)
therefore darum
thermos bottle die Thermosflasche, -n
thing das Ding, -e
  thing, item die Sache, -n
  things der Kram (*colloq.*)
think *denken; meinen, glauben
  I don't think so. Ich glaube nicht.
  I think so. Ich glaube schon.
  I think so too. Das finde ich auch.
  think of *denken an (+ *acc.*)
  think something over sich etwas überlegen
  think X is *halten X für
  What do you think of that? Was meinen/sagen Sie dazu?
third dritt-
thirst der Durst
thirsty Durst haben
this, these dies-
thought der Gedanke, -ns, -n
through durch (*prep. + acc.*)
throw *werfen
  throw away *weg·werfen
Thursday (der) Donnerstag
thus also
ticked off, sore sauer (*colloq.*)
ticket die Karte, -n; die Fahrkarte, -n (*bus, train, streetcar*)
tidy ordentlich
tidy up auf·räumen
tie die Krawatte, -n
time die Zeit, -en
  for a long time lange
  for a short time, briefly kurz
  for a time eine Zeit lang
  for such a long time so lange
  high time höchste Zeit
  on time, punctual pünktlich
  take time, last dauern
  What time is it? Wie spät ist es? *or* Wie viel Uhr ist es?
time (in the sense of "occurrence") das Mal, -e
  any time irgendwann

at that time, back then damals
for the first time zum ersten Mal
the next time das nächste Mal
this time diesmal (*adv.*)
umpteen times zigmal
tin can die Dose, -n
tip der Tipp, -s
tired, weary müde
dead tired todmüde
to (*prep.*) an (*prep. + acc. or dat.*);
nach (+ *dat., with cities and
countries*); zu (+ *dat., with people
and some places*)
to each other zueinander
today heute
together zusammen; miteinander
tomorrow morgen
tomorrow afternoon morgen
Nachmittag
tomorrow evening morgen Abend
tomorrow morning morgen früh
tonight heute Abend
too auch; zu
too bad schade
tooth der Zahn, ¨e
top: on top oben (*adv.*)
topic das Thema, *pl.* Themen
topical aktuell
tough hart (härter)
tour die Tour, -en
tourist der Tourist, -en, -en; die
Touristin, -nen
toward an (*prep. + acc. or dat.*)
town (5,000 to 20,000 inhabitants)
die Kleinstadt, ¨e
small town der Ort, -e
town hall das Rathaus, ¨er
track das Gleis, -e
tradition die Tradition, -en
traditional traditionell
traffic der Verkehr
train der Zug, ¨e
train station der Bahnhof, ¨e
transfer *um·steigen
translate übersetzen
trash der Müll
trash container der Container, -
travel reisen
travel agency das Reisebüro, -s
traveler's check der Reisescheck, -s
tree der Baum, ¨e
trip die Reise, -n; die Fahrt
Have a good trip! Gute Reise!
take a trip eine Reise machen
trousers die Hose, -n
true wahr; richtig
try versuchen (*attempt*); probieren
(*sample*)
Tuesday (der) Dienstag
Turk der Türke, -n, -n; die Türkin, -nen
Turkey die Türkei
Turkish türkisch
twice zweimal
type der Typ, -en
typical typisch

U

ugly hässlich
umbrella der Regenschirm, -e
unbelievable unglaublich
uncomfortable unbequem
unconcerned unbesorgt
under unter (*prep. + acc. or dat.*)
understand *verstehen
undress, get undressed sich
*aus·ziehen
unemployed arbeitslos
unemployment die Arbeitslosigkeit
unfortunately leider
unfriendly unsympathisch
unification die Vereinigung
unimportant unwichtig
unite vereinen
university die Universität, -en; die
Uni, -s (*colloq.*); die Hochschule, -n
attend a university studieren
at the university an der
Uni(versität)
university studies das Studium
unknown unbekannt
unlikable unsympathisch
unmarried unverheiratet
unnecessary unnötig
unpleasant ungemütlich;
unangenehm
unpopular unbeliebt
until bis
Until tomorrow. Bis morgen.
not until erst
upon auf (*prep. + acc. or dat.*)
upset: get upset (about) sich
auf·regen (über + *acc.*)
USA die USA (*pl.*)
use benutzen
used to: get used to sich gewöhnen
an (+ *acc.*)
useful nützlich
usually meistens

V

vacation (from university or school)
die Ferien (*pl.*)
be on vacation auf (*or*) im Urlaub
sein
go on vacation in Urlaub
gehen/fahren
take a vacation Urlaub machen
vacation (from a job) der Urlaub,
-e
valley das Tal, ¨er
variation die Variation, -en
variety die Vielfalt
various verschieden
vegetables das Gemüse (*sing.*)
Venice (Italy) (das) Venedig
verb das Verb, -en
very sehr
vicinity die Nähe

Vienna (das) Wien
view der Blick, -e
village das Dorf, ¨er
visit der Besuch, -e; besuchen
vocabulary der Wortschatz
voice die Stimme, -n
volleyball der Volleyball
vote wählen
voter der Wähler, -

W

wait (for) warten (auf + *acc.*)
Wait a second! Hang on! Warte
mal!
waiter der Kellner, -
waitress die Kellnerin, -nen
wake up auf·wachen (*intrans.*)
walk der Bummel, -; *gehen; *laufen
(*colloq.*)
go for a walk spazieren *gehen
wall (freestanding or exterior) die
Mauer, -n
wall (interior) die Wand, ¨e
wallet der Geldbeutel, -
wander wandern
wanderlust die Wanderlust
want to *wollen
I don't want to. Ich habe keine
Lust.
want to do something Lust haben,
etwas zu tun
war der Krieg, -e
wardrobe der Kleiderschrank, ¨e
warm warm (wärmer)
wash *waschen
waste verschwenden
watch die Uhr, -en
watch zu·schauen (+ *dat.*)
watch television *fern·sehen
water das Wasser
way der Weg, -e
on the way unterwegs
weak schwach (schwächer)
wear *tragen
weary, tired müde
weather das Wetter
wedding die Hochzeit, -en
Wednesday (der) Mittwoch
week die Woche, -n
for weeks wochenlang (*adv.*)
weekend das Wochenende, -n
on the weekend am Wochenende
weigh *wiegen
welcome willkommen (*adj.*)
Welcome! Nice to see you! Herzlich
willkommen!
You're welcome. Bitte (sehr).
well . . . also ... ; na ... ; nun ...
well (*adv.*) gut
get well sich erholen von
Get well soon. Gute Besserung.
well known bekannt
west der Westen

wet nass
what? was?
  what kind of? was für?
wheel das Rad, -er
when als (*sub. conj.*); wann (*question word*); wenn (*sub. conj.*)
whenever wenn (*sub. conj.*)
where? wo?
  from where? woher?
  to where? wohin?
whether, if ob (*sub. conj.*)
which? welch-?
while während (*sub. conj.*)
  for a while eine Zeit lang
  while . . . -ing bei . . .
white weiß
who? wer?
whole ganz
whose? wessen?
why? warum?
wild wild
wind der Wind
window das Fenster, -
  store window das Schaufenster, -
  window, counter der Schalter, -
windy windig
wine der Wein, -e
winter (der) Winter
  in the winter im Winter

wish wünschen
wit der Witz, -e
with mit
  with each other miteinander
without ohne
  without . . . -ing ohne ... zu
witty witzig
woman die Frau, -en
  young unmarried woman das Fräulein, -
wonder, ask oneself sich fragen
  No wonder! Kein Wunder!
wonderful wunderbar
word das Wort; *two plural forms*: die Worte (*in context*), die Wörter (*unconnected*); die Vokabel, -n
work die Arbeit
  work (of art) das Werk, -e
work arbeiten
  work on arbeiten an (+ *dat.*)
  work part time halbtags arbeiten
worker der Arbeiter, -; die Arbeiterin, -nen
world die Welt, -en
worried besorgt
worthwhile: be worthwhile, worth the trouble sich lohnen
Wow! Mensch!
write *schreiben

writer der Schriftsteller, -; die Schriftstellerin, -nen
wrong falsch
  That's wrong. Das stimmt nicht.

Y

year das Jahr, -e
  for years jahrelang
yell *schreien
yellow gelb
yes ja
  yes I do, yes I am, etc. doch
yesterday gestern
  yesterday evening gestern Abend
  yesterday morning gestern früh
yogurt der Joghurt, -s
young jung (jünger)
  young people die Jugend (*sing.*)
youth die Jugend
  youth hostel die Jugendherberge, -n

Z

zone die Zone, -n

Text

Page 50: "Liebeslied" by Hermann Hesse from *Die Gedichte*. Copyright © 1977 by Suhrkamp Verlag, Frankfurt am Main; **245:** "Die Lorelei 1973" by Jürgen Werner from *Gegendarstellungen: Autoren korrigieren Autoren: lyr. Parodien*. Edited by Manfred Ach & Manfred Bosch (Andernach: Atelier-Verlag, 1974. Reprinted by permission of Atelier Verlag Andernach; **273:** "Mein junger Sohn fragt mich" by Bertolt Brecht from *Gesammelte Werke*, Volume 9, Suhrkamp Verlag, Frankfurt am Main, 1967. Copyright © 1964 by Stefan S. Brecht; **355–356:** "Zwei Denkmäler" by Anna Seghers from *Atlas zusammengestellt von deutschen Autoren* (Berlin: Verlag Klaus Wagenbach), 1965. Copyright © by Anna Seghers. Reprinted by permission of Verlag Klaus Wagenbach; **364:** "nachwort" by Eugen Gomringer from *The Book of Hours/Stundenbuch*. Reprinted by permission of Eugen Gomringer; **392:** "ottos mops" by Ernst Jandl from *Der künstliche Baum*, 1970. Reprinted by permission of Luchterhand Literaturverlag GmbH; **418–419:** "Integration" by Şadi Üçüncü from *Über Grenzen*. Edited by Karl Esselborn. Copyright © 1987; **444:** From Mascha Kaléko, *Das Lyrische Stenogrammheft*. Copyright © 1956. Reprinted by permission of Rowohlt Verlag GmbH.

Illustrations

Illustrations by Ruth Flannigan and Mark Heng; computer art by Uli Gersiek; maps by Patti Isaacs.

Realia

Page 15: Berufskleidung Marx, Wetzlar, Hotel & Restaurant Zum Ritter, Fulda, Schloß Schwetzingen; **57:** Spiegel Verlag, Hamburg; **65:** Photo: Karl-Heinz Raach, Freiburg; **75:** Marie Marcks; **134:** BMW NA; **138:** Jahreszeitenverlag, Hamburg; **139:** Deutsche Telekom; **144:** Libri.de, Hamburg; **149:** Deutsche Schule Washington, Washington, D.C.; **152:** Metzgerei Riehl, Pfungstadt, VEPRO, Pfungstadt, Hessische Polizeischule, Wiesbaden, Our World, Hessische Elektrizitäts-AG, Darmstadt; **158:** Freies Deutsches Hochstift – Frankfurter Goethemuseum; **160:** L'Oréal Paris, Marketingleitung, Düsseldorf; **181:** Societätsverlag Redaktion Deutschland; Frankfurt/Main; **185:** Deutsche Bahn AG; **188**, **190:** DJH Service GmbH; **199:** Spiegel Verlag, Hamburg; **201:** Deutsche Bahn AG; **205:** ADFC, Bremen; **208:** DJH Service GmbH; **211:** Hotel-Restaurant "Goldener Adler"; **224:** Deutscher Taschenbuch Verlag, München; **242:** Aktion Saubere Landschaft; **249:** Berliner Kindl Brauerei AG, Berlin; **254:** Rundfunk-Sinfonieorchester Berlin; **256:** TIP Verlag GmbH & Co. AG, Berlin; **271:** Dr. Ziegler Naturkaufhaus, Berlin; **317:** Design Ingo Wulff, Kiel; **325:** Deutscher Bundestag, Berlin; **327:** Deutsche Bahn AG; **347:** Langnese/Iglo; **356:** Gutenberg-Museum, Mainz; **392:** drawing by Wilhelm Busch; **402:** Beck, Berlin; **410:** From: *The Complete Grimm's Fairy Tales* by Jakob Ludwig Karl Grimm and Wilhelm Karl Grimm. Copyright © 1944 by Pantheon Books and renewed 1972 by Random House, Inc. of Pantheon Books, a division of Random House, Inc; **416:** Deutsche Post AG; **449:** Libri.de, Hamburg; **458–460:** all drawings by Marie Marcks.

Photographs

Page 1: Farrell Grehan/Photo Researchers; **5:** Richard T. Nowitz/Corbis; **11:** (*left*) Kevin Galvin/Stock Boston; **11:** (*right*) Beryl Goldberg: **14:** Uli Gersiek; **15:** Andrew Brilliant; **16:** Andrew Brilliant; **21:** Palmer & Brilliant; **22:** Beryl Goldberg; **25** (*top left*): Carl & Ann Purcell/Corbis; **25** (*top right*): Lawrence Manning/Corbis; **25** (*bottom left*): Beryl Goldberg; **25** (*bottom right*): Beryl Goldberg; **27:** Ulrike Welsch; **39** (*left*): Granitsas/Image Bank; **39** (*right*): Beryl Goldberg; **40:** Adam Woolfitt/Corbis; **42:** David Frazier; **46:** Wolfgang Kaehler/Corbis; **49:** Kees Van Den Berg/Photo Researchers, Inc.; **58:** Walter Smith/Corbis; **60:** Judy Poe; **63** (*top*): Bob Krist; **63** (*bottom*): Ulrike Welsch; **64:** Beryl Goldberg; **66:** Nathan Benn/Corbis; **68:** Beryl Goldberg; **79** (a): Nik Wheeler/Corbis; **79** (b): David Reed/Corbis; **79** (c): Roger Wood/Corbis; **79** (d): Carl & Ann Purcell/Corbis; **79** (e) Thomas S. Hansen; **87:** Thomas S. Hansen; **89:** Ulrike Welsch; **96:** Wolfgang Kaehler; **97:** Tony Freeman/Photo Edit; **114:** Wolfgang Kaehler; **115:** Mike Mazzaschi/Stock Boston; **118:** Vandystadt/Photo Researchers; **119:** COMSTOCK/Sven Martsen; **121** (*left*): Judy Poe; **121** (*center*): Ulrike Welsch; **121** (*right*): Wolfgang Kaehler; **126:** Pablo Coral/Corbis; **131:** Palmer & Brilliant; **143:** Beryl Goldberg; **149** (*top*): German School, Washington, D.C.; **149** (*bottom*): Thomas S. Hansen; **150:** Beryl Goldberg; **155:** Beryl Goldberg; **173:** Beryl Goldberg; **176:** Kevin Galvin; **180:** Palmer & Brilliant; **182:** Carol Palmer; **183:** David Simson/Stock Market; **187:**

Table of Equivalent Weights and Measures

Weight

1 Gramm = 0.03 ounces
1 Pfund (500 Gramm) = 1.1 pounds
1 Kilogramm *oder* Kilo (1 000 Gramm) = 2.2 pounds

1 ounce = 28 Gramm
1 pound = 0,45 Kilo
1 U.S. ton (2,000 lbs) = 900 Kilo

Liquid Measure

1/4 Liter = 0.53 pints
1/2 Liter = 1.06 pints
1 Liter = 1.06 quarts

1 pint = 0,47 Liter
1 quart = 0,95 Liter
1 gallon = 3,8 Liter

Distance

1 Zentimeter (10 Millimeter) = 0.4 inches
1 Meter (100 Zentimeter) = 39.5 inches *or* 1.1 yards
1 Kilometer (1 000 Meter) = 0.62 miles

1 inch = 2,5 Zentimeter
1 foot = 0,3 Meter
1 yard = 0,9 Meter
1 mile = 1,6 Kilometer

Temperature

0° Celsius (centigrade) = 32° Fahrenheit
100° Celsius = 212° Fahrenheit

$$°C = \frac{10\ (°F - 32)}{18}$$

$$°F = \frac{18 \times °C}{10} + 32$$